高等院校教材

断裂力学

程 靳 赵树山 编著

科学出版社

北京

内 容 简 介

本书是根据作者 20 多年来讲授"断裂力学"课程的教学经验,专门为高等院校工科本科生及研究生编写的"断裂力学"教材。本书理论严谨、逻辑清晰、由浅入深、易于学习。

全书由两部分组成。第一篇是断裂力学基础,系统地讲述了断裂力学的基本理论、观点和方法,特别适用于作为本科生和研究生教材。第二篇是断裂动力学专题,讲述断裂动力学理论,是专门为研究生编写的。

全书按"断裂力学"课程和教学需要编写,可作为高等院校工科本科生及研究生教材,也可供工程技术人员参考。

图书在版编目(CIP)数据

断裂力学/程靳,赵树山编著. —北京:科学出版社,2006
 (高等院校教材)
 ISBN 978-7-03-017896-1

Ⅰ.断… Ⅱ.①程…②赵… Ⅲ.断裂力学-高等学校-教材 Ⅳ.O346.1

中国版本图书馆 CIP 数据核字(2006)第 100260 号

责任编辑:朱晓颖 贾瑞娜 / 责任校对:刘亚琦
责任印制:张 伟 / 封面设计:陈 敬

科学出版社 出版
北京东黄城根北街 16 号
邮政编码:100717
http://www.sciencep.com

北京虎彩文化传播有限公司 印刷
科学出版社发行 各地新华书店经销

*

2006 年 9 月第 一 版 开本:B5 (720×1000)
2024 年 1 月第十二次印刷 印张:21 3/4
字数:414 000

定价:**89.00 元**

(如有印装质量问题,我社负责调换)

前　言

断裂力学是一门比较新的学科,作者为高校本科生和研究生讲授这门课程已经 20 多年,但一直没有很好的教材。本书是在作者多年教学经验的基础上,根据授课讲义并参考了多部国内外教材,特别是王铎主编的《断裂力学》编写而成。

本书分为两篇,第一篇为基础部分,重点讲述断裂力学的基础理论、方法和实验。内容包括线弹性断裂力学、弹塑性断裂力学、疲劳裂纹、环境对裂纹的影响以及断裂力学实验。这部分内容适合于本科生及研究生。第二篇为断裂动力学专题内容。包括断裂动力学基本方程、基本理论、主要求解方法。除介绍若干常用方法如 Winer-Hopf 方法、Copson 方法等外,重点介绍复变函数方法,用以求得自相似问题的解析解。书中还介绍了断裂动力学各种守恒积分及若干问题的解。在自相似理论上,本书是现有国内外书籍中介绍的相当详尽的。第二篇内容专门为研究生编写。

本书第 3~5、7~10 章由程靳编写,第 1、2、6 章由赵树山编写。由于本书的主要目的是作为高等院校的教材,因此我们坚持王铎老师编写教材的一贯特点:理论严谨、逻辑清晰、由浅入深、易懂易学。本书适合初学者阅读,可作为高等院校工科本科生和研究生的教材,也可供工程技术人员参考。本书的第二篇断裂动力学部分内容较深,可作为研究生用教材。

编　者

2006 年 6 月

目　录

前言
绪言 ………………………………………………………………………… 1

第一篇　断裂力学基础

第1章　线弹性断裂力学 ……………………………………………… 9
1.1　能量平衡理论 …………………………………………………… 9
1.2　裂纹尖端附近的应力和位移场 ………………………………… 13
1.3　脆性断裂的 K 准则 ……………………………………………… 22
1.4　线弹性断裂力学在小范围屈服时的推广 ……………………… 24
1.5　复合型最大准则 ………………………………………………… 29
1.6　复合型的能量准则 ……………………………………………… 33
1.7　复合型断裂的工程经验公式 …………………………………… 39
1.8　埋藏裂纹和表面裂纹的应力强度因子 ………………………… 41
附录A　弹性理论基础 ……………………………………………… 48
附录B　复变函数的基础知识 ……………………………………… 52
参考文献 ……………………………………………………………… 55

第2章　求应力强度因子的各种计算方法 …………………………… 57
2.1　普遍形式的复变函数法 ………………………………………… 57
2.2　积分变换法 ……………………………………………………… 61
2.3　权函数法 ………………………………………………………… 65
2.4　应力集中系数法 ………………………………………………… 67
2.5　位错连续分布法 ………………………………………………… 68
2.6　边界配置法 ……………………………………………………… 71
2.7　有限元法 ………………………………………………………… 76
2.8　边界元法 ………………………………………………………… 82
2.9　求应力强度因子的叠加原理及常用的应力强度因子资料 …… 85
附录A　晶体中位错的应力场 ……………………………………… 94
附录B　有限元法基础知识 ………………………………………… 96
参考文献 ……………………………………………………………… 99

第3章　弹塑性断裂力学 ……………………………………………… 100
3.1　D-M 模型 ………………………………………………………… 100

3.2　裂纹尖端张开位移 ……………………………………………… 105
   3.3　COD 准则 ……………………………………………………… 111
   3.4　J 积分 ………………………………………………………… 115
   3.5　J 积分的能量表示 …………………………………………… 117
   3.6　HRR 理论 ……………………………………………………… 125
   3.7　理想塑性的滑移线场解 ……………………………………… 128
   3.8　J 积分准则 …………………………………………………… 133
   3.9　平面应力断裂的 R 阻力曲线 ………………………………… 135
   3.10　弹塑性断裂力学分析的有限元法 …………………………… 138
   参考文献 ……………………………………………………………… 144
第 4 章　疲劳裂纹的扩展 ……………………………………………… 145
   4.1　概述 …………………………………………………………… 145
   4.2　疲劳裂纹扩展速率 …………………………………………… 147
   4.3　影响疲劳裂纹扩展速率的因素 ……………………………… 157
   4.4　应变疲劳 ……………………………………………………… 162
   参考文献 ……………………………………………………………… 173
第 5 章　在环境下裂纹的扩展 ………………………………………… 174
   5.1　概述 …………………………………………………………… 174
   5.2　应力腐蚀裂纹扩展 …………………………………………… 177
   5.3　腐蚀疲劳裂纹扩展 …………………………………………… 182
   5.4　蠕变裂纹扩展 ………………………………………………… 187
   附录 A　各种材料的 K_{ISCC} 的值 ……………………………………… 192
   参考文献 ……………………………………………………………… 193
第 6 章　断裂力学实验 ………………………………………………… 194
   6.1　金属材料平面应变断裂韧度 K_{IC} 的测试 …………………… 194
   6.2　裂纹顶端张开位移（COD）的测试 ………………………… 200
   6.3　金属材料延性断裂韧度 J_{IC} 的测试 ………………………… 203
   参考文献 ……………………………………………………………… 209

第二篇　断裂动力学

第 7 章　断裂动力学的积分变换解法 ………………………………… 213
   7.1　弹性动力学基本方程与坐标变换 …………………………… 213
   7.2　波动方程的积分变换解 ……………………………………… 220
   7.3　半无限裂纹问题 ……………………………………………… 225
   7.4　有限长裂纹的动力学问题 …………………………………… 232
   7.5　无限长窄条中的裂纹问题 …………………………………… 237

7.6	含裂纹板弯曲的动力学问题	244
7.7	轴对称断裂动力学问题	247
附录 A	对偶积分方程的解法	251
参考文献		254

第 8 章　复变函数解法与其他解法 …… 255
- 8.1　波动方程的函数不变解 …… 255
- 8.2　平面弹性动力学问题 …… 258
- 8.3　受均布的 pt^n 型载荷的动裂纹问题 …… 265
- 8.4　受集中载荷、阶跃载荷及脉冲作用的运动裂纹 …… 271
- 8.5　轴对称问题的自相似解法 …… 277
- 8.6　断裂动力学问题的其他解法 …… 283
- 参考文献 …… 289

第 9 章　某些断裂动力学问题 …… 291
- 9.1　不同材料界面上的反平面扩展裂纹 …… 291
- 9.2　扩展裂纹的 J^* 积分 …… 299
- 9.3　裂纹两端异速扩展问题 …… 306
- 9.4　复合材料桥连断裂动力学问题 …… 312
- 参考文献 …… 315

第 10 章　弹性波与裂纹 …… 317
- 10.1　弹性波的绕射 …… 317
- 10.2　P 与 SV 波在静止裂纹上的绕射 …… 318
- 10.3　SH 波在静止裂纹上的绕射 …… 325
- 10.4　P 与 SV 波在运动裂纹上的绕射 …… 327
- 10.5　SH 波在运动裂纹上的绕射 …… 335
- 参考文献 …… 338

绪 言

断裂力学和其他科学一样,是在生产实践中产生和发展的,是从 20 世纪 70 年代才发展起来的一门新兴学科。它应用力学成就,研究含缺陷材料和结构的破坏问题。由于它与材料或结构的安全直接有关,因此尽管它出现的时间很短,但实验和理论均有了迅速的发展,并已开始为生产服务。

早在 20 世纪初期,人们在使用各种材料尤其是金属材料的长期实践中,就已经观察到大量的断裂现象,并注意到结构的脆性断裂问题。1920 年,英国的 Griffith 尝试解释玻璃的实际强度远低于理论强度的原因。他以材料内部存在缺陷的观点为基础,提出在一定条件下,微小缺陷或裂纹将失稳扩展,导致材料或结构的破坏。他的理论仅适用于像玻璃这类的完全脆性材料,而这种材料在工程中极为少见,所以没有得到推广和发展。

随着现代生产的发展,新材料、新产品和新工艺不断出现,在产品安装、试验和运行过程中,往往发生脆断事故,多数事故在低于材料的屈服极限时发生,造成的损失特别严重。这些破坏事故用传统的强度观点和方法无法分析和衡量。

通过对大量破坏事故的研究,人们发现低于应力脆性破坏的主要原因是实际结构中存在着各种缺陷或裂纹,这些裂纹的存在显著地降低了结构材料的实际强度。

从下面几个例子中可看出裂纹对结构破坏的影响:

(1) 1943~1947 年,美国近 500 艘全焊船中发生了 1000 多起脆性破坏,其中 238 艘完全报废,有的甚至断成两截。为了分析原因,从 100 多个损坏处割下试件进行试验,结论是:事故总是在有焊接缺陷等的应力集中处产生;当气温降到 -3℃和水温降到 4℃时断裂容易发生;破坏处的冲击韧性 a_k 值低于未破坏处的 a_k 值。

(2) 1947 年苏联 4500m^3 的大型石油储罐底部和下部的壳连接处,在气温降到 -43℃时,形成大量裂纹,造成储罐的破坏。事后的分析认为:在焊接处,存在由焊裂、焊瘤和未焊透引起的各种应力集中;在温度降低时,储罐材料 CT_3 钢的塑性明显下降;由于焊接和罐的内外温差,造成较高的内应力。

(3) 20 世纪 50 年代初,美国北极星导弹固体燃料发动机壳体在试验时发生爆炸,材料用 $\sigma_s=1372MN/m^2$ 的高强度合金,传统的强度和韧性指标全部合格,而且爆炸时的工作应力远低于材料的许用应力。事后多方面研究认为:破坏是由宏观裂纹(深为 0.1~1mm)引起的,裂纹源可能是焊裂、咬边、杂质和晶界开裂等。

(4) 1969 年美国 F-111 飞机在执行飞行训练途中,做投弹恢复动作时,左翼脱落,导致飞机坠毁。当时的飞行速度、总重量和过载等指标远低于设计指标,主要原因是制造时热处理不当,机翼枢轴出现缺陷,漏检后经疲劳载荷作用,裂纹继续扩展,最后造成低应力破坏。

从上述几个典型事故可看出,脆断总是由宏观裂纹引起的。这种裂纹由冶金夹杂物、加工和装配、疲劳载荷、工作环境(如介质、高温等)等引起。对于大多数结构和零件来说,宏观裂纹的存在是不可避免的。带裂纹材料的强度,取决于材料对裂纹扩展的抗力,这种抗力由材料内部属性决定。应用弹、塑性理论和新的实验技术,研究裂纹尖端附近的应力、应变场和裂纹的扩展规律,就产生了新的力学分支——断裂力学。

断裂力学的研究对象:

我们知道,构件的断裂往往可以分成以下几个阶段:

(1) 裂纹的生成——①由于环境(疲劳、腐蚀介质、高温和联合作用等)的影响,在构件的圆角应力集中处,经过一段使用时间产生宏观微小裂纹;②材料中原来就存在缺陷;③在加工过程中出现裂纹。

(2) 裂纹的亚临界扩展——由于环境的影响,在工作过程中,宏观微小裂纹逐步缓慢地扩展。

(3) 断裂开始——在工作应力下,裂纹逐渐扩展,达到临界长度,构件突然失稳破坏。

(4) 断裂传播——失稳的裂纹以高速传播,速度可达在材料中声速的1/4。

(5) 断裂停止——裂纹失稳后可以穿过整个结构,使构件破坏;或在一定条件下,裂纹停止。

以上是宏观裂纹发生和发展的几个阶段。断裂一词的含义很广,应包括宏观的断裂现象和微观结构的破坏机理。断裂力学从力学侧面研究宏观的断裂现象,包括宏观裂纹的生成、扩展、失稳开裂、传播和止裂。微观结构的破坏机理属于断裂物理的研究范围。但是,近代的趋向是宏观断裂现象应该和微观断裂过程联系起来,否则机理不清,许多现象难以解释。因此,目前它们之间的分界线已不那么明显。

从工程应用角度看,断裂力学与材料力学类似,是材料力学的发展与充实。断裂力学即在大量实验的基础上研究带裂纹材料的断裂韧度(属于广义的材料强度范围),带裂纹构件在各种工作条件下裂纹的扩展、失稳和止裂的规律,并应用这些规律进行设计,以保证产品的构件安全可靠。

断裂力学的理论基础是弹性力学、塑性力学和黏弹性力学等。

断裂力学和材料力学的区别在于材料力学研究完整的材料,而断裂力学研究带裂纹的材料。虽然,断裂力学是材料力学的发展和补充;但是,断裂力学的设计思想与材料力学的设计思想不同,其差别可从以下几方面来看。

1) 静载荷情况

在静载荷作用下,传统的强度条件是要使最大计算应力小于材料强度指标,即

$$\sigma_{\max} \leqslant \frac{\sigma_s}{n_s} \quad \text{（屈服）}$$

$$\sigma_{\max} \leqslant \frac{\sigma_b}{n_b} \quad \text{（破坏）}$$

式中，σ_s 和 σ_b 分别为材料的屈服极限和强度极限；n_s 和 n_b 为相应的安全系数。

经大量带表面裂纹的高强度钢试件拉伸试验，证明其断裂应力与裂纹深度 a 的平方根成反比，即

$$Y\sigma_C \sqrt{\pi a} = K_{IC} \tag{0-1}$$

式中，σ_C 是试件所受的断裂应力；a 是裂纹深度；Y 是形状系数，与试件几何形状、载荷条件和裂纹位置有关；常数 K_{IC} 是材料的断裂韧性，是表示材料抵抗裂纹失稳扩展能力的一个物理参量。已知裂纹深度 a，则式(0-1)可写成

$$\sigma_C = \frac{K_{IC}}{Y\sqrt{\pi a}} \tag{0-2}$$

或已知工作应力 σ，则有

$$a_C = \frac{K_{IC}^2}{Y^2 \pi \sigma_C^2} \tag{0-3}$$

式(0-2)中的 σ_C 称为剩余强度，式(0-3)中的 a_C 称为临界裂纹尺寸。

断裂应力和裂纹深度的关系如图0-1所示，由图可看出，随着裂纹深度的增加，断裂应力值降低得很快。

令式(0-1)中 $\sigma\sqrt{\pi a}=K_I$，则断裂力学中的裂纹失稳准则是

$$K_I \leqslant \frac{K_{IC}}{n} \tag{0-4}$$

式中，K_I 称为裂纹尖端的应力强度因子；n 是相应的安全系数。

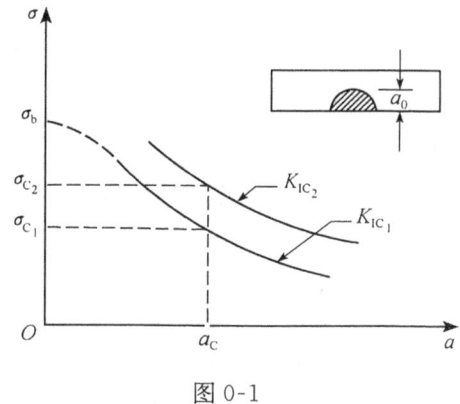

图 0-1

因为断裂力学考虑了裂纹的存在，根据裂纹失稳准则得出的断裂应力与传统的强度条件得出的结果不一定相同。例如，有两种材料：第一种材料的 σ_s 和 σ_b 较高，但是断裂韧度 K_{IC_1} 比较低；第二种材料的 σ_s 和 σ_b 较低，但是断裂韧度 K_{IC_2} 较高，如图 0-1 所示。则在相同的裂纹深度情况下，后一种材料的断裂应力较高，选用这种材料有利。所以，盲目地追求高强度材料，并不能保证构件安全可靠。

2) 循环载荷情况

传统的疲劳设计是用光滑试件作 S-N 曲线，求出下限应力 σ_{-1}，称为疲劳极限，如果最大工作应力满足

$$\sigma_{\max} \leqslant \sigma_{-1}/n_{-1}$$

即可。式中，n_{-1} 为循环载荷时的安全系数，并且认为凡有缺陷的构件，一件也不能应用。

断裂力学的观点是：带裂纹的构件，只要裂纹不到临界长度（或深度），仍可使用；在循环载荷作用下，裂纹缓慢扩展，直至达到临界长度时，构件才失稳破坏，作用载荷每循环一周，裂纹的扩展量 $\dfrac{da}{dN}$ 是材料的一个指标，表明材料抵抗裂纹扩展的能力。

断裂力学区分两种寿命，认为材料的破断寿命

$$N_f = N_i + N_p$$

式中，N_i 为裂纹发生寿命；N_p 为剩余寿命。如初始裂纹深度 a_i、临界裂纹深度 a_C 和裂纹扩展速率 $\dfrac{da}{dN}$ 已知，则剩余寿命由

$$N_p = \int_{a_i}^{a_C} \dfrac{da}{\left(\dfrac{da}{dN}\right)}$$

求出。大量试验证明

$$\dfrac{da}{dN} = C(\Delta K)^m$$

式中，C 与 m 是材料常数；$\Delta K = K_{max} - K_{min}$ 是循环载荷的最大与最小应力强度因子的差，或称应力强度因子幅度。

在断裂力学中，与疲劳极限相当的是循环载荷的门槛值 ΔK_{th}，当应力强度因子幅度小于门槛值时，裂纹不扩展。这两个材料指标 $\dfrac{da}{dN}$ 和 ΔK_{th}，都可供设计使用。

由此可见，断裂力学对在循环载荷作用下的研究，充实和深化了材料力学中的疲劳理论。

3）腐蚀介质下的情况

对于腐蚀介质中受拉应力的构件，传统设计是用光滑试件在腐蚀介质中做试验，记录作用的应力和破断时间的曲线，即 σ-t 曲线，以曲线的下限应力值作为设计标准。只要工作应力小于这一临界应力，构件就是安全的。在应力腐蚀情况下，传统设计不允许构件存在裂纹。

断裂力学从带裂纹构件的实验研究出发，认为在腐蚀介质中，受拉应力构件是否安全，要看裂纹的应力强度因子 K_I 是否达到或超过应力腐蚀界限的应力强度因子 K_{ISCC}，即裂纹稳定条件为

$$K_I \leqslant K_{ISCC}$$

K_{ISCC} 是材料在应力腐蚀条件下，衡量材料抵抗裂纹失稳断裂能力的指标。

材料的另一指标是应力腐蚀裂纹扩展速率 $\dfrac{da}{dt}$，表示材料抵抗应力腐蚀裂纹扩

展的能力。与疲劳设计中剩余寿命的求法相同,在应力腐蚀情况下,构件的剩余寿命为

$$t_r = \int_{a_i}^{a_c} \frac{da}{\left(\dfrac{da}{dt}\right)}$$

综上所述,断裂力学出现以后,我们对宏观的断裂规律有了进一步的认识,对传统的设计思想进行了改善与补充。不仅对有缺陷构件进行剩余强度和寿命的分析,以保证产品安全可靠,或制定正确合理的验伤标准,而且在选材、改善工艺、制造新材料等方面的研究,也逐渐地在发挥其作用。

断裂力学的研究内容:

断裂力学的理论基础开始于线弹性力学,据此发展成为研究脆性断裂的线弹性断裂力学。目前线弹性断裂力学已经发展得比较成熟,在生产中已经得到普遍应用。

由于裂纹尖端附近的应力集中,必然产生塑性区,当塑性区达到一定尺寸时,它对材料的影响不能忽略,线弹性理论已不适用。于是,对于裂纹尖端附近塑性区的研究,发展成为了弹塑性断裂力学。目前,在这方面的研究还不很成熟,是断裂力学研究中的一个重要课题。

当裂纹失稳后,断裂开始,裂纹迅速扩展,必须考虑材料的惯性,这属于断裂动力学的范畴,对于研究止裂问题极为重要。这方面的研究工作已经开始,由于它的复杂性,还没有得到重要的、能够在工程中广泛应用的成果。

对材料断裂的研究必须深入微观领域,否则断裂的机理会弄不清楚,对宏观断裂的现象不能深入了解,甚至一些宏观现象也无法解释。这方面的研究工作已经开始,而且将发展成为微观断裂力学,这是跨学科的内容。

本书仅阐述断裂力学的基本原理、方法和应用。第一篇包括第1~6章。第1章介绍线弹性断裂力学。第2章介绍计算应力强度因子的各种方法。第3章介绍弹塑性断裂力学的简单内容。第4章介绍在循环载荷作用下裂纹的扩展规律。第5章介绍在腐蚀介质中或在高温情况下裂纹的扩展规律。第6章介绍断裂力学实验。第二篇包括第7~10章。第二篇断裂动力学部分内容较深,可作为研究生用教材。

第一篇
断裂力学基础

第 1 章　线弹性断裂力学

线弹性断裂力学以线弹性理论为基础,从 20 世纪 60 年代初开始发展,由于理论比较简明,对脆性断裂能作出定量分析,并且用于疲劳裂纹扩展也取得了较好的结果,因此发展较快,现在已经比较成熟。目前,线弹性断裂力学已经用于高强度材料、低温下工作和截面很厚的构件的断裂安全设计。

本章先讲述裂纹尖端的应力、应变场和几种脆性破坏的准则,包括 G 准则、K 准则和复合型准则,以及它们的理论基础,然后讲述裂纹尖端小塑性区对应力强度因子的修正。

1.1　能量平衡理论

20 世纪 20 年代初,Griffith[1]最先应用能量法,对"为什么玻璃的实际强度,比用分子结构理论所预期的强度低得多?"这个问题进行了研究,他推测玻璃内部的细小缺陷裂纹引起应力集中,使断裂在较低的名义应力下发生。于是,他从能量观点出发,提出裂纹失稳扩展条件:如裂纹扩展释放的弹性应变能克服了材料阻力所做的功,则裂纹失稳扩展,通过分析,建立了完全脆性材料的断裂强度与裂纹尺寸之间的关系,他应用能量分析导出

$$\sigma_f = \sqrt{\frac{2E\gamma}{\pi a (1-\nu^2)}}$$

式中,σ_f 是断裂应力;E 是弹性模量;ν 是泊松比;γ 是表面能;a 是裂纹尺寸。并且解释了正是由于 a 的影响使材料的实际强度比理论强度低得多,从而奠定了现代断裂力学发展的基础。

1.1.1　能量释放率与 G 准则

设想一厚度为 B 的无限大玻璃板,如图 1-1 所示。将板拉长后,两端固定。如板受均匀拉伸应力 σ 作用,则板内单位体积储存的应变能为 $\frac{1}{2}\sigma\varepsilon = \frac{1}{2}\frac{\sigma^2}{E}$。如在板中心割开一裂纹,长为 $2a$,由于裂纹表面应力消失,放出部分弹性应变能,对于平面应力状态为

$$U = \frac{\pi\sigma^2 a^2 B}{E} \tag{1-1}$$

这项能量的减少可用关于椭圆孔的解答算出[2]。

另一方面,裂纹扩展形成新的表面,需要吸收的能量为

$$S = 4aB\gamma \tag{1-2}$$

式中,γ 为形成单位面积表面所需的表面能;$4aB$ 为裂纹上、下两个表面的面积和。

如果应变能释放率 $\dfrac{\mathrm{d}U}{\mathrm{d}A}$ ($\mathrm{d}A = 2B\mathrm{d}a$) 恰好等于形成新表面所需要吸收的能量率 $\dfrac{\mathrm{d}S}{\mathrm{d}A}$,则裂纹达到临界状态,此时稍有干扰,裂纹就自行扩展,成为不稳定状态;如果吸收的能量率大于应变能释放率,则裂纹稳定;如果应变能释放率大于吸收的能量率,则裂纹不稳定。因此有

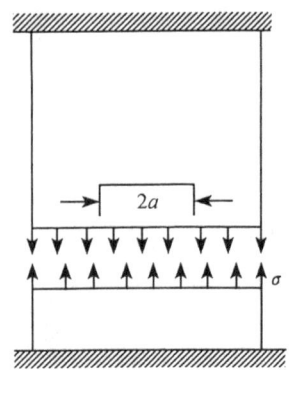

图 1-1

$$\left.\begin{aligned}
\frac{\mathrm{d}}{\mathrm{d}A}(U-S) &> 0, \quad \text{裂纹不稳定} \\
\frac{\mathrm{d}}{\mathrm{d}A}(U-S) &= 0, \quad \text{临界状态} \\
\frac{\mathrm{d}}{\mathrm{d}A}(U-S) &< 0, \quad \text{裂纹稳定}
\end{aligned}\right\} \tag{1-3}$$

以 $G_\mathrm{I} = \dfrac{\mathrm{d}U}{\mathrm{d}A}$ 代表应变能释放率,$G_\mathrm{IC} = \dfrac{\mathrm{d}S}{\mathrm{d}A}$ 代表吸收的能量率,下标 I 代表 I 型裂纹(见 1.2 节),则裂纹的临界条件为

$$G_\mathrm{I} = G_\mathrm{IC} \tag{1-4}$$

对于无限大玻璃板中心裂纹受拉伸作用,而且两端固定边界的情况,有

$$G_\mathrm{I} = \frac{\mathrm{d}U}{\mathrm{d}A} = \frac{\sigma^2 \pi a}{E} \tag{1-5}$$

$$G_\mathrm{IC} = \frac{\mathrm{d}S}{\mathrm{d}A} = 2\gamma \tag{1-6}$$

根据临界条件,式(1-4)有

$$\frac{\sigma_\mathrm{C}^2 \pi a}{E} = 2\gamma \tag{1-7}$$

写成临界应力形式为

$$\sigma_\mathrm{C} = \sqrt{\frac{2E\gamma}{\pi a}} \tag{1-8}$$

表示无限大平板在平面应力状态下,长为 $2a$ 的裂纹失稳扩展时拉应力的临界值,称为裂纹平板的剩余强度。式(1-8)写成临界裂纹长度形式为

$$a_\mathrm{C} = \frac{2E\gamma}{\pi \sigma^2} \tag{1-9}$$

表示无限大平板在工作应力 σ 作用下,裂纹的临界长度。

G_{IC} 是材料常数,表示材料对裂纹扩展的抵抗能力,由实验来确定;G_I 是裂纹长度 a 和工作应力 σ 的函数。只有 G_I 大于 G_{IC} 时,裂纹才会失稳扩展。如果工作应力不变,当 $a=a_C$ 时 $G_I=G_{IC}$,我们称 a_C 为临界裂纹长度;如果裂纹长度不变,当 $σ=σ_C$ 时 $G_I=G_{IC}$,我们称 $σ_C$ 为剩余强度。

用上述理论计算结构的断裂强度,局限于完全脆性材料,如玻璃板等。对于有一定塑性的材料,如金属材料,上述理论不完全适用,需要用更广泛的概念。金属材料在裂纹扩展过程中,其尖端附近局部地区发生塑性变形。因此,裂纹扩展时,金属材料释放的应变能,不仅用于形成裂纹表面所吸收的表面能,更重要的是克服扩展裂纹所需要吸收的塑性变形能(或塑性功)。

将能量平衡理论应用于金属材料,需要更广泛的概念,即材料抵抗裂纹扩展能力这个概念,应该包括两部分:形成裂纹新表面所需的表面能;裂纹扩展所需的塑性变形能。对于金属来说,材料抵抗裂纹扩展的能力是一个常数,只有应变能释放率大于此常数时,裂纹才能失稳扩展。

设裂纹扩展单位面积所需的塑性变形能为 P,根据上述广泛的吸收能量率概念,式(1-6)中的 γ 应该用 $γ+P/2$ 代替。对金属材料来说,P 比 γ 一般要大几个数量级,γ 与 P 相比是极小微量,可忽略不计。因此,金属材料的

$$G_{IC} = P \tag{1-10}$$

于是,具有中心裂纹且两端固定的无限大金属板的临界条件 $G_I=G_{IC}$,可以写成

$$\frac{σ^2 π a}{E} = P \tag{1-11}$$

从而得出剩余强度与临界裂纹长度分别为

$$σ_C = \sqrt{\frac{EP}{πa}}, \qquad a_C = \frac{EP}{πσ^2} \tag{1-12}$$

1.1.2 G_I 的柔度公式

本节开始仅介绍了固定边情况,对于一般约束,G_I 有更广泛的物理意义。下面推广上述结论,并简要介绍 G_I 的柔度表达式。

设一板厚为 B,中心有长为 $2a$ 的穿透裂纹,裂纹面积为 $A=2aB$。在裂纹长不变的情况下,载荷 P 与其作用点位移 Δ 成正比,见图 1-2 中直线 Oa,直线的斜率即弹性系(或板)的刚度系数,其倒数 λ 称为柔度系数,简称柔度,等于单位载荷作用下的移位,即

$$λ = \frac{\Delta}{P}$$

当裂纹面积增加时,弹性裂纹体刚度下降,柔度增加,载荷与位移关系改为斜率较小的直线 Ob,如图 1-2(a)所示。下面分析三种不同边界条件的情况:

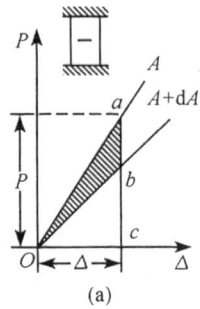 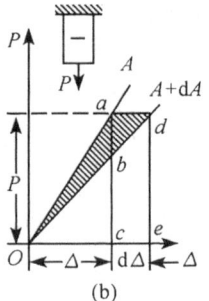

图 1-2

1) 固定位移情况

在图 1-2(a)中,当裂纹面积增加微量 dA,状态 a 变到 b。在这一过程中,体系应变能减少,减少量为 △Oac－△Obc,即图 1-2(a)中阴影线面积。此释放出的应变能作为裂纹扩展所需的功。

2) 固定载荷情况

如图 1-2(b)所示,在固定载荷 P 作用下,当裂纹面扩展时,体系所储存的应变能没有减少,反而增加,其增加量为 △Ode－△Oac。但是,与固定位移情况不同,载荷作的功等于 □cade 的面积,外力功除部分供给弹性系增加应变能外,还有剩余功

$$□cade - (△Ode - △Oac) = △Oad$$

如图 1-2(b)中阴影面积所示。在推导时,曾用 △Oad＝△cad,这部分功用来使裂纹扩展,恰与弹性系应变能的增加相等,都是外力功的一半。

将上述两种情况下的 G_I 表达式统一写成如下形式

$$G_I = \pm \frac{\partial U}{\partial A} \tag{1-13}$$

式中,对固定边情况取负号,表示裂纹扩展时的应变能减少;对固定力情况取正号,表示裂纹扩展时的应变能增加。应变能释放率这一名词易使人误认为应变能的减少,实际不然,因此有的书称 G_I 为裂纹扩展力。

3) 弹性约束情况

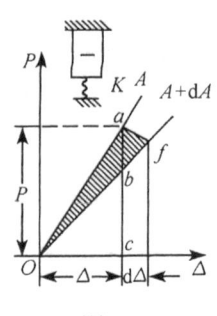

图 1-3

对于一般边界条件,可看成弹性约束,即简化为裂纹体与弹簧串联的力学模型,如图 1-3 所示。设弹簧柔度系数为 λ,其倒数 $K = \frac{1}{\lambda}$,即弹簧刚度系数。如裂纹扩展,载荷与位移的坐标点从图上 a 点沿直线变化到 f 点,这条直线对 y 轴的斜率为 －λ,系统推动裂纹扩展的有效能量为外力功与应变能增加(或减少)之差(或和),由图 1-3 中阴影面积 △Oaf 表示。

对于上述三种情况,在裂纹扩展过程中,因为图 1-3 中

△Oab、△Oaf 和△Oad 的面积都是微量,除以 dA,即得到应变能释放率

$$G_\mathrm{I} = \lim_{dA \to 0}\left(\frac{\triangle Oab}{dA}\right) = \lim_{dA \to 0}\left(\frac{\triangle Oad}{dA}\right) = \lim_{dA \to 0}\left(\frac{\triangle Oaf}{dA}\right) \quad (1\text{-}14)$$

由图 1-2(b)知,$\triangle Oad = \frac{P}{2}d\Delta$,式中 d$\Delta$ 代表位移增量;△Oad 代表△Oad 的面积。因为 dΔ=Pdλ,故有

$$\triangle Oad = \frac{P^2}{2}d\lambda$$

代入式(1-14)得

$$G_\mathrm{I} = \frac{P^2}{2} \cdot \frac{d\lambda}{dA} \quad (1\text{-}15)$$

已知载荷与柔度随裂纹面积的变化率,由式(1-15)可计算出 G_{IC},式(1-15)称为应变能释放率的柔度表达式。

1.2 裂纹尖端附近的应力和位移场

1.1 节介绍了能量准则,但没有考虑裂纹尖端附近的应力和应变,而它们对断裂安全设计是非常重要的。因此,在本节将要研究它们。

设具有椭圆孔的无限大板,孔的两个主轴各长 2a 和 2b,在长轴 2a 垂直的方向上作用拉应力 σ。用弹性理论可以证明,在长轴端的拉应力最大

$$\sigma_{\max} = \sigma\left(1 + \frac{2a}{b}\right)$$

如果一细缝长 2a,在端部的曲率半径为 ρ,也可以求出在主轴两端的拉应力最大,有

$$\sigma_{\max} = \sigma\left(1 + 2\sqrt{\frac{a}{\rho}}\right)$$

同样,用弹性理论可进一步计算这些孔的位移公式。如果让孔的短轴半径趋于零,则孔退化为一裂缝。Griffith 应用这样的公式计算裂纹释放的能量,继而提出裂纹失稳的能量平衡条件,在 1.1 节中已提到。

但是,最重要的是分析在裂纹尖端附近的应力场。1958 年,Irwin 分析了裂纹尖端附近的应力和应变场,提出了一个近似的,但是非常简单而且实用的公式。在介绍这些公式之前,首先要说明裂纹受力的几种类型。

1.2.1 裂纹的类型

在断裂力学中,按裂纹受力情况,将裂纹分为三种基本类型,如图 1-4 所示。这三种类型分别称为张开型(I 型)、滑开型(II 型)和撕开型(III 型)裂纹。

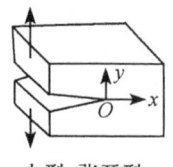 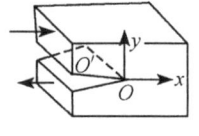 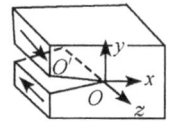

Ⅰ型：张开型　　　　　Ⅱ型：滑开型　　　　　Ⅲ型：撕开型

图 1-4

由图 1-4 可看出，各种类型裂纹受力的特点如下：Ⅰ型裂纹受垂直于裂纹面的拉应力作用；Ⅱ型裂纹受平行于裂纹面而垂直于裂纹前缘的剪应力作用；Ⅲ型裂纹受既平行于裂纹面又平行于裂纹前缘（图 1-4 中 OO' 直线）的剪应力作用。

这三种类型的裂纹表面，对应着三种不同的相对位移。Ⅰ型裂纹上下两表面相对张开；Ⅱ型裂纹上下两表面沿 x 轴相对滑开；Ⅲ型裂纹上下两表面沿 z 轴相对滑开。其中以张开型裂纹最为常见，而且容易产生低应力脆断。本章将重点研究Ⅰ型裂纹的应力和位移。

1.2.2　张开型裂纹尖端附近的应力和位移

设一无限大板，中心有一裂纹，长为 $2a$，受双轴拉应力作用，如图 1-5 所示。按弹性力学的平面问题求解，得出裂纹尖端附近的应力场和位移场如下（图 1-6）：

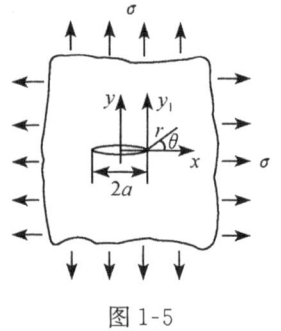 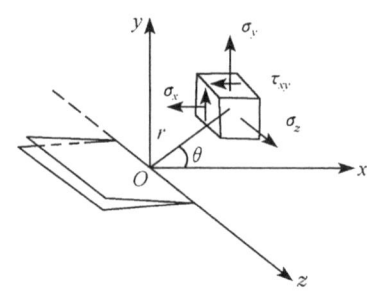

图 1-5　　　　　　　　　　　　　图 1-6

$$\left.\begin{aligned}
\sigma_x &= \frac{K_\mathrm{I}}{\sqrt{2\pi r}}\cos\frac{\theta}{2}\left(1-\sin\frac{\theta}{2}\sin\frac{3\theta}{2}\right)\\
\sigma_y &= \frac{K_\mathrm{I}}{\sqrt{2\pi r}}\cos\frac{\theta}{2}\left(1+\sin\frac{\theta}{2}\sin\frac{3\theta}{2}\right)\\
\tau_{xy} &= \frac{K_\mathrm{I}}{\sqrt{2\pi r}}\cos\frac{\theta}{2}\sin\frac{\theta}{2}\cos\frac{3\theta}{2}\\
\tau_{xz} &= \tau_{yz} = 0\\
\sigma_z &= \nu(\sigma_x+\sigma_y) \quad \text{（平面应变）}\\
\sigma_z &= 0 \quad \text{（平面应力）}
\end{aligned}\right\} \quad (1\text{-}16)$$

$$u = \frac{2(1+\nu)K_{\mathrm{I}}}{4E}\sqrt{\frac{r}{2\pi}}\left[(2k-1)\cos\frac{\theta}{2}-\cos\frac{3\theta}{2}\right]$$

$$v = \frac{2(1+\nu)K_{\mathrm{I}}}{4E}\sqrt{\frac{r}{2\pi}}\left[(2k+1)\sin\frac{\theta}{2}-\sin\frac{3\theta}{2}\right] \quad (1\text{-}17)$$

$$w = 0 \quad \text{（平面应变）}$$

$$w = -\int\frac{\nu}{E}(\sigma_x+\sigma_y)\mathrm{d}z \quad \text{（平面应力）}$$

式中，r,θ 为裂纹尖端附近点的极坐标；$u、v、w$ 为位移分量；$\sigma_x、\sigma_y、\tau_{xy}、\sigma_z、\tau_{xz}、\tau_{yz}$ 为应力分量；E 为弹性模量

$$k = \begin{cases} 3-4\nu, & \text{平面应变} \\ \dfrac{3-\nu}{1+\nu}, & \text{平面应力} \end{cases} \quad (1\text{-}18)$$

式中，共有的系数 K_{I} 称为裂纹尖端应力强度因子，简称应力强度因子。对于无限大板有中心裂纹、受双轴拉应力的情况为

$$K_{\mathrm{I}} = \sigma\sqrt{\pi a} \quad (1\text{-}19)$$

*式(1-16)和式(1-17)的推导如下：

1) 解 I 型裂纹的 Westergard 应力函数[3]

$\varphi(x,y)$ 应满足双调和方程式

$$\nabla^4\varphi = 0 \quad (1\text{-}20)$$

和边界条件。式(1-20)微分算子为

$$\nabla^4 = \left(\frac{\partial^2}{\partial x^2}+\frac{\partial^2}{\partial y^2}\right)\times\left(\frac{\partial^2}{\partial x^2}+\frac{\partial^2}{\partial y^2}\right)$$

Westergard 取一复变解析函数 $Z_{\mathrm{I}}(z)$，令其一次积分 $\overline{Z}_{\mathrm{I}}(z)$ 和二次积分 $\overline{\overline{Z}}_{\mathrm{I}}(z)$ 的实部和虚部组合成应力函数 φ，其表达式为

$$\varphi = \mathrm{Re}\,\overline{\overline{Z}}_{\mathrm{I}}(z) + y\mathrm{Im}\,\overline{Z}_{\mathrm{I}}(z) \quad (1\text{-}21)$$

式中，Re 和 Im 分别为复变函数实部和虚部的符号。可证明，φ 是一个双调和函数，满足方程(1-20)[附录 B，式(B11)]。

由应力函数 φ 求各应力分量的表达式为

$$\sigma_x = \frac{\partial^2\varphi}{\partial y^2} = \frac{\partial^2}{\partial y^2}\mathrm{Re}\,\overline{\overline{Z}}_{\mathrm{I}} + \frac{\partial^2}{\partial y^2}(y\mathrm{Im}\,\overline{Z}_{\mathrm{I}}) \quad (1\text{-}22)$$

利用柯西-黎曼条件[附录 B，式(B7)与式(B10)]有

$$\frac{\partial \mathrm{Re}Z_{\mathrm{I}}}{\partial x} = \frac{\partial \mathrm{Im}Z_{\mathrm{I}}}{\partial y} = \mathrm{Re}Z'_{\mathrm{I}}$$

$$\frac{\partial \mathrm{Im}Z_{\mathrm{I}}}{\partial x} = \frac{\partial \mathrm{Re}Z_{\mathrm{I}}}{\partial y} = \mathrm{Im}Z'_{\mathrm{I}}$$

---

* 初学者可略去此段，后同。

式中,上角标的"′"表示导数。现求

$$\frac{\partial^2 \mathrm{Re}\,\overline{Z_\mathrm{I}}}{\partial y^2} = \frac{\partial}{\partial y}\left(\frac{\partial \mathrm{Re}\,\overline{Z_\mathrm{I}}}{\partial y}\right)$$

$$= \frac{\partial}{\partial y}(-\,\mathrm{Im}\,\overline{Z_\mathrm{I}}) = -\,\mathrm{Re}\,Z_\mathrm{I}$$

$$\frac{\partial^2}{\partial y^2}(y\,\mathrm{Im}\,\overline{Z_\mathrm{I}}) = \frac{\partial}{\partial y}(\mathrm{Im}\,\overline{Z_\mathrm{I}} + y\,\mathrm{Re}\,Z_\mathrm{I})$$

$$= 2\mathrm{Re}\,Z_\mathrm{I} - y\,\mathrm{Im}\,Z_\mathrm{I}'$$

将以上两结果代入式(1-22),得

$$\sigma_x = \mathrm{Re}\,Z_\mathrm{I} - y\,\mathrm{Im}\,Z_\mathrm{I}' \tag{1-23}$$

同理,根据 $\sigma_y = \dfrac{\partial^2 \varphi}{\partial x^2}$, $\tau_{xy} = -\dfrac{\partial^2 \varphi}{\partial x \partial y}$ 关系,可得

$$\sigma_y = \mathrm{Re}\,Z_\mathrm{I} - y\,\mathrm{Im}\,Z_\mathrm{I}' \tag{1-24}$$

$$\tau_{xy} = -\,y\,\mathrm{Re}\,Z_\mathrm{I}' \tag{1-25}$$

将所求得的应力分量 σ_x、σ_y 和 τ_{xy} 代入弹性力学平面问题的物理方程和几何方程[附录 A,式(A3)~式(A5)],经积分后,可得 x 方向的位移 u 和 y 方向的位移 v。

(1) 平面应力情况,有

$$\left.\begin{array}{l} u = \dfrac{1}{E}\left[(1-\nu)\,\mathrm{Re}\,\overline{Z_\mathrm{I}} - (1+\nu)\,y\,\mathrm{Im}\,Z_\mathrm{I}\right] \\[6pt] v = \dfrac{1}{E}\left[2\,\mathrm{Im}\,\overline{Z_\mathrm{I}} - (1+\nu)\,y\,\mathrm{Re}\,Z_\mathrm{I}\right] \end{array}\right\} \tag{1-26}$$

(2) 平面应变情况,有

$$\left.\begin{array}{l} u = \dfrac{1+\nu}{E}\left[(1-2\nu)\,\mathrm{Re}\,\overline{Z_\mathrm{I}} - y\,\mathrm{Im}\,Z_\mathrm{I}\right] \\[6pt] v = \dfrac{1+\nu}{E}\left[2(1-\nu)\,\mathrm{Im}\,\overline{Z_\mathrm{I}} - y\,\mathrm{Re}\,Z_\mathrm{I}\right] \end{array}\right\} \tag{1-27}$$

由式(1-23)~式(1-27)看出,求解应力和位移时,并不需要找出应力函数,只需选择函数 $Z_\mathrm{I}(z)$,利用式(1-23)~式(1-27),并使其满足全部边界条件即可,所选函数 $Z_\mathrm{I}(z)$ 实质上代表了应力函数。

2) 选取 I 型裂纹的 $Z_\mathrm{I}(z)$ 函数

设如图 1-5 所示的无限大板,裂纹长为 $2a$,在无限远处作用均匀拉应力 σ。此问题的边界条件是:在裂纹面上无外力作用,即在 $y=0$,$|x|<a$ 处,$\sigma_y = \tau_{xy} = 0$;在无穷远处,即在 $|z| \to \infty$ 处,$\sigma_x = \sigma_y = \sigma$ 和 $\tau_{xy} = 0$,选取函数 $Z_\mathrm{I}(z)$ 为如下形式:

$$Z_\mathrm{I}(z) = \frac{\sigma z}{\sqrt{z^2 - a^2}} \tag{1-28}$$

能够满足上述全部边界条件。

事实上,在无穷远处,即 $|z| \to \infty$ 处,有

$$\lim_{|z|\to\infty} Z_{\mathrm{I}} = \lim_{|z|\to\infty} \frac{\sigma z}{\sqrt{z^2-a^2}} = \sigma$$

$$\lim_{|z|\to\infty} Z_{\mathrm{I}}' = \lim_{|z|\to\infty} \frac{\sigma a^2}{(z^2-a^2)^{3/2}} = 0$$

故 $\sigma_x = \sigma_y = \sigma$。

在裂纹表面,即 $y=0$, $|x|<a$ 处, $z=x+\mathrm{i}y=x$,则有

$$Z_{\mathrm{I}} = \frac{\sigma z}{\sqrt{z^2-a^2}} = \frac{\sigma x}{\sqrt{x^2-a^2}}$$

为虚数,故 $\mathrm{Re}Z_{\mathrm{I}}=0$。同时考虑 $y=0$ 的条件,得

$$\sigma_y = \tau_{xy} = 0$$

已知应力函数,可计算应力强度因子 K_{I}。为计算 K_{I},将坐标原点移至裂纹右侧尖端(图1-5),采用新坐标 ξ,有

$$\xi = z - a \tag{1-29}$$

则式(1-28)可改写成

$$Z_{\mathrm{I}}(\xi) = \frac{\sigma(\xi+a)}{\sqrt{(\xi+2a)\xi}} = \frac{f(\xi)}{\sqrt{\xi}} \tag{1-30}$$

式中

$$f(\xi) = \frac{\sigma(\xi+a)}{\sqrt{\xi+2a}}$$

在裂纹右尖端附近,即当 $|\xi|\to 0$ 时, $f(\xi)$ 有极限值,并等于一实常数,令

$$\lim_{|\xi|\to\infty} f(\xi) = \lim_{|\xi|\to\infty} \sqrt{\xi}Z_{\mathrm{I}}(\xi) = \frac{K_{\mathrm{I}}}{\sqrt{2\pi}} \tag{1-31}$$

则在裂纹右尖端附近, $|\xi|$ 在很小范围内, K_{I} 表示为

$$K_{\mathrm{I}} = \lim_{|\xi|\to\infty} \sqrt{2\pi\xi}Z_{\mathrm{I}}(\xi) \tag{1-32}$$

将 $Z_{\mathrm{I}}(\xi)$ 代入,得

$$K_{\mathrm{I}} = \lim_{|\xi|\to\infty} \sqrt{2\pi\xi}\frac{\sigma(\xi+a)}{\sqrt{(\xi+2a)\xi}} = \sigma\sqrt{\pi a} \tag{1-33}$$

3) 用 $Z_{\mathrm{I}}(z)$ 函数求 I 型裂纹尖端附近的应力场和位移场

由式(1-32), $K_{\mathrm{I}} = \lim\limits_{|\xi|\to\infty} \sqrt{2\pi\xi}Z_{\mathrm{I}}(\xi)$ 是在裂纹尖端处,即 $|\xi|\to 0$ 时,存在的极限。如考虑裂纹尖端附近的一个微小区域,则近似地成立

$$K_{\mathrm{I}} = \sqrt{2\pi\xi}Z_{\mathrm{I}}(\xi)$$

于是有

$$Z_{\mathrm{I}}(\xi) = \frac{K_{\mathrm{I}}}{\sqrt{2\pi\xi}} \tag{1-34}$$

以极坐标表示复变数

$$\xi = r\mathrm{e}^{\mathrm{i}\theta} = r(\cos\theta + \mathrm{i}\sin\theta)$$

考虑 $e^{\pm in\theta} = \cos(n\theta) \pm i\sin(n\theta)$ 后,式(1-34)成为

$$Z_{\mathrm{I}}(\xi) = \frac{K_{\mathrm{I}}}{\sqrt{2\pi r}} \left(\cos\frac{\theta}{2} - i\sin\frac{\theta}{2} \right)$$

而

$$\frac{\mathrm{d}Z_{\mathrm{I}}(\xi)}{\mathrm{d}\xi} = -\frac{K_{\mathrm{I}}}{2\sqrt{2\pi}} \cdot \frac{1}{\xi^{3/2}}$$

$$= -\frac{K_{\mathrm{I}}}{2\sqrt{2\pi}} \cdot \frac{1}{r^{3/2}} \left(\cos\frac{3\theta}{2} - i\sin\frac{3\theta}{2} \right)$$

将以上两式代入式(1-23)~式(1-27)。并考虑 $y = r\sin\theta$,便得到裂纹尖端附近应力场和位移场表达式(1-16)和式(1-17)。推证完毕。

由上述分析可见,应力与位移表达式仅适用于裂纹尖端,对于裂纹尖端附近是近似解。

1.2.3 滑开型裂纹尖端附近的应力和位移

设一无限大板,中心有一裂纹,长为 $2a$,无穷远处受剪应力作用,如图 1-7 所示。

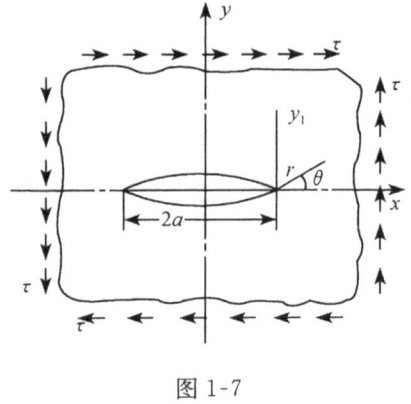

图 1-7

按弹性力学平面问题求解,得出裂纹尖端附近的应力场和位移场如下:

$$\left.\begin{aligned}
\sigma_x &= \frac{-K_{\mathrm{II}}}{\sqrt{2\pi r}} \sin\frac{\theta}{2} \left(2 + \cos\frac{3\theta}{2}\cos\frac{3\theta}{2} \right) \\
\sigma_y &= \frac{K_{\mathrm{II}}}{\sqrt{2\pi r}} \sin\frac{\theta}{2} \cos\frac{\theta}{2} \cos\frac{3\theta}{2} \\
\tau_{xy} &= \frac{K_{\mathrm{II}}}{\sqrt{2\pi r}} \cos\frac{\theta}{2} \left(1 - \sin\frac{\theta}{2}\sin\frac{3\theta}{2} \right) \\
\tau_{xz} &= \tau_{yz} = 0 \\
\sigma_z &= \nu(\sigma_x + \sigma_y) \quad (\text{平面应变}) \\
\sigma_z &= 0 \quad (\text{平面应力})
\end{aligned}\right\}$$

(1-35)

$$\left.\begin{aligned}
u &= \frac{2(1+\nu)K_{\mathrm{II}}}{4E} \sqrt{\frac{r}{2\pi}} \left[(2k+3)\sin\frac{\theta}{2} + \sin\frac{3\theta}{2} \right] \\
v &= -\frac{2(1+\nu)K_{\mathrm{II}}}{4E} \sqrt{\frac{r}{2\pi}} \left[(2k-2)\cos\frac{\theta}{2} + \cos\frac{3\theta}{2} \right] \\
w &= 0 \quad (\text{平面应变}) \\
w &= -\frac{\nu}{E} \int (\sigma_x + \sigma_y) \mathrm{d}z \quad (\text{平面应力})
\end{aligned}\right\}$$

(1-36)

$$K_{\mathrm{II}} = \tau\sqrt{\pi a}$$

(1-37)

各符号意义同式(1-16)和式(1-17)。

* 式(1-35)和式(1-36)的推导如下：

II 型裂纹问题和 I 型裂纹问题的求解方法和原理基本相同，此处不作详细介绍，两者的主要差别是无限远处边界上的受力条件不同，如图 1-7 所示，II 型裂纹问题在无限远处受均匀剪切应力 τ 作用。

选用应力函数

$$\varphi = -y\mathrm{Re}\overline{Z_{\mathrm{II}}} \tag{1-38}$$

将 φ 代入附录 A 中的求应力公式(A8)，并利用柯西-黎曼条件公式[附录 B，式(B7)、式(B8)]，得

$$\left.\begin{array}{l}\sigma_x = 2\mathrm{Im}Z_{\mathrm{II}} + y\mathrm{Re}Z'_{\mathrm{II}} \\ \sigma_y = -y\mathrm{Re}Z'_{\mathrm{II}} \\ \tau_{xy} = \mathrm{Re}Z'_{\mathrm{II}} - y\mathrm{Im}Z'_{\mathrm{II}}\end{array}\right\} \tag{1-39}$$

将求得的 σ_x、σ_y 和 τ_{xy} 代入附录 A 中式(A3)和式(A5)，可求得平面应变情况下的位移表达式，有

$$\left.\begin{array}{l}u = \dfrac{1+\nu}{E}\left[2(1-\nu)\mathrm{Im}\overline{Z_{\mathrm{II}}} + y\mathrm{Re}Z_{\mathrm{II}}\right] \\ v = \dfrac{1+\nu}{E}\left[-(1-2\nu)\mathrm{Re}\overline{Z_{\mathrm{II}}} - y\mathrm{Im}Z_{\mathrm{II}}\right]\end{array}\right\} \tag{1-40}$$

选取函数

$$Z_{\mathrm{II}} = \frac{\tau z}{z^2 - a^2} \tag{1-41}$$

不难证明，能够满足全部边界条件。换成裂纹尖端新坐标，有

$$Z_{\mathrm{II}}(\xi) = \frac{f(\xi)}{\xi^{1/2}} \tag{1-42}$$

式中

$$f(\xi) = \frac{\tau(\xi + a)}{\sqrt{\xi + 2a}} \tag{1-43}$$

与 I 型裂纹类似，用下式求应力强度因子

$$K_{\mathrm{II}} = \lim_{|\xi| \to 0}\sqrt{2\pi\xi}Z_{\mathrm{II}}(\xi) = \tau\sqrt{\pi a} \tag{1-44}$$

类似 I 型裂纹问题，将函数 $Z_{\mathrm{I}}(\xi)$ 代入式(1-39)和式(1-40)后取近似值，即得 II 型裂纹尖端附近的应力场和位移场，如式(1-35)和式(1-36)所示。读者可自行推证。

1.2.4 撕开型裂纹尖端附近的应力和位移

设一无限大板，中心有一裂纹，长为 $2a$，无限远处受沿 z 轴方向的均匀剪切应力，如图 1-8 所示。其位移特点是 $u=v=0$，只有沿 z 轴方向的位移 $w(x,y)$ 不为

零,这实际是反平面应变问题、纯剪变形问题。

按弹性力学反平面应变问题求解,得出裂纹尖端附近的应力场和位移场如下:

$$\left.\begin{array}{l} \tau_{xz} = -\dfrac{K_{\text{III}}}{\sqrt{2\pi r}}\sin\dfrac{\theta}{2} \\[2mm] \tau_{zy} = \dfrac{K_{\text{III}}}{\sqrt{2\pi r}}\cos\dfrac{\theta}{2} \\[2mm] \sigma_x = \sigma_y = \sigma_z = \tau_{xy} = 0 \end{array}\right\} \quad (1\text{-}45)$$

$$\left.\begin{array}{l} w = \dfrac{K_{\text{III}}2(1+\nu)}{E}\sqrt{\dfrac{2r}{\pi}}\sin\dfrac{\theta}{2} \\[2mm] v = u = 0 \end{array}\right\} \quad (1\text{-}46)$$

$$K_{\text{III}} = \tau\sqrt{\pi a}$$

式中,符号意义与式(1-16)和式(1-17)相同。

*式(1-45)和式(1-46)的推导如下:

III 型裂纹问题的受力条件见图 1-8,在无限远处,受与 xz 面平行且沿 z 轴方向的剪切应力 τ 的作用。其位移

$$w = w(x,y), \qquad u = v = 0$$

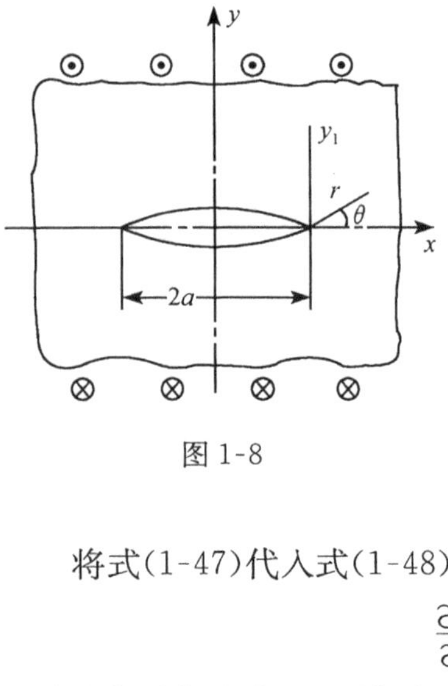

按弹性力学位移法求解,以位移为未知函数。由弹性力学的几何方程与物理方程(见附录 A,式(A5)和式(A3))得

$$\left.\begin{array}{l} \gamma_{xz} = \dfrac{\partial w}{\partial x} = \dfrac{2(1+\nu)}{E}\tau_{xz} \\[2mm] \gamma_{yz} = \dfrac{\partial w}{\partial y} = \dfrac{2(1+\nu)}{E}\tau_{yz} \\[2mm] \sigma_x = \sigma_y = \tau_{xy} = 0 \end{array}\right\} \quad (1\text{-}47)$$

单元体上的平衡方程[附录 A 中式(A2)]只剩下

$$\dfrac{\partial \tau_{xz}}{\partial x} + \dfrac{\partial \tau_{yz}}{\partial y} = 0 \quad (1\text{-}48)$$

图 1-8

将式(1-47)代入式(1-48),得

$$\dfrac{\partial^2 w}{\partial x^2} + \dfrac{\partial^2 w}{\partial y^2} = \nabla^2 w = 0 \quad (1\text{-}49)$$

上式为拉普拉斯方程,用复变函数法求解。

选择复变解析函数 $Z_{\text{II}}(z)$,令

$$w = \dfrac{2(1+\nu)}{E}\text{Im}\,\overline{Z_{\text{III}}}(z) \quad (1\text{-}50)$$

显然,此 w 函数能满足式(1-49)的要求。下面只需所选的函数能满足全部边界条件。利用附录 B 中柯西-黎曼条件式(B7)、式(B8),将式(1-50)代入式(1-47),得

$$\left.\begin{aligned}\tau_{xz} &= \frac{E}{2(1+\nu)}\frac{\partial w}{\partial x} = \frac{E}{2(1+\nu)}\frac{\partial \text{Im}\overline{Z_{\text{III}}}}{\partial x} = \text{Im}Z_{\text{III}}\\ \tau_{yz} &= \frac{E}{2(1+\nu)}\frac{\partial \omega}{\partial x} = \frac{E}{2(1+\nu)}\frac{\partial \text{Im}\overline{Z_{\text{III}}}}{\partial y} = \text{Re}Z_{\text{III}}\end{aligned}\right\} \quad (1-51)$$

类似 I 型裂纹的处理方法,选函数

$$Z_{\text{III}}(z) = \frac{\tau z}{\sqrt{z^2 - a^2}} \quad (1-52)$$

然后,将坐标原点移到裂纹右尖端,取新坐标

$$z = a + \xi$$

$$Z_{\text{III}}(\xi) = \frac{\tau(\xi + a)}{\sqrt{(\xi + 2a)\xi}} \quad (1-53)$$

不难证明,此函数能满足其全部边界条件。因而有

$$K_{\text{III}} = \lim_{|\xi| \to 0} \sqrt{2\pi\xi} Z_{\text{III}}(\xi) = \tau\sqrt{\pi a} \quad (1-54)$$

类似 I 型裂纹问题,也可求得 III 型裂纹尖端附近的应力场和位移场,如式(1-45)和式(1-46)所示。读者可自行证明。

上述三种类型求解方法,仅能应用于载荷或位移对于裂纹中点的坐标轴是对称的或反对称的简单情况,而且所研究的问题限于无限大板穿透裂纹。对于一般的裂纹问题,要用其他的方法求解,见第 2 章。

1.2.5 应力强度因子

综上所述,各种类型裂纹尖端附近的应力场和位移场有相似之处,可将它们简写为如下形式:

$$\sigma_{ij}^{(\text{I})} = \frac{K_{\text{I}}}{\sqrt{2\pi r}} f_{ij}^{(\text{I})}(\theta) \quad (1-55)$$

$$u_i^{(\text{I})} = K_{\text{I}}\sqrt{\frac{r}{\pi}} g_i^{(\text{I})}(\theta) \quad (1-56)$$

式中,$\sigma_{ij}(i,j=1,2,3)$ 代表应力分量;$u_i(i=1,2,3)$ 代表位移分量,上角标(I)代表 I 型;$f_{ij}(\theta)$ 和 $g_i(\theta)$ 代表极坐标角 θ 的函数。如上角标写成(II)或(III),则代表 II 型或 III 型。

应力场公式(1-55)的特点:

(1) 在裂纹尖端,即 $r=0$ 处,应力趋于无限大,应力在裂纹尖端出现奇异点。

(2) 应力强度因子 K_{I} 在裂纹尖端是有限量。

(3) 裂纹尖端附近区域的应力分布是 r 和 θ 的一定函数关系,与无限远处的应力和裂纹长无关。

根据上述裂纹尖端附近应力场的特点可看出,用应力作为参量来建立如传统的强度条件失去了意义,但是,应力强度因子是有限量,它不代表某一点的应力,而

是代表应力场强度的物理量,用它来作为参量建立破坏条件是恰当的,下节我们将用应力强度因子建立脆断的准则。

应力强度因子一般可写为

$$K_{\mathrm{I}} = Y\sigma\sqrt{\pi a} \tag{1-57}$$

式中,σ 为名义应力(裂纹位置上按无裂纹计算的应力);a 为裂纹尺寸(裂纹长或深);Y 为形状系数(与裂纹大小、位置等有关)。

各种形状裂纹的应力强度因子的计算公式见 2.9 节。

应力强度因子的量纲为[力]·[长度]$^{-3/2}$,常用单位是 kg·mm$^{-3/2}$。在一些英美资料中,一般用 klb $\sqrt{\text{in}^{-3}}$(千磅·英寸$^{-3/2}$)①或用国际单位 N·m$^{-3/2}$(牛顿·米$^{-3/2}$)。

1.3 脆性断裂的 K 准则

1.3.1 应力强度因子与应变能释放率的关系

由 1.1 节中应变能释放率公式 $G_{\mathrm{I}} = \dfrac{\pi\sigma^2 a}{E}$,与 1.2 节中应力强度因子公式 $K_{\mathrm{I}} = \sigma\sqrt{\pi a}$ 相比较,不难看出,K_{I} 的平方和 G_{I} 都包含 $\sigma^2 a$。因此,G_{I} 和 K_{I} 之间应有一定的关系。这一关系将进一步揭示应力强度因子的物理意义。

先研究张开型情况。应变能释放率 G_{I} 表示裂纹扩展单位面积所释放的应变能。由 1.2 节已知裂纹尖端附近的应力与位移场,可以计算出使裂纹闭合单位面积所做的功,显然这部分功应该等于裂纹扩张单位面积所释放的能量。

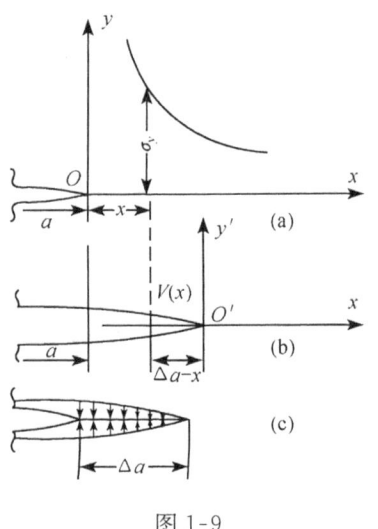

图 1-9

设想图 1-9(a)所示的裂纹,原长为 a,现在扩展一微小长度 Δa,如图 1-9(b)所示。这时,释放出的能量可用从图 1-9(b)状态闭合到图 1-9(c)状态所做的功来计算。闭合时,作用在裂纹表面上 x 位置的应力,由图 1-9(b)中的 0 值,逐渐增加到图 1-9(a)中的 $\sigma_y(x)$。由式(1-16),当 $r=x,\theta=0$ 有

$$\sigma_y(x) = \frac{K_{\mathrm{I}}}{\sqrt{2\pi x}} \tag{1-58}$$

由图 1-9(b)可看出,闭合时的位移最初为 $v(r,\theta)$,其中,$r=\Delta a - x, \theta=\pi$[注意,

---

① 1lb(磅)=0.453592kg,1in(英寸)=2.54cm,后同。

图 1-9(a)和(b)中坐标原点不同]。由式(1-17)中第二式有

$$v(\Delta a - x, \pi) = \frac{2(1+\nu)K_I}{4E}\sqrt{\frac{\Delta a - x}{2\pi}}(2k+2) \tag{1-59}$$

闭合后,位移为零。

在闭合过程中,面元素 $B\mathrm{d}x$(B 为板厚)上作用的应力由零增加到 σ_y,而位移由 v 减少到零。闭合时,应力在 Δa 段所做的功为

$$B\int_0^{\Delta a} \sigma_y v \mathrm{d}x$$

除以 Δa 段面积,即得闭合单位裂纹面积所做的功,这部分功应等于裂纹扩展单位面积所释放的能量 G_I,即

$$\begin{aligned}G_I &= \frac{1}{B\Delta a} B\int_0^{\Delta a} \sigma_y v \mathrm{d}x \\ &= \frac{1}{\Delta a} \cdot \frac{2(1+\nu)(k+1)}{4\pi E}K_I^2 B\int_0^{\Delta a}\sqrt{\frac{\Delta a - x}{x}}\mathrm{d}x = \frac{K_I^2}{E'}\end{aligned} \tag{1-60}$$

式中,$E' = E$(平面应力状态),$E' = \dfrac{E}{1-\nu^2}$(平面应变状态)。

由此可见,应力强度因子和应变能释放率有对应关系,K_I 不仅表示裂纹尖端附近弹性应力场的强度,而且它的平方也确定裂纹扩展时所释放出的能量率。所以讨论线弹性断裂问题,应用 K_I 和 G_I 为参数是等价的。

对于 II 型和 III 型裂纹也有类似关系,即

$$G_{II} = \frac{K_{II}^2}{E'} \tag{1-61}$$

$$G_{III} = \frac{(1+\mu)K_{III}^2}{E} \tag{1-62}$$

证明与 I 型类似,故略。

注意,I、II 型裂纹问题有平面应力和平面应变的区别,反平面 III 型裂纹问题没有这一区别。

1.3.2 脆性断裂的 K 准则

式(1-4)表示了脆性材料裂纹失稳扩展的临界条件为
$$G_I = G_{IC}$$
根据式(1-60)可以得到以应力强度因子表示的裂纹失稳扩展的临界条件为
$$K_I = K_{IC} \tag{1-63}$$
式(1-63)称为脆性断裂的 K 准则,它表示裂纹尖端的应力强度因子 K_I 达到某一个临界值 K_{IC} 时,裂纹将失稳扩展。式中,K_{IC} 与 G_{IC} 类似,是材料常数,称为材料的平面应变断裂韧度。不难看出,在线弹性条件下
$$G_{IC} = \frac{K_{IC}^2}{E'} \tag{1-64}$$

必须指出：K_I 和 K_{IC} 是两个不同的概念，应力强度因子 K_I 是由载荷及裂纹体的形状和尺寸决定的量，是表示裂纹尖端应力场强度的一个参量，可以用弹性理论的方法进行计算；而断裂韧度 K_{IC} 是材料具有的一种机械性能，表示材料抵抗脆性断裂的能力，由试验测定。关于 K_{IC} 的测定方法见第 6 章。

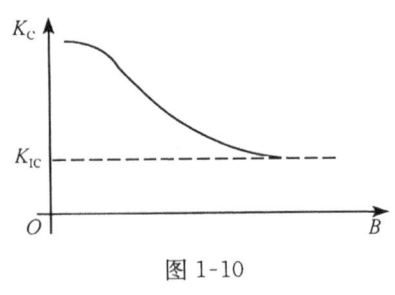

图 1-10

实验与理论分析表明，材料的断裂韧度随试件厚度 B 的增加而下降，如图 1-10 所示。这是因为薄板的裂纹尖端处于平面应力状态，裂纹不易扩展，其断裂韧度值较高，一般用 K_C 表示平面应力断裂韧度，随着板厚度的增加，裂纹尖端处于平面应变状态的部分增加，裂纹较易于扩展，因而其断裂韧度降低。当板的厚度增加到某一定值以后，裂纹韧度降至最低值，称为平面应变断裂韧度，用 K_{IC} 表示。式(1-63)表示 I 型裂纹在平面应变条件下的脆性断裂准则。对于金属材料，在平面应力条件下，裂纹尖端产生较大的塑性变形，此时在线弹性断裂力学基础上建立的 K 准则不适用，而要采用弹塑性断裂力学的断裂准则，见第 3 章。若裂纹尖端的塑性变形区较小时，经过下面所介绍的修正后，仍可以用 K 准则。

式(1-4)所表示的脆性断裂临界条件称为 G 准则。对于线弹性断裂力学问题，采用 G 准则或 K 准则所得的结果是完全一样的。由于应用弹性理论，可直接计算各种裂纹体的应力强度因子 K_I，同时用试验测定 K_{IC} 比测定 G_{IC} 方便，因此工程中一般常用 K 准则。

根据断裂准则式(1-63)，可以计算剩余强度 σ_C（临界应力）和临界裂纹长度 a_C，从而进行断裂安全分析。例如，对于无限大板，具有中心裂纹且受双轴拉应力时，$K_I = \sigma\sqrt{\pi a}$，若试验得材料的断裂韧度为 K_{IC}，则根据断裂准则式(1-63)有

$$K_I = \sigma\sqrt{\pi a} = K_{IC}$$

由此可得临界应力

$$\sigma_C = \frac{K_{IC}}{\sqrt{\pi a}}$$

临界裂纹长度

$$a_C = \frac{K_{IC}^2}{\pi \sigma^2}$$

不同的结构，应力强度因子 K_I 的表达式不同。具体进行断裂安全分析的方法，可参看第 7 章。

1.4 线弹性断裂力学在小范围屈服时的推广

1.4.1 裂纹尖端塑性区和等效模型的概念

线弹性断裂力学以线弹性理论为基础，只适用于纯线弹性裂纹体。然而绝大

多数金属材料,在裂纹尖端附近,由于应力集中,必然形成塑性区。在这种情况下,线弹性断裂力学是否能用呢?这是本节要讨论的主要问题。对于小范围屈服情况,如塑性区尺寸比裂纹长差一个数量级时,工程中一般仍用线弹性理论计算应力强度因子,但是要考虑塑料性区的影响,对应力强度因子进行修正,然后再应用线弹性断裂力学理论进行计算。最常用的修正方法是等效模型法。下面先介绍等效模型法的概念,以Ⅰ型裂纹为例,其他的裂纹情况类似,不再列举。

在Ⅲ型裂纹小范围屈服情况下,用弹塑性理论求出的解,其裂纹尖端塑性区为一圆。由于产生塑性区,应力发生松弛,弹性区的应力场向裂纹前方平移。由此,Irwin假设Ⅰ型裂纹的弹性应力场也因塑性区的形成而发生平移。

研究裂纹平面内的法向应力,先不考虑塑性区的影响,按线弹性解式(1-16),当$\theta=0$时,有

$$\sigma_y = \frac{K_I}{\sqrt{2\pi r}} \tag{1-65}$$

其分布曲线见图1-11中虚线FBD。如果裂纹尖端附近出现微小塑性区,因为在塑性区内应力和应变不再呈线性关系,所以法向应力不再由式(1-65)表示,而由图1-11中ABC和CE两段实线来表示(忽略材料的应变硬化)。想像裂纹尖端向前移动距离r_y,使虚线DB与实线CE重合,这样按裂纹长$\bar{a}=a+r_y$计算的线性解BD部分,将与有塑性区时的弹性部分CE相等。$\bar{a}$称为等效裂纹长度。等效裂纹模型法就是以$\bar{a}$代替原裂纹长a,对应力强度因子进行修正。这种修正说明,塑性区的存在相当于裂纹

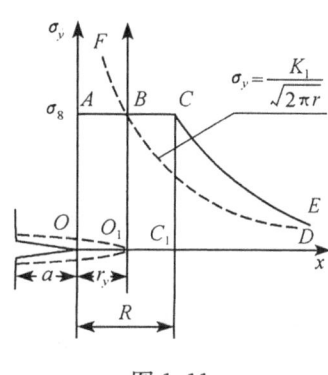

图1-11

长度的增加,即裂纹体的柔度增加,因而裂纹的应变能释放率G_I也增加。下面将做具体的定量分析。

1.4.2 塑性区的形状和尺寸

先讨论平面应力情况。求裂纹尖端附近各点的主应力,按材料力学公式,有

$$\genfrac{}{}{0pt}{}{\sigma_1}{\sigma_2} = \frac{\sigma_x+\sigma_y}{2} \pm \sqrt{\left(\frac{\sigma_x+\sigma_y}{2}\right)^2+\tau_{xy}^2}$$

将式(1-16)中的应力代入上式得

$$\left.\begin{aligned}\sigma_1 &= \frac{K_I}{\sqrt{2\pi r}}\cos\frac{\theta}{2}\left(1+\sin\frac{\theta}{2}\right)\\ \sigma_2 &= \frac{K_I}{\sqrt{2\pi r}}\cos\frac{\theta}{2}\left(1-\sin\frac{\theta}{2}\right)\end{aligned}\right\} \tag{1-66}$$

应用冯·米泽斯(Von Mises)屈服条件

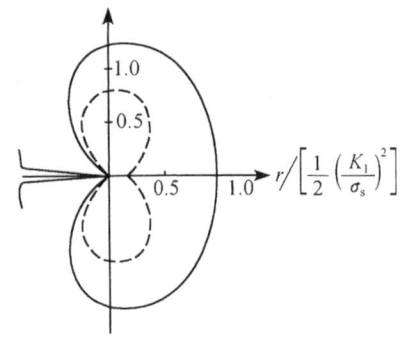

图 1-12

$$(\sigma_1-\sigma_2)^2+(\sigma_2-\sigma_3)^2+(\sigma_3-\sigma_1)^2=2\sigma_s^2 \tag{1-67}$$

将式(1-66)代入式(1-67),化简后求出矢径与幅角的关系式为

$$r=\frac{K_{\mathrm{I}}^2}{2\pi\sigma_s^2}\cos^2\frac{\theta}{2}\left(1+3\sin^2\frac{\theta}{2}\right) \tag{1-68}$$

根据式(1-68)画出(r,θ)曲线,见图 1-12 中实线。在曲线上的各点相当于应力等于屈服极限,而曲线内部各点则超过屈服极限,这条闭合曲线表示裂纹尖端附近材料出现塑性区的周边形状,不过其内部未考虑应力松弛效应。在裂纹面$(\theta=0)$上,塑性区周边到裂纹尖端的距离为

$$r_0=\frac{1}{2\pi}\left(\frac{K_{\mathrm{I}}}{\sigma_s}\right)^2 \tag{1-69}$$

r_0 表示塑性区尺寸。

在平面应变情况下,除 σ_1 和 σ_2 外,还有

$$\sigma_3=\nu(\sigma_x+\sigma_y)=2\nu\frac{K_{\mathrm{I}}}{\sqrt{2\pi r}}\cos\frac{\theta}{2} \tag{1-70}$$

代入式(1-67),得平面应变塑性区周界方程为

$$r=\frac{1}{2\pi}\left(\frac{K_{\mathrm{I}}}{\sigma_s}\right)^2\cos^2\frac{\theta}{2}\left[(1-2\nu)^2+3\sin^2\frac{\theta}{2}\right] \tag{1-71}$$

当$\nu=0.3$时,其图像如图 1-12 中虚线所示。同理,在裂纹面上周边到裂纹尖端的距离为

$$r_0=\frac{1}{2\pi}\left(\frac{K_{\mathrm{I}}}{\sigma_s}\right)^2(1-2\nu)^2 \tag{1-72}$$

若取 $\nu=0.3$,则

$$r_0=0.16\frac{1}{2\pi}\left(\frac{K_{\mathrm{I}}}{\sigma_s}\right)^2 \tag{1-73}$$

由图 1-12 可看出,平面应变的塑性区远较平面应力的塑性区小。这是因为,在平面应变状态下,沿厚度方向约束所产生的 σ_z 是拉应力,在三向拉伸应力状态下材料不易屈服而变脆。

取一厚板,厚度中心部分受 z 方向约束大,处于平面应变状态,由中心移向表面,约束逐渐减小,因此向平面应力状态过渡,接近表面时,约束极小,处于平面应力状态。在厚板的裂纹前沿上,板中心的塑性区较小,越接近表面塑性区越大,变化情况如图 1-13

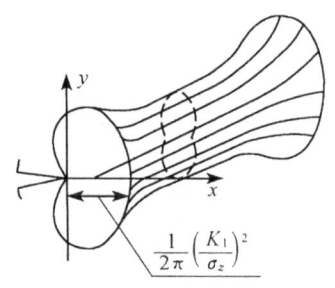

图 1-13

所示。

1.4.3 应力松弛的修正

上述分析不论是平面应力状态,还是平面应变状态,均未考虑塑性区内塑性变形引起的应力松弛,其结果使得到的塑性区偏小。如考虑应力松弛的影响,则塑性区将扩大。下面粗略估计应力松弛对塑性区的影响。

设应力松弛发生前,应力分布按弹性解,如图 1-11 中 FBD 虚线。应力松弛发生后,应力分布由图 1-11 中 AC 和 CE 两段实线组成,CE 为平移后的弹性解,AC 为理想塑性的 σ_s 应力值。根据力的平衡条件,应力松弛发生前后,沿 x 轴上应力的和应该相等,即 FBD 虚线下应力的积分应该与 AC 和 CE 两段实线下应力的积分和相等。已假定 CE 与 BD 下应力积分相等,则只需 FB 下应力积分等于 AC 下应力积分即可,由此

$$R\sigma_{ys} = \int_0^{r_0} \sigma_y(r) \mathrm{d}r \tag{1-74}$$

式中,R 为塑性区尺寸;σ_{ys} 为塑性区中 y 轴方向的应力。在平面应力状态下,$\theta=0$ 时,$\sigma_1=\sigma_2=\dfrac{K_\mathrm{I}}{\sqrt{2\pi r}}=\sigma_{ys}$,$\sigma_3=0$。按冯·米泽斯屈服条件,$\sigma_{ys}=\sigma_s$,即 σ_{ys} 等于单向拉伸时的屈服极限 σ_s。将式(1-65)及式(1-69)代入式(1-74),积分后得

$$R = \frac{1}{\pi}\left(\frac{K_\mathrm{I}}{\sigma_s}\right)^2 = 2r_0 \tag{1-75}$$

由式(1-75)看出,应力松弛使塑性区尺寸增加一倍。

对平面应变状态,当 $\theta=0$ 时,$\sigma_1=\sigma_2=\sigma_{ys}$,而 $\sigma_3=\nu(\sigma_1+\sigma_2)=2\nu\sigma_{ys}$ 按冯·米泽斯屈服条件,有

$$\sigma_{ys} = \frac{1}{1-2\nu}\sigma_s \tag{1-76}$$

将上式代入式(1-74),得

$$R = \frac{1}{\pi}\left(\frac{K_\mathrm{I}}{\sigma_s}\right)^2 (1-2\nu)^2 = 2r_0 \tag{1-77}$$

即在平面应变状态下,如考虑塑性区应力松弛影响,塑性区也扩大一倍。

在一般文献中,根据环形切口圆棒试件所做的拉伸试验,在三向拉伸应力状态下

$$\sigma_{ys} = 1.7\sigma_s \approx \sqrt{2\sqrt{2}}\sigma_s \tag{1-78}$$

代入式(1-74),得

$$R = \frac{1}{2\sqrt{2}\pi}\left(\frac{K_\mathrm{I}}{\sigma_s}\right)^2 \tag{1-79}$$

在一般文献中多采用式(1-79),而不用式(1-77)。

以上考虑的是无强化材料,对于实际的强化材料,裂纹尖端塑性区的形状和尺

寸都与上述结果有出入,材料的强化作用越大,塑性区尺寸越小。因此,上述结果对于实际材料,是偏安全的近似解。

1.4.4 等效裂纹长度与应力强度因子

应力强度因子是裂纹尖端应力场强弱的标志。因为裂纹尖端形成塑性区,引起应力松弛,使应力场发生变化,应力强度因子也应改变。应力松弛的结果使裂纹体刚度下降,这与裂纹长度增加效果一样。在等效模型中,取等效裂纹长度 $\bar{a}=a+r_y$,令等效裂纹尖端附近应力场的线弹性分布曲线,在原裂纹塑性区边界(图 1-11 中 C_1 点)的应力等于 σ_{ys},即在 $r=R-r_y$ 处,$\bar{\sigma}_y=\sigma_{ys}$。然而,$\bar{\sigma}_y=\dfrac{\overline{K}_\mathrm{I}}{\sqrt{2\pi r}}$,故得

$$\frac{\overline{K}_\mathrm{I}}{\sqrt{2\pi(R-r_y)}}=\sigma_{ys} \tag{1-80}$$

$\overline{K}_\mathrm{I}$ 是应力松弛后的应力强度因子。简化后得

$$r_y=R-\frac{\overline{K}_\mathrm{I}^2}{2\pi\sigma_{ys}^2} \tag{1-81}$$

在平面应力下,$\sigma_{ys}=\sigma_s$,$R=\dfrac{1}{\pi}\left(\dfrac{K_\mathrm{I}}{\sigma_s}\right)^2$,代入式(1-81),并做第一次近似 $K_\mathrm{I}\approx\overline{K}_\mathrm{I}$,有

$$r_y=\frac{1}{2\pi}\left(\frac{\overline{K}_\mathrm{I}}{\sigma_s}\right)^2 \tag{1-82}$$

在平面应变状态下,如按 $R=\dfrac{1}{\pi}\left(\dfrac{K_\mathrm{I}}{\sigma_s}\right)^2(1-2\nu)^2$,$\sigma_{ys}=\dfrac{1}{1-2\nu}\sigma_s$,则有

$$r_y=\frac{1}{2\pi}\left(\frac{\overline{K}_\mathrm{I}}{\sigma_s}\right)^2(1-2\nu)^2 \tag{1-83}$$

如按一般采用的公式 $R=\dfrac{1}{2\sqrt{2}\pi}\left(\dfrac{\overline{K}_\mathrm{I}}{\sigma_s}\right)^2$,$\sigma_{ys}=\sqrt{2\sqrt{2}}\sigma_s$,则有

$$r_y=\frac{1}{4\sqrt{2}\pi}\left(\frac{\overline{K}_\mathrm{I}}{\sigma_s}\right)^2 \tag{1-84}$$

求得 r_y 后,即可按 $a+r_y$ 计算等效裂纹长度,然后再按等效裂纹长度计算等效应力强度因子 $\overline{K}_\mathrm{I}$。一般工程应用中,取 $\overline{K}_\mathrm{I}=K_\mathrm{I}$,因 $K_\mathrm{I}=Y\sigma\sqrt{\pi a}$,用等效裂纹长度 $a+r_y$ 代替 a,有

$$K_\mathrm{I}=Y\sigma\sqrt{\pi(a+r_y)} \tag{1-85}$$

在平面应力状态下,将式(1-82)代入式(1-85)得

$$K_\mathrm{I}=\frac{Y\sigma\sqrt{\pi a}}{\sqrt{1-\dfrac{Y^2}{2}\left(\dfrac{\sigma}{\sigma_s}\right)^2}} \tag{1-86}$$

在平面应变状态下,将式(1-84)代入式(1-85)得

$$K_{\mathrm{I}} = \frac{Y\sigma\sqrt{\pi a}}{\sqrt{1-\frac{Y^2}{4\sqrt{2}}\left(\frac{\sigma}{\sigma_\mathrm{s}}\right)^2}} \tag{1-87}$$

两种状态下的应力强度因子都扩大，扩大系数分别为

$$\frac{1}{\sqrt{1-\frac{Y^2}{2}\left(\frac{\sigma}{\sigma_\mathrm{s}}\right)^2}} \quad \text{和} \quad \frac{1}{\sqrt{1-\frac{Y^2}{4\sqrt{2}}\left(\frac{\sigma}{\sigma_\mathrm{s}}\right)^2}}$$

严格来讲，上述表达式只是近似的，因设 $\bar{K}_{\mathrm{I}} \approx K_{\mathrm{I}}$，而且未考虑等效裂纹长对形状因子 Y 的影响。对于复杂问题，r_y 是 $\bar{K}_{\mathrm{I}}$ 的函数，而 $\bar{K}_{\mathrm{I}}$ 又是 r_y 的函数，要用逐次逼近法求 $\bar{K}_{\mathrm{I}}$，步骤如下：

(1) 先将 a 代入 $K_{\mathrm{I}} = Y\sigma\sqrt{\pi a}$，计算出 K_{I}，作为 K_{I}^0。
(2) 将 K_{I}^0 代入 r_y 表达式(1-82)或式(1-84)，计算出 r_y，作为 r_y^0。
(3) 将 $a + r_y^0$ 代入式(1-85)，计算 $K_{\mathrm{I}}^{(1)}$。
(4) 将 $K_{\mathrm{I}}^{(1)}$ 代入 r_y 式(1-82)或式(1-84)，求出 $r_y^{(1)}$。
(5) 如此反复计算，直至 $K_{\mathrm{I}}^{(n-1)}$ 和 $K_{\mathrm{I}}^{(n)}$ 之差满足一定要求时为止。

1.5 复合型最大准则

实际工程结构中，裂纹多处于复合型变形状态。例如，航空与船舶结构中的加筋板和壳，它们的裂纹往往是张开型和滑开型（I、II 型）并存的复合型裂纹，大型旋转构件（如发电机轴等）的裂纹往往是张开型和扭转形成的撕开型（I、III 型）并存的复合型裂纹。对于两种或两种以上组合材料与纤维增强的复合材料，情况更为复杂，有的裂纹形式上是 I 型裂纹，但开裂与破坏形式并不遵循 I 型裂纹的规律。因此，研究复合型裂纹的失稳与扩展规律具有重要的工程意义。

以 Griffith 理论为基础发展起来的 Irwin 断裂准则不能简单地用来分析和处理复合型裂纹问题。Irwin 理论以裂纹尖端的应力强度因子作为参数，以 K 准则作为断裂判据，而且假定裂纹按原方向开裂，对于 I 型与 III 型裂纹问题，由实验证明裂纹按原方向开裂与扩展是正确的，而 II 型裂纹则不然，Irwin 理论回避了这一问题。实际上，复合型裂纹一般不按裂纹原方向开裂与扩展，而且失稳的条件也比较复杂，不能把 Irwin 理论简单地应用到复合型问题中来。在复合型裂纹问题中，需要研究以下两个问题：

(1) 裂纹沿什么方向（即开裂角）开裂？
(2) 裂纹在什么条件（即断裂准则）开裂？

目前，国内外提出的复合型断裂准则，不外乎从以下三方面进行分析：①以应力为参数；②以位移为参数；③以能量为参数。这些参数虽有一定联系，但由于研究者所考虑的角度和观点不同，对宏观断裂机理的解释不同，因而所得的结果有一

定的差异。本书不评论这些理论的差异,只准备介绍几种最流行的复合型断裂准则。

1.5.1 最大应力准则

1963 年 Erdogan 和 G. C. Sih[4]根据具有中心斜裂纹承受均匀拉伸的树脂玻璃板的实验结果,提出了最大周向应力复合型断裂准则,简称最大应力准则。

I-II 复合型问题中,裂纹尖端附近应力场由式(1-16)和式(1-35)相叠加而成,即

$$\left.\begin{aligned}
\sigma_x &= \frac{K_{\mathrm{I}}}{\sqrt{2\pi r}} \cos\frac{\theta}{2}\left(1-\sin\frac{\theta}{2}\sin\frac{3\theta}{2}\right) \\
&\quad + \frac{K_{\mathrm{II}}}{\sqrt{2\pi r}} \sin\frac{\theta}{2}\left(2+\cos\frac{\theta}{2}\cos\frac{3\theta}{2}\right) \\
\sigma_y &= \frac{K_{\mathrm{I}}}{\sqrt{2\pi r}} \cos\frac{\theta}{2}\left(1+\sin\frac{\theta}{2}\sin\frac{3\theta}{2}\right) \\
&\quad + \frac{K_{\mathrm{II}}}{\sqrt{2\pi r}} \sin\frac{\theta}{2}\cos\frac{\theta}{2}\cos\frac{3\theta}{2} \\
\tau_{xy} &= \frac{K_{\mathrm{I}}}{\sqrt{2\pi r}} \cos\frac{\theta}{2}\sin\frac{\theta}{2}\cos\frac{3\theta}{2} \\
&\quad + \frac{K_{\mathrm{II}}}{\sqrt{2\pi r}} \cos\frac{\theta}{2}\left(1-\sin\frac{\theta}{2}\sin\frac{3\theta}{2}\right)
\end{aligned}\right\} \quad (1\text{-}88)$$

按材料力学方法,将上式以极坐标形式给出(图 1-14),如下:

$$\left.\begin{aligned}
\sigma_r &= \frac{\cos\frac{\theta}{2}}{2\sqrt{2\pi r}} K_{\mathrm{I}}(3-\cos\theta) + \frac{\sin\frac{\theta}{2}}{2\sqrt{2\pi r}} K_{\mathrm{II}}(3\cos\theta-1) \\
\sigma_\theta &= \frac{\cos\frac{\theta}{2}}{2\sqrt{2\pi r}}\left[K_{\mathrm{I}}(1+\cos\theta) - 3K_{\mathrm{II}}\sin\theta\right] \\
\tau_\theta &= \frac{\cos\frac{\theta}{2}}{2\sqrt{2\pi r}}\left[K_{\mathrm{I}}\sin\theta + K_{\mathrm{II}}(3\cos\theta-1)\right]
\end{aligned}\right\} \quad (1\text{-}89)$$

式中,r 为径向坐标;θ 为角坐标;K_{I} 和 K_{II} 分别为 I 和 II 型的应力强度因子。

最大应力准则的基本假定是:

(1) 裂纹沿最大周向应力 $\sigma_{\theta\max}$ 的方向开裂。

(2) 当此方向的周向应力达临界值时,裂纹失稳扩展。

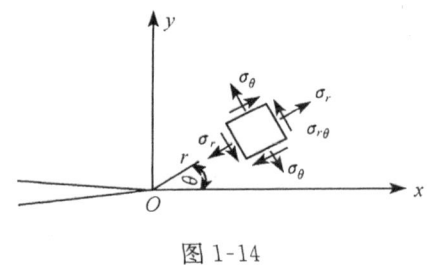

图 1-14

根据上述假定，可用

$$\frac{\partial \sigma_\theta(K_\mathrm{I}, K_\mathrm{II}, \theta)}{\partial \theta} = 0 \tag{1-90}$$

确定裂纹的开裂方向与裂纹面的交角，即开裂角 θ_0。将 σ_θ 的表达式(1-89)代入式(1-90)得

$$K_\mathrm{I}\sin\theta + K_\mathrm{II}(3\cos\theta - 1) = 0 \tag{1-91}$$

由上式知，只要知道裂纹尖端的应力强度因子 K_I 与 K_II，就可以求得开裂角，开裂角用 θ_0 表示。需要注意，式(1-90)仅是确定开裂角的必要条件，要使 σ_θ 达到最大值还需要满足它对 θ 角的二阶导数小于零。

有时为了方便，将式(1-91)以 θ 角为未知数解出，有

$$\theta_0 = \arccos\frac{3K_\mathrm{II}^2 \pm \sqrt{K_\mathrm{I}^4 + 8K_\mathrm{I}^2 K_\mathrm{II}^2}}{K_\mathrm{I}^2 + 9K_\mathrm{II}^2}$$

对于特殊情况，当裂纹为纯 I 型时，$K_\mathrm{II}=0$，$\theta_0=0$，故上式根号前的符号必须取正值，于是有

$$\theta_0 = \arccos\frac{3K_\mathrm{II}^2 + \sqrt{K_\mathrm{I}^4 + 8K_\mathrm{I}^2 K_\mathrm{II}^2}}{K_\mathrm{I}^2 + 9K_\mathrm{II}^2} \tag{1-92}$$

如已知 K_I 和 K_II，由式(1-92)能方便地求出开裂角。

根据最大应力准则的假定(2)确定开裂条件。假定(2)认为，当沿 θ_0 方向的周向应力达到 $\sigma_{\theta C}$ 时，裂纹失稳扩展，即

$$\sigma_\theta(K_\mathrm{I}, K_\mathrm{II}, \theta_0) = \sigma_{\theta C} \tag{1-93}$$

临界值 $\sigma_{\theta C}$ 一般由 I 型开裂条件给出，即 $\sigma_{\theta C}=\sigma_\theta(K_\mathrm{IC}, \theta, \theta_0)$。将开裂角 θ_0 的值代入式(1-89)与式(1-93)，得临界失稳条件

$$\cos\frac{\theta_0}{2}\left(K_\mathrm{I}\cos^2\frac{\theta_0}{2} - \frac{3}{2}K_\mathrm{II}\sin\theta_0\right) = K_\mathrm{IC} \tag{1-94}$$

为了与 I 型裂纹的 K 准则对应，把式(1-94)左端看成相当应力强度因子，以 K_e 表示，则式(1-94)写成

$$K_e = K_\mathrm{IC} \tag{1-95}$$

这样，复合型裂纹问题就在形式上化成当量 I 型裂纹问题，然后用 K 准则判断其是否失稳。另外，由于应力强度因子 K_I、K_II 与裂纹的尺寸和外加载荷有关，因此对于 I-II 型复合裂纹问题，按式(1-94)能够确定所需要知道的临界参数，如临界裂纹尺寸与临界载荷。

1.5.2 几种简单情况

1) 纯 I 型情况

此时，$K_\mathrm{II}=0$，由式(1-92)得开裂角 $\theta_0=0$，裂纹沿所在平面开裂。由式(1-94)得 $K_\mathrm{I}=K_\mathrm{IC}$，由此可见，复合型最大应力准则在纯 I 型时即 K 准则。

2) 纯 II 型情况

此时，$K_I = 0$，代入式（1-92）得 $\cos\theta_0 = \frac{1}{3}$，开裂角 $\theta_0 = -70.5°$。代入式（1-94）得 $K_{IIC} = 0.87 K_{IC}$。

3) 无限板中斜裂纹受拉力情况

如图 1-15 所示的无限大板中，有一斜裂纹，与铅垂线成 β 角，长 $2a$，受拉应力 σ 作用。将应力 σ 沿裂纹面分解为正应力和剪应力，则相应的应力强度因子为

$$\left. \begin{array}{l} K_I = \sigma\sqrt{\pi a}\sin^2\beta \\ K_{II} = \sigma\sqrt{\pi a}\sin\beta\cos\beta \end{array} \right\} \quad (1\text{-}96)$$

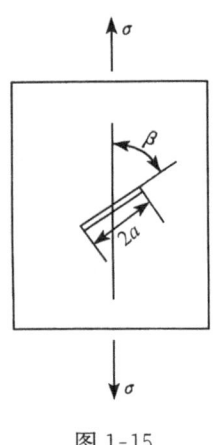

图 1-15

代入式（1-92）后，经整理得

$$\cos\theta_0 = \frac{1 - 3\cos\theta_0}{\sin\theta_0}\tan\beta \quad (1\text{-}97)$$

或

$$\cos\theta_0 = \frac{\cos^2\beta + \sqrt{\sin^2\beta + 8\cos^2\beta}}{1 + 8\cos^2\beta} \quad (1\text{-}98)$$

如给定角 β，由上式确定开裂角 θ_0。将 θ_0 代入式（1-94）有

$$\sigma\sqrt{\pi a}\cos\frac{\theta_0}{2}\sin\beta\left(\sin\beta\cos^2\frac{\theta_0}{2} - \frac{3}{2}\cos\beta\sin\theta_0\right) = K_{IC} \quad (1\text{-}99)$$

令 $\sigma_{\theta C}$ 为 $\beta = \frac{\pi}{2}$（即 I 型）的临界应力，$\sigma'_{\theta C}$ 为斜裂纹的临界应力，由式（1-99）得

$$\sigma'_{\theta C}\cos\frac{\theta_0}{2}\sin\beta\left(\sin\beta\cos^2\frac{\theta_0}{2} - \frac{3}{2}\cos\beta\sin\theta_0\right) = \sigma_{\theta C}$$

再求斜裂纹的临界应力 $\sigma'_{\theta C}$ 与纯 I 型裂纹的临界应力 $\sigma_{\theta C}$ 的比，有

$$\frac{\sigma'_{\theta C}}{\sigma_{\theta C}} = \frac{1}{\cos\frac{\theta_0}{2}\sin\beta\left(\sin\beta\cos^2\frac{\theta_0}{2} - \frac{3}{2}\cos\beta\sin\theta_0\right)} \quad (1\text{-}100)$$

上式一般作为确定斜裂纹问题临界应力的公式。

工程中的压力容器往往遇到受双向拉伸的斜裂纹问题，只要在式（1-96）中的 K_I 和 K_{II} 考虑双向拉伸的影响，就易于求得压力容器中斜裂纹的开裂方向与开裂条件。

1.5.3 复合型最大应力准则的修正准则

最大应力准则实际上是在以裂纹尖端为圆心的同心圆上比较周向应力得出的准则，其中至少有两点考虑得不够全面：一是该准则没有综合考虑其他应力分量的作用；二是该准则不能将广义的平面应力和平面应变两类问题区分开来。但是，最大应力准则比较简单，而且在复合型中的 II 型成分不大时与实验结果相差无几，所以人们仍愿意应用这一准则。为此，也有人对该准则提出一些修正的方法，现在

介绍如下：

薛大为[5]认为裂纹的形成与扩展和位错有关，建议考虑在裂纹尖端附近的等$\tau_{r\theta}$线上取最大周向应力点，裂纹将由其尖端沿指向此点的方向开裂，开裂条件为沿此方向的周向应力达某临界值时裂纹开裂。文献[6]认为应变能密度表征了材料储存的能量，储存得越多，断裂时释放的能量也越多。因此，他建议将裂纹尖端附近等应变能密度线上的σ_θ作为参数，假定裂纹沿等应变能密度线上最大周向应力的方向开裂，以在此方向的周向应力达到某临界值作为开裂条件。王铎与杜善义[7]也提出了一个最大应力准则的修正准则。该准则假定裂纹沿裂纹尖端塑性区边界上最大周向应力的方向开裂，开裂条件定为沿此方向的周向应力达到某临界值。这一准则实际上是将Irwin的小范围屈服塑性区的修正推广到复合型情况，物理意义比最大应力准则明确些，同时可将平面应力和平面应变两种情况分开。这个准则已经进一步被推广到拉、压性质不同材料的复合型裂纹体中。

以上提到的这些准则，在Ⅱ型成分不大时比较接近，而且较符合实验结果。但是，当Ⅱ型成分较多时，特别是在纯Ⅱ型时，不仅彼此相差较大，而且与实验结果的差距也较大。因此，对Ⅱ型成分较大的复合型裂纹的断裂问题还需要进一步研究。

1.6 复合型的能量准则

以能量为参数判断复合型裂纹失稳开裂的理论有应变能密度因子准则与应变能释放率准则等，下面分别作简要介绍。

1.6.1 应变能密度因子准则

应变能密度因子准则是G. C. Sih等[8,9]提出的，简称S准则。该准则综合考虑了裂纹尖端附近六个应力分量的作用，计算出裂纹尖端附近局部的应变能密度，并在以裂纹尖端为圆心的同心圆上比较局部的应变能密度，从而提出裂纹失稳开裂的判据。

在一般载荷情况下，裂纹尖端附近的微元上，六个应力分量都存在(图1-16)，为

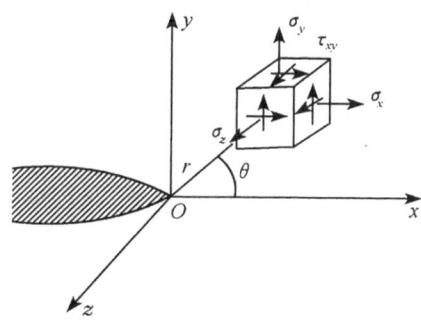

图 1-16

$$\left.\begin{aligned}
\sigma_x &= \frac{k_{\text{I}}}{\sqrt{2r}}\cos\frac{\theta}{2}\left(1-\sin\frac{\theta}{2}\sin\frac{3\theta}{2}\right)-\frac{k_{\text{II}}}{\sqrt{2r}}\sin\frac{\theta}{2}\left(2+\cos\frac{\theta}{2}\cos\frac{3\theta}{2}\right) \\
\sigma_y &= \frac{k_{\text{I}}}{\sqrt{2r}}\cos\frac{\theta}{2}\left(1+\sin\frac{\theta}{2}\sin\frac{3\theta}{2}\right)+\frac{k_{\text{II}}}{\sqrt{2r}}\sin\frac{\theta}{2}\cos\frac{\theta}{2}\cos\frac{3\theta}{2} \\
\tau_{xy} &= \frac{k_{\text{I}}}{\sqrt{2r}}\cos\frac{\theta}{2}\sin\frac{\theta}{2}\cos\frac{3\theta}{2}+\frac{k_{\text{II}}}{\sqrt{2r}}\cos\frac{\theta}{2}\left(1-\sin\frac{\theta}{2}\sin\frac{3\theta}{2}\right) \\
\sigma_z &= 2\nu\frac{k_{\text{I}}}{\sqrt{2r}}\cos\frac{\theta}{2}-2\nu\frac{k_{\text{II}}}{\sqrt{2r}}\sin\frac{\theta}{2} \\
\tau_{xz} &= -\frac{k_{\text{III}}}{\sqrt{2r}}\sin\frac{\theta}{2} \\
\tau_{yz} &= +\frac{k_{\text{III}}}{\sqrt{2r}}\cos\frac{\theta}{2}
\end{aligned}\right\} \quad (1\text{-}101)$$

式中,$k_i = \dfrac{k_i}{\sqrt{\pi}}(i=\text{I}、\text{II}、\text{III})$。

由弹性力学知,弹性体的应变能密度为

$$W = \frac{1}{2E}(\sigma_x^2+\sigma_y^2+\sigma_z^2)-\frac{\nu}{E}(\sigma_x\sigma_y+\sigma_y\sigma_z+\sigma_z\sigma_x)$$
$$+\frac{(1+\nu)}{E}(\tau_{xy}^2+\tau_{yz}^2+\tau_{zx}^2) \quad (1\text{-}102)$$

将式(1-101)代入上式后,经整理得到裂纹尖端附近的应变能密度

$$W = \frac{S}{r} \quad (1\text{-}103)$$

式中

$$S = a_{11}k_{\text{I}}^2+2a_{12}k_{\text{I}}k_{\text{II}}+a_{22}k_{\text{II}}^2+a_{33}k_{\text{III}}^2 \quad (1\text{-}104)$$

其中,系数为

$$\left.\begin{aligned}
a_{11} &= \frac{(1+\nu)}{8E}(1+\cos\theta)(k-\cos\theta) \\
a_{12} &= \frac{(1+\nu)}{8E}\sin\theta[2\cos\theta-(k-1)] \\
a_{22} &= \frac{(1+\nu)}{8E}[(k-1)(1-\cos\theta)]+(1+\cos\theta)(3\cos\theta-1) \\
a_{33} &= \frac{(1+\nu)}{2E}
\end{aligned}\right\} \quad (1\text{-}105)$$

$$k = \begin{cases} \dfrac{3-\nu}{1+\nu}, & \text{平面应力状态} \\ 3-4\nu, & \text{平面应变状态} \end{cases}$$

与应力强度因子 K 类似,S 描述裂纹尖端应力、应变场的应变能强度,是有限量,而

应变能密度 W 有奇异性。

由弹性力学知,系统的势能等于负的弹性应变能(固定边情况)。令 Π 表示系统势能,P 表示势能密度,因为 $\Pi=-U$,于是有

$$\frac{\mathrm{d}\Pi}{\mathrm{d}V}=-\frac{\mathrm{d}U}{\mathrm{d}V}=-W \tag{1-106}$$

即

$$P=-\frac{S}{r}$$

弹性稳定理论认为,势能最大状态是不稳定状态,故相应于弹性应变能最小状态是不稳定状态。为了说明理论的可靠性,G.C.Sih 还从另一角度解释其物理意义。他把应变能密度因子 S 分为体积改变和形状改变两部分,可以证实当 S 最小时断裂发生在体积应变能密度因子大于形状应变能密度因子的平面上,这似乎符合经典理论。如果在裂纹尖端附近,以裂纹尖端为圆心作半径为 r 的圆,在圆周上比较各点的应变能密度,显然由式(1-103)知,只要比较应变能密度因子即可。

由上述分析,归纳 S 准则的基本假设是:

(1) 裂纹沿 S 的极小值方向裂开。

(2) 当 $S_{\min}$ 达到临界值 S_C 时,裂纹失稳扩展。

由假设(1)知,裂纹开裂方向必须满足以下条件:

$$\frac{\partial S}{\partial \theta}=0, \qquad \frac{\partial^2 S}{\partial \theta^2}>0 \tag{1-107}$$

根据上式可求得开裂角 θ_0。

由假设(2)知,以 $\theta=\theta_0$ 代入式(1-104),当

$$S_{\min}=S(\theta_0)=S_C \tag{1-108}$$

时,裂纹失稳扩展。S_C 与 G_{IC}、K_{IC} 类似,是材料常数,标志材料抵抗裂纹扩展的能力。不论是 I 型还是复合型,由实验得到的 S_C 应该相同,由此可以建立 S_C 与 K_{IC}、G_{IC} 的定量关系。

以下叙述几种简单情况:

1) 纯 I 型情况

以平面应变的 I 型问题为例。此时,$k_{II}=k_{III}=0$,由 $\frac{\partial S}{\partial \theta}=0$ 得

$$\theta_0=\begin{cases}0\\ \arccos(1-2\nu)\end{cases}$$

因 $\frac{\partial^2 S}{\partial \theta^2}=\frac{k_I^2}{8G}[\cos 2\theta-(1-2\nu)\cos\theta]$,可见 θ_0 的两个根中,只有 $\theta_0=0$ 满足 $\frac{\partial^2 S}{\partial \theta^2}>0$ 条件,故 $\theta_0=0$ 为开裂角,即裂纹沿原所在面方向开裂。

由准则的第二个条件,将 $\theta=0$ 代入式(1-104),有

$$S_{\min}=S(\theta)=\frac{K_{IC}^2}{2\pi E}(1+\nu)(1-2\nu)=S_C \tag{1-109}$$

上式表明材料常数 K_{IC} 与应变能密度因子临界值 S_C 的关系。根据上式,在应用 S 准则时,不必测 S_C,只测 K_{IC} 即可。

2) 纯 II 型情况

仍以平面应变的 II 型为例。此时,$k_I = k_{III} = 0$。由式(1-104)知

$$S = \frac{k_{II}^2(1+\nu)}{8E}[4(1-\nu)(1-\cos\theta)+(1+\cos\theta)](3\cos\theta-1)$$

按式(1-107)求开裂角

$$\theta_0 = \arccos\left(\frac{1-2\nu}{3}\right) \tag{1-110}$$

对 S 准则,纯 II 型时,与最大应力准则不同,开裂角与泊松比 ν 有关,当 $\nu = \frac{1}{3}$ 时,有

$$\theta_0 = -83°37'$$

可见,比最大应力准则得到的开裂角大。

将开裂角公式(1-110)代入 S 公式(1-104)后,有

$$S_{min} = S(\theta_0) = \frac{(1+\nu)[2(1-\nu)-\nu^2]}{6\pi E}K_{IIC}^2 = S_C \tag{1-111}$$

由式(1-109)得

$$K_{IIC} = \sqrt{\frac{3(1-2\nu)}{2(1-\nu)-\nu^2}}K_{IC} \tag{1-112}$$

取 $\nu = \frac{1}{3}$,则 $K_{IIC} = 0.905 K_{IC}$。

3) 无限板中斜裂纹受拉伸情况

如图 1-17 所示,此时 $K_{III} = 0$ 与 $k_I = \sigma\sqrt{a}\sin^2\beta$,$k_{II} = \sigma\sqrt{a}\sin\beta\cos\beta$。代入 S 公式(1-104)后,得

$$S = \sigma^2 a(a_{11}\sin^2\beta + 2a_{12}\sin\beta\cos\beta + a_{22}\cos^2\beta)\sin^2\beta \tag{1-113}$$

将 $a_{ij}(i,j=1,2)$ 代入式(1-113),由条件 $\frac{\partial S}{\partial \theta} = 0$ 和 $\frac{\partial^2 S}{\partial \theta^2} > 0$,求出

$$2(1-2\nu)\sin(\theta_0 - 2\beta) - 2\sin[2(\theta_0 - \beta)] - \sin 2\theta_0 = 0 \tag{1-114}$$

由式(1-114)可求开裂角 θ_0(当 $\beta \neq 0$ 时)。开裂角 θ_0 的负值(即 $-\theta_0$)与裂纹角 β 的关系见图 1-17。将 θ_0 代入式(1-113),并使

$$S(\theta_0) = S_C$$

可得到一定的 β 角时的临界应力 σ_C 或临界裂纹尺寸 a_C 值,或表示为临界应力强度因子 K_{IC} 和 K_{IIC} 的相关曲线,如图 1-18 所示。图中曲线是根据铝合金实验数据绘制的,此铝合金的 K_{IC} 值为 $0.98 \text{MN} \cdot \text{mm}^{-3/2}$ 与 $1.01 \text{MN} \cdot \text{mm}^{-3/2}$,其中还绘有最大应力准则的 K_{IC} 和 K_{IIC} 相关曲线。从图中可看出,S 准则比 $\sigma_{\theta max}$ 准则更接近实验结果。

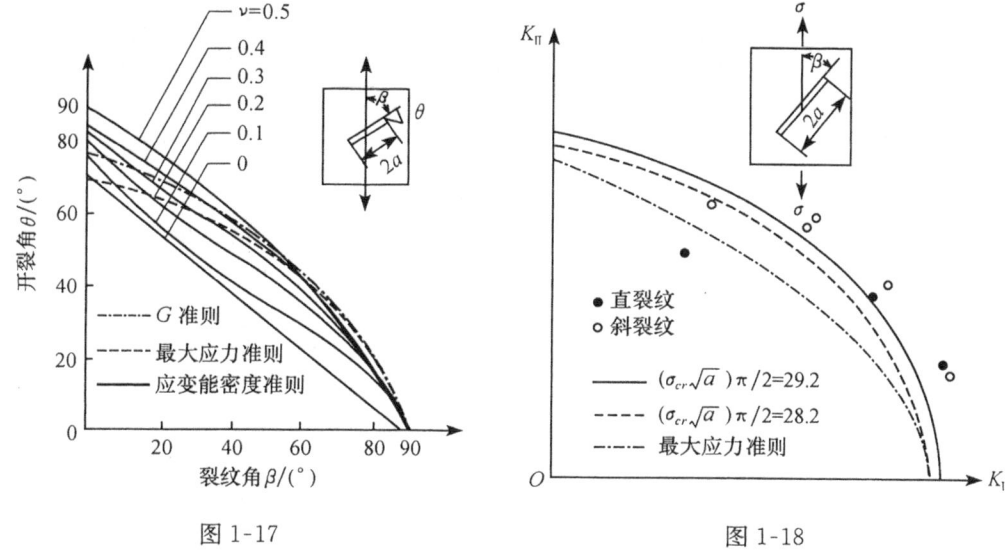

图 1-17　　　　　　　　　图 1-18

应变能密度因子准则获得了一些实验的支持，G. C. Sih 和他的合作者用该准则分析了许多种类的复合型裂纹问题，如分叉裂纹、干涉裂纹、弧形裂纹、组合材料裂纹、孔边的放射裂纹、板壳裂纹和三维复合型裂纹等。这些分析结果在文献[10]中可查到，此处不再一一列举。

1.6.2　应变能释放率准则

对于Ⅰ型裂纹，应变能释放率准则由式(1-4)表示，即
$$G_{\mathrm{I}} = G_{\mathrm{IC}}$$

有人将这一准则推广到复合型，认为对于Ⅰ、Ⅱ、Ⅲ型复合的裂纹问题，当其应变能释放率之和达到临界值时，裂纹开始扩展，即
$$G_{\mathrm{I}} + G_{\mathrm{II}} + G_{\mathrm{III}} = G_{\mathrm{IC}}$$
或
$$k_{\mathrm{I}}^2 + k_{\mathrm{II}}^2 + \frac{1}{1-\nu} k_{\mathrm{III}}^2 = k_{\mathrm{IC}}^2 \tag{1-115}$$

式(1-115)表达的关系，是根据假定裂纹仍然沿其延长线方向扩展而得到的，但某些实验表明：复合型裂纹不一定沿其延长线方向扩展，因此式(1-115)不一定成立。此后，人们又提出了新的应变能释放率准则，其假设认为：

(1) 裂纹沿着应变能释放率达到最大的方向扩展，即
$$\frac{\partial G_\theta}{\partial \theta} = 0, \qquad \frac{\partial^2 G_\theta}{\partial \theta^2} < 0 \tag{1-116}$$
由式(1-116)可求得开裂角 $\theta = \theta_0$。

(2) 当此方向($\theta = \theta_0$)上的应变能释放率达到临界值时，裂纹开始扩展，即
$$G_\theta |_{\theta = \theta_0} = G_{\mathrm{IC}} \tag{1-117}$$

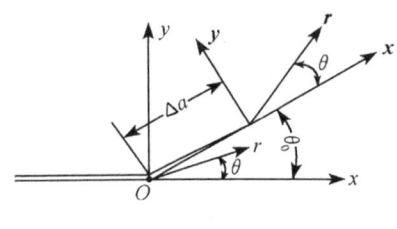

图 1-19

式(1-117)中，G_θ 是裂纹扩展成极角为 θ 的分支裂纹时的应变能释放率，如图 1-19 所示。

由此可见，首先需要计算应变能释放率。下面以 I 型与 II 型的复合问题为例，介绍计算 G_θ 的方法。

前面式(1-89)中已给出极角为 θ、极径为 r 处的裂纹尖端附近的应力，其位移为

$$\left.\begin{aligned} u &= \frac{\sqrt{r}(1+\nu)}{2\sqrt{2\pi}E}\left\{K_{\mathrm{I}}\left[(2k-1)\cos\frac{\theta}{2}-\cos\frac{3\theta}{2}\right]\right. \\ &\quad \left. - K_{\mathrm{II}}\left[(2k-1)\sin\frac{\theta}{2}-3\sin\frac{3\theta}{2}\right]\right\} \\ v &= \frac{\sqrt{r}(1+\nu)}{2\sqrt{2\pi}E}\left\{K_{\mathrm{I}}\left[-(2k+1)\sin\frac{\theta}{2}+\sin\frac{3\theta}{2}\right]\right. \\ &\quad \left. - K_{\mathrm{II}}\left[(2k+1)\cos\frac{\theta}{2}-3\cos\frac{3\theta}{2}\right]\right\} \end{aligned}\right\} \quad (1\text{-}118)$$

式中

$$k = \frac{3-\nu}{1+\nu}, \qquad \text{平面应力状态}$$

$$k = 3 - 4\nu, \qquad \text{平面应变状态}$$

关于裂纹沿分支方向扩展时的应变能释放率的计算方法，目前已提出了一些，但是由于得到的结果不一致，且缺少实验验证，故此处不介绍推导过程，只简要介绍其分析方法。

*(1) 最简单的计算方法[11]，仅考虑裂纹开始扩展的一瞬间，如图 1-19 中的分支裂纹长 $\Delta a \to 0$，则分支裂纹尖端区域的应力场近似等于开始扩展时原有裂纹尖端的应力场，经推导可得

$$G_\theta = \frac{\pi(k+1)(1+\nu)}{4E}(\overline{K}_{\mathrm{I}0}^2 + \overline{K}_{\mathrm{II}0}^2) \qquad (1\text{-}119)$$

式中，$\overline{K}_{\mathrm{I}0}$ 与 $\overline{K}_{\mathrm{II}0}$ 为裂纹开始扩展时，分支裂纹尖端的应力强度因子

$$\left.\begin{aligned} \overline{K}_{\mathrm{I}0} &= \frac{1}{2}\cos\frac{\theta_0}{2}\left[K_{\mathrm{I}}(1+\cos\theta_0) + 3K_{\mathrm{II}}\sin\theta_0\right] \\ \overline{K}_{\mathrm{II}0} &= \frac{1}{2}\cos\frac{\theta_0}{2}\left[K_{\mathrm{I}}\sin\theta_0 + K_{\mathrm{II}}(3\cos\theta_0 - 1)\right] \end{aligned}\right\} \quad (1\text{-}120)$$

将式(1-119)代入应变能释放率准则的第一假设式(1-116)，即

$$\frac{\partial G_\theta}{\partial \theta} = 0, \qquad \frac{\partial^2 G_\theta}{\partial \theta^2} < 0$$

可求得开裂角 $\theta = \theta_0$；再将得到的开裂角 θ_0 代入准则的第二假设式(1-117)，即

$$G_{\theta_0} = G_\theta \mid_{\theta=\theta_0} = G_{\mathrm{I}C}$$

可求得裂纹失稳扩展的临界条件。分析由式(1-116)和式(1-117)得到的结果,可以看出其值与用最大应力准则计算所得的结果一致。因此,说明用这种方法推导的应变能释放率准则与最大应力准则是等价的。

*(2) 考虑如图 1-19 所示的长度为 Δa 的折线分支裂纹,分支裂纹与原裂纹成 θ 角,这时 G_θ 计算很复杂,各文献用复变函数解的结果不同。例如,文献[12]的结果为

$$G(\gamma) = \frac{4}{E}\left(\frac{1}{3+\cos^2\gamma}\right)^2 \left(\frac{1-\gamma/\pi}{1+\gamma/\pi}\right)^{\gamma/\pi}$$

$$\cdot [(1+3\cos^2\gamma)K_I^2 + 8\sin\gamma\cos\gamma K_I K_{II} + (9-5\cos^2\gamma)K_{II}^2] \quad (1\text{-}121)$$

式中,$\gamma = -\theta$;有

$$G(\theta) = \frac{\pi(1+\nu)(k+1)}{8E}[K_I f_1^0 + K_{II} f_2^0] \quad (1\text{-}122)$$

式中

$$\left.\begin{array}{l} f_1^0 = [K_I^0(1+\cos\theta) - K_{II}^0 3\sin\theta]\cos\dfrac{\theta}{2} \\ f_2^0 = [K_I^0 \sin\theta + K_{II}^0(3\cos\theta - 1)]\cos\dfrac{\theta}{2} \end{array}\right\} \quad (1\text{-}123)$$

式中,K_I^0、K_{II}^0 为无扩展分支时的应力强度因子。将式(1-121)或式(1-122)代入式(1-116)与式(1-117)中,可求得开裂角 θ_0 与临界条件。

1.7 复合型断裂的工程经验公式

上面几节介绍的复合型断裂准则虽然都有各自的物理意义和适用性,但是应用于工程中时仍存在问题。由于受裂纹检测技术水平的限制,目前还不能对裂纹的性质、尺寸、形状和方位做出准确的判断。同时,各种理论在一些情况下所得的结果与试验结果尚存在一定差距。因此,与其用上述理论,还不如用基于试验资料得到的一些经验公式。按这一想法,人们通过实验,总结归纳出复合型断裂准则的经验公式,现将常用公式介绍如下[13]:

1.7.1 K_I-K_{II} 复合型问题

由复合型裂纹的实验结果,得到图 1-20 的规律,图中数据从下列试验测得。

(1) 11mm 厚的 7178-T651 铝合金板,具有中心斜裂纹,受拉伸作用;

(2) 10～13mm 厚的 DTD5050 铝合金(5.5%Zn,$\sigma_s = 0.53\text{kN/mm}^2$)板,具有中心斜裂纹,受拉伸作用。

(3) 7.5mm 厚的 7075-T7651 和

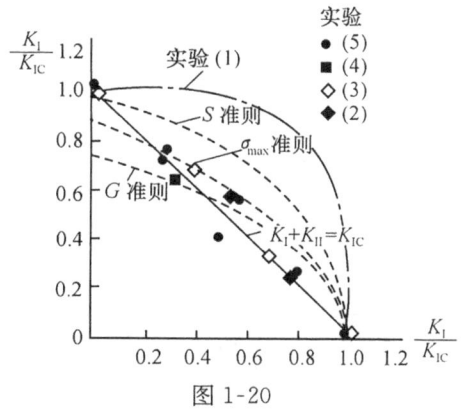

图 1-20

2024-T3 铝合金板受剪切作用。

（4）7.5mm 厚的 7075-T651 铝合金板,具有斜边裂纹受拉伸作用。

（5）6.5mm 厚的 4340 钢板材(σ_s=0.15kN/mm²)具有中心斜裂纹,受拉伸作用,试验温度为 $-200\ ℉$①。

图 1-20 中同时画出了最大应力准则和应变能密度因子准则的结果,由图可见,实验数据分散,很难判断前述哪个准则符合实验结果。从偏重安全的角度,取实验数据的下限作为 K_I-K_{II} 复合型准则,即

$$K_I + K_{II} = K_{IC} \tag{1-124}$$

1.7.2 K_I-K_{III} 复合型问题

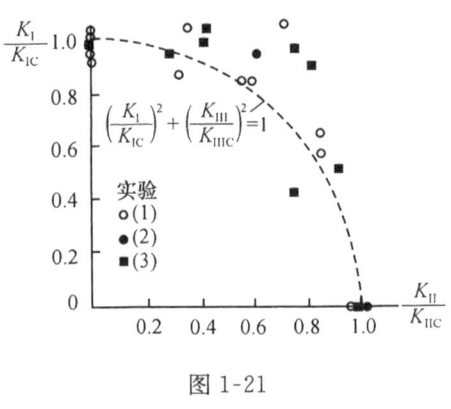

图 1-21

图 1-21 中列出了下述 I-III 复合型裂纹试验的结果。

（1）4340 钢圆周裂纹的圆试样,在室温下做拉伸和扭转复合载荷作用。

（2）4340 钢表面裂纹平板试样,在 $-200\ ℉$ 温度下做拉伸试验。

（3）4340 钢表面裂纹圆试样,在室温下做拉伸和扭转复合载荷试验。

由图 1-21 可以看出:当 $K_I \leqslant 0.7K_{IC}$ 时,K_I 值的变化对 K_{III} 的临界值影响不大;当 $K_{III} \leqslant 0.7K_{IIIC}$ 时,K_{III} 对 K_I 的临界值影响不大。工程中一般的应用是:当 $K_{III} < 0.5K_I$ 时,可不考虑 K_{III} 的影响;当 $K_I < 0.5K_{III}$ 时,可不考虑 K_I 的影响。图 1-21 中还画有应变能密度因子准则和应变能释放率准则表示的曲线

$$\left(\frac{K_I}{K_{IC}}\right)^2 + \left(\frac{K_{III}}{K_{IIIC}}\right)^2 = 1 \tag{1-125}$$

位于实验结果的下限,因此用于 I-III 复合型问题是较安全的。

对于应变能密度因子准则,将

$$\frac{K_{IIIC}}{K_{IC}} = \sqrt{1-2\nu} \tag{1-126}$$

代入式(1-125),可得 I-III 型计算公式

$$K_I^2 + \frac{K_{III}^2}{1-2\nu} = K_{IC}^2 \tag{1-127}$$

对于应变能释放率准则,根据式(1-115)的条件,将

$$\frac{K_{IIIC}}{K_{IC}} = \sqrt{1-\nu} \tag{1-128}$$

---

① ℉ 为华氏度。

代入式(1-125),可得 I-III 型计算公式

$$K_I^2 + \frac{K_{III}^2}{1-\nu} = K_{IC}^2 \qquad (1-129)$$

关于复合型断裂准则,除了上面介绍的以外,还有其他一些准则,如文献[14]中介绍的投影法就是一种较简单的工程方法。另外,复合型断裂的其他分支,如复合型疲劳与蠕变裂纹、复合型裂纹弹塑性断裂、复合型裂纹动态扩展和复合材料裂纹断裂等问题尚不够成熟,有待于进一步研究。

1.8 埋藏裂纹和表面裂纹的应力强度因子

上文介绍的都是穿透裂纹的情况,实际上,绝大多数薄板和壳体的断裂常常是在裂纹不穿透板厚的情况下发生的。对于大型锻铸件和焊接结构,裂纹或类似裂纹的缺陷也多数存在于构件的内部或表面。因此,埋藏裂纹及表面裂纹的分析[15,16],是断裂力学的一个重要内容。这一类问题属于三维裂纹问题,理论解比较复杂,本节仅作简要介绍。

1.8.1 椭圆形片状埋藏裂纹的应力强度因子

设一无限体内,有一椭圆形片状裂纹,如图1-22 所示,在 y 轴方向受有均匀分布的拉应力。

* 下面介绍 Irwin 的解法:

按图 1-22 所示的坐标系,椭圆裂纹边界的方程式为

$$\frac{x_1^2}{a^2} + \frac{z_1^2}{c^2} = 1$$

根据 Green-Sneddon 的研究,在无限体中有一水平椭圆裂纹,若沿 y 轴方向受均匀拉应力作用,则在椭圆裂纹表面上的任意点,沿 y 轴方向裂纹的张开位移

$$y = \eta_0 \left(1 - \frac{x^2}{a^2} - \frac{z^2}{c^2}\right)^{1/2} \qquad (1-130)$$

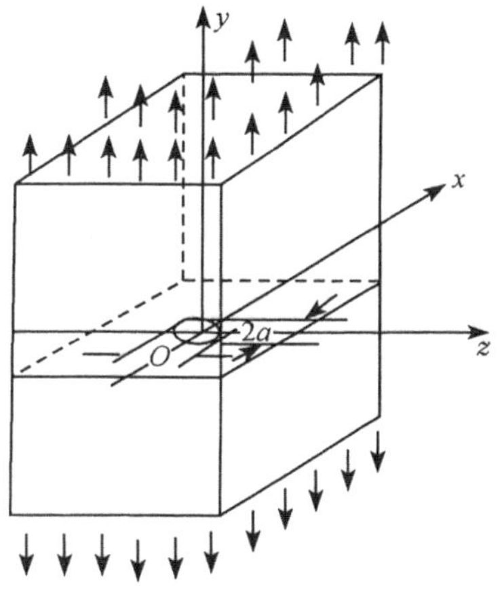

图 1-22

式中,η_0 是裂纹中心张开位移。应用式(1-130)先确定椭圆裂纹尖端的 K_I 值。

如图 1-23(a)所示,在裂纹边界上的坐标为

$$x_1 = a\sin\varphi, \qquad z_1 = \cos\varphi \qquad (1-130a)$$

式中,φ 为极角,极角微元素 $d\varphi$ 所对应的弧微元素 ds 为

$$ds = \sqrt{a^2\cos^2\varphi + c^2\sin^2\varphi}\,d\varphi \qquad (1-130b)$$

在极角 φ 处,由裂纹边界上切点向内作法线,取微段 r,如图 1-23(b)所示,则其端点坐标为

$$x = x_1 - rc\sin\varphi \frac{d\varphi}{ds}$$
$$z = z_1 - rc\cos\varphi \frac{d\varphi}{ds}$$
(1-130c)

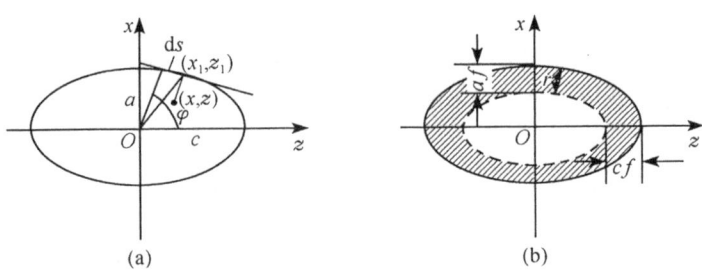

图 1-23

因 r 极小,式(1-130c)忽略了 r 的高次项。

将式(1-130c)代入式(1-130)后,得出以 φ 与 r 表示的纹裂位移为

$$y^2 = \eta_0^2 \frac{2r}{ac}(a^2\cos\varphi + c^2\sin^2\varphi)^{1/2} \quad (1\text{-}131)$$

设沿边缘的各法向平面都符合平面应变条件,由式(1-17)的第二式,裂纹张开位移($\theta = -\pi$)为

$$y = \frac{2(1-\nu^2)}{E\sqrt{\pi}}(2r)^{1/2}K_I \quad (1\text{-}132)$$

将式(1-131)代入式(1-132)后,得

$$K_I^2 = \frac{1}{4}\left(\frac{E}{1-\nu^2}\right)^2 \frac{\eta_0^2 \pi}{ac}(a^2\cos^2\varphi + c^2\sin^2\varphi)^{1/2} \quad (1\text{-}133)$$

应力强度因子 K_I 包含未知量 η_0,并与极角 φ 有关。为了消去 η_0,需应用能量法。由式(1-60)得出应变能释放率与应力强度因子的关系,在平面应变条件下为

$$G_I = \frac{1-\nu^2}{E}K_I^2$$

将式(1-133)代入后有

$$G_I = \frac{\pi}{4}\frac{E}{1-\nu^2}\frac{\eta_0^2}{ac}(a^2\cos^2\varphi + c^2\sin^2\varphi)^{1/2} \quad (1\text{-}134)$$

设椭圆边缘改变,两轴各减少一极小量(图 1-23(b)),分别成为 $a-fa$ 和 $c-fc$,其中 f 是一极小系数。计算裂纹面积减少后应变能的改变,由应变能释放率的定义知

$$dU = 4\int_0^{\pi/2} G_{Ir}\frac{dS}{d\varphi}d\varphi \quad (1\text{-}135)$$

式中,r 如图 1-23(b)所示,有

$$r = \frac{acf}{(a^2 \cos^2\varphi + c^2 \sin^2\varphi)^{1/2}} \tag{1-136}$$

将式(1-135)代入式(1-136)后,积分得

$$\mathrm{d}U = \frac{\pi Ecf\eta_0^2 \Phi}{1-\nu^2} \tag{1-137}$$

式中

$$\Phi = \int_0^{\pi/2} \left[\sin^2\varphi + \left(\frac{a}{c}\right)^2 \cos^2\varphi \right]^{1/2} \mathrm{d}\varphi \tag{1-138}$$

为完整的第二类椭圆积分,其解已作成表格和图线,若已知 a 与 c 的比值,可由表或线查出 Φ 值,见表 1-1。

表 1-1　第二类完全的椭圆积分 Φ 值

a/c	Φ^2	a/c	Φ^2
0.00	1.00	0.46	1.40
0.06	1.02	0.48	1.42
0.12	1.04	0.49	1.44
0.16	1.06	0.50	1.46
0.18	1.08	0.52	1.48
0.20	1.10	0.53	1.50
0.23	1.12	0.54	1.52
0.25	1.14	0.56	1.54
0.27	1.16	0.57	1.56
0.29	1.18	0.58	1.58
0.31	1.20	0.59	1.60
0.32	1.22	0.60	1.62
0.34	1.24	0.61	1.64
0.36	1.26	0.62	1.66
0.38	1.28	0.64	1.68
0.39	1.30	0.65	1.70
0.41	1.32	0.66	1.72
0.42	1.34	0.67	1.74
0.44	1.36	0.68	1.76
0.45	1.38	0.84	2.08
0.69	1.78	0.86	2.12
0.70	1.80	0.88	2.18
0.71	1.82	0.90	2.22
0.72	1.84	0.92	2.26
0.73	1.86	0.94	2.32
0.74	1.88	0.96	2.36
0.76	1.90	0.97	2.38
0.78	1.94	0.98	2.40
0.80	1.98	0.99	2.44
0.82	2.04	1.00	2.46

另一方面,应变能的改变等于应力 σ 乘以裂纹所包体积改变的一半,即
$$dU = 2\pi\sigma acf\eta_0$$
将上式与式(1-137)比较,求出
$$\eta_0 = \frac{1-\nu^2}{E}\frac{2\sigma a}{\Phi}$$
代入式(1-134),最后得出椭圆形片状裂纹在垂直拉应力作用下的应变能释放率为
$$G_I = \frac{\pi(1-\nu^2)}{E\Phi^2}\left(\frac{a}{c}\right)(a^2\cos^2\varphi + c^2\sin^2\varphi)^{1/2} \tag{1-139}$$
代入式(1-60),得
$$G_I = \frac{\sigma\sqrt{\pi}}{\Phi}\left(\frac{a}{c}\right)^{1/2}(a^2\cos^2\varphi + c^2\sin^2\varphi)^{1/4} \tag{1-140}$$

由上式看出,不同的极角 φ,裂纹边界各法向平面的应力强度因子不同,在椭圆短轴方向上 K_I 值最大,即当 $\varphi = \frac{\pi}{2}$ 时
$$K_I = \frac{\sigma\sqrt{\pi a}}{\Phi} \tag{1-141}$$
式中,Φ 由式(1-138)决定。式(1-141)是裂纹边界短轴处的应力强度因子的计算公式,是最危险的部位。

若为圆片状裂纹,$a = c$,由式(1-138)可得 $\Phi = \frac{\pi}{2}$,代入式(1-141),得
$$K_I = \frac{2}{\pi}\sigma\sqrt{\pi a} \tag{1-142}$$
由此可见,圆片状裂纹周边处的应力强度因子的数值均相等。

1.8.2 半椭圆表面裂纹的应力强度因子

对于表面裂纹,其应力强度因子的精确解很难得到,下面仅介绍近似的计算方法。

1) 表面浅裂纹的应力强度因子

Irwin 求得了这类问题的近似解。用两个平行平面,其中有一个平面通过椭圆长轴,并与椭圆所在平面垂直,从图 1-22 所示的裂纹体中切出一块,形成一个具有半椭圆表面裂纹的平板,如图 1-24 所示。此处,假设表面裂纹的深度 a 较板厚 B 小得多,即所谓浅裂纹。这样,可以略去平板的后自由表面(或称背面)对裂纹最深点 A 处的应力强度因子的影响,而只需考虑自由表面(或称表面)的影响。Irwin 假定半椭圆片状表面浅裂纹的 K_I 与深埋椭圆裂纹的 K_I 之比,等于边裂纹平板的 K_I 与中心裂纹平板的 K_I 之比,即
$$\frac{K_{I表}}{K_{I埋}} = \frac{K_{I边}}{K_{I中}}$$
而

$$\frac{K_{\mathrm{I}\text{边}}}{K_{\mathrm{I}\text{中}}} = \frac{\sigma\sqrt{\pi a}\left[\frac{W}{\pi a}\left(\tan\frac{\pi a}{W} + 0.1\sin\frac{2\pi a}{W}\right)\right]^{1/2}}{\sigma\sqrt{\pi a}\left(\frac{W}{\pi a}\tan\frac{\pi a}{W}\right)^{1/2}} = \left(1 + \frac{0.1\sin\frac{2\pi a}{W}}{\tan\frac{\pi a}{W}}\right)^{1/2}$$

式中，W 为板的宽度；a 为裂纹长度（或深度）。当 $\frac{a}{W}$ 很小的情况下，有

$$\sin\frac{2\pi a}{W} \approx \frac{2\pi a}{W}, \qquad \tan\frac{\pi a}{W} \approx \frac{\pi a}{W}$$

则

$$\frac{0.1\sin\frac{2\pi a}{W}}{\tan\frac{\pi a}{W}} \approx \frac{0.1 \times \frac{2\pi a}{W}}{\frac{\pi a}{W}} \approx 0.2$$

所以

$$\frac{K_{\mathrm{I}\text{表}}}{K_{\mathrm{I}\text{埋}}} = \sqrt{1 + 0.2} = 1.1 \qquad (1\text{-}143)$$

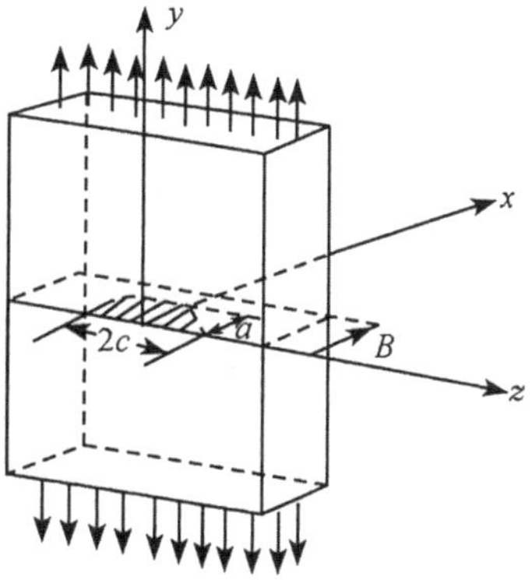

图 1-24

因此，椭圆片状表面裂纹 A 点的 K_{I}，是椭圆埋藏裂纹的 1.1 倍，即

$$K_{\mathrm{I}} = \frac{1.1\sigma\sqrt{\pi a}}{\Phi} \qquad (1\text{-}144)$$

Irwin 的近似计算公式是比较粗糙的，公式中既没有考虑后表面对 K_{I} 的影响，也没有考虑裂纹的几何形状参数 a/c 对 K_{I} 的影响。但因其式子简单，对于浅表面裂纹给出了偏于安全的解，所以至今仍为工程中采用。但必须注意，式(1-144)不适用于表面深裂纹。

2) 表面深裂纹的应力强度因子

目前求表面裂纹 K_{I} 的方法，如同上面所介绍的，一般采用对埋藏裂纹的 K_{I} 值进行修正。比较图 1-22 和图 1-24 可见，对具有埋藏裂纹的无限体，引入前、后两个自由表面后，构成了具有表面裂纹的平板。由于前、后两个表面的引入，使裂纹尖端的弹性约束减少，裂纹扩展容易，K_{I} 增大。因此，可将埋藏裂纹的 K_{I} 值乘以大于 1 的修正系数 M，而得到表面裂纹的 K_{I}，即

$$K_{\mathrm{I}\text{表}} = M_{\mathrm{C}} K_{\mathrm{I}\text{埋}} \qquad (1\text{-}145)$$

这是一种近似的处理方法，其结果需由实验来检验。M_{C} 称为弹性修正系数，一般写成

$$M_{\mathrm{C}} = M_1 M_2 \qquad (1\text{-}146)$$

式中，M_1 为前自由表面的修正系数；M_2 为后自由表面的修正系数。

M_{C} 的表达形式有多种，下面仅介绍几种常用的结果：

P. C. Paris 和 G. C. Sih 分析了 M_1 随 a/c 的变化关系，当 $a/c \to 0$ 时，接近于单边切口试样，M_1 为 1.12；而当 $a/c \to 1$ 时，接近于半圆形表面裂纹，M_1 为 1，因此采

用线性内插值法得到

$$M_1 = 1 + 0.12\left(1 - \frac{a}{c}\right) \tag{1-147}$$

关于 M_2，则借用了中心穿透裂纹弹性解的厚度校正系数，即

$$M_2 = \left(\frac{2B}{\pi a}\tan\frac{\pi a}{2B}\right)^{1/2} \tag{1-148}$$

因此，根据 P. C. Paris 和 G. C. Sih 的建议，得

$$M_C = \left[1 + 0.12\left(1 - \frac{a}{c}\right)\right]\left[\frac{2B}{\pi a}\tan\frac{\pi a}{2B}\right]^{\frac{1}{2}} \tag{1-149}$$

式中，B 为板厚度；a 为裂纹深度；c 为裂纹长度。由式(1-149)可见，当为浅裂纹时，$a \ll B$，$\tan\frac{\pi a}{2B} \approx \frac{\pi a}{2B}$，$M_2 \approx 1$，所以浅裂纹可以不考虑背面的影响。

A. S. Kobayashi 和 R. C. Shah 以及 W. L. Moss 等提出

$$M_1 = 1 + 0.12\left(1 - \frac{a}{2c}\right)^2 \tag{1-150}$$

同时采用交替迭代法，逐步逼近靠近表面的内部椭圆裂纹的弹性解，从而得到 M_C 与 $\frac{a}{c}$ 和 $\frac{a}{B}$ 的关系曲线，见图 1-25。

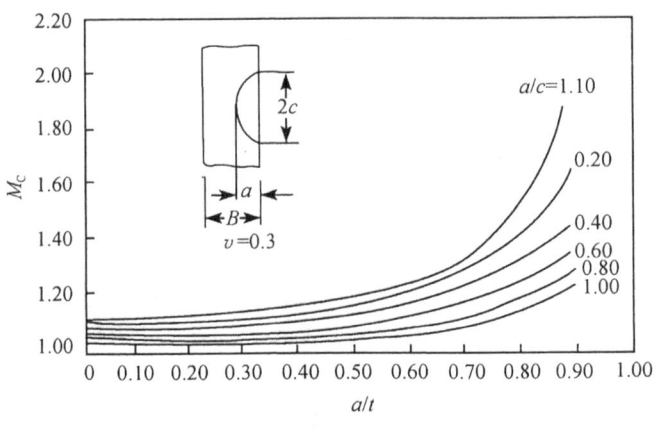

图 1-25

在实际计算时，也可以将式(1-148)与式(1-150)组合在一起计算 M_C。但是，以上分析均未考虑 M_1 与 M_2 之间的相互影响。

考虑了前、后表面修正以后，具有表面裂纹的应力强度因子为

$$K_I = M_C\frac{\sigma\sqrt{\pi a}}{\Phi} = M_1 M_2\frac{\sigma\sqrt{\pi a}}{\Phi} \tag{1-151}$$

1.8.3 小范围屈服条件下塑性区修正

在 1.4 节中,我们介绍了考虑塑性区后穿透裂纹应力强度因子的修正方法,对于表面裂纹,可以用类似的方法考虑裂纹尖端附近塑性区的影响。具体的方法是将式(1-141)、式(1-144)以及式(1-151)中的裂纹尺寸用等效裂纹长度代替,即以 $a+r_y$ 代替 a。对于平面应变情况,r_y 如式(1-84)表示,即

$$r_y = \frac{1}{4\sqrt{2}\pi}\left(\frac{K_\mathrm{I}}{\sigma_\mathrm{s}}\right)^2 \tag{1-152}$$

将 $a+r_y$ 代入式(1-141),得

$$K_\mathrm{I} = \frac{\sigma\sqrt{\pi}}{\Phi}\left[a + \left(\frac{1}{4\sqrt{2}\pi}\right)\frac{K_\mathrm{I}^2}{\sigma_\mathrm{s}^2}\right]^{1/2}$$

化简后得

$$K_\mathrm{I} = \frac{\sigma\sqrt{\pi a}}{\left[\Phi^2 - 0.18\left(\frac{\sigma}{\sigma_\mathrm{s}}\right)^2\right]^{1/2}} \tag{1-153}$$

式(1-153)是小范围屈服时椭圆片状埋藏裂纹的应力强度因子公式。

若将式(1-152)表示的 $a+r_y$ 代入式(1-144)中的 a,经化简后得

$$K_\mathrm{I} = \frac{1.1\sigma\sqrt{\pi a}}{\left(\Phi^2 - 0.212\frac{\sigma^2}{\sigma_\mathrm{s}^2}\right)^{1/2}} \tag{1-154}$$

令

$$Q = \Phi^2 - 0.212\frac{\sigma^2}{\sigma_\mathrm{s}^2} \tag{1-155}$$

式中,Q 表示经过塑性区修正后的形状因子,其数值由表 1-2 查得,或由图 1-26 曲线中查得。由此,式(1-54)变为

$$K_\mathrm{I} = \frac{1.1\sigma\sqrt{\pi a}}{\sqrt{Q}} \tag{1-156}$$

表 1-2 形状因子 Q 值

σ/σ_s \ $a/2c$	0.10	0.20	0.25	0.30	0.40
1.0	0.88	1.07	1.21	1.38	1.76
0.9	0.91	1.12	1.24	1.41	1.79
0.8	0.95	1.15	1.27	1.45	1.83
0.7	0.98	1.17	1.31	1.48	1.87
0.6	1.02	1.22	1.35	1.52	1.90
<0.6	1.10	1.29	1.43	1.60	1.98

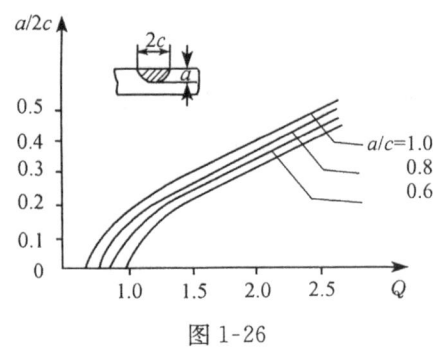

图 1-26

式(1-154)和式(1-156)为浅表面裂纹经塑性区修正后的应力强度因子 K_I 的计算公式。对于表面深裂纹,同样可以将 $a+r_y$ 代替式(1-150)中的 a,两边取平方,得

$$K_I^2 \Phi^2 = (M_1 M_2)^2 \sigma^2 \pi (a+r_y)$$
$$= (M_1 M_2)^2 \sigma^2 \pi a + (M_1 M_2)^2 \sigma^2 \pi \frac{1}{4\sqrt{2}\pi}\left(\frac{K_I}{\sigma_s}\right)^2$$

经整理后得

$$K_I = \frac{(M_1 M_2)\sigma\sqrt{\pi a}}{\left[\Phi^2 - \frac{(M_1 M_2)^2}{4\sqrt{2}}\left(\frac{\sigma}{\sigma_s}\right)^2\right]^{1/2}} \tag{1-157}$$

由式(1-157)中可见,进行塑性区修正时,应考虑 M_1、M_2 的影响。当 $\frac{\sigma}{\sigma_s}$ 比值较小时,$\left(\frac{\sigma}{\sigma_s}\right)^2$ 更小,工程中为了减少计算工作量,仍采用式(1-154)中的结果,即仍取 $\frac{(M_1 M_2)^2}{4\sqrt{2}}=0.212$。此处实际上假设 $M_1 M_2 = 1.1$,因此式(1-157)与式(1-154)有相同的形式,式(1-157)可写成

$$K_I = M_1 M_2 \frac{\sigma\sqrt{\pi a}}{Q} \tag{1-158}$$

式中,Q 值与式(1-156)中的相同。有人认为,对于较脆的材料($\leqslant 0.6$),较浅的裂纹,用式(1-158)计算所得的误差小于 3%;当材料的韧性较高时,则不能用式(1-158)。A. S. Kobayashi 和 W. L. Moss 采用塑性区修正系数 M_P,则式(1-151)可表示为

$$K_I = M_C M_P \frac{\sigma\sqrt{\pi a}}{\Phi} \tag{1-159}$$

式中,M_P 由图 1-27 查得。

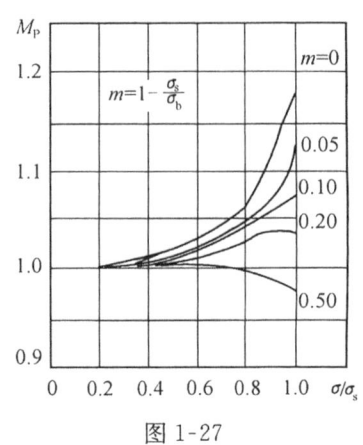

图 1-27

附录 A 弹性理论基础

A1 平面应力与平面应变状态

弹性体平面应变状态定义:若弹性体各点位移分量 w 为零或为常数,而其他分量 u 和 v 都是 x 和 y 的函数,则称弹性体处于平行 Oxy 平面的平面应变状态。

在平面应变状态下,因为 $\varepsilon_z=0$,由胡克定律知 σ_z 不为零,应等于
$$\sigma_z = \nu(\sigma_x + \sigma_y) \tag{A1}$$
其他应力分量 $\tau_{xz}=\tau_{yz}=0$,σ_x、σ_y、τ_{xy} 不全为零。

薄板平面应力状态定义:如图 A1 中薄板,所受外力平行于板面,且不沿厚度变化,因板两个侧面不受力,且板很薄,可近似地认为整个板面内各点都有
$$\sigma_z = 0, \quad \tau_{xz} = 0, \quad \tau_{yz} = 0$$
这样,只有平行于 Oxy 平面的三个应力分量 σ_x、σ_y、τ_{xy} 不全为零,是 x 和 y 的函数。这种状态称为平面应力状态。

在平面应力状态下,虽然沿 z 轴方向的应力为零,但是应变 $\varepsilon_z \neq 0$。

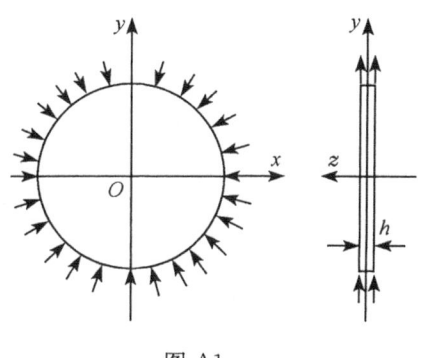

图 A1

A2 平面问题的基本方程

1) 平衡方程

设无体积力
$$\left. \begin{array}{l} \dfrac{\partial \sigma_x}{\partial x} + \dfrac{\partial \tau_{xy}}{\partial y} = 0 \\[6pt] \dfrac{\partial \tau_{xy}}{\partial x} + \dfrac{\partial \sigma_y}{\partial y} = 0 \end{array} \right\} \tag{A2}$$

2) 几何方程

在小变形条件下,应变与位移分量间的关系为
$$\left. \begin{array}{l} \varepsilon_x = \dfrac{\partial u}{\partial x}, \quad \varepsilon_y = \dfrac{\partial v}{\partial y} \\[6pt] \gamma_{xy} = \dfrac{\partial u}{\partial y} + \dfrac{\partial v}{\partial x} \end{array} \right\} \tag{A3}$$

3) 物理方程

各向同性材料的线弹性体,其应力与应变分量间的关系为
$$\left. \begin{array}{l} \varepsilon_x = \dfrac{1}{E}(\sigma_x - \nu\sigma_y) \\[6pt] \varepsilon_y = \dfrac{1}{E}(\sigma_y - \nu\sigma_x) \\[6pt] \gamma_{xy} = \dfrac{2(1+\nu)}{E}\tau_{xy} \end{array} \right\} \quad (\text{平面应力}) \tag{A4}$$

$$\left.\begin{array}{l}\varepsilon_x = \dfrac{1}{E}[(1-\nu^2)\sigma_x - \nu(1+\nu)\sigma_y] \\ \varepsilon_y = \dfrac{1}{E}[(1-\nu^2)\sigma_y - \nu(1+\nu)\sigma_x] \\ \gamma_{xy} = \dfrac{2(1+\nu)}{E}\tau_{xy}\end{array}\right\} \quad \text{(平面应变)} \quad (A5)$$

4）相容方程

$$\frac{\partial^2 \varepsilon_x}{\partial y^2} + \frac{\partial^2 \varepsilon_y}{\partial x^2} = \frac{\partial^2 \gamma_{xy}}{\partial x \partial y} \tag{A6}$$

代入式(A4)或式(A5)，可得到以应力表示的相容方程，有

$$\nabla^2 (\sigma_x + \sigma_y) = 0 \tag{A7}$$

符号 ∇^2 是拉普拉斯微分算子

$$\nabla^2 = \frac{\partial^2}{\partial x^2} + \frac{\partial^2}{\partial y^2}$$

A3　平面问题的应力函数

取 Ariy 函数 $\varphi(x,y)$，其与各应力分量的关系为

$$\left.\begin{array}{l}\sigma_x = \dfrac{\partial^2 \varphi}{\partial y^2} \\ \sigma_y = \dfrac{\partial^2 \varphi}{\partial x^2} \\ \tau_{xy} = -\dfrac{\partial^2 \varphi}{\partial x \partial y}\end{array}\right\} \tag{A8}$$

显然，函数 $\varphi(x,y)$ 满足平衡方程，将式(A8)代入相容方程式(A7)，得到

$$\nabla^4 \varphi = \nabla^2 \nabla^2 \varphi = 0 \tag{A9}$$

满足上式的函数 $\varphi(x,y)$ 称为双调和函数。

由此可见，求解弹性力学平面问题可归结为：选择适当的双调和函数的 $\varphi(x,y)$ 作为应力函数，并使其满足所研究问题的全部边界条件，如条件得到满足，就可以用上述各关系求出应力、应变和位移。

在边界上，应力函数的定义：设边界上 A 点的 $\varphi = \dfrac{\partial \varphi}{\partial x} = \dfrac{\partial \varphi}{\partial y} = 0$ 沿边界逆时针方向由 A 点走到 B 点（图 A2），则 B 点的应力函数和其导数为

$$\left.\begin{array}{l}\varphi = \sum M \\ \dfrac{\partial \varphi}{\partial y} = \sum X \\ \dfrac{\partial \varphi}{\partial x} = -\sum Y\end{array}\right\} \tag{A10}$$

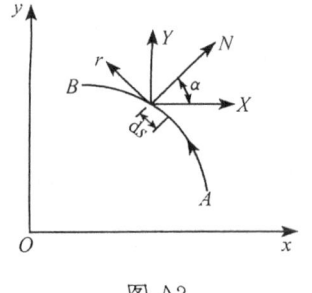

图 A2

式中，$\sum M$ 为边界上外力对 B 点的合力矩；$\sum X$ 为边界上外力在 x 轴上投影的和；$\sum Y$ 为边界上外力在 y 轴上投影的和。

A4 平面问题的复变函数解

若 $f(z)$ 和 $\psi(z)$ 是两个复变函数，且都是解析函数，取应力函数

$$\varphi = \mathrm{Re}\left[\bar{z}f(z) + \int \psi(z)\mathrm{d}z\right] \tag{A11}$$

易证明式(A9)满足双调和方程，则平面问题的应力表达式为

$$\left.\begin{array}{l}\sigma_x + \sigma_y = 4\mathrm{Re}[f'(z)] \\ \sigma_y - \sigma_x + 2\mathrm{i}\tau_{xy} = 2[\bar{z}f''(z) + \psi'(z)]\end{array}\right\} \tag{A12}$$

$$\sigma_z = v(\sigma_x + \sigma_y) \quad\quad \text{（平面应变）}$$

$$\sigma_z = 0 \quad\quad \text{（平面应力）}$$

位移的表达式为

$$u + \mathrm{i}v = \frac{1+\nu}{E}[kf(z) - \overline{zf'(z)} - \overline{\psi'(z)}] \tag{A13}$$

$$k = 3 - 4\nu \quad\quad \text{（平面应变）}$$

$$k = (3-\nu)/(1+\nu) \quad\quad \text{（平面应力）} \tag{A14}$$

A5 基本方程的张量形式

三维弹性体中，应力和应变张量的分量分别用 σ_{ij} 和 ε_{ij} ($i,j = 1,2,3$) 表示，位移和体积力的分量分别用 u_i 和 X_i 表示，则弹性理论的基本方程可写成以下简明的形式：

平衡方程：

$$\sigma_{ij,j} + X_i = 0 \tag{A15}$$

几何方程：

$$\varepsilon_{ij} = \frac{1}{2}(u_{i,j} + u_{j,i}) \tag{A16}$$

物理方程：

$$\sigma_{ij} = \frac{E}{1-2\nu}e\delta_{ij} + \frac{E}{1+\nu}\varepsilon'_{ij} \tag{A17}$$

或

$$\varepsilon_{ij} = \frac{1-2\nu}{E}\sigma\delta_{ij} + \frac{1+\nu}{E}\sigma'_{ij} \tag{A18}$$

边界条件：

$$\left.\begin{array}{l}\sigma_{ij}n_j = T_i^* \quad\quad \text{（在 } S_T \text{ 上）} \\ u_i = u_i^* \quad\quad \text{（在 } S_u \text{ 上）}\end{array}\right\} \tag{A19}$$

式中，平均应变 $e=\frac{1}{3}\varepsilon_{ij}$；平均应力 $\sigma=\frac{1}{3}\sigma_{ij}$；应变偏张量 $\varepsilon'_{ij}=\varepsilon_{ij}-e$；应力偏张量 $\sigma'_{ij}=\sigma_{ij}-\sigma$；$T_i^*$ 为边界 S_T 上外力分量；u_i^* 为边界 S_u 上位移分量；上角标"'"代表微分。另外，以上各式凡下标有相重的即应求和，其求和符号可以略去；δ_{ij} 为 Kronecker 符号，有

$$\delta_{ij} = \begin{cases} 1, & \text{当 } i=j \\ 0, & \text{当 } i \neq j \end{cases} \tag{A20}$$

A6 弹性体最小势能原理

弹性体势能定义为

$$U = \int_V W \mathrm{d}V - \int_{S_T} T_i^* u_i \mathrm{d}s \tag{A21}$$

式中，W 为应变能密度，即单位体积的应变能。对于线弹性情况，有

$$W = \frac{(1-\nu)E}{2(1-2\nu)(1+\nu)}(\varepsilon_x+\varepsilon_y+\varepsilon_z)^2$$
$$+ \frac{E}{4(1+\nu)}[\gamma_{yz}^2+\gamma_{zx}^2+\gamma_{xy}^2-4(\varepsilon_y\varepsilon_z+\varepsilon_z\varepsilon_x+\varepsilon_x\varepsilon_y)] \tag{A22}$$

对于非线弹性情况，应变能密度为

$$W(\varepsilon_{ij}) = \int_0^{\varepsilon_{ij}} \sigma_{ij}\mathrm{d}\varepsilon_{ij} \tag{A23}$$

或

$$\frac{\partial W}{\partial \varepsilon_{ij}} = \sigma_{ij} \tag{A24}$$

最小势能原理：在适合已知位移边界条件的一切位移中，适合平衡方程的位移其势能最小。

附录 B 复变函数的基础知识

B1 复数与复变函数

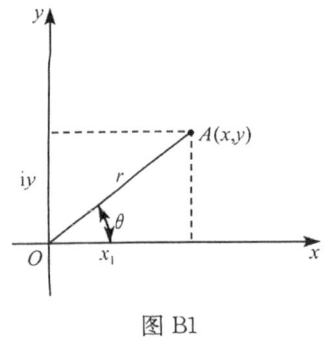

图 B1

复数 z 由两个实数 x 与 y 所组成
$$z = x + \mathrm{i}y \tag{B1}$$
式中，$\mathrm{i}=\sqrt{-1}$，称为单位虚数。复数 z 用 Oxy 平面内的 $A(x,y)$ 点表示，见图 B1。

复数的极坐标形式
$$z = r(\cos\theta + \mathrm{i}\sin\theta) = r\mathrm{e}^{\mathrm{i}\theta} \tag{B2}$$
z 的共轭复数
$$\bar{z} = x - \mathrm{i}y = r(\cos\theta - \mathrm{i}\sin\theta) = r\mathrm{e}^{-\mathrm{i}\theta} \tag{B3}$$

以复数 z 为自变量的函数,称为复变函数。任意复变函数都可分为实数与虚数两部分,即

$$f(z) = \text{Re}f(z) + \text{Im}f(z) \tag{B4}$$

复变函数对于复变数 z 的微分和积分等运算规则,与一般的实变函数相同。例如,以 $f'(z)$ 表示 $f(z)$ 的一阶导数,则有

$$f'(z) = \frac{\mathrm{d}}{\mathrm{d}z}f(z) \tag{B5}$$

若以 $\bar{f}(z)$ 表示 $f(z)$ 的一次积分,则有

$$\bar{f}(z) = \int f(z)\mathrm{d}z \tag{B6}$$

B2 解析函数

解析函数的定义:在 $z=x+\mathrm{i}j$ 平面的域 D 中,函数 $f(z)$ 称为解析的,需要满足以下条件,即在域 D 内任意一点,可用极限方法决定其导数,而且导数是唯一的,与 $\mathrm{d}z$ 趋近于零的路线无关。

定理 1 复变函数 $f(z)$ 是解析函数的必要与充分条件是

$$\frac{\partial \text{Re}f(z)}{\partial x} = \frac{\partial \text{Im}f(z)}{\partial y} \tag{B7}$$

$$\frac{\partial \text{Im}f(z)}{\partial x} = -\frac{\partial \text{Re}f(z)}{\partial y} \tag{B8}$$

式(B7)和式(B8)称为柯西-黎曼条件。

定理 2 若复变函数 $f(z)$ 为解析函数,则其实数和虚数部分均为调和函数。

证明 设 $f(z)=\text{Re}f(z)+\mathrm{i}\text{Im}f(z)$ 为解析函数,利用

$$\frac{\partial^2 \text{Re}f(z)}{\partial x^2} = \frac{\partial \text{Im}f(z)}{\partial x \partial y}$$

$$\frac{\partial^2 \text{Im}f(z)}{\partial x \partial y} = -\frac{\partial^2 \text{Re}f(z)}{\partial y^2}$$

将上两式相加得

$$\nabla^2 \text{Re}f(z) = \left(\frac{\partial^2}{\partial x^2} + \frac{\partial^2}{\partial y^2}\right)\text{Re}f(z) = 0 \tag{B9}$$

同理,可以证明 $\text{Im}f(z)$ 也是调和函数。

定理 3 若一复变函数为解析函数,则其导数 $f'(z)$、$f''(z)$ 和积分 $\bar{f}(z)$、$\bar{\bar{f}}(z)$ 均为解析函数。

推论 复变解析函数的导数和积分,它们的实部和虚部都是调和函数。

定理 4 将调和函数 $f_1(x,y)$、$f_2(x,y)$、$f_3(x,y)$,按下式组合

$$\varphi(x,y) = f_1(x,y) + xf_2(x,y) + yf_3(x,y) \tag{B10}$$

必为一双调和函数(即满足 $\nabla^2\nabla^2\varphi=0$)。

推论 若 $f(z)$ 为解析复变函数,则函数
$$\varphi = \text{Re}\overline{\overline{f}}(z) + y\text{Im}\overline{f}(z) \tag{B11}$$
为双调和函数。

B3 解析函数的线积分定理

定理 1 若函数 $f(z)$ 在闭合曲线 C 内与其上是解析的,则
$$\int_C f(z)\mathrm{d}z = 0 \tag{B12}$$

定理 2 若函数 $f(z)$ 在闭合曲线 C 内与其上是解析的,则
$$\int_C \frac{f(t)}{t-z}\mathrm{d}t = \begin{cases} 2\pi\mathrm{i}f(z), & z\text{ 在 }C\text{ 内} \\ 0, & z\text{ 在 }C\text{ 外} \end{cases} \tag{B13}$$
积分路线规定使 C 的内部在曲线左方。

柯西积分的定义:设 L 是 z 平面上的一条闭合的或开口的光滑曲线,如图 B2 所示。沿曲线 L 的积分
$$f(z) = \frac{1}{2\pi\mathrm{i}}\int_L \frac{g(t)}{t-z}\mathrm{d}t \tag{B14}$$

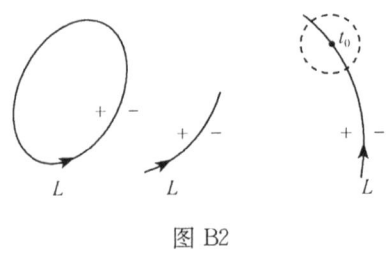

图 B2

称为柯西积分,式(B14)中函数 $g(t)$ 在 L 上连续,而且满足 Holder 条件,见文献[17]。于是,$f(z)$ 在 z 平面内除 L 以外都是解析的。$f(z)$ 在 L 上不连续,以 $f^+(t_0)$ 代表 z 从 L 左侧沿任意曲线趋于 t_0 点时函数 $f(z)$ 的极限值,以 $f^-(t_0)$ 代表 z 从 L 右侧沿任意曲线趋于 t_0 点函数 $f(z)$ 的极限值,见图 B2。

定理 3[Plemelj 公式] 若函数
$$f(z) = \frac{1}{2\pi\mathrm{i}}\int_L \frac{g(t)}{t-z}\mathrm{d}t \tag{B15}$$
满足上述柯西型积分的一切条件,则有
$$\left.\begin{aligned} f^+(t_0) - f^-(t_0) &= g(t_0) \\ f^+(t_0) + f^-(t_0) &= \frac{1}{\pi\mathrm{i}}\int_L \frac{g(t)}{t-z}\mathrm{d}t \end{aligned}\right\} \tag{B16}$$

定理 4 若函数 $f(z)$ 在域 D 内除曲线 L 外都是解析的,而且在 L 上有
$$f^+(t) - f^-(t) = g(t) \quad (\text{在 }L\text{ 上})$$
则函数 $f(z)$ 可以表示成
$$f(z) = \frac{1}{2\pi\mathrm{i}}\int_L \frac{g(t)}{t-z}\mathrm{d}t + f_0(z) \tag{B17}$$
式中,函数 $f_0(z)$ 在域 D 内是解析的。

B4 奇异积分方程的解

奇异积分方程定义：若方程

$$h(t_0) = \int_L \frac{g(t)}{t-t_0} dt \quad （在 L 上） \tag{B18}$$

式中，$g(t)$ 是待求的函数；$h(t)$ 是在 L 上定义的已知函数。则上式称为奇异积分方程。

应用上述定理，可求奇异方程(B18)的解。按公式(B14)定义的函数 $f(z)$，根据 B3 中的定理 3，有

$$f^+(t) + f^-(t) = \frac{h(t)}{\pi \mathrm{i}} \quad （在 L 上） \tag{B19}$$

设曲线 L 的端点为 a 与 b，取函数

$$X(z) = \frac{1}{\sqrt{(z-a)(z-b)}} \tag{B20}$$

易于证明，函数 $X(z)$ 有以下特征

$$X^+(t) + X^-(t) = 0 \quad （在 L 上） \tag{B21}$$

将式(B19)除以 $X^+(t) = -X^-(t)$，得

$$\left[\frac{f(t)}{X(t)}\right]^+ - \left[\frac{f(t)}{X(t)}\right]^- = \frac{h(t)}{\pi \mathrm{i} X^+(t)} \quad （在 L 上）$$

$$f(z) = -\frac{X(z)}{2\pi^2} \int_L \frac{h(t)}{X^+(t)(t-z)} dt + p_0(z) X(z) \tag{B22}$$

式中，$p_0(z)$ 在 z 平面内是解析的，一般写成 z 的多项式。从公式(B22)看出，当 z 极大时，函数 $f(z)$ 是 z^{-1} 阶的，式(B20)确定的函数 $X(z)$ 也是 z^{-1} 阶的，所以 $p_0(z)$ 应该等于一常数，令它为 $-\frac{k}{2\pi \mathrm{i}}$。最后，将式(B22)代入式(B16)，求出未知函数

$$\begin{aligned} g(t_0) &= f^+(t_0) - f^-(t_0) \\ &= \frac{-X^+(t_0)}{\pi^2} \int_L \frac{h(t)}{X^+(t)(t-t_0)} dt - \frac{k}{\pi \mathrm{i}} X^+(t_0) \end{aligned} \tag{B23}$$

上式就是奇异积分方程(B18)的解。

易于看出，当 $X^+(t)$ 接近曲线的两个端点时，公式(B23)右方的两项变成无限大，奇异积分方程有无限大解。如果对奇异积分方程的解加某些限制条件，式中常数可以确定。例如，选择 k 值是函数 $g(t)$ 在曲线两端的值为有限量。

参 考 文 献

1　Griffith A A. Phil. Trans. Roy. Soc. (London),1920,A221：163
2　铁摩辛柯,古地尔. 弹性理论. 徐芝纶,吴永祯译. 北京：人民教育出版社. 1964,168

3　Westergard H M. J. Appl. Mech. ,1939,6:49

4　Erdogan F,Sih G C. J. of Basic. Eng. ASME,Ser. D,1963,85:519

5　薛大为. 北京断裂力学交流会第二次会议资料. 1976

6　中科院力学所. 力学,1976,(2):98

7　王铎,杜善义. 哈尔滨工业大学学报,1978,3:58

8　Sih G C. Methods of Analysis and Solutions of Crack Problem. 1972

9　Sih G C,Donald B M. Appl. of Fracture Mech. to Eng. Problems. 1972

10　Sih G C,et al. Problems of Mixed Mode Crack Propagation. 1984

11　Raismer J. Int. J. of Fracture Mech. ,1976,12

12　Hussain M A. Fracture Analysis. ASTM STP 560,1974,2

13　Shan R C. Fracture Analysis. ASTM STP 560,1974,29

14　王仁东. 断裂力学理论和应用. 北京:化学工业出版社,1984,81

15　Irwin G R. Appl. Mech. ,1962,651

16　Shah R C. The Surface Crack:Physical Problems and Computational Solutions. 1971,Part 1

第 2 章 求应力强度因子的各种计算方法

前面介绍了用应力强度因子表达的脆断准则为

$$K_{\mathrm{I}} = K_{\mathrm{IC}}$$

式中,K_{I} 是构件裂纹尖端的应力强度因子;K_{IC} 是材料的断裂韧度。在进行断裂安全分析时,一方面需要计算构件的 K_{I} 值,它是由构件的尺寸、形状和所受的载荷形式而确定的;另一方面还需要测定材料的 K_{IC} 值。在用实验测定材料的 K_{IC} 时,必须首先确定试件的 K_{I} 标定式。因此,计算各种构件或试件的应力强度因子,是线弹性断裂力学的一项重要任务。

目前求应力强度因子的方法有解析法、数值解法和实验标定方法等。解析法只能计算简单的问题,对于大多数问题需要采用数值解法。当前工程中广泛采用的数值解法是有限单元法。由于计算机容量与费用的限制,对于复杂的问题用数值解法仍有困难,可通过光测弹性力学实验方法或其他实验方法来测定。

本章介绍几种常用的应力强度因子的计算方法,主要有:普遍形式的复变函数法、积分变换法、应力集中系数法、位错连续分布法、有限元法和边界元法。这里我们着重叙述这些方法的基本原理,更具体与详细的内容请读者查阅有关资料。除了本章介绍的方法以外,尚有其他求应力强度因子的方法,以及工程估算的方法和实验方法等,限于篇幅,此处不做介绍。这些方法在利用线弹性断裂力学原理评价结构的脆断时也是很有用的,请查阅有关文献。

2.1 普遍形式的复变函数法[1]

前面已介绍的 Westergard 应力函数法,是用复变函数求解应力强度因子的一种特殊方法,但更普遍的复变函数法是 Kolosov-Muskhelishvili 应力函数法。其详细推导可参看弹性理论书籍[1],此处只介绍其结果在二维裂纹问题中的应用。

应力函数的表达式为

$$\Phi = \mathrm{Re}[\bar{z}\varphi(z) + \chi(z)] = \frac{1}{2}[\bar{z}\varphi(z) + z\overline{\varphi(z)} + \chi(z) + \overline{\chi(z)}] \quad (2\text{-}1)$$

式中,$\varphi(z)$、$\chi(z)$ 为复变解析函数;$\bar{z}$ 为 z 的共轭复变量,$\bar{z}=x-\mathrm{i}y$;$\overline{\varphi(z)}$ 为与 $\varphi(z)$ 共轭的复变解析函数

$$\overline{\varphi(z)} = p(x,y) - \mathrm{i}q(x,y)$$

平面应变情况的应力和位移可表示为

$$\left.\begin{array}{l}\sigma_x+\sigma_y=\dfrac{\partial^2\Phi}{\partial x^2}+\dfrac{\partial^2\Phi}{\partial y^2}=2[\varphi'(z)+\overline{\varphi'(z)}]=4\mathrm{Re}[\varphi'(z)]\\[2mm] \sigma_x-\sigma_y+\mathrm{i}2\tau_{xy}=2[\bar{z}\varphi''(z)+\chi''(z)]\\[2mm] u+\mathrm{i}v=\dfrac{(3-4\nu)(1+\nu)}{E}\varphi(z)-\dfrac{1+\nu}{E}[z\overline{\varphi'(z)}+\overline{\chi'(z)}]\end{array}\right\} \quad (2\text{-}2)$$

式(2-1)和式(2-2)是复变函数解弹性平面问题中常用的 kolosov-Muskhelishvili 公式。

设有一 I 型与 II 型复合裂纹问题，K_I 为 I 型裂纹的应力强度因子，K_{II} 为 II 型裂纹的应力强度因子。若取复数形式表示的应力强度因子 K 为

$$K=K_I-\mathrm{i}K_{II} \quad (2\text{-}2\mathrm{a})$$

则由式(2-2)可求得 K 的表达式。现推导如下：

由 I 型及 II 型裂纹尖端附近的应力公式(1-16)与式(1-35)得

$$\sigma_x+\sigma_y=\frac{2K_I}{\sqrt{2\pi r}}\cos\frac{\theta}{2}-\frac{2K_{II}}{\sqrt{2\pi r}}\sin\frac{\theta}{2} \quad (2\text{-}2\mathrm{b})$$

由式(2-2a)与式(2-2b)可得

$$\sigma_x+\sigma_y=\mathrm{Re}\left\{K\left[\frac{2}{\pi(z-z_0)}\right]^{1/2}\right\} \quad (2\text{-}2\mathrm{c})$$

z_0 为裂纹右尖端的坐标，$z-z_0=r\mathrm{e}^{\mathrm{i}\theta}$。

显然，将式(2-2c)右端括号内的函数展开为

$$K\left(\frac{2}{\pi(z-z_0)}\right)^{1/2}=(K_I-\mathrm{i}K_{II})\sqrt{\frac{2}{\pi}}\left[r^{-1/2}\left(\cos\frac{\theta}{2}-\mathrm{i}\sin\frac{\theta}{2}\right)\right]$$

$$=\left(\frac{2}{\pi r}\right)^{1/2}\left(K_I\cos\frac{\theta}{2}-K_{II}\sin\frac{\theta}{2}-K_I\mathrm{i}\sin\frac{\theta}{2}-K_{II}\mathrm{i}\cos\frac{\theta}{2}\right)$$

取其实部，即得式(2-2c)右端。

又由式(2-2)，有

$$\sigma_x+\sigma_y=4\mathrm{Re}[\varphi'(z)]$$

代入式(2-2c)，则有

$$\mathrm{Re}\left\{(K_I-\mathrm{i}K_{II})\left[\frac{2}{\pi}\frac{1}{(z-z_0)}\right]^{1/2}\right\}=4\mathrm{Re}[\varphi'(z)] \quad (2\text{-}2\mathrm{d})$$

式(2-2d)是由式(1-16)和式(1-35)推导得的，因此，只适合于裂纹尖端附近的区域。将(2-2d)式移项得

$$K=K_I-\mathrm{i}K_{II}=2\sqrt{2\pi}\lim_{z\to z_0}\sqrt{(z-z_0)}\varphi'(z) \quad (2\text{-}3)$$

因此，为了确定应力强度因子 K_I 与 K_{II}，只需确定一个解析函数 $\varphi(z)$。对于构件的几何形状或受载荷条件比较复杂的问题，通常可应用复变函数的保角映射原理，将 $z=x+\mathrm{i}y$ 平面内的边界几何图形，通过 $z=w(\xi)$ 关系映射到 $\xi=\xi+\mathrm{i}\eta$ 平面中，成为简单的几何边界图形，使解题过程大为简化。

例 2-1 无限大平板，有一长度为 $2a$ 的穿透裂纹，其坐标原点取在裂纹中点

处,裂纹的右尖端坐标为 $y=0, x=a$。在裂纹右上表面 $z=b$ 处作用有一个集中力 F,按单位厚度平板上的力来计算,$F=P-iQ$,如图 2-1(a)所示,求裂纹尖端的应力强度因子。

解 取映射函数

$$z = w(\eta) = \frac{a}{2}\left(\eta + \frac{1}{\eta}\right) \tag{2-4}$$

将图 2-1(a)中 z 平面内长度为 $2a$ 的裂纹,变换为图 2-1(b)中 η 平面内的一个单位圆。变换后,式(2-3)为

$$K = 2\sqrt{2\pi}\lim_{\eta \to \eta_0}[w(\eta)-w(\eta_0)]^{1/2}\frac{\Phi'(\eta)}{w'(\eta)} \tag{2-5}$$

因为在式(2-3)中,有

$$\Phi'(z) = \frac{d\Phi(z)}{dz} = \frac{d\Phi(\eta)}{d\eta} \cdot \frac{d\eta}{dz} = \frac{d\Phi(\eta)}{d\eta} \cdot \frac{1}{\frac{dw(\eta)}{d\eta}} = \frac{\Phi'(\eta)}{w'(\eta)}$$

由于 η_0 与 $z_0=a$ 相对应,由映射函数式(2-4)可得 $\eta_0=1$。将 $z=\frac{a}{2}\left(\eta+\frac{1}{\eta}\right)$ 和 $\eta_0=1$ 代入式(2-3),得

$$K = 2\sqrt{2\pi}\lim_{\eta\to 1}\left[\frac{a}{2}\left(\eta+\frac{1}{\eta}\right)-\frac{a}{2}\left(1+\frac{1}{1}\right)\right]^{1/2}\frac{\Phi'(\eta)}{\frac{a}{2}\left(1-\frac{1}{\eta^2}\right)}$$

$$= 2\sqrt{2\pi}\sqrt{\frac{2}{a}}\lim_{\eta\to 1}\sqrt{\eta}\left(1-\frac{1}{\eta}\right)\frac{\Phi'(\eta)}{\left(1-\frac{1}{\eta}\right)\left(1+\frac{1}{\eta}\right)}$$

$$= 4\sqrt{\frac{\pi}{a}}\cdot\frac{\Phi'(1)}{2} = 2\sqrt{\frac{\pi}{a}}\cdot\Phi'(1) \tag{2-6}$$

式(2-6)是在 η 平面内计算裂纹尖端应力强度因子的公式。

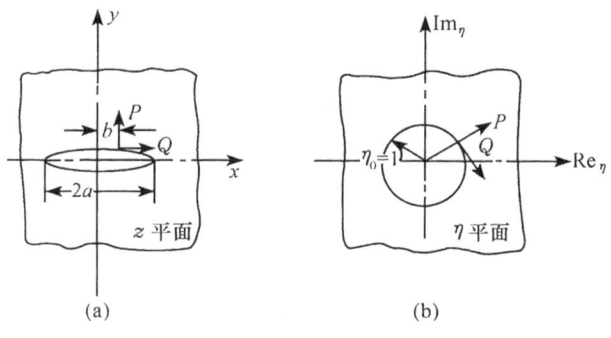

图 2-1

当裂纹的右上表面 $z=b$ 处,单位板厚上作用有集中力 $F=P-iQ$ 时,可用如

下形式的 $\Phi(\eta)$ 函数：

$$\Phi(\eta)=\frac{Fa}{4\pi(a^2-b^2)^{1/2}}-\left\{-\frac{1}{\eta}+\left(\frac{\eta_1}{\eta_1-\eta}\right)\left[\left(\eta+\frac{1}{\eta}\right)-\left(\eta_1+\frac{1}{\eta_1}\right)\right]\right.$$
$$\left.+\left(\eta_1-\frac{1}{\eta_1}\right)\left[\frac{k}{1+k}\log\eta-\log(\eta_1-\eta)\right]\right\} \tag{2-6a}$$

式中，η 平面内的 η_1 点相当于 z 平面内的 $z=b$ 点（即 F 力作用点），于是 $\frac{a}{2}\left(\eta_1+\frac{1}{\eta_1}\right)=b$ 或 $\left(\eta_1+\frac{1}{\eta_1}\right)=\frac{2b}{a}$，$k$ 为与材料的泊松比 ν 有关的系数。因此

$$k=\frac{3-\nu}{1+\nu}, \qquad 平面应力状态$$
$$k=3-4\nu, \qquad 平面应变状态$$

此函数能满足所研究裂纹问题的全部边界条件，即裂缝上、下表面除 $z=b$ 点外均无外力，在平板的无限远边界上无外力。现将 $\Phi(\eta)$ 对 η 取一阶导数

$$\Phi'(\eta)=\frac{d\Phi(\eta)}{d\eta}=\frac{Fa}{4\pi(a^2-b^2)^{1/2}}\left\{\frac{1}{\eta^2}+\left(\frac{\eta_1}{(\eta_1-\eta)^2}\right)\left[\left(\eta+\frac{1}{\eta}\right)-\left(\eta_1+\frac{1}{\eta_1}\right)\right]\right.$$
$$\left.+\frac{\eta_1}{\eta_1-\eta}\left(1-\frac{1}{\eta^2}\right)+\left(\eta_1-\frac{1}{\eta_1}\right)\left(\frac{k}{1+k}\cdot\frac{1}{\eta}+\frac{1}{\eta_1-\eta}\right)\right\} \tag{2-6b}$$

将 $\eta=1$ 和 $\eta_1+\frac{1}{\eta_1}=\frac{2b}{a}$ 代入，简化后即得

$$\Phi'(1)=\frac{F}{4\pi}\left[\left(\frac{a+b}{a-b}\right)^{1/2}+i\left(\frac{k-1}{k+1}\right)\right] \tag{2-6c}$$

将式(2-6c)代入式(2-6)，并将 F 写成 $F=P-iQ$，即得

$$K=K_I-iK_{II}=\frac{P-iQ}{2\sqrt{\pi a}}\left[\left(\frac{a+b}{a-b}\right)^{1/2}+i\left(\frac{k-1}{k+1}\right)\right]$$
$$=\frac{1}{2\sqrt{\pi a}}\left[P\left(\frac{a+b}{a-b}\right)^{1/2}+Q\left(\frac{k-1}{k+1}\right)+iP\left(\frac{k-1}{k+1}\right)-iQ\left(\frac{a+b}{a-b}\right)^{1/2}\right] \tag{2-6d}$$

分开上式的实部和虚部，即

$$K_I=\frac{P}{2\sqrt{\pi a}}\left(\frac{a+b}{a-b}\right)^{1/2}+\frac{Q}{2\sqrt{\pi a}}\left(\frac{k-1}{k+1}\right) \tag{2-7}$$

$$K_{II}=-\frac{P}{2\sqrt{\pi a}}\left(\frac{k-1}{k+1}\right)+\frac{Q}{2\sqrt{\pi a}}\left(\frac{a+b}{a-b}\right)^{1/2} \tag{2-8}$$

应用以上两式时，应注意 P、Q 力的方向和作用点的位置，仅适用于图 2-1(a) 表示的情况。

2.2 积分变换法

2.2.1 积分变换[2]

设在$-\infty<x<+\infty$域定义的分段连续函数$\Phi(x)$,且$\int_{-\infty}^{+\infty}|\Phi^*(x)|\mathrm{d}x$是有限的,则积

$$\Phi^*(\xi)=\int_{-\infty}^{+\infty}\Phi(x)\mathrm{e}^{\mathrm{i}\xi x}\mathrm{d}x \quad (2\text{-}9)$$

存在,并且有以下关系式

$$\Phi(x)=\frac{1}{2\pi}\int_{-\infty}^{+\infty}\Phi^*(\xi)\mathrm{e}^{-\mathrm{i}\xi x}\mathrm{d}\xi \quad (2\text{-}10)$$

积分式(2-9)称为函数$\Phi(x)$的Fourier变换,记为$\Phi^*(\xi)$;关系式(2-10)称为Fourier变换的逆变换。

若上面定义的$\Phi(x)$是偶函数,则有Fourier余弦变换和它的逆变换如下:

$$\Phi^*(\xi)=\int_0^\infty \Phi(x)\cos(\xi x)\mathrm{d}x \quad (2\text{-}11)$$

$$\Phi(x)=\frac{2}{\pi}\int_0^\infty \Phi^*(\xi)\cos(\xi x)\mathrm{d}\xi \quad (2\text{-}12)$$

若上面定义的$\Phi(x)$是奇函数,则有Fourier正弦变换和它的逆变换如下:

$$\Phi^*(\xi)=\int_0^\infty \Phi(x)\sin(\xi x)\mathrm{d}x \quad (2\text{-}13)$$

$$\Phi(x)=\frac{2}{\pi}\int_0^\infty \Phi(\xi)^*\sin(\xi x)\mathrm{d}\xi \quad (2\text{-}14)$$

Fourier积分有以下性质:当函数$\Phi(x)$及其各阶导数$\Phi'(x),\Phi''(x),\cdots,\Phi^{(n)}(x)$都是在$-\infty<x<+\infty$定义的分段连续函数,且$\int_{+\infty}^{-\infty}|\Phi'(x)|\mathrm{d}x,\cdots,\int_{+\infty}^{-\infty}|\Phi^{(n)}(x)|\mathrm{d}x$有限,则有

$$\Phi^{*(n)}(\xi)=(-\mathrm{i}\xi)^n\Phi^*(\xi) \quad (2\text{-}15)$$

2.2.2 求应力强度因子的积分变换法

用积分变换法求裂纹体应力强度因子的思路是:将弹性力学求应力、应变场的边界值问题所需要满足的微分方程(如平面问题的双调和方程等)进行积分变换,在给定边界值的情况下,求出应力场,然后进行逆变换。

下面用一个简单的例子说明用积分变换法求裂纹尖端应力强度因子的主要步骤。设在无限大板中,有一长为$2a$的穿透裂纹,板的两端作用切应力$\tau_{yz}=\tau$,如图2-2所示,这一问题为撕开型(或III型)裂纹问题。

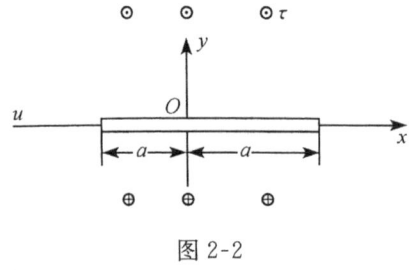

图 2-2

该问题的应力和位移分量仅依赖于坐标 x 和 y，而与 z 无关，是二维的反平面问题，应力分量只有 τ_{xz} 和 τ_{yz} 不为零，位移分量只剩下 w，其余应力和位移分量都为零。

在这种情况下，平衡方程为

$$\frac{\partial \tau_{xz}}{\partial x} + \frac{\partial \tau_{yz}}{\partial y} = 0 \tag{2-16}$$

几何方程为

$$\gamma_{xz} = \frac{\partial w}{\partial x}, \qquad \gamma_{yz} = \frac{\partial w}{\partial y} \tag{2-17}$$

物理方程为

$$\tau_{xz} = \frac{E}{2(1+\nu)}\gamma_{xz}, \qquad \tau_{yz} = \frac{E}{2(1+\nu)}\gamma_{yz} \tag{2-18}$$

将式(2-17)和式(2-18)代入式(2-16)，得位移分量 $w(x,y)$ 所需要满足的调和方程

$$\nabla^2 w = \left(\frac{\partial^2}{\partial x^2} + \frac{\partial^2}{\partial y^2}\right) w = 0 \tag{2-19}$$

问题归结为在给定边界条件下解调和方程(2-19)。由于问题对 x、z 平面为反对称，可以仅讨论 $y>0$ 的半无限体。该问题的边界条件为

$$\left. \begin{array}{ll} \tau_{yz} = \tau, & y \to \infty \\ \tau_{yz} = 0, & y = 0, \quad -a \leqslant x \leqslant a \\ w = 0, & y = 0, \quad |x| > a \end{array} \right\} \tag{2-20}$$

由边界条件(2-20)知，问题对 y 轴对称，可采用 Fourier 余弦变换。对调和方程(2-19)进行 Fourier 余弦变换，因为

$$\int_0^\infty \nabla^2 w \cos(\xi x) \mathrm{d}x = \left(\frac{\mathrm{d}}{\mathrm{d}y^2} - \xi^2\right)\int_0^\infty w(x,y)\cos(\xi x)\mathrm{d}x$$

$$= \left(\frac{\mathrm{d}}{\mathrm{d}y^2} - \xi^2\right) w^*(\xi, y)$$

故有

$$\frac{\mathrm{d}^2}{\mathrm{d}y^2} w^*(\xi, y) - \xi^2 w^*(\xi, y) = 0 \tag{2-21}$$

式中

$$w^*(\xi, y) = \int_0^\infty w(x,y)\cos(\xi x)\mathrm{d}x \tag{2-22}$$

且有逆变换

$$w(x, y) = \frac{2}{\pi}\int_0^\infty w^*(\xi, y)\cos(\xi x)\mathrm{d}\xi \tag{2-23}$$

这样，问题归结为解常微分方程式(2-21)，它的通解为

$$w^*(\xi, y) = A(\xi)\mathrm{e}^{-\xi y} + B(\xi)\mathrm{e}^{\xi y} \tag{2-24}$$

式中,$A(\xi)$和$B(\xi)$是待定的函数。由于在$y \to \infty$时,应力和位移是有限值,故有$B(\xi)=0$,函数$A(\xi)$将由边界条件确定。式(2-24)简化为

$$w^*(\xi,y) = A(\xi) e^{-\xi y} \tag{2-25}$$

根据Fourier逆变换公式(2-23),由式(2-25)得位移分量

$$w(x,y) = \frac{2}{\pi} \int_0^\infty A(\xi) e^{-\xi y} \cos(\xi x) d\xi \tag{2-26}$$

当$y \to \infty$时,边界条件有

$$\left. \begin{array}{l} \tau_{yz} \big|_{y \to \infty} = \dfrac{E}{2(1+\nu)} \gamma_{yz} \Big|_{y \to \infty} = \dfrac{E}{2(1+\nu)} \dfrac{\partial w}{\partial y} \Big|_{y \to \infty} = \tau \\ w \big|_{y \to \infty} = 0 \end{array} \right\} \tag{2-27}$$

选取如下的位移方程

$$w(x,y) = \frac{2(1+\nu)\tau}{E} \left[y + \frac{2}{\pi} \int_0^\infty A(\xi) e^{-\xi y} \cos(\xi x) d\xi \right] \tag{2-28}$$

能够自动满足基本方程(2-19),又能满足当$y \to \infty$的边界条件(2-27),读者可自行验证。

将式(2-28)带入式(2-17),再由式(2-18)得应力分量

$$\left. \begin{array}{l} \tau_{xz} = -\dfrac{2\tau}{\pi} \int_0^\infty \xi A(\xi) e^{-\xi y} \sin(\xi x) d\xi \\ \tau_{yz} = \tau \left[1 - \dfrac{2}{\pi} \int_0^\infty \xi A(\xi) e^{-\xi y} \cos(\xi x) d\xi \right] \end{array} \right\} \tag{2-29}$$

于是,剩下尚需满足在裂纹平面$y=0$上的边界条件(2-20)成为

$$\left. \begin{array}{ll} \dfrac{2}{\pi} \int_0^\infty \xi A(\xi) \cos(\xi x) d\xi = 1, & |x| \leqslant a \\ \int_{-\infty}^\infty A(\xi) \cos(\xi x) d\xi = 0, & |x| > a \end{array} \right\} \tag{2-30}$$

上式是对偶积分方程,有以下解(详细解法见文献[2]的附录A)

$$A(\xi) = \frac{\pi}{2} a \xi^{-1} J_1(a\xi) \tag{2-31}$$

式中,$J_1(a\xi)$为贝塞尔函数;a为裂纹的一半长。

将式(2-31)代入应力和位移分量表达式,得到

$$\left. \begin{array}{l} \tau_{xz} = -a\tau \int_0^\infty J_1(a\xi) e^{-\xi y} \sin(\xi x) d\xi \\ \tau_{yz} = \tau \left[1 - a \int_0^\infty J_1(a\xi) e^{-\xi y} \cos(\xi x) d\xi \right] \\ w = \dfrac{2(1+\nu)\tau}{E} \left[y + a \int_0^\infty \xi^{-1} J_1(a\xi) e^{-\xi y} \cos(\xi x) d\xi \right] \end{array} \right\} \tag{2-32}$$

将式(2-32)的前两式表示成复数形式

$$\tau_{yz} + i\tau_{xz} = \tau \left[1 - a \int_0^\infty J_1(a\xi) e^{i\xi(x+iy)} d\xi \right]$$

令
$$z = x + iy = re^{i\theta}$$
$$z - a = r_1 e^{i\theta_1}, \qquad z + a = r_2 e^{i\theta_2}$$

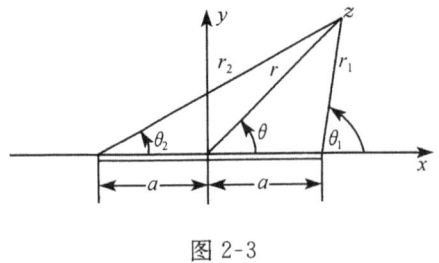

图 2-3

如图 2-3。将贝塞尔函数的展开式带入上式后积分,得到

$$\begin{aligned}\tau_{yz} + i\tau_{xz} &= \tau\{1 - [1 - (iz)(a^2 + (iz)^2)^{-\frac{1}{2}}]\} \\ &= \tau re^{i\theta}(r_1 r_2)^{-\frac{1}{2}} e^{-i(\theta_1+\theta_2)/2} \\ &= \frac{\tau r}{(r_1 r_2)^{\frac{1}{2}}} e^{i(\theta - \frac{\theta_1}{2} - \frac{\theta_2}{2})} \end{aligned} \quad (2\text{-}33)$$

将式(2-33)的实部与虚部分开后,有

$$\left.\begin{aligned}\tau_{xz} &= \tau \frac{r}{(r_1 r_2)^{\frac{1}{2}}} \sin\left(\theta - \frac{1}{2}\theta_1 - \frac{1}{2}\theta_2\right) \\ \tau_{yz} &= \tau \frac{r}{(r_1 r_2)^{\frac{1}{2}}} \cos\left(\theta - \frac{1}{2}\theta_1 - \frac{1}{2}\theta_2\right)\end{aligned}\right\} \quad (2\text{-}34)$$

由式(2-34)看出,在裂纹的尖端应力具有奇异性。

在裂纹尖端附近,即 $y=0, |x|\approx a$ 处,有

$$\tau_{yz} = \begin{cases} 0, & |x| \leqslant a \\ \dfrac{\tau x}{\sqrt{x^2 - a^2}}, & |x| > a \end{cases} \quad (2\text{-}35)$$

当 $x \to a$ 时,$\tau_{yz} \to \infty$。

定义 III 型裂纹的应力强度因子为

$$K_{\text{III}} = \lim_{x \to a} \sqrt{2\pi(x-a)} \, \tau_{yz}(x, 0)$$

或

$$K_{\text{III}} = \lim_{r_1 \to 0} \sqrt{2\pi r_1} \, \tau_{yz}(x, 0) \quad (2\text{-}36)$$

将式(2-35)代入式(2-36)得

$$K_{\text{III}} = \tau \sqrt{\pi a} \quad (2\text{-}37)$$

于是,在 $r_1 \ll a$ 的情况下,裂纹尖端附近的应力分量为

$$\left.\begin{aligned}\tau_{xz}(r_1, \theta_1) &= \frac{K_{\text{III}}}{\sqrt{2\pi r_1}} \sin \frac{1}{2}\theta_1 \\ \tau_{yz}(r_1, \theta_1) &= \frac{K_{\text{III}}}{\sqrt{2\pi r_1}} \cos \frac{1}{2}\theta_1 \end{aligned}\right\} \quad (2\text{-}38)$$

2.3 权函数法

2.3.1 权函数法[3]

权函数法求应力强度因子是由 Bueckner 和 Rice 提出的，Rice 还证明了权函数的唯一性。我们知道应力强度因子 K_I 和应变能释放率 G 有以下关系

$$K_I = \sqrt{E'\mu} \tag{2-39}$$

式中

$$E' = \begin{cases} E, & \text{平面应力} \\ \dfrac{E}{1-\mu^2}, & \text{平面应变} \end{cases}$$

设一带裂纹的板，厚度为单位长，裂纹沿 x 轴长为 a，裂纹板受与 x 轴对称的载荷，如图 2-4 的左图所示。再设有一几何形状完全相同，并受相同载荷，但是无裂纹的板。裂纹板和无裂纹板的应变能应该相差

$$U = \frac{1}{2}\int_0^a p(x)v(x,a)\mathrm{d}x \tag{2-40}$$

式中，$-p(x)$ 是无裂纹板上沿 x 轴的应力 σ_y；$v(x,a)$ 是由于外载荷的作用，裂纹板的裂纹面上各点的垂直位移。图 2-4 表示裂纹板分解成两个几何相同的板：一个板无裂纹，几何形状与有裂纹的板相同，但受有外载荷；另一个板有裂纹，不受外载荷，但在裂纹面上有载荷 $p(x)$，$p(x)$ 与无裂纹板在 x 轴上沿 y 轴的应力分布相反。这样，无裂纹板的应变能与有裂纹板的应变能之差应该等于应力 $p(x)$ 闭合裂纹位移 $v(x,a)$ 所做的功。

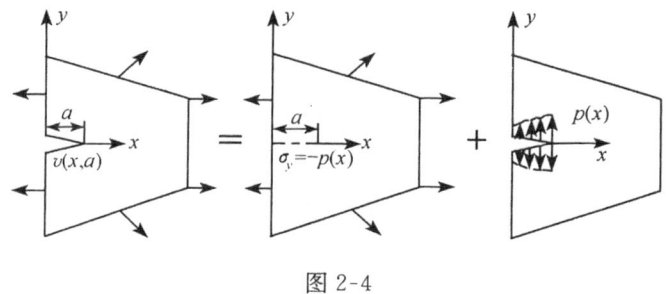

图 2-4

由应变能释放率 G 的定义有

$$G = \frac{\partial U}{\partial a} = \frac{1}{2}\int_0^a p(x)\frac{\partial v(x,a)}{\partial a}\mathrm{d}x \tag{2-41}$$

将(2-41)代入式(2-39)得

$$K_I = \int_0^a p(x)m(x,a)\mathrm{d}x \tag{2-42}$$

式中

$$m(x,a) = \frac{E'}{2K_I} = \frac{\partial v(x,a)}{\partial a} \tag{2-43}$$

称为裂纹体的权函数。权函数对给定的裂纹结构是唯一的,与所加的外载荷无关。由式(2-42)知,权函数的物理意义可解释为在裂纹结构的裂纹面上 x 处作用成对的单位力(在上、下两表面分别作用相等的单位压应力)所产生的应力强度因子。由式(2-43)知,结构的权函数可以从作用在结构上的任意已知载荷的裂纹张开位移和应力强度因子推导出来。因此,对于同一结构,如权函数已知,则在裂纹面上作用载荷 $p^*(x)$ 所产生的应力强度因子为

$$K_I^* = \int_0^a p^*(x) m(x,a) \mathrm{d}x \tag{2-44}$$

2.3.2 权函数法求应力强度因子的应用

设一带中心裂纹的无限大板,在无限远处受与裂纹面垂直的拉伸应力 σ 作用,已知其应力强度因子和裂纹张开位移分别为

$$\left.\begin{array}{l} K_I = \sigma \sqrt{\pi a} \\ v = \dfrac{(1+\nu)(k+1)}{2E} \sigma \sqrt{a^2 - x^2} \end{array}\right\} \tag{2-45}$$

将上式代入式(2-43),求出权函数为

$$m(x,a) = \sqrt{\frac{a}{\pi(\sqrt{a^2 - x^2})}} \tag{2-46}$$

如果在同一无限大板上,无限远处不受力,只在裂纹面上受分布应力 $p(x)$ 作用,如图2-5所示。应用权函数法,将式(2-46)代入式(2-44),求出应力强度因子为

$$K_I^* = \sqrt{\frac{a}{\pi}} \cdot 2 \int_0^a \frac{p(x)}{\sqrt{a^2 - x^2}} \mathrm{d}x \tag{2-47}$$

举例如下:

(1) 在裂纹上、下表面的 $x = \pm d$ 线段内受均布压力 P 的作用,如图2-6所示。由式(2-47)知,其应力强度因子为

$$K_I^* = \sqrt{\frac{a}{\pi}} 2p \int_0^d \frac{\mathrm{d}x}{\sqrt{a^2 - x^2}} = 2\sqrt{\frac{a}{\pi}} p \arcsin\left(\frac{d}{a}\right) \tag{2-48}$$

(2) 在裂纹中央的上、下表面作用一对集中力 P。此问题相当于上例(1)中令 $P = \lim\limits_{d \to 0} 2pd$,由式(2-47)求出应力强度因子

$$K_I^* = \lim_{d \to 0} 2\sqrt{\frac{a}{\pi}} \frac{P}{2d} \arcsin\left(\frac{d}{a}\right) = \frac{P}{\sqrt{\pi a}} \tag{2-49}$$

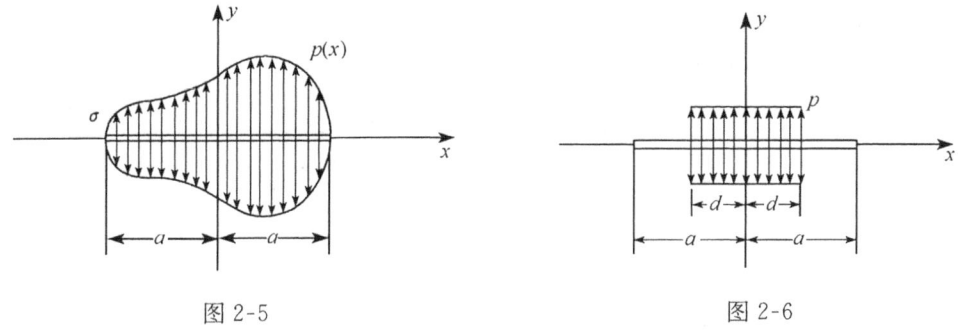

图 2-5　　　　　　　　　　　图 2-6

2.4　应力集中系数法[4]

2.4.1　应力集中的概念

受力构件,在有开孔、切槽、缺口或裂纹等截面急剧改变的局部区域,应力数值显著增大,离开这个局部区域稍远,应力迅速降低,这种现象称为应力集中。

例如,一块无限大的各向同性的均质弹性板上,有长度为 $2a$ 的椭圆孔,在充分远处作用均匀应力 σ。在孔截面处应力分布如图 2-7 所示。在孔边缘截面急剧改变处,轴向应力 σ_y 与横向应力 σ_x 都显著增大。

对于孔、槽、缺口等应力集中问题中的应力分布规律及局部最大应力,可以由弹性力学或光弹性实验求得。通常将最大的局部应力 σ_{max} 与名义应力(不考虑应力集中)之比,称为理论应力集中系数,以 K_t 表示,即

$$K_t = \frac{\sigma_{max}}{\sigma} \quad (2\text{-}50)$$

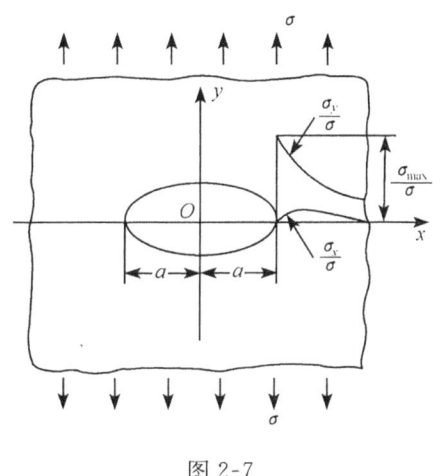

图 2-7

关于理论应力集中系数 K_t 或局部最大应力 σ_{max},在工程中已积累了不少资料。因此,利用已有的应力集中资料,来求裂纹尖端的应力强度因子 K,有很大的实际意义。

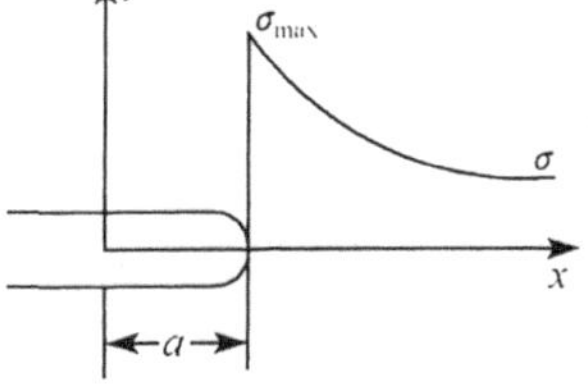

图 2-8

2.4.2　应力强度因子的计算

一根部半径为 ρ 的切口,当 $\rho \to 0$ 时,切口变成裂纹,根据切口的应力集中系数或最大应力,可以求出裂纹尖端的应力强度因子。

例如,图 2-8 所示的无限大板,有一长为 $2a$ 的切

口,其根部半径为 ρ,与裂纹垂直方向作用有均匀分布的应力 σ,则在切口根部处最大的应力 σ_{max},可由弹性力学解得

$$\sigma_{max} = \sigma\left(1 + 2\sqrt{\frac{a}{\rho}}\right) \tag{2-51}$$

当切口根部半径 $\rho \to 0$ 时,切口变成裂纹,此时裂纹尖端的应力强度因子公式为

$$K_I = \sigma\sqrt{\pi a}$$

将式(2-51)代入上式,并求 $\rho \to 0$ 的极限,得

$$K_I = \lim_{\rho \to 0} \sigma_{max} \frac{\sqrt{\pi \rho}}{2} \tag{2-52}$$

将理论应力集中系数 $K_t = \frac{\sigma_{max}}{\sigma}$ 代入式(2-52),得

$$K_I = \frac{1}{2}\lim_{\rho \to 0} K_t \sigma \sqrt{\pi \rho} \tag{2-53}$$

式(2-52)与式(2-53)为应力集中法计算应力强度因子的公式。

又例如,如图 2-9 所示的薄板,有一中心裂纹,沿 y 轴方向作用有均匀分布的拉应力。板块为 W,裂纹长为 $2a$,根部半径为 ρ,由已知的弹性力学解,其根部的最大拉应力为

$$\sigma_{max} = \sigma\sqrt{\frac{a}{\rho}}[2 + 1.1897(\varepsilon\lambda)^2 + 0.9624(\varepsilon\lambda)^4 + 0.7926(\varepsilon\lambda)^6$$
$$+ 0.6475(\varepsilon\lambda)^8] + 1 + (3.5469 + 0.2216\varepsilon)\lambda^2 \tag{2-54}$$

式中,$\lambda = \frac{2a}{W}$;$\varepsilon = 1 - \sqrt{\frac{\rho}{a}}$。

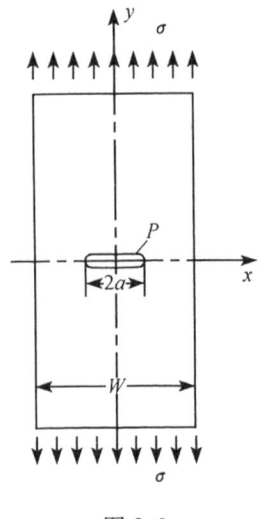

图 2-9

将式(2-54)代入式(2-52),可求出中心拉伸薄板的应力强度因子公式为

$$K_I = \sigma\sqrt{\pi a}(1 + 0.5948\lambda^2 + 0.4812\lambda^4 + 0.3963\lambda^6 + 0.3238\lambda^8) \tag{2-55}$$

2.5 位错连续分布法[5]

用连续分布的位错表征裂纹是一种有效的分析方法,下面简要介绍这种方法。

2.5.1 裂纹与位错

位错是晶体中的一种缺陷。晶体中的位错有两种基本形式:刃型位错与螺型位错。表征位错的柏氏矢量是三种单位位错的矢量和,这三种单位位错是:刃型位错的攀移、刃型位错的滑移和螺型位错的滑移。如果把晶体看成连续介质,把位错

看成是在晶体上切割出一平面,使平面分割的两部分发生相对位移,然后把裂纹焊好,或填满少量材料。于是,在晶体内将产生内应力,所产生的内应力能够用弹性理论去研究,这个内应力场称为位错的应力场。

例如,位于坐标点$(x',0,0)$的单位刃型位错滑移时,在x轴上各点产生的应力为

$$\tau_{xy} = \frac{A}{x-x'}, \qquad \sigma_x = \sigma_y = 0 \tag{2-56}$$

式中,$A = \frac{Eb_1}{4\pi(1-\nu^2)}$,$b_1$为单位刃型位错滑移量。

又例如,位于坐标点$(x',0,0)$的单位螺型位错滑移时,在x轴上各点产生的应力为

$$\tau_{yz} = \frac{A}{x-x'}, \qquad 其他应力为零 \tag{2-57}$$

式中,$A = \frac{Eb_3}{4\pi(1+\nu)}$,$b_3$是单位螺型位错滑移量。

分布在一条直线上的位错,如前方受阻碍,则构成位错塞积群。在位错塞积群中,位错可按间断的或连续的分布处理。按连续分布处理,利用熟知的微积分数学工具比较方便,通常以$f(x)$表示连续分布的位错密度,即单位长中的位错数目。这样,在微元素dx上,位错的数目应为$f(x)dx$。在线段$a \leqslant x \leqslant b$内,位错数目为

$$N = \int_a^b f(x) dx \tag{2-58}$$

由位错定义知,线段两端点的相对位移应为$b_i N$,$b_i(i=1,2,3)$为单位柏氏矢量。

裂纹能够用位错塞积群表示[5]。表示的方法见图2-10。图2-10(a)、(b)、(c)分别代表裂纹受力的三种形式:张开型、滑开型、撕开型,并分别与位错的三种位移相当:刃型位错的攀移、刃型位错的滑移、螺型位错的滑移。

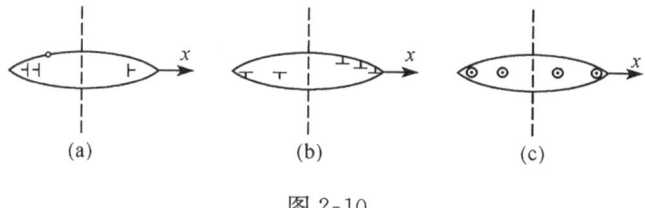

图 2-10

根据裂纹表面不受力的条件,连续分布位错在裂纹表面外形成的应力,必须与由外力在裂纹表面形成的应力(按无裂纹计算的应力)相抵消,即

$$\sigma_{ij}^D + P(x) = 0, \qquad |x| < a \tag{2-59}$$

式中,$P(x)$是外力在裂纹表面处形成的应力,因裂纹表面沿x轴,应力是x的函数;σ_{ij}^D是位错在裂纹表面形成的应力,也是x的函数,即

$$\sigma_{ij}^D = A\int_{-a}^{a} \frac{f(x')\mathrm{d}x'}{x-x'}, \qquad |x|<a \tag{2-60}$$

代入式(2-59)后,得到

$$\int_{-a}^{a} \frac{f(x')\mathrm{d}x'}{x-x'} = -\frac{P(x)}{A}, \qquad |x|<a \tag{2-61}$$

如给定 $P(x)$,解奇异积分方程(2-61),可求出位错密度 $f(x)$,见附录 A。

已知位错密度 $f(x)$,则位错形成的应力场由下式求出,有

$$\sigma_{ij}^D(\boldsymbol{r}) = \int_{-a}^{a} f(x')\mathrm{d}x' \sigma_{ij}^0 \tag{2-62}$$

式中,σ_{ij}^0 是单位位错的应力场

$$\sigma_{ij}^0(\boldsymbol{r}) = \int_{-a}^{a} \sigma_{ij}^0(x-x',y,z) \tag{2-63}$$

$\boldsymbol{r}$ 是应力场的点矢径。

设 σ_{ij}^A 是外力形成的应力场,与位错的应力场叠加,则得到裂纹体在外力作用下的应力场,即

$$\sigma_{ij} = \sigma_{ij}^A + \sigma_{ij}^D \tag{2-64}$$

2.5.2 求应力强度因子的公式

奇异积分方程(2-61)的解(附录 A)为

$$f(x) = \frac{1}{\pi^2 A}\int_{-a}^{a} \sqrt{\frac{a^2-x'^2}{a^2-x^2}} \frac{P(x')\mathrm{d}x'}{x-x'} + \frac{C}{\pi\sqrt{a^2-x^2}} \tag{2-65}$$

右边第二项是方程的齐次解,积分式(2-65)知

$$C = \int_{-a}^{a} f(x)\mathrm{d}x \tag{2-66}$$

C 代表在线段 $-a<x<a$ 区间位错的总数。考虑 $P(x')$ 对称于 y 轴的情况,求得的位错密度函数 $f(x)$ 反对称于 y 轴,故式(2-66)积分等于零,即 $C=0$。

由式(2-65)看出,位错密度 $f(x)$ 在裂纹尖端 $(x\pm a)$ 为无限大。现在求裂纹尖端附近的位错密度表达式。此时,$x=a$,取 $s=x-a\ll a$,得到 $x+a\approx 2a$ 与 $a^2-x^2\approx -2as$,代入式(2-65)后,化为

$$f(x) = \frac{1}{\pi^2 A\sqrt{2a}}(-s)^{-1/2}\int_{-a}^{a}\sqrt{\frac{a+x'}{a-x'}}P(x')\mathrm{d}x' = \frac{K}{\pi^2 A\sqrt{2a}}(-s)^{-1/2} \tag{2-67}$$

式中

$$K = \frac{1}{\sqrt{\pi a}}\int_{-a}^{a}\sqrt{\frac{a+x'}{a-x'}}P(x')\mathrm{d}x' = 2\sqrt{\frac{a}{\pi}}\int_{0}^{a}\frac{P(x')}{\sqrt{a^2-x'^2}}\mathrm{d}x' \tag{2-68}$$

即裂纹尖端的应力强度因子。

应力强度因子与位错密度的关系式(2-67)可改写如下:

$$K = \lim_{x \to a} \pi^2 A \sqrt{2a}(a-x)^{\frac{1}{2}} f(x) \qquad (2\text{-}69)$$

以具有裂纹的无限大板受拉伸应力作用的情况为例,$P(x)=\sigma$,σ 为常量。由公式(2-68),求出应力强度因子为

$$K = 2\sqrt{\frac{a}{\pi}}\sigma \int_0^a \frac{\mathrm{d}x'}{\sqrt{a^2 - x'^2}} = \sigma\sqrt{\pi a} \qquad (2\text{-}70)$$

由公式(2-65),求出位错密度函数

$$f(x) = \frac{\sigma}{\pi^2 A}\int_{-a}^{a} \sqrt{\frac{a^2 - x'^2}{a^2 - x^2}}\frac{\mathrm{d}x'}{x - x'} \qquad (2\text{-}71)$$

因应力 σ 对称于 y 轴,$f(x)$ 式中系数 $C=0$,位错密度分布见图 2-11。

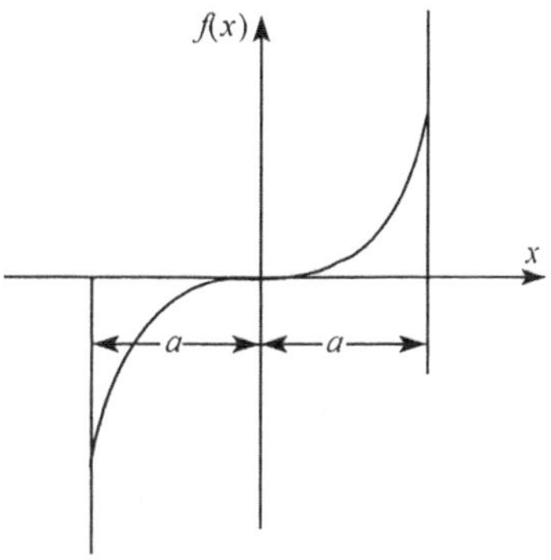

裂纹尖端附近的张开位移为

$$\Phi = \int_0^{-s} b f(x)\mathrm{d}x = \frac{2bK}{\pi A (2\pi)^{\frac{1}{2}}}(-s)^{-1/2}$$
$$(2\text{-}72)$$

图 2-11

上述结果与用复变函数法得出的解相同。这种方法求裂纹的张开位移较方便,还可以解有无限多裂纹在一直线上周期排列的问题,在第 3 章我们将用此法求解弹塑性问题。

2.6 边界配置法[6]

本节介绍求解有限板常用的一种近似数值计算方法——边界配置法。

2.6.1 边界配置法的原理

前面已知,求解二维裂纹问题,关键是选择适当的双调和应力函数,使其满足问题的全部边界条件。对于有限板或裂纹分布较复杂的情况,就很难选择封闭的复变应力函数。边界配置法的思路是:选用满足双调和方程和裂缝表面边界条件的函数,一般选择以级数展开形式的函数作为应力函数,包括有许多待定系数;然后,使其满足除裂纹表面以外的边界条件,并不需要满足边界上所有点的条件,只需满足边界上有限点的条件;根据有限点的条件,解出应力函数展开式中的待定系数,一般是求解一组线性代数方程组,可以利用计算机运算。这种方法所得到的解是近似解。

下面以 Williams 方法为例,说明应力函数的选取及边界配置过程。

2.6.2 应力函数的确定

一无限大薄角板,如图 2-12(a)所示,板的两边自由,不受力的作用,设板的顶角为 α,当 $\alpha=2\pi$ 时,形成一裂纹,设坐标原点取在裂纹尖端,见图 2-12(b),求其应

力强度因子及应立场。

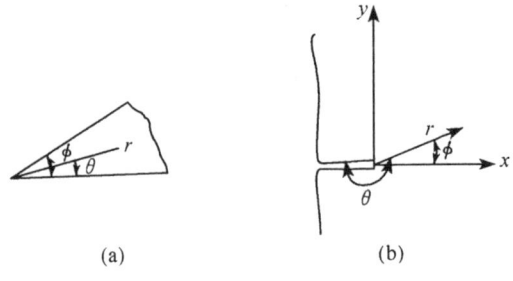

图 2-12

取极坐标表示的应力函数 Φ 为

$$\Phi = \sum r^{\lambda+1}[C_1\sin(\lambda+1)\theta + C_2\cos(\lambda+1)\theta + C_3\sin(\lambda-1)\theta \\ + C_4\cos(\lambda-1)\theta] = \sum r^{\lambda+1}F(\theta) \tag{2-73}$$

式中,λ 为任意常数;C_1、C_2、C_3 和 C_4 为待定常数。很明显,式(2-73)能满足双调和方程

$$\nabla^2\nabla^2\Phi = 0$$

在极坐标中,算子

$$\nabla^2 = \frac{\partial^2}{\partial r^2} + \frac{\partial}{r\partial r} + \frac{\partial^2}{r^2\partial\theta^2}$$

用应力函数表示的应力公式为

$$\left.\begin{aligned}\sigma_r &= \frac{1}{r^2}\frac{\partial^2\Phi}{\partial\theta^2} + \frac{1}{r}\frac{\partial\Phi}{\partial r} = r^{(\lambda-1)}[F''(\theta) + (\lambda+1)F(\theta)] \\ \sigma_\theta &= \frac{\partial^2\Phi}{\partial r^2} = r^{(\lambda-1)}[\lambda(\lambda+1)F(\theta)] \\ \tau_{r\theta} &= \frac{1}{r^2}\frac{\partial\Phi}{\partial\theta} - \frac{1}{r}\frac{\partial^2\Phi}{\partial r\partial\theta} = r^{(\lambda-1)}[-\lambda F'(\theta)]\end{aligned}\right\} \tag{2-74}$$

根据裂纹表面是无应力作用的自由表面这一边界条件,应用式(2-74),可确定式(2-73)中的 λ。

当 $\theta=0$ 时,$\sigma_\theta=0$ 和 $\tau_{r\theta}=0$,得

$$C_2 + C_4 = 0 \tag{2-74a}$$

$$(\lambda+1)C_1 + (\lambda-1)C_3 = 0 \tag{2-74b}$$

当 $\theta=\alpha$ 时,$\sigma_\theta=0$ 和 $\tau_{r\theta}=0$,得

$$\begin{aligned}&C_1\sin(\lambda+1)\alpha + C_2\cos(\lambda+1)\alpha \\ &+C_3\sin(\lambda-1)\alpha + C_4\cos(\lambda-1)\alpha = 0 \\ &(\lambda+1)[C_1\cos(\lambda+1)\alpha - C_2\sin(\lambda+1)\alpha]\end{aligned} \tag{2-74c}$$

$$+(\lambda+1)[C_3\cos(\lambda-1)\alpha - C_4\sin(\lambda-1)\alpha] = 0 \tag{2-74d}$$

式(2-74a)~式(2-74d)是待定常数 C_1、C_2、C_3 和 C_4 的齐次方程式。

由式(2-74a)和式(2-74b)得

$$\left.\begin{array}{l} C_2 = -C_4 \\ C_1 = -\dfrac{\lambda-1}{\lambda+1}C_3 \end{array}\right\} \tag{2-75}$$

式(2-74c)和式(2-74d)不能独立,否则只有待定常数为零的解。消去 C_1、C_2、C_3 和 C_4 后,必须满足

$$\sin\lambda\alpha = \pm\sin\alpha \tag{2-76}$$

因此,λ 值不能任意选择,必须满足以下条件:对于裂纹问题 $\alpha=2\pi$,λ 值应满足

$$\sin 2\pi\lambda = 0 \tag{2-77}$$

则

$$\lambda = \frac{n}{2}, \qquad n=1,2,3,\cdots$$

于是应力函数写成

$$\Phi = r^{n/2+1}\left\{ C_3\left[\sin\left(\frac{n}{2}-1\right)\theta - \frac{n-2}{n+2}\sin\left(\frac{n}{2}+1\right)\theta\right] \right.$$
$$\left. + C_4\left[\cos\left(\frac{n}{2}-1\right)\theta - \cos\left(\frac{n}{2}+1\right)\theta\right]\right\} \tag{2-78}$$

式中,常数 C_3 与 C_4 的值因不同的 n 而变化。

如图 2-12(b)所示,可用 ψ 角表示 Φ,而

$$\psi = \theta - \pi \tag{2-79}$$

代入式(2-78),经整理后,应力函数 $\Phi(r,\psi)$ 可分为两部分,即

$$\Phi(r,\psi) = \Phi_e(r,\psi) + \Phi_o(r,\psi) \tag{2-80}$$

式中,$\Phi_e(r,\psi)$ 是偶函数,$\Phi_o(r,\psi)$ 是奇函数,即

$$\Phi_e(r,\psi) = \sum_{m=1}^{\infty}(-1)^{m-1}a_{2m-1}r^{m+\frac{1}{2}}\left[\frac{2m-3}{2m+1}\cos\left(m+\frac{1}{2}\right)\psi - \cos\left(m-\frac{3}{2}\right)\psi\right]$$
$$+ \sum_{m=1}^{\infty}(-1)^m a_{2m}r^{m+1}[\cos(m+1)\psi - \cos(m-1)\psi] \tag{2-81}$$

$$\Phi_o(r,\psi) = \sum_{m=1}^{\infty}(-1)^{m-1}b_{2m-1}r^{m+\frac{1}{2}}\left[\sin\left(m-\frac{3}{2}\right)\psi - \sin\left(m+\frac{1}{2}\right)\psi\right]$$
$$+ \sum_{m=1}^{\infty}(-1)^m b_{2m}r^{m+1}\left[\frac{m-1}{m+1}\sin(m+1)\psi - \sin(m-1)\psi\right] \tag{2-82}$$

式中,a_{2m}、a_{2m-1}、b_{2m} 和 b_{2m-1} 是待定系数。

$\Phi_e(r,\psi)$ 表示应力函数的对称部分,即仅包含余弦函数的各项,它适合于对 x 轴受对称力的情况,对于 Ⅰ 型裂纹适用,因此计算 Ⅰ 型裂纹应力强度因子可用式

(2-81)。对于 II 型裂纹,受力反对称于 x 轴,奇函数 $\Phi_o(r,\psi)$ 适用。而对于 I 型与 II 型混合裂纹,则 $\Phi_e(r,\psi)$ 与 $\Phi_o(r,\psi)$ 同时都要应用。由式(2-82)还可见,虽然所选择的应力函数已满足裂纹自由表面的边界条件,但式(2-82)中仍有未定的系数 a_i 及 b_i。这些系数的数值,需要用其他的边界条件来确定;当板为有限尺寸时,则要用指定的 r 与 θ 处的加载条件来确定,这也就是 2.6.3 小节所要介绍的边界配置过程。

若仅计算应力强度因子,则只需要考虑裂纹尖端处的应力场强度,相当于 $r\to 0$ 的情况,因此在应力函数中仅需考虑 r 的次方最低的一项,这样此应力函数可以进一步简化。以 I 型裂纹为例,取式(2-81)的第一项,得

$$\varphi(r,\psi) = r^{2/3} a_1 \left(-\cos\frac{1}{2}\psi - \frac{1}{3}\cos\frac{3}{2}\psi\right) \tag{2-83}$$

将此函数带入以应力函数表达的应力公式,即

$$\sigma_\varphi = \frac{\partial^2 \varphi}{\partial r^2}$$

$$\sigma_r = \frac{1}{r^2}\frac{\partial^2 \varphi}{\partial r^2} + \frac{1}{r}\frac{\partial \varphi}{\partial r}$$

$$\tau_{r\varphi} = \frac{1}{r^2}\frac{\partial^2 \varphi}{\partial \psi} - \frac{1}{r}\frac{\partial^2 \varphi}{\partial r \partial \psi}$$

得

$$\left. \begin{array}{l} \sigma_\varphi = \dfrac{a_1}{4\sqrt{r}}\left(-3\cos\dfrac{1}{2}\psi - \cos\dfrac{3}{2}\psi\right) \\[6pt] \sigma_r = \dfrac{a_1}{4\sqrt{r}}\left(-5\cos\dfrac{1}{2}\psi + \cos\dfrac{3}{2}\psi\right) \\[6pt] \tau_{r\psi} = \dfrac{a_1}{4\sqrt{r}}\left(-\sin\dfrac{1}{2}\psi - \sin\dfrac{3}{2}\psi\right) \end{array} \right\} \tag{2-84}$$

换算成直角坐标,得

$$\left. \begin{array}{l} \sigma_x = -\dfrac{a_1}{r^{1/2}}\cos\dfrac{\psi}{2}\left(1 - \sin\dfrac{1}{2}\psi\sin\dfrac{3}{2}\psi\right) \\[6pt] \sigma_y = -\dfrac{a_1}{r^{1/2}}\cos\dfrac{\psi}{2}\left(1 + \sin\dfrac{1}{2}\psi\sin\dfrac{3}{2}\psi\right) \\[6pt] \tau_{xy} = -\dfrac{a_1}{r^{1/2}}\cos\dfrac{\psi}{2}\sin\dfrac{1}{2}\psi\cos\dfrac{3}{2}\psi \end{array} \right\} \tag{2-85}$$

式中,a_1 为待定系数,与式(1-16)比较,可得

$$K_1 = -a_1\sqrt{2\pi} \tag{2-86}$$

由此可见,应力强度因子只与第一个待定系数 a_1 有关,并与 a_1 成正比。虽然如此,在边界上仍然要选择多点,应用边界条件列出包含所有待定系数的方程组,因此 a_1 数值与所选的点有关,需要通过边界配置过程求得。

2.6.3 边界配置过程

为确定边界上应满足的条件,需根据弹性力学平面问题中应力函数 φ 的基本性质表示边界条件。如图 2-13 所示,若在边界上任选一点 A_0,设该点上的应力函数 $\varphi = \dfrac{\partial \varphi}{\partial n} = \dfrac{\partial \varphi}{\partial s} = 0$,其中 s 代表沿边界的切线方向,n 代表法线方向,则沿边界从 A_0 点逆时针方向移动到另一点 A,于是 A 点的 φ、$\dfrac{\partial \varphi}{\partial n}$、$\dfrac{\partial \varphi}{\partial s}$ 函数值应分别等于

$$\left. \begin{array}{l} \varphi_A = \sum M \\ \left(\dfrac{\partial \varphi}{\partial n}\right)_A = -\sum R_s \\ \left(\dfrac{\partial \varphi}{\partial s}\right)_A = \sum R_n \end{array} \right\} \quad (2\text{-}87)$$

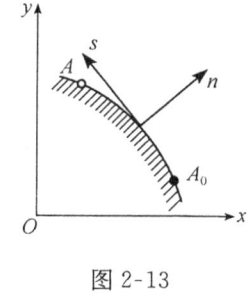

图 2-13

式中,$\sum M$ 为由 A_0 到 A 边界上各力对 A 点力矩的代数和;$\sum R_n$ 为各力点的主矢在 A 点边界的法向投影;$\sum R_s$ 为各力的主矢在 A 点边界的切向投影。力矩以逆时针转向为正。力的投影以沿法线与切线的正方向为正。如 A 点沿边界顺时针移动,式(2-87)的正负号须改变。

应注意,函数 φ、$\dfrac{\partial \varphi}{\partial n}$ 与 $\dfrac{\partial \varphi}{\partial s}$ 三个值只有两个是独立的,一般取 φ 与 $\dfrac{\partial \varphi}{\partial n}$,但也可以取 $\dfrac{\partial \varphi}{\partial n}$ 与 $\dfrac{\partial \varphi}{\partial s}$,或者直接应用边界上力的限制条件,如给出 σ_x、σ_y 等。因此,边界上每取一个点,可以写出两个方程;如取 m 个点,则可以写出 $2m$ 个代数方程组,在式(2-81)级数表示的应力函数中,只能取 $2m$ 个待定系数。对于不同形式的构件,所得到的边界条件方程也不同。例如,图 2-14 所示的轴向均匀拉伸试样,应力函数 φ 所需满足的边界条件如下:

沿 AB 边, $\varphi = 0$, $\dfrac{\partial \varphi}{\partial x} = 0$

沿 BC 边, $\varphi = \dfrac{\sigma}{2}(x+a)^2$, $\dfrac{\partial \varphi}{\partial y} = 0$

沿 CD 边, $\varphi = \dfrac{\sigma}{2} W^2$, $\dfrac{\partial \varphi}{\partial x} = \sigma W$

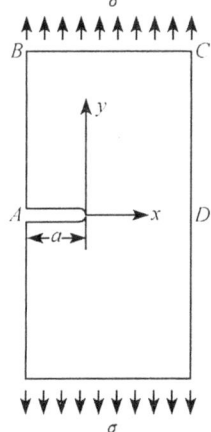

图 2-14

通常沿边界只需取几十个点,解一个几十阶的线性方程组,就可以求得足够精确的 K_1 值。例如,图 2-15 所示的三点

弯曲式样[7],裂纹长为 a,板高为 W,板厚为 B,跨度为 $S=4W$,作用在跨度中间的力为 P,用边界配置法求出 K_I 的标定公式有

$$K_I = \frac{P\sqrt{a}}{BW}\left[11.6 - 18.4\frac{a}{W} + 87.2\left(\frac{a}{W}\right)^2 - 151\left(\frac{a}{W}\right)^3 + 157\left(\frac{a}{W}\right)^4\right] \quad (2\text{-}88)$$

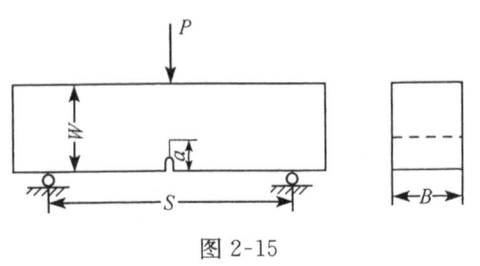

图 2-15

边界配置法的优点是计算简单方便,其不足之处是:

(1) 只适用于单边裂纹或半无限裂纹问题,并且裂纹表面不受力的情况。

(2) 对于稍微复杂一些的几何形状与载荷情况,应力函数 φ 所应满足的边界条件很难确定。

(3) 收敛性还没有证明。例如,在三点弯曲式样中,m 点选在 18~20 之间,计算结果较稳定,若取 m 点多于 20 个,结果反而不稳定。

2.7 有限元法[8,9]

前面所介绍的几种求应力强度因子的方法都有其局限性。对于复杂的裂纹问题,一般采用有限元法,这种方法可以用计算机进行计算,结果相当精确。有限元法并不局限于线弹性问题,在研究弹塑性断裂力学、疲劳和蠕变裂纹扩展速率等问题方面,也得到普遍应用。本节仅介绍有限元法在线弹性断裂力学方面的应用。

2.7.1 直接法求应力强度因子

1) 位移法

根据 I 型裂纹尖端附近的位移公式(1-17),有

$$u_i(r,0) = \frac{2(1+\nu)K_I}{E}\sqrt{\frac{r}{2\pi}}f_i(\theta), \quad i=1,2 \quad (2\text{-}89)$$

式中,$u_1 = u, u_2 = v$。

$$f_1(\theta) = \frac{1}{4}\left[(2k-1)\cos\frac{\theta}{2} - \cos\frac{3\theta}{2}\right]$$

$$f_2(\theta) = \frac{1}{4}\left[(2k+1)\sin\frac{\theta}{2} - \sin\frac{3\theta}{2}\right]$$

$$k = \frac{3-\nu}{1+\nu} \quad \text{平面应力状态}$$

$$k = 3-4\nu \quad \text{平面应变状态}$$

由此可见,用有限元法求出位移 u_i 后,代入式(2-89),就可求得 K_I。

一般用 $\theta = \pi$ 时的裂纹张开位移 $v(r,\pi)$ 值求 K_I,因为裂纹处张开位移 v 比较

显著,可以得到较准确的近似值。此时

$$K_I(r,\pi) = \frac{E}{(1+\nu)(k+1)}\sqrt{\frac{2\pi}{r}}v(r,\pi) \quad (2-90)$$

式(2-90)只在裂纹尖端附近处($r \to 0$)准确,因为它只保留了 r 的奇异项,在离开裂纹尖端稍远处,应力强度因子 K_I 不再是常数值,因此,在沿裂纹面取不同的 r 值算出位移,代入式(2-90)得到对应的 K_I 值后,作 K_I-$\frac{r}{W}$ 曲线,在 r 很小范围内,曲线才近似为一直线,此直线与纵坐标轴的交点就是所要求的 K_I 值。例如,对于图 2-16 所示的紧凑拉伸试样,其单元网格如图 2-17 所示,网格取五种不同尺寸,见表 2-1。表中,A 表示有限元网格面积(mm^2),a 为试件的裂纹长度(mm)。用有限元法计算的结果如图 2-18 所示,图中纵坐标以无量纲量 $K_I BW^{1/2}/P$ 表示。图 2-17 中最上面一条线为用边界配置法求得的较精确的解。由图 2-17 可见,采用的网格尺寸越小,所得到的结果越精确。

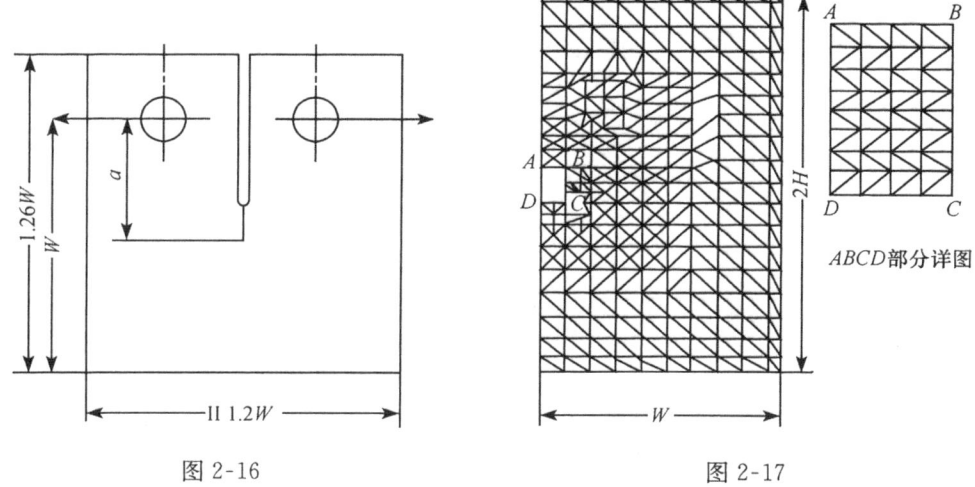

图 2-16　　　　　　　　　　　　　　图 2-17

表 2-1　五种情况所有的有限元面积

情　况	裂纹尖端附近(A/a^2)×10^6	试件外周边处(A/a^2)×10^2
1	312	2
2	78	2
3	20	2
4	1.20	2
5	1.20	1

由图 2-18 还可见,接近裂纹尖端($r \to 0$)处,曲线弯曲很大,说明有限元法的解产生了很大的误差。这是由于式(1-17)中 v 与 $r^{1/2}$ 成正比,而有限元法所假设的位

移场为多项式不能满足此规律。为了免去这一误差,一般采用外推法,即将 K_1-$\frac{r}{W}$ 直线延长,使它与纵坐标相交,交点的纵坐标值就对应 K_1 值。

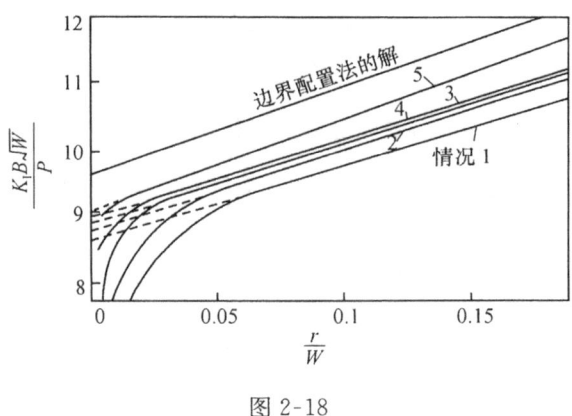

图 2-18

2) 应力法

根据 I 型裂纹尖端附近的应力公式(1-16),有

$$\sigma_{ij}(r,\theta) = \frac{K_1}{\sqrt{2\pi r}} f_{ij}(\theta), \qquad i,j = 1,2 \tag{2-91}$$

式中,$\sigma_{11} = \sigma_x$,$\sigma_{12} = \tau_{xy}$,$\sigma_{22} = \sigma_y$。

$$f_{11} = \cos\frac{\theta}{2}\left(1 - \sin\frac{\theta}{2}\sin\frac{3\theta}{2}\right)$$

$$f_{22} = \cos\frac{\theta}{2}\left(1 + \sin\frac{\theta}{2}\sin\frac{3\theta}{2}\right)$$

$$f_{21} = f_{12} = \sin\frac{\theta}{2}\cos\frac{\theta}{2}\cos\frac{3\theta}{2}$$

与位移法相同,用有限元法求出应力 σ_{ij},代入式(2-91)可求得应力强度因子 K_1 值。一般认为取 $\theta=0$ 处,即裂纹线上的应力 σ_y,计算 K_1 为好,此时

$$K_1 = \sigma_y \sqrt{2\pi r} \tag{2-92}$$

与位移法相同,求出不同的 r 处的应力,代入式(2-92),得到相应的 K_1,作 K_1-$\frac{r}{W}$ 直线,外推到纵坐标轴上,可得到所要求的 K_1 值。

当有限元法采用刚度法求应力时,应力场都要通过对位移场求偏导数获得,求得的应力与位移法比较,精度要差很多。因此,求应力强度因子的应力法其精度比位移法要低。一般采用有限元的刚度法时,最好用位移法。

直接法求应力强度因子的优点是:直接应用应力或位移公式,过程简单。由于 K_1 的计算公式只在 $r \to 0$ 时才适合,因此在裂纹尖端需要用极细的网格,否则精度会受到影响,特别是对于应力法,在裂纹尖端附近的应力梯度很大,则需要更精细

的网格,增加了计算工作量,这是直接法的缺点。

2.7.2 间接法求应力强度因子

间接法不是直接从应力或位移公式计算应力强度因子 K_I,而是通过计算能量,再换算成 K_I 值。这样可以避免在裂纹尖端附近用很细的网格,同样可得到较高的精度。

根据应变能释放率 G_I 和应力强度因子 K_I 的关系式(1-60),有

$$G_I = \frac{K_I^2}{E'} \tag{2-93}$$

由此可见,只要求得应变能释放率 G_I,就可以通过式(2-93)得到应力强度因子 K_I。

求解应变能释放率的方法很多,下面介绍几种常用的方法:

1) 弹性应变能法

由式(1-13),有

$$G_I = \pm \frac{\partial U}{\partial A} = \pm \frac{\Delta U}{\Delta A} \tag{2-94}$$

式中,U 为弹性应变能;A 为裂纹表面积;"+"号代表固定载荷情况,"-"号代表固定边界情况。

先用有限元法求出裂纹长为 a 时的应变能 U。应变能可以直接由各节点的内力和位移的乘积求和而得,即

$$U = \frac{1}{2} \sum F_i \delta_i \tag{2-95}$$

式中,F_i 表示各节点的内力;δ_i 表示各节点的位移。然后用同一方法,求裂纹长度为 $a+\Delta a$ 时的应变能 $U+\Delta U$。将 ΔU 与 ΔA 的计算值代入式(2-94),求得 G_I 值。或将不同裂纹长度时的 U 与 A 作成 U-A 曲线,U-A 曲线在各点的斜率就是相应裂纹长度时的应变能释放率。求应变能还可以直接应用附录 B 中的式(B14),即

$$U = \sum_{e=1}^{n} U_e = \frac{1}{2} \{\delta\}^T [K] \{\delta\} \tag{2-96}$$

用有限元法计算总弹性能量,可以避免裂纹尖端附近微小区域内存在的误差,而且求 ΔU 时偏差可以抵消,因此不需很细的网格,可以得到较满意的结果。

如图 2-19(a)所示的薄板中,板厚为 B,板宽为 W,中心裂纹长为 $2a$,两端受集中拉力 P 作用。有限元用三角形常应变单元,约为 300 个单元,网格如图 2-19(a)所示,先用应变能法求裂纹长为 $2a$ 的应变能 U,然后再求裂纹长为 $2(a+\Delta a)$ 的应变能 $U+\Delta U$,应用式(2-93)与式(2-94),求出应力强度因子 K_I。将所得的结果画成曲线,如图 2-19(b)所示。与解析解比较,非常一致。如果用位移法,要得到相同精度的结果,需要 800 多个单元。

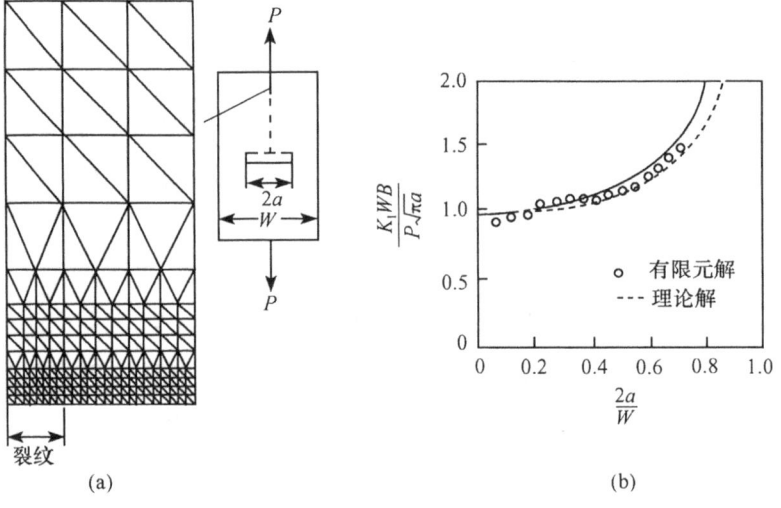

图 2-19

2) 柔度法

根据式(1-15),有

$$G_{\mathrm{I}} = \frac{P^2}{2}\frac{\mathrm{d}\lambda}{\mathrm{d}A} \tag{2-97}$$

式中,λ 为式样柔度;A 为裂纹面积。

用有限单元法求得不同裂纹长度 a 时的柔度 λ,作 λ-A 曲线。在给定的裂纹长度处,求出 λ-A 曲线的斜率,带入式(2-97),即可求得 G_{I}。

柔度法的优点是计算 $\Delta\lambda$ 时,误差能抵消,可以不用细的网格。

2.7.3 线积分法(J 积分法)

围绕裂纹尖端作的闭合曲线 Γ(图 2-20)取积分

$$J = \int_{\Gamma}\left[W\mathrm{d}y - \boldsymbol{T}\cdot\frac{\partial\boldsymbol{u}}{\partial x}\mathrm{d}s\right] \tag{2-98}$$

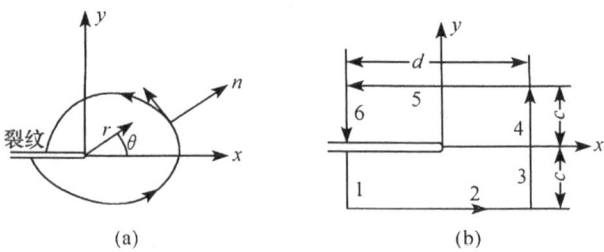

图 2-20

称为 J 积分。式中，$W = \frac{1}{2}\int_0^{\varepsilon_{ij}} \sigma_{ij} \mathrm{d}\varepsilon_{ij} = \frac{1}{2}\sigma_{ij}\varepsilon_{ij}$ 表示材料的能量密度；T 是在积分边界上所作用的力；u 表示边界上的位移；s 表示弧长。关于 J 积分的物理意义和基本性质将在第 3 章介绍。对于线弹性情况，有

$$J = G_\mathrm{I} = \frac{K_\mathrm{I}^2}{E'} \tag{2-99}$$

根据上式求出 J 积分，就可以求出 G_I 或 K_I。

例如，取如图 2-20(b) 所示的矩形闭合曲线，利用对 x 轴的对称关系，令 $J = J_W + J_T$，则有

$$\begin{aligned} J_W &= \int_\Gamma W \mathrm{d}y = \int_0^{-C} W_1 \mathrm{d}y + \int_{-C}^{-C} W_2 \mathrm{d}y \\ &+ \int_{-C}^0 W_3 \mathrm{d}y + \int_0^C W_4 \mathrm{d}y + \int_C^C W_5 \mathrm{d}y + \int_0^C W_6 \mathrm{d}y \end{aligned}$$

由对称关系，$W_1 = W_6$，$W_3 = W_4$，而 $\int_{-C}^{-C} W_2 \mathrm{d}y = 0$，$\int_C^C W_5 \mathrm{d}y = 0$。则上式化简为

$$J_W = 2\left[\int_0^C W_4 \mathrm{d}y + \int_0^C W_6 \mathrm{d}y\right] \tag{2-99a}$$

又由对称关系，有

$$\begin{aligned} J_T &= \int_\Gamma \boldsymbol{T} \cdot \frac{\partial \boldsymbol{u}}{\partial x} \mathrm{d}s = 2\int_0^C \left(-\sigma_x \varepsilon_x - \tau_{xy} \frac{\partial v}{\partial x}\right)_6 \mathrm{d}s \\ &+ 2\int_{d/2}^{-d/2} \left(\tau_{xy}\varepsilon_x + \sigma_y \frac{\partial v}{\partial x}\right)_5 \mathrm{d}s + 2\int_0^C \left(\sigma_x \varepsilon_x + \tau_{xy} \frac{\partial v}{\partial x}\right)_4 \mathrm{d}s \end{aligned} \tag{2-99b}$$

用有限元法计算出沿积分线路的应力分量、应变分量、位移分量沿 x 轴方向的变化率，带入式 (2-99a)、式 (2-99b) 中，求出 J 积分值，再带入式 (2-99) 计算应力强度因子 K_I。

J 积分方法的优点：避免了在裂纹尖端附近使用很细的网格，可以使用标准程序和用于非线性断裂力学，同时由于 J 积分值与积分路线无关，因此可以选用几条不同的积分路线计算 J 值，以检验结果的正确性。

J 积分方法的缺点：积分线上的应力和位移值需用内插法或图解法求解，手续较烦琐，降低了准确度。

前面介绍了有限元法求解应力强度因子的直接法（位移法和应力法）和间接法（能量法）。在应用直接法时，由于所采用的是常规单元，不能反映裂纹尖端的奇异性，即使采用很细的网格，也难于得到足够的精度，而过细的网格将大大增加计算工作量，甚至是计算机的容量所不允许的。因此近年来，提出了特殊单元的方法，特殊单元能反映裂纹尖端的奇异性，不需要用过细的网格，可得到较精

确的结果。特殊单元法用一组特殊单元围绕着裂纹尖端,外围仍用常规单元,如图2-21(a)所示,在裂纹尖端采用奇异应变三角形单元,Wilson采用如下的位移模式[图2-21(b)]

$$\left.\begin{aligned} u &= u_0 + \left(\frac{\theta_j - \theta}{\theta_j - \theta_i}u_i + \frac{\theta - \theta_i}{\theta_j - \theta_i}u_j\right)\sqrt{\frac{\rho}{R}} \\ v &= v_0 + \left(\frac{\theta_j - \theta}{\theta_j - \theta_i}v_i + \frac{\theta - \theta_i}{\theta_j - \theta_i}v_j\right)\sqrt{\frac{\rho}{R}} \end{aligned}\right\} \quad (2\text{-}100)$$

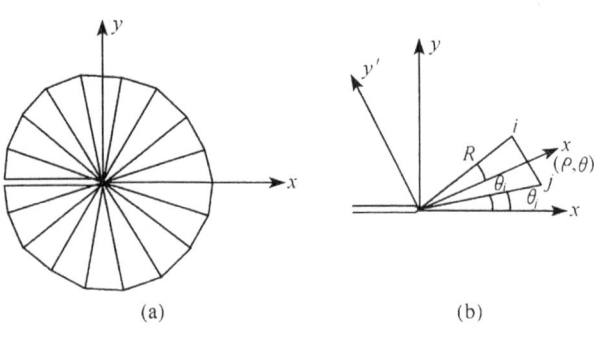

图 2-21

此外,还有等参数单元法或四分之一节点元法,以及国内提出的无限相似元法等,此处不作详细介绍。

采用特殊单元法的缺点是不能使用通用的有限元法程序,因此不方便。

2.8 边 界 元 法[10]

2.8.1 边界元法的原理

通过适当方法(变分法、功的互等定理与加权余量法),可将弹性力学平面问题归结为求解如下积分方程(无体积力情况):

$$\left.\begin{aligned} \frac{1}{2}u(P_0) &= \int_C \{[W_x(P)u_{xx}^*(P,P_0) + W_y(P)u_{yx}^*(P,P_0)] \\ &\quad - [W_{xx}^*(P,P_0)u(P) + W_{yx}^*(P,P_0)v(P)]\}\mathrm{d}s(P) \\ \frac{1}{2}v(P_0) &= \int_C \{[W_x(P)u_{xy}^*(P,P_0) + W_y(P)u_{yy}^*(P,P_0)] \\ &\quad - [W_{xy}^*(P,P_0)u(P) + W_{yy}^*(P,P_0)v(P)]\}\mathrm{d}s(P) \end{aligned}\right\} \quad (2\text{-}101)$$

$$u_{xx}^*(P,R) = \frac{1+\nu}{4\pi E}\left[(3-\nu)\lg\frac{1}{r}+(1+\nu)\frac{(x-\xi)^2}{r^2}\right]$$

$$u_{xy}^*(P,R) = u_{yx}^*(P,R) = \frac{(1-\nu)^2}{4\pi E}\frac{(x-\xi)(y-\eta)}{r^2}$$

$$u_{yy}^*(P,R) = \frac{1+\mu}{4\pi E}\left[(3-\nu)\lg\frac{1}{r}+(1+\nu)\frac{(y-\eta)^2}{r^2}\right]$$

$$W_{xx}^*(P,R) = -\frac{1}{4\pi r^2}\left[(1-\nu)+2(1+\nu)\frac{(x-\xi)^2}{r^2}\right][(x-\xi)l+(y-\eta)m]$$

$$W_{xy}^*(P,R) = -\frac{1}{4\pi r^2}\left\{\left[2(1+\nu)\frac{(x-\xi)(y-\eta)}{r^2}\right][(x-\xi)l+(y-\eta)m]\right.$$
$$\left.-(1-\nu)[(x-\xi)m-(y-\eta)l]\right\}$$

$$W_{yx}^*(P,R) = -\frac{1}{4\pi r^2}\left\{\left[2(1+\nu)\frac{(x-\xi)(y-\eta)}{r^2}\right][(x-\xi)l+(y-\eta)m]\right.$$
$$\left.-(1-\nu)[(y-\eta)l-(x-\xi)m]\right\}$$

$$W_{yy}^*(P,R) = -\frac{1}{4\pi r^2}\left[(1-\nu)+2(1+\nu)\frac{(y-\eta)^2}{r^2}\right][(x-\xi)l+(y-\eta)m]$$

(2-102)

式(2-102)是无限域内平面问题的基本解。它们的物理意义是：$u_{xy}^*(P,R)$ 表示在 P 点沿 x 方向作用一单位集中力，在 R 点沿 y 方向产生的位移；$W_{xy}^*(P,R)$ 表示在 P 点沿 x 方向有一单位位移，在 R 点沿 y 方向引起的位移；其他带"*"号的符号有类似的物理意义。式(2-102)中的 r 是 P 与 R 之间的距离

$$r^2(P,R) = (x-\xi)^2+(y-\eta)^2 \tag{2-103}$$

式中，(x,y) 是 P 点的坐标；(ξ,η) 是 R 点的坐标，见图2-22。在式(2-102)中，P 点在边界 C 上，R 点在边界 C 内；但是在式(2-101)中，R 点趋于边界上的 P_0 点，即 $\xi\to x_0$，$\eta\to y_0$。需要注意，式(2-101)是无体积力情况下的边界积分方程；当存在体积力时，积分方程要加一项面积分。

边界积分方程(2-101)的精确解很难得到，必须进行数值计算。数值计算的方法是将边界积分方程离散化，划分边界 C 为 M 个单元，用各单元上的节点参数（位移和力）来表示单元上的相应量。例如，边界 C 被划为 $C_1,C_2,\cdots,C_M$ 个单元，单元的节点取为 $P_0^1,P_0^2,\cdots,P_0^M$，如图2-23所示。最简单的情况是将各单元上节点的位移和力近似为常数，则边界积分方程(2-101)写成

$$\frac{1}{2}u(P_0^i) = \sum_{i=1}^M W_x(P^i)\int_{C_i}u_{xx}^*(P^i,P_0^i)\mathrm{d}s(P^i)$$
$$+\sum_{i=1}^M W_y(P^i)\int_{C_i}u_{yx}^*(P^i,P_0^i)\mathrm{d}s(P^i)$$

$$-\sum_{i=1}^{M} u_x(P^i) \int_{C_i} W_{xx}^*(P^i, P_0^i) \mathrm{d}s(P^i)$$

$$-\sum_{i=1}^{M} v(P^i) \int_{C_i} W_{yx}^*(P^i, P_0^i) \mathrm{d}s(P^i) \tag{2-104}$$

类似地得到 $\frac{1}{2}v(P_0^i)$ 的表达式。

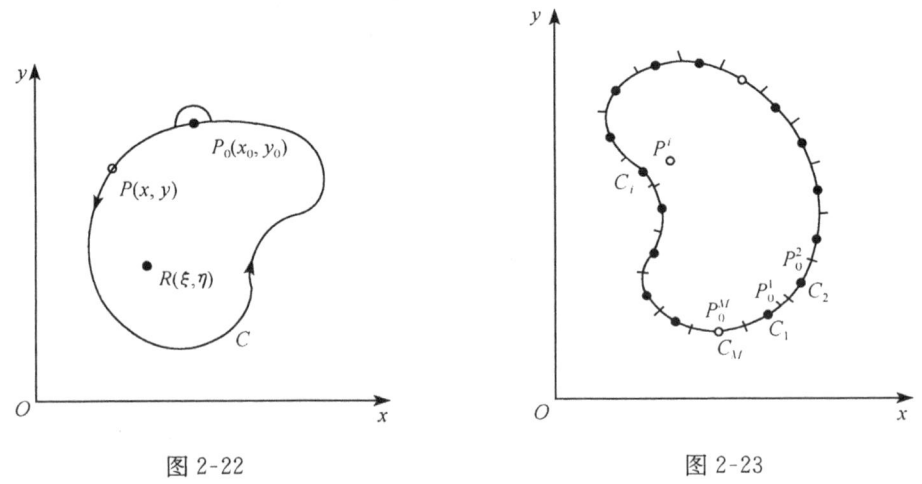

图 2-22　　　　　　　　　　　　图 2-23

由式(2-104)看出,对于每个节点可得两个线性代数方程,如果有 M 个节点,就得到 $2M$ 个方程的代数方程组。若要有解,在边界上只能有 $2M$ 个未知量。事实上,对于平面问题,无论在位移边界 C_u 上或在力的边界 C_σ 上,边界上每个节点只有两个未知数:或者是两个位移分量,或者是两个力的分量。因此,在 M 个节点上恰好有 $2M$ 个未知量,问题可解。

有时为了用较少的单元得到较精确的数值解,不一定设单元的力和位移是常量,可以通过等参变换,将各单元的位移和力用形状函数和各节点值表示。

2.8.2　边界元法求应力强度因子[10]

在用边界元法求裂缝尖端应力强度因子时,为了保持应力具有 $\frac{1}{\sqrt{r}}$ 的奇异性和位移具有 $\sqrt{r}$ 的量级,在裂纹尖端可用如图 2-24 所示的 $\frac{l}{4}$ 点作为中间节点的裂纹元。

在进行计算时,可以将含裂纹表面的裂纹体划出内部边界进行计算,但在内部边界上必须满足位移的连续性和表面力的平衡,即

$$\left. \begin{array}{l} u_l^A = u_l^B \\ P_l^A + P_l^B = 0 \end{array} \right\} \tag{2-105}$$

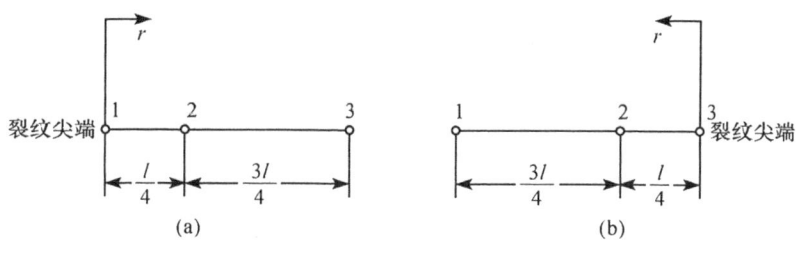

图 2-24

举例说明,带斜裂纹的一块有限宽板受拉伸应力 σ 的作用,裂纹长度为 $2a$,斜角为 β,板宽为 W,板长为 $3W$,如图 2-25 所示。内部边界与外部边界的单元划分见图 2-25。其计算结果以及同一问题用边界配置法和有限元法所得的无量纲应力强度因子列于表 2-2。

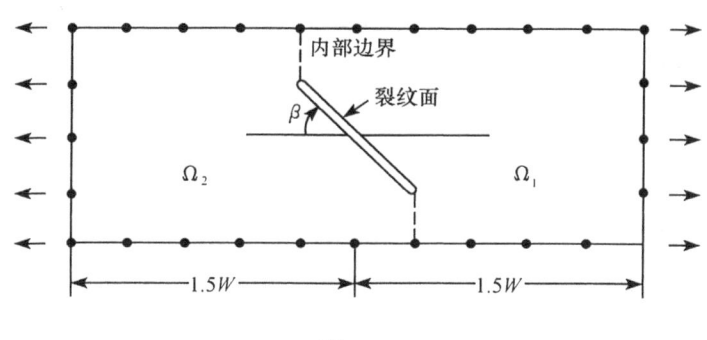

图 2-25

表 2-2 无量纲应力强度因子表

	边界配置法	有限元法	边界元法
$K_{\mathrm{I}}/\sigma\sqrt{\pi a}$	0.730	0.728	0.725
$K_{\mathrm{II}}/\sigma\sqrt{\pi a}$	0.600	0.590	0.598
K_{I} 误差	—	−0.27	−0.68
K_{II} 误差	—	−1.67	−0.33
CPU/s	—	48	19

边界元法的优越性在于缩小工作量,减少计算机的计算量。

2.9 求应力强度因子的叠加原理及常用的应力强度因子资料

前面介绍了有关应力强度因子的方法,目前工程中已将各种构件在不同加载情况下的应力强度因子的计算公式汇编成手册,可作为工程中使用参考。在选用这些公式时,可以采用叠加原理。

2.9.1 求应力强度因子的叠加原理

前面在计算具有表面裂纹薄板的应力强度因子时,采用了叠加原理。叠加原理的应用有两方面内容:

(1) 对于同一类型的裂纹问题。例如,都是Ⅰ型裂纹问题或都是Ⅱ型裂纹问题,当几个载荷共同作用时,可以先求出每一个载荷单独作用下的应力强度因子 K 值,然后把各载荷作用的 K 值相叠加,得到诸载荷共同作用时的 K 值,但是必须注意,对于不同类型的裂纹问题,不能将 K 直接相加,而需要应用复合型准则。应用这一原理,通常可将一个复杂的受力问题,分解为数个简单的受力问题,利用现有的公式进行计算。这对于求解同时有残余应力的裂纹体问题比较方便。

(2) 对于载荷复杂或形状复杂的裂纹体问题。求解裂纹尖端的应力强度因子时,可以先假定其为无裂纹,按常规应力计算方法,求出裂纹所在截面的裂纹表面处的应力值,然后将求得的应力以相反的方向作用于裂纹表面,求出在此分布应力作用下裂纹尖端的应力强度因子,其值就是原构件在载荷作用下的应力强度因子。现举例简要说明如下:

例如,具有中心裂纹的平板,在两端较远处受均匀拉应力 σ 作用,如图 2-26(a) 所示,求其应力强度因子。

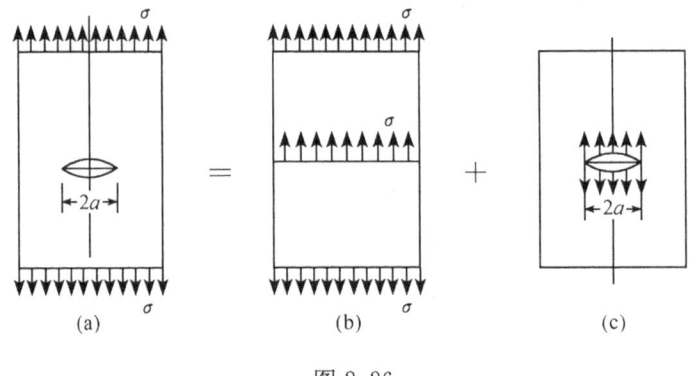

图 2-26

解此问题时,先求出裂纹所在截面的应力值 σ,如图 2-26(b) 所示,然后将此应力以相反的方向作用于裂纹表面,求出如图 2-26(c) 所示的平板的应力强度因子值,即为图 2-26(a) 所示的具有中心裂纹板的应力强度因子。这是因为图 2-26(a) 所示的裂纹体受力情况等效于图 2-26(b)、(c) 所示的两种情况的叠加,而图 2-26(b) 为无裂纹板,其应力强度因子 $K=0$,因此图 2-26(c) 情况的应力强度因子等于图 2-26(a) 情况的应力强度因子。

2.9.2 应力强度因子资料

(1) 无限大平面具有长度为 $2a$ 的穿透裂纹,在裂纹上、下表面距离中心为 b 处

各作用有一对集中力 P,如图 2-27 所示。则其应力强度因子为

$$K_{\mathrm{I}} = \frac{2P}{\sqrt{\pi}} \frac{\sqrt{a}}{\sqrt{a^2-b^2}}$$

(2) 无限大平板具有长度为 $2a$ 的穿透裂纹,在裂纹上、下表面,作用有均匀分布载荷 σ,如图 2-28 所示。则其应力强度因子为

$$K_{\mathrm{I}} = 2\sigma\sqrt{\frac{a}{\pi}}\arcsin\left(\frac{b}{a}\right)$$

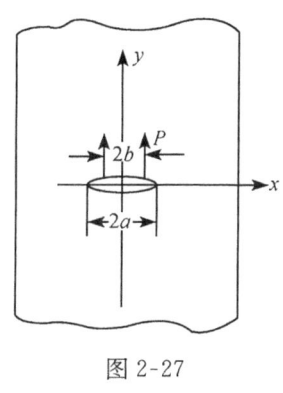

图 2-27

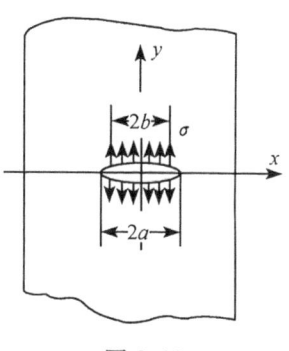

图 2-28

(3) 无限大平板,裂纹表面作用有分布载荷,如图 2-29 所示。则其应力强度因子为

$$K_{\mathrm{I}} = 2\sigma\sqrt{\frac{a}{\pi}}\arccos\left(\frac{b}{a}\right)$$

(4) 无限大板,在裂纹上端板上有力和力矩作用,如图 2-30 所示。裂纹右端,其应力强度因子为

$$\begin{aligned}K &= K_{\mathrm{I}} - \mathrm{i}K_{\mathrm{II}} \\ &= \frac{1}{2(\pi a)^{1/2}(1+k)}\left\{(P+\mathrm{i}Q)\cdot\left[\frac{a+z_0}{(z_0^2-a^2)^{1/2}} - \frac{k(a+z_0)}{(\overline{z}_0^2-a^2)^{1/2}} - 1+k\right]\right. \\ &\left. + \frac{a(P-\mathrm{i}Q)(\overline{z}_0-z_0) + a\mathrm{i}(1+k)M}{(\overline{z}_0-a)(\overline{z}_0^2-a^2)^{1/2}}\right\}\end{aligned}$$

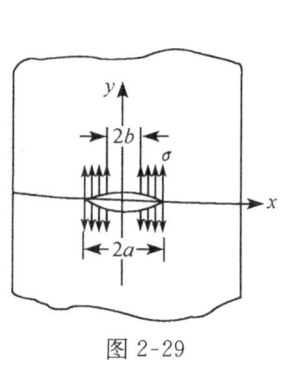

图 2-29

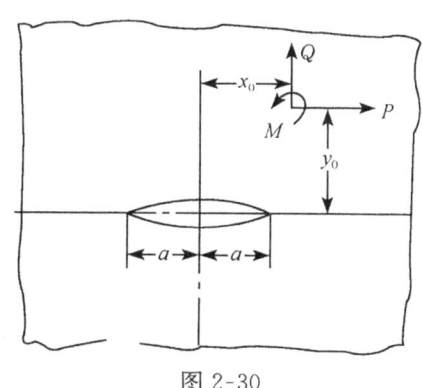

图 2-30

式中,$z_0 = x_0 + iy_0$,$\overline{z_0} = x_0 - iy_0$。

(5) 无限大板,裂纹表面作用有分布应力 $\sigma_y(x,0)$ 和 $\tau_{xy}(x,0)$,如图 2-31 所示。其应力强度因子为

$$K = K_\mathrm{I} - iK_\mathrm{II} = \frac{1}{\pi\sqrt{a}} \int_{-a}^{a} [\sigma_y(x,0) - i\tau_{xy}(x,0)] \sqrt{\frac{a+x}{a-x}} \mathrm{d}x$$

(6) 无限大板,具有与均匀拉应力 σ 成 β 角的任意斜裂纹,如图 2-32 所示。则其应力强度因子为

$$K_\mathrm{I} = \sigma(\pi a)^{1/2} \sin^2\beta$$
$$K_\mathrm{II} = \sigma(\pi a)^{1/2} \sin\beta\cos\beta$$

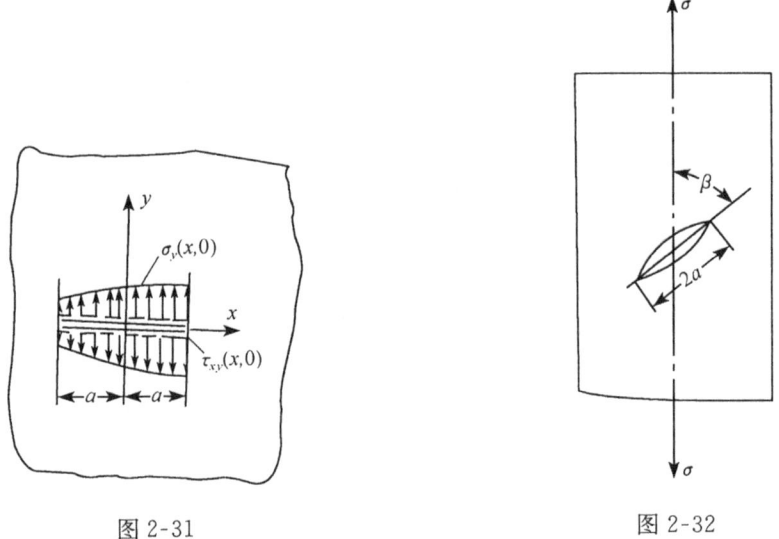

图 2-31　　　　　　　　　　图 2-32

(7) 无限大板,在圆孔边产生裂纹,如图 2-33 所示,则其应力强度因子为

$$K_\mathrm{I} = \sigma\sqrt{\pi a} F\left(\frac{L}{r}\right), \qquad K_\mathrm{II} = 0$$

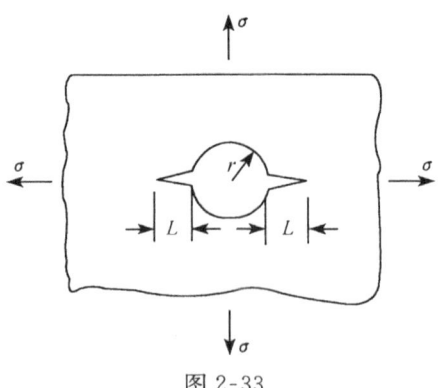

图 2-33

式中，$F\left(\dfrac{L}{r}\right)$可由表2-3查得。

表2-3 系数 $F(L/r)$ 表

L/r	一个裂纹		二个裂纹	
	单轴应力	双轴应力	单轴应力	双轴应力
0.00	3.39	2.26	3.39	2.26
0.10	2.73	1.93	2.73	1.98
0.20	2.30	1.82	2.41	1.83
0.30	2.04	1.67	2.15	1.70
0.40	1.86	1.58	1.96	1.61
0.50	1.73	1.49	1.83	1.57
0.60	1.64	1.42	1.71	1.52
0.80	1.47	1.32	1.58	1.43
1.00	1.37	1.22	1.45	1.38
1.50	1.18	1.06	1.29	1.26
2.00	1.06	1.01	1.21	1.20
3.00	0.94	0.93	1.14	1.13
5.00	0.81	0.81	1.07	1.06
10.00	0.75	0.75	1.03	1.03
∞	0.707	0.707	1.00	1.00

（8）无限大板中，同一直线上有两个尺寸相等的裂纹，如图2-34所示，则其应力强度因子如下：

裂纹内尖端

$$K_{\mathrm{I}} = \sigma\left(\frac{\pi}{a}\right)^{1/2} \frac{b^2 \dfrac{\Phi}{\Phi(k)} - a^2}{(b^2 - a^2)^{1/2}}$$

$$K_{\mathrm{II}} = \tau\left(\frac{\pi}{a}\right)^{1/2} \frac{b^2 \dfrac{\Phi}{\Phi(k)} - a^2}{(b^2 - a^2)^{1/2}}$$

裂纹外尖端

$$K_{\mathrm{I}} = \sigma(\pi b)^{1/2} \left(\frac{1}{k} - \frac{\Phi}{k\Phi(k)}\right)$$

$$K_{\mathrm{II}} = \tau(\pi b)^{1/2} \left(\frac{1}{k} - \frac{\Phi}{k\Phi(k)}\right)$$

式中，$k = [1-(a^2/b^2)]^{1/2}$ 是第一类完全椭圆积分 $\Phi(K)$ 和第二类完全椭圆积分 Φ 的系数。

（9）无限大板中，在一直线上有一列裂纹，如图2-35所示。在用 e 表示的一端，其应力强度因子为

$$K_{\mathrm{I}} = \frac{\sigma(4b)^{1/2}\sin\dfrac{\pi c}{2b}}{\left[\cos\dfrac{\pi e}{2b}\left(\sin\dfrac{\pi e}{2b}+\cos\dfrac{2b}{\pi c}\right)\right]^{1/2}} + \frac{P\left(\sin\dfrac{\pi c}{2b}\right)^{1/2}}{\left[b\sin\dfrac{\pi e}{2b}\cos\dfrac{\pi e}{2b}\left(\sin\dfrac{\pi e}{2b}+\cos\dfrac{2b}{\pi c}\right)\right]^{1/2}}$$

$$K_{\mathrm{II}} = 0$$

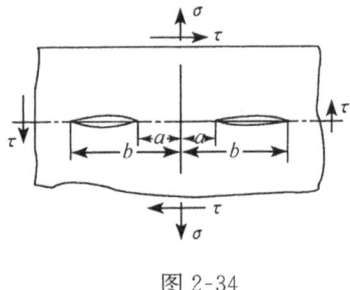
图 2-34

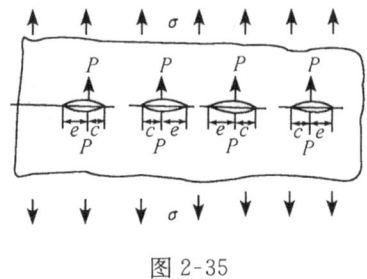
图 2-35

(10) 具有边裂纹的半无限大板,受均布载荷 σ 和 τ 作用,如图 2-36 所示。则其应力强度因子为

$$K_{\mathrm{I}} = \alpha\sigma\sqrt{\pi a}, \qquad \alpha = \sqrt{2}(0.9730) = 1.122$$
$$K_{\mathrm{II}} = \beta\tau\sqrt{\pi a}, \qquad \beta = 1.122$$

(11) 具有边裂纹的半无限大板,受直线分布载荷 $\sigma(x) = \sigma\sum_{n=0}^{1}C_n\left(\dfrac{x}{a}\right)^n$ 作用,如图 2-37 所示。其应力强度因子为

$$K_{\mathrm{I}} = \alpha\sigma\sqrt{\pi a}$$
$$K_{\mathrm{II}} = K_{\mathrm{III}} = 0$$

式中,$\alpha = \sqrt{2}(0.9730C_0 + 0.4829C_1)$。

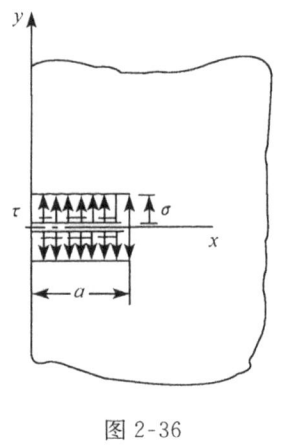
图 2-36

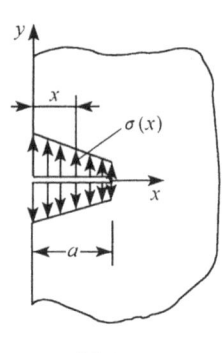
图 2-37

(12) 受均匀拉伸作用的无限长的有限宽板,中央具有贯穿裂纹,如图 2-38 所示。其应力强度因子为

$$K_{\mathrm{I}} = \sigma\sqrt{\pi a}\sqrt{\sec\dfrac{\pi a}{2b}}$$

或

$$K_{\mathrm{I}} = \sigma\sqrt{\pi a}\dfrac{1}{\sqrt{\pi}}(1.77 + 0.227\xi - 0.510\xi^2 + 2.7\xi^3)$$

$$K_{\text{II}} = K_{\text{III}} = 0$$

式中，$\xi = \dfrac{a}{b} < 0.7$。

（13）一侧具有贯穿裂纹的长方形板，受均匀拉伸，如图 2-39 所示。其应力强度因子为

$$K_{\text{I}} = \sigma\sqrt{\pi a}\, F\!\left(\dfrac{a}{b}\right)$$

式中，$F\!\left(\dfrac{a}{b}\right)$ 由表 2-4 查出。或当 $\dfrac{L}{2b} = \infty$ 时，有

$$K_{\text{I}} = \sigma\sqrt{\pi a}\,\dfrac{1}{\sqrt{\pi}}(1.99 - 0.4\xi + 18.70\xi^2 - 38.48\xi^3 + 53.85\xi^4)$$

$$K_{\text{II}} = K_{\text{III}} = 0$$

式中，$\xi = \dfrac{a}{2b} \leqslant 0.6$。

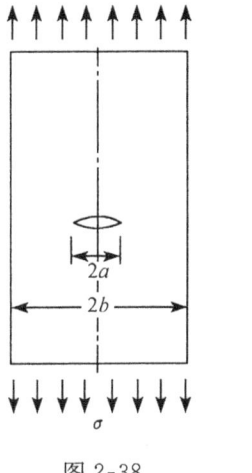
图 2-38

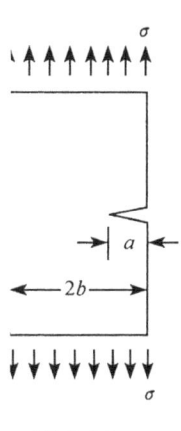
图 2-39

表 2-4　一侧贯穿裂纹应力强度因子 $F(a/b)$ 表

a/b	0.10	0.20	0.30	0.40	0.50	0.60	0.70	0.80	0.90	1.00
$F(a/b)$	1.14	1.19	1.29	1.37	1.50	1.66	1.87	2.12	2.44	2.82

（14）楔形断面杆的撕裂，如图 2-40 所示。则其应力强度因子如下：

楔子的情形：

$$K_{\text{I}} = \dfrac{\sqrt{3}Eh}{4a^2}\sqrt{C^3}$$

$$K_{\text{II}} = 0, \qquad a \gg 2c$$

撕裂力的情形：

$$K_{\mathrm{I}} = \frac{2\sqrt{3}Pa}{\sqrt{C^3}}$$

$$K_{\mathrm{II}} = 0$$

(15) 具有切口的圆柱试样,如图 2-41 所示。则其应力强度因子为

$$K_{\mathrm{I}} = \frac{P}{D^{3/2}}\left(1.72\frac{D}{d_0} - 1.27\right)$$

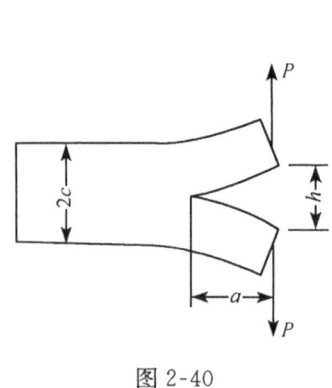
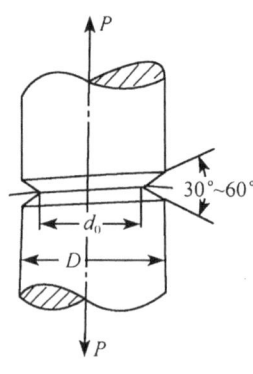

图 2-40   图 2-41

(16) 圆轴内具有圆盘形内裂纹,如图 2-42 所示。则其应力强度因子为

$$K_{\mathrm{I}} = \left[F_P\left(\frac{a}{b}\right)P + F_M\left(\frac{a}{b}\right)\frac{4Ma}{(a^2+b^2)}\right]\frac{\sqrt{a/b}}{\pi(a^2+b^2)}\sqrt{a}$$

式中

$$F_P\left(\frac{a}{b}\right) = \frac{2}{\pi}\left[1 + \frac{1}{2}\left(\frac{a}{b}\right) - \frac{5}{8}\left(\frac{a}{b}\right)^2 + 0.268\left(\frac{a}{b}\right)^3\right]$$

$$F_M\left(\frac{a}{b}\right) = \frac{4}{3\pi}\left[1 + \frac{1}{2}\left(\frac{a}{b}\right) + \frac{3}{8}\left(\frac{a}{b}\right)^2 + \frac{5}{16}\left(\frac{a}{b}\right)^3 - \frac{93}{128}\left(\frac{a}{b}\right)^4 + 0.483\left(\frac{a}{b}\right)^5\right]$$

$$K_{\mathrm{II}} = 0$$

$$K_{\mathrm{III}} = F_1\left(\frac{a}{b}\right)^2 \frac{Ta\sqrt{c/b}}{\pi(b^4-a^4)}\sqrt{a}$$

式中

$$F_1\left(\frac{a}{b}\right) = \frac{4}{3\pi}\left[1 + \frac{1}{2}\left(\frac{a}{b}\right) + \frac{3}{8}\left(\frac{a}{b}\right)^2 + \frac{5}{15}\left(\frac{a}{b}\right)^3 - \frac{93}{128}\left(\frac{a}{b}\right)^4 + 0.038\left(\frac{a}{b}\right)^5\right]$$

(17) 具有圆盘形裂纹的构件,裂纹表面作用有轴对称分布的载荷 $P(r)$,如图 2-43 所示。则其应力强度因子为

$$K_{\mathrm{I}} = -\frac{2}{\sqrt{\pi a}}\int_0^a \frac{rP(r)}{\sqrt{a^2-r^2}}\mathrm{d}r$$

$$K_{\mathrm{II}} = 0$$

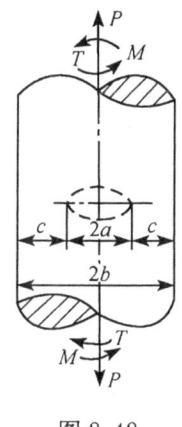
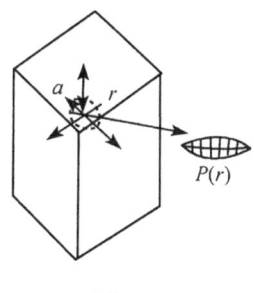

图 2-42　　　　　　　　　　　　　　　图 2-43

(18) 具有直径相等,相互平行的两平行圆盘裂纹的无限体,受均匀拉应力 σ 作用,如图 2-44 所示。当 a/b 足够小时,则其应力强度因子为

$$K_{\mathrm{I}} = \frac{2\sigma\sqrt{a}}{\pi}\left[1 - \frac{2}{3\pi}\left(\frac{a}{b}\right)^3 + O\left(\frac{a}{b}\right)^5\right]$$

$$K_{\mathrm{II}} = -\frac{2\sigma\sqrt{a}}{3\pi^2}\left[\left(\frac{a}{b}\right)^2 - \frac{4}{5}\left(\frac{a}{b}\right)^4 + O\left(\frac{a}{b}\right)^6\right]$$

$$K_{\mathrm{III}} = 0$$

(19) 无限大体在 A—A 截面处有如图 2-45 所示的角裂纹,受均匀拉伸应力时,其应力强度因子为

$$K_{\mathrm{I}} = m\sigma\sqrt{\pi a}$$

式中,m 为扩大系数,按 $\frac{\theta}{90°}$ 值查表 2-5。

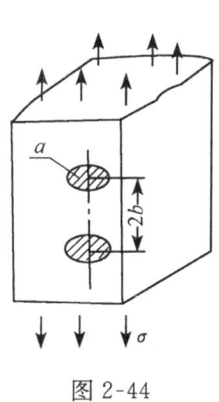

图 2-44　　　　　　　　　　　　　　　图 2-45

表 2-5　无限大体 I 型角裂纹扩大系数

$\dfrac{\theta}{90°}$	0	0.2	0.4	0.5	0.6	0.8	1.0
m	0.705	0.650	0.625	0.620	0.630	0.650	0.705

附录 A　晶体中位错的应力场

真实晶体中的原子，其晶格结构的排列，不像理想晶体那样完整，由于各种原因，存在着各种缺陷。位错就是晶体中的一种缺陷。位错运动的结果使晶体产生滑移，发生范性变形。

有两种基本位错，一种叫刃型位错，一种叫螺型位错。刃型位错的原子排列如图 A1(a)所示。整个半晶体在 E 处多出一排原子，与纸面垂直并且通过 BC 线的平面把原子分成两部分，这两部分原子沿 BC 面产生相对的位移，使晶格发生畸变，好像上半部受到压缩，下半部受到拉伸。图 A1(a)所示的刃型位错，上半部晶体比下半部晶体多半个晶面 EF，称为正刃型位错，以符号（⊥）表示，竖线表示多余半个晶面的方向，横线表示两部分晶体相对滑移的方向。

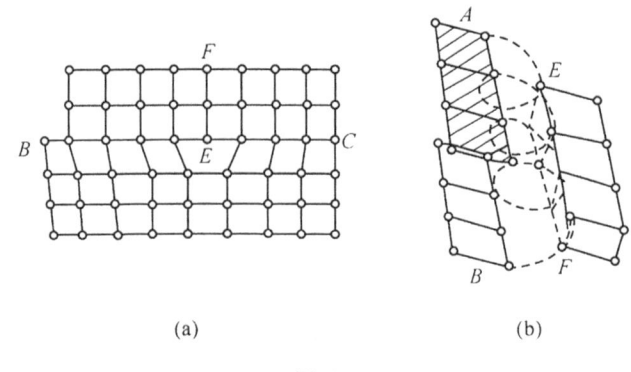

(a)　　　(b)

图 A1

螺型位错的原子排列如图 A1(b)所示，EF 面的右方向晶格不动，但是有阴影线的 A 平面及其以上的部分向后移动，而平面 A 以下部分则向前运动。如果固定不动的原子与相邻的移动原子在滑移前坐落在许多相互平行的圆周上，则在滑移后，这些圆周变成一根螺旋线，见图 A1(b)中虚线。螺型位错不含有额外的半个晶面，比刃型位错受到较少的限制，易于产生滑移。图 A1(b)所示螺型位错是左旋的，若按相反方向滑移的螺型位错是右旋的。

如果把晶体看成连续介质，晶体中的位错看成在晶体上切割一平面，使平面分割的两部分发生相对位移，然后把裂纹焊好，或填满少量的材料，于是在晶体中将产生内应力，所产生的内应力能够用弹性理论研究。

简单的位错有三种,如图 A2 所示。图 A2 中(a)代表一个沿 x 轴的正刃型位错,(b)代表一个沿 y 轴的正刃型位错,(c)代表一个右旋的螺型位错。三种情况的不连续位移分别为

$$\Delta u = b_1, \quad \Delta v = b_2, \quad \Delta w = b_3$$

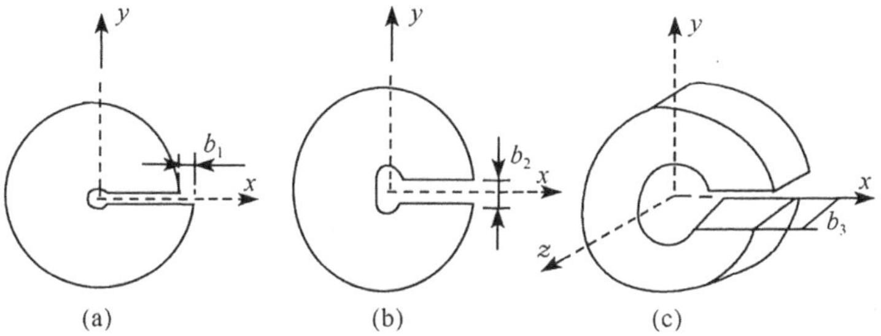

图 A2

因为原子的晶格是点阵结构形式,可以设想,位错也应该是点阵的,其最小的位移用 b_1、b_2、b_3 表示,这种位错称为单位位错,其他任何位错都是它们的整数倍。如果位错是由上述三种位错混合成的,需要用矢量表示

$$\bm{b} = b_1'\bm{i} + b_2'\bm{j} + b_3'\bm{k}$$

$\bm{b}$ 称为柏氏矢量,分量 b_1'、b_2'、b_3' 分别是单位位错 b_1、b_2、b_3 的整数倍。

下面叙述位错的应力场。

1) 刃型位错(沿 x 轴的刃型位错和沿 y 轴的刃型位错)的应力场

图 A2 中(a)与(b)都属于刃型位错,设若滑移面沿 z 轴比 b_1 和 b_2 长很多,物体中位错的应力场可以当作平面应变型的。对图 A2(a)中的刃位错,取应力函数

$$\varphi = -Ar\log_r\sin\theta = -Ay(x^2+y^2)^{\frac{1}{2}} \tag{A1}$$

式中

$$A = \frac{Gb}{2\pi(1-v)}$$

可以证明,当绕着位错做一个完全的回线时,从这个应力函数得出位移分量 u 增加了 b,其他位移分量并不增加。由应力函数求出应力

$$\left.\begin{aligned}\sigma_x &= \frac{\partial^2\varphi}{\partial y^2} = -A\frac{y(3x^2+y^2)}{(x^2+y^2)^2} \\ \sigma_x &= \frac{\partial^2\varphi}{\partial x^2} = A\frac{y(x^2+y^2)}{(x^2+y^2)^2} \\ \tau_{xy} &= -\frac{\partial^2\varphi}{\partial x\partial y} = A\frac{x(3x^2+y^2)}{(x^2+y^2)^2}\end{aligned}\right\} \tag{A2}$$

令式中 $y=0$,得到 x 轴上的应力为

$$\sigma_x = \sigma_y = 0, \quad \tau_{xy} = A\frac{1}{x} \tag{A3}$$

由此可见,应力 τ_{xy} 与其到位错的距离成反比例,其他应力分量为零。位错附近的应力极大,位错所在处为奇异点。

对于图 A2(b)所示的刃型位错,其应力场公式与式(A2)相似,应力分量 σ_y 与其到位错的距离成反比例,其他应力分量为零。

2) 螺型位错的应力场

图 A2(c)所示的螺型位错,属于弹性理论的反平面问题,比刃型位错的情况简单。在这种情况中,位移 $u=v=0$,而 w 是 r 与 θ 的函数(或是 x 与 y 的函数)。由应力和应变关系的胡克定律知

$$\tau_{\theta z} = \frac{G}{r} \frac{\partial w}{\partial \theta}, \qquad \tau_{rz} = G \frac{\partial w}{\partial r} \tag{A4}$$

其他应力分量为零。

由平衡方程(见第 1 章附录 A)引出

$$\nabla^2 w = 0 \tag{A5}$$

式中微分算子

$$\nabla^2 = \frac{\partial^2}{\partial r^2} + \frac{1}{r} \frac{\partial}{\partial r} + \frac{1}{r^2} \frac{\partial^2}{\partial \theta^2} = \frac{\partial^2}{\partial x^2} + \frac{\partial^2}{\partial y^2}$$

调和方程(A5)的 w,要求能够在 θ 增加 2π 时,位移 w 增加 b,而 b 与 r 无关。很明显,最简单的解是

$$w = \frac{b\theta}{2\pi} = \frac{b}{2\pi} \arctan \frac{y}{x} \tag{A6}$$

与之相应的应力是

$$\tau_{\theta z} = A \frac{1}{r} \tag{A7}$$

或

$$\tau_{xy} = -A \frac{y}{x^2+y^2}, \qquad \tau_{yz} = A \frac{x}{x^2+y^2} \tag{A8}$$

式中,$A = \frac{Gb}{2\pi}$。

在 x 轴上的应力(当 $y=0$)

$$\tau_{xz} = 0, \qquad \tau_{yz} = A \frac{1}{x} \tag{A9}$$

由此可知,应力 τ_{yz} 与其到位错的距离成反比,其他应力分量为零。在位错附近的应力极大,位错所在处有奇异点。

附录 B 有限元法基础知识

有限元法基本思想是将一个连续的弹性体进行离散化,即分割成有限个单元的组合,各单元间仅通过边界节点相互联系,传递位移或内力。根据结构力学的位

移法(或力法),取节点的位移(或力)为未知量,建立以矩阵形式表示的节点的平衡方程或位移的连续方程,最后利用电子计算机进行计算。

对于弹性理论的平面问题,一般取单元为三角形(图 B1)或四边形等。

(1) 单元 e 内各点的位移矢量为

$$\{u\} = [N]\{\delta_e\} \tag{B1}$$

式中,$\{u\}$ 为位移矢量

$$\{u\} = \begin{Bmatrix} u(x,y) \\ v(x,y) \end{Bmatrix}$$

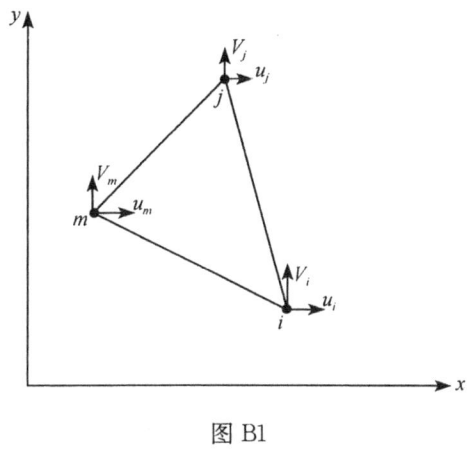

图 B1

$\{\delta_e\}$ 为单元节点的位移矢量,有

$$\{\delta_e\} = \begin{Bmatrix} \delta_i \\ \delta_j \\ \delta_m \end{Bmatrix} = \begin{Bmatrix} u_i \\ v_i \\ u_j \\ v_j \\ u_m \\ v_m \end{Bmatrix}$$

在位移法中,各节点的位移矢量 $\{\delta_e\}$ 作为待求的未知量。

矩阵 $[N]$ 是坐标的函数,它反映了单元的位移形态(或称位移模式)因而称为位移的形态函数。选择位移模式时,应注意单元间边界位移的连续性。

$$\left. \begin{aligned} u &= a_1 + a_2 x + a_3 y \\ v &= a_4 + a_5 x + a_6 y \end{aligned} \right\} \tag{B2}$$

式中,系数 $a_1, a_2, \cdots, a_6$ 可由 $i、j、m$ 三个节点的 6 个位移 $u_i、v_i、v_j、u_j、u_m、v_m$ 来确定。解之得

$$\left. \begin{aligned} u &= N_i u^i + N_j u_j + N_m u_m \\ v &= N_i v_i + N_j v_j + N_m v_m \end{aligned} \right\} \tag{B3}$$

式中

$$N_i = (a_i + b_i x + c_i y)\frac{1}{2A} \qquad (i,j,m) \tag{B4}$$

系数为

$$a_j = x_j y_m - x_m y_j, \quad b_i = y_i - y_m, \quad c_i = -x_i + x_m \qquad (i,j,m) \tag{B5}$$

而

$$A = \frac{1}{2} \begin{vmatrix} 1 & x_i & y_i \\ 1 & x_j & y_j \\ 1 & x_m & y_m \end{vmatrix} \tag{B6}$$

则
$$[N] = [IN_i, IN_j, IN_m] \tag{B7}$$
式中，$I=[I]_2$ 是二阶单位阵。

（2）单元的应变矢量为
$$\{\varepsilon\} = [C]\{u\} = [C][N]\{\delta_e\} = [B]\{\delta_e\} \tag{B8}$$
式中，$[C]$ 为偏微分算子矩阵。

$$[B] = \frac{1}{2A}\begin{Bmatrix} b_i & 0 & b_j & 0 & b_m & 0 \\ 0 & c_i & 0 & c_j & 0 & c_m \\ c_i & b_i & c_j & b_j & c_m & b_m & 0 \end{Bmatrix} \tag{B9}$$

式中，b_i, c_i 等系数由式（B5）确定。

（3）单元的应力矢量为
$$\{\sigma\} = [D]\{\varepsilon\} \tag{B10}$$
式中，$[D]$ 为弹性矩阵。

（4）单元的刚度矩阵。

对于平面问题，单元的应变能为
$$U_e = \frac{1}{2}\iint_{A_e} \{\sigma\}^T\{\varepsilon\} \mathrm{d}x\mathrm{d}yB \tag{B11}$$
式中，A_e 和 B 分别表示单元的面积和厚度，$\{\sigma\}^T$ 是列阵 $\{\sigma\}$ 的转置矩阵，将式（B8）和式（B10）代入式（B11）得
$$U_e = \frac{1}{2}\{\delta_e\}^T[K^e]\{\delta_e\} \tag{B12}$$
式中，$[K^e]$ 为单元的刚度矩阵，即
$$[K^e] = \iint_{A_e} [N]^T[C]^T[D][C][N]\mathrm{d}x\mathrm{d}yB \tag{B13}$$

（5）整体刚度矩阵。

将节点的位移分量改按整体编号，则整个弹性体的应变能为
$$U = \sum_{e=1}^{n} U_e = \frac{1}{2}\{\delta\}^T[K]\{\delta\} \tag{B14}$$
式中，n 为单元数；$\{\delta\}$ 是由物体所有节点位移分量组成的矢量。于是，主刚度矩阵为
$$[K] = \sum_{e=1}^{n} [K^e] \tag{B15}$$

（6）基本方程。

为了叙述简单，不考虑弹性体的体积力，设作用在靠边界的外力为 $\{P\}$，于是外力功为
$$W_e = \int_{S_e} \{u\}^T\{P\}\mathrm{d}SB = \{\delta_e\}^T\{F_e\} \tag{B16}$$
式中，S_e 为受力部分的单元边界，单元的等价节点力矢量为

$$\{F_e\} = \int_{S_e} [N]^{\mathrm{T}} \{P\} \mathrm{d}SB \tag{B17}$$

将节点位移分量按整体编号,整个弹性体上的外力功为

$$W = \sum_{e=1}^{n} W_e = \{\delta\}^{\mathrm{T}} \{F\} \tag{B18}$$

式中,弹性体的等价节点力矢量为

$$\{F\} = \sum_{e=1}^{n} \{F_e\} \tag{B19}$$

由式(B14)与式(B16)可得弹性体的总势能为

$$\Pi = U - W = \frac{1}{2} \{\delta\}^{\mathrm{T}} [K] \{\delta\} - \{\delta\}^{\mathrm{T}} \{F\} \tag{B20}$$

于是,在满足位移边界条件的所有位移中,保证平衡位移场总势能 Π 为极小值时,得

$$\frac{\partial \Pi}{\partial \{\delta\}} = \begin{bmatrix} \frac{\partial \Pi}{\partial \delta_1} \\ \frac{\partial \Pi}{\partial \delta_2} \\ \vdots \\ \frac{\partial \Pi}{\partial \delta_n} \end{bmatrix} = [K]\{\delta\} - \{F\} = 0 \tag{B21}$$

用电子计算机求解这个线性代数方程组得$\{\delta\}$,然后通过式(B8)和式(B10)计算出应变场和应力场。

参 考 文 献

1　Muskhelishvili H E. 数学弹性力学的几个基本问题. 赵惠元译. 北京:科学出版社,1958
2　范天佑. 断裂力学基础. 南京:江苏科学技术出版社,1978
3　Sneddon L N. Crack Problems in the Classical Theory of Elasticity. Wiley, New York, 1969
4　太原重型机械学院. 科技通讯. 1975,(13)
5　Bilby B A. Fracture. vol. I. 1968,99
6　Williams M L. J. Appl. Mech. ,1957,24:109
7　陈篪. 力学. 1974,121
8　哈尔滨工业大学力学教研室. 工程断裂力学(上册). 南宁:广西人民出版社,1976
9　冈村弘之. 线形破坏力学入门. 破坏力学材料强度讲座—1,1976
10　Blandford G E. Int. J. Numerical Methods in Engineering,1981,17(3):387

第 3 章 弹塑性断裂力学

对于线弹性物体,可以用线弹性断裂力学的方法去研究其断裂问题,在裂纹尖端附近的某一区域内,其应力场主要由应力强度因子决定,该区域称为应力强度因子主导区,或称 K 主导区。对于真实材料,应力不可能是无穷大的,在外载荷作用下裂纹尖端总要出现塑性区。如果裂纹尖端附近的塑性区尺寸小于应力强度因子主导区尺寸以及有关的几何尺寸,称之为小范围屈服。前面已经讲过,对于小范围屈服问题仍可采用线弹性断裂力学的理论和方法,因为小范围屈服的塑性区对广大弹性区应力场的影响不大,因此应力强度因子(或对其进行适当修正后)可以表征裂纹尖端附近应力场的强度。但对于大量中、低强度钢制造的结构、薄壁构件、焊接结构的拐角处和压力容器的接管处,以及在较高温度下工作的构件等,都不满足小范围屈服的条件,都可能在裂纹尖端附近发生大范围或全面的屈服,其塑性区尺寸与裂纹长度相比,已达到同数量级时,线弹性断裂力学无法解决上述问题。为此,必须充分地考虑裂纹体的弹塑性行为,以及在弹塑性情况下裂纹的扩展规律和断裂准则,这就是弹塑性断裂力学要研究的主要问题。

由于弹塑性断裂力学涉及裂纹尖端局部地区的弹塑性行为研究,它在理论、实验技术及应用上都比线弹性断裂力学复杂得多。虽然弹塑性断裂力学已有几十年的研究历史,但至今尚有许多悬而未决的问题,正因为这一原因,再加上工程需要的迫切性,直到现在它仍然是断裂力学中十分活跃的一大分支。随着理论和实验研究的不断完善,将给解决工程结构问题带来新的途径,而工程应用对弹塑性断裂力学又会提出许多新的课题,反过来将促进弹塑性断裂力学的发展。

3.1 D-M 模型

3.1.1 D-M 模型

Dugdale[1]于 1960 年提出了一个条形塑性区简化模型。该模型认为裂纹两边的塑性区呈窄条状沿裂纹所在平面向两边伸展,即塑性区呈带状,外面是广大的弹性区。因此这一模型也称为窄条塑性区模型或带状条纹塑性区模型。Dugdale 假设塑性区为理想塑性,如图 3-1 所示,并用 Muskhelishvili 方法求得了这一弹塑性断裂力学模型参数的表达式。这一模型通常称为 D-M 模型或 Dugdale 模型。

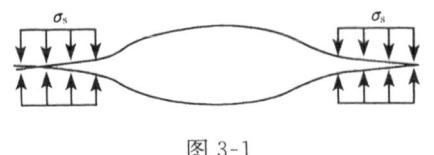

图 3-1

Barenblatt[2]于1962年提出了"吸附力"模型。该模型认为裂纹尖端实际不存在奇异性,在裂尖外侧,沿裂纹平面的上、下两层之间的距离极小,其间受原子或分子的吸附力作用。这些吸附力与原子或分子间拉开的距离有一定的函数关系。显然该模型与图3-1相似,区别在于Barenblatt认为窄条上的应力不一定是均等的屈服应力σ_s,而是由吸附力决定的分布力。容易看出,如果令吸附力等于σ_s,且均匀分布,该模型就化为Dugdale模型。因此有时也将D-M模型称为B-D模型。

如图3-2所示无限大板,其中有长为$2a$的穿透裂纹。在与裂纹面垂直的方向上于远处作用均布拉伸应力σ。按照D-M模型,裂纹尖端的塑性区呈窄条状,其上作用均布应力σ_s。设塑性区长度为R,则所论D-M模型实际上是如下的模型:无限大板远处受均布拉应力σ,在与拉应力垂直的方向上有一个长为$2c(2c=2a+2R)$的穿透裂纹,在裂纹上、下表面长为$2a$的范围内不受力,是自由表面,而在两端长为R的区域上,裂纹上、下表面都受均布拉应力σ_s作用,裂纹尖端没有奇异性,裂纹外是广大的线弹性区域。这已经是一个线弹性力学问题。

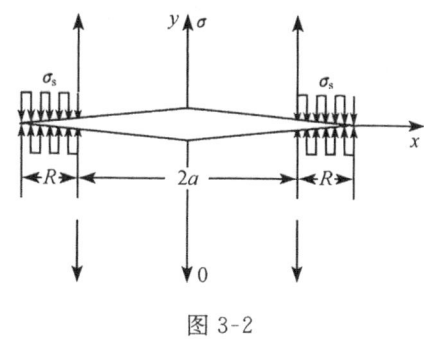

图3-2

3.1.2 无限大板中D-M模型的解

由于线弹性力学问题满足叠加原理成立的条件,因此可将该问题化为图3-3所示的三个线弹性力学问题的叠加。这三个问题如下:

(1)无裂纹的无限大板,在远处受均布的拉应力σ作用。

(2)具有$2c=2(a+R)$长裂纹的无限大板,远处不受力,在裂纹表面上作用均

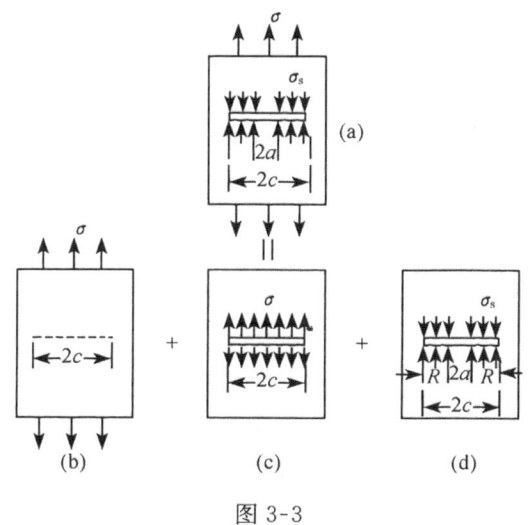

图3-3

布的压应力 σ。

（3）具有 $2c=2(a+R)$ 长裂纹的无限大板，远处不受力，在裂纹表面的两个塑性区 R 上各作用均布的拉应力 σ_s。

这三个问题叠加后，与图 3-2 所示问题相同。

三者叠加后，要求在 $2(a+R)$ 长裂纹的尖端，消除奇异性，应力应是有限量，换一种说法，要求应力强度因子为零。根据这一条件，可求出塑性区尺寸 R。

（1）无裂纹无限大板的应力强度因子 $K'=0$。

（2）具有 $2(a+R)$ 长裂纹的无限大板，无限远处不受力，在裂纹表面作用均布的压应力，其应力强度因子与在无限远处受均布应力 σ 而裂纹表面不受力情况相同，为 $K''=\sigma\sqrt{\pi(a+R)}$。

（3）具有 $2(a+R)$ 长裂纹的无限大板，在裂纹表面两个塑性区 R 上作用均布拉应力 σ_s，下面求解这一问题。

1. 受集中力作用的裂纹问题

为求 D-M 模型的解，可以先求受集中力作用的裂纹问题的解。

设无限大板中有一个长为 $2c$ 的穿透裂纹，板远处不受力，在裂纹上、下表面 $x=b$ 处受集中力 P 作用，如图 3-4 所示。

采用 Westergard 应力函数，有
$$\phi = \text{Re}Z + y\text{Im}Z' \tag{a}$$

式中，$Z=f(z)$ 是复变量 $z=x+iy$ 的解析函数，容易证明 ϕ 满足双调和方程。

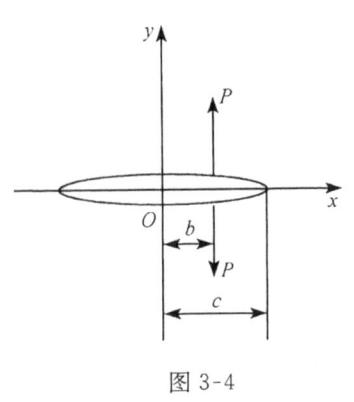

图 3-4

ϕ 与应力、位移的关系如下：

$$\left.\begin{aligned}
\sigma_x &= \frac{\partial^2 \phi}{\partial y^2} = \text{Re}Z'' - y\text{Im}Z''' \\
\sigma_y &= \frac{\partial^2 \phi}{\partial x^2} = \text{Re}Z'' + y\text{Im}Z''' \\
\tau_{xy} &= -\frac{\partial^2 \phi}{\partial x \partial y} = -y\text{Re}Z''' \\
u &= \frac{1}{2\mu(1-\gamma')}[(1-\gamma')\text{Re}Z' - (1+\gamma')y\text{Im}Z''] \\
v &= \frac{1}{2\mu(1+\gamma')}[2\text{Im}Z' - (1+\gamma')y\text{Re}Z'']
\end{aligned}\right\} \tag{b}$$

式中

$$\gamma' = \begin{cases} \gamma, & \text{平面应力} \\ \gamma/(1-\gamma), & \text{平面应变} \end{cases}$$

本问题的边界条件为

$$\left.\begin{array}{ll} \sigma_y(x,0) = -P\delta(x-b), & y=0, \quad |x|<c \\ v(x,0) = 0, & y=0, \quad |x|>c \end{array}\right\} \quad \text{(c)}$$

式中，δ 为 Dirac δ 函数。由式(c)的第一式及式(b)，有

$$\operatorname{Re} Z'' = -P\delta(x-b), \quad \operatorname{Im} z = 0, \quad |\operatorname{Re} z|<c$$

因而有

$$Z'' = \frac{\xi(z)}{z-b} \quad \text{(d)}$$

式中，$\xi(z)$ 在 $\operatorname{Im} z=0$、$|\operatorname{Re} z|<c$ 内为纯虚量，且在此区间上无奇点。

再由式(c)的第二式及式(b)，可将边界条件式(c)写为

$$\left.\begin{array}{lll} \operatorname{Re}\xi(z) = 0, & \operatorname{Im} z = 0, & |\operatorname{Re} z|<c \\ \operatorname{Im}\xi(z) = 0, & \operatorname{Im} z = 0, & |\operatorname{Re} z|>c \end{array}\right\} \quad \text{(e)}$$

由于裂纹尖端 σ_y 具有 $r^{-1/2}$ 阶奇异性，因而

$$\xi(z) \sim (z^2 - c^2)^{-1/2}$$

由此可得 Keldysh-Sedov 问题[即所论边界条件(e)]的解为

$$\xi(z) = \frac{\sum A_n z^n}{\sqrt{z^2 - c^2}}, \quad n=0,1,2,\cdots$$

由于在 $z \to \infty$ 时，位移 $v=0$，因此必有 $n=0$。这样就得到了边值问题式(c)的唯一解，即

$$\xi(z) = \frac{A}{\sqrt{z^2-c^2}}$$

将其代入式(d)，得

$$Z'' = \frac{A}{\sqrt{z^2-c^2}(z-b)} \quad \text{(f)}$$

式中，A 为待定实常数，可利用已知的边界条件来确定。将式(f)代入到式(b)及式(c)的第一式，得

$$\int_{b-\varepsilon}^{b+\varepsilon} \operatorname{Re} \frac{A}{\sqrt{z^2-c^2}(z-b)} \mathrm{d}z = -P$$

式中，ε 为很小的实数。由此式解得

$$A = \frac{P}{\pi}\sqrt{c^2-b^2} \quad \text{(g)}$$

从而得

$$Z'' = \frac{P\sqrt{c^2-b^2}}{\pi(z-b)\sqrt{z^2-c^2}} \quad \text{(h)}$$

将式(h)代入式(b)，即得 $y=0$ 上的应力为

$$\sigma_y(x,0) = \operatorname{Re} \frac{P\sqrt{c^2-b^2}}{\pi(x-b)\sqrt{x^2-c^2}} \quad \text{(i)}$$

容易看出,式(i)表达的 σ_y 满足边界条件。现将其分段表达如下:
当 $|x|>c$ 时,式(i)成为

$$\sigma_y(x,0) = \frac{P\sqrt{c^2-b^2}}{\pi(x-b)\sqrt{x^2-c^2}} \tag{j}$$

当 $|x|<c$ 时,式(i)成为

$$\sigma_y(x,0) = \mathrm{Re}\,\frac{-\mathrm{i}P\sqrt{c^2-b^2}}{\pi(x-b)\sqrt{c^2-x^2}} \tag{k}$$

应力强度因子为

$$K_1 = \lim_{x\to c}\sqrt{2\pi(x-c)}\,\sigma_y(x,0) = -\frac{P}{\sqrt{\pi c}}\sqrt{\frac{c+b}{c-b}} \tag{l}$$

2. 求 K'''

在上面求得的解(l)中,只需令 $P=-\sigma_s$,$b=x$,将 x 由 $-c$ 到 $-a$ 及 a 到 c 进行积分,即得图3-3(d)所示问题的应力强度因子为

$$K''' = -2\sigma_s\sqrt{\frac{c}{\pi}}\arccos\frac{a}{c} \tag{m}$$

3. 求塑性区长

图3-3(b)、(c)、(d)三种状态的应力强度因子相加必须等于零,才能消除裂纹尖端应力的奇异性,使应力为有限量。由

$$K = K' + K'' + K''' = 0$$

有

$$\sigma\sqrt{\pi c} - 2\sigma_s\sqrt{\frac{c}{\pi}}\arccos\frac{a}{c} = 0$$

得

$$\frac{c}{a} = \sec\frac{\pi\sigma}{2\sigma_s}$$

由 $c=a+R$,得塑性区尺寸为

$$R = a\left(\sec\frac{\pi\sigma}{2\sigma_s} - 1\right) \tag{3-1}$$

式(3-1)即所求 D-M 模型塑性区的长度。在 $|x|<\frac{\pi}{2}$ 时,$\sec x$ 可用幂级数展开,有

$$\sec x = 1 + \frac{x^2}{2} + \frac{5}{24}x^4 + \frac{61}{720}x^6 + \cdots$$

设无限大板远处的均布拉应力 $\sigma<\sigma_s$,则 $\frac{\pi}{2}\frac{\sigma}{\sigma_s}<\frac{\pi}{2}$,因此式(3-1)中的三角函数可以

展开为幂级数。若 σ/σ_s 较小,可忽略 x^4 项,即

$$R \approx \frac{\pi^2}{8} \frac{\sigma^2}{\sigma_s^2} a \tag{3-2}$$

将 $K_I = \sigma\sqrt{\pi a}$ 代入式(3-2),得

$$R \approx \frac{\pi}{8}\left(\frac{K_I}{\sigma_s}\right)^2 \tag{3-3}$$

从式(3-3)看出,当塑性区较小时,即 $\frac{\sigma}{\sigma_s} \ll 1$,用 Dugdale 模型求出的塑性区范围,与第 1 章 Irwin 小塑性区修正结果 $\frac{1}{\pi}\left(\frac{K_I}{\sigma_s}\right)^2$(平面应力)很接近。

将裂纹前缘塑性区简化为窄条形状,使问题简化,并且得出一些结果,在工程中得到一些应用。但是这种模型与实验所得到的塑性区形状不同。

用 Moire 蚀刻法确定裂纹尖端附近的应变,得到的等应变曲线如图 3-5 所示。

根据实验结果,将真实塑性区形状与 D-M 的假设模型相比较,证明实际的塑性区呈鱼尾形状,而 D-M 法将它压缩成一薄片,与实验不符。

D-M 模型与下节(3.2 节)要讲的裂纹张开位移结合起来,把裂纹张开位移法扩大到大范围的屈服问题中去。

对于强化材料,仍用窄条简化模型,将作用在裂纹表面两塑性区上的均布拉应力 σ_s,

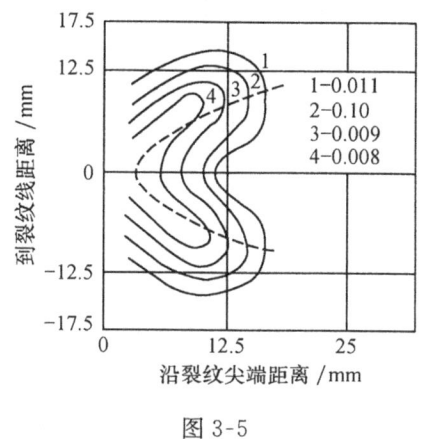

图 3-5

改为非均布的或阶梯形的拉应力,则可修正上述理想塑性模型的结果。在工程中,对强化材料一般用屈服极限与强度极限的平均值代替 D-M 模型中的 σ_s,求近似解。

3.2 裂纹尖端张开位移

裂纹尖端张开位移是指当裂纹体受力后,在原裂纹尖端沿垂直裂纹方向所产生的位移(crack open-ing displacement,COD),通常以 COD 或 δ 表示。实际上,当裂纹体受载后,裂纹逐渐张开,虽然裂纹尖端出现钝头,但是裂纹尖端处的位移仍是连续的,如图 3-6 所示,所以裂纹尖端的实际张开位移并不存在。

一般是将裂纹表面 AB 段向前延长,与尖端 D 的垂线相交于 E 点,用 $2\overline{ED}$ 度量裂纹张开位移。

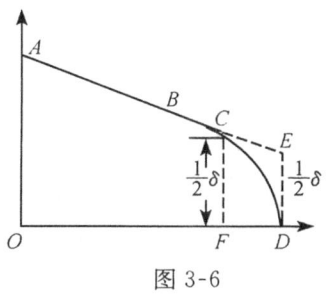

图 3-6

但是,对这样标定 COD 有不同意见。例如,有人提出应以弹塑性区交界的 C 点作为测量点,他们认为对于金属材料,塑性形变是导致破坏的重要因素。OD 的垂线 CF 反映裂纹尖端塑性区的形变程度,主张用 $2\overline{CF}$ 量度裂纹张开位移。图 3-6 中 C 点表示裂纹前沿弹性区与塑性区的交界处,可用实验确定,或用有限元法计算。除此之外,还有一些其他说法,在此不再一一介绍。总之,裂纹张开位移的物理概念似乎很简单,但是确切的定义与如何标定却是没有解决的问题。

3.2.1 无限板的 COD

3.1 节已将 D-M 模型化为图 3-3 所示三个问题的叠加。D-M 模型中的位移场、应力场当然是这三个问题相应解的叠加。D-M 模型的裂纹张开位移是指图 3-3(a)中在 $x=a$ 处裂纹上、下表面之间的距离,记为 δ。它应该是如下三个问题的裂纹张开位移之代数和。

(1) 图 3-3(b)所示无裂纹无限大板,$\delta'=0$。

(2) 图 3-3(c)所示含有长为 $2c$ 裂纹的无限大板,无限远处不受力,裂纹表面作用均布压应力 σ,其裂纹表面在 $x=a$ 处的位移为

$$\frac{\delta''}{2} = v''(a,0) = \frac{2\sigma}{E'}\sqrt{c^2-a^2} \tag{3-4}$$

(3) 图 3-3(d)所示具有 $2c$ 长裂纹的无限大板,无限远处不受力,在裂纹上、下表面长为 R 处作用均布拉应力 σ_s。利用裂纹表面受集中力作用问题的解,以与求应力强度因子 K''' 同样的方法可以求得 δ'''。将 3.1 节受集中力作用问题的解[3.1 节的式(h)]代入到 3.1 节的式(b)中,令 $y=0$,再将 b 作为变量,由 $-c$ 到 $-a$ 及由 a 到 c 进行积分,即得第三个问题裂纹表面的位移场 $v'''(x,0)$,再令 $x=a$ 即可得

$$\frac{\delta'''}{2} = v'''(a,0) = -\frac{2\sigma}{E'}\sqrt{c^2-a^2} + \frac{4a\sigma_s}{\pi E'}\ln\frac{c}{a} \tag{3-5}$$

D-M 模型的 COD 应该是以上三个问题的 COD 之代数和

$$\delta = \delta' + \delta'' + \delta'''$$

将上面求得的 δ'、δ'' 及 δ''' 代入,得无限板中 COD 的表达式

$$\delta = \frac{8\sigma_s a}{\pi E'}\ln\left(\sec\frac{\pi\sigma}{2\sigma_s}\right) \tag{3-6}$$

式中

$$E' = \begin{cases} E, & \text{平面应力} \\ \dfrac{E}{1-\gamma^2}, & \text{平面应变} \end{cases}$$

上式也可用位错连续分布理论推导。下面用该法作简要证明。

证明 文献[3]首先将裂纹与塑性区简化为刃型位错塞积群,如图 3-7 所示。位错密度分布函数用 $f(x)$ 表示。刃型位错塞积群在裂纹和塑性区上任意点产生的应力,应该与图 3-5 上同一点应力的和相等,即

$$A\int_{-c}^{c} \frac{f(x')\mathrm{d}x'}{x-x'} = P(x), \qquad |x|<c \qquad (3\text{-}7)$$

式中，当$|x|<a$时，$P(x)=-\sigma$；当$a<|x|<c$时，$P(x)=-\sigma+\sigma_s$。

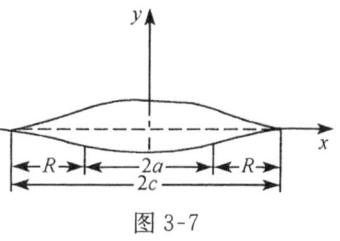

图 3-7

式(3-7)是一奇异积分方程，如已知$P(x)$，可求出位错密度分布函数。方程(3-7)的解为

$$f(x) = -\frac{1}{\pi^2 A} \frac{1}{\sqrt{x^2-c^2}} \int_{-c}^{c} \frac{\sqrt{x'^2-c^2}P(x')\mathrm{d}x'}{x-x'} \qquad (3\text{-}8)$$

因为应力对称于y轴，$f(x)$反对称于y轴，齐次解系数$C=\int_{-c}^{c} f(x)\mathrm{d}x$为零，所以式(3-8)未包含齐次解。

应用恒等式

$$\frac{\sqrt{x'^2-c^2}}{\sqrt{x^2-c^2}} - \frac{\sqrt{x^2-c^2}}{\sqrt{x'^2-c^2}} = \frac{x'^2-x^2}{\sqrt{x^2-c^2}\sqrt{x'^2-x^2}} \qquad (3\text{-}9)$$

则式(3-8)化为

$$f(x) = -\frac{\sqrt{x^2-c^2}}{\pi^2 A}\int_{-c}^{c}\frac{P(x')\mathrm{d}x'}{(x-x')\sqrt{x'^2-c^2}} + \frac{1}{\pi^2 A\sqrt{x^2-c^2}}\int_{-c}^{c}\frac{x'P(x')\mathrm{d}x'}{\sqrt{x'^2-c^2}}$$
$$+ \frac{x}{\pi^2 A\sqrt{x^2-c^2}}\int_{-c}^{c}\frac{P(x')\mathrm{d}x'}{\sqrt{x'^2-c^2}} \qquad (3\text{-}10)$$

因为应力分布函数$P(x)$对称于y轴，式(3-10)中第二项积分为零。另外，在塑性区边界$x=\pm c$处，不仅应力为有限值，等于σ_s，而且位错密度函数也应该等于零，使附近弹性区保持连续。根据这一条件，式(3-10)中第三项的积分必为零，因为它的系数当$x=\pm c$时为无限大。于是有

$$\int_{-c}^{c} \frac{P(x')\mathrm{d}x'}{\sqrt{x'^2-c^2}} = 0 \qquad (3\text{-}11)$$

将应力条件公式(3-7)代入后，积分得出

$$-\frac{\pi}{2}\sigma + \sigma_s \arccos\frac{a}{c} = 0$$

故有

$$R = a\left(\sec\frac{\pi\sigma}{2\sigma_s} - 1\right) \qquad (3\text{-}12)$$

这里求出的塑性区尺寸与3.1节(应用$x=\pm c$处应力强度因子为零条件)求出的相同。

这样一来，为了保证$x=\pm c$处位错密度为零条件，式(3-10)中只剩下了第一项，即

$$f(x) = \frac{\sqrt{x^2-c^2}}{\pi^2 A}\int_{-c}^{c}\frac{P(x')\mathrm{d}x'}{(x'-x)\sqrt{x'^2-c^2}} \qquad (3\text{-}13)$$

因为 $P(x)$ 在 $|x|<a$ 与 $a<|x|<c$ 之间分别是常数，因此欲求上式结果，只需求下列积分

$$I = \int_{-c}^{c} \frac{dx'}{(x'-x)\sqrt{x'^2-c^2}} \tag{3-14}$$

由积分表知

$$\int \frac{dx}{v\sqrt{X}} = \frac{1}{\sqrt{k}} \ln \frac{2k+\beta v - 2b'\sqrt{kX}}{v}$$

式中

$$v = a' + b'x, \qquad X = a + bx + cx^2$$
$$\beta = bb' - 2a'c', \qquad k = ab'^2 - a'bb' + ca'^2$$

将上述各值代入以后，得积分

$$I = \frac{1}{\sqrt{x^2-c^2}} \left[\ln \frac{xx'-c^2+\sqrt{(x^2-c^2)(x'^2-c^2)}}{c(x'-x)} + \ln 2c \right]$$

$$= \frac{1}{\sqrt{x^2-c^2}} \left[\operatorname{arcosh} \frac{xx'-c^2}{c(x'-x)} + \ln 2c \right] \tag{3-15}$$

注意，推导式(3-15)时，曾引用以下恒等式

$$\operatorname{arcosh} \frac{x}{c} = \ln \frac{x+\sqrt{x^2-c^2}}{c} \tag{3-16}$$

$P(x)$ 值见式(3-7)，可用下述两常应力叠加：

(1) 当 $-c<x<c$ 时，$P(x)=-\sigma$。

(2) 当 $-c<x<-a$ 与 $a<x<c$ 时，$P(x)=\sigma_s$。

在前一情况，积分上、下限分别为 $x'=\pm c$，代入式(3-15)后，使积分 I 为零。最后得出位错密度分布函数

$$f(x) = \frac{\sigma_s}{\pi^2 A} \left[\operatorname{arcosh} \frac{ax-c^2}{c(a-x)} - \operatorname{arcosh} \frac{ax+c^2}{c(a+x)} \right] \tag{3-17}$$

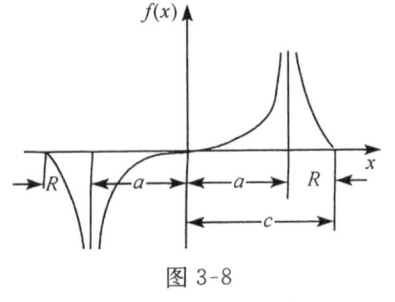

图 3-8

位错密度分布图(图 3-8)示意如下：

设在 $a<x<c$ 之间的位错总数以 N 表示，刃型单位位错攀移的柏氏矢量以 b 表示，则在 $x=a$ 处(即裂纹尖端)的张开位移应为

$$\delta = bN = b\int_c^a f(x) dx \tag{3-18}$$

因为积分

$$\int_c^a \left[\operatorname{arcosh} \frac{ax-c^2}{c(a-x)} - \operatorname{arcosh} \frac{ax+c^2}{c(a+x)} \right] dx = 2a \ln \frac{c}{a} \tag{3-19}$$

代入式(3-18)后，求出裂纹尖端的张开位移公式为

$$\delta = \frac{2b\sigma_s a}{\pi^2 A} \ln \frac{c}{a} \qquad (3\text{-}20)$$

又因 $A = \frac{E'b}{4\pi}$ 和 $\frac{c}{a} = \sec\frac{\pi\sigma}{2\sigma_s}$，最后式(3-20)简化为常见公式

$$\delta = \frac{8\sigma_s a}{\pi E'} \ln \sec \frac{\pi\sigma}{2\sigma_s}$$

证毕。

*3.2.2 有限宽板的COD公式

设一有限宽板，具有中心裂纹或对称的边裂纹，受拉伸力作用，在计算裂纹的张开位移时，需要将公式(3-6)略为变动，用以下形式

$$\delta = \frac{8\sigma_s \sin\theta}{\pi E'} \int_\theta^{\pi/2} \frac{\cos X}{\sqrt{1-\sin^2\alpha\sin^2 X}} \cdot \ln\left[\frac{\sin(X+\theta)}{\sin(X-\theta)}\right] dX \qquad (3\text{-}21)$$

式中

$$\alpha = \frac{\pi c}{2h}, \qquad \sin\theta = \frac{\sin\left(\frac{\pi a}{2h}\right)}{\sin\alpha}, \qquad \sin X = \frac{\sin\left(\frac{\pi x}{2h}\right)}{\sin\alpha};$$

式中，$2h$ 为板宽；$2a$ 为裂纹长(中心裂纹)；$2c$ 为裂纹与塑性区总长。

当 $h \to \infty$ 时，式(3-21)化为无限板的COD公式。

证明 设沿 x 轴上等距离排列着无限个等长的裂纹，裂纹长 $2a$，两相邻裂纹间隔 $2h$，在无限远处受均匀的拉应力 σ 作用，如图3-9所示。因为裂纹重复出现，受力情况完全相同，每个裂纹可当成一有限宽板计算，板宽 $2h$。图3-9中，取相邻两裂纹的中心线为板边缘，则构成对称边裂纹的有限宽板，如向左(或右)移动 h 距离，则构成中心裂纹的有限宽板。

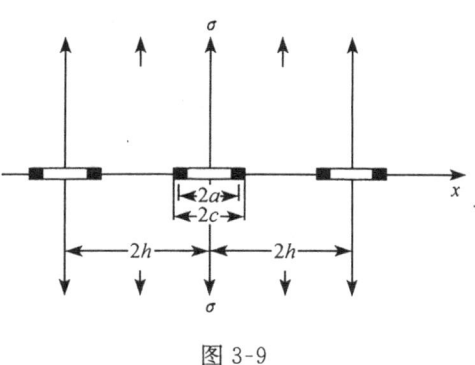

图3-9

类似单裂纹无限大板情况，应用D-M模型，令每个裂纹连带其简化的塑性区共长 $2c = 2(a+R)$。同样，将原受力状态分解为三种受力状态的叠加。设裂纹与其塑性区用位错塞积群代替，位错密度分布函数为 $f(\lambda)$，则位错塞积群在裂纹和条状塑性区的表面上任意点产生的应力，应该是受力状态的叠加，即

$$A \sum_{m=-\infty}^{+\infty} \int_{-c}^{+c} \frac{f(\lambda)d\lambda}{x-\lambda-2mh} = P(x) \qquad (3\text{-}22)$$

与单裂纹无限大板情况不同，积分域不限于 $-c < X < c$ 之间，而是在

$$-c+2mh < x < c+2mh \qquad (m = 0, \pm1, \pm2, \pm3, \cdots, \pm\infty)$$

无穷个间隔之间。应用恒等式

$$\sum_{m=-\infty}^{+\infty}\frac{1}{x-\lambda-2mh}=\cot\frac{\pi}{2h}(x-\lambda)$$

与

$$\cot(\alpha+\beta)=\frac{1}{2}\frac{\cos\alpha+\cos\beta}{\sin\alpha-\sin\beta}+\frac{1}{2}\frac{\cos\alpha-\cos\beta}{\sin\alpha+\sin\beta}$$

以及位错分布反对称于裂纹中心轴的条件，可将式(3-22)化为

$$\frac{\pi}{2h}\int_{-c}^{c}\frac{\cos\dfrac{\pi\lambda}{2h}f(\lambda)\mathrm{d}\lambda}{\sin\dfrac{\pi x}{2h}-\sin\dfrac{\pi\lambda}{2h}}=\frac{P(x)}{A} \tag{3-23}$$

取新的变数与常数，令

$$\lambda'=\sin\frac{\pi\lambda}{2h},\qquad x'=\sin\frac{\pi x}{2h};$$

$$a'=\sin\frac{\pi a}{2h},\qquad c'=\sin\frac{\pi c}{2h}$$

则式(3-22)最后简化成

$$\int_{-c'}^{c'}\frac{H(\lambda')\mathrm{d}\lambda'}{x'-\lambda'}=\frac{P'(x')}{A} \tag{3-24}$$

式中，$H(\lambda')=f(\lambda)$ 与 $P'(x')=P(x)$。式(3-24)与式(3-7)相同，是奇异积分方程。

如 $P(x)$ 分布已知如下：

$$\left.\begin{array}{ll}P(x)=-\sigma, & 2mh<|x|<a+2mh \\ P(x)=-\sigma+\sigma_s, & a+2mh<|x|<c+2mh\end{array}\right\} \tag{3-25}$$

用与前一段相同的方法求出位错密度为

$$H(x')=\frac{1}{\pi^2 A}\left[\mathrm{arcosh}\,\frac{a'x'-c'^2}{c'(a'-x')}-\mathrm{arcosh}\,\frac{a'x'+c'^2}{c'(a'+x')}\right] \tag{3-26}$$

与张开位移，即在 a 与 c 之间的位错总数，等于

$$\delta=b\int_{c}^{a}f(x)\mathrm{d}x=b\int_{c'}^{a'}H(x')\frac{\mathrm{d}x}{\mathrm{d}X}\mathrm{d}X \tag{3-27}$$

式中，$X=\mathrm{arcsin}\dfrac{\sin\dfrac{\pi x}{2h}}{\sin\dfrac{\pi c}{2h}}$。令 $\alpha=\dfrac{\pi c}{2h}$，$\sin\theta=\dfrac{\sin\dfrac{\pi a}{2h}}{\sin\alpha}$；则式(3-26)积分后，得出

$$\delta=\frac{8\sigma_s\sin\theta}{\pi E'}\int_{\theta}^{\pi/2}\frac{\cos X}{\sqrt{1-\sin^2\alpha\sin^2 X}}\cdot\ln\left[\frac{\sin(X+\theta)}{\sin(X-\theta)}\right]\mathrm{d}X$$

证毕。

还有其他方法可以求裂纹张开位移，如复变函数法，这里就不一一介绍了。

3.2.3 III 型裂纹的 BCS 模型

对 III 型裂纹亦可建立与 I 型的 D-M 模型完全类似的模型。区别仅在于 III 型裂纹问题是反平面问题,所受载荷为剪力,屈服应力记为 τ_s,代替裂纹张开位移 δ 的是裂纹尖端上、下表面间的相对位移 δ_3。

这一模型是 Bilby、Cottrell 和 Swiden 于 1963 年利用位错方法建立的,故称为 BCS 模型,它在本质上与 D-M 模型是相同的。这里略去证明,直接给出该模型的结论。

塑性区长度

$$R = c - a = a\left[\sec\left(\frac{\pi}{2}\frac{\tau}{\tau_s}\right) - 1\right] \tag{3-28}$$

裂纹尖端相对位移

$$\delta_3 = \frac{4\tau_s a}{\pi\mu}\ln\sec\left(\frac{\pi\tau}{2\tau_s}\right) \tag{3-29}$$

3.3 COD 准则

3.3.1 COD 准则

1965 年,Wells[4] 提出了弹塑性断裂力学的 COD 准则。该准则可表述为:当裂纹张开位移 δ 达到临界值 δ_c 时,裂纹将要开裂,即

$$\delta = \delta_c \tag{3-30}$$

此式表明:$\delta > \delta_c$,裂纹开裂;$\delta < \delta_c$,裂纹不开裂;$\delta = \delta_c$,临界状态。式中的裂纹张开位移 δ 可通过计算得到(用现有的力学通用程序计算,或自编有限元程序计算,简单问题也可用公式直接计算),也可用实验测定(如直接观察法与蚀刻条纹法等)。

临界张开位移 δ_c 是材料弹塑性断裂韧性的指标,是材料常数,要由实验测定,实验方法见第 6 章。应注意 δ_c 与温度有关。

计算裂纹张开位移 δ 时,一般采用 D-M 模型得出的裂纹尖端张开位移。因此 COD 准则的基本思想是将 D-M 模型得出的裂纹张开位移作为裂纹尖端场的物理参数,并用来建立裂纹在弹塑性条件下的断裂准则。

必须注意,δ_c 是裂纹开裂临界值,而不是裂纹最后失稳的临界值。裂纹开裂与裂纹最后失稳是两个不同的状态。在裂纹开裂以后,如果还要继续稳定的扩展,材料的阻力增加,需要继续增加载荷,一直到裂纹达到失稳点,才迅速地失稳破坏。为了区别开裂与失稳两个状态下的裂纹张开位移,有人建议用不同的符号,以 δ_i 表示裂纹开裂的张开位移临界值,以 δ_{max} 表示裂纹失稳的张开位移临界值。图 3-10 所示为裂纹张开位移 δ 和裂纹长度增量的关系,图中 δ_i 与 δ_{max} 竟相差数倍。中低强度钢压力容器爆破试验也证明,裂纹开裂的载荷要比裂纹最后失稳的载荷小

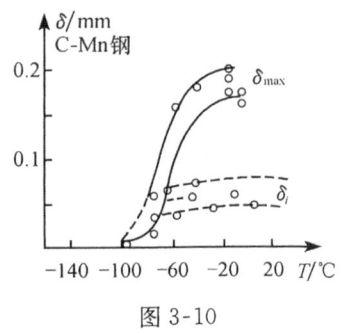

图 3-10

得多。

根据大量试验证明,裂纹开裂的 δ_i 是一个不随试件尺寸改变的材料常数,而裂纹失稳的 δ_{max} 随试件尺寸变化较大,特别是受试件厚度的影响,不宜作为材料常数。目前,都以 δ_i 作为裂纹张开位移临界值,一般记为 δ_c。

实践证明,COD 准则应用到焊接结构和压力容器的断裂安全分析中非常有效,而且简单可行。加上 δ_c 的测量方法也比较简单,我国已制定出测 δ_c 的标准,深受欢迎,并得到广泛应用。因此,COD 准则应用于工程较为普遍。

但是,COD 准则的理论基础薄弱,有以下问题值得进一步探讨:

(1) 计算裂纹张开位移 δ 的公式是根据 D-M 模型推出的,D-M 模型将裂纹尖端塑性区简化为窄条形,与真实情况(鱼尾形状)不符合。

(2) 裂纹张开位移 δ 的定义与实验标定不确切,有许多说法,而且差别较大。

(3) 裂纹张开位移临界值 δ_c 的规定有困难。如以开裂点的 δ_i 值定为 δ_c,尺寸影响较小,比较稳定,适合作为材料常数,但是用于设计则偏于保守。如以失稳点的 δ_{max} 值定为 δ_c,尺寸影响较大,数值不稳定,不适合作为材料常数,但是与断裂的实际情况较符合。目前,一般采用 δ_i 值定为 δ_c,对这个问题仍有分歧意见。

(4) D-M 模型仅适用穿透裂纹,而工程中遇到的多数是表面裂纹。对于表面裂纹还没有相应的模型,只能用工程方法近似确定。

3.3.2 全面屈服的 COD

如果构件接头处有小裂纹,应力集中使接头的局部达到屈服,小裂纹被包在屈服区内,计算 δ 的式(3-6)不适用,因为式中的 $\frac{\sigma}{\sigma_s} \geqslant 1$,公式无意义。在材料超过屈服后一般用名义应变代表材料的状态,全屈服区中小裂纹的 COD 与名义应变 e 的关系,Wells[4]经过大量的宽板试验,归纳出以下经验公式:

$$\delta = 2\pi e a \tag{3-31}$$

或

$$\frac{\delta}{2\pi a e_s} = \frac{e}{e_s} \tag{3-32}$$

式中,a 是宽板试样的裂纹一半长度;$e_s = 0.002$ 是屈服应变。

Burdekin[5]等曾企图应用式(3-6),将其中的应力变换为名义应变,求出用应变表示裂纹张开位移的公式,以证明经验公式(3-31)。其作法如下:

设一中心裂纹拉伸试件如图 3-11 所示,试件上各点名义应变随位置变化。取裂纹中心线上一点 C,C 点到裂纹的距离为 $\frac{L}{2}$,受力后点 C 相对裂纹的位移是

$\frac{\Delta}{2}$,则该点的名义应变为 $e=\frac{\Delta/2}{L/2}=\frac{\Delta}{L}$。又因 $e_s=\frac{\sigma_s}{E}$,故有无量纲应变

$$\frac{e}{e_s}=\frac{E\Delta}{\sigma_s L} \qquad (3-33)$$

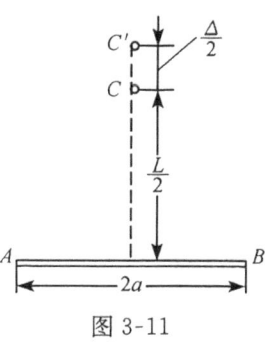

图 3-11

应用应力函数法于 D-M 模型,使其满足一切边界条件,求出裂纹中心线上一点的位移 Δ。代入式(3-33)后,得出

$$\frac{e}{e_s}=\frac{2}{\pi}\left[2n\,\text{arcoth}\left(\frac{1}{n}\sqrt{\frac{n^2+k^2}{1-k^2}}\right)+(1-v)\text{arccot}\sqrt{\frac{n^2+k^2}{1-k^2}}+v\,\text{arccos}\,k\right]$$
$$(3-34)$$

式中

$$n=\frac{2a}{L}$$

$$k=\cos\frac{\pi\sigma}{2\sigma_s}$$

将裂纹张开位移公式(3-6)写成无量纲形式,即

$$\Phi=\frac{\delta}{2\pi e_s a}=\frac{A}{\pi^2}\ln\sec\frac{\pi\sigma}{2\sigma_s} \qquad (3-35)$$

式(3-34)表示无量纲应变 $\frac{e}{e_s}$ 是无量纲应力 $k=\cos\frac{\pi\sigma}{2\sigma_s}$ 和无量纲长 $n=\frac{2a}{L}$ 的函数,而式(3-35)表示无量纲张开位移与无量纲应力 k 的关系。加以 $n=\frac{2a}{L}$ 为参数,给定 $k=\cos\frac{\pi\sigma}{2\sigma_s}$,则由式(3-34)和式(3-35)能计算出对应的 $\Phi=\frac{\delta}{2\pi e_s a}$ 和 $\frac{e}{e_s}$ 值。以 Φ 为纵坐标,$\frac{e}{e_s}$ 为横坐标,作图3-12。图 3-12 中几条虚线即是以 $n=\frac{2a}{L}$ 为参数的 Φ-$\frac{e}{e_s}$ 理论曲线。

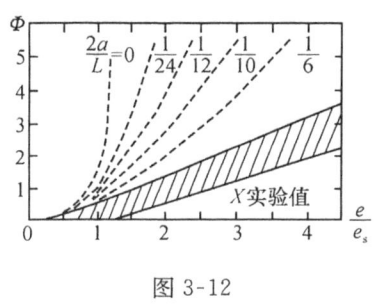

图 3-12

Burdekin 等采用中心裂纹和双边裂纹两种宽板试件,做了许多实验。试件的面积为 915mm²,板厚各为 25mm、57mm 和 75mm,参数 $\frac{2a}{L}$ 为 $\frac{1}{40}\sim\frac{1}{2}$,裂纹长为 13~29mm,为了与理论值比较,将实验点描在图 3-12 上,这些点都落在图示的阴影线的分散带中。由图可看出,当 $\frac{e}{e_s}>1$ 时,理论值随参数变化的差异很大,而且都超过实验值;当 $\frac{e}{e_s}<1$ 时,理论值略高于实验值。由此可见,在全面屈服情况下,

用 D-M 模型计算的裂纹张开位移与实验不符,此时 D-M 模型似乎无效。

鉴于理论与实验不符,只好借助于经验公式。从偏保守的安全设计角度出发,Burdekin 建议以实验分散带的上限边界稍高的一条曲线作为安全设计的依据。该安全设计曲线(图 3-12 中实线)由以下两方程表示,即

$$\left. \begin{array}{l} \text{当} \dfrac{e}{e_s} \leqslant 0.5 \text{ 时}, \quad \dfrac{\delta}{2\pi e_s a} = \left(\dfrac{e}{e_s}\right)^2 \\ \text{当} \dfrac{e}{e_s} > 0.5 \text{ 时}, \quad \dfrac{\delta}{2\pi e_s a} = \dfrac{e}{e_s} - 0.25 \end{array} \right\} \quad (3\text{-}36)$$

在全面屈服情况下,Burdekin 建议的式(3-36)可写成

$$\delta = 2\pi a(e - 0.25 e_s) \quad (3\text{-}37)$$

上式与 Wells 的经验公式(3-31),即

$$\delta = 2\pi a e$$

相差不多,利用式(3-36)计算的裂纹张开位移 δ 和实验的临界裂纹张开位移 δ_c,根据 COD 准则,已知名义应变 e,可求出容许的最大裂纹尺寸 a_{max}。要注意,由于安全设计曲线比实验分散带上限略高,这样计算的裂纹尺寸 a_{max} 并不是临界裂纹尺寸 a_c,比它略小,从而偏于保守和安全,其安全裕度 $n = \dfrac{a_c}{a_{max}}$ 约为 1.5~2.5。

3.3.3 线弹性条件下 COD 与 K、G 之关系

可以证明,在弹性情况下,COD 准则与 K 或 G 准则有关。此时,$\sigma \ll \sigma_s$,$\alpha = \dfrac{\pi \sigma}{2\sigma_s}$ 是极小量,应用近似公式 $\ln\sec\alpha \approx \dfrac{1}{2}\alpha^2$,代入裂纹张开位移 δ 的公式(3-6),可近似地写成

$$\delta \approx \dfrac{8\sigma_s a}{\pi E'} \dfrac{1}{2}\left(\dfrac{\pi \sigma}{2\sigma_s}\right)^2 = \dfrac{\sigma^2 \pi a}{E' \sigma_s} \quad (3\text{-}38)$$

具有中心裂纹的无限大板,受拉伸应力 σ 作用,其应力强度因子 $K_I = \sigma\sqrt{\pi a}$。代入式(3-38)后,得到

$$\delta \approx \dfrac{K_I^2}{E' \sigma_s}$$

或

$$\delta \sigma_s \approx \dfrac{K_I^2}{E'} = G_I \quad (3\text{-}39)$$

上式说明,线弹性情况下 K_I、G_I 和 δ 的简单关系。

3.3.4 III 型裂纹问题

类似于 I 型裂纹的 COD 准则,可得 III 型裂纹问题的弹塑性断裂准则

$$\delta_3 = \delta_{3c}$$

式中,δ_3 是由计算求得的反平面问题裂纹尖端的相对位移,δ_{3c} 是材料常数,需通过实验测定。

与 I 型裂纹类似,对 III 型裂纹问题,线弹性条件下有如下关系:

$$\delta_3 \tau_s = \frac{K_{\mathrm{III}}^2}{2\mu} = G_{\mathrm{III}}$$

3.4 J 积 分

Rice[6]于 1968 年提出了 J 积分,紧接着提出的 HRR 理论,奠定了 J 积分在弹塑性断裂力学中的主导地位。近几十年来人们对 J 积分的理论、物理意义、特性及应用进行了大量的研究,完善和发展了 J 积分理论。现在 J 积分已经得到了广泛的应用,许多国家都制定了 J 积分测试标准,J 积分和 COD 已经成为弹塑性断裂力学中的两个最主要参量。

3.4.1 *J* 积分定义

设有一均质板,板上有一穿透裂纹,裂纹表面为自由表面(即无力作用),但外力使裂纹周围产生二维的应力、应变场。定义 J 积分如下(图 3-13(a)):

$$J = \int_\Gamma \left(w \mathrm{d}y - \boldsymbol{T} \cdot \frac{\partial \boldsymbol{u}}{\partial x} \mathrm{d}s \right) = \int_\Gamma \left(w n_1 - \sigma_{ij} \frac{\partial u_i}{\partial x_1} n_j \right) \mathrm{d}s = \int_\Gamma (w \delta_{1j} - \sigma_{ij} u_{i,1}) n_j \mathrm{d}s \tag{3-40}$$

以上三式都是 J 积分的定义式,是等价的。其中:

积分路径 Γ 为从裂纹下表面上任意一点出发,沿任一路径绕过裂纹尖端,最后终止于裂纹上表面的任意一点。$w = \int_0^{\varepsilon_{ij}} \sigma_{kl} \mathrm{d}\varepsilon_{kl}$ 为应变能密度。T_i 是积分路径 Γ 边界上的应力矢量,其分量为

$$T_i = \sigma_{ij} n_j, \qquad i,j = 1,2 \tag{3-41}$$

式中,$\bar{u}$ 是路径 Γ 上的位移矢量;n_j 是路径 Γ 上弧元素外法线的方向余弦,见图 3-13(b)。由图可见

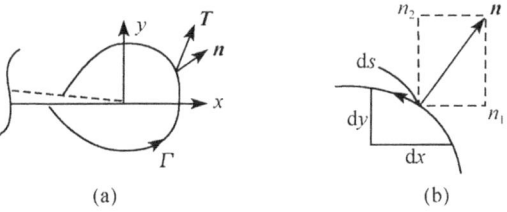

图 3-13

$$dx_2 = n_1 ds, \qquad dx_1 = -n_2 ds$$

式中，σ_{ij} 是应力张量。δ_{ij} 是 Kronecker 符号，即

$$\delta_{ij} = \begin{cases} 1, & i = j \\ 0, & i \neq j \end{cases} \tag{3-42}$$

式(3-40)中采用了指标记法，$x_1 = x$，$x_2 = y$。下角标 i、j 的取值范围均为 1、2。每项中如果有二个相同的指标，则代表求和，如

$$w\delta_{1j}n_j = \sum_{j=1}^{2} w\delta_{1j}n_j, \qquad \sigma_{ij}u_{i,1}n_j = \sum_{i=1}^{2}\sum_{j=1}^{2}\sigma_{ij}u_{i,1}n_j$$

式中","号代表求导，即 $u_{i,1} = \dfrac{\partial u_i}{\partial x_1}$。

J 积分与路径无关，是它的重要特性。在式(3-40)中，积分路径 Γ 可以任意选择，只要是从裂纹下表面上任意一点出发，绕过裂纹尖端，终止于裂纹上表面的任一点即可。称这一特性为 J 积分的守恒性。

3.4.2　J 积分守恒性的证明

将裂纹尖端奇异点除外，作一封闭曲线 Γ^*，令 Γ^* 分为四段，即 Γ_1、Γ_2、Γ_3 与

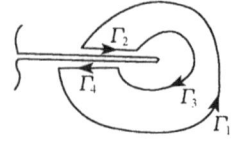

图 3-14

Γ_4，如图 3-14 所示。这样，闭合域 Γ^* 内无奇异点。可证明沿闭合曲线 Γ^* 的积分为零

$$\int_{\Gamma^*}\left(W\delta_{1j} - \sigma_{ij}\frac{\partial u_i}{\partial x_1}\right)n_j ds = 0 \tag{3-43}$$

应用 Green 公式

$$\int_s (P dx_1 + Q dx_2) = \int\!\!\int_A \left(\frac{\partial Q}{\partial x_1} - \frac{\partial P}{\partial x_2}\right) dx_1 dx_2 \tag{3-44}$$

设 $Q = -P$，又因 $dx_1 = n_2 ds$ 与 $dx_2 = -n_1 ds$，将 Green 公式改成以下形式

$$\int_s P n_j ds = \int\!\!\int_A \frac{\partial P}{\partial x_j} dA \tag{3-45}$$

用 Green 公式将式(3-43)的线积分改为面积分，则有

$$\int_{\Gamma^*}\left(W\delta_{1j} - \sigma_{ij}\frac{\partial u_i}{\partial x_1}\right)n_j ds = \int\!\!\int_A \frac{\partial}{\partial x_j}\left[W\delta_{1j} - \left(\sigma_{ij}\frac{\partial u_i}{\partial x_1}\right)\right] dA$$

$$= \int\!\!\int_A \left[\frac{\partial W}{\partial x_1} - \frac{\partial}{\partial x_j}\left(\sigma_{ij}\frac{\partial u_i}{\partial x_1}\right)\right] dA \tag{3-46}$$

往下推导，需要应用弹性理论中的平衡方程，内部无体积力时为

$$\frac{\partial \sigma_{ij}}{\partial x_j} = 0 \tag{3-47}$$

小变形的几何方程

$$\varepsilon_{ij} = \frac{1}{2}\left(\frac{\partial u_i}{\partial x_j} + \frac{\partial u_j}{\partial x_i}\right) \tag{3-48}$$

以及非线性弹性的物理方程

$$\frac{\partial W}{\partial \varepsilon_{ij}} = \sigma_{ij} \tag{3-49}$$

应用上述弹性力学方程,求

$$\frac{\partial W}{\partial x_1} = \frac{\partial W}{\partial \varepsilon_{ij}} \frac{\partial \varepsilon_{ij}}{\partial x_1} = \sigma_{ij} \frac{\partial}{\partial x_1}\left[\frac{1}{2}\left(\frac{\partial u_i}{\partial x_1} + \frac{\partial u_j}{\partial x_i}\right)\right] = \sigma_{ij} \frac{\partial}{\partial x_j}\left(\frac{\partial u_i}{\partial x_1}\right)$$

$$= \frac{\partial}{\partial x_j}\left(\sigma_{ij} \frac{\partial u_i}{\partial x_1}\right) - \frac{\partial \sigma_{ij}}{\partial x_j} \frac{\partial u_i}{\partial x_1} = \frac{\partial}{\partial x_j}\left(\sigma_{ij} \frac{\partial u_i}{\partial x_1}\right) \tag{3-50}$$

在推证中,曾应用应力张量的对称性(即 $\sigma_{ij}=\sigma_{ji}$)与下角标的互换$\left(\sigma_{ij}\frac{\partial u_i}{\partial x_j}\to \sigma_{ji}\frac{\partial u_j}{\partial x_i}\right)$。代入式(3-46)后,即得到

$$\int_{\Gamma^*} \left(W\delta_{1j} - \sigma_{ij}\frac{\partial u_i}{\partial x_1}\right)n_j \mathrm{d}s = 0$$

或改写为

$$\int_{\Gamma^*} \left(W\mathrm{d}y - \boldsymbol{T}\cdot\frac{\partial \boldsymbol{u}}{\partial x}\mathrm{d}s\right) = 0 \tag{3-51}$$

回路 Γ^* 分为四部分:Γ_1、Γ_2、Γ_3 和 Γ_4。在裂纹上、下两表面的路程上,$\mathrm{d}y=0$ 与 $\boldsymbol{T}$ 为零,故沿 Γ_2 与 Γ_4 的线积分为零。又 Γ_1 和 Γ_3 曲线绕裂纹尖端转动方向相反,按 J 积分回路线积分符号规定,沿 Γ_1 线积分为正,沿 Γ_3 线积分为负,于是有

$$\int_{\Gamma_1} \left(W\mathrm{d}y - \boldsymbol{T}\cdot\frac{\partial \boldsymbol{u}}{\partial x}\mathrm{d}s\right) = -\int_{\Gamma_3} \left(W\mathrm{d}y\,\boldsymbol{T}\cdot\frac{\partial \boldsymbol{u}}{\partial x}\mathrm{d}s\right)$$

将曲线 Γ_3 的方向倒过来,则得到 J 积分与选择的路线无关的结论。

应该注意,在上述推导中,曾应用非线性弹性体的物理方程。对于弹塑性物体,应用全量理论和单调加载才符合非线性弹性物理方程。因为在塑性理论的全量理论中,物理方程与式(3-49)相同,即 σ_{ij}(或 ε_{ij})由 ε_{ij}(或 σ_{ij})唯一确定,与加载的历史无关。当然,不允许发生卸载,如果发生卸载,ε_{ij} 与 σ_{ij} 的关系就不是唯一的,同时 W 也失去了确定的意义。因此,J 积分的守恒性只有在应用全量理论和单调加载情况下才能成立。另外,式(3-48)要求 J 积分仅适合于小变形理论,式(3-47)要求平衡方程中不存在体积力。上述三个条件是 J 积分守恒性成立的前提。

事实上,近年来断裂力学研究者通过多种途径的研究表明,J 积分中的某些限制条件可以放宽。如 Zahoor[7]、Du Shanyi 和 J. D. Lee[8] 的有限元计算表明,J 积分守恒性在一定条件下有卸载时也成立。Knowles 等[9]将 J 积分理论推广到有限变形的三维非线性弹性体;Kishimoto[10]讨论了考虑体积力时的 J 积分等,这些研究扩大了 J 积分的应用范围。

3.5　J 积分的能量表示

按 J 积分定义,我们不难证明,在线弹性情况下,J 积分与应力强度因子有下

述关系,即

$$J = \frac{K_I^2}{E'} \tag{3-52}$$

$$E' = \begin{cases} E & \text{(平面应力)} \\ \dfrac{E}{1-v^1} & \text{(平面应变)} \end{cases}$$

上式说明,在线弹性情况下,J 积分等于能量释放率,即

$$J = G_I \tag{3-53}$$

* 式(3-53)的证明如下:

以裂纹尖端为圆心,r 为半径作圆,取该圆为 J 积分的回路。将 J 积分改为极坐标形式,令 $ds = r d\theta$ 与 $dy = r\cos\theta d\theta$,则有

$$J = r\int_{-\pi}^{\pi}\left(W\cos\theta - \boldsymbol{T}\cdot\frac{\partial \boldsymbol{u}}{\partial x}\right)d\theta \tag{3-54}$$

因为取 r 为定值,式(3-54)中 $W(\theta)$、$T_i(\theta)$、$u_i(\theta)$ 都是 θ 的函数。平面应变情况下,弹性应变能密度为

$$W = \frac{1}{2}\sigma_{ij}\varepsilon_{ij} = \frac{1+v}{2E}\left[(1-v)(\sigma_{11}^2+\sigma_{22}^2) - 2v\sigma_{11}\sigma_{22} + 2\sigma_{12}^2\right] \tag{3-55}$$

应用第1章张开型裂纹尖端附近的应力公式代入上式,化简后有

$$W = \frac{K_I^2}{2\pi r}\frac{1+v}{E}\cos^2\frac{\theta}{2}\left(1-2v+\sin\frac{\theta}{2}\right) \tag{3-56}$$

将上式代入式(3-54)的第一项求积分

$$r\int_{-\pi}^{\pi}W\cos\theta d\theta = \frac{(1+v)(1-2v)}{4E}K_I^2 \tag{3-57}$$

又已知积分路程上的力

$$\left.\begin{aligned} T_1 &= \sigma_{11}\cos\theta + \sigma_{12}\sin\theta = \frac{K_I}{\sqrt{2\pi r}}\cdot\cos\frac{\theta}{2}\left(\frac{3}{2}\cos\theta - \frac{1}{2}\right) \\ T_2 &= \sigma_{21}\cos\theta + \sigma_{22}\sin\theta = \frac{K_I}{\sqrt{2\pi r}}\cdot\cos\frac{\theta}{2}\left(\frac{3}{2}\sin\theta\right) \end{aligned}\right\} \tag{3-58}$$

和张开型位移

$$\left.\begin{aligned} u &= u_1 = \frac{K_I}{\mu}\sqrt{\frac{R}{2\pi}}\sin\theta\left(3-2v-\sin^2\frac{\theta}{2}\right) \\ v &= u_2 = \frac{K_I}{\mu}\sqrt{\frac{r}{2\pi}}\cos\theta\left(-2v+\cos^2\frac{\theta}{2}\right) \end{aligned}\right\} \tag{3-59}$$

代入式(3-54)中第二项,积分后整理得出

$$r\int_{-\pi}^{\pi}\boldsymbol{T}\cdot\frac{\partial \boldsymbol{u}}{\partial x}d\theta = r\int_{-\pi}^{\pi}\left(T_1\frac{\partial u_1}{\partial x} + T_2\frac{\partial u_2}{\partial x}\right)d\theta = -\frac{(1+v)(3-2v)}{4E}K_I^2 \tag{3-60}$$

上式推导时,曾应用变换式 $\frac{\partial}{\partial x}=\cos\theta\frac{\partial}{\partial r}-\sin\theta\frac{\partial}{r\partial\theta}$ 和关系式 $\mu=\frac{E}{2(1+\nu)}$。

最后,将式(3-57)和式(3-60)相加,得到
$$J=\frac{1-\nu^2}{E}K_I^2$$
证毕。

用类似方法,可证明在平面应力情况下,式(3-53)成立。

由以上分析知,在线弹性情况下,J 积分与能量释放率 G_I 相同,而 G_I 与应变能有以下关系(见第1章):
$$G_I=\mp\frac{1}{B}\frac{\partial U}{\partial a} \tag{3-61}$$

式中,U 是板的应变能;B 是板厚;a 是裂纹长。

固定卡头边界情况,式(3-61)右端取负号,说明能量释放率 G_I 等于裂纹扩张单位面积所释放的应变能。图(3-15(a))中阴影线内的面积代表释放的应变能 dU,除以裂纹扩展面积 Bda,即得能量释放率 G_I,在线弹性情况下,亦即是 J 积分。

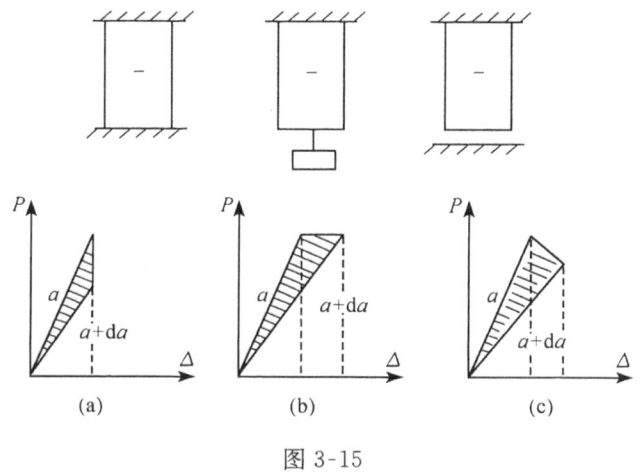

图 3-15

固定力边界情况,式(3-61)右端取正号,说明能量释放率等于裂纹扩展单位面积外力做功的一半,也等于增加的应变能。图 3-15(b)中阴影线内面积代表应变能的增加量(外力功的一半)dU,除以裂纹扩展面积 Bda,即得能量释放率 G_I,在线弹性情况下,也等于 J 积分。

如果是普遍边界条件,即不是固定边,也不是固定力的情况,如板的边用弹簧支持,如图 3-15(c)所示,能量释放率或 J 积分仍然等于图 3-15 中阴影线内面积除以裂纹的扩展面积。

以上讲的是线弹性情况,要把它扩充到弹塑性情况,用上述能量释放率的概念不合适。因为裂纹扩展时,不可避免的要卸载,应变能总要消失,这种变化又不能忽略,所以我们改用这样的概念,即比较两个边界条件完全相同但有不同裂纹长度

的板的能量,通过能量比较来看 J 积分的物理意义。

以下先提出两种特殊情况(固定卡头和固定力)的常用能量公式,不作证明;然后,再讲普遍情况的能量公式,并详细证明。

3.5.1 固定卡头情况

如图(3-16(b))所示的两块板,几何形状相同,两端固定裂纹长各为 a 与 $a+\mathrm{d}a$。比较两块板的应变能,其差等于图(3-16(a))中阴影线内面积 $\mathrm{d}U$,裂纹表面积相差 $B\mathrm{d}a$,则 J 积分为

$$J = -\frac{\mathrm{d}U}{B\mathrm{d}a}$$

式中,负号表示长裂纹的应变能低。

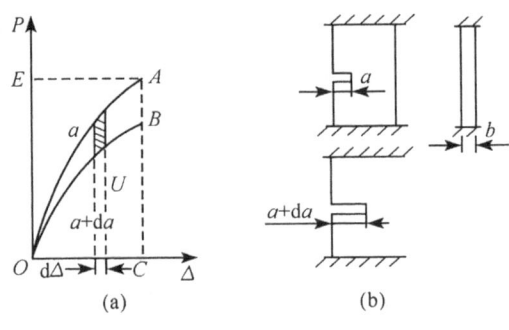

图 3-16

不难看出,两块板的应变能差即图(3-16(a))阴影线内面积,可用以下积分表示

$$\mathrm{d}U = \int_0^\Delta \left(\frac{\partial P}{\partial a}\right)_\Delta \mathrm{d}\Delta \mathrm{d}a$$

除以 $-B\mathrm{d}a$,得到

$$J = -\frac{1}{B}\int_0^\Delta \left(\frac{\partial P}{\partial a}\right)_\Delta \mathrm{d}\Delta \tag{3-62}$$

3.5.2 固定力情况

两块几何相同的板,上边界固定,下边界作用相同的载荷 P,裂纹长度各为 a 和 $a+\mathrm{d}a$。比较两板的能量,如图 3-17 所示,长裂纹板的外力功多出矩形面积 $ABCD$,应变能多出面积 $\triangle OBC - \triangle OAD$,故长裂纹板的总能量(外力功与应变能的差)多出面积 $\triangle OAB = \square ABCD - \triangle OBC + \triangle OAD$,即图 3-17 中阴影线内面积。应用弹性系余能概念,所谓余能即外力功与应变能的差。在图 3-17 中,长裂纹板的余能等于面积 $\triangle OBE = \square OCBE - \triangle OCB$,短裂纹板的余能等于面积 $\triangle OAE = \square OEAD - \triangle OAD$,故图 3-17 中阴影线内面积等于两块板余能的差,用

$\mathrm{d}\Pi$ 表示。$\mathrm{d}\Pi$ 除以裂纹表面积的差 $B\mathrm{d}a$，即得

$$J = \frac{1}{B}\frac{\mathrm{d}\Pi}{\mathrm{d}a} \tag{3-63}$$

上式右方为正，表示长裂纹的余能大于短裂纹的余能。在线弹性情况下，余能与应变能相等，则式(3-63)即为式(3-61)中的正号式。

在图 3-17 中，不难看出，其阴影线内面积可用以下积分表示

$$\mathrm{d}\Pi = \int_0^P \left(\frac{\partial\Delta}{\partial a}\right)_P \mathrm{d}P\mathrm{d}a$$

除以 $B\mathrm{d}a$，得到

$$J = \frac{1}{B}\int_0^P \left(\frac{\partial\Delta}{\partial a}\right)_P \mathrm{d}P \tag{3-64}$$

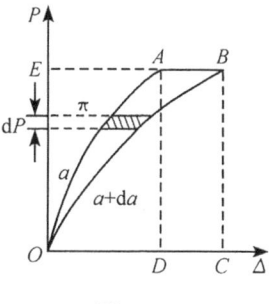

图 3-17

固定卡头和固定力两种特殊情况下，J 积分的能量表达式分别见式(3-62)和式(3-64)，这两式在测定试件的 J 积分和临界 J 积分值时要用到。这两个常用公式是下面普遍边界条件的 J 积分能量表达式的特殊情况。

3.5.3 J 积分的势能公式

在相同的边界条件下，比较两块几何相同但裂纹长相差极小的板的势能，则 J 积分的负值等于裂纹表面相差单位面积时两块板势能的差，即

$$J = -\frac{1}{B}\frac{\partial V}{\partial a} \tag{3-65}$$

式中，∂V 是两板势能的差；∂a 是两板裂纹长度的差；B 是板厚。

板的单位厚度势能为

$$\frac{V}{B} = \iint_A W\mathrm{d}A - \int_{S_T} \boldsymbol{T}\cdot\boldsymbol{u}\,\mathrm{d}s \tag{3-66}$$

式中，$W(\varepsilon_{ij})$ 是应变能密度；A 为二维边界所包的面积；在 S_T 边界上，给定力 $\boldsymbol{T}^*$，其分量为 $T_i^* = n_j\sigma_{ij}^*$；在 S_u 边界上，给定位移 $\boldsymbol{U}^*$，其分量为 u_i^*。式(3-66)还可写成以下形式

$$\frac{V}{B} = \iint_A W\mathrm{d}A - \int_{S_T} \sigma_{ij}^* u_i n_j\,\mathrm{d}s \tag{3-67}$$

在弹塑性条件下，J 积分的势能公式(3-65)可以得到证明，但需要附加不卸载的条件和应用全量理论。实质上，这些条件是把弹塑性问题化为不卸载的非线性弹性问题。

* **证明** 如图 3-18(a)和(b)所示的两板，几何形状完全一样，边界条件也完全一样，只是裂纹长度不同，一个是 a，一个是 $a+\Delta a$。以图(3-18(a))中板的裂纹尖端为原点，沿裂纹面方向取作 x_{10} 轴，垂直裂纹方向取作 x_{20} 轴，以这个坐标轴来比

较两板上各点的物理量,我们称它为绝对坐标系。但是,我们还可以用其他坐标来比较两板上各点的物理量。例如,图 3-18(c)中坐标原点定在两板的裂纹尖端,然后比较坐标点上两板的物理量,这个坐标系称为欧拉坐标系。显然,在绝对坐标系中比较两板上相同位置的物理量,与在欧拉坐标系中比较相同坐标点两板的物理量,不会一样,但是存在一定的关系。

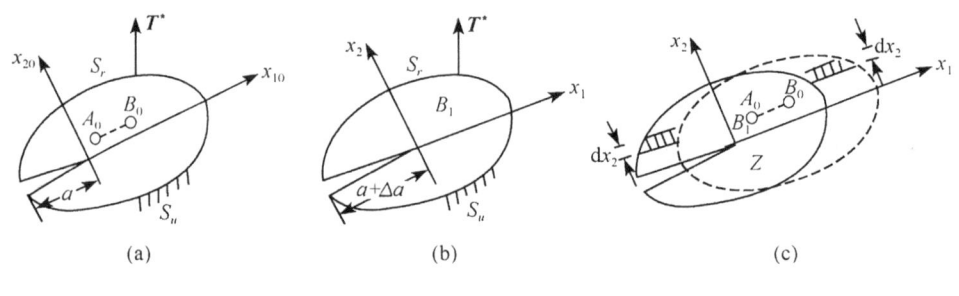

图 3-18

例如,在图 3-18(a)中,短裂纹板上的 B_0 点的应力设为 $\sigma_{ij}^0(B_0)$;在图 3-18(b)中,长裂纹板上相同位置(绝对坐标系)的 B_1 点,它的应力设为 $\sigma_{ij}^1(B_1)$;符号的上、下角标 0 与 1 分别代表短裂纹与长裂纹板的各量,以示区别。比较两板上 B_0 和 B_1 点的应力,其差为

$$\Delta \tilde{\sigma}_{ij} = \sigma_{ij}^1(B_1) - \sigma_{ij}^0(B_0) \tag{3-68}$$

在图 3-18(c)中,将两板的裂纹和其尖端相重合,以对准的裂纹尖端为坐标原点,则 Ox_1x_2 为欧拉坐标系。在欧拉坐标系取一点 B_1,即图 3-18(b)中长裂纹板上的 B_1 点;显而易见,绝对坐标系中与它相重合的 B_0 点,在欧拉坐标系中不再与它重合,点 B_0 与 B_1 比较,沿 x_1 轴向前移动了 Δa,如图 3-18(c)所示。设在欧拉坐标系中与 B_1 重合的点为 A_0,见图 3-18(a)和(c)中的点 A_0。B_1 点在长裂纹板上,该点应力为 $\sigma_{ij}^1(B_1)$;A_0 点在短裂纹板上,该点应力设为 $\sigma_{ij}^0(A_0)$。比较两板上 B_1 点和 A_0 点的应力,其差为

$$\Delta \sigma_{ij} = \sigma_{ij}^1(B_1) - \sigma_{ij}^0(A_0) \tag{3-69}$$

由式(3-68),在右端加减应力 $\sigma_{ij}^0(A_0)$,得到

$$\Delta \tilde{\sigma}_{ij} = \sigma_{ij}^1(B_1) - \sigma_{ij}^0(A_0) + \sigma_{ij}^0(A_0) - \sigma_{ij}^0(B_0)$$

应用式(3-69),又因点 A_0 与点 B_0 的 x_1 坐标相差 $-\Delta a$,因此有

$$\sigma_{ij}^0(A_0) - \sigma_{ij}^0(B_0) = -\frac{\partial \sigma_{ij}^0}{\partial x_1}\Delta a$$

代入上式后得

$$\Delta \tilde{\sigma}_{ij} = \Delta \sigma_{ij} - \frac{\partial \sigma_{ij}^0}{\partial x_1}\Delta a \tag{3-70}$$

这就是绝对坐标系中各点应力差 $\Delta \tilde{\sigma}_{ij}$ 和欧拉坐标系中各点应力差 σ_{ij} 的关系。

同理，对于绝对坐标系中各点位移差 $\Delta \bar{u}_i$ 和欧拉坐标系中各点位移差 Δu_i，也有类似的关系

$$\Delta \bar{u}_i = \Delta u_i - \frac{\partial u_i^0}{\partial x_1} \Delta a \tag{3-71}$$

现在求两裂纹板势能的差。由式(3-67)知

$$\frac{\Delta V}{B} = \iint_A [W(\varepsilon_{ij}^1) - W(\varepsilon_{ij}^0)] dA - \int_{S_T} \sigma_{ij}^* n_j (u_i^1 - u_i^0) ds \tag{3-72}$$

先求两板应变能的差，即式(3-72)右方的第一项积分。由图 3-18(c)看出，在边界上，右边减少应变能 $-\Delta a \int_{CDE} W dx_2$，左边增加应变能 $-\Delta a \int_{EFC} W dx_2$（按路程规定方向，$dx_2$ 为负值）。于是在边界上两裂纹板势能的差为

$$-\Delta a \int_s W dx_2 \tag{3-73}$$

除边界上应力差外，还应包括两板相重的 Z 域内的应变能差。应用虚位移原理，在 Z 域内的应变能差应该等于外力虚功。在 S 边界上，外力虚功为

$$\int_{S_T} \sigma_{ij}^* n_j \Delta u_i ds$$

在 S_u 边界上，对绝对坐标系位移保持不变，但是对欧拉坐标系位移改变 $\frac{\partial u_i}{\partial x_1} \Delta a$，故外力虚功为

$$\Delta a \int_{S_u} \sigma_{ij} n_j \frac{\partial u_i}{\partial x_1} ds$$

于是在 Z 域内两板应变能的差应该是

$$\int_{S_T} \sigma_{ij}^* n_j \Delta u_i ds + \Delta a \int_{S_u} \sigma_{ij} n_j \frac{\partial u_i}{\partial x_1} ds$$

加上在边界上两裂纹板势能的差，得到两裂纹板应变能的差为

$$\iint_A [W(\varepsilon_{ij}^1) - W(\varepsilon_{ij}^0)] dA = -\Delta a \int_s W dx_2 + \int_{S_T} \sigma_{ij}^* n_j \Delta u_i ds + \Delta a \int_{S_u} \sigma_{ij} n_j \frac{\partial u_i}{\partial x_1} ds \tag{3-74}$$

再求两裂纹板单位厚外力势能的差，即式(3-72)中第二项积分。将式(3-71)代入得到

$$\int_{S_T} \sigma_{ij}^* n_j (u_i^1 - u_i^0) ds = \int_{S_T} \sigma_{ij}^* n_j \Delta \bar{u}_i ds = \int_{S_T} \sigma_{ij}^* n_j \left(\Delta u_i - \frac{\partial u_i}{\partial x_1} \Delta a \right) ds$$

$$= \int_{S_T} \sigma_{ij}^* n_j \Delta u_i ds - \Delta a \int_{S_T} \sigma_{ij}^* n_j \frac{\partial u_i}{\partial x_1} ds \tag{3-75}$$

将式(3-74)和式(3-75)代入式(3-72)，得出两裂纹板单位厚势能的差

$$\frac{1}{B} \Delta V = -\Delta a \int_s W dx_2 + \int_{S_T} \sigma_{ij}^* n_j \Delta u_i ds + \Delta a \int_{S_u} \sigma_{ij} n_j \frac{\partial u_i}{\partial x_1} ds$$

$$-\int_{S_T} \sigma_{ij}^* n_j \Delta u_i \mathrm{d}s + \Delta a \int_{S_T} \sigma_{ij}^* n_j \frac{\partial u_j}{\partial x_1} \mathrm{d}s$$

化简后,除以 $-\Delta a$,得到

$$-\frac{1}{B}\frac{\Delta V}{\Delta a} = \int_s \left(W \mathrm{d}x_2 - \sigma_{ij} n_j \frac{\partial u_i}{\partial x_1} \mathrm{d}s \right)$$

上式右方是 J 积分,趋于极限有

$$J = -\frac{1}{B}\frac{\mathrm{d}V}{\mathrm{d}a}$$

证毕。

对于固定卡头情况,外力功的差为零,则两裂纹板势能的差等于应变能的差,故有

$$J = -\frac{1}{B}\frac{\partial U}{\partial a}$$

由以上分析看出,在线弹性情况下,J 积分与能量释放率有相同的物理意义。而在弹塑性情况下,它的物理意义可解释为两块除裂纹长度不同,其他条件完全相同的物体的能量差率。

*3.5.4 J 积分与能量动量张量积分

Rice 提出的 J 积分来源于 Eshelby[11] 的能量动量张量积分概念。1951 年,Eshelby 提出计算作用弹性奇点(位错、缺陷或夹杂物)上力的方法,证明由封闭表面 Σ 围绕的弹性奇点所受的力(图 3-19)可以写成以下的积分形式

$$J_k = \iint_\Sigma \left(W\delta_{kj} - \sigma_{ij}\frac{\partial u}{\partial x_k} \right) n_j \mathrm{d}A \tag{3-76}$$

式中,σ_{ij} 是应力分量;u_i 是位移分量;$W(\varepsilon_{ij})$ 是弹性系统的应变能密度;$\mathrm{d}A$ 是 Σ 表面上的微面积元;n_j 是微面积元法线的方向余弦;δ_{kj} 是 Kronecker 符号,$i,j,k=1,2$;J_k 是弹性奇点沿 k 方向所受的力。Eshelby 还将式(3-76)推广到封闭表面 Σ 内包含 n 个奇异点的情况,上面积分给出作用在 n 个奇异点上的力在 k 方向投影的代数和。

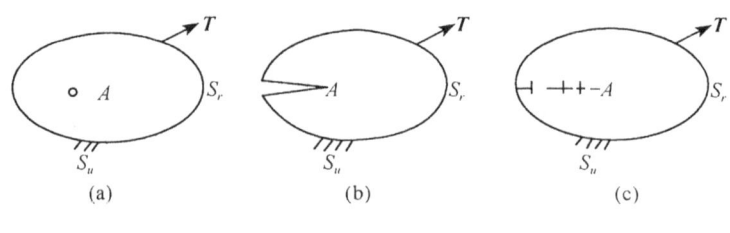

图 3-19

式(3-76)中积分号内式

$$T_{kj} = W\delta_{kj} - \sigma_{ij}\frac{\partial u_i}{\partial x_k} \tag{3-77}$$

Eshelby 称之为能量动量张量的静分量(当奇异点运动时,还要增加一与速度有关的项)。

裂纹尖端类似一奇异点,见图 3-19(b),Rice 将式(3-76)应用到断裂力学。但是,只取裂纹尖端沿其所在平面方向的广义力,即

$$J_1 = \int_\Gamma \left(W\delta_{1j} - \sigma_{ij}\frac{\partial u_i}{\partial x_1}\right)u_j \mathrm{d}s = \int_\Gamma \left(W\mathrm{d}y - \boldsymbol{T}\cdot\frac{\partial \boldsymbol{u}}{\partial x}\mathrm{d}s\right) \tag{3-78}$$

上式仅适用于平面问题,各物理量与 z 无关。

如果将裂纹看成一列位错塞积群,如图(3-19(c))所示。裂纹尖端的领先位错是一个奇异点,受周围弹性系统作用的广义力可用式(3-76)表示。这时,不再限于沿裂纹所在平面的方向受力。取 y 轴方向受力,则有

$$J_2 = \int_\Gamma \left(W\delta_{2j} - \sigma_{ij}\frac{\partial u_i}{\partial x_2}\right)n_j \mathrm{d}s = \int_\Gamma \left(W\mathrm{d}x - \boldsymbol{T}\cdot\frac{\partial \boldsymbol{u}}{\partial y}\right)\mathrm{d}s \tag{3-79}$$

上式仅适用于平面问题,各物理量与 z 无关。

有人认为裂纹与位错塞积群有差异,对于裂纹不能应用 J_2 积分。总之,从 J 积分的来源看出,它的物理含意能用弹性系统作用在裂纹尖端的广义力表示。

3.6 HRR 理论

1968 年,Hutchinson[12]、Rice 和 Rosengren[13]建立了 HRR 理论,其内容包括:

(1) 给出了硬化材料裂纹尖端应力场的 HRR 解,指出裂纹尖端附近应力具有 HRR 奇异性。

(2) 指出弹塑性或非线性情况下,裂纹尖端附近应力场的强度由 J 积分决定。

由于这一理论由他们三人提出,故称为 HRR 理论。

3.6.1 硬化材料的 HRR 奇异性

Ⅲ 型问题比较简单,根据假定的应力函数和 J 积分守恒性,易于得出解析解,有兴趣的读者,请参看文献[14]。下面仅简要介绍 Ⅰ 型的解。

Ⅰ 型问题的求解方法由 Hutchinson、Rice 和 Rosengren 提出,故称 HRR 解或 HRR 奇异性。他们先是应用 J 积分守恒性及材料的硬化规律确定应力和应变的幂次,然后选择满足平衡方程的应力函数,从而得出裂纹尖端的应力和应变场,最后求得塑性应力强度因子。

选择以裂纹尖端为圆心,以 r 为半径的圆作为积分回路。因为 $y=r\sin\theta$,$\mathrm{d}y = r\cos\theta\mathrm{d}\theta$,$\mathrm{d}s = r\mathrm{d}\theta$,代入式(3-40),得到

$$\frac{J}{r} = \int_{-\pi}^{\pi}\left\{W[\varepsilon(r,\theta)]\cos\theta - \boldsymbol{T}(r,\theta)\cdot\frac{\partial \boldsymbol{u}(r,\theta)}{\partial x}\right\}\mathrm{d}\theta \tag{3-80}$$

由于 J 积分值的守恒性,当 $r \to 0$ 时,式(3-80)左方有 $\frac{1}{r}$ 的奇异性,因而式(3-80)右方也应有这种形式的奇异性。但是在式(3-80)右方被积分的函数中,所有项都是 σ_{ij}、ε_{ij} 的齐次型,因此必有以下特点:

$$\text{当 } r \to 0 \text{ 时,} \quad \sigma_{ij}\varepsilon_{ij} \to \frac{\theta \text{ 的函数}}{r} \tag{3-81}$$

取应力分量 σ_{ij} 和应变分量 ε_{ij} 的奇异性主项,应该是 r 的幂次

$$\sigma_{ij} \sim r^{-p}, \quad \varepsilon_{ij} \sim r^{-g} \tag{3-82}$$

比例系数包含角度 θ。将式(3-82)代入式(3-81),并比较 r 的幂次后,应有

$$p + g = 1 \tag{3-83}$$

要确定 p 和 g 尚需补充一方程。假设材料遵从 Ramberg-Osgood 关系(幂强化材料),一般将应力与应变关系写为

$$\frac{\varepsilon_{ij}}{\varepsilon_0} = (1+v)\frac{\sigma_{ij}}{\sigma_0} - v\frac{\sigma_{kk}}{\sigma_0}\delta_{ij} + \frac{3}{2}\alpha\left(\frac{\sigma_e}{\sigma_0}\right)^{n-1}\frac{S_{ij}}{\sigma_0} \tag{3-84}$$

式中,ε_0 和 σ_0 为简单拉伸时的屈服应变和应力;σ_e 的 S_{ij} 分别为相当应力和应力偏量。上式右端第一、二项为线性应变,第三项为塑性应变。Rice 等人在分析时忽略了线弹性部分,把材料视为刚塑性情况,于是有

$$\frac{\varepsilon_{ij}}{\varepsilon_0} = \frac{3}{2}\alpha\left(\frac{\sigma_e}{\sigma_0}\right)^{n-1}\frac{S_{ij}}{\sigma_0} \tag{3-85}$$

因为

$$\varepsilon_e = \sqrt{\frac{2}{3}\varepsilon_{ij}\varepsilon_{ij}}, \quad \sigma_e = \sqrt{\frac{2}{3}S_{ij}S_{ij}} \tag{3-86}$$

式(3-85)写成

$$\frac{\varepsilon_e}{\varepsilon_0} = \alpha\left(\frac{\sigma_e}{\sigma_0}\right)^n \tag{3-87}$$

在单向拉伸时为

$$\frac{\varepsilon}{\varepsilon_0} = \alpha\left(\frac{\sigma_e}{\sigma_0}\right)^n, \quad n > 1 \tag{3-88}$$

由式(3-82)和式(3-83)有

$$g = pn \tag{3-89}$$

上式与式(3-83)联立求解,得出

$$g = \frac{n}{1+n}, \quad p = \frac{1}{1+n} \tag{3-90}$$

于是,裂纹尖端附近的应力与应变分布成以下形式

$$\left.\begin{array}{l}\sigma_{ij} \sim r^{-\frac{1}{n+1}}\sum_{ij}(\theta) \\ \varepsilon_{ij} \sim r^{-\frac{n}{n+1}}\sum_{ij}(\theta)\end{array}\right\} \tag{3-91}$$

3.6.2 硬化材料的 HRR 解

由上面的分析,引用满足平衡方程的应力函数

$$U = \frac{n+1}{2n+1} r^{\frac{2n+1}{n+1}} f(\theta)$$

则裂纹尖端应力为

$$\left. \begin{aligned} \sigma_{\theta\theta} &= \frac{\partial^2 U}{\partial r^2} = r^{-\frac{1}{n+1}} f(\theta) \\ \sigma_{r\theta} &= -\frac{\partial}{\partial r}\left(\frac{1}{r}\frac{\partial U}{\partial \theta}\right) = -\frac{1+n}{1+2n} r^{-\frac{1}{n+1}} f'(\theta) \\ \sigma_{rr} &= \frac{1}{r}\frac{\partial U}{\partial r} + \frac{1}{r^2}\frac{\partial^2 U}{\partial \theta^2} = \frac{n+1}{n} r^{-\frac{1}{n+1}} \left[f(\theta) + \frac{n+1}{2n+1} f''(\theta) \right] \end{aligned} \right\} \quad (3\text{-}92)$$

同样,引用另一满足不可压缩性和应变相容方程的函数

$$\psi = r^{\frac{n+2}{n+1}} g(\theta) \quad (3\text{-}93)$$

则裂纹尖端附近的位移为

$$\left. \begin{aligned} u_r &= -\frac{1}{r}\frac{\partial \psi}{\partial \theta} = -r^{\frac{1}{n+1}} g'(\theta) \\ u_\theta &= \frac{\partial \psi}{\partial r} = \frac{n+2}{n+1} r^{\frac{1}{n+1}} g(\theta) \end{aligned} \right\} \quad (3\text{-}94)$$

由上式求出裂纹尖端附近的应变为

$$\left. \begin{aligned} \varepsilon_{\theta\theta} &= -\varepsilon_{rr} = \frac{1}{n+1} r^{-\frac{n}{n+1}} g'(\theta) \\ \varepsilon_{r\theta} &= -\frac{1}{2} r^{-\frac{n}{n+1}} \left[\frac{n(n+2)}{(n+1)^2} g(\theta) + g''(\theta) \right] \end{aligned} \right\} \quad (3\text{-}95)$$

所选的函数 $f(\theta)$ 和 $g(\theta)$ 应满足式(3-87)和式(3-86),将应力、应变公式代入后,得到两个方程。消去函数 $g(\theta)$,得出 $f(\theta)$ 的一个四阶微分方程。这方程的解有一待定常数,还需要将 σ_{ij} 和 ε_{ij} 的解代入 J 积分的公式(3-80)求出。微分方程十分复杂,只能应用数值解法计算证明,r 的幂次只有满足式(3-90)条件方程才有解答。

Hutchinson 选用类似式(3-87)的应力、应变关系,定义了一个塑性应力强度因子。

取应力函数

$$\phi = K_P r^{\frac{2n+1}{n+1}} \tilde{\phi}(\theta) \quad (3\text{-}96)$$

式中,无量纲 $r = \frac{\bar{r}}{L}$($\bar{r}$ 是带量纲的半径);无量纲 $\phi = \frac{1}{\bar{\sigma}_s L^2} \bar{\phi}$($\bar{\phi}$ 是带量纲的应力函数);K_P 是待定系数;$\tilde{\phi}(\theta)$ 要通过相容方程

$$\frac{1}{r}\frac{\partial^2}{\partial r^2}(r\varepsilon_\theta) + \frac{1}{r^2}\frac{\partial^2 \varepsilon_r}{\partial \theta^2} - \frac{1}{r}\frac{\partial \varepsilon_r}{\partial r} - 2\frac{1}{r^2}\frac{\partial}{\partial r}\left(r\frac{\partial \varepsilon_{r\theta}}{\partial \theta}\right)$$

解出。但是，待定系数 K_P 还不能确定，需要把由 ϕ 求出的 σ_{ij} 和 ε_{ij} 代入 J 积分的方程(3-80)中，求出 K_P 和 J 积分的关系如下

$$J = \alpha K_P^{n+1} I \tag{3-97}$$

或

$$K_P = \left(\frac{J}{\alpha I}\right)^{\frac{1}{n+1}}$$

式中，I 是 n 的函数，其值见下表：

n	3	5	9	13
平面应力	3.86	3.41	3.03	2.87
平面应变	5.51	5.01	4.60	4.40

于是应力用 J 积分表示如下：

$$\left.\begin{array}{l}\sigma_{ij} = \left(\dfrac{J}{\alpha I r}\right)^{\frac{1}{n+1}} \tilde{\sigma}_{ij}(\theta) \\[2mm] \sigma_e = \left(\dfrac{J}{\alpha I r}\right)^{\frac{1}{n+1}} \tilde{\sigma}_e(\theta)\end{array}\right\} \tag{3-98}$$

Hutchinson 称 K_P 为塑性应力强度因子，因为它和线弹性断裂力学中的应力强度因子 K 的地位相似，是度量裂纹尖端附近应力和应变场强度的物理量。

式(3-98)表明，硬化材料裂纹尖端具有 $r^{-\frac{1}{n+1}}$ 阶奇异性，即 HRR 奇异性。其中 α, n 是材料常数，I 是 n 的函数，$\tilde{\sigma}_{ij}(\theta)$ 是角分布函数，显然裂纹尖端附近应力场 σ_{ij} 的强度由 J 积分确定。将式(3-98)与线弹性断裂力学中裂尖端场 σ_{ij} 的表达式相对比，两者是相似的。线弹性断裂力学中裂纹尖端场由应力强度因子 K 决定，奠定了应力强度因子在线弹性断裂力学中的主导地位，弹塑性断裂力学中裂纹尖端场由 J 积分决定，奠定了 J 积分在弹塑性断裂力学中的主导地位。

对于 HRR 理论，还需要说明如下两点：

(1) HRR 理论是建立在塑性的全量理论基础上的。对于弹塑性问题，只允许单调加载，如果卸载，则不满足全量理论。

(2) HRR 解是裂纹尖端的近场解，即裂纹尖端附近应力场的主项。它不是完全解答，也不是远场解，其道理如同线弹性断裂力学裂纹尖端场的解。

由于裂纹尖端附近应力场具有 HRR 奇异性，因此在很靠近裂纹尖端的区域 HRR 解可以作为完全解的良好近似，称此区域为 J 主导区。在 J 主导区内，应力场由 J 积分决定。

3.7 理想塑性的滑移线场解

滑移线场适用于理想塑性材料的平面应变问题。这里介绍其基本理论、性质

及在裂纹问题中的应用。

3.7.1 滑移线场基础知识

考虑理想塑性材料的平面应变问题。在图 3-20 中，σ_1 为主应力，与 σ_1 夹角成 45°方向是最大剪应力方向，最大剪应力记为 k。规定：

（1）由 σ_1 顺时针转过 45°方向为 α 线方向。

（2）由 σ_1 逆时针转过 45°方向为 β 线方向。

显然，α 线、β 线是最大剪应力线，称为滑移线。

（3）α 线与 x 轴夹角为 θ（由 x 轴正向逆时针量起）。

将 Mises 屈服准则用莫尔圆方法表示，可得塑性区内任一点的应力为

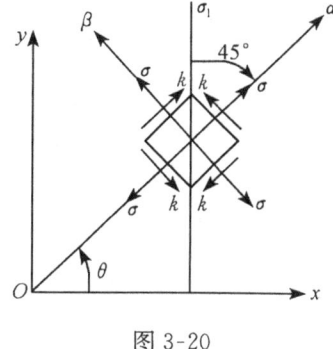

图 3-20

$$\left.\begin{aligned} \sigma_x &= \sigma - k\sin2\theta \\ \sigma_y &= \sigma + k\sin2\theta \\ \tau_{xy} &= k\cos2\theta \end{aligned}\right\} \quad (3\text{-}99)$$

式中，$\sigma=(\sigma_1+\sigma_2)/2$，为平均应力；$k=(\sigma_1-\sigma_2)/2$，为最大剪应力；$\sigma_1=\sigma+k$，$\sigma_2=\sigma-k$，为主应力。

若将方程(3-99)代入平衡方程，可得到一微分方程组（双曲型方程），α 线与 β 线正是该方程组的特征线。因此也称滑移线为特征线。

在滑移线上有如下关系：

$$\left.\begin{aligned} \text{沿 } \alpha \text{ 线} \quad &\frac{dy}{dx} = \tan\theta, \quad \frac{\sigma}{2k} - \theta = \text{const} \\ \text{沿 } \beta \text{ 线} \quad &\frac{dy}{dx} = \cot\theta, \quad \frac{\sigma}{2k} + \theta = \text{const} \end{aligned}\right\} \quad (3\text{-}100)$$

亦可用增量表达这种关系

$$\left.\begin{aligned} \text{沿 } \alpha \text{ 线} \quad \Delta\sigma &= 2k\Delta\theta \\ \text{沿 } \beta \text{ 线} \quad \Delta\sigma &= -2k\Delta\theta \end{aligned}\right\} \quad (3\text{-}101)$$

式(3-101)表明了沿特征线 σ、θ 之变化关系，这是用特征线（滑移线）法解题的最主要优点。显然，若已知 θ，可应用上述关系求得滑移线上各点 σ 的变化，从而求得整个区域上 σ 的分布。这一方法称特征线方法或滑移线方法。

用滑移线方法研究问题时，常用到滑移线场如下的几个主要性质：

（1）在同族两条滑移线和它族滑移线的交点上，其切线间的夹角沿前者不变。

（2）若一族滑移线中有一根是直线，则同族其他各线段都是直线段。

（3）在直的滑移线上应力是常数。

（4）在滑移线两测，应力不会发生间断。

(5) 几个典型的滑移线场：

①在一条直的边界上，若 $\sigma_n=\text{const}$，$\tau_{nt}=0$（σ_n 边界外法线方向的应力，τ_{nt} 为边界表面的切应力），则由这个边界出发的滑移线是与边界成 45°角的直线，区域内 θ、σ 都为常值。称这样的区域为均匀应力区。②紧接均匀应力区的塑性区，其中必有一族滑移线为直线，称此区域为简单应力区。若另一族滑移线是同心圆弧，则称之为中心场。

3.7.2 裂纹问题的滑移线场

考虑一个处于平面应变状态下的裂纹，并且假设：
(1) 材料是不可压缩的。
(2) 裂纹尖端完全被塑性区包围。

根据前一假设，使我们能用平面应变的滑移线场理论研究裂纹问题。根据后一假设，在裂纹尖端至少有一小区域，存在如图 3-21 所示的应力场。1967 年，Rice[14] 曾应用 J 积分得出小范围屈服的近似解。

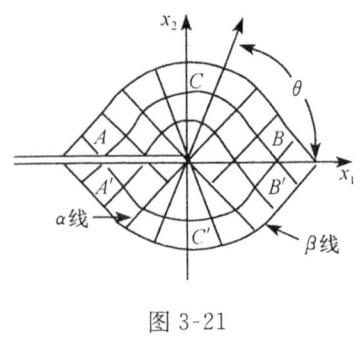

图 3-21

区域 A：在图 3-21 中，裂纹表面不受力，即 $\sigma_n=0$，$\tau_{nt}=0$，由 3.7.1 节中滑移线场性质(5)中的①知：区域 A 内应力为常值，即均匀应力区，其中 $k=\tau_0$（τ_0 为剪切屈服应力），α 线与边界成 45°角，$\theta=\dfrac{3}{4}\pi$。

在边界上 $\sigma_y=0$，由式(3-99)得

$$\sigma_y = \sigma + k\sin 2\times\frac{3\pi}{4} = \sigma - \tau_0 = 0$$

得平均应力

$$\sigma = \tau_0$$

由式(3-99)可得区域 A 内的应力为

$$\left.\begin{aligned}\sigma_{11} &= \sigma_x = \sigma - k\sin 2\theta = \tau_0 + \tau_0 = 2\tau_0 \\ \sigma_{22} &= \sigma_y = \sigma + k\sin 2\theta = \tau_0 - \tau_0 = 0 \\ \sigma_{12} &= \tau_{xy} = k\cos 2\times\frac{3\pi}{4} = 0\end{aligned}\right\} \quad (3\text{-}102)$$

区域 B：在边界 x_1 上，由于对称性，有 $\tau_{xy}=\tau_{nt}=0$。由于在区域 A 的边界上是自由裂纹表面，$\sigma_y=0$，而所有 α 线都转过 $\pi/2$ 角，由式(3-99)、式(3-101)知，在区域 B 的边界 x_1 上 $\sigma_y=\sigma_n=\sigma_{22}$ 必为常值。由 3.7.1 节中性质(5)中的①知，此区域中 σ、θ 都为常值，且 $\theta=\pi/4$，也是均匀应力区。

由式(3-101)，设 β 线有

$$\Delta\sigma = -2k\Delta\theta = -2\tau_0 \times \left(-\frac{\pi}{2}\right) = \tau_0\pi$$

因此
$$\sigma = \tau_0 + \tau_0\pi$$

由式(3-99)可得

$$\left.\begin{array}{l}\sigma_{11} = \sigma - k\sin2\theta = \tau_0 + \tau_0\pi - \tau_0\sin2\times\frac{\pi}{4} = \tau_0\pi \\ \sigma_{22} = \sigma + k\sin2\theta = \tau_0 + \tau_0\pi + \tau_0 = 2\tau_0 + \tau_0\pi \\ \sigma_{12} = k\cos2\theta = 0\end{array}\right\} \quad (3-103)$$

区域 C：该区域紧靠均匀应力区 A、B，其中 α 线是直线，β 线是同心圆弧，此区域是简单应力区，即中心场。在这样的区域中用极坐标表达很方便，下面用极坐标表达域 C 中的应力场。

由图 3-20 知，在域 A 与域 C 的连接处即 $\theta = \frac{3}{4}\pi$ 时，有

$$\sigma_{rr} = \sigma_{\theta\theta} = \sigma = \tau_0, \qquad \sigma_{r\theta} = k = \tau_0$$

由式(3-101)，沿 β 线有

$$\Delta\sigma = -2k\Delta\theta = 2\tau_0\left(\frac{3}{4}\pi - \theta\right)$$

由此得区域 C 中的应力场为

$$\left.\begin{array}{l}\sigma_{rr} = \sigma_{\theta\theta} = \sigma\big|_{\theta=\frac{3}{4}\pi} + \Delta\sigma = \tau_0 + 2\tau_0\left(\frac{3}{4}\pi - \theta\right) \\ \sigma_{r\theta} = \tau_0\end{array}\right\} \quad (3-104)$$

为了求 J 积分值，除已知上述塑性区应力分布外，还需知道其应变、位移和能量密度。

对于不可压缩的理想塑性材料，能量密度为

$$\left.\begin{array}{ll}W = \frac{1}{2}\mu\gamma^2 & (\gamma < \gamma_0) \\ W = \tau_0\left(\gamma - \frac{\gamma_0}{2}\right) & (\gamma > \gamma_0)\end{array}\right\} \quad (3-105)$$

式中，$\gamma = \sqrt{2\varepsilon_{ij}\varepsilon_{ij}}$，$\varepsilon_{ij} = 0$。

由于应变都集中在扇形区 C 中，Rice 假定在裂纹尖端附近，ε_{rr} 与 $\varepsilon_{\theta\theta}$ 为 0，得出应变的近似公式

$$\varepsilon_{r\theta} = \gamma_0\frac{R(\theta)}{r} \quad (3-106)$$

式中，$R(\theta)$ 是角 θ 的函数，表示从裂纹尖端到弹塑性一边界的距离。注意，这仅是近似的估计。在裂纹尖端附近，有

$$\left.\begin{array}{l}\dfrac{\mathrm{d}u_1}{\mathrm{d}\theta}=\gamma_0 R(\theta)\cos\theta\\[6pt]\dfrac{\mathrm{d}u_2}{\mathrm{d}\theta}=\gamma_0 R(\theta)\sin\theta\end{array}\right\} \quad (3\text{-}107)$$

有了裂纹尖端附近的能量密度、应变和上述位移对 θ 导数的公式，可以求 J 积分。取以 r 为半径，以裂纹尖端为圆心作圆，沿该圆求 J 积分。因为区域 A 和 B 对 J 积分无贡献，应用扇形区 C 的应力场公式（3-104）以及式（3-105）和式（3-106），得到

$$J=2\tau_0\gamma_0\int_{\frac{\pi}{4}}^{\frac{3}{4}\pi}R(\theta)\left[\cos\theta+\left(1+\frac{3}{2}\pi-2\theta\right)\sin\theta\right]\mathrm{d}\theta \quad (3\text{-}108)$$

应用式（3-107），将上式改为位移形式，有

$$J=2\tau_0\int_{\frac{\pi}{4}}^{\frac{3}{4}\pi}\frac{\mathrm{d}u_2}{\mathrm{d}\theta}\left[\cot\theta+\left(1+\frac{3}{2}\pi-2\theta\right)\right]\mathrm{d}\theta \quad (3\text{-}109)$$

如果 J 是作用力的已知函数（对小屈服情况，可用线弹性值），则由以上两式（3-108）和式（3-109）求出 $R(\theta)$ 和 $\dfrac{\mathrm{d}u_2}{\mathrm{d}\theta}$，于是得到塑性区形状和裂纹张开位移的近似解。

当 $\theta=\dfrac{3}{4}\pi$ 时，$u_2=\dfrac{\delta}{2}$，其中 δ 是裂纹张开位移。Rice 假定 $R(\theta)$ 对称于 x_2 轴，由式（3-109）引出近似式

$$J\approx 2\left(1+\frac{\pi}{2}\right)\tau_0\int_{\frac{\pi}{4}}^{\frac{3}{4}\pi}\frac{\mathrm{d}u_2}{\mathrm{d}\theta}\mathrm{d}\theta=\left(1+\frac{\pi}{2}\right)\tau_0\delta \quad (3\text{-}110)$$

或

$$\delta\approx\frac{J}{\left(1+\dfrac{\pi}{2}\right)\tau_0} \quad (3\text{-}111)$$

在小范围的屈服情况下，$J=\dfrac{1-\nu^2}{E}K_\mathrm{I}^2$，则式（3-111）为

$$\delta\approx\frac{(1-\nu^2)K_\mathrm{I}^2}{\left(1+\dfrac{\pi}{2}\right)E\tau_0} \quad (3\text{-}112)$$

用相同的 K_I 值，$\nu=0.3$，与平面应力的 D-M 模型的结果 $\left(\delta=\dfrac{K_\mathrm{I}^2}{E\sigma_\mathrm{s}}\right)$ 比较，对于符合 Mises 条件的材料（$\sigma_\mathrm{s}=\sqrt{3}\tau_0$），平面应变张开位移是它的 61%，对于符合 Tresca 条件的材料（$\sigma_\mathrm{s}=2\tau_0$），平面应变张开位移是它的 70%。

对小范围屈服，Rice 假定

$$R(\theta)\approx R_0\cos(2\theta-\pi) \quad (3\text{-}113)$$

式中，R_0 是最大值，发生在 $\theta=\dfrac{\pi}{2}$ 处，它近似地代表塑性区的尺寸。将式（3-113）代

入式(3-108),积分后得近似式

$$R_0 \approx \frac{3J}{4\sqrt{2}\left(1+\frac{\pi}{2}\right)\tau_0 r_0} = \frac{3(1-\nu)}{8\sqrt{2}\left(1+\frac{\pi}{2}\right)}\frac{K_I^2}{\tau_0^2} \tag{3-114}$$

用相同的 K_I,$\nu=0.3$,与平面应力的 D-M 模型的结果 $\left(R=\frac{\pi}{8}\frac{K_I^2}{\sigma_s^2}\right)$ 比较,对于 Mises 材料,平面应变的塑性区尺寸是它的 55%;对于 Tresca 材料,平面应变的塑性区尺寸是它的 73%。需要说明,Rice 的解仅适用于小范围屈服情况。

3.8 J 积分准则

3.8.1 J 积分与 COD 的关系

我们采用 D-M 模型,J 积分路线作如下选择:由裂纹下表面,紧贴着塑性区边,但在塑性区外,直到裂纹的上表面,如图 3-22 中的路线 ABC 所示。

根据 D-M 模型假设,在塑性区的两个断面上,作用着屈服拉应力 σ_s。塑性区长度已使塑性区的顶端无应力奇异值。在积分线路 ABC 上,$dy=0$,故按 J 积分定义得

$$J = -\int_{ABC} \boldsymbol{T} \cdot \frac{\partial \boldsymbol{u}}{\partial x} ds$$

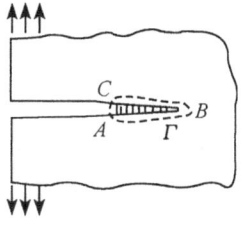

图 3-22

而 $\boldsymbol{T}$ 的分量 $\sigma_y=\sigma_s$,其他为零;$\boldsymbol{u}$ 的分量 $v(x)$ 是 x 的函数,$\frac{\partial v}{\partial x}\neq 0$。因为塑性区断面上的位移 $v(x)$ 和应力 σ_s 都对称于 x 轴,故

$$J = -2\int_A^B \sigma_s \frac{\partial v}{\partial x} dx = -\int_A^B \sigma_s \frac{d}{dx}(2v) dx = -\sigma_s[(2v)_B - (2v)_A]$$

塑性区呈窄尖劈形,B 点的位移 $v_B=0$,A 点的张开位移 $\delta=(2v)_A$,于是得

$$J = \sigma_s \delta \tag{3-115}$$

或者

$$J = \frac{8\sigma_s^2 a}{\pi E'}\ln\left(\sec\frac{\pi\sigma}{2\sigma_s}\right) \tag{3-116}$$

上式说明,J 积分和 COD 有一定的关系。因为 D-M 模型过于简化,将塑性区考虑为理想塑性,塑性区断面受常力 σ_s 作用;实际上许多材料都有硬化现象,在塑性区断面所受的力 $\sigma_y(x)$ 是 x 函数,与材料的硬化指数 n 有关。因此,许多试验结果都表明式(3-116)不能普遍适用,应该在式(3-116)右方加一系数 k,k 称为 COD 的降低系数,大约在 1~3 左右。

$$J = k\sigma_s\delta \tag{3-117}$$

Robinson[15]指出,k 随塑性区的增加而增加,在塑性区较小时,$k=1$,k 最大可达到

2.6。Shih[16]的计算结果表明,用 HRR 理论和有限元计算结果相差不大,k 随硬化指数 n 的增加而减小。另外,k 还与裂纹试样尺寸和裂纹形式有关。

3.8.2 J 积分准则

J 积分是弹塑性断裂力学的一个重要参数。寻求断裂力学参数的目的皆在建立合理的断裂准则,判断裂纹的扩展条件和裂纹结构的可靠性。通过以上几节的分析,可以认为 J 积分是一个合理的参数,主要因为以下几点:

(1) 由 J 积分与所取回路无关的特性,给弹塑性分析带来很大方便,使我们可以避免去分析裂纹尖端附近塑性区的复杂性质。

(2) 由 HRR 理论看出,在硬化材料中,裂纹尖端应力、应变场的奇异性是存在的,奇异场的强度可以用有限量 J 积分来表征。J 积分与线弹性断裂力学的应力强度因子类似,它只取决于外加载荷和裂纹的几何尺寸。

(3) 由 J 积分与弹性势能的关系,明确指出 J 积分的物理意义,它代表作用于裂纹尖端的一个广义力,一般简称为裂纹扩展力或能量释放率。

(4) 由上一段结论知,应用 D-M 模型能得出 J 积分与 COD 的定量关系。

根据以上几点,Bagley 和 Landes[17]等作了大量的实验,认为 J 积分作为衡量裂纹开裂的参量是适宜的,从而建立了 J 积分准则。该准则提出:

当围绕裂纹尖端的 J 积分达到临界值 J_C 时,裂纹开始扩展,即当

$$J = J_C \tag{3-118}$$

时,裂纹开始扩展。裂纹扩展分为稳定和不稳定的两种形式。对于稳定的缓慢扩展,式(3-118)代表裂纹的开裂条件;对于不稳定的快速扩展,式(3-118)代表裂纹的失稳条件,即结构的断裂开始条件。

式(3-118)中的 J 积分是用有限元法计算的,或者用实验方法得出;而 J_C 代表材料性能,必须由实验确定。如果在实验中,取试样的开裂点确定 J_C,则公式(3-118)是裂纹的开裂判据。如果取试件的失稳点确定 J_C,则公式(3-118)是裂纹的失稳判据。因为,大量实验结果证明,用裂纹开裂点确定 J_C,其数据比较稳定,与材料尺寸无关;而用裂纹失稳点确定的 J_C,受材料尺寸影响很大,不宜作为材料常数。所以,一般都认为公式(3-118)是裂纹的开裂判据。

J 积分准则和其他准则比较,其优点如下:

(1) 与 COD 准则比较,理论根据严格,定义明确。

(2) 用有限元法能够计算不同受力情况与各种形状结构的 J 积分(平面问题),而 COD 准则的计算公式仅限于几种最简单的几何形状和受力情况。

(3) 实验求 J_C,简易可行,与 COD 准则的实验相仿。

但是,J 积分的研究还不够成熟,有以下缺点:

(1) J 积分的理论根据是塑性的全量理论,不允许卸载。但是,裂纹稳定扩展时,尖端的应力要释放,要卸载。所以,J 积分的理论不能应用于裂纹亚临界扩展

情况。

(2) J 积分定义限于二维情况,对表面裂纹尚待研究。

(3) 与 COD 准则一样,材料的 J_C 一般用试件的开裂点确定,这样尺寸影响较小,数据比较稳定,适宜作为材料的断裂韧度指标。但是,裂纹的开裂到失稳还有承载能力,用于设计则过于保守。

3.8.3 J 积分的应用

有人认为材料 J 的临界积分 J_{IC},既然是在平面应变条件下用已全面屈服的小试件测定的,它应该和用只少量屈服的大试件测定的值相等。在平面应变条件下,用只少量屈服的大试件测定的 J_{IC} 值,按线弹性断裂力学的结果,因为 $J_{IC}=G_{IC}$,故有

$$J_{IC} = \frac{1-v^2}{E} K_{IC}^2 \tag{3-119}$$

如果判据 $J=J_{IC}$ 由线弹性到全屈服都有效,则可用小试件在全屈服下测出 J_{IC},再由式(3-119)计算材料的平面应变断裂韧度 K_{IC},这样求出的 K_{IC},应该与用大试件测定的 K_{IC}(符合 E399 规范)一致。这是用小试件测定 K_{IC} 的一种方法。

最初,测定 J_{IC} 值用多试件,非常繁复,目前一般采用单试件。例如,三点弯曲试件的标定公式为

$$J = \frac{2U}{B(W-a)} \tag{3-120}$$

式中,B 是试件的厚度;W 是试件的高度;a 是裂纹长度;U 是 P-Δ 曲线下的面积,代表加载过程中试件的应变能;P 是载荷;Δ 为载荷作用点的位移。取开裂点的 U 值,从式(3-119)可得 J_{IC}。

3.9 平面应力断裂的 R 阻力曲线

带裂纹薄板试件的破坏试验,属于韧性破坏范围,或称平面应力断裂。韧性断裂在裂纹失稳扩展前,都存在亚临界裂纹的缓慢扩展。特别是中、低强度钢的试件更是这样,只有高强度钢的断裂韧度试验,满足厚度要求,即 $B \geqslant 2.5 \left(\frac{K_{IC}}{\sigma_s} \right)^2$,才没有明显的亚临界裂纹扩展。这样,塑性区尺寸 r_y 比裂纹长度 a 小得多,约差两个数量级,塑性区的影响可以忽略。如果裂纹尖端塑性区比较大,如薄板韧性断裂情况,塑性区的影响不能忽略,在裂纹失稳前,塑性区前缘产生许多微小尖裂纹与主裂纹汇合,造成亚临界裂纹的扩展。

平面应变断裂和平面应力断裂是两种不同性质的断裂,它们的载荷-位移和载荷-裂纹长的关系曲线(即 P-v 和 P-a 曲线),有明显的区别。例如,取裂纹长为 a 的紧凑拉伸试件,厚度为 B,满足 E399 的规定条件试件的宽为 W,受拉伸力 P 作

用,其 P-v 和 P-a 曲线如图 3-23(a)所示,图中 v 是裂纹张开位移。由图看出,厚试件脆性断裂的 P-v 曲线近似是条直线,断裂前裂纹长近似地保持不变,亚临界裂纹的扩展微不足道。如果试件厚度 B 不满足 E399 规定的条件,其 P-v 和 P-a 曲线如图 3-23(b)所示。在裂纹失稳断裂前,P-v 曲线有明显的非线性特征,P-a 曲线由铅垂直线和一段曲线组成,铅垂直线表示裂纹长度保持不变,直线的上端点是开裂点,相应的载荷是开裂载荷。当载荷大于开裂载荷时,裂纹开始有亚临界扩展,见 P-a 图上的曲线部分。当载荷达到最大载荷 P_{max} 时,裂纹失稳断裂,亚临界裂纹扩展量为 Δa,见图 3-23(b)。

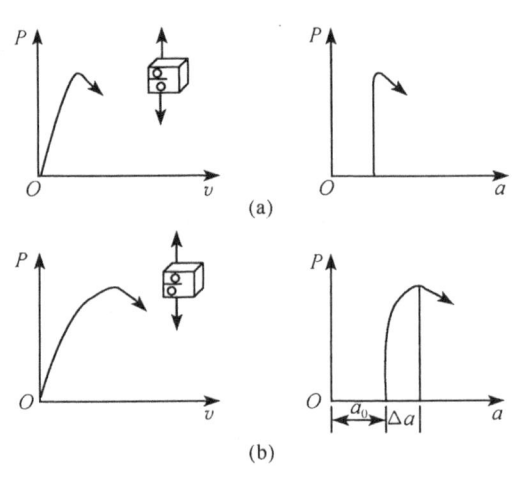

图 3-23

1) R(或 K_R)阻力曲线[18~20]

图(3-23(b))中,纵坐标表示作用在试件上的载荷 P。已知载荷 P、试件尺寸和裂纹长度,则可计算应力强度因子 K_I,然后根据公式

$$G_I = \frac{K_I^2}{E}$$

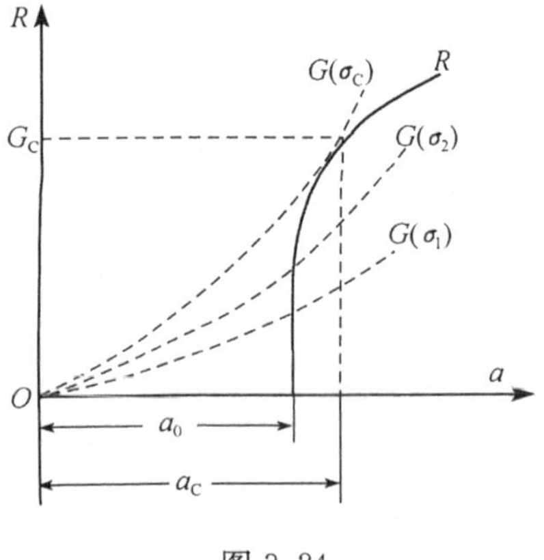

计算出裂纹的应变能释放率(或裂纹扩展力) G_I。在亚临界裂纹稳定扩展时,裂纹扩展力和材料的阻力是相等的。应用这一关系,可以画出材料的 R 阻力曲线,如图 3-24 中实线所示。R 阻力曲线由实验确定,是材料抵抗裂纹断裂的特征值。根据一些紧凑拉伸试件的实验,归纳出以下结果:

(1) R 阻力曲线与厚度有关,厚度不同,R 阻力曲线不同。

(2) R 阻力曲线与试件大小无关。

图 3-24

(3) 原始裂纹长对 R 阻力曲线的影响很小,可忽略不计。

2) 断裂准则

有了实验的 R 阻力曲线,根据断裂的判据条件,确定韧性断裂的失稳扩展点,然后用以求出临界裂纹长度或临界应力。

主要原理叙述如下:

以 G 表示试样的应变能释放率(或裂纹扩展力),以 R 表示材料抵抗裂纹扩展的阻力。当试样所受力增加时,G 增加。在裂纹缓慢扩展的任意瞬时,应变能释放率和抵抗裂纹扩展的阻力 R 是平衡的,直到裂纹达到失稳点为止可用 Irwin 的 K-G 关系式,通常可以把 G 写成分析形式。例如,对有限宽中心裂纹拉伸试样,应用 K_I 的正割公式有

$$G = \frac{K_I^2}{E} = \frac{\sigma^2 \pi a}{E} \sec \frac{\pi a}{W}$$

取应力 σ 为参数,则 $G(a,\sigma)$ 是裂纹长的函数,可画出许多曲线,如图 3-24 中的虚线所示。如初始裂纹长为 a_0,则 R 阻力曲线自 a_0 画起,如图 3-24 中实线所示。

当 σ 不大,R 曲线与 G 曲线只相交而不相切,这些点是稳定的,因为 $R=G$,但是 $\frac{\partial G}{\partial a} < \frac{\partial R}{\partial a}$。逐渐增加应力 σ,直到一临界值 σ_C 时,G 曲线与 R 曲线相切,裂纹达到临界情况。此时,σ 稍增加一点,裂纹就开始失稳扩展。

可归纳裂纹失稳条件如下:

$$\left.\begin{aligned} G &= R \\ \frac{\partial G}{\partial a} &= \frac{\partial R}{\partial a} \end{aligned}\right\} \quad (3\text{-}121)$$

G 曲线与 R 曲线相切点的 G 值,定为平面应力断裂韧度 G_C,应用 G_C 可确定与 σ_C 相应的临界裂纹长度 a_C。

用 R 阻力曲线判断裂纹失稳点时,考虑了亚临界裂纹扩张,因此比较实际。但是,求 G 的公式仍然用脆性断裂的应力强度因子公式和 Irwin G-K_I 关系式,对于弹塑性断裂似乎不妥。因此,有人提出计算 G 时,要考虑裂纹长的塑性区修正,有以下几种方法:

(1) Irwin 修正公式:

$$\left.\begin{aligned} a &= a_m + a_y \\ a_y &= \frac{1}{2\pi}\left(\frac{K_I}{\sigma_s}\right)^2 \end{aligned}\right\} \quad (3\text{-}122)$$

式中,a_m 为裂纹长(或半长);a_y 为修正长度。

(2) M-D 模型塑性区修正公式:

$$\left.\begin{aligned} a &= a_m + R \\ R &= a_m\left(\sec\frac{\pi\sigma}{2\sigma_s} - 1\right) \end{aligned}\right\} \quad (3\text{-}123)$$

式中,a_m 为穿透裂纹半长,R 为塑性区尺寸。

一般都应用 Irwin 修正公式。

阻力曲线的其他形式还有 K_R 阻力曲线和 J 积分阻力曲线。K_R 阻力曲线与 R 阻力曲线类似,只是用 K_1 代替 G,用 K_R 代替 R_0,K_R 阻力曲线的实验求法和 R 阻力曲线完全相同,只是记录不同裂纹扩展量下的 K_1 值,不必再换成 G 值,因为裂纹扩展是稳定的,阻力 K_R 与 K_1 相等,这样就得到 K_R 阻力曲线,K_1 的塑性区修正与上述方法相同。在公式(3-121)中,以 K_1 代替 G,以 K_R 代替 R,则得裂纹失稳扩展的条件为

$$\left. \begin{array}{l} K_1 = K_R \\ \dfrac{\partial K_1}{\partial a} = \dfrac{\partial K_R}{\partial a} \end{array} \right\} \tag{3-124}$$

K_1 曲线与 K_R 曲线相切点的 K_1 值,即为平面应力断裂韧度 K_C。

R(或 K_R)阻力曲线在带有穿透裂纹的薄板或薄壳结构断裂的研究中,是有吸引力和前途的方法。但是,R 阻力曲线有缺点如下:

(1) R(或 K_R)阻力曲线应该与初始裂纹长度、试样几何以及加载条件无关。可是,目前从各种试样的实验结果,还得不出这个结论。只限于用紧凑拉伸试样实验结果得出的一点结论,是不够的。

(2) 对于韧性断裂,出现大的塑性变形,应力强度因子 K_1 不再代表裂纹尖端附近应力和应变场的参数,即是 r_y(或任意塑性区修正)已完全失去意义。

3.10 弹塑性断裂力学分析的有限元法

弹塑性断裂力学问题一般很难得到解析解,因此数值方法非常重要。有限元分析(FEA-Finite Element Analysis)方法为解决这类问题提供了有效的途径。在工程实践中,有限元分析软件的应用使设计水平发生了质的飞跃,主要表现以下几个方面:

- 增加设计功能,减少设计成本。
- 缩短设计和分析的循环周期。
- 增加产品和工程的可靠性。
- 采用优化设计,降低材料的消耗或成本。
- 在产品制造或工程施工前预先发现潜在的问题。
- 模拟各种试验方案,减少试验时间和经费。
- 进行机械事故分析,查找事故原因等。

早在 20 世纪 50 年代末,人们就投入大量的人力和物力去开发具有强大功能的有限元分析程序。其中最为著名的是由美国国家宇航局(NASA)在 1965 年委托美国计算科学公司和贝尔航空系统公司开发的 NASTRAN 有限元分析系统。从那时到现在,世界各地的研究机构和大学开发了一批规模较小但使用灵活、价格

较低的专用或通用有限元分析软件,主要有德国的 ASKA、英国的 PAFEC、法国的 SYSTUS、美国的 ABQUS、ADINA、ANSYS、BERSAFE、BOSOR、COSMOS、ELAS、MARC 和 STARDYNE 等公司的产品。它们多采用 FORTRAN 语言编写,规模达几万条甚至几十万条语句,其功能越来越完善,不仅包括多种条件下的有限元分析程序,而且带有功能强大的前处理和后处理程序。由于有限元通用程序使用方便、计算精度高,其计算结果已成为各类工业产品设计和性能分析的可靠依据。

在计算具体的弹塑性断裂力学问题时,最好选用这些通用的大型力学有限元分析软件。例如,我国一般的高等学校、科研机构、大型企业等都有 NASTRAN、PATRAN、ANSYS 等多种通用程序。这些程序都可以直接用来对弹塑性断裂力学问题进行数值计算,使用极其方便。由于这些程序都是经过验证并经过大量应用考验的,其可靠性也很高。在使用前要很好的阅读说明书,一般不难掌握。

本节介绍弹塑性有限元法的基础理论和知识,但我们并不主张读者自己去编制有限元程序。采用通用程序是最简捷的方法。

在弹塑性断裂力学中,应用有限元法可以计算裂纹尖端的应力和应变场、塑性区形状和大小、裂纹的张开位移与 J 积分值等物理量。所用的物理方程,有的采用全应变塑性理论,有的则采用应变增量塑性理论。对裂纹尖端的单元处理,用一般的单元,或用奇异单元,以减少裂纹尖端应变极大的困难。

本节首先介绍塑性应力——应变矩阵;然后介绍屈服条件和单元刚度矩阵,以及迭代的方法;最后举例求裂纹尖端的塑性区形状和大小[21]。

3.10.1 塑性应力——应变矩阵

应用塑性应变增量理论的 Prandtl-Reuss 方程

$$\frac{\mathrm{d}\varepsilon_x^P}{\sigma'_x} = \frac{\mathrm{d}\varepsilon_y^P}{\sigma'_y} = \frac{\mathrm{d}\varepsilon_z^P}{\sigma'_z} = \frac{\mathrm{d}r_{yz}^P}{\tau_{yz}} = \frac{\mathrm{d}r_{zx}^P}{\tau_{zx}} = \frac{\mathrm{d}r_{xy}^P}{\tau_{xy}} \tag{3-125}$$

或用张量符号写成

$$\mathrm{d}\varepsilon_{ij}^P = \sigma'_{ij}\mathrm{d}\lambda \tag{3-126}$$

式中,上角标 P 代表塑性意义;下脚标 i、j 分别表示由 x、y、z 依次循环;σ'_{ij} 表示偏应力分量,$\sigma'_{ij} = \sigma_{ij} - \frac{1}{3}\sigma_{kk}\delta_{ij}$;$\mathrm{d}\lambda$ 是一比例数,即

$$\mathrm{d}\lambda = \frac{3}{2}\frac{\mathrm{d}\bar{\sigma}}{\bar{\sigma}H'} \tag{3-127}$$

式中,$\bar{\sigma} = \sqrt{\frac{3}{2}\sigma'_{ij}\sigma'_{ij}}$ 表示等效应力,$H' = \frac{\mathrm{d}\bar{\sigma}}{\mathrm{d}\bar{\varepsilon}^P}$ 表示等效应力增量与等效应变增量的比值,见图3-25。

由弹性理论中的广义胡克定律,弹性应变增

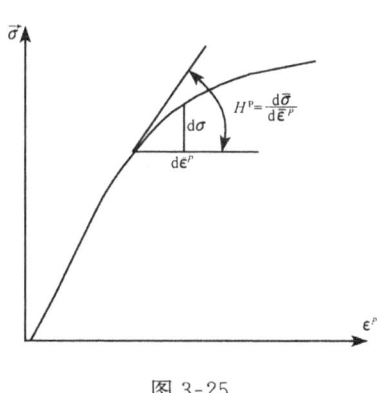

图 3-25

量 $d\varepsilon_{ij}^e$ 写成张量形式,有

$$d\varepsilon_{ij}^e = \frac{1-2\nu}{E}d\sigma_{kk}\delta_{ij} + \frac{d\sigma_{ij}'}{2\mu} \tag{3-128}$$

式中,ν 为泊松比;E 为杨氏弹性模量;μ 为剪切弹性模量。

全应变增量是弹性应变增量与塑性应变增量的和,即 $d\varepsilon_{ij} = d\varepsilon_{ij}^e + d\varepsilon_{ij}^P$,将式(3-126)和式(3-128)代入后,得出

$$d\varepsilon_{ij} = \frac{1-2\nu}{E}d\sigma_{kk}\delta_{ij} + \frac{1}{2\mu}d\sigma_{ij} + \frac{3}{2}\frac{\sigma_{ij}'}{\bar{\sigma}H'}d\bar{\sigma} \tag{3-129}$$

现在求式(3-129)的逆关系。将式(3-129)两侧各乘以 σ_{ij}',然后求总和,得到

$$\bar{\sigma}\left(\frac{1}{3\mu} + \frac{1}{H'}\right)d\bar{\sigma} = \sigma_{ij}'d\varepsilon_{ij} \tag{3-130}$$

代入式(3-129)后,得出

$$d\sigma_{ij} = \frac{E}{1-2\nu}d\varepsilon_{kk}\delta_{ij} + 2\mu\left[d\varepsilon_{ij}' - \frac{\sigma_{kl}'d\varepsilon_{kl}}{\frac{2}{3}\bar{\sigma}^2\left(\frac{H'}{3\mu}+1\right)}\sigma_{ij}'\right] \tag{3-131}$$

令

$$S = \frac{2}{3}\bar{\sigma}^2\left(\frac{H'}{3\mu}+1\right) \tag{3-132}$$

则上式简写成

$$d\sigma_{ij} = 2\mu\left(d\varepsilon_{ij} + \frac{\nu}{1-2\nu}\delta_{ij}d\varepsilon_{kk} - \frac{\sigma_{kl}'\sigma_{ij}'}{S}d\varepsilon_{kl}\right) \tag{3-133}$$

上式是式(3-129)的逆关系式,写成矩阵形式如下

$$\{d\sigma\} = [D^P]\{d\varepsilon\} \tag{3-134}$$

式中,$\{d\sigma\}$ 为应力增量矩阵,$\{d\varepsilon\}$ 为应变增量矩阵,矩阵 $[D^P]$ 称为塑性应力-应变矩阵,矩阵分量形式为

$$[D^P] = 2\mu \begin{bmatrix} \frac{1-\nu}{1-2\nu} - \frac{\sigma_x'^2}{S} & \cdot & \cdot & \cdot & \cdot & \cdot \\ \frac{\nu}{1-2\nu} - \frac{\sigma_x'\sigma_y'}{S} & \frac{1-\nu}{1-2\nu} - \frac{\sigma_y'^2}{S} & \cdot & \cdot & \cdot & \cdot \\ \frac{\nu}{1-2\nu} - \frac{\sigma_x'\sigma_y'}{S} & \frac{\nu}{1-2\nu} - \frac{\sigma_y'\sigma_z'}{S} & \frac{1-\nu}{1-2\nu} - \frac{\sigma_z'^2}{S} & \cdot & \cdot & \cdot \\ -\frac{\sigma_x'\tau_{xy}}{S} & -\frac{\sigma_y'\tau_{xy}}{S} & -\frac{\sigma_z'\tau_{xy}}{S} & \frac{1}{2} - \frac{\tau_{xy}^2}{S} & \cdot & \cdot \\ -\frac{\sigma_x'\tau_{yz}}{S} & -\frac{\sigma_y'\tau_{yz}}{S} & -\frac{\sigma_z'y_{yz}}{S} & \frac{\tau_{xy}\tau_{yz}}{S} & \frac{1}{2} - \frac{\tau_{yz}^2}{S} & \cdot \\ -\frac{\sigma_x'\tau_{xz}}{S} & -\frac{\sigma_y'\tau_{zx}}{S} & -\frac{\sigma_z'\tau_{zx}}{S} & -\frac{\tau_{xy}\tau_{yz}}{S} & -\frac{\tau_{yz}\tau_{xz}}{S} & \frac{1}{2} - \frac{\tau_{xz}^2}{S} \end{bmatrix}$$

$$(3-135)$$

在弹性情况下，$S \rightarrow \infty$，则$[D^p]$转化为弹性应力-应变矩阵

$$[D^e] = 2\mu \begin{bmatrix} \dfrac{1-\nu}{1-2\nu} & \dfrac{\nu}{1-2\nu} & \dfrac{\nu}{1-2\nu} & 0 & 0 & 0 \\ \dfrac{\nu}{1-2\nu} & \dfrac{1-\nu}{1-2\nu} & \dfrac{\nu}{1-2\nu} & 0 & 0 & 0 \\ \dfrac{\nu}{1-2\nu} & \dfrac{\nu}{1-2\nu} & \dfrac{1-\nu}{1-2\nu} & 0 & 0 & 0 \\ 0 & 0 & 0 & \dfrac{1}{2} & 0 & 0 \\ 0 & 0 & 0 & 0 & \dfrac{1}{2} & 0 \\ 0 & 0 & 0 & 0 & 0 & \dfrac{1}{2} \end{bmatrix} \quad (3\text{-}136)$$

3.10.2　刚度矩阵的屈服条件

应用前面得出的塑性应力-应变矩阵，可以计算各个有限单元在塑性状态中的刚度矩阵。例如，在平面应力状态中，等应变三角单元的刚度矩阵表示为

$$[K^p] = [B]^T [D^p] [B] t\Delta \quad (3\text{-}137)$$

式中，t 为单元的厚度；Δ 为单元面积；矩阵 $[B]$ 的元素见第 2 章附录 B 式 $[B9]$；$[B]^T$ 为 $[B]$ 的转置矩阵。

系统的整体刚度矩阵的求法，与弹性问题求法完全相同，只是对于达到屈服的元素需要应用上述的塑性刚度矩阵，对于没有达到屈服的元素仍用弹性刚度矩阵。

单元的屈服条件按冯·米泽斯公式，如在平面应力状态下，单元采用常应力与常应变三角形元素，屈服条件为

$$\bar{\sigma} = \sqrt{\dfrac{3}{2}\sigma'_{ij}\sigma'_{ij}} = \sigma_s \quad (2\text{-}138)$$

式中，σ_s 是由拉伸试验所确定的屈服应力。当元素的相当应力达到 σ_s 值时，成为塑性状态。

将载荷分为若干份，逐次由零增加荷重。当加载到第 j 步时，如所设的荷重增量为 ΔR，用一般方法计算出各单元应力增量 $\Delta \sigma_{ij}$。各单元从应力状态 P 点，在荷重增加 ΔR 后，到达应力状态 Q 点，见图 3-26。R 点的应力状态 $\sigma_{ij} + \Delta \sigma_{ji}$ 与其相当应力 $\bar{\sigma} + \Delta \bar{\sigma}$ 有以下关系：

$$\bar{\sigma} + \Delta \bar{\sigma} = \sqrt{\dfrac{3}{2}(\sigma'_{ij} + \Delta \sigma'_{ij})(\sigma'_{ij} + \Delta \sigma'_{ij})}$$

$$(3\text{-}139)$$

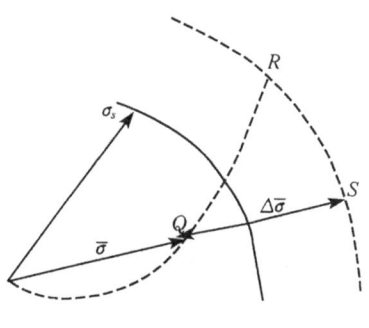

图 3-26

由图 2-23 知,各单元从弹性状态达到屈服,需要应力增量 $\gamma\Delta\bar{\sigma}$,其中 $\gamma=\dfrac{PQ}{PR}$。于是应有

$$\sigma_s = \sqrt{\dfrac{3}{2}(\sigma'_{ij}+\gamma\Delta\sigma'_{ij})(\sigma'_{ij}+\gamma\Delta\sigma'_{ij})} \qquad (3\text{-}140)$$

γ 由以上两式求出

$$\gamma = \dfrac{\Gamma+[\Gamma^2+4(\Delta\bar{\sigma}_{ij})^2(\sigma_s^2-\bar{\sigma}^2)]^{1/2}}{2(\Delta\bar{\sigma}_{ij})^2} \qquad (3\text{-}141)$$

式中

$$\Gamma = (\Delta\bar{\sigma}_{ij})^2 - 2\bar{\sigma}\Delta\bar{\sigma} - (\Delta\bar{\sigma})^2 \qquad (3\text{-}142)$$

$$\Delta\bar{\sigma}_{ij} = \sqrt{\dfrac{3}{2}\Delta\sigma'_{ij}\Delta\sigma'_{ij}} \qquad (3\text{-}143)$$

用上述方法,当加载到第 j 步时,一些弹性的单元达到或超过屈服极限,它们的 γ 值都可以求出,其中最小的 γ 值以 $\gamma_{\min}$ 表示。具有 $\gamma_{\min}$ 的单元是在第 j 步加载中最先屈服的,当荷重增量达到 $\gamma_{\min}\{\Delta R\}$ 时,该单元屈服。在第 j 步加载中,要反复迭代,改变荷重增量,使这些单元一个一个的达到屈服为止,然后再进行第 $j+1$ 步加载。

3.10.3 解裂纹尖端附近的应力与应变场举例

一长薄板试样,受拉伸力作用,板两侧有对称的两条穿透裂纹,如图 3-27 所示。板宽为 b,板长为 $\dfrac{8}{3}b$,板厚为 $\dfrac{1}{5}b$,裂纹长 $a=\dfrac{1}{6}b$。坐标轴 x、y 和 z 如图 3-27 所示。

试样材料的物理常数如下:

$$E = 70\text{kN/mm}^2, \qquad \nu = 0.3$$
$$\sigma_s = 29.5\text{N/mm}^2$$
$$H' = \dfrac{\mathrm{d}\bar{\sigma}}{\mathrm{d}\varepsilon^p} = 670\text{N/mm}^2$$

用三维有限元求解。三维单元采用由四个四面体组成的六面体元素。单元划分,第一次用粗网格,第二次用细网格,分两次计算。

当名义应力 $\sigma=0.296\sigma_s$ 时,裂纹尖端沿 x 轴上的 σ_y 应力分布曲线见图 3-28。图 3-28(a)表示在板中心(即 $z=0$)的 σ_y 应力分布;图 3-28(b)表示板表面$\left(\text{即 }z=\dfrac{b}{10}\right)$的 σ_y 应力分布。

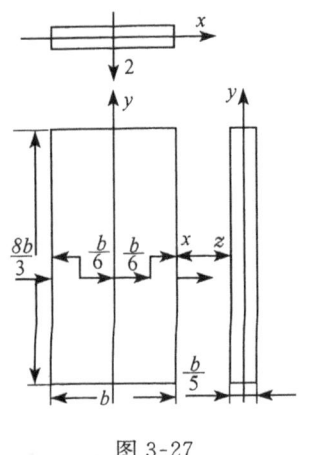

图 3-27

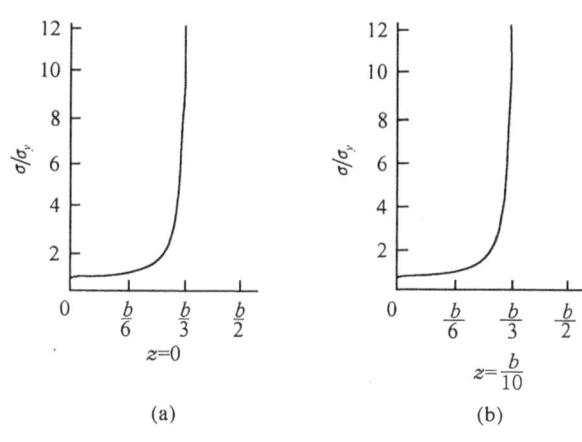

图 3-28

名义应力 σ 逐渐增加,出现的塑性区范围也逐渐扩大。从 x-z 平面(即 $y=0$)所见的塑性区边界,如图 3-29 所示。图中四条塑性区的边界,由里到外,分别相应四种不同的名义应力:$\sigma=0.296\sigma_s$,$0.303\sigma_s$,$0.349\sigma_s$,$0.358\sigma_s$。当名义应力增加时,从铅垂面(即 z=常数)所见的塑性区边界,如图 3-30 所示。图 3-30(a)是当 $z=0$ 时的情况(即板中心面的塑性区);图 3-30(b)是当 $z=\dfrac{b}{10}$ 时的情况(即板表面的塑性区)。从裂纹尖端数起,由内到外,共六条塑性区边界,与六种名义应力相当,分别为:$\sigma=0.296\sigma_s$,$0.303\sigma_s$,$0.349\sigma_s$,$0.364\sigma_s$,$0.406\sigma_s$,$0.445\sigma_s$。

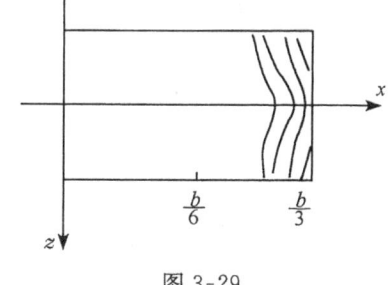

图 3-29

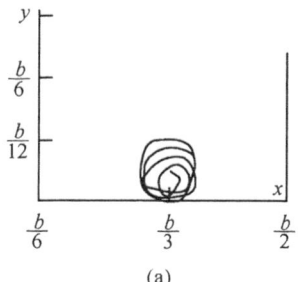
(a)

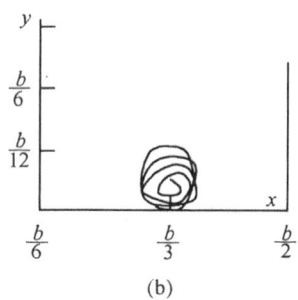
(b)

图 3-30

上面介绍了应用有限元法求裂纹尖端附近的应力、应变场,并且描绘出塑性区的范围,这仅是有限元法在弹塑性断裂力学中的一种应用。实际上,还可以用有限元法求裂纹尖端的张开位移,比 D-M 模型推导的式(3-6)要精确。同样,可用有限元法求裂纹尖端的 J 积分。大量计算证明,J 积分与回路无关;J 积分与 COD 存在着相互关系。

关于这方面的研究现在有很大的发展。在文献[22]～[26]中,用增量理论的有限元法研究了裂纹从静态起裂到失稳开裂的稳态扩展过程。文献[22]用裂纹尖端附近的应变作为控制裂纹扩展的参数;文献[23]分析了本构关系对 J 积分的影响;文献[24]取 J 积分作为控制裂纹扩展的参数。文献[25]用 Ramberg-Osgood 和多线段近似两种本构关系,以及等参与三角元分析了平面应力情况下裂纹的稳态扩展过程;在文献[26]中,把这项研究推广到弹塑性复合型裂纹,有兴趣的读者可参看上述文献,这里不详细介绍。

参 考 文 献

1 Dugdale D S. J. Mech. Physics Solids,1960,8:100
2 Barenblatt G I. Advances in Applied Me-chanics,1962,7:55
3 Bilby B A,Eshelby J D. Fractrue,1968,16:221
4 Wells A A. British Welding Journal,1965,13:2
5 Burdekin F M,Daws M G. Conf. On Practical Appl. Of Fracture Mech. To pressure Vessel Technology,1971,28
6 Rice J R,Bosengren G F. J. Mech. Phys. Solids,1968,16:1
7 Zahoor A,Abou-Sayed I S. Computers and Structures,1981,13:134
8 Du Shanyi,Lee J D. Engng. Fract. Mech. ,1983,17:173
9 Knowles J K,Sternberg E. Archive for Rat. Mech. and Analysis,1971,44:187
10 Kishimoto K et al. J. Engng. Frac. Mech. ,1980,13:841
11 Eshelby J D. Phil. Trans. Roy. Soc. Lon-don,Ser. A,244,1951:87
12 Hutchinson J W. J. Mech. Phys. Solids,1968,16:13
13 Rice J R,Rosengren G R. J. Mech. phys. Solids,1968:1
14 Rice J R. Fracture,1968,II:192
15 Robinson J N. Int. J. of Fract. 1976,12:5
16 Shih C F. J. Mech. Phys. Solids,1981,29:305
17 Bagley J A,Landes J D. ASTM STP 514,1972:1
18 Heger R H,McCabe D E. Engng. Frac. Mech. ,1973,4:393
19 Heger R H,McCabe D E. Engng. Frac. Mech. ,1973,5:45
20 Brock D. Amsterdam Rept. TR-M-2143,1965
21 宫本博. 有限元要素法の破坏力学. 1970,45
22 Newman J C et al. ASTM STP. 1976,637
23 Shih C F,Hutchinson J W. J. Engng. Mate. Tech. ,1976,94:289
24 Kanninen M F et al. Final Rept. To EPRI on RP601-1,1980
25 杜善义,李德怡. 固体力学学报. 1982,(4):481
26 杜善义. 哈尔滨工业大学学报. 1984,(1):8

第4章 疲劳裂纹的扩展

4.1 概　述

工程中大量的破坏事故是由疲劳裂纹的扩展而引起,因此疲劳裂纹问题是断裂力学中研究得最多、收集数据量最大的领域。构件上作用的载荷或应力往往随时间交替变化,裂纹在这种交变应力作用下的扩展称为疲劳裂纹的扩展,由此产生的破坏称为疲劳破坏。

1960年前后,波音公司最先发现应力强度因子在疲劳裂纹扩展中起关键性作用,并发表于Paris[1]的论文中。1963年Paris和Erdogan[2]将疲劳裂纹扩展数据与应力强度因子幅值ΔK联系起来,被学术界和工程界普遍接受,从而开创并奠定了疲劳断裂理论。

4.1.1 疲劳破坏的特点

实践表明:具有初始裂纹或缺陷的构件,即使这些初裂纹或缺陷未达到失稳扩展的临界尺寸,但在交变应力作用下,将会逐渐扩展,导致疲劳破坏。例如,表面初始裂纹深度为a_i的构件,当承受静载荷时,只在其应力水平达到临界应力σ_c时,才会失稳扩展,导致突然断裂;若静应力水平降至$\sigma(<\sigma_c)$,则裂纹不会扩展,构件安全可靠,如图4-1所示。若构件承受同一应力水平的交变应力,则裂纹将缓慢扩展,当达到临界尺寸a_c时,立即失稳扩展,突然断裂。裂纹在交变应力作用下,由初始值a_i扩展至临界值a_c的过程称为疲劳裂纹的亚临界扩展。对于没有宏观裂纹的试件,在交变应力作用下,也可能萌生裂纹,最后裂纹扩展至断裂。因此,疲劳破坏时的应力远比静载荷破坏应力低,而且疲劳破坏时一般都没有明显的塑性变形,对工程结构的危害很大,甚至产生灾难性的事故。正因为如此,长期以来对疲劳理论及其在设计中的应用方面进行了大量的研究工作,随着断裂力学的发展,又为疲劳问题的研究开辟了新的方向。

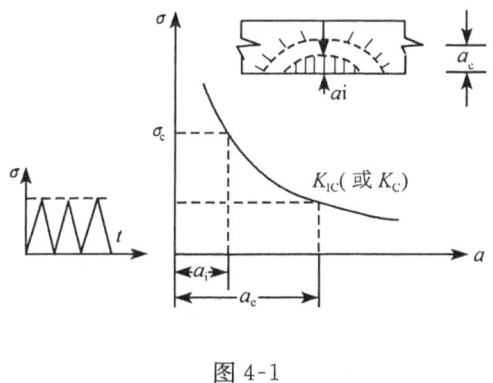

图 4-1

4.1.2 疲劳破坏过程

疲劳破坏过程比较复杂,受很多因素影响,但是按其发展过程大致可以分为以下四个阶段。

1) 裂纹成核阶段

对于一个无裂纹或类裂纹缺陷的光滑试样,在交变应力作用下,虽然名义应力不超过材料的屈服极限,但由于材料组织性能不均匀,在试件的表面局部区域仍然能产生滑移,这是因为试件表面是平面应力状态,容易塑性滑移。多次反复的循环滑移应变,产生金属的挤出和挤入的滑移带,从而形成微裂纹的核。

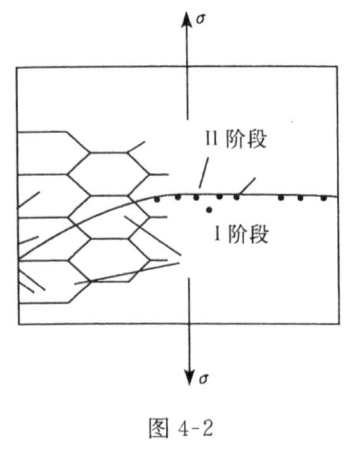

图 4-2

2) 微观裂纹扩展阶段

一旦微观裂纹生核,微裂纹就沿着滑移面扩展,这个面是与主应力轴成 45°的剪应力作用面。此阶段扩展深入表面很浅,大约十几微米,而且不是单一的裂纹,是许多沿滑移带的裂纹,如图 4-2 所示,称其为裂纹扩展的第一阶段[3]。

3) 宏观裂纹扩展阶段

此时裂纹扩展方向与拉应力垂直,且为单一裂纹扩展,如图 4-2 所示。一般认为裂纹长度 a 在 $0.10\text{mm} < a < a_c$ 范围内的扩展为宏观裂纹扩展阶段,又称为第二阶段。

4) 断裂阶段

当裂纹扩展至临界尺寸 a_c 时,产生失稳扩展而很快断裂。

以上是无初始裂纹的光滑试样的典型疲劳破坏过程,对于有初始裂纹的裂纹体,主要是宏观裂纹扩展阶段。目前,关于宏观裂纹最小尺寸的规定很不统一,各阶段的划分也不一致,因此工程上从应用方便出发,一般规定出现 0.1～0.2mm 长的裂纹为宏观裂纹(也有规定长为 0.2～0.5mm,深为 0.15mm 的表面裂纹)。以前的阶段为疲劳裂纹形成阶段,其对应的应力循环周数称为裂纹形成寿命,以 N_i 表示;而宏观裂纹扩展阶段所对应的循环周数为裂纹扩展寿命,以 N_p 表示。

4.1.3 高周疲劳与低周疲劳

工程中常常遇到高周疲劳和低周疲劳的概念。

高周疲劳:当构件所受的应力较低,疲劳裂纹在弹性区中扩展,裂纹扩展至断裂所经历的应力循环周数 N_f 较高。或裂纹形成寿命较长,故称为高周疲劳,N_f 称为失效周数或疲劳寿命。

低周疲劳:当构件所受的应力较高或因存在孔、槽、圆、角等应力集中区,局部应力已超过材料屈服极限,形成较大的塑性区,在交变应力作用下,塑性区中最容易形成宏观裂纹,裂纹主要在塑性区中扩展。裂纹扩展所经历的应力循环周数 N_f 较低,或裂纹形成寿命较短,故称低周疲劳,又称塑性疲劳或应变疲劳等。

高周疲劳和低周疲劳之间没有严格的界限,工程中一般把失效周数 $N_f < 10^4$ 次的疲劳问题列为低周疲劳范围。

4.1.4 构件的疲劳设计

传统的设计方法,最早期的是进行"无限寿命"设计,要求构件在无限长的使用期内,不发生疲劳破坏。这种方法在材料力学课程中有详细介绍,是按照疲劳强度条件进行设计的。后来,对某些构件(如航空结构的零件)采用"安全寿命"设计,即要求在一定的使用周期内,不发生疲劳裂纹。这种方法需要建立疲劳载荷谱,测定 S-N 曲线(S 为交变应力,N 为应力循环周数),并用累积损伤理论估算"安全寿命"。以上两种设计方法,并不能充分保证构件的可靠性和经济性,这是因为两种方法所依据的 S-N 曲线,是用无裂纹光滑试样测得的。从前面介绍的疲劳破坏过程可见,这样测得的总寿命 N_f 包括两部分,即疲劳裂纹形成寿命 N_i 和疲劳裂纹扩展寿命 N_p。对于不同的材料、构件形状和加载条件,N_i 和 N_p 的值也不相同。例如,对于无裂纹的光滑试样,在高周疲劳时,裂纹形成寿命 N_i 在总寿命中占的比重很大,甚至达到总寿命的 80% 以上;对于裂纹体 N_i 为零,N_f 等于裂纹扩展寿命 N_p。工程中的实际构件,在制造使用中,往往已经存在裂纹或缺陷,因此按 S-N 曲线进行的设计,不一定能保证实际构件的安全;另一方面,有此裂纹体具有相当长的裂纹扩展寿命,而传统的设计却不允许构件有宏观裂纹,这是不经济的。断裂力学正好为解决这一矛盾提供了条件,它着重研究疲劳裂纹亚临界扩展规律,从而可以正确预测裂纹扩展寿命。以断裂力学为基础建立起来的疲劳设计方法,称为"破损安全"设计,或称为"损伤容限"设计。这种设计方法的基本原则是:容许构件在使用期内出现裂纹,但必须具有足够的裂纹亚临界扩展寿命,以保证在使用期内裂纹不会失稳扩展而导致构件破坏。"破损安全"设计是裂纹体可靠且经济的疲劳设计方法,但由于它需要具备监测裂纹及其扩展的手段,了解材料和构件的裂纹扩展规律,掌握裂纹扩展寿命的计算方法,这些还不能在所有的生产部门实现,因此目前仅作为传统设计的必要补充,还待今后进一步普及发展。疲劳裂纹亚临界扩展规律的研究,也为改进材质及其工艺,提高构件抗疲劳裂纹扩展的性能提供依据。本章将重点介绍疲劳裂纹扩展规律及其在疲劳设计中的应用。对于没有初始裂纹或缺陷的零件,其裂纹形成寿命 N_i 也是一个重要的设计参量,本章也将作简要介绍。

4.2 疲劳裂纹扩展速率

4.2.1 疲劳裂纹扩展速率的概念

疲劳裂纹扩展的定量表示用 $\dfrac{\Delta a}{\Delta N}$ 或 $\dfrac{da}{dN}$,ΔN 是交变应力的循环次数增量,Δa

是相应的裂纹长度的增量。$\frac{\Delta a}{\Delta N}$（或$\frac{da}{dN}$）称为疲劳裂纹扩展速率,表示交变应力每循环一次裂纹长度的平均增量,它是裂纹长度 a、应力幅度或应变幅度的函数。对于$\frac{\Delta a}{\Delta N}$的观察范围,在低振幅下观察到 13×10^{-7} cm/次,而在高振幅下为 13×10^{-2} cm/次。研究$\frac{\Delta a}{\Delta N}$的重要性在于计算裂纹体的剩余寿命。如果已知瞬时裂纹扩展速率$\frac{da}{dN}$,初始裂纹长度 a_0 与临界裂纹长度 a_c,则可求得裂纹扩展至断裂的循环次数为

$$N_p = \int_{a_0}^{a_c} \frac{da}{\frac{da}{dN}} \tag{4-1}$$

研究疲劳裂纹扩展速率的目的,是为了获得裂纹的扩展理论、建立$\frac{da}{dN}$与 a、$\Delta\sigma$（或 $\Delta\varepsilon_p$）以及材料性质之间的关系,并写成普遍公式。根据这个理论,不仅能够预报带裂纹结构的剩余寿命,而且能够供给设计者选择材料的参考。

研究疲劳裂纹的扩展规律,一般通过两种途径,一种是通过实验观察,根据实验结果,直接总结出表达裂纹扩展规律的经验公式;另一种是结合微观实验研究,提出裂纹扩展机理的假设模型,推导出裂纹扩展规律的理论公式。高周疲劳和低周疲劳的裂纹扩展规律不同,本节仅介绍高周疲劳的裂纹扩展规律。

4.2.2 Paris 公式

在线弹性断裂力学范围内,应力强度因子 K 能恰当地描述裂纹尖端的应力场强度。高周疲劳时,裂纹尖端塑性区的尺寸远小于裂纹长度。大量的实验证明,应力强度因子 K 也是控制裂纹扩展速率$\frac{da}{dN}$的主要参量,即$\frac{da}{dN}$与应力强度因子幅度 ΔK 存在一定的函数关系。ΔK 是由交变应力最大值 σ_{max} 和最小值 σ_{min} 所计算的应力强度因子值之差。即 $\Delta K = K_{max} - K_{min}$。Paris 情况下,用具有中心穿透裂纹的平板拉伸试样或三点弯曲试样作疲劳试验。在交变载荷作用下,裂纹缓慢扩展,记录每隔一定时刻的裂纹长度 a_i 及其对应的循环次数 N_i。将各瞬时的$\left(\frac{da}{dN}\right)_i$ 及 $(\Delta K)_i$ 画在双对数坐标纸上,通常在 ΔK 的一定范围内都能画成一直线,如图 4-3 所示,从而得到经验关系式

$$\frac{da}{dN} = C(\Delta K)^m \tag{4-2}$$

式中,C、m 是材料常数,对于同一材料,m 不随构件的形状和载荷性质而改变,可以得到$\frac{da}{dN}$-ΔK 同一关系式,见图 4-3。对于各种金属材料,指数 m 大约为 2~7。常

数 C 与材料的力学性质（如 σ_s 及硬化指数等）、试验条件有关。

式(4-2)称为 Paris 公式，或称疲劳裂纹扩展方程式。它是研究疲劳断裂问题的最基本公式，该公式建立了疲劳裂纹扩展速率与 ΔK 之间的关系，为疲劳断裂问题开辟了重要的，也是最主要的研究途径。

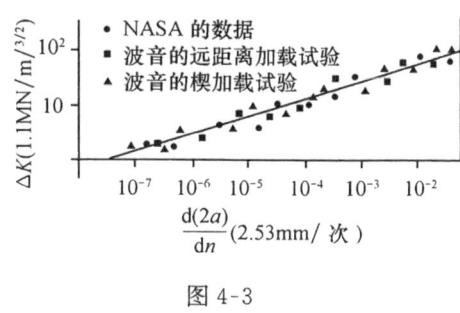

图 4-3

Paris 描述了疲劳裂纹扩展的主要过程。一般情况下，$\dfrac{da}{dN}$ ΔK 关系曲线在双对数坐标上可以分为三个区域。Paris[1]等对 A533B 钢在室温下，针对 $R=K_{min}/K_{max}=0.1$ 的情况收集了大量的数据，在双对数坐标上绘出了图 4-4。

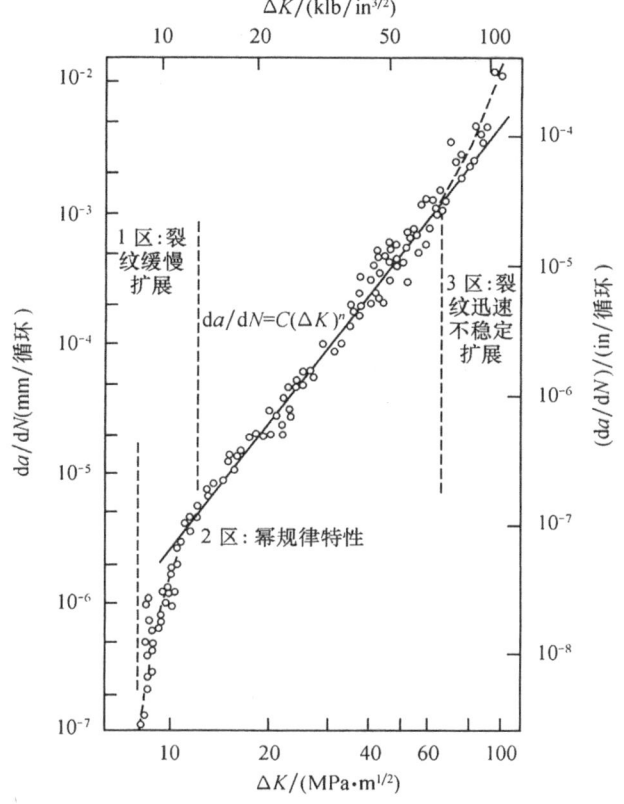

图 4-4 在室温及 $R=0.1$ 条件下 A533 钢材的疲劳裂纹扩展特征

4.2.3 疲劳裂纹扩展曲线的三个区域

由图 4-4 可以看出，$\dfrac{da}{dN}$ 与 ΔK 之关系曲线有三个区域。

在第1区域,存在ΔK的某一个下限值ΔK_{th},邻近ΔK_{th}时,ΔK的微小降低,$\frac{da}{dN}$急剧下降,在图4-4中表示为近似平行于$\frac{da}{dN}$坐标轴的直线。ΔK_{th}称为门槛值。ΔK_{th}受循环特征R的影响很大,如图4-7所示。保持$R=\frac{K_{min}}{K_{max}}=$常量作实验可得$\Delta K_{th}$。对于马氏体钢,Barsom[4]得出如下的经验关系式

$$\Delta k_{th} = \begin{cases} 6.4(1-0.85R), & R > 0.1 \\ 5.5, & R \leqslant 0.1 \end{cases} \quad (4\text{-}3)$$

Mcevily等认为应力强度因子门槛值(也有人称之为门槛值)不是常数,它应该与平均应力及环境条件有关,他们建议

$$\Delta K_{th} = \left(\frac{1-R}{1+R}\right)^{\frac{1}{2}} \Delta K_0 \quad (4\text{-}4)$$

式中,$R=K_{min}/K_{max}$,ΔK_0是与环境有关的材料常数。

在第2区域是一直线带,表明式(4-2)恒成立。大量实验结果表明,m与C之间有如图4-5所示的比较稳定的关系,即

$$C = AB^m \quad (4\text{-}5)$$

B约为1/55,A在普通钢约为1/20 000,铝合金约为1/2500。

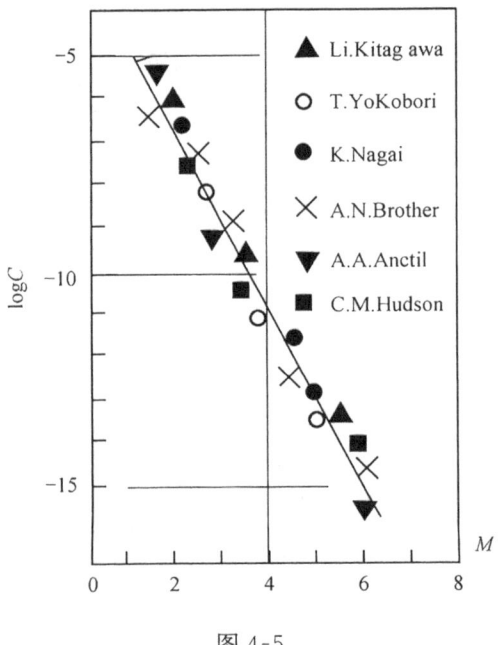

图 4-5

Paris公式(4-2)是最基本的公式,有许多学者提出了大量对式(4-2)的修正方案,下面介绍几种修正公式。

由于存在门槛值ΔK_{th},Donahue[5]等建议对Paris公式(4-2)进行修正。他们

提出了如下的推广公式

$$\frac{da}{dN} = C(\Delta K - \Delta K_{th})^m \tag{4-6}$$

Priddle 提出

$$\frac{da}{dN} = C\left(\frac{\Delta K - \Delta K_{th}}{K_c - K_{max}}\right)^m \tag{4-7}$$

式中，K_c 是材料的断裂韧度（临界应力强度因子），其中的 ΔK_{th} 是随 R 的变化而变化的，如可采用式(4-3)和式(4-4)确定的值。

由于平均应力对 $\frac{da}{dN}$ 有影响，Walker 提出

$$\frac{da}{dN} = C\left[\frac{\Delta K}{(1-R)^n}\right]^m \tag{4-8}$$

式中，系数的常用值 $m=4$，$n=0.5$。

McEvily 和 Groeger 通过理论分析给出如下关系：

$$\frac{da}{dN} = \frac{A}{E\sigma_y}(\Delta K - \Delta K_{th})^2\left(1 + \frac{\Delta K}{K_{IC} - K_{max}}\right) \tag{4-9}$$

式中，A 为材料的环境敏感系数。

在第 3 区域，即当 $K_{max} \to K_c$ 时，试样迅速发生断裂。实际上存在一个上限值 K_{fL}，当 $K_{fL}/K_{th} \approx 0.6$ 时，$\frac{da}{dN}$ 急速增加。一般用铅垂渐近线表示。有时将上限应力强度因子 K_{fL} 称之为疲劳断裂韧度。对于压力容器用钢，$K_{fL}^2/E\sigma_s \approx 0.04$ mm。考虑到邻近上限的特点和平均应力的影响，可以得到 Forman 公式，有

$$\lim_{K_{max} \to K_c} \frac{da}{dN} = \infty$$

而

$$K_{max} = \frac{\Delta K}{1-R}$$

则有

$$\lim_{K_{max} \to K_c}\left(\frac{da}{dN}\right) = \lim_{\Delta K \to (1-R)K_c}\left(\frac{da}{dN}\right) = \lim_{\Delta K - (1-R)K_c \to 0}\left(\frac{da}{dN}\right) = \infty$$

由此可见，疲劳裂纹扩展率 $\frac{da}{dN}$ 具有 $[(1-R)K_c - \Delta K]^{-1}$ 的奇异性。从而得到 Forman 公式

$$\frac{da}{dN} = \frac{C(\Delta K)^m}{(1-R)K_c - \Delta K} \tag{4-10}$$

表明材料的断裂韧度 K_c 和循环特征 R 对疲劳裂纹扩展速率 $\frac{da}{dN}$ 有影响。

各种材料的疲劳裂纹扩展速率见表 4-1，ΔK_{th} 值见表 4-2。

表 4-1 疲劳裂纹扩展速率[6]

材料	σ_b/(MN/m²)	试样板厚/mm	循环特征 R	指数 m	在$\frac{d\alpha}{dN}=10^6$mm/次时 ΔK/(MN/m$^{-3/2}$)
软钢(0.05%)	325	3.25	0.34	3.3	6.2
冷轧软钢	695	2.03	0.25	4.2	7.2
			0.65	5.5	6.4
18/8 奥氏体钢	665	3.43	0.43	3.1	6.3
			0.45	3.2	4.0
铝(99.8%)	125～155	3.25	0.46	2.9	2.9
5%Mg-Al 合金	310	3.25	0.44	2.7	1.6
Al 合金 HS30W	265	2.90	0.46	2.6	1.9
(1%Mg、1%Si0、7%Mn)			0.66	3.5	1.8
铝合金 HS30WP	310	2.90	0.34	3.9	2.6
(1%Mg、1%Si、0.7%Mn)			0.64	4.1	2.15
			0.85	4.2	1.6
4.5%铜 铝合金 BSL71	480	4.06	0.30	3.7	2.4
4.5%铜 铝合金 BSL73	435		0.69	4.4	2.1
			0.86	4.7	1.55
5.5%Zn-Al 合金	540	3.25	0.32	3.7	1.75
DTD687A 径向试片			0.64	4.2	1.8
			0.90	4.8	1.45
铜(退火或冷轧)	215～310	3.25	0.34	3.9	4.3
纯钛(商用)(99.9%)	555	3.25	0.48	4.4	3.1
5%Al-Ti 合金	835	3.05	0.56	3.8	3.4
15%Mo-Ti 合金	1160	3.25	0.50	3.5	3.0
			0.88	4.4	2.75

表 4-2 各种金属材料的 ΔK_{th}[7]

材料	σ_b(MN/m²)	循环特征 R	ΔK_{th}(裂纹长度为 0.5～5.0mm)/(MN/m$^{3/2}$)
软钢	430	−1	6.4
		0.13	6.6
		0.35	5.1
		0.49	4.1
		0.64	3.2
		0.75	3.8
Ni-Cr 合金钢	919	−1	6.4
马氏体时效钢	199	0.67	2.7
Ni-Cr 高强度钢	169	−1	1.8

续表

材　料	σ_b(MN/m²)	循环特征 R	ΔK_{th}(裂纹长度为 0.5～5.0mm)/(MN/m^{3/2})
低合金钢	830	−1	6.3
		0.00	6.6
		0.33	5.1
低合金钢		0.50	4.4
		0.64	3.3
		0.75	2.2
18-8 奥氏体钢		−1	6.0
		0.00	6.0
		0.33	5.9
		0.62	4.6
		0.74	4.1
铝	77	−1	1.0
		0.00	2.0
		0.33	1.4
		0.53	1.2
4.5%Cu-Al 合金	446	−1	2.1
		0.00	2.1
		0.33	1.7
		0.50	1.5
		0.67	1.2
钛（工业纯）铜	539	0.62	2.2
	216	−1	2.7
		0.00	2.5
		0.33	1.8
		0.56	1.5
		0.80	1.3
磷青铜	327	−1	3.8
	323	0.33	4.1
	363	0.50	3.2
		0.74	2.4
黄铜(60/40)	323	−1	3.1
		0.00	3.5
		0.33	3.1
		0.51	2.6
		0.72	2.6
镍	431	−1	5.9
		0.00	7.8
		0.33	6.5
		0.57	5.2
		0.71	3.6
镍基合金(iaconel)	416	−1	6.4
		0.00	7.1
		0.57	4.7
		0.71	3.9

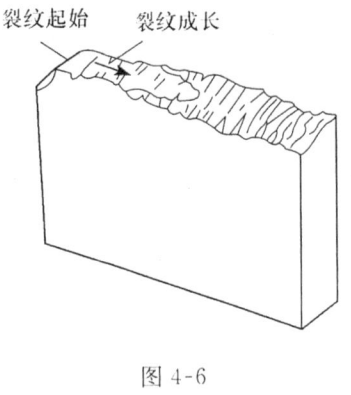

图 4-6

在疲劳裂纹扩展时,形成两个相对断裂截面的断口,通过对断口的观察,可以了解裂纹扩展的机理。多数材料,第一阶段扩展所占的面积很小,断口几乎全部由第二阶段扩展所形成。如果裂纹尖端呈平面应变状态,宏观断口是平坦的,与拉伸应力轴垂直。当裂纹扩展了一段以后,断口出现"剪切唇",与试件表面相交成 45°角,这是由于在表面附近呈平面应力状态所产生的剪断,如图 4-6 所示。裂纹继续扩展,当塑性区增加至与试件厚度相同的尺寸时,裂纹尖端完全处于平面应力状态,则断面全部形成"剪切唇"状。应注意以上介绍的是具有切口平板试样,受反复拉伸载荷时的断口,对于不同的受力形式,其断口形状是不同的。

在平面应变的平坦断口上,用电子显微镜可以观察到许多条痕,这些条痕与裂纹扩展的前进方向垂直,并且沿裂纹前进的方向凸出。这种条纹称为疲劳纹。每一个疲劳纹对应一次载荷循环,条纹的间距 μ 表示载荷每循环一次裂纹前进的距离,相当于宏观裂纹扩展速率 $\frac{da}{dN}$。实际观察的 μ 值比 $\frac{da}{dN}$ 的实测值大一些,这是因为裂纹扩展速率是平均值,而 μ 是局部的第二阶段扩展所观察到的数值。一般仅在平断口部分能观察到疲劳纹。

4.2.4 疲劳裂纹扩展的机理与 $\frac{da}{dN}$ 的理论公式

关于疲劳裂纹扩展的理论研究应包括[7]:
(1) 选择恰当的裂纹扩展模型,包括对裂纹扩展量有一个确切的描述。
(2) 裂纹扩展规律的定量数学表达。
关于疲劳裂纹亚临界扩展的理论模型有很多,下面仅介绍目前较成熟的三类。
1) 塑性钝化模型
Lard[7]对恒幅循环载荷作用下的裂纹尖端进行观察,发现在裂纹尖端出现反复钝化与重新尖锐化的交替过程。如图 4-7 所示。在加载拉伸的半个应力循环时,裂纹尖端产生局部滑移,并使裂纹尖端钝化;在相反载荷(或卸载)的另半个应力循环时,裂纹面被压合在一起,裂纹尖端在加载受拉时产生的新表面,部分摺叠起来,形成"耳子",使裂纹尖端重新尖锐化,并向前延伸一段距离。这一过程不断重复,裂纹尖端不断向前扩展。这一模型称为"塑性钝化"模型。

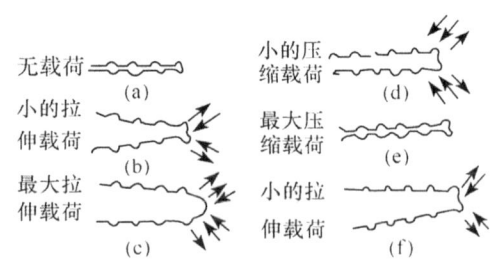

图 4-7

Mc Clintock 根据塑性钝化模型，用连续体的弹塑性分析得到

$$\frac{da}{dN} = \frac{4\beta}{E\sigma_b}\sigma^2 a \tag{4-11}$$

式中，E 是杨氏弹性模量；σ_b 是强度极限；β 是一个常数。

Lardner R. W. 根据塑性钝化模型，应用 BCS 方法，得到

$$\frac{da}{dN} = \frac{\pi(1-\nu)}{4\mu\sigma_b}\sigma^2 a \left[1 + \frac{\pi^3 \sigma^2}{96\sigma_b^2}\right] \tag{4-12}$$

式中，μ 为剪切弹性模量；ν 为泊松比。当 $\sigma \ll \sigma_b$ 时，括号中的第二项可以忽略掉。

B. Tomkins 将塑性钝化模型应用于高应变情况。设材料受的是拉伸-压缩全周期的应变，相当 I 型变形。当应力由零开始上升时，和裂纹平面成 45°方向滑移带发生剪切流动。因为剪切应变局限于很窄的带中，如图 4-8 所示。因此可以采用 BCS 模型，设在滑移区 D 上，$\bar{S}$ 是剪应力平均值。当裂纹稳定扩展时，有

$$\frac{D}{a} = \sec\left(\frac{\pi}{2S} \cdot \frac{\sigma}{2} - 1\right)$$

考虑低应力水平的情况，$\frac{\sigma}{2S}$ 较小，将上式展开，忽略其高次项，得

$$\frac{D}{a} \approx \frac{\pi^2}{8}\left(\frac{\sigma}{2S}\right)^2 \tag{4-13}$$

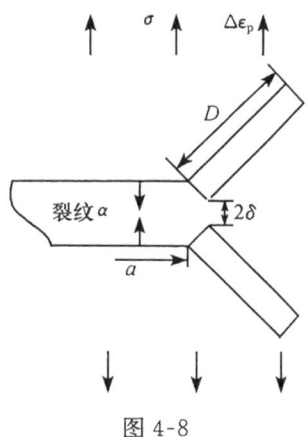

图 4-8

当到达最大应力时，滑移带被剪切破断，产生新的断裂面 δ。这部分断面形成后就暴露在空气中，当应力向相反方向变化时不能恢复，而形成一个循环中的裂纹增长量，所以 $\frac{da}{dN}$ 近似等于裂纹张开位移 δ，即

$$\frac{da}{dN} = \delta$$

Tomkins 假定

$$\delta = A\Delta\varepsilon_p D \tag{4-14}$$

式中，A 是常数；$\Delta\varepsilon_p$ 是材料的塑性应变幅度，因而

$$\frac{da}{dN} = A\Delta\varepsilon_p \frac{\pi^2}{8}\left(\frac{\sigma}{2S}\right)^2 a \tag{4-15}$$

当裂纹从材料自由表面生长时，Tomkins 假设 $A=1$。

2) 极限值模型

这是塑性钝化模型的推广。假定裂纹尖端某些参数达到某一极限值后，裂纹才开始前进。有人认为 COD 达一极限值时裂纹开始前进；有人认为裂纹尖端总的吸收滞后能达到产生新表面的极限值时，裂纹前进。

Rice 等采用连续体力学理论，根据极限值模型，设 U^* 为产生新表面单位面积

所需的临界滞后能,得到

$$\frac{da}{dN} = \frac{5\pi^3(1-\nu^2)}{96EU^*\sigma_s^2}\sigma^4 a^2 \tag{4-16}$$

式中,E 为杨氏弹性模量;ν 为泊松比;σ_s 为屈服强度。

Bilby 根据极限值模型,采用 BCS 方法推得

$$\frac{da}{dN} = \frac{5\pi^3}{192\mu\gamma\sigma_b^2}\sigma^4 a^2 \tag{4-17}$$

式中,μ 是剪切弹性模量;γ 为材料表面能;σ_b 为拉伸强度极限。

3) 再成核模型

这种模型是根据实验观察,在交变应力作用下,主裂纹前方出现微裂纹的现象提出的。认为疲劳裂纹的扩展是非连续的。在交变应力作用下,主裂纹的前方首先出现微裂纹,在进一步加载过程中,这些微裂纹扩展,最后与主裂纹相连接而使裂纹前进。实际金属中,由于存在一些夹杂物和脆性相等高的应力集中区。在拉应力作用下,位于主裂纹前方的这些缺陷本身或其界面首先开裂,然后依次与主裂纹连接,使裂纹向前扩展。

Mc Clintock 根据再成核模型,得

$$\frac{da}{dN} = \frac{7.5}{\rho E^2 \sigma_b^2 \varepsilon_f^2}\sigma^4 a^2 \tag{4-18}$$

式中,ρ 为夹杂物的间距;ε_f 为断裂时的局部真应变。

关于裂纹扩展模型,除了上述的三类外,还有位错模型、合理扩展的模型等,有待今后进一步研究。

4.2.5 疲劳裂纹扩展寿命预测

利用式(4-2),可以在已知原始裂纹长度 a_i 情况下,计算裂纹扩展到临界裂纹长度 a_c 的循环数,即寿命。

设以一定振幅变动的循环载荷,其应力强度因子幅度一般可写成

$$\Delta K = \Delta\sigma f(a) \tag{4-19}$$

式中,$\Delta\sigma$ 是名义应力幅度;$f(a)$ 是裂纹长度的函数,它与零件的几何尺寸有关。裂纹长度由 a_i 扩展到 a_c,直到失稳断裂的循环数 N_p 为

$$N_p = \int dN = \frac{1}{C}\int_{a_i}^{a_c} \frac{da}{(\Delta K)^m} = \frac{1}{C(\Delta\sigma)^m}\int_{a_i}^{a_c} f(a)^{-m} da \tag{4-20}$$

式中,初始裂纹长度 a_i 可通过探伤确定,或用对应于疲劳裂纹形成寿命 N_i 的工程裂纹长度 a_i;a_c 可根据失稳断裂的准则确定;$f(a)$ 视具体零件几何尺寸而定;$\Delta\sigma$ 按载荷-时间历史确定;C 与 m 是材料常数。

4.2.6 Miner 准则

以上的各类关系式都是建立在疲劳裂纹处于等幅循环加载条件下的。对不同

等幅循环加载依次作用下材料的破坏问题,Miner 给出了一个较实用的准则,称之为 Miner 准则或称损伤累积准则。该准则表达如下:

$$\sum_{i=1}^{p} \frac{n_i}{N_i} = 1 \qquad (4\text{-}21)$$

式中,N_i 为在某一给定循环载荷下所能承受的最大循环次数(或称之为在该循环载荷下的寿命);n_i 为在该循环载荷下的实际循环次数。

例如,在某等幅循环载荷下,其寿命为 N_1 次,但该载荷仅循环了 n_1 次,则其损伤为

$$D_1 = \frac{n_1}{N_1}$$

显然,当损伤 $D_1 = 1$ 时材料破坏。该材料接着经受另一等幅循环载荷作用,在该等幅循环载荷下其寿命为 N_2 次,但只循环了 n_2 次,在这一轮循环载荷下其损伤为

$$D_2 = \frac{n_2}{N_2}$$

两次累积造成的损伤为

$$D = D_1 + D_2 = \frac{n_1}{N_1} + \frac{n_2}{N_2}$$

当 $D=1$ 时,材料即破坏。由此推导下去即得 Miner 准则式(4-21),它表达了损伤的累积效应。对受多轮次不同循环载荷作用问题,该式具有实际意义。

Miner 准则不仅适用于较低应力水平下的高周疲劳,也适用于较高应力水平下的低周疲劳。

4.3 影响疲劳裂纹扩展速率的因素

通过实验发现,除了 ΔK 是控制裂纹亚临界扩展的重要物理量外,其他如平均应力、应力条件、加载频率、温度和环境等,对 $\dfrac{da}{dN}$ 均有影响,现简述如下[7,8]。

4.3.1 平均应力的影响

图 4-8 是在不同循环特征 $R = \dfrac{K_{\min}}{K_{\max}}$ 条件下,用 Paris 公式整理的 $\dfrac{da}{dN}$-ΔK 曲线,反映出平均应力对 $\dfrac{da}{dN}$ 有明显的影响。在同一 ΔK 下,平均应力越高,$\dfrac{da}{dN}$ 越大。而 Forman 公式(4-10)即反映了 $K_{\max} \to K_c$ 时的特性,又考虑了平均应力的影响。图 4-10 是将图 4-9 的数据按 $\dfrac{da}{dN}[(1-R)K_c - \Delta K]$ 整理成一条直线,说明试验结果符合 Forman 公式。

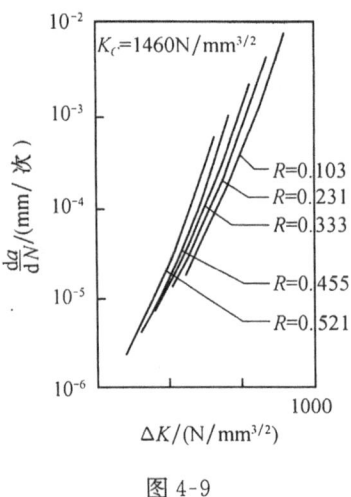

图 4-9

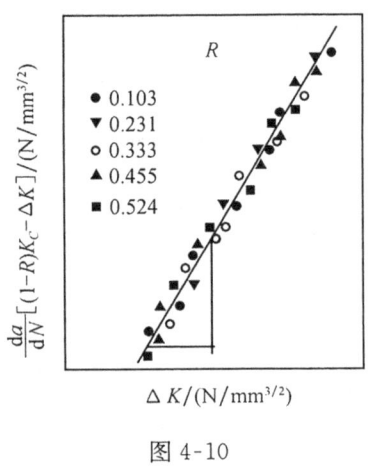

图 4-10

根据上述实验结果,如果平均应力为压应力,则在相同的 ΔK 下,与平均应力为拉应力或为零相比,疲劳裂纹扩展速率 $\dfrac{\mathrm{d}a}{\mathrm{d}N}$ 降低。人们利用这一特性,对高压容器进行自增强处理,以提高其疲劳寿命;航空零部件进行喷丸处理,造成表面残余压应力,以提高疲劳寿命。

在一般情况下,构件表面残余拉应力会使交变应力中的平均应力水平增高;反之,表面残余压应力,会使交变应力中的平均应力水平降低。为了降低构件的疲劳裂纹扩展率,在制造工艺上,往往使构件表面层(约 0.08~0.40mm)引入残余压应力。这在工艺上通常采用渗碳、渗氮、渗铝、表面淬火、外表面滚压、内表面挤压以及近年来在航空工业中广泛采用的喷丸强化工艺等。图 4-11 所示的是表层分别为残余拉应力($\sigma_r>0$),残余压应力($\sigma_r<0$)和无残余应力($\sigma_r=0$)三种情况下的中心切口板材试件的疲劳裂纹扩展量 $2a$ 与循环数 N 的关系。

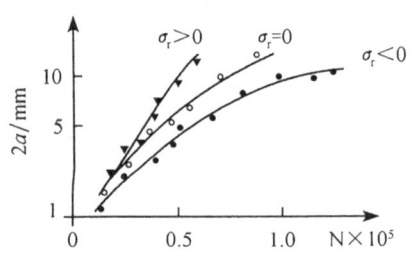
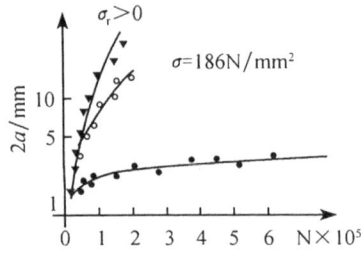

图 4-11

由图 4-11 看出,表层残余拉应力的存在加速裂纹扩展,残余压应力抑制裂纹扩展。

图 4-12(a)为 SAE4340 钢($\sigma_b=1303\text{N/mm}^2$)经表面喷丸处理后,表面残余压

应力可高达 $\sigma_r = -686 \sim 784\text{N/mm}^2$，压应力层深为 $0.31 \sim 0.43\text{mm}$。由图 4-12(b) 可见，当压应力层深约为裂纹深度的 5 倍时，疲劳强度极限基本上不再改变。

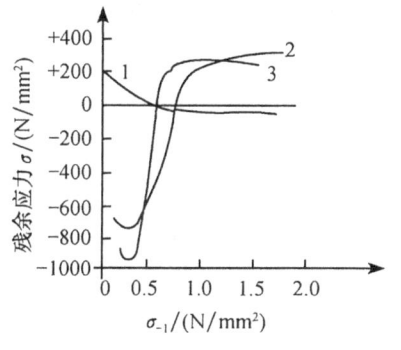

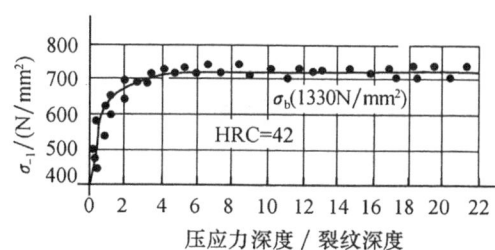

图 4-12

4.3.2 超载的影响

当构件承受一个由各种幅度组成的载荷谱时，在整个载荷谱中，高低幅度的载荷交替地并且是无序地出现。大量实验表明，过载峰对随后的低载恒幅下的裂纹扩展速度有明显的延缓作用。图 4-13 表示过载峰对 2024-T3 铝合金裂纹扩展速率的影响[9]。延缓作用仅限于一段循环周期，在此周期之后，$\dfrac{\text{d}a}{\text{d}N}$ 又逐渐恢复正常。为了定量描述超载后裂纹的延缓效应，下面介绍两种理论分析模型。

图 4-13

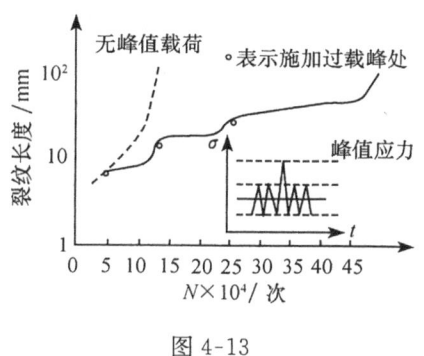

图 4-14

1) Wheeler 模型

这种模型认为，过载峰 $\Delta K_{\max}$ 使裂纹尖端形成大塑性区 R^*，如图 4-14 所示，而塑性区 R^* 是随后在恒定 ΔK 作用下裂纹扩展的主要障碍，使裂纹扩展产生停滞效应。如果在恒定 ΔK 下裂纹扩展速率为

$$\frac{\text{d}a}{\text{d}N} = C(\Delta K)^m$$

那么，受大塑性区阻碍而延缓的裂纹扩展速率应是大塑性区尺寸 R^* 及大塑性区与弹性区交界面的位置 a_p 的函数为

$$\left.\frac{da}{dN}\right|_{\text{延缓}} = C_{pi}C(\Delta K)^m \tag{4-22}$$

反映停滞效应的延缓参量取为 C_{pi}，其值为 $0\sim 1$。设恒定 ΔK 引起的塑性区为 R_y，而裂纹尺寸为 a，则延缓参量 C_{pi} 可以写成

$$C_{pi} = \begin{cases} \left(\dfrac{R_y}{a_p - a}\right)^a, & a + R_y < a_p \\ 1, & a + R_y > a_p \end{cases} \tag{4-23}$$

n 是由试验决定的形状参数。对钢 $n\approx 1.3$，钛合金 $n\approx 3.4$。这样，延缓裂纹扩展速率可写成

$$\left.\frac{da}{dZ}\right|_{\text{延缓}} = C\left(\frac{R_y}{a_p - a}\right)^n (\Delta K)^m \tag{4-24}$$

形状参数 n 必须在一个试样上通过施加一个载荷谱的试验才能求出。

2) Elber 模型

这种模型认为，由于超载后裂纹的闭合效应，使得裂纹扩展速率 $\dfrac{da}{dN}$ 下降。Elber 等观察了 $\sigma_{\min}$ 到 $\sigma_{\max}$ 循环应力作用下疲劳裂纹的张开闭合行为，认为在疲劳裂纹尖端的塑性变形，在裂纹通过之后，裂纹面上有残余拉伸变形，在开闭时存在干涉作用。当施加一过载峰时，裂纹尖端产生一较大的残余拉应变，即产生一残余张开位移（负向），过载峰后，在随后的恒定 ΔK 作用下逐渐卸载过程中，因尖端已形成残余拉应变，结果使裂纹尖端过早地发生闭合，这就是所谓的裂纹闭合效应。因此，使裂纹尖端的有效应力强度因子幅度 ΔK_{eff} 比实际外加值 ΔK 小，从而延缓了裂纹扩展速率。Elber 取疲劳裂纹开始张开应力的 σ_{OP}，引进有效应力强度因子幅度

$$\Delta K_{\text{eff}} = U\Delta K \tag{4-25}$$

式中

$$U = \frac{\sigma_{\max} - \sigma_{OP}}{\sigma_{\max} - \sigma_{\min}} \tag{4-26}$$

将疲劳裂纹扩展速率写成

$$\left.\frac{da}{dN}\right|_{\text{延缓}} = C(\Delta K_{\text{eff}})^m \tag{4-27}$$

比较式(4-22)和式(4-27)后得

$$C_{pi}(\Delta K)^m = (\Delta K_{\text{eff}})^m$$

又由式(4-25)得

$$C_{pi} = U^m \tag{4-28}$$

由式(4-26)知，超载越大，ΔK_{eff} 越低，因而 $\dfrac{da}{dN}$ 越小。式(4-24)和式(4-27)可用以预测有超载的交变载荷情况下的裂纹扩展寿命。

4.3.3 加载频率的影响

加载频率减小,裂纹扩展率增大。但是随着 ΔK 的减小,在 ΔK 处于较低的范围内,其影响逐渐减少,图 4-15 是 Ti-6Al-4V 钛合金的资料[10]。在高温下,加载频率对裂纹扩展速率的影响大些,如图 4-17 所示。在 ΔK 某转折点以上,加载频率越低,$\dfrac{\mathrm{d}a}{\mathrm{d}N}$ 越高,如图 4-16 所示。

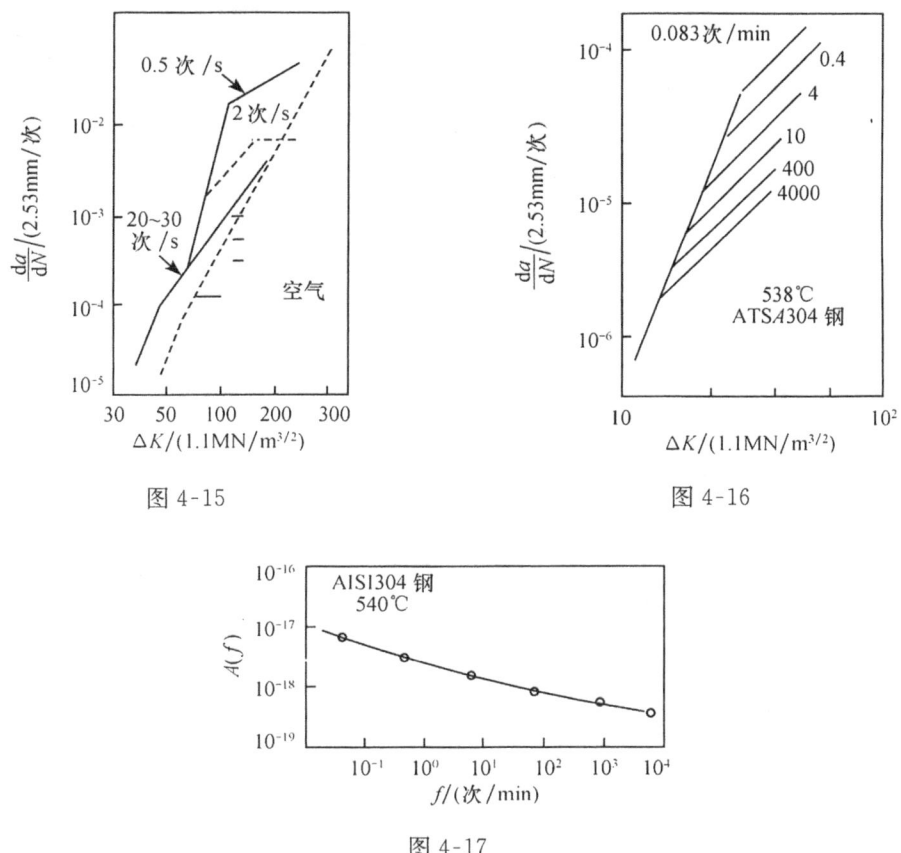

图 4-15

图 4-16

图 4-17

加载频率的影响可用解析式表出如下

$$\frac{\mathrm{d}a}{\mathrm{d}N} = A(f)(\Delta K)^m \tag{4-29}$$

式中,$m = 3.06$(AISI 304,1000°F);$A(f)$ 是加载频率 f 的函数,如图 4-17 所示[9]。

4.3.4 温度的影响

用于核反应堆压力容器的 304 不锈钢的高温资料如图 4-18 所示,温度从 24℃ 增加到 650℃,$\dfrac{\mathrm{d}a}{\mathrm{d}N}$ 随之增加,可以用 Arrhenius 型温度依存关系,即

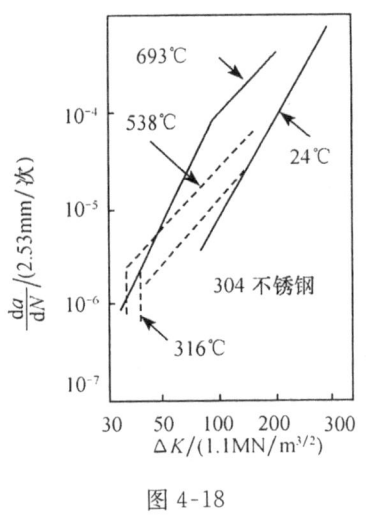

图 4-18

$$\frac{da}{dN} = A\exp\left[-\frac{u(\Delta K)}{RT}\right]$$

式中,A 是常数；$u(\Delta K)$ 是激活能；R 是玻耳兹曼常量，T 是绝对温度。

4.3.5 混合型疲劳裂纹扩展

对工程材料的大量疲劳实验,人们发现,在疲劳载荷的应力幅值比材料的循环屈服应力高的情况下,疲劳裂纹呈现 II 型或 III 型的剪切扩展。而在低应力的小范围屈服情况下,疲劳裂纹多数是沿最大主应力面扩展。又如,在旋转轴扭转疲劳试验中(III 型),多数疲劳裂纹沿最大主应力面形成放射状与山脉状交叉的破坏表面,而且破断后仍可传递扭矩,与裂纹平行的应力对裂纹的扩展无影响。

图 4-19 是 I 与 II 型混合型裂纹扩展的实验结果,实验材料为软钢。剪切型裂纹沿最大剪应力面扩展,其发生的界限值受最大剪应力强度因子范围 $\Delta K_{\tau(\theta)\max}$ 的支配,小于某值时,裂纹不扩展,见图 4-19。在最大主应力强度因子范围 $\Delta K_{\sigma(\theta)\max} \geqslant \Delta K_{th}$ 时,撕裂型裂纹沿最大主应力面方向扩展,直至断裂。其规律如下:

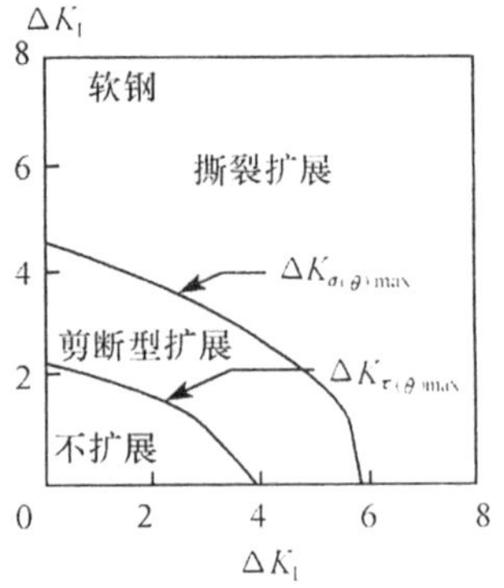

$$\Delta K_{\sigma(\theta)\max} \geqslant \Delta K_{th}$$

$$\Delta K_{\sigma(\theta)\max} = \cos\frac{\theta_{\max}}{2}\left(\Delta K_{\mathrm{I}}\cos^2\frac{\theta_{\max}}{2} - \frac{3}{2}\Delta K_{\mathrm{II}}\sin\theta_{\max}\right)$$

$$\theta_{\max} = \pm\arccos\frac{3\Delta K_{\mathrm{II}}^2 + \Delta K_{\mathrm{I}}\sqrt{8(\Delta k_{\mathrm{II}})^2 + (\Delta K_{\mathrm{I}})^2}}{9(\Delta K_{\mathrm{II}})^2 + (\Delta K_{\mathrm{I}})^2}$$

(4-30)

图 4-19

式中,$\theta_{\max}$ 是最大主应力方向。

4.4 应变疲劳

前面已经介绍了应变疲劳的概念。在工程中,许多构件的外形相当复杂,存在所谓"几何不连续性",如过渡圆、角、孔、槽底拐角等。在构件几何不连续的区域,产生应力集中或应变集中现象。对许多构件,特别是运载工具,如火箭、飞机、船舶等,要求减轻重量,因而必需提高构件的承载能力。因而,其工作应力一般比较高。于是,在应力集中或应变集中区域首先进入塑性状态,形成一个或大或小的塑性区。在交变载荷作用下,最易在塑性区内首先形成宏观裂纹,宏观裂纹在塑性域内扩展至弹性交界处,并在弹性区中扩展,直至达到临界状态而最终骤然断裂,如图 4-20 所示。这样的疲劳问题属于低周疲劳,又称为应变疲劳,也有的称为低循环疲劳、塑性疲劳或短寿命疲劳等。对于具有焊接残余应力的构件,或是在高温下工作的构件,也常常有应变疲劳问题。低周疲劳与高周疲劳没有严格的定量界限,工程中一般以失效周数 $N_f=10^4$(或 $N_f=10^3 \sim 10^5$)作为分界线,见图 4-21。

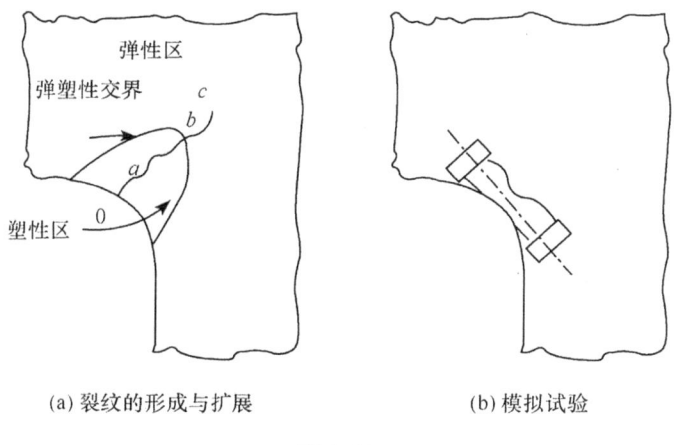

(a) 裂纹的形成与扩展　　(b) 模拟试验

图 4-20

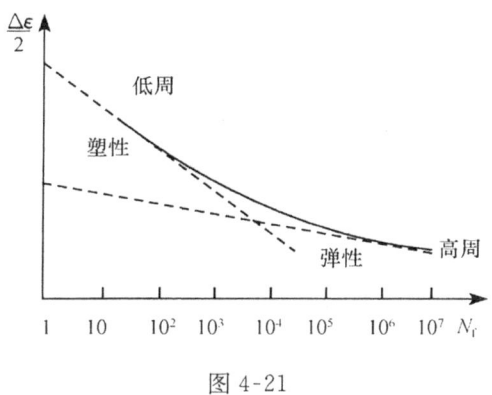

图 4-21

4.4.1　交变应力作用下材料的行为

简单拉伸(或压缩)试样在单调静荷作用下的应力-应变曲线叫作"单调应力-应变曲线",如图 4-22 所示。如果材料拉伸进入塑性后,然后卸载至零,继而反向压缩加载,对于大多数塑性材料,呈现超弹性拉伸预变形后的压缩屈服极限 $\sigma_s^{(-)}$ 低于由初始状态拉伸的屈服极限 $\sigma_s^{(+)}$,这种现象叫做"包辛格效应",见图 4-23,它反映材料在交变载荷作用下的拉压异性。当压缩到一定程度后又卸载至零,继而再反向(拉伸)加载,这种在交变载荷作用下的应力-应变曲线叫做循环应力-应变回线,如图 4-24 所示。

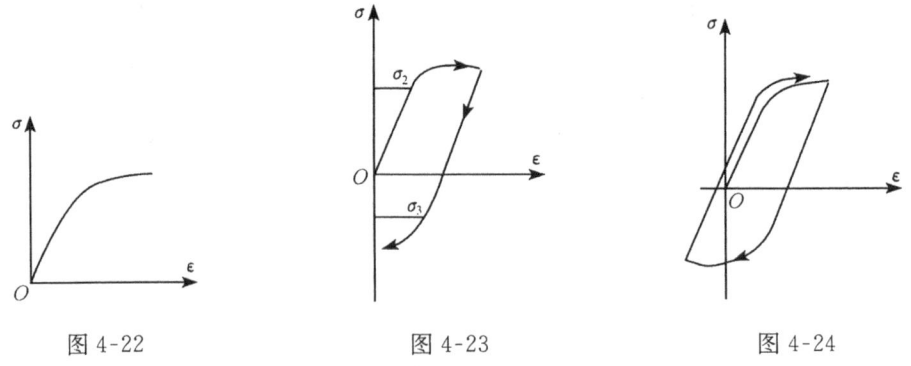

图 4-22　　　　　　　图 4-23　　　　　　　图 4-24

对称循环控制有两种:控制交变应变的幅度 $\Delta\varepsilon$ 为常量,简称应变幅控制,见图 4-25(a);若控制交变应力幅度 $\Delta\sigma$ 为常量,简称应力幅控制,见图 4-25(b)。

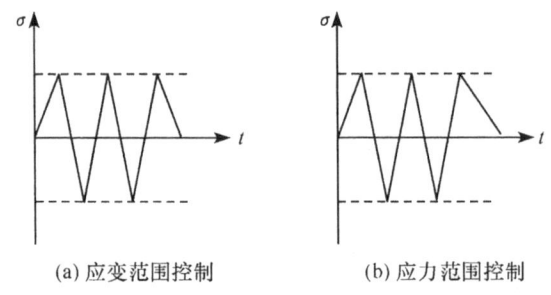

(a) 应变范围控制　　　　　(b) 应力范围控制

图 4-25

在周期载荷作用下,材料出现"强化"(也叫硬化)或"弱化"(也叫软化)现象。在应变幅控制过程中,应力幅增加的现象,见图 4-26(a),叫作"循环强化";反之,应力幅变小的现象,见图 4-26(b),叫作"循环弱化"。在应力幅控制过程中,应变范围减小的现象,见图 4-27(a),叫作"循环强化";反之,应变幅增加的现象,见图 4-27(b),叫做"循环弱化"。Manson 认为,由单调应力-应变曲线可预示材料是循环强化还是循环弱化。若强度极限与屈服极限的比 $\dfrac{\sigma_b}{\sigma_s}>1.4$,材料强化;若 $\dfrac{\sigma_b}{\sigma_s}<1.2$,材料弱化;$1.2<\dfrac{\sigma_b}{\sigma_s}<1.4$,材料是强化还是弱化不能定。

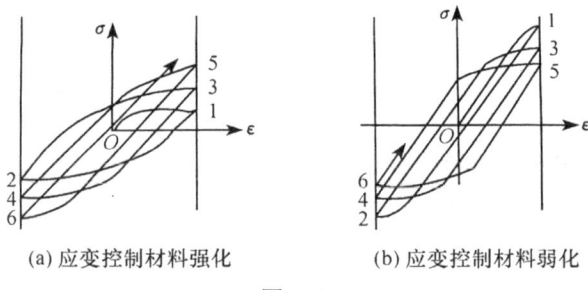

(a) 应变控制材料强化　　　　　(b) 应变控制材料弱化

图 4-26

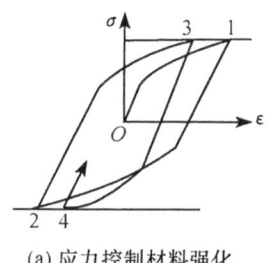 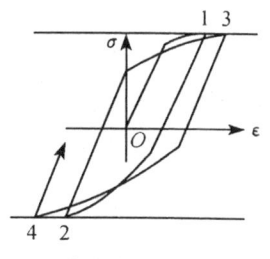

(a) 应力控制材料强化　　　　　(b) 应力控制材料弱化

图 4-27

多数材料在开始的若干循环中,应力-应变回线变化较大,约经过寿命的 10%～20% 循环次数后,回线接近稳定状态,对应的回线叫作"稳定回线",如图 4-28 所示。

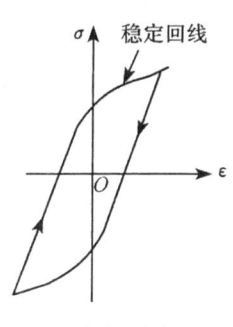 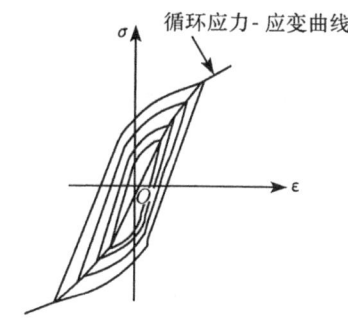

(a) 循环应力-稳定回线　　　　　(b) 循环应力-应变曲线

图 4-28

稳定回线的尖点的轨迹叫作"循环应力-应变曲线"。它与单调应力-应变曲线一般是不重合的。若循环应力-应变曲线在单调应力之上,如图 4-29 所示,材料是循环强化;反之,在单调应力-应变曲线之下,则材料是循环弱化。

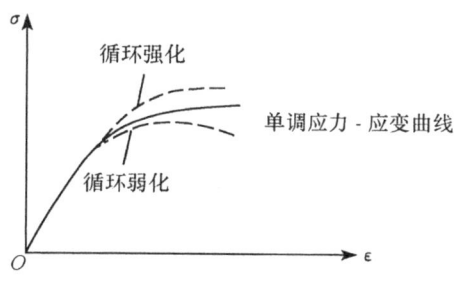

图 4-29

循环应力-应变曲线的方程式可用下式给定,即

$$\varepsilon = \frac{\sigma}{E} + \left(\frac{\sigma}{K'}\right)^{\frac{1}{n'}} \tag{4-31}$$

式中,ε 是真应变;σ 是真应力;K' 是循环强度系数;n' 是应变硬化指数。在循环应力-应变曲线上的一点 $\left(\frac{\Delta\varepsilon}{2}, \frac{\Delta\sigma}{2}\right)$ 对应稳定回线的尖点,代这些值到式(4-31)中得

$$\frac{\Delta\varepsilon}{2} = \frac{\Delta\sigma}{2E} + \frac{\Delta\sigma^{\frac{1}{n'}}}{2K'} \tag{4-31a}$$

上式表示稳定回线的方程式。不难看出,稳定回线与循环应力-应变曲线有相同的数字形式。因此,循环应力-应变曲线可由一个单个稳定的回线来估计,而任何稳定回线也可用循环应力-应变曲线来近似。

在低周疲劳分析中,循环应力-应变"稳定回线、循环应力-应变曲线"这些基本概念相当重要。有些分析是以稳定回线为前提的。循环应力-应变曲线常用以确定交变应力幅与交变应变幅之间的关系。若应变幅控制,应变幅已知,由循环应力-应变曲线即可确定相应的应力幅。若应力幅控制,应力幅已知,由循环应力-应变曲线即可确定相应的应变幅。

4.4.2 对称循环光滑试样的断裂寿命 N_f——Mason-Coffin 公式

低周疲劳的实验,从循环特征分,最多的是对称循环($R=-1$),其次是正脉冲循环($R=0$),少量的是任意特征循环。后两者的目的在于研究平均应力对疲劳寿命的影响。从试件的受载形式分,有拉压疲劳、弯曲疲劳。从试件形式分,有板条、圆棒和其他形状;有光滑的、有缺口的。从控制力学参量分,有应变幅控制、应力幅控制和特殊控制。实验一般在常温下干燥的空气中进行。

其中以拉压对称循环光滑试件的疲劳实验为最基本的实验。

Coffin[11]与 Manson[12]及其同人做了大量实验,总结了拉压对称循环、应变幅控制和光滑试件的实验结果,提出了断裂寿命 N_f 与塑性应变幅 $\Delta\varepsilon_p$ 之间的关系式

$$\Delta\varepsilon_p N_f^\alpha = C \tag{4-32}$$

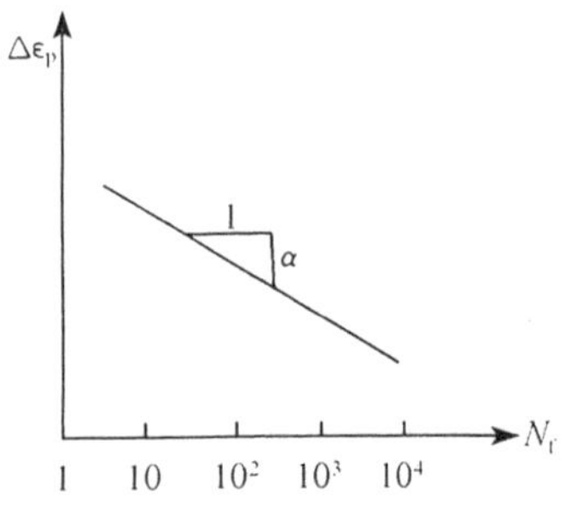

式中,α 为疲劳韧性指数或称寿命指数(材料常数),对于大多数合金 α 大约为 $0.5 \sim 0.7$;C 为疲劳韧性系数(材料常数),与材料的延性有关或与断裂真应变 ε_j 有关。$\Delta\varepsilon_f$ 与 N_f 之间的关系如图 4-30 所示。

在汽轮机零件设计中,有人采用公式

$$\Delta\varepsilon_p N_f^{\frac{1}{2}} = \frac{1}{2}\ln\frac{100}{100-R\cdot A\%} \tag{4-33}$$

或

$$\Delta\varepsilon_p N_f^{0.6} = 0.6\ln\frac{100}{100-R\cdot A\%} \tag{4-34}$$

图 4-30

式中,$R\cdot A$ 为试样的断面收缩率。

式(4-32)称为 Mason-Coffin 经验公式,也称为 Manson-Coffin 定律。

Mason-Coffin 公式有时还以全应变幅 $\Delta\varepsilon$ 表示为

$$\Delta\varepsilon N_f^{\alpha_1} = C_1 \tag{4-35}$$

各种材料的指数 α_1 和系数 C_1 见表 4-3。

表 4-3 各种材料的应变疲劳常数 α_1 与 C_1[12]

材料	温度/℃	α_1	C_1
WB35	20	0.362	19.9
	350	0.361	14.7
N-A-Xtra	20	0.354	13.8
	350	0.354	12.7
13CrMo44	20	0.365	20.9
	350	0.470	29.5
	550	0.550	33.6
15Mo3	20	0.362	18.0
	575	0.406	18.2
HHA	20	0.361	17.1
	350	0.363	13.8
T6t42	20	0.359	18.5
	350	0.378	14.0
34CrNiMo6	20	0.370	18.6
14MV63	550	0.215	3.8
CuNiMo	20	0.340	12.6
	350	0.356	5.4
20MnMoNiV53	20	0.285	9.1
	350	0.368	14.2
20MnMo45	20	0.349	15.2
	350	0.390	14
19Mn5	20	0.384	21.1
	350	0.390	18.1
BHW38	20	0.287	9.5
	350	0.231	5.2

有时 Mason-Coffin 公式用全应变幅 $\dfrac{\Delta\varepsilon}{2}$ 表示为

$$\frac{\Delta\varepsilon}{2} = \frac{\Delta\varepsilon_e}{2} + \frac{\Delta\varepsilon_p}{2} = \frac{\sigma'_f}{E}(2N_f)^b + \varepsilon'_f(2N_f)^c \tag{4-36}$$

式中，$\dfrac{\Delta\varepsilon_e}{2}$ 是弹性应变幅；$\dfrac{\Delta\varepsilon_p}{2}$ 是塑性应变幅；σ'_f 是疲劳强度系数；ε'_f 是疲劳延性系数；b 是疲劳强度指数；c 是疲劳延性指数(图 4-31)。

Mason 对各种材料在室温下的低周疲劳数据进行了分析，提出了低周疲劳寿命估算的斜率法，即将其用静载拉伸强度极限 σ_b 和真断裂应变 ε_f 表示为

$$\Delta\varepsilon = \frac{3.5\sigma_b}{E}N_f^{-0.12} + \varepsilon_f^{0.6}N_f^{-0.6} \tag{4-37}$$

式中，真断裂应变 $\varepsilon_f = \ln\dfrac{100}{100-R\cdot A\%}$；

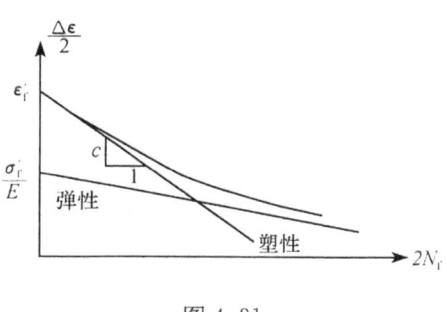

图 4-31

$R \cdot A\%$ 是断面收缩率。在缺乏疲劳数据情况下,可用式(4-37)估算低周疲劳寿命。

4.4.3 疲劳裂纹的形成寿命

出现一个宏观裂纹(或称工程裂纹)所需的循环周数称为疲劳裂纹的形成寿命,用 N_i 表示。宏观裂纹最小尺寸的规定很不统一,工程中一般规定长度为 $0.1 \sim 0.2$ mm 的裂纹,或长度为 $0.2 \sim 0.5$ mm、深为 0.15 mm 的表面裂纹为宏观裂纹。

1) 光滑试样的裂纹形成寿命

光滑试样的裂纹形成寿命 N_i,可以直接由实验求得。即是用几组试件,选用不等的应变幅度 $\Delta\varepsilon$ 做疲劳试验,记录对应的起裂周数 N_i,可得 $\Delta\varepsilon\text{-}N_i$ 关系曲线。

饭田国广、井田幌根据实验,得到裂纹形成寿命 N_i 与断裂寿命 N_f 之间的关系为指数关系,即

$$N_i = AN_f^B \tag{4-38}$$

对于结构钢,系数 $A=0.65$,指数 $B=1.032$。因此,式(4-35)可表示为

$$\Delta\varepsilon N_i^\beta = C' \tag{4-39}$$

式中,β 与 C' 均为材料常数。

根据实验测得的 $\Delta\varepsilon\text{-}N_i$ 曲线或式(4-39),可求得对应于一定的应变幅度 $\Delta\varepsilon$ 的 N_i 值。

2) 缺口试件(构件)的裂纹形成寿命

缺口试件或构件,在其缺口的应力集中部位,一般都形成塑性区,要通过试验测定各种缺口试件或构件的裂纹形成寿命有一定困难。因此,工程中设想用小型光滑试样模拟缺口应力的集中部位的应力或应变状态,并认为两者的裂纹形成寿命相当,如图 4-20 和图 4-32 所示。这样,可以从光滑试件得到的 $\Delta\varepsilon\text{-}N_i$ 曲线或用

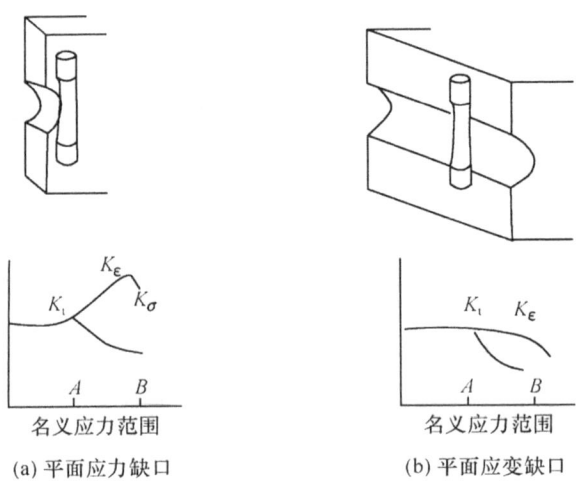

(a) 平面应力缺口　　(b) 平面应变缺口

图 4-32

式(4-39)直接计算缺口试件或构件的裂纹形成寿命,即

$$\Delta \varepsilon N_i^\beta = C' \tag{4-40}$$

式中,$\Delta \varepsilon$ 是缺口应变集中部位的全应变幅。

计算缺口局部区域的全变幅 $\Delta \varepsilon$ 的方法很多,可以用有限元法计算。

此外,$\Delta \varepsilon$ 还可以通过弹塑性应变集中系数 $K_\varepsilon = \dfrac{\Delta \varepsilon}{\Delta \bar{\varepsilon}}$ 进行计算,$\Delta \bar{\varepsilon}$ 是构件的名义应变幅,一般是弹性应变,$\Delta \bar{\varepsilon} = \dfrac{\Delta \sigma}{E}$。图 4-32 表明切口试样应变幅缓慢增加时 K_ε 的变化情况。

图 4-32(a)表示薄板试样,由缺口试样的疲劳极限附近(A 点)到切口根部开始产生循环塑性的应变时,随着塑性区的扩大,K_ε 连续增加,当试件整体开始产生循环塑性变形时(B 点),K_ε 开始急速下降,在 K_ε 与塑性应力集中系数 $K_\sigma = \dfrac{\Delta \sigma}{\Delta \bar{\sigma}}$ 之间,即在点 A 与 B 范围内,有 Neber 关系为

$$K_\varepsilon \cdot K_\sigma = K_t^2 \tag{4-41}$$

式中,K_t 为理论应力集中系数;$\Delta \sigma$ 是缺口局部的应力幅;$\Delta \bar{\sigma}$ 为构件的名义应力幅。

图 4-32(b)表示厚板试样,在 A 点试样开始局部塑性应变时,K_ε 也不变化。直到整个试样出现循环塑性应变时,K_ε 急速下降。这样的情况可以认为

$$K_\varepsilon = K_t \tag{4-42}$$

厚板试件相当于平面应变,薄板试样相当于面应力情况。

实际设计时要根据具体情况而定,如在钢结构中的铆钉孔和螺栓孔,可视为平面应力情况,而焊缝趾部相当于平面应变情况。

下面应用 Neuber 公式估算对称循环加载作用下裂纹的形成寿命。在对称循环下,材料缺口根部的局部应力幅 $\Delta \sigma$ 与局部塑性应变幅 ε_p 之间有以下关系

$$\Delta \varepsilon_p = \left(\frac{\Delta \sigma}{K}\right)^{\frac{1}{n}} \tag{4-43}$$

式中,K 与 n 是材料常数。

设在缺口根部的 K_σ 与 K_ε 服从 Neuber 法则,于是有

$$K_t = (K_\varepsilon \cdot K_\sigma)^{\frac{1}{2}} = \left(\frac{\Delta \sigma}{\Delta S} \cdot \frac{\Delta \varepsilon}{\Delta e}\right)^{\frac{1}{2}} \tag{4-44}$$

式中,ΔS 是名义应力;Δe 是名义应变。因为在缺口根部产生的塑性区范围不大,可认为大部分区域的名义应力和名义应变是弹性的。为了简化,还设缺口根部呈现单轴应力状态。取

$$\Delta \varepsilon = \Delta \varepsilon_p + \Delta \varepsilon_e = \Delta \varepsilon_p + \frac{\Delta \sigma}{E} \tag{4-45}$$

由式(4-44)和式(4-45)得出

$$\Delta S^2 = \frac{E}{K_t^2}\left(\Delta\varepsilon_p + \frac{\Delta\sigma}{E}\right)\Delta\sigma \tag{4-46}$$

应用 Mason-Coffin 经验关系式(4-32),即

$$\Delta\varepsilon_p N_i^\alpha = C \tag{4-47}$$

或

$$\Delta\varepsilon_p = CN_i^{-\alpha} \tag{4-48}$$

由式(4-43)和式(4-48)有

$$\Delta\sigma = K\Delta\varepsilon_p^n = KC^n N_i^{-\alpha n} \tag{4-49}$$

将式(4-48)和式(4-49)代入式(4-46),得出缺口裂纹形成寿命的估算公式为

$$\Delta S^2 = \frac{E}{K_t^2}\left(CN_i^{-\alpha} + \frac{KC^n}{E}N_i^{-\alpha n}\right)KC^n N_i^{-\alpha n} \tag{4-50}$$

对于缺口试件或有应力集中的构件,理论应力集中系数 K_t、名义应力 ΔS、材料常数 C、α、K、n 与 E 都是给定和容易求得的,因此由式(4-50)可以估算裂纹形成寿命。

类似地,对于 $K_\varepsilon = K_t$ 的情况,缺口试件或有应力集中的构件的疲劳裂纹形成寿命有以下估算公式

$$\Delta S = \frac{K_t}{E} = CN_i^{-\alpha} + \frac{KC^n}{E}N_i^{-\alpha n} \tag{4-51}$$

3) 变幅循环加载情况下的裂纹形成寿命

在变幅循环加载下,局部应力应变曲线可以分解成若干个闭合回线,每个应力幅 $\Delta\sigma_i$ 和塑性应变幅 $\Delta\varepsilon_{P_i}$ 之间有下式关系,即

$$\Delta\varepsilon_{P_i} = (\Delta\sigma_i/K)^{1/n} \tag{4-52}$$

式中,K 为常数;n 为循环应变硬化指数。

疲劳裂纹的形成,可以看成是所有的循环塑性应变累积的结果。因此,将各闭合回线的 $\Delta\varepsilon_{P_i}$ 累积,可得裂纹形成寿命 N_i 的计算公式,有

$$\sum_{i=1}^{N_i} \Delta\varepsilon_{P_i}^\alpha = C \tag{4-53}$$

式中,α、C 为材料常数。

在恒幅循环载荷情况下,各回线的 $\Delta\varepsilon_{P_i}$ 值恒同,式(4-53)可得

$$\Delta\varepsilon_{P_i}^\alpha N_i = C \tag{4-54}$$

上式与 Mason-Coffin 低周疲劳经验公式(4-32)是一致的,见图 4-33。

在变幅载荷情况下,拉与压方向的塑性应变幅值一般不是一样的。我们把裂纹的发生看成是塑性变形积累的结果,假设拉塑性应变和压塑性应变造成的疲劳损伤近似地有相同的贡献。我们把疲劳损伤规定为各 $\frac{1}{2}$ 循环造成的损伤,有

$$D_i = \frac{1}{2}\left(\frac{|\Delta\varepsilon_{P_{i,i}} - 1|}{\varepsilon_f}\right)^\alpha \tag{4-55}$$

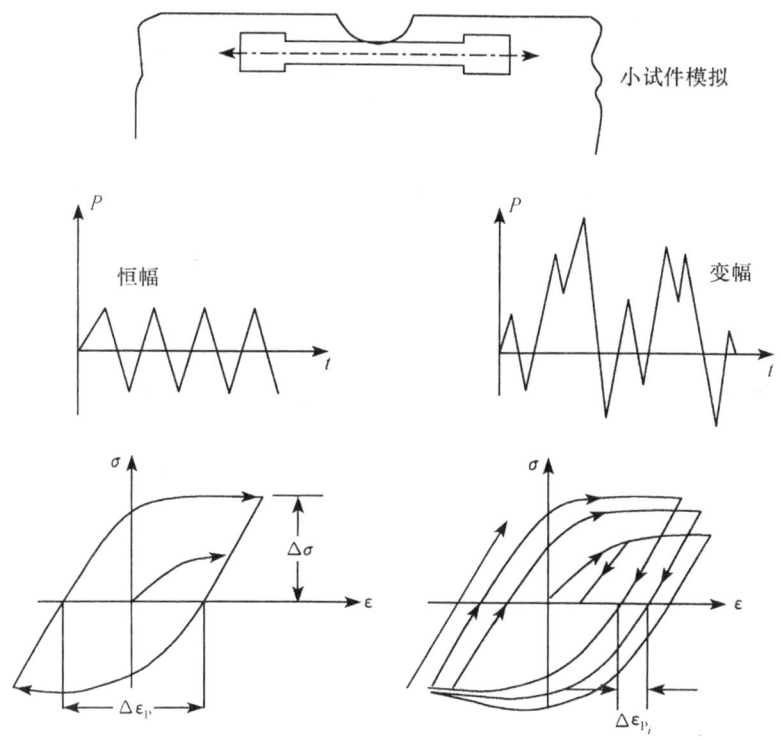

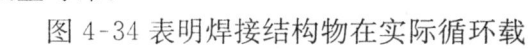

图 4-33

式中,α 与 ε_f 是材料常数。无论 $\Delta\varepsilon_{P_{i,i-1}}$ 是正或负,在计算拉或压方向的损伤时,取其绝对值将 $2N$ 个 D_i 相加,便得到总的损伤为

$$D = \frac{1}{2}\sum_{i=1}^{2N}\left(\frac{|\Delta\varepsilon_{P,i}-1|}{\varepsilon_f}\right)^{\alpha} = 1$$

(4-56)

公式(4-56)可用以估算变幅载荷下的裂纹发生寿命。

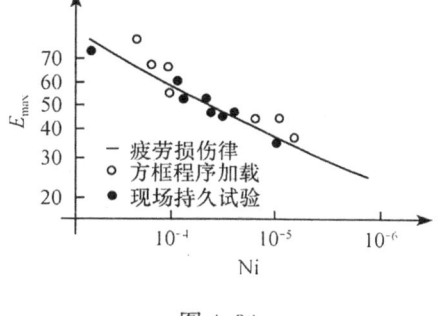

图 4-34

图 4-34 表明焊接结构物在实际循环载荷作用下疲劳试验时的裂纹形成寿命,与用式(4-53)损伤律预测的裂纹形成寿命比较,两者结果一致。

4.4.4 弹塑性及全面屈服条件下疲劳裂纹扩展速率

在 4.2 节中,我们讨论了循环载荷下裂纹在弹性区域内扩展的规律。这些扩展规律适用于低应力、高循环(长寿命)的抵扩展速率情况。在上述条件下,得到了 Paris 公式(4-2),反映了金属材料疲劳裂纹扩展的一般规律。而在弹塑性及全面屈服条件下,疲劳裂纹扩展的规律尚无成熟的描述。在塑性疲劳范围内,其一般试验条件为:高应力(控制应变幅 $\Delta\varepsilon$),低循环(频率 $f<10$ 次/min),短寿命($N<10^4$ 次),高扩展速率$\left(\dfrac{\mathrm{d}a}{\mathrm{d}N}>10^{-2}\mathrm{mm}/次\right)$。目前有以下几种主要表达方式:

1) COD 表达式

目前,许多工作者试图用裂纹尖端的张开位移,来描述塑性疲劳范围的疲劳裂纹扩展速率,即

$$\frac{\mathrm{d}a}{\mathrm{d}N} = C(\Delta\delta)^m \tag{4-57}$$

式中,$\Delta\delta$ 为裂纹尖端张开位移幅度。如图 4-35(a)所示,是控制裂纹张开位移幅度的加载方式,实验结果指出,当张开位移幅度 $\Delta\delta$ 为常数时,$\dfrac{\mathrm{d}a}{\mathrm{d}N}$ 亦为一恒定值,如图 4-35(b)所示。即在控制 $\Delta\delta$ 的条件下,$\Delta\delta$ 是表达裂纹扩展速率的主要参量。

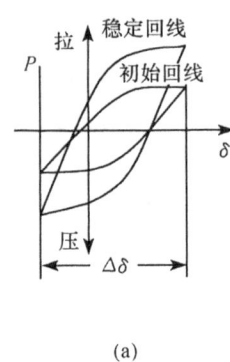
(a)

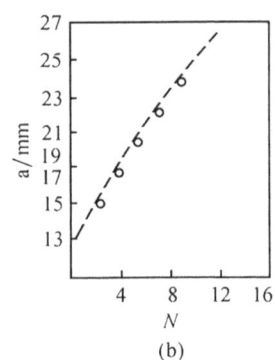
(b)

图 4-35

2) J 积分表达式

北京钢铁研究院[13]考虑完全逆转的应变循环,如图 4-34 所示,提出裂纹扩展速率用 J 积分表示为

$$\frac{\mathrm{d}a}{\mathrm{d}N} = CJ^r \tag{4-58}$$

式中,C 与 r 是材料常数。J 积分可写为

$$J = 2\pi Y^2 a \int \sigma \mathrm{d}e \tag{4-59}$$

式中,Y 为裂纹的几何形状因子;$\int \sigma \mathrm{d}e$ 为形变功密度。只有使裂纹张开的加载 QCB 段(图 4-36),裂纹才能增长。将 QCB 段用 Ramberg-Osgood 型硬化规律表示为

$$e = \varepsilon_e + \varepsilon_p = \frac{\sigma}{E} + C'\left(\frac{\sigma}{E}\right)^{\frac{1}{2}} \tag{4-60}$$

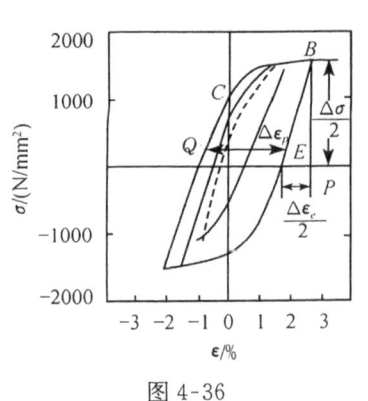

图 4-36

而塑性应变分量 ε_p 与应力 σ 的关系还可写成为

$$\sigma = A\varepsilon_p^\alpha \tag{4-61}$$

式中，α 为硬化指数；A 与 C' 为材料常数。于是有

$$J = 2\pi Y^2 a \int_0^{\Delta\varepsilon_p + \frac{1}{2}\Delta\varepsilon_e} \sigma \, d\varepsilon = 2\pi Y^2 a \left(\int_0^{\frac{1}{2}\Delta\varepsilon_e} \sigma \, d\varepsilon_e + \int_0^{\Delta\varepsilon_p} \sigma \, d\varepsilon_p \right)$$

$$= 2\pi Y^2 a \left(\frac{\Delta\sigma^2}{8E} + \frac{A\Delta\varepsilon_p^{1+\alpha}}{1+\alpha} \right) \tag{4-62}$$

将式(4-62)代入式(4-58)得

$$\frac{da}{dN} = C \left[2\pi a Y^2 \left(\frac{\Delta\sigma^2}{8E} + \frac{A\Delta\varepsilon_p^{1+\alpha}}{1+\alpha} \right) \right]^r \tag{4-63}$$

假定材料是循环稳定的，或循环回路已进入稳定阶段，因而 $\Delta\sigma$、$\Delta\varepsilon_p$ 以及 A、α 都不变。对式(4-63)由初始裂纹尺寸 $a=a_0$ 积分到临界尺寸 $a=a_c$，有

$$\int_{a_0}^{a_c} \frac{da}{a^r} = C \left[2\pi Y^2 \left(\frac{\Delta\sigma^2}{8E} + \frac{A\Delta\varepsilon_p^{1+\alpha}}{1+\alpha} \right) \right]^r \int_0^{N_f} dN \tag{4-64}$$

可得出剩余寿命 N_f。

参 考 文 献

1　Paris P C, The Boeing Company Document No 17867, Addendum N, 1957, 9, 12
2　Paris P C, Erdogan F A. Critical analysis of crack propagation loan, J1. Basic. Eng 1963, 85: 528~534
3　Wells. C H. ASTM. 1971, STP 495
4　Barsom J M. ASME, Pressure Vcsscls and Pinging Conference, 1971
5　Donahue R J et al. Inter. J. of Fracture Mechanics. 1972, 8:209
6　Frost N E, Marsh K J, Pook L P. Metal Faligue, 1974:248
7　Lard C. ASTM, 1967, STP 415:131
8　Hartman A, Schijve J. Engineering Fracture Mechanics, 1970, 1:615
9　Schijve J, Brock D. Aircraft Engineering, 1962, 34:314
10　Meyn D A. Metallurigical Transactions. ,1971, 2:853
11　Coffin L F. Transactions ASME, 1954, 76:931
12　Manson S S. Experimental Mechanics, 1965, 5:193
13　北京钢铁研究院. 工程断裂力学(上). 北京：国防工业出版社, 1977, 413

第5章 在环境下裂纹的扩展

5.1 概 述

环境对裂纹的扩展是有影响的,这里所指的环境主要是腐蚀介质高温。

5.1.1 在腐蚀介质中裂纹的扩展

在腐蚀介质中,构件受静应力作用而产生的延迟破坏现象,称为应力腐蚀破坏。如构件受到交变应力作用,介质腐蚀与疲劳两种损伤机理联合产生的破坏称为腐蚀疲劳破坏。

工程中经受应力腐蚀和腐蚀疲劳的构件很多。例如,海洋中舰船上的机器设备,以及原子能采矿、石油、化工、动力和航空等工程中的各种机械,都将广泛地遭受应力腐蚀或腐蚀疲劳的作用;甚至在一般潮湿空气中,或在工业污染的条件下工作的各种机械,应力腐蚀与腐蚀疲劳也是难于避免的。所谓黄铜制件的"季裂"和锅炉的"碱脆",也都是由于受到应力腐蚀的结果。

应力腐蚀或腐蚀疲劳破坏,一般是在非常低的应力和非常弱的腐蚀介质作用下产生的。在如此低的应力下,如果没有介质腐蚀的联合作用,构件一般是不会破坏的。同样,在这样弱的腐蚀介质中,如果没有应力的联合作用,一般也不会发生破坏。这种破坏往往是在没有宏观预兆时突然发生,特别对于焊接或冷加工后未消除残余应力的情况下,其危害更大。应力腐蚀或腐蚀疲劳破坏一般都是脆性的,即使塑性很好的合金,在应力腐蚀破坏时,也不产生宏观的塑性变形。腐蚀疲劳作用下构件的寿命很低,有时比单纯交变应力下构件的寿命低达一个数量级以上。

由于应力腐蚀与腐蚀疲劳破坏的事故不断发生,因此在本世纪初,就开始引起工程人员的注意,但是由于这类问题涉及化学、金属物理学、治金学和力学等方面的内容,对这一问题的研究工作往往从不同的角度入手,至今虽然积累了不少经验,而问题并没有得到圆满解决。

早期研究金属构件抗应力腐蚀或腐蚀疲劳性能的方法,是将材料制成光滑试样,在腐蚀介质中做静荷或疲劳试验[1~3],这样测定的寿命包含了裂纹生成孕育期和裂纹扩展期两个阶段。实验结果与实际构件的破坏有差距,这是因为在实际构件中一般存在裂纹或缺陷为了评定实际带裂纹构件抗应力腐蚀或腐蚀疲劳的性能,目前采用预制裂纹的试样进行试验,并运用断裂力学的方法来分析裂纹扩展规律。

下面简要介绍腐蚀介质下裂纹扩展的特征与过程。受拉应力作用的各种金属

构件,在不同的介质中产生应力腐蚀开裂(包括扩展)的表现并不相同,但大多数的应力腐蚀开裂有以下共同特点:

(1) 拉应力是产生应力腐蚀开裂的必要条件。拉应力的来源,可以是外载荷引起的应力,也可以是焊接或冷加工引起的残余应力。宏观裂纹一般沿着与拉应力垂直的方向发展,微观分析裂纹呈"之"字形,且有分叉。

(2) 纯金属一般不发生应力腐蚀,但只要含有少量的合金元素,就会产生应力腐蚀。

(3) 仅在一定的合金与介质系统中才能发生应力腐蚀现象。在无应力的作用下,才产生强烈的应力腐蚀。

(4) 应力腐蚀是一种延迟断裂,即在应力作用下,需经过一定的时间,才能产生裂纹扩展。

(5) 破坏是脆性的。即使对于高塑性 Cr-Ni 奥氏体不锈钢,在应力腐蚀破坏时,一般也不产生明显的观宏塑性变形。

应力腐蚀受合金的元素成分、组织结构、应力状态、温度和气体压力等多种因素的影响。关于应力腐蚀的机理有多种假说,较常见的有吸附假说、机械电化学反应假说、楔入效应假说、机械破裂假说、阳极相析出假说、位错假说、滑移台阶假说和隧道腐蚀假说等[2,3]。下面仅就机械电化学反应假说来说明应力腐蚀的过程。

首先,介质腐蚀作用在金属表面形成一层钝化保护膜。如果没有应力作用,金属将不会受到进一步地腐蚀。但是在拉应力作用下,某些应变较大的局部区域产生塑性变形,形成滑移台阶,表面的钝化膜破坏,暴露出新鲜的金属表面。新鲜的金属表面起着阴极作用,组成化学电池,阻止钝化膜恢复,或钝化膜形成后又立即破坏。如此继续下去,金属(阳极)被加速溶解,促使裂缝向金属内部扩展。阳极的反应为 $M \rightarrow M^+ + e$,M 表示金属原子,M^+ 表示金属离子,e 表示电子。阴极的反应一般为 $e + H^+ \rightarrow H$,放出氢原子。总之,机械电化学反应的假说认为,引起应力腐蚀的条件是拉应力的作用,而腐蚀的本质是电化学反应,对于不同的合金介质系统,机械应力与电化学作用的程度是不同的。这一假说能解释大多数液体介质中金属腐蚀现象,但不能解释金属在气体介质中、热盐中或液态金属中的腐蚀现象。同时这假设也不能很好说明沿晶的应力腐蚀裂纹是怎样产生的。这些问题需要用其他的假说来解释。

此外,大多数的高强度钢和某些中强度钢,在介质中裂纹的扩展与氢脆有关。氢脆是介质中的或阴极反应所产生的氢原子,扩散到钢内,促使裂纹扩展。很多情况下,应力腐蚀与氢脆是同时存在的。对于钛合金和高强度钢,氢脆一般起主要作用;而对低强度钢,则一般很少产生氢脆现象。在工程中,常将氢脆包括在应力腐蚀范围内。

5.1.2 高温下蠕变裂纹的扩展

在高温下,结构的设计是以零件的设计应力要低于许多应力为依据,而许用应力是根据材料的持久强度或蠕变极限来确定。目前,都用光滑圆棒试件测定材料的持久强度与蠕变极限。如果零件已存在缺陷,则这种方法不能保证安全可靠。但是,高温零件断裂事故证明,断裂是由零件中裂纹源所引起的。事实表明,在实际工程中,零件存在缺陷或裂纹是不可避免的。为了保证带裂纹零件的安全,估算零件的寿命,研究蠕变裂纹的扩展速率是一项重要的任务。自 20 世纪 70 年代以来,断裂力学的发展促进了这方面的研究,断裂力学的概念引入蠕变裂纹的扩展分析中来。

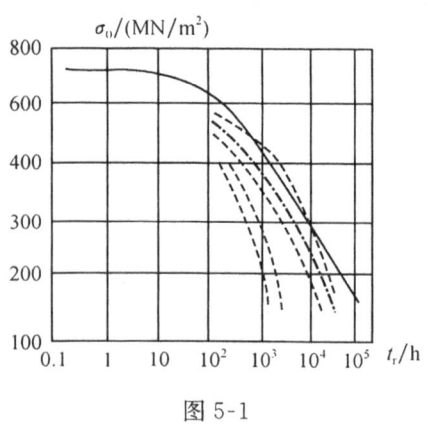

图 5-1

用一组合金钢制成圆棒试件,在高温下加不同的载荷做拉伸试验。将试件的断裂时间 t_r 和应力 σ 画在双对数坐标纸上,可得蠕变断裂曲线,如图 5-1 所示。

由 5-1 图看出,蠕变断裂曲线近似地是两条相交的直线。左方直线在高应力短寿命区域,斜率较小,断裂面上有明显的塑性变形痕迹,属于穿晶断裂,我们称之为"蠕变延性"断裂。右方直线在低应力长寿命区域,斜率较大,断面上没有明显的塑性变形痕迹,属于沿晶断裂,我们称之为"蠕变脆性"断裂。

Hoff[4]研究蠕变延性断裂,将蠕变过程看作稳定的黏性流动,提出了蠕变延性断裂理论。应用定常蠕变的 Norton 规律

$$\frac{\dot{\varepsilon}}{\dot{\varepsilon}_0} \left(\frac{\sigma}{\sigma_0}\right)^n \tag{5-1}$$

式中,$\dot{\varepsilon}$ 为应变率;σ 为应力;n 为蠕变指数;$\dot{\varepsilon}_0$ 与 σ_0 为材料常数。在应力 σ 为常数情况下,积分上式,得到断裂时间和应力的关系

$$\sigma^n t_r = \text{const} \tag{5-2}$$

上式画在双对数坐标上,就是蠕变延性断裂直线,其斜率等于蠕变指数的倒数。

Kachanov[5]从宏观力学出发,引入结构的连续度概念,提出了蠕变脆性断裂的理论。连续度 $\varphi=1$ 时,表示结构未受损伤;当 $\varphi=0$ 时,表示结构局部破坏。由于引入一个新的参量 φ,需要添加一个方程,即

$$\frac{d\varphi}{dt} = -C\left(\frac{\sigma}{\varphi}\right)^\nu \tag{5-3}$$

式中,C 和 φ 是材料常数,C 与温度有关。式(5-3)称为连续度变率方程(或称连续度运动学方程)。对于多轴应力,式(5-3)中 σ 取垂直于裂纹面的最大拉应力 σ_{max}。在常应力情况下,积分式(5-3),得到

$$\sigma^\nu t_r = \text{const} \tag{5-4}$$

上式画在双对数坐标上,就是蠕变脆性断裂直线,其斜率等于损伤率指数 ν 的倒数。

式(5-2)与式(5-4)近似地代表全部的蠕变断裂曲线,显然有

$$n > \nu \tag{5-5}$$

与连续度相应的另一参量,称为损伤度,以 ω 表示,代表结构的损伤程度。ω 与 φ 的关系为 $\omega = 1 - \varphi$,当结构完整时,$\omega = 0$;当结构局部破坏时,$\omega = 1$。式(5-3)可写为

$$\frac{d\omega}{dt} = C\left(\frac{\sigma}{1-\omega}\right)^\nu \tag{5-6}$$

如果应力 σ 是变化的,结构由完整到破坏,式(5-6)的积分为

$$\int_0^{t_r} \frac{dt}{t_r(\sigma)} = 1 \tag{5-7}$$

式中,$t_r(\sigma)$ 是在常应力 σ 作用下结构的寿命。实际上,积分号内的分式表示在常应力 σ 作用下和在 dt 时间内结构的损伤度,即 $d\omega = \dfrac{dt}{t_r(\sigma)}$。于是式(5-7)写成

$$\int_0^1 d\omega = 1 \tag{5-8}$$

蠕变延性断裂与蠕变脆性断裂的微观机理不同。蠕变脆性断裂是由于应力诱导使原子或空位扩散,先在晶界间形成空穴微裂纹、三点微裂纹或晶界滑移微裂纹等,然后逐渐扩大,与主裂纹汇合,使主裂纹增长,最后破坏,属于沿晶断裂型。至于蠕变延性断裂,则是由于高应力使晶内滑移带产生滑移,形成微裂纹造成材料的损伤,损伤逐步积累,最后失稳破坏,属于空晶断裂型。

由于蠕变延性断裂与蠕变脆性断裂的机理不同,因此使蠕变断裂曲线近似地成为两条折线。对于含裂纹的构件,其扩展速率也因断裂机理不同而有所差异。

5.2 应力腐蚀裂纹扩展

5.2.1 应力腐蚀裂纹扩展速率与应力强度因子的关系

断裂力学研究应力腐蚀裂纹扩展规律的方法,是将材料制成预裂纹的试样,在给定的介质和载荷下作试验。随着加载时间的增加,测定试件裂纹逐渐扩展的速率 $\dfrac{da}{dt}$,a 为裂纹半长或深度,t 为加载时间。对于高强度钢,实验求得 $\dfrac{da}{dt}$ 与应力强度因子 K 的双对数关系曲线如图 5-2 所示[6,7]。图中表明以下规律:

(1)应力强度因子 K 有一界限值,以 K_{ISCC} 表示,当裂纹尖端的应力强度因子 K 低于 K_{ISCC} 时,裂纹不扩展。K_{ISCC} 称为应力腐蚀界限的应力强度因子。各

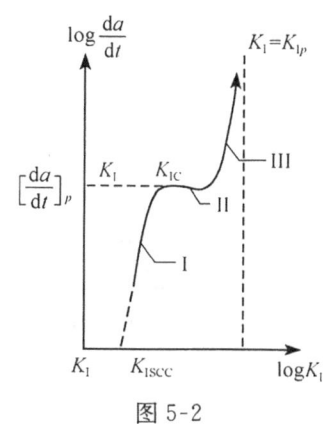

图 5-2

种材料的 K_{ISCC} 值见本章附录 A。

(2) 裂纹扩展规律大致分为三个阶段：

在第 I、III 阶段中，裂纹扩展速率 $\frac{da}{dt}$ 随 K 的增加而急剧增加，其关系为

$$\left\{ \begin{bmatrix} \frac{da}{dt} \end{bmatrix}_{I} \atop \begin{bmatrix} \frac{da}{dt} \end{bmatrix}_{III} \right\} = \begin{cases} C_1 + C_2 K \\ AK^B \end{cases} \tag{5-9}$$

式中，A、B、C_1 和 C_2 为材料常数；K 为应力强度因子。

在第 II 阶段中，$\frac{da}{dt}$ 几乎不随 K 变化，即

$$\left[\frac{da}{dt} \right]_I = 常量 \tag{5-10}$$

在此阶段，裂纹扩展速率 $\frac{da}{dt}$ 强烈地受介质的影响

(3) 当裂纹缓慢扩展接近或达到 K_{IC} 时，裂纹迅速扩展至断裂。

(4) 不同的金属材料和介质系统，在不同的试验条件下，裂纹扩展的规律不同，也可能只具有图 5-2 曲线的 I、II 或 II、III 两个阶段。例如，高强度铝合金、锰合金或钛合金在盐水溶液中，其 $\frac{da}{dt}$-K 关系曲线一般只有 I、II 两个阶段。

对于中、低强度钢制造的构件或试件，在较高的应力作用下，其应力腐蚀开裂超过了线弹性断裂力学的范围，应该采用弹塑性断裂力学的分析方法。目前，这方面的工作开展得很少，有人试图用 J 积分或裂纹张开位移来研究应力腐蚀裂纹的扩展规律，曾得出一些结果，但缺少更多的实验验证。

5.2.2 影响 K_{ISCC} 的因素

(1) 介质的影响：不同的材料介质系统，K_{ISCC} 显然不同。高强度钢在含有 H_2、H_2O 的空气中，在硫化氢、盐类和酸类水溶液中，K_{ISCC} 值降低很多，最低可达 9.3 $MN/m^{3/2}$ 左右。高强度铝合金和镁合金，在盐类水溶液或硫酸水溶液中，其 K_{ISCC} 值为 4.7 $MN/m^{3/2}$ 而 Ti 合金和不锈钢则为 16～22 $MN/m^{3/2}$。

(2) 材料的化学成分、组织和性能对 K_{ISCC} 的影响，根据某些实验有以下规律：

对于高强度钢，在一定的屈服极限时，合金元素铬、镍、钴、钼、硫和磷的含量变化对 K_{ISCC} 的影响不大。元素硅一般也无影响，只当高 K 水平时，硅的增加使 K_{ISCC} 略有增大。元素碳和锰对 K_{ISCC} 有明显的影响，如图 5-3 和图 5-4 所示。初始的奥氏体晶粒度对 K_{ISCC} 的影响很小。材料屈服强度对 K_{ISCC} 的影响很大，图 5-5 表示各种高强度钢在盐水介质中的 K_{ISCC} 与屈服强度的关系；图 5-6 表示各种中强度钢在饱和硫化氢中的 K_{ISCC} 与强度极限的关系。由这些图中可以看出，同一种材料的

K_{ISCC} 值分散度较大,但有统一的趋势,即当同一种材料的屈服强度升高时,K_{ISCC} 有所降低,这种变化趋势在图 5-7 中更为明显。图 5-7 中不同的屈服强度是通过不同的回火温度得到的,图中的 K_{IX} 与 K_{Ic} 是干燥条件下的断裂韧性指标,K_{ISCC} 是在流动的海水中测得,材料为 4340 钢。由此可见,在选材时必须兼顾材料的 K_{ISCC} 与 σ_s 两个性能指标。

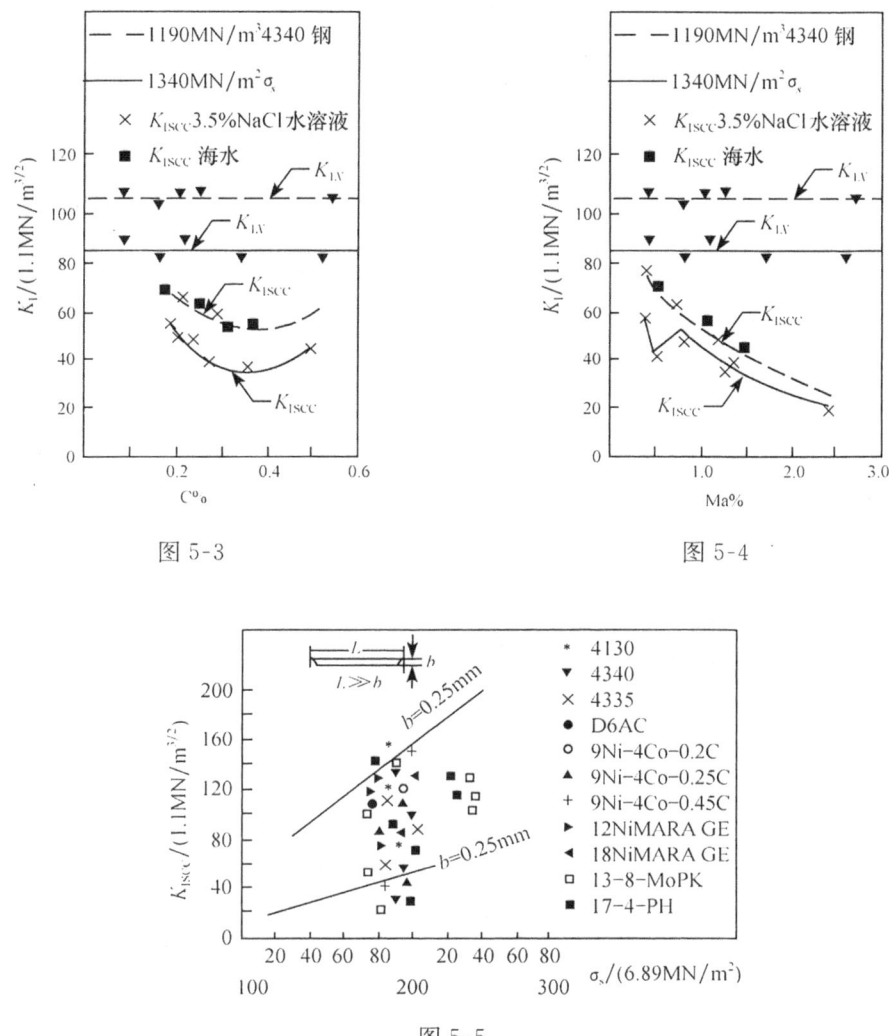

图 5-3

图 5-4

图 5-5

(3) 其他影响因素:pH 的影响如图 5-8 所示,温度升高时一般 K_{ISCC} 下降。

由以上分析可见,影响 K_{ISCC} 的因素很多,对于具体问题,最好都模仿实际工作条件,实际测定材料的 K_{ISCC}。

如果要应用手册中的 K_{ISCC} 数值,必须注意其条件是否相同,否则可能会带来很大的误差。

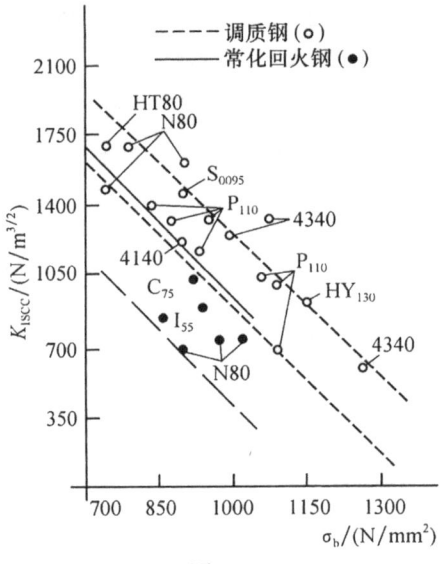

图 5-6

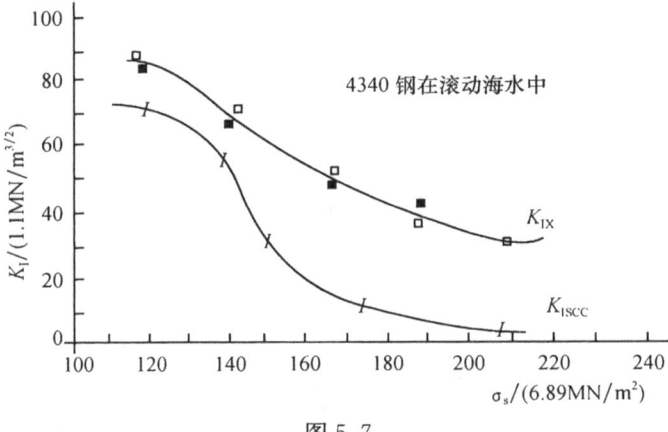

图 5-7

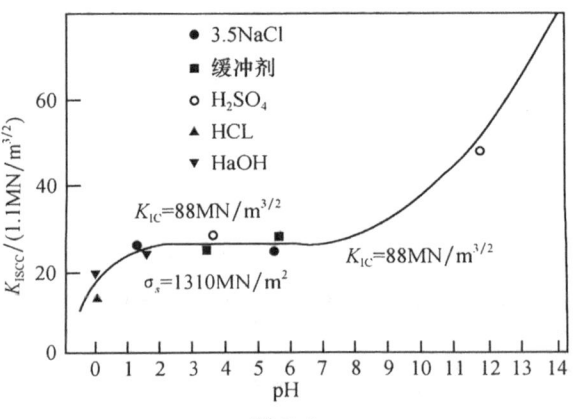

图 5-8

5.2.3 影响应力腐蚀裂纹扩展速率的因素[8]

影响力腐蚀裂纹扩展速率的因素很多,一般有以下几个主要方面:

(1) 温度升高,应力腐蚀裂纹扩展速率$\dfrac{da}{dt}$增大,如图 5-9(a)所示,其关系为

$$\dfrac{da}{dt} \propto e^{-\frac{u}{RT}} \tag{5-11}$$

式中,u 为材料常数(激活能);R 为玻耳兹曼常量;T 为绝对温度。

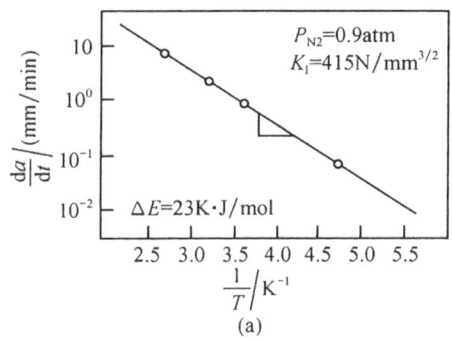
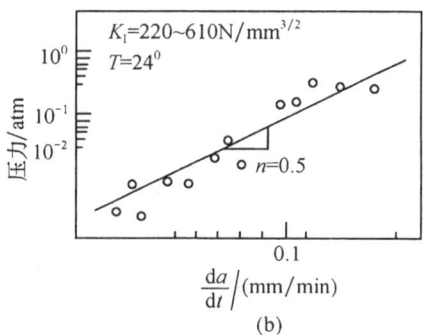

图 5-9

(2) 随着介质 H_2、H_2S、HCl 或 HBr 气体压力 P 的增加,钢的$\dfrac{da}{dt}$值增加,如图 5-9(b)所示,其关系为

$$\dfrac{da}{dt} \propto P^n \tag{5-12}$$

(3) 在不同的介质中,材料的应力腐蚀裂纹扩展速率$\dfrac{da}{dt}$不同。对于钢材料,按以下介质顺序:水蒸气、水、盐类溶液、H_2 和 H_2S 等,其$\dfrac{da}{dt}$相应增大。

(4) 空气中的水气相对湿度增加,$\dfrac{da}{dt}$增大,如图 5-10 所示。图中还表示,对于 H-11 钢,当相对湿度达到 60%时,$\dfrac{da}{dt}$的增长达到饱和。

(5) 钢材的屈服极限增加,$\left[\dfrac{da}{dt}\right]_I$ 显著增大,如图 5-11 所示。

(6) 其他影响因素,如外加电压、pH、材料的化学成分、不同的热处理后的组织状态、晶粒度大小等,对$\dfrac{da}{dt}$都有影响。

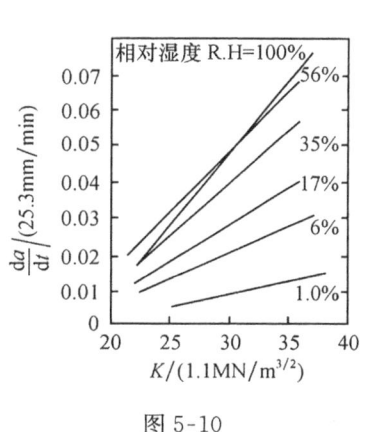

图 5-10

5.2.4 应力腐蚀裂纹扩展寿命 t_F

根据实验所得到的 $\frac{da}{dt}$ 表达式,将式(5-8)和式(5-9)积分,即可求得裂纹扩展寿命。若考虑温度和气体压力对 $\frac{da}{dt}$ 的影响,即将式(5-11)和式(5-12)代入式(5-10)中,可得

$$\left[\frac{da}{dt}\right]_{II} = C_2 P^n e^{-\Delta H/RT} \tag{5-13}$$

因此,$\frac{da}{dt}$ 的一般形式的表达式为

$$\frac{da}{dt} = F(K, T, P)$$

而

$$\frac{dK}{dt} = \frac{dK}{da} \cdot \frac{da}{dt} = \frac{dK}{da} F$$

则可得裂纹扩展寿命 t_F 为

$$t_F = \int_0^{t_F} dt = \int_{K_0}^{K_{IC}} \left(\frac{dK}{da} F\right)^{-1} dK \tag{5-14}$$

式中,假设 $\frac{dK}{da} F$ 内不包含时间变量 t。$\frac{dK}{da}$ 可根据 K 表达式有

$$K_1 = \sigma \sqrt{a} Y\left(\frac{a}{W}\right) \text{求得}$$

例如,对具有长度为 $2a$ 的空透裂纹的宽板,其 K_I 的表达式为 $K_I = \sigma\sqrt{\pi a}$。求 K_I 导数得

$$\frac{dK_I}{da} = \frac{\sigma\sqrt{\pi}}{2\sqrt{a}} = \frac{\pi\sigma^2}{2K_I}$$

代入式(5-14)得

$$t_F = \frac{2}{\pi\sigma^2} \int_{K_0}^{K_{IC}} \frac{K dK_I}{F} \tag{5-15}$$

对于实际构件,若裂纹扩展规律为如图 5-2 所示的三个阶段,则计算裂纹扩展寿命时可按式(5-14)分段积分。但一般第 III 段对裂纹扩展寿命影响较小,可不考虑。

5.3 腐蚀疲劳裂纹扩展

5.3.1 腐蚀疲劳裂纹扩展速率

根据各种高强度材料和介质系统的腐蚀疲劳试验结果,腐蚀疲劳裂纹扩展速

率$\left[\dfrac{da}{dN}\right]_{CF}$与应力强度因子幅度 ΔK 的关系,大致有如图 5-11 所示的三种类型[9,10]。

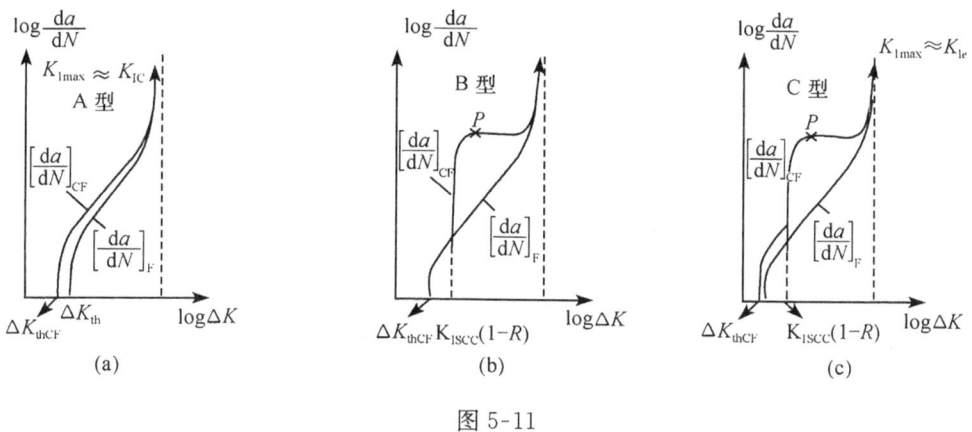

图 5-11

类型 A:如图 5-11(a)所示,$\left[\dfrac{da}{dN}\right]_{CF}$ 曲线类似于单纯疲劳时的裂纹扩展速率 $\left[\dfrac{da}{dN}\right]_{F}$ 规律,介质的影响使应力强度因子幅度门槛值 ΔK_{thCF} 比单纯疲劳时的 ΔK_{th} 小,而使 $\left[\dfrac{da}{dN}\right]_{CF}$ 比 $\left[\dfrac{da}{dN}\right]_{F}$ 大。当 K 接近于 K_{IC} 时,介质的影响减少。铝合金和水介质系统属于这种类型。

类型 B:如图 5-11(b)所示,在 $K<K_{ISCC}$ 时,介质的影响可以忽略;当 $K<K_{ISCC}$,介质对 $\left[\dfrac{da}{dN}\right]_{CF}$ 的影响极大,出现急速升高,达到某 K 值后,形成水平台阶。钢和氢介质系统属此类型。

类型 C:如图 5-11(c)所示,是 A 型和 B 型的混合型,多数的材料介质系统为此类型。

由此可得以下规律:

(1) ΔK 存在一个界限值,以 ΔK_{thCF} 表示,称为腐蚀疲劳应力强度因子幅度门槛值,当 $\Delta K<\Delta K_{thCF}$ 时,裂纹几乎不扩展。通过种种材料的试验,可得 ΔK_{thCF} 的经验计算公式如下[11]:

$$\Delta K_{thCF} = (2.17 \pm 0.25) \times 10^{-3} E \,(\text{MN/m}^{3/2}) \tag{5-16}$$

式中,E 为杨氏弹性模量(单位相应为 MN/m^2)。

有些文献认为,在腐蚀疲劳时不存在 ΔK_{thCF}[11]。但这一问题有待进一步探讨。

(2) 腐蚀疲劳裂纹扩展速率 $\left[\dfrac{da}{dN}\right]_{CF}$ 与应力强度因子幅度的关系一般有上面三种类型。其裂纹扩展规律大致分为四个阶段:① 当 ΔK 略大于 ΔK_{thCF} 时,

$\left[\dfrac{da}{dN}\right]_{CF}$ 增长极为迅速,曲线几乎与纵坐标轴平行。②当 $K<K_{ISCC}$ 时,曲线类似单纯疲劳裂纹扩展的第 II 阶段,如图 5-6 及图 5-11 所示;一般认为 A 类型也属于 $K_{max}<K_{ISCC}$ 时的规律,即此时材料抗应力腐蚀的能力强,K_{ISCC} 值相当高,甚至 $K_{ISCC}=K_{IC}$ 在此阶段,裂纹扩展主要为疲劳载荷的效应所控制,应力腐蚀的作用较弱。③当 $K>K_{ISCC}$ 时,图 5-11 中出现突跳平台,类似于应力腐蚀的第 II 阶段,如图 5-2 所示,此阶段应力腐蚀起主要作用。④当 K 接近于 K_{IC} 时,试件迅速断裂。

(3) 影响腐蚀疲劳的因素很多,如平均应力(一般以循环特征 R 表示,$R=\dfrac{\sigma_{min}}{\sigma_{max}}$)、载荷频率 f、温度、载荷形式(即循环加载的载荷波形)、试样尺寸和外加电压等。在温度一定时,以循环特征 R 和频率 f 的影响最大,如图 5-12 所示。图(5-12(a))表示加载频率 f 的影响,当 f 增加时,$\left[\dfrac{da}{dN}\right]_{CF}$-$\Delta K$ 曲线的水平台阶下降;图(5-12(b))表示循环特征 R 的影响,当 R 减少时,$\left[\dfrac{da}{dt}\right]_{CF}$-$\Delta K$ 的水平台阶右移。这是因为应力腐蚀效应与载荷作用的大小和时间有关。通过变化频率 f 与循环特征 R,可以改变腐蚀疲劳的破坏类型。

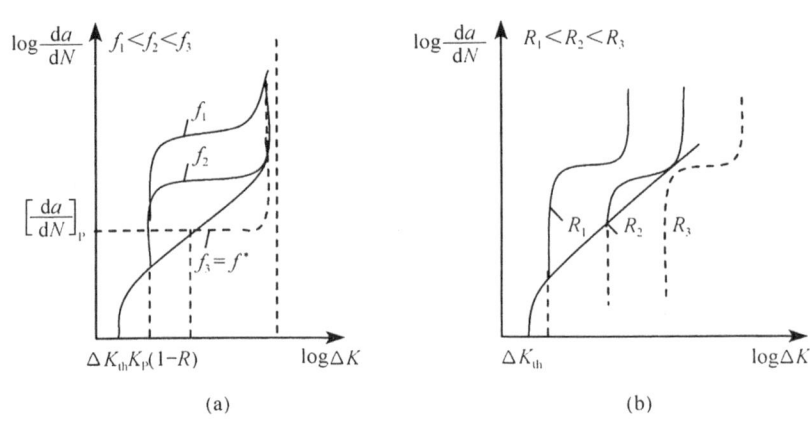

图 5-12

5.3.2 腐蚀疲劳裂纹扩展速率的近似公式

5.1 节介绍了通过试验来直接研究腐蚀疲劳裂纹扩展规律,从而确定腐蚀疲劳裂纹的扩展速率 $\left[\dfrac{da}{dN}\right]_{CF}$。但是,由于腐蚀疲劳的试验条件比较复杂,目前还不可能对各种材料做系统的试验,同时为了研究腐蚀疲劳裂纹扩展的一般规律,因此工程中对裂纹扩展规律提出一定的假设模型,利用应力腐蚀和单纯疲劳的研究结果,建立腐蚀疲劳裂纹扩展速率 $\left[\dfrac{da}{dN}\right]_{CF}$ 的近似计算方法。现分别介绍如下:

1) 叠加模型

当 $K_{\max} > K_{\mathrm{ISCC}}$ 时,Wei 和 Landes 最先提出线性求和的计算方法[12],或称为叠加模型。

叠加模以下面两个假设为前提:

(1) 假设介质引起的裂纹扩展速率与单纯疲劳裂纹扩展速率互不相干。

(2) 假设静载应力腐蚀开裂与腐蚀疲劳开裂有相同的断裂机量。

由以上假设推出,腐蚀疲劳的裂纹扩展速率,是应力腐蚀和单纯疲劳损伤两个过程的裂纹扩展速率相叠加的结果,即

$$\left[\frac{\mathrm{d}a}{\mathrm{d}N}\right]_{\mathrm{CF}} = \left[\frac{\mathrm{d}a}{\mathrm{d}N}\right]_{\mathrm{SCC}} + \left[\frac{\mathrm{d}a}{\mathrm{d}N}\right]_{\mathrm{F}} \tag{5-17}$$

式中,$\left[\frac{\mathrm{d}a}{\mathrm{d}N}\right]_{\mathrm{CF}}$ 为腐蚀疲劳裂纹扩展速率;$\left[\frac{\mathrm{d}a}{\mathrm{d}N}\right]_{\mathrm{SCC}}$ 为静载荷下的应力腐蚀裂纹扩展速率;$\left[\frac{\mathrm{d}a}{\mathrm{d}N}\right]_{\mathrm{F}}$ 为单纯疲劳时的裂纹扩展速率(可在惰性介质中测定)。

在疲劳载荷作用下,应力随时间周期变化,从而应力强度因子 K 也随时间周期变化,因此,$\left[\frac{\mathrm{d}a}{\mathrm{d}t}\right]_{\mathrm{SCC}}$ 是某瞬时的应力强度因子 $K(t)$ 的函数。载荷循环一次的裂纹扩展量为

$$\left[\frac{\mathrm{d}a}{\mathrm{d}N}\right]_{\mathrm{SCC}} = \int_{\tau} \frac{\mathrm{d}a}{\mathrm{d}t}[K(t)]\mathrm{d}t \tag{5-18}$$

式中,$\frac{\mathrm{d}a}{\mathrm{d}t}[K(t)]$ 是以 $[K(t)]$ 为函数的应力腐蚀裂扩展速率;$K(t)$ 表示以时间 t 为函数的某瞬时的应力强度因子;τ 是应力交变一次循环所经历的有效时间。

因此,式(5-17)可以改写为

$$\left[\frac{\mathrm{d}a}{\mathrm{d}t}\right]_{\mathrm{CF}} = \left[\frac{\mathrm{d}a}{\mathrm{d}N}\right]_{\mathrm{F}} + \int_{\tau} \frac{\mathrm{d}a}{\mathrm{d}t}[K(t)]\mathrm{d}t \tag{5-19}$$

式(5-19)一般用图解法进行计算。

叠加模型不适用于 $K_{\max} < K_{\mathrm{ISCC}}$ 的情况,因为此时应力腐蚀裂纹扩展速率 $\left[\frac{\mathrm{d}a}{\mathrm{d}t}\right]_{\mathrm{SCC}} = 0$,式(5-17)反映不出介质对疲劳裂纹扩展的影响。但对于多数材料,即使 $K_{\max} < K_{\mathrm{ISCC}}$,介质也加速疲劳裂纹的扩展,见图 5-11(a)、(c),因此叠加模型仅适用于 $K_{\max} < K_{\mathrm{ISCC}}$ 的情况。当 $K_{\max}$ 接近于 K_{ISCC} 时,这方法的误差较大,因此可将式(5-17)中的第二项修正为 $\beta\left[\frac{\mathrm{d}a}{\mathrm{d}N}\right]_{\mathrm{SCC}}$,$\beta$ 是修正系数,因材料而异。

在实际应用中,常将式(5-17)的第三项乘以载荷频率 f,得到

$$\left[\frac{\mathrm{d}a}{\mathrm{d}t}\right]_{\mathrm{CF}} = \left[\frac{\mathrm{d}a}{\mathrm{d}t}\right]_{\mathrm{SCC}} + f\left[\frac{\mathrm{d}a}{\mathrm{d}N}\right] \tag{5-20}$$

由式(5-20)看出,在低频时,应力腐蚀裂纹扩展速率起主要作用,而在高频时,

疲劳裂纹扩展速率起主要作用。

2) 过程竞争模型[9]

这种模型认为,在腐蚀疲劳时,其中的应力腐蚀过程和疲劳过程并非相互叠加起作用,而是由其中发展较快的一个过程来代表腐蚀疲劳裂纹扩展过程。因此腐蚀疲劳的 $\frac{da}{dN}$-ΔK 曲线,可在应力腐蚀的 $\frac{da}{dt}$-K 曲线及单纯疲劳的 $\frac{da}{dN}$-ΔK 曲线中,选择扩展速率较快的一段联合组成。如图 5-11(b)腐蚀疲劳 $\frac{da}{dN}$-ΔK 曲线,可以选择图 5-2 和图 5-6 中较快的一段连接起来组成,即在 $K<K_{ISCC}$ 的一段曲线图 5-6 中选取,而在 $K>K_{ISCC}$ 的一段曲线,则由图 5-2 中选取。为此,还需将应力腐蚀的 $\frac{da}{dt}$-K 曲线转换成 $\frac{da}{dN}$-ΔK 的表达形式。例如,图 5-2 中应力腐蚀曲线上对应于突跳平台开始的 P 点的扩展速率,可表示为

$$\left[\frac{da}{dN}\right]_P = \left[\frac{da}{dt}\right]_P \frac{1}{f} \tag{5-21}$$

图 5-2 中相应于曲线上各特征点的 ΔK 可计算如下:

对应于应力腐蚀界限应力强度因子 K_{ISCC} 处

$$\Delta K = K_{ISCC}(1-R) \tag{5-22}$$

对应于平台开始点(P 点)

$$\Delta K = K_P(1-R) \tag{5-23}$$

对应于非稳定断裂处

$$\Delta K = K_{IC}(1-R) \tag{5-24}$$

式中,R 为循环特征。

用此模型时,可以根据疲劳试验的材料常数(ΔK_{th}、c、n)、应力腐蚀试验的材料常数(K_{ISCC}、K_P、$\left[\frac{da}{dt}\right]_P$)和断裂韧度 K_{IC} 值,来确定腐蚀疲劳的 $\left[\frac{da}{dN}\right]_{CF}$-$\Delta K$ 曲线。

由上述可见,过程竞争模型对类型 B 的腐蚀疲劳问题比较合适,见图 5-11(b);对 A 型 C 型的 $K_{max}<K_{ISCC}$ 阶段不适合。

在上段中的图 5-12,曾经介绍改变加载频率 f 或循环特征 R,可以改变裂纹扩展的类型。用过程竞争模型可以方便地确定类型转换时的频率和循环特征的临界值。

5.3.3 $K_{max}<K_{ISCC}$ 情况

从图 5-11 可见,当 $K_{max}<K_{ISCC}$ 时,$\log\frac{da}{dN}$-$\log\Delta K$ 关系近似一直线,这规律也为多数材料的试验所证实[13,14]。因此,在 $K_{max}<K_{ISCC}$ 时,腐蚀疲劳裂纹扩展速率 $\left[\frac{da}{dN}\right]_{CF}$ 可表示为

$$\left[\frac{\mathrm{d}a}{\mathrm{d}N}\right]_{\mathrm{CF}} = D(t)(\Delta K)^n \quad (5\text{-}25)$$

式中,n 为材料常数,一般与单纯疲劳时的 n 值接近;$D(t)$ 是与材料介质系统有关的系数,也受加载频率的影响,如图 5-13 所示。对于 12%Ni-5%Cr-3%Mo 钢,在空气中 $D(t)$ 为常数,与 f 无关;在此 3%NaCl 溶液中,$D(t)$ 随频率而改变,当加载频率很高时,如图中 $f \geqslant 600$ 次/min 时,$D(t)$ 值与空气中相同。因此,在高频载荷时,环境的影响可以忽略。$D(t)$ 反映了材料对腐蚀疲劳的敏感性,其随频率的变化关系如图 5-14 所示。

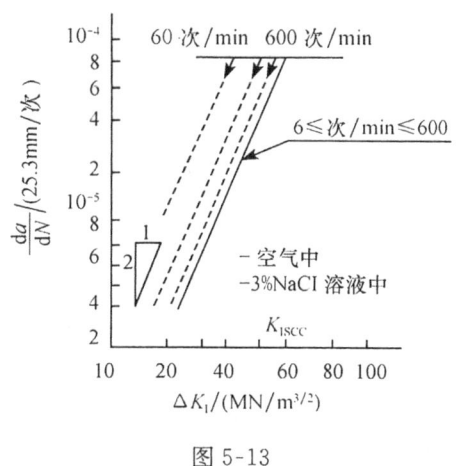

图 5-13

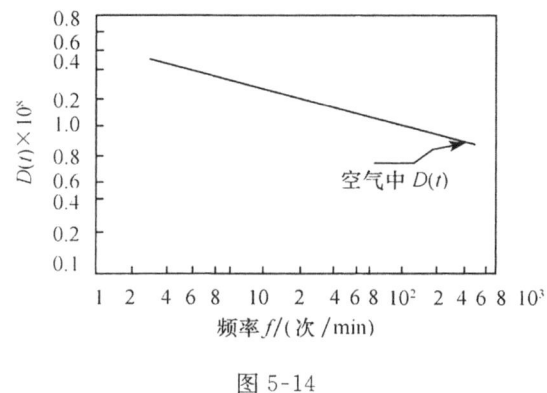

图 5-14

$D(t)$ 一般应该由腐蚀疲劳试验测定,但在不具备腐蚀疲劳试验的条件时,可采用近似估算方法。工程中从偏于安全的观点,通常按腐蚀疲劳裂纹扩展速率比空气中疲劳裂纹扩展速率提高 10 倍估算。如 7075-T6 铝合金及 2024-T3 铝合金,在相对湿度为 100% 的水蒸气中。其腐蚀疲劳裂纹扩展速率比干空气中 $\left[\frac{\mathrm{d}a}{\mathrm{d}N}\right]_{\mathrm{CF}}$ 大 8 倍;而 0.45%CniCrMo 钢,在相应的介质中只加快两倍,此外必须注意,这一估算只适用于 $K_{\max} < K_{\mathrm{ISCC}}$ 的情况,因为在这样的条件下,介质的影响是不大的;在 $K_{\max} > K_{\mathrm{ISCC}}$ 的情况不适用。

5.4 蠕变裂纹扩展

从 20 世纪 70 年代初开始,许多人进行高温下带裂纹试件的实验,研究蠕变裂纹扩展速率。实验结果,归纳成一些经验公式。

5.4.1 以 K_I 表达的公式

对于蠕变脆性断裂,蠕变裂纹扩展速率与应力强度因子有关。许多试验证明,蠕变裂纹扩展分成几个阶段,如图 5-15 所示。图中纵坐标为 $\frac{da}{dt}$ 的对数值,横坐标为 K_I 的对数值。与疲劳裂纹扩展速率类似,当 K 低于某一 K_0 值时,蠕变裂纹几乎不扩展,见图 5-15 中的范围 I。在范围 II 中,蠕变裂纹扩展速率随 K 的增加而增加,在双对数坐标中为一直线。当 K 达到一定数值后,产生一平台,裂纹扩展速率不变,见图 5-15 中的 III。最后,当 K 接近 K_{IC} 时,蠕变裂纹扩展速率迅速增加到破坏,见图 5-15 中的范围 IV。

Siverns 等[15]用 $2\frac{1}{4}$Cr-1Mo 钢和 $\frac{1}{2}$Cr-$\frac{1}{2}$Mo-$\frac{1}{4}$V 钢,制成中心裂纹拉伸试件,在温度 565℃下,测得蠕变裂纹扩展速率与应力强度因子有以下关系:

$$\frac{da}{dt} = AK^\alpha \tag{5-26}$$

式中,α 与 A 是材料常数。由实验数据(图 5-16)整理后得到

$$A = 8.1 \times 10^{-12}$$
$$\alpha = 5.2$$

式中,α 比材料的蠕变指数 n 小。

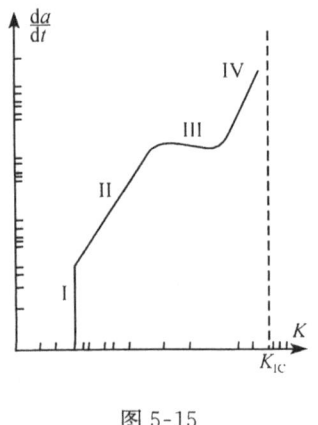

图 5-15

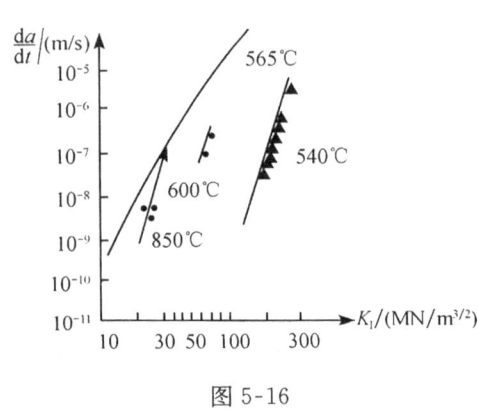

图 5-16

其后,Robson[16]用软钢做成紧凑拉伸和单边裂纹两种试件,在温度为 400～450℃下进行试验,测得相同的结果。

现将各种材料的常数 α 列于下表:

材　料	试样类型	温　度	α
0.2%	紧凑拉伸	450	20
$2\frac{1}{4}$Cr-1Mo	单边缺口拉伸	565	5.5
1%Cr-Mo-V 转子钢	中心缺口拉伸	538	4.5
1%Cr-Mo-V 锻钢	单边缺口弯伸	565	8
Cr-Mo-V 锻钢	单边缺口弯伸	565	16
1%Cr-Mo-V 铸钢	中心缺口拉伸	565	9
Inconel 718	中心缺口拉伸	538	7
RR58 铝合金		100～200	30

5.4.2 以 σ_{net} 为参数的公式

1975 年，Nicholson 等[17]用 AISI316 型无应变钢制成单边裂纹和中心裂纹两种试样，裂纹尖端圆角的半径为 0.15mm。试件通过稳定电流 10A，用电位法测裂纹增长的长度。在温度 740℃，加常载荷作实验。分别以 K 和 σ_{net}（净断面应力）为参数，在双对数坐标纸上，描绘蠕变裂纹扩展速率的曲线。发现，如以 K 为参量，两种试件得到的曲线不能重合，而且单边裂纹试件得到的为非直线关系；如以 σ_{net} 为参量，两种试件的测点得到重合的一条直线，可归纳为以下关系，有

$$\frac{\mathrm{d}a}{\mathrm{d}t} = A\sigma_{net}^{\alpha} \tag{5-27}$$

系数 $A=1.8\times10^{-18}\mathrm{m/h}(\mathrm{MN}\cdot\mathrm{m}^{-2})^{-7}$；指数 $\alpha=7$，α 与材料的蠕变指数很接近。

5.4.3 以 J 为参数的公式

Kenyon 用铝合金制成双悬臂梁（D、C、B）试件，断面的高是变化的，以使应力强度因子保持不变，$K=24\mathrm{MN/m^{3/2}}$。在温度 150℃下做实验，证明蠕变裂纹扩展速率不是常数，得出以 K 为参数与实验不符的结论。

1975 年，Webster[18]用合金钢做类似的实验。材料是 $\frac{1}{2}$Cr-$\frac{1}{2}$Mo-$\frac{1}{4}$V 钢，在 1250℃热处理，经半小时后用油淬。用 D、C、B 常 K 试件，$K=41.8\mathrm{MN/m^{3/2}}$，在 565℃下做实验。得到裂纹长和时间的相关曲线不是直线，与参考文献的结果相类似。相关曲线在开始阶段有明显的非线性性质，裂纹扩展速率先由快而慢，稳定一段时期后，又由慢而快，最后断裂。

作者将实验结果进行分析，设材料服从定常蠕变规律，即满足式

$$\dot{\varepsilon} = b\sigma^n \tag{5-28}$$

当裂纹长 a 不变时，试件上施力点的位移为 Δ，Δ 随时间变化，是时间的函数，经过时间 t 后，位移增量是 Δt。作载荷与位移速率曲线，如图 5-17 所示。图中纵坐标为荷 P，横坐标为 Δ，裂纹长度 a 是参数，不同的 a 有不同的 P-Δ 曲线。仿照在 P-Δ

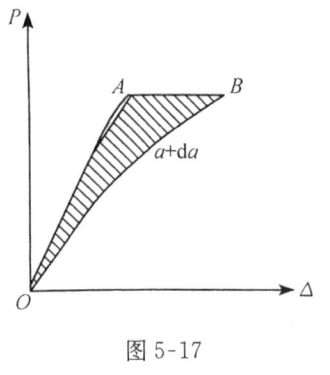

图 5-17

图中求 J 积分公式的方法,作者定义能量损耗率为

$$\dot{U}=-\int_0^P \dot{\Delta}\,\mathrm{d}P \qquad (5\text{-}29)$$

并且提出蠕变条件下 J 积分速率的概念,定义为

$$\dot{J}=-\frac{1}{B_n}\frac{\mathrm{d}\dot{v}}{\mathrm{d}a} \qquad (5\text{-}30)$$

式中,B_n 为试件的净厚度。

对于服从式(5-28)的 B、C、D 常 K 试件,J 积分速率有以下公式(公式证明与求试件的 J 积分相似)

$$\dot{J}=\frac{2C}{B_n(n+1)}\left(\frac{2n+1}{2nB}\right)^n\frac{(2P)^{n+1}}{\left(\dfrac{h}{2}\right)^{2n+1}} \qquad (5\text{-}31)$$

式中,n 为蠕变指数;h 为试件高;B 为试件毛厚度;B_n 为净厚度;C 为常数。

根据实验和理论分析,作者提出蠕变裂纹扩展与 J 积分速率成比例的公式为

$$\frac{\mathrm{d}a}{\mathrm{d}t}=C\dot{J} \qquad (5\text{-}32)$$

当材料的蠕变指数 $n \gg 1$ 时,由式(5-34)知 $\dot{J} \propto (\sigma_{\max})^n$,则式(5-32)与式(5-28)相同。

5.4.4 以 δ 为参数的公式

1975 年,Nicholson[19]用 316 无应变钢制成的中心裂纹试件,在高温下作拉伸实验测得裂纹长度 a 和裂纹张开位移 δ 的关系曲线,如图 5-18 所示,在 $\delta < 4\mathrm{mm}$ 以前,近似为一直线。当 $a < \frac{1}{2}W$(W 为试件的宽)时,可写成以下公式

$$a=\frac{1}{\theta}(\delta-\delta_i) \qquad (5\text{-}33)$$

式中,δ_i 为初始裂纹张开位移;θ 为实验常数。θ 的物理意义可作如下解释,当蠕变裂纹前进时,裂纹的上下两面的夹角保持不变,等于 θ。

将(5-33)对时间求导数,则有

$$\frac{\mathrm{d}a}{\mathrm{d}t}=C\dot{\delta} \qquad (5\text{-}34)$$

式中,$C=\dfrac{1}{\theta}$。

用 AISI316 不锈钢的中心裂纹试件,在 $600\sim850\text{℃}$ 温度下做实验,控制 a 为 $10^{-6}\sim 10^{-4}\mathrm{m/h}$,求出的 $C \approx 1.2$。

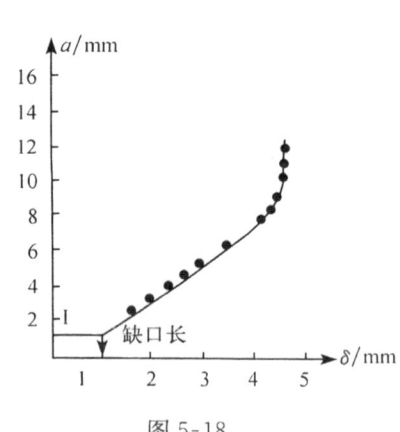

图 5-18

综上所述,从 20 世纪 70 年代初开始,关于蠕变裂纹扩展的实验虽然做了一些工作,但是还很少。对于一些重要问题,如蠕变裂纹扩展速率应该采用什么参量来表达,还需要进行研究。

蠕变使裂纹尖端应力松弛,应力分布与线弹性情况完全不同,而应力强度因子 K 是以线弹性应分布为基础的,所以易于使人怀疑 K 能否作为蠕变裂纹扩展速率的参量。以净断面应力 σ_{net} 作为蠕变裂纹扩展速率的参量,只能在单向拉伸情况下使用,遇到复杂情况,没有物理意义。

有人提出"蠕变脆性"材料应以应力强度因子 K 作为蠕变裂纹扩展速率的参量,"蠕变延性"材料应以净断面应力 σ_{net} 为参量。"蠕变脆性"和"蠕变延性"类似在低温时合金钢的脆性和塑性断裂的区别。但是,在低温时,脆性和塑性断裂可用转变温度将两者划分开来;而在"蠕变脆性"和"蠕变延性"之间,还没有建立起那样的简单判别关系。

5.4.5 影响蠕变裂纹扩展速率的因素

通过实验研究,观察影响蠕变裂纹扩展速率的因素,主要有:温度、介质、显微组织和动载荷等,以下作简要介绍。

1) 温度的影响

在高温下,研究 1Cr-Mo-V 钢、AISI316 奥氏体钢[19] 与 RR58 铝合金[20] 的蠕变裂纹扩展速率,都发现与 $\exp\left(-\dfrac{u}{RT}\right)$ 成正比例,一般归纳成如下公式

$$\frac{da}{dt} = AK \exp\left(-\frac{u}{RT}\right) \tag{5-35}$$

式中,u 是激活能(cal①/mol);R 是玻耳兹曼常量;K 是应力强度因子;T 是绝对温度。测得的 RR58 铝合金的激活能 $u=18$kcal/mol;在温度 740~850℃时,AISI316 奥氏体钢的激活能 $u=339$~372kJ/mol。

2) 介质的影响

一些研究者通过实验,给出如下的经验公式

$$\frac{da}{dt} = A\dot{\delta}^m \tag{5-36}$$

式中,A 与 m 是实验常数,实验要在给定的介质环境如温度环境中进行。其中 $\dot{\delta}=\dfrac{d\delta}{dt}$ 是裂纹尖端张开位移速率。

在介质中材料的蠕变裂纹扩展率数据较少,可用工程中近似的方法处理。有人提出如下公式

---

① 1cal(卡)=4.1868J。

$$\frac{da}{dt} = \left[\frac{da}{dt}\right]_M + \frac{da}{dt} \tag{5-37}$$

式中，$\left[\dfrac{da}{dt}\right]_M$ 是真空或惰性气体中蠕变裂纹扩展速率，$\dfrac{da}{dt}$ 是在常温下腐蚀介质中蠕变裂纹的扩展速率。

式(5-37)是一种叠加法，其近似程度需要更多的实验验证。

附录 A 各种材料的 K_{ISCC} 的值

材　料	σ_b/(MN/m²)	σ_{012}/(MN/m²)	K_{IC}/(MN/m$^{3/2}$)	K_{ISCC}/(MN/m$^{3/2}$)
马氏体合金钢 4340	1823	1530	45	11
	1597	1441	53	11
	1421	1343	117	36
马氏体合金钢 6A	1872	1666	65	8
	1597	1499	105	51
马氏体合金钢用硅脱氧	1911	1661	46	13
	1548	1411	55	17
合金钢 18%Ti-9%Co-5%Mo	2019	1931	72	42
Ti-7%Al-2%Co-1%Ta		701	121	43
		701	116	69
		720	110	38
		728	117	47
		774		44
		902	143	97
Ti-8%Al-1%Mo-1%V		742	123	31
		823	99	25
		892	60	20
Ti-6%Al-4%V		797	97	77
		853	127	104
		1137	70	60
Ti-5%Al-2.5%Sn		764	143	76
		784	123	43
Ti-6%Al-4%V-1%Sn		902	123	46
Ti-6%Al-6%V-2.5%Sn		1274	60	23
Ti-6%Al-2%Mo		867	128	84
		872	136	112
Ti-7%Al-3%Mo	809	715	144	50
马氏体时效钢 (18%Ni)	1862	1480	127	77
		1779	74	40
铝合金 7079-T6	549	490	22	60
Ti-7%Al-2%Co-1%Ta		762	131	49
Ti-7%Al-2.5%Mo		834	112	88

参 考 文 献

1. 艾万思 U R. 金属的腐蚀与氧化. 华宝定译. 1964,584
2. 陆世英,张德康. 不锈钢应力腐蚀破裂. 1977,150
3. 北京航空学院 102 教研室. 合金的应力腐蚀断裂机理及断口形态. 1977,10
4. Hoff N J. J. Appl. Mech. 1953,20:105
5. Kachanov L M. Izu. AK. Nauk. SSSR. Otdel Tekh. Nauk. 1958,8:26
6. Speidel M O. The Theory of Stress Corrosion Cracking in Alloys,1971,289
7. Hertzberg R W. Detormation and Fracture Mechanics of Engineering Materials,1976,377
8. 北川英夫. 材料强度上破坏. 第十九回. 1974,80
9. Austen I M, Bmet Rhd, Walkev E F. The Influence of Enviroment on Fatigue,1977
10. Mcevily A J, Wei R P. Corrosion Fatigue,1971,387
11. Speidel M O et al. Corrosion Fatigue,1971,324
12. Garttgher J P, Wei R P. Corrosion Fatigie,1971,409
13. Barsom J M. Corrosion Fatigue,1971,424
14. Nichoolsm C E. Mechanics and Mechanics of Crack Growth,1973,226
15. Siverns M J, Price A T. Nature,1970,228:760
16. Robson K. Conf. on Properties of Creep Resistant Steels, Dusseldorf,1972,4
17. Nicholson R D, Formbu C L. Int. J. Fracture,1975,11:595
18. Webster G A. Conf. on the Mech. and Physics Fracture,1976,18
19. Nicholson R D. Materials Science and Eng. on Int. J. 1976,22:1
20. Kenyon J L et al. Int. Conf. on Creep and Fatigue in Elevated Tempratute Applicatins, Philadephia,1973,156

第6章 断裂力学实验

断裂力学即运用力学的方法来研究裂纹前缘的应力和位移,并由此找出控制裂纹扩展规律的物理量。通常,工程结构的突然断裂是由于裂纹的快速扩展或失稳扩展造成的。用来表征裂纹快速扩展难易的力学量,均可用来作为断裂韧度的相对量度。其中,平面应变断裂韧度 K_{IC}、裂纹顶端张开位移(crack opening displacement,COD),以及 J_{IC} 等几个韧性指标不仅能正确反映材料抵抗低应力破坏的能力,而且还能预言断裂应力,它们同强度指标一样,应用于结构强度的定量设计中。

断裂力学实验同常规的力学实验一样,概括起来有三个方面[1]:

(1) 材料性能的测试,即材料破坏与裂纹扩展的内在条件。例如,平面应变断裂韧度、临界张开位移、临界 J 积分、疲劳裂纹扩展速率、蠕变裂纹扩展速率、动态断裂韧度以及应力腐蚀界限应力强度因子等。

(2) 裂纹尖端能量场和应力应变场参数的实验标定。例如,应力强度因子的实验标定、J 积分的实验标定等。

(3) 理论探索和验证性实验。例如,压力容器与管道的全尺寸爆破试验、大型焊接结构接头的断裂实验等。

6.1 金属材料平面应变断裂韧度 K_{IC} 的测试

K_{IC} 是材料具有裂纹时,在裂纹前缘处于平面应变和小范围屈服条件下,Ⅰ型裂纹发生失稳扩展时的临界应力强度因子。它表征材料在线弹性范围内,带裂纹工作时抵抗断裂的能力,是材料固有的一种力学性质,通常称其为材料的平面应变断裂韧度。

6.1.1 测试原理和方法

应力强度因子通常以无量纲的形式表示为

$$K_I = Y \cdot P \sqrt{\pi \cdot a}$$

式中,Y 为试样的形状因子,在试样的形状和尺寸一定的条件下是常数;P 是加在试样上的外载荷;a 是裂纹尺寸(长度或深度)。因此,在测试时,只要在试样的加载过程中,测出裂纹失稳扩展时的临界载荷 P_c 和试样的裂纹尺寸 a,就可以求出试样材料的临界应力强度因子。如果试样尺寸满足平面应变和小范围屈服条件,此临界应力强度因子即为材料的平面应变断裂韧度 K_{IC}。具体的测试方法参照国标 GB 4161—1984[2] 所述。用带有疲劳预制裂纹的缺口试样,在三点弯曲或拉伸的情况下加载,直至试样断裂或不能承受更大载荷为止。在加载过程中,自动记录载荷 P 及裂纹嘴(裂纹开口处)的张开位移 V。然后在记录的 P-V 曲线上找出裂纹长度的表观扩展量为 2% 时的载荷 P_C。同时,在试样断裂后,测量断口上的裂纹尺寸 a。将 P_C、a 以及试样其他几何参数带入到试样的应力强度因子表达式中,算出临界应力强度因子。但得到的临界应力强度因子是否真的是材料的平面应变断裂韧度 K_{IC} 还需要最后通过有效性判断来确定。

6.1.2 试样形状,尺寸和制备

1. 试样形状

凡是具有 K_I 标定表达式且便于测试的试样,都可以用来测定 K_{IC}。GB 4161—1984 国家标准规定了四种标准试样:三点弯曲试样、紧凑拉伸试样、C 型拉伸试样,以及圆形紧凑拉伸试样。这几种试样的简图如图 6-1 所示。三点弯曲试样具有易

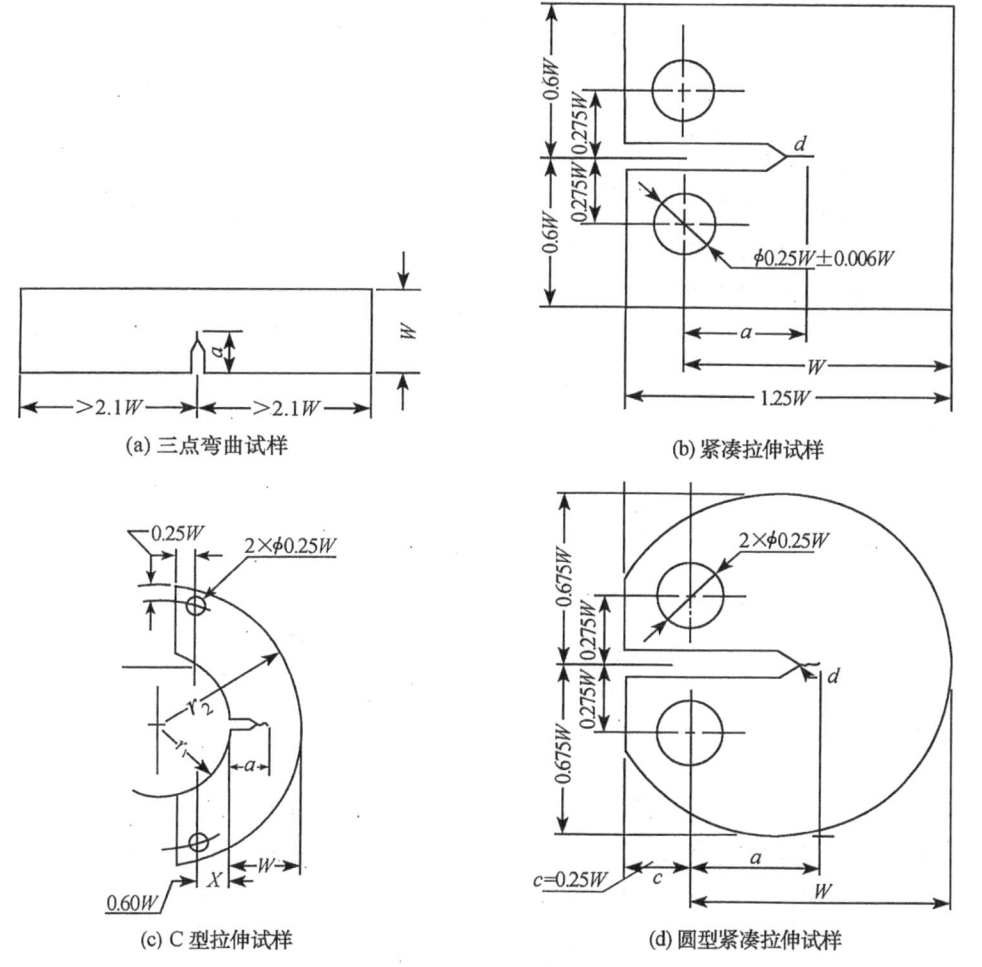

图 6-1 K_{IC} 测试试样的简图

于加工和便于加载的优点,紧凑拉伸试样则有节省材料的好处,C型拉伸试样和圆型紧凑拉伸试样分别适用于管材和棒材的试验。

在确定试样形状时,还必须考虑试样在原材料中或实际构件中的取向,以反映材料的各向异性和构件的工作状态。此外,在实际工程中,由于原材料、构件形状和尺寸的限制,以及模拟工作状态的要求,往往需要采用其他类型的试样。

2. 试样尺寸

为满足平面应变和小范围屈服条件,平面应变断裂韧度实验要求只有试样厚度 B 和裂纹长度 a 均大于 $2.5(K_{IC}/\sigma_y)^2$ 时,试验结果才可得到稳定有效的 K_{IC}。其中,σ_y 为材料在 K_{IC} 实验温度和加载速率下的屈服强度。

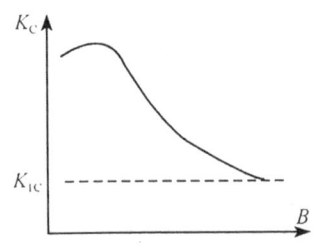

图 6-2 厚度对 K_C 的影响

试样厚度 B 的要求是满足平面应变的条件之一。当试样的厚度足够时,在厚度方向上的平面应力层所占比例很小,裂纹前缘的较大地区处于平面应变状态,这时可近似地认为试样处在平面应变条件下。图 6-2 为厚度对 K_C 的影响。图中所示的规律,只是在满足小范围屈服条件下,即具有足够的面内尺寸时才成立。

裂纹长度 a 要求是保证线性弹性断裂力学所要求的小范围屈服所必须的。定性地说,只有小范围屈服,才能近似视为弹性体,只有这样才可以得到满足工程精度要求的 K_{IC} 近似值。

韧带宽度 $(W \cdot a)$ 的大小,既能影响小范围屈服,又能影响包围塑性区的广大弹性范围的大小。所以,也必须满足一定的尺寸要求,以保证平面应变断裂条件。

为确定试样尺寸,需预先估计一个材料的 K_{IC} 值。如果已知试验材料的 K_{IC} 范围,通常取偏高的 K_{IC} 值确定试样尺寸。也可以根据材料的屈服极限 σ_y 和弹性模量 E 的比值 σ_y/E 来选择试样的尺寸。

3. 裂纹制备

材料的断裂韧度与裂纹面取向和裂纹扩展方向有关。所以试样应注明裂纹面取向和裂纹扩展方向。疲劳裂纹引发缺口共有四种形式,山形缺口、直通型缺口、末端为圆孔的缺口以及钼丝切割的缺口。其中,山形缺口的根部半径≤0.25mm,其余缺口的根部半径≤0.08mm。

预制疲劳裂纹所用的设备应保证应力在试样厚度上均匀分布,并且在预期的裂纹扩展面两侧对称分布,以保证裂纹前缘均匀向前扩展,且裂纹不偏离预期的扩展方向。通常的做法是先用机械加工方法或电火花加工方法加工出一引发缺口,然后在疲劳试验机上加交变循环载荷预制出疲劳裂纹。预制疲劳裂纹开始时的最大疲劳载荷应使应力强度因子的最大值 K_{fmax} 不超过 K_{IC} 估计值的 80%。当裂纹逐渐扩展时,疲劳载荷要相应减小。同时为保证裂纹的尖锐,在裂纹扩展的最后阶段,疲劳循环应力强度因子的最大值 K_{fmax} 应满足 $K_{fmax} \leqslant 0.6K_q$,且 $K_{fmax}/E < 0.01 mm^{1/2}$。其中,$K_q$ 为 K_{IC} 的条件值。裂纹长度 a 应在 $0.45 \sim 0.55W$ 之间。

6.1.3 试验装置

本试验可以在任何类型的材料试验机上进行,同时需配备有适合于自动记录装置的载荷传感器、夹式引伸计以及 X-Y 函数记录仪或数据采集系统。如载荷传感器和夹式引伸计的电信号输出不够大时,则需配用相应的放大器,把电信号放大后再输入到 X-Y 函数记录仪进行记录。试验装置如图 6-3 所示。

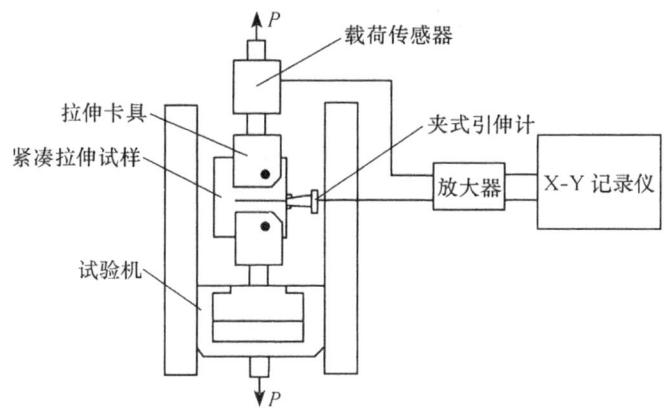

图 6-3　K_{IC} 测试试验装置

三点弯曲试验的支座应设计得尽量接近理想简支条件。紧凑拉伸卡具则应保证上下卡具的同心度和平行度,避免偏心加载。

6.1.4 试验步骤

(1) 测量试样尺寸。试样的断面尺寸要在裂纹断面处测量,测量 B 和 W,精度要准确到 0.0025mm 或 0.1%W(取其大者)。

(2) 安装试验夹具。

(3) 安装试样和引伸计,并连线和调整仪器。根据预期的试验时的最大载荷和裂纹的张开位移量,选择仪器的量程,使 X-Y 函数记录仪记录的曲线有足够的幅值,以保证测量精度。一般来说,记录仪的放大比应使记录曲线线性部分的斜率为 $0.7 \sim 1.5$。在电子万能试验机上,也可由数据采集系统得到载荷位移曲线。

(4) 缓慢加载。加载速率应使应力强度因子的增长速率为 $0.55 \sim 2.75 MPa\ m^{1/2}/s$。

(5) 断口形貌观察。在断裂的试样断口上,用放大倍数为 $30 \sim 50$ 的测量显微镜或工具显微镜测量裂纹的长度。因为一般的疲劳裂纹前缘呈圆弧形,要求在试

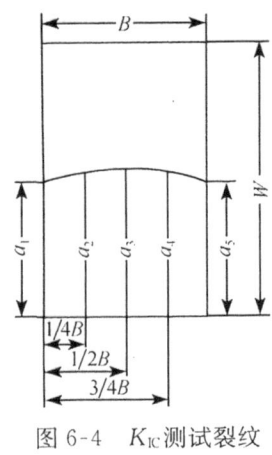

图 6-4 K_{IC} 测试裂纹长度测量

样厚度的 1/4、1/2、3/4 三处测量(图 6-4),取其平均值 $\bar{a}=\frac{1}{3}(a_1+a_2+a_3)$ 作为有效裂纹长度。

6.1.5 试验的结果处理及 K_{IC} 有效性判断

1) 确定临界载荷 P_q 值

由于试样尺寸条件满足的程度不一样,测试时获得的载荷-位移曲线的形式也不一样。典型的载荷-位移曲线如图 6-5 所示。断裂韧性试验表明,只有当试样很大,平面应变条件足够充分($B \gg (K_{IC}/\sigma_s)^2$)时,才有明显的整体平面应变裂纹失稳扩展,如图中曲线 III。在裂纹的快速扩展前没有明显的亚临界扩展。临界断裂载荷可取 P_{max}。但通常受试验机吨位以及材料和加工所限,试样尺寸不能做到很大,有时甚至只能勉强满足要求,在达到最大载荷前,裂纹已有局部的扩展或亚临界扩展,如图中曲线 I、II。其中 P_q 的确定方法如下:

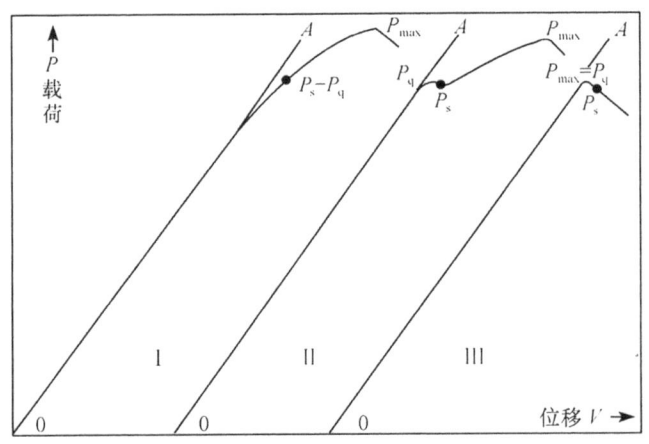

图 6-5 典型的载荷-位移曲线

过记录曲线的线性段作直线 OA,并通过原点画割线 OP_s,其斜率 $(P/V)_s = 0.95(P/V)_0$,其中 $(P/V)_0$ 是直线 OA 的斜率。OP_s 与载荷-位移曲线的交点 P_s 的载荷即为条件临界载荷 P_q。如果在 P_s 以前,记录曲线上每一点的载荷都低于 P_s,则取 $P_q = P_s$,如图 6-5 中曲线 I;如果在以前,还有一个超过 P_s 的最大载荷,则取此最大载荷为 P_q,如图 6-5 中 II、III 曲线。

2) 计算载荷比 P_{max}/P_q 及 K_q

P_{max} 为试样所能承受的最大载荷。如果 P_{max}/P_q 小于或等于 1.10,则可把 P_q 值、裂纹长度 a 以及试样的其他几何尺寸代入得标定关系式求出 K_q。如果 P_{max}/P_q 大于 1.10,则该试验不是有效的 K_{IC} 试验。该判据称为载荷比判据,用来避免由于试样尺寸全面不足而导致 $K_q < K_{IC}$。

对于标准三点弯曲试样 $\left(\dfrac{S}{W}=4, \dfrac{W}{B}=2\right)$，以及满足 $\left(\dfrac{S}{W}=4, 1 \leqslant \dfrac{W}{B} \leqslant 4\right)$ 条件非标准三点弯曲试样，K_q 按如下公式计算，有

$$K_q = \dfrac{P_q S}{B W^{\frac{3}{2}}} f\left(\dfrac{a}{W}\right)$$

式中

$$f\left(\dfrac{a}{W}\right) = \dfrac{3\left(\dfrac{a}{W}\right)^{\frac{1}{2}}\left[1.99 - \dfrac{a}{W}\left(1-\dfrac{a}{W}\right)\left(2.15 - 3.93\dfrac{a}{W} + 2.7\left(\dfrac{a}{W}\right)^2\right)\right]}{2\left(1+2\dfrac{a}{W}\right)\left(1-\dfrac{a}{W}\right)^{\frac{3}{2}}}$$

对于紧凑拉伸试样，K_q 按下面的公式计算，有

$$K_q = \dfrac{P_q}{B W^{\frac{1}{2}}} f\left(\dfrac{a}{W}\right)$$

式中

$$f\left(\dfrac{a}{W}\right) = \dfrac{\left(2 + \dfrac{a}{W}\right)\left(0.886 + 4.64\dfrac{a}{W} - 13.32\left(\dfrac{a}{W}\right)^2 + 14.72\left(\dfrac{a}{W}\right)^3 - 5.6\left(\dfrac{a}{W}\right)^4\right)}{\left(1 - \dfrac{a}{W}\right)^{\frac{3}{2}}}$$

对于 C 型拉伸试样，K_q 为

$$K_q = \dfrac{P_q}{B W^{\frac{1}{2}}}\left(3\dfrac{X}{W} + 1.9 + 1.1\dfrac{a}{W}\right)\left[1 + 0.25\left(1-\dfrac{a}{W}\right)^2\left(1-\dfrac{r_1}{r_2}\right)\right] f\left(\dfrac{a}{W}\right)$$

式中

$$f\left(\dfrac{a}{W}\right) = \dfrac{\left(\dfrac{a}{W}\right)^{\frac{1}{2}}}{\left(1-\dfrac{a}{W}\right)^{\frac{3}{2}}}\left(3.74 - 6.30\dfrac{a}{W} + 6.32\left(\dfrac{a}{W}\right)^2 - 2.43\left(\dfrac{a}{W}\right)^3\right)$$

对于圆形紧凑拉伸试样，K_q 则为

$$K_q = \dfrac{P_q}{B W^{\frac{1}{2}}} f\left(\dfrac{a}{W}\right)$$

式中

$$f\left(\dfrac{a}{W}\right) = \dfrac{\left(2+\dfrac{a}{W}\right)\left[0.76 + 4.8\dfrac{a}{W} - 11.58\left(\dfrac{a}{W}\right)^2 + 11.43\left(\dfrac{a}{W}\right)^3 - 4.08\left(\dfrac{a}{W}\right)^4\right]}{\left(1-\dfrac{a}{W}\right)^{\frac{3}{2}}}$$

3) 计算 $2.5(K_q/\sigma_y)^2$

如果计算出的 $2.5(K_q/\sigma_y)^2$ 值等于或小于试样厚度 B、裂纹长度 a，以及试样

韧带宽度$(W \cdot a)$,则$K_q = K_{IC}$。否则试验结果无效,必须用较大的试样从新进行测试。这个较大试样的尺寸可根据K_q来估计,至少应为原试样的1.5倍。

GB 4164—1984标准对铝合金材料的K_q值有效性有补充规定。

另外标准还建议,如果测不出材料的K_{IC}值,可以计算试样的强度比R_s。强度比R_s为材料断裂时裂纹尖端的名义应力与屈服应力的比值,它是试样所能承受的最大载荷、试样尺寸及材料屈服强度的函数。该强度比可作为材料断裂韧度的相对量度。

对于三点弯曲试样,其强度比为

$$R_{sb} = \frac{6P_{max}W}{B(W-a)^2 \sigma_y}$$

对于紧凑拉伸试样,其强度比为

$$R_{sc} = \frac{2P_{max}(2W+a)}{B(W-a)^2 \sigma_y}$$

对于C型拉伸试样,其强度比为

$$R_{sa} = \frac{2P_{max}(3X+2W+a)}{B(W-a)^2 \sigma_y}$$

对于圆形紧凑拉伸试样,其强度比为

$$R_{sdc} = \frac{2P_{max}(2W+a)}{B(W-a)^2 \sigma_y}$$

6.2 裂纹顶端张开位移(COD)的测试

COD方法是一种非常有效而简单的方法,已被工程实际所接受和应用。裂纹顶端张开位移的特征COD值是材料在弹塑性条件下的一个断裂韧度指标,它们表征材料抵抗裂纹开裂或扩展的能力。国家标准GB 2358—1980[3]对该测试方法进行了详细的规定。

6.2.1 测试方法

裂纹张开位移试验方法用带有疲劳裂纹的单边切口弯曲试样进行三点弯曲加载,并记录载荷P和裂纹嘴张开位移V的关系曲线。然后在$P-V$曲线上找出相应的特征点,将该特征点的P、V值代入到规定的计算式中,得出对应裂纹开裂的特征张开位移值。

GB 2358—1980标准规定,通过裂纹张开位移试验可以确定五个COD值,如下:

(1) δ_R 阻力曲线外推到$\Delta a = 0$的COD值,称为表观起裂COD值,以δ_i表示;

(2) 稳定裂纹扩展量$\Delta a = 0.05$mm时的COD值,称为条件起裂COD值,以$\delta_{0.05}$表示;

（3）裂纹扩展量 $\Delta a \leqslant 0.05$ mm 的脆性失稳点的突进点所对应的 COD 值，称为脆性起裂 COD 值，以 δ_c 表示；

（4）裂纹扩展量 $\Delta a > 0.05$ mm 的脆性失稳点的突进点对应的 COD 值，称为脆性失稳 COD 值，以 δ_u 表示；

（5）最大载荷点或最大载荷平台开始点所对应的 COD 值，称为最大载荷 COD 值，以 δ_m 表示。

如要获得 δ_i 和 $\delta_{0.05}$，需采用多试样法做出 COD 阻力曲线 δ_R-Δa，然后在该曲线上获得 δ_i 和 $\delta_{0.05}$ 的值。也可以用电位法、电阻法和声发射等物理检测方法找出起裂点以获得 δ_i。

δ_R 阻力曲线的测定是用一组 4～7 个具有尽可能一致的疲劳裂纹的三点弯曲试样，对每个试样进行前述加载试验，但是要在不同的加载阶段停机。卸载后，用热着色或二次疲劳法勾出裂纹前缘，然后压断试样，并测量裂纹的稳定扩展量 Δa。以每个试样的裂纹张开位移 δ 和相应的 Δa 试验点用目测法描出或用曲线拟合法做出 δ_R 阻力曲线。

6.2.2 试样制备

1. 尺寸

标准规定该试验以 $S/W=4$ 三点弯曲试样作为标准试样，其尺寸有 $W=2B$ 和 $W=B$ 两种，式样的厚度等于被检测材料的厚度（即全厚度试样）以保证裂纹前缘有相同的约束。如果试验材料不是板材，试验厚度则可根据具体情况确定。对裂纹长度的要求是：

对于 $W=2B$ 的试样，$a=(0.45\sim0.55)W$。

对于 $W=B$ 的试样，$a=(0.25\sim0.35)W$。

2. 裂纹制备

疲劳预制裂纹时的加载跨距 $S=4W$，并应使一组试样的 a/W 尽可能一致。在整个预制过程中，控制最大载荷 P_{fmax}，使其满足条件，即

$$P_{fmax} \leqslant 0.5 P_L$$

$$P_{fmax} \leqslant \frac{0.01 EB \sqrt{W}}{Y}$$

式中，P_L 为极限载荷，$P_L=1.456(B/S)(W-a_0)^2\sigma_s$；$Y$ 为 a/W 的函数；E 为材料的弹性模量；a_0 为起始切口长度。预制时，最好使 $P_{fmin} \leqslant 0.2 P_{fmax}$，疲劳裂纹的长度不应小于 2mm。

6.2.3 特征 COD 值的确定

标准规定裂纹张开位移按下面的公式进行计算，即

$$\delta = \frac{K_I^2(1-\nu^2)}{2\sigma_s E} + \frac{r(W-a)V_p}{r(W-a)+a+Z}$$

式中，$K_I = YP/(BW^{1/2})$；P 为对应特征点的载荷；V_p 为对应特征点的裂纹嘴张开位移的塑性部分；a 为试样的原始裂纹长度；r 为转动因子；ν 为材料的泊松比。

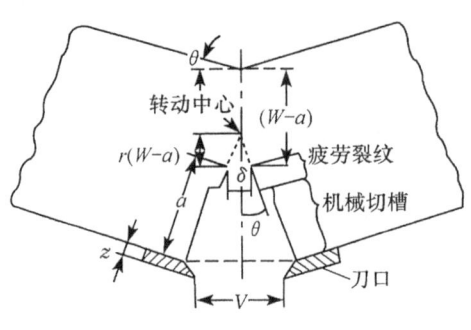

图 6-6 旋转中心法确定

在上述公式中，第一项为 δ 的弹性部分，通过应力强度因子 K_I 来换算。第二项为 δ 的塑性部分，可通过如图 6-6 所示的旋转中心法确定。假设在断裂前试样的两部分围绕某一转动中心做刚体转动。该转动中心到原裂纹尖端的距离为 $r(W-a)$，r 称为转动因子。根据这个假设，夹式引伸计的刀口张开位移 V 与裂纹顶端张开位移 δ 之间应有如下的比例关系，即

$$\frac{\delta}{V} = \frac{r(W-a)}{r(W-a)+(a+Z)}$$

由此

$$\delta = \frac{r(W-a)}{r(W-a)+(a+Z)}V$$

式中，Z 为安装引伸计的刀口厚度。由实验知道当载荷较小时，r 随载荷而变，当载荷较大时，r 趋于一常数。

金属材料的载荷-裂纹嘴张开位移 P-V 曲线一般有如图 6-7 所示的几种形式。在 I、II 的情况下，取脆性失稳断裂点或突进点所对应的载荷 P_c 与裂纹嘴张开位移的塑性部分 V_{cp}，按上述的公式换算出 δ_c。在 III、IV 的情况下，取脆性失稳断裂点或突进点所对应的载荷 P_u 与位移 V_{up}，再按计算公式算出 δ_u，如要获得 δ_i 和 $\delta_{0.05}$，则需要通过 δ_R 曲线来确定。在 V、VI 的情况下，取最大载荷点或最大载荷平台开始点所对应的载荷 P_{max} 与位移 V_{mp}，按公式算出 δ_m，如要获得 δ_i 和 $\delta_{0.05}$，也需要通

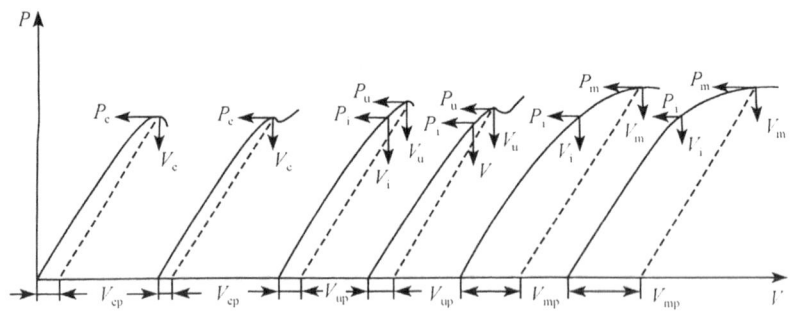

图 6-7 载荷-裂纹嘴张开位移 P-V 曲线

过 δ_R 曲线来确定。如果采用物理方法检测起裂点时,则取起裂点所对应的 P_i 和 V_{ip},再计算出 δ_i。

6.3 金属材料延性断裂韧度 J_{IC} 的测试

J 积分是一个可以定量地描述含裂纹物体的应力、形变场的强度的参量,它易于通过试验测量或理论估算得到。J 积分有两种定义或表达式,一为回路积分定义,另一为形变功率定义。前者由围绕裂纹尖端的周围区域的应力、应变和位移场组成的线积分给出,这使 J 积分值由场的强度决定,可以反过来用来描述裂纹场的强度。后者由外加载荷通过施力点位移对试件所作形变功相对裂纹长度的变化率来定义,可通过测定外加载荷对试件所做的形变功来得到 J 积分值。

用小试样在弹塑性条件下测定平面应变断裂韧度的 J 积分方法,也是材料延性断裂韧度测试的目的之一。利用这个方法,有可能解决高韧度的中、低强度材料需要巨型试样和高吨位试验机才能测定其 K_{IC} 值的困难,以及满足诸如研究核容器用钢辐照效应时测试空间有限的要求。然而,必须指出的是,只有大、小试样的断裂机制相同时,才能用小试样测出的 J_{IC} 来预计大试样的 K_{IC}。

6.3.1 测试方法

GB 2038—1991[3] 标准详细介绍了金属材料延性断裂韧度 J_{IC} 的测试方法。标准规定,采用疲劳预制裂纹试样,三点弯曲加载或用销钉拉伸加载,测定 J 与裂纹扩展量的关系,即 $J-\Delta a$ 曲线。用最小二乘法按幂乘关系拟合 J 与 Δa 的曲线 J_R。根据材料的有效屈服强度,按规定求出钝化线方程,在 $J-\Delta a$ 图上作钝化线。偏置 0.2mm 作钝化线的平行线。此偏置线与幂乘拟合线的交点所对应的 J 值计为 J_Q,如果测试条件完全满足标准所规定的有效性条件,则定义 J_Q 为延性断裂韧度 J_{IC}。

6.3.2 试样制备

1. 试样形状

试样可采用三点弯曲试样、紧凑拉伸试样以及拱形三点弯曲试样,如图 6-8 所示。标准试样的 W/B 名义等于 2,$a_0/W=0.5\sim0.75$,a_0 为初始裂纹长度的平均值。为获得有效的 J_{IC} 值,标准要求试样的初始韧带尺寸 b_0、厚度 B 都应大于 $25J_{IC}/\sigma_y$(σ_y 为材料在试验温度下的有效屈服强度)。除标准试样外,只要能够满足 $B>25J_{IC}/\sigma_y$ 条件的其他 W/B 值得试样,均可用来试验。为确定试样的尺寸,需预先估计一个材料的 J_{IC} 值。如果无法估计材料的 J_{IC} 值,标准建议对中、低强度钢选用 $B=20$mm,铝、钛合金则选用 $B=15$mm 的试样。

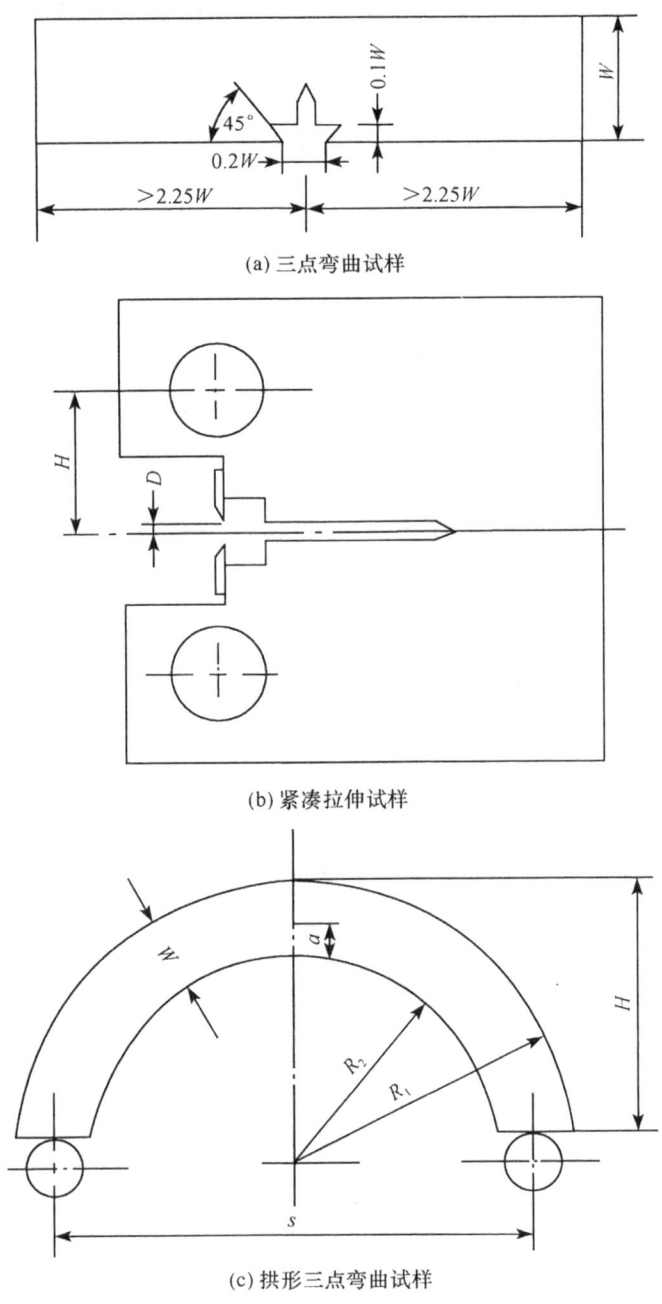

(a) 三点弯曲试样

(b) 紧凑拉伸试样

(c) 拱形三点弯曲试样

图 6-8　J_{IC} 测试试样的简图

采用多试样法时,至少应有 5 个试样;采用单试样法时,最好准备 3 个试样。同 K_{IC} 的测试一样,本测试也需对试样取向进行标记。

2. 疲劳裂纹预制

机加工缺口应在如图 6-9 所示的包迹内,缺口根部半径≤0.08mm。在对试样预制裂纹和断裂试验之间不得对试样进行中间热处理。还需注意的是,同一组试样预制疲劳裂纹的长度应尽量保持一致。疲劳预制裂纹必须保证试样不发生弯曲变形。疲劳引发裂纹时采用的最大疲劳载荷 P_{max} 应不大于用 a_0(初始裂纹长度的平均值)计算的极限载荷的 50%。如果引发不出裂纹,可适当调高 P_{max},一旦出现裂纹后,需及时将载荷调整至 $P_{fmax} \leqslant 0.5 P_L$。其中,$P_L$ 为极限载荷,其计算表达式如下:

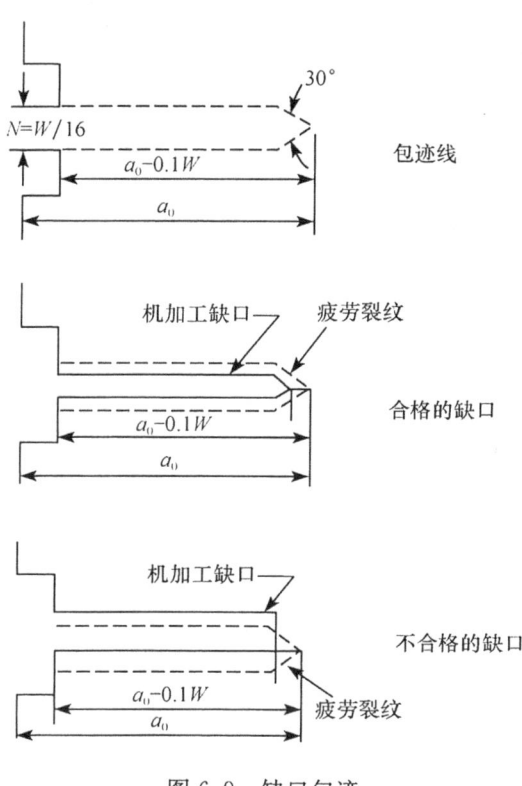

图 6-9 缺口包迹

对于三点弯曲试样,有

$$P_L = \frac{4 B b_0^2 \sigma_y}{3S}$$

对于紧凑拉伸试样,有

$$P_L = \frac{B b_0 \sigma_y}{2W + a}$$

在疲劳裂纹扩展至最后 0.7mm 时,最大疲劳载荷应不大于 $0.4 P_L$,且疲劳载荷幅对应的应力强度因子幅度与弹性模量之比 $\Delta K/E$ 应等于或小于 $0.005 \text{mm}^{1/2}$,

取两者中较小者。

6.3.3 试验装置

本试验可以采用各种型式的材料试验机,但其准确等级必须满足国家计量部门规定的1级或0.5级的要求。同时,试验系统应配备载荷及施力点位移的自动记录装置,试验过程中可以用数字采样或用X-Y记录仪绘图。试验装置如图6-10所示,使用夹式引伸计测量试样施力点的位移,以便从 P-Δ 记录曲线下的面积求 J,或从弹性柔度计算 Δa。为了消除由于加载偏心引起的误差,采用两个引伸计在试样两侧同时测量其位移。引伸计上应变片的线路联接方式如图6-11所示,这样可以从线路上消除偏心的影响。

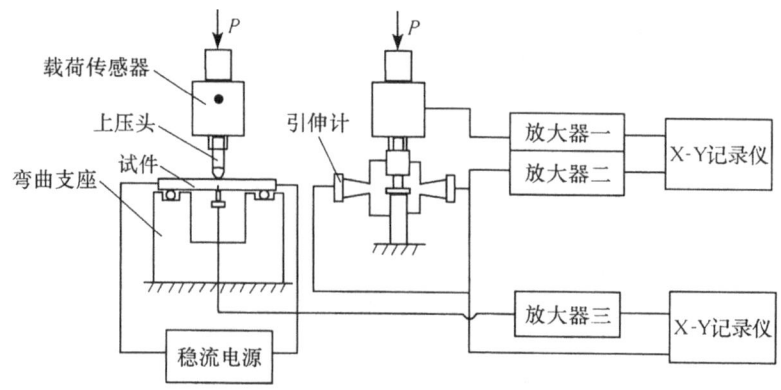

图 6-10 J_{IC} 测试试验装置

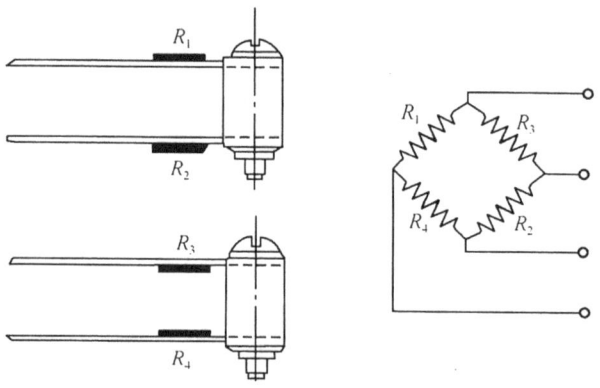

图 6-11 引伸计上应变片的线路联接方式

6.3.4 试验步骤

(1) 载荷、位移测量系统的标定,且应在试验温度下进行标定。

(2) 测量试样尺寸。测量 B、W 和 B_N，精度要准确到 0.05mm 或测量尺寸的 0.5%（取其大者）。

(3) 安装试样和引伸计。为测施力点的位移，应将引伸计安装在试样的加载线上。如果采用单试样法，应使用两套引伸计，同时测量三点弯曲试样施力点位移以及裂纹嘴张开位移。

(4) 加载进行压断试验。加载速率应使达到 $0.4P_L$ 的时间为 $0.1\sim1.0$min。

(5) 测量裂纹的长度。方法如下：

多试样法：为了更好的控制卸载点，对于第一个试样应加载到曲线达到最大载荷并刚刚开始下降时卸载，并根据记录的曲线估计以后各试样的加载终止的位移量。试样卸载后，用热着色或二次疲劳法勾出裂纹前缘。在试样压断后，断口上平坦的预制裂纹前缘是裂纹稳定扩展的起点，热着色的终点或二次疲劳的起始位置为裂纹扩展的终了位置。沿裂纹前缘和标记出的裂纹慢稳扩展区的前缘按图 6-12 所示，在等间隔的 9 点上测量裂纹尺寸 $a_i(i=1,2,3,\cdots,9)$。测量精度应不低于 0.025mm。将靠近表面的两个测量结果取平均值，再求出它与其余测量结果的平均值，即按下式计算 a_0 和 a，并计算出 $\Delta a = a - a_0$，即有

$$a_0 = \frac{1}{8}\left(\frac{a_{01}+a_{09}}{2} + \sum_{i=2}^{8} a_{0i}\right)$$

$$a = \frac{1}{8}\left(\frac{a_1+a_9}{2} + \sum_{i=2}^{8} a_i\right)$$

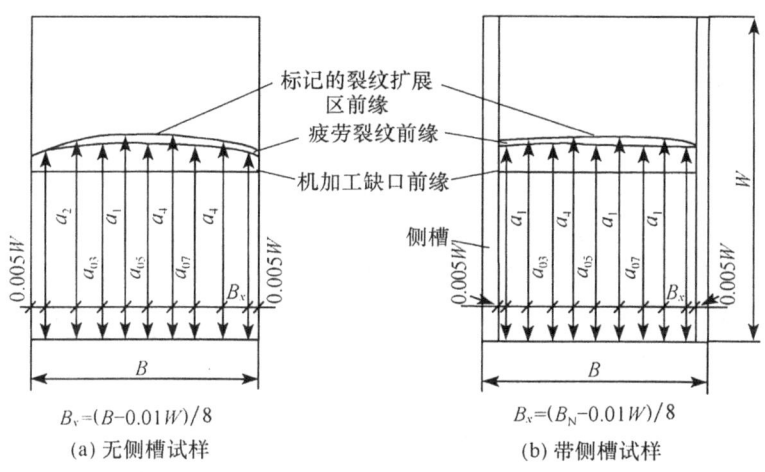

图 6-12 J_{IC} 测试裂纹尺寸测量

单试样法：单试样法是用一个试样，根据卸载再加载过程中弹性柔度的变化或用其他方法得到 J_R 曲线。首先根据初始弹性柔度估计初始裂纹长度 a_0。估计好裂纹长度之后，将载荷降低，重新将试样加载，如此反复对试样进行 $1\sim10$ 次卸载再加载试验。卸载再加载的最大范围应不低于 $0.2P_L$，或不小于当时载荷的 50%

（取其低者）。裂纹扩展量的测量方法同多试样法一样。

6.3.5 结果处理与有效性判断

1）求 J 积分值

首先根据试验记录的载荷-施力点位移 P-Δ 曲线，用定极求积仪或数值积分法求出给定挠度下 P-Δ 曲线下的面积 A，再将其按所选用的载荷标尺及位移标尺比例换算成能量 U_p，即形变功的塑性分量。J 值按下面的公式计算，有

$$J = J_e + J_p$$

式中，J_e、J_p 分别为 J 的弹性分量和塑性分量。

对于三点弯曲试样，有

$$J_e = \frac{1-\nu^2}{E} \left[\frac{P_s S}{BW^{\frac{3}{2}}} f\left(\frac{a_0}{W}\right) \right]^2$$

$$J_p = \frac{2U_p}{Bb_0}$$

对于紧凑拉伸试样，有

$$J_e = \frac{1-\nu^2}{E} \left[\frac{P_s}{BW^{\frac{1}{2}}} f\left(\frac{a_0}{W}\right) \right]^2$$

$$J_p = \frac{\eta U_p}{Bb_0}$$

$$\eta = 2 + 0.522 \frac{b_0}{W}$$

2）幂乘拟合

挑选合格的数据，采用幂乘律 $J = C_1 \Delta a^{C_2}$ 对试验点进行拟合。用于回归分析的合格数据点必须处于由左界限线（过 $\Delta a = 0.15 \text{mm}$ 处的钝化线 $J = 2\sigma_y \Delta a$ 的平行线），Δa 轴，上界限线 $J_{\max} = b_0 \sigma_y / 15$，以及右界限线（过点 $[(\Delta a)_1, J_1]$ 的钝化线的平行线）所限定的封闭区内，如图 6-13 所示。右界限线与 Δa 轴的交点记为 Δa^*。过 $\Delta a = 0.25 \text{mm}$、$\Delta a = \frac{3}{4} \Delta a^*$ 处作钝化线的平行线，它们分别与左右界限线构成 A 区和 B 区。标准规定在 A 区和 B 区内必须各有一个数据点，其他数据点可在合格数据区内任意分布。如图 6-13 所示，定义过幂乘曲线与左、右界限线的交点并垂直于 Δa 轴的垂线与 Δa 轴的交点分别为 $\Delta a_{\min}$ 和 $\Delta a_{\max}$，凡落在区间之外的数据点均应舍弃。

3）J_Q 的计算

在 J-Δa 图上偏置 0.2mm 作钝化线，该钝化线与回归得到的 J_R 线的交点定义为 J_Q、Δa_Q。

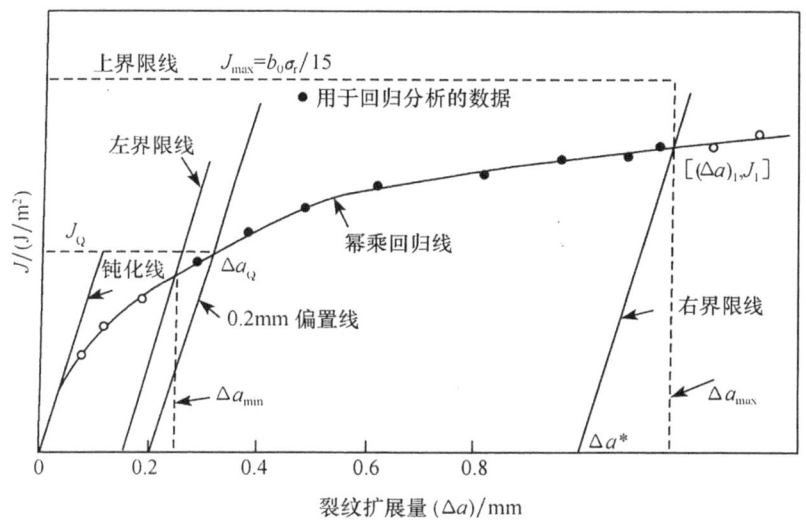

图 6-13 合格数据点区

4) 有效性判断及 J_{IC} 的确定

回归分析所用的数据点应在有效数据区内,并满足对试验点分布间隔的规定。计算得出的 J_Q 如满足下列条件,则 $J_Q=J_{IC}$。

(1) 试样厚度 B 与初始韧带 $b_0>25J_Q/\sigma_y$;
(2) 幂乘回归线在点 $(\Delta a_Q, J_Q)$ 处的斜率 $dJ/d\Delta a<\sigma_y$;
(3) 在试验温度和加载速率下,没有试样呈现脆性解理断裂;
(4) 裂纹前缘平直度应满足:测得的裂纹长度 a_i 与计算得到的裂纹长度 a 的差均小于 7%;试样近表面处的裂纹扩展量与中心处的裂纹扩展量之差小于 $0.02W$。

对于单试样法,根据最终卸载线用柔度法处的裂纹扩展量与断口上测量的平均裂纹扩展量应当一致,两者之差应满足:

(1) 当裂纹扩展量小于时 Δa_{max},差值应小于 $0.15\Delta a$;
(2) 当裂纹扩展量大于时 Δa_{max},差值不得大于 $0.15\Delta a_{max}$;
(3) 有效模量 E_M 与 E 之差不得大于 10%。

参 考 文 献

1　王铎.断裂力学(上册).哈乐滨:哈尔滨工业大学出版社,1987
2　中华人民共和国国家标准 GB 4161—1984.金属材料平面应变断裂韧度 K_{IC} 试验方法
3　中华人民共和国国家标准 GB 2358—1980.裂纹张开位移(COD)试验方法
4　中华人民共和国国家标准 GB 2038—1991.金属材料延性断裂韧度 J_{IC} 试验方法

第二篇
断裂动力学

第 7 章　断裂动力学的积分变换解法

线弹性断裂动力学问题属于具有混合边值(或初值)问题的弹性动力学问题。弹性动力学问题的基本方程是运动方程(或波动方程),因此线弹性断裂动力学问题是求解具有应力及位移混合边界条件的运动方程的问题。积分变换法的实质是,对波动方程做双重 Laplace 变换或双重 Fourier 变换或 Laplace-Fourier 变换或 Laplace-Hankel 变换等,使波动方程化为常微分方程,从而求得积分变换解。然后再求其反演。但这只是一般解,关键还在于寻找满足具体边界条件的波动方程的解。对边界条件也作积分变换,利用一般解,可使所讨论问题化为对偶积分方程,求出对偶积分方程的解,并求得其反演,问题即完全解决。事实上,能得到解析解的断裂动力学问题是极少的,一般只限于二维无限大或至少有一个方向是无限大的。一般断裂动力学问题很难化为常见的对偶积分方程,既使能化作这种方程,也未必都能求解。对偶积分方程的求解较复杂,一般用 Weiner-Hopf 方法[1]或 Copson 方法[2]求解,也还有其他一些方法,这里不再赘述。这些方法都是复杂而冗长的,所能求解的问题也是有限的,因此不详述这些对偶积分方程的解法。有兴趣者可查阅 Noble[1]、Copson[2]、Baker[3]、Freund[4]、范天佑[5]、Kostrov[6,7]等文献。

在断裂力学刚出现时,就有人着手研究断裂动力学问题,但直到 Broberg[8]提出并解决了初始长度为零,并以常速沿直线向两端扩展的受均布载荷的裂纹问题后,断裂动力学才真正作为一个分支被提出来。之后,Baker[3]、Freund[4]用积分变换法解决了半无限裂纹以常速扩展的问题。Graggs[9]、Atkinson[10]用积分变换法求解了类似 Broberg 问题的轴对称问题,Freund[4,11],Kostrov[6,7]研究了较复杂的问题,如裂纹的变速扩展。Sih[12,13]对这些问题有较好的综述。还有一些研究者用本书第 2 章的方法解决了一些问题,我们将在后面加以说明。

7.1　弹性动力学基本方程与坐标变换

7.1.1　运动方程与弹性波

线弹性动力学的基本方程可用张量记为

$$\sigma_{ij,j} + \rho f_i = \rho \ddot{u}_i \tag{7-1}$$

亦可用位移场 u_i 来表达为

$$\mu u_{i,jj} + (\lambda + \mu) u_{j,ji} + \rho f_i = \rho \ddot{u}_i \tag{7-2}$$

式中,ρf_i 为体力;ρ 为材料密度

$$\lambda = E\gamma/(1+\gamma)(1-2\gamma), \qquad \mu = E/2(1+\gamma)$$

若无体力,即 $\rho f_i = 0$,则式(7-2)变为

$$\mu u_{i,jj} + (\lambda+\mu)u_{j,ji} = \rho \ddot{u}_i \tag{7-3}$$

弹性动力学的物理方程和几何方程与静态问题相同,这里不再重复。动力学问题不但要给出边界条件(应力边界条件、位移边界条件),还要给出初始条件。今后我们把这些条件统称边界条件。下面我们仅讨论无体力,即 $\rho f_i = 0$ 的问题。

1. 无旋波

若存在势函数 $\psi(x,y,z,t)$ 使得 $u_i = \psi_{,i}$,则称此种波为无旋波。对无旋波,式(7-3)变为

$$u_{i,jj} = c_1^{-2}\ddot{u}_i, \qquad c_1 = \sqrt{(\lambda+2\mu)/\rho} \tag{7-4}$$

上式为无旋波的波动方程,c_1 为无旋波波速。

2. 等容波

若 $u_{i,i} = 0$,即体积应变为零,则称这种波为等容波。对等容波,式(7-3)变为

$$u_{i,jj} = c_2^{-2}\ddot{u}_i, \qquad c_2 = \sqrt{\mu/\rho} \tag{7-5}$$

上式称等容波的波动方程,c_2 为等容波波速。

由式(7-4)、式(7-5)知,无论是等容波还是无旋波都可写为 $u_{i,jj} = c^{-2}\ddot{u}_i$ 的形式,因此它们具有共同的特点,可以统称为波动方程。容易证明,若 $U(x_1,x_2,x_3,t)$ 为该方程的一个特解,则 U 对 x_1、x_2、x_3、t 中的任意变量的偏导数也是该方程的特解。由于形变分量,应力分量,质点速度分量等都是位移对某一变量的偏导数,因此,它们都将满足此方程,且传播速度也是 c。

3. 平面波

对于纵波,质点运动方向平行于波传播方向,此时有 $u=u(x,t),v=w=0$,因此纵波是无旋波,其波动方程同式(7-4),其通解可表示为

$$u = u_1 + u_2 = f_1(x-c_1t) + f_2(x+c_1t)$$

它由两部分组成,$f(x-c_1t)$ 沿 x 正向传播,$f(x+c_1t)$ 沿 x 负向传播,且每一点始终处于简单拉压状态。

对于横波,质点运动方向垂直于波传播方向,此时有 $u=w=0,v=v(x,t)$,横波是等容波,其波动方程同式(7-5),其通解可表为

$$v = v_1 + v_2 = f_1(x-c_2t) + f_2(x+c_2t)$$

它的位移沿 y 方向,但沿 x 正、负方向传播,且每一点始终处于简单剪切状态。应提出,c_2 总小于 c_1,其比值为 $c_2^2/c_1^2 = (1-2\gamma)/2(1-\gamma)$。

4. 表层波

在弹性体距自由边界较近处,可发生表层波(又称瑞利波)。这种波随距离自由边界法向距离增大而迅速减弱,且随距波源的距离增大而增加其相对于其他各种波的优势。将无旋波与等容波叠加,再利用自由边界条件,可解得

$$\left(\frac{c_R}{c_2}\right)^6 - 8\left(\frac{c_R}{c_2}\right)^4 + 8\left(\frac{2-\gamma}{1-\gamma}\right)\left(\frac{c_R}{c_2}\right)^2 - \frac{8}{1-\gamma} = 0$$

$$1 - \frac{1-2\gamma}{2(1-\gamma)}\left(\frac{c_R}{c_2}\right) \geqslant 0, \qquad 1 - \left(\frac{c_R}{c_2}\right)^2 \geqslant 0$$

由此可解得 c_R。c_R 为表面波传播的速度,称瑞利波速。

7.1.2 平面问题

我们仅讨论平面应变问题。对于平面应力问题,只需作代换,$E \to (1+2\gamma)E(1+\gamma)^{-2}$,$\gamma \to \gamma(1+\gamma)^{-1}$ 则所有结论对平面应力都适用。

(1) 平面应变问题中位移分量与 z 轴无关,令 $w=0$,取

$$u(x,y,t) = \frac{\partial \phi}{\partial x} + \frac{\partial \psi}{\partial y}, \qquad v(x,y,t) = \frac{\partial \phi}{\partial y} - \frac{\partial \psi}{\partial x} \tag{7-6}$$

这里 ϕ、ψ 为位移势函数,将式(7-6)代入式(7-4)、式(7-5),注意到各量与 z 无关,可得

$$\nabla^2 \phi = c_1^{-2}\frac{\partial^2 \phi}{\partial t^2}, \qquad \nabla^2 \psi = c_2^{-2}\frac{\partial^2 \psi}{\partial t^2} \tag{7-7}$$

这里 ∇^2 为 Laplace 算子。各应力分量可用 ϕ、ψ 表达为

$$\sigma_x = \lambda \nabla^2 \phi + 2\mu\left(\frac{\partial^2 \phi}{\partial x^2} + \frac{\partial^2 \psi}{\partial x \partial y}\right) = \rho\frac{\partial^2 \phi}{\partial t^2} - 2\mu\left(\frac{\partial^2 \phi}{\partial y^2} - \frac{\partial^2 \psi}{\partial x \partial y}\right)$$

$$\sigma_y = \lambda \nabla^2 \phi + 2\mu\left(\frac{\partial^2 \phi}{\partial y^2} - \frac{\partial^2 \psi}{\partial x \partial y}\right) = \rho\frac{\partial^2 \phi}{\partial t^2} - 2\mu\left(\frac{\partial^2 \phi}{\partial x^2} + \frac{\partial^2 \psi}{\partial x \partial y}\right) \tag{7-8}$$

$$\tau_{xy} = \mu\left(2\frac{\partial^2 \phi}{\partial x \partial y} - \frac{\partial^2 \psi}{\partial x^2} + \frac{\partial^2 \psi}{\partial y^2}\right) = -\rho\frac{\partial^2 \psi}{\partial t^2} + 2\mu\left(\frac{\partial^2 \phi}{\partial x \partial y} + \frac{\partial^2 \psi}{\partial y^2}\right)$$

对于反平面问题,有 $u=v=0$,w 与 z 无关,运动方程变为

$$\nabla^2 w = c_2^{-2}\frac{\partial^2 w}{\partial t^2}, \qquad \tau_{xz} = \mu\frac{\partial w}{\partial x}, \qquad \tau_{yz} = \mu\frac{\partial w}{\partial y} \tag{7-9}$$

若以位移 u、v 为基本未知量,则平面问题的运动方程为

$$\left.\begin{array}{l}\nabla^2 u + \dfrac{1}{1-2\gamma}\dfrac{\partial}{\partial x}\left(\dfrac{\partial u}{\partial x} + \dfrac{\partial v}{\partial y}\right) = \rho\dfrac{\partial^2 u}{\partial t^2} \\[2mm] \nabla^2 v + \dfrac{1}{1-2\gamma}\dfrac{\partial}{\partial y}\left(\dfrac{\partial u}{\partial x} + \dfrac{\partial v}{\partial y}\right) = \rho\dfrac{\partial^2 v}{\partial t^2}\end{array}\right\} \tag{7-10}$$

$$\left.\begin{aligned}&\sigma_x = \mu\Big[k^{-2}\frac{\partial u}{\partial x} + (k^{-2}-2)\frac{\partial v}{\partial y}\Big], \qquad \sigma_y = \mu\Big[k^{-2}\frac{\partial v}{\partial y} + (k^{-2}-2)\frac{\partial v}{\partial x}\Big]\\ &\sigma_z = 2\mu v(k^{-2}-1)\Big(\frac{\partial u}{\partial x} + \frac{\partial v}{\partial y}\Big), \qquad \tau_{xy} = \frac{\partial u}{\partial y} + \frac{\partial v}{\partial x}\\ &\tau_{xz} = \tau_{yz} = 0, \qquad k = c_2/c_1\end{aligned}\right\} \tag{7-11}$$

(2) 在断裂动力学中有时选用原点固结在裂纹尖端的平移坐标系。设静系为 $x'O'y'$，动系为 xOy，且

$$x = x' - vt, \qquad y = y' \tag{7-12}$$

这里 v 为动系平移速度。将式(7-12)代入式(7-7)得

$$\begin{aligned}(1 - v^2 c_1^{-2})\frac{\partial^2 \phi}{\partial x^2} + \frac{\partial^2 \phi}{\partial y^2} &= c_1^{-2}\Big(\frac{\partial^2 \phi}{\partial t^2} - 2v\frac{\partial^2 \phi}{\partial x \partial t}\Big)\\ (1 - v^2 c_2^{-2})\frac{\partial^2 \psi}{\partial x^2} + \frac{\partial^2 \psi}{\partial y^2} &= c_2^{-2}\Big(\frac{\partial^2 \psi}{\partial t^2} - 2v\frac{\partial^2 \psi}{\partial x \partial t}\Big)\end{aligned} \tag{7-13}$$

式中，对 t 的偏导数表示对 $\phi(x,y,t)$、$\psi(x,y,t)$ 中显含的 t 求导。

对反平面问题，将式(7-12)代入式(7-9)得

$$(1 - v^2 c_2^{-2})\frac{\partial^2 w}{\partial x^2} + \frac{\partial^2 w}{\partial y^2} = c_2^{-2}\Big(\frac{\partial^2 w}{\partial t^2} - 2v\frac{\partial^2 w}{\partial x \partial t}\Big) \tag{7-14}$$

有时采用如下变换更为方便，令

$$x_i = x' - vt, \qquad y_i = s_i y', \qquad z_i = z, \qquad i = 1, 2 \tag{7-15}$$

这里 x_i、y_i、z_i 为动系坐标，将式(7-15)代入式(7-7)得

$$\begin{aligned}\frac{\partial^2 \phi}{\partial x_1^2} + \frac{\partial^2 \phi}{\partial y_1^2} + \frac{2M_1}{c_1 s_1^2}\frac{\partial^2 \phi}{\partial x_1 \partial t} &= (c_1 s_1)^{-2}\frac{\partial^2 \phi}{\partial t^2}\\ \frac{\partial^2 \psi}{\partial x_2^2} + \frac{\partial^2 \psi}{\partial y_2^2} + \frac{2M_2}{c_2 s_2^2}\frac{\partial^2 \psi}{\partial x_2 \partial t} &= (c_2 s_2)^{-2}\frac{\partial^2 \psi}{\partial t^2}\end{aligned} \tag{7-16}$$

对反平面问题，将式(7-15)代入式(7-9)得

$$\frac{\partial^2 w}{\partial x_2^2} + \frac{\partial^2 w}{\partial y_2^2} + \frac{2M_2}{c_2 s_2^2}\frac{\partial^2 w}{\partial x_2 \partial t} = (c_2 s_2)^{-2}\frac{\partial^2 w}{\partial t^2} \tag{7-17}$$

式中

$$s_i = (1 - M_i^2)^{1/2}, \qquad M_i = vc_i^{-1}, \qquad i = 1, 2 \tag{7-18}$$

(3) 在平面问题中，有时采用极坐标 (r, θ)，位移分量仍可用两个势函数 ϕ、ψ 来表达，有

$$u_r = \frac{\partial \phi}{\partial r} + \frac{1}{r}\frac{\partial \psi}{\partial \theta}, \qquad u_\theta = \frac{1}{r}\frac{\partial \phi}{\partial \theta} - \frac{\partial \psi}{\partial r} \tag{7-19}$$

应力分量为

$$\left.\begin{aligned}
\sigma_r &= 2\mu\left(\frac{1-\gamma}{1-2\gamma}\right)\nabla^2\phi - 2\mu\left(\frac{1}{r}\frac{\partial\phi}{\partial r} + \frac{1}{r^2}\frac{\partial^2\phi}{\partial\theta^2} + \frac{1}{r^2}\frac{\partial\psi}{\partial\theta} - \frac{1}{r}\frac{\partial^2\psi}{\partial r\partial\theta}\right) \\
\sigma_\theta &= 2\mu\left(\frac{\gamma}{1-2\gamma}\right)\nabla^2\phi + 2\mu\left(\frac{1}{r}\frac{\partial\phi}{\partial r} + \frac{1}{r^2}\frac{\partial^2\phi}{\partial\theta^2} + \frac{1}{r^2}\frac{\partial\psi}{\partial\theta} - \frac{1}{r}\frac{\partial^2\psi}{\partial r\partial\theta}\right) \\
\sigma_z &= 2\mu\frac{\gamma}{1-2\gamma}\nabla^2\phi, \qquad \tau_{\theta z} = \tau_{rz} = 0 \\
\tau_{r\theta} &= \mu\left(\frac{2}{r}\frac{\partial^2\phi}{\partial r\partial\theta} - \frac{2}{r^2}\frac{\partial\phi}{\partial\theta} + \frac{1}{r^2}\frac{\partial^2\psi}{\partial\theta^2} + \frac{1}{r}\frac{\partial\psi}{\partial r} - \frac{\partial^2\psi}{\partial r^2}\right)
\end{aligned}\right\} \quad (7\text{-}20)$$

式中,$\nabla^2 = \frac{\partial^2}{\partial r^2} + \frac{1}{r}\frac{\partial}{\partial r} + \frac{1}{r^2}\frac{\partial^2}{\partial\theta^2}$ 为 Laplace 算子。将式(7-19)代入运动方程得

$$\nabla^2\phi = c_1^{-2}\frac{\partial^2\phi}{\partial t^2}, \qquad \nabla^2\psi = c_2^{-2}\frac{\partial^2\psi}{\partial t^2} \tag{7-21}$$

(4) 对于准静态(或定常)问题,只要适当选择动系的速度 v 就可使各量中不显含时间 t,这时式(7-13)、式(7-16)变为

$$s_1^2\frac{\partial^2\phi}{\partial x^2} + \frac{\partial^2\phi}{\partial y^2} = 0, \qquad s_2^2\frac{\partial^2\psi}{\partial x^2} + \frac{\partial^2\psi}{\partial y^2} = 0 \tag{7-22}$$

$$\frac{\partial^2\phi}{\partial x_1^2} + \frac{\partial^2\phi}{\partial y_1^2} = 0, \qquad \frac{\partial^2\psi}{\partial x_2^2} + \frac{\partial^2\psi}{\partial y_2^2} = 0 \tag{7-23}$$

式(7-14)、式(7-17)的反平面问题波动方程分别变为

$$s_2^2\frac{\partial^2 w}{\partial x^2} + \frac{\partial^2 w}{\partial y^2} = 0, \qquad \frac{\partial^2 w}{\partial x_2^2} + \frac{\partial^2 w}{\partial y_2^2} = 0 \tag{7-24}$$

7.1.3 轴对称问题

1. 一般轴对称问题

采用柱坐标(r,θ,z),由于各量与 θ 无关,因而

$$u_r = \frac{\partial\phi}{\partial r} - \frac{\partial\psi}{\partial z}, \qquad u_\theta = 0, \qquad u_z = \frac{\partial\phi}{\partial z} + \frac{\partial\psi}{\partial r} + \frac{\psi}{r} \tag{7-25}$$

应力分量为

$$\left.\begin{aligned}
\sigma_r &= 2\mu\frac{\partial}{\partial r}\left(\frac{\partial\phi}{\partial r} - \frac{\partial\psi}{\partial z}\right) + \lambda\nabla^2\phi, \qquad \sigma_\theta = 2\mu\frac{1}{r}\left(\frac{\partial\phi}{\partial r} - \frac{\partial\psi}{\partial z}\right) + \lambda\nabla^2\phi \\
\sigma_z &= 2\mu\frac{\partial}{\partial z}\left(\frac{\partial\phi}{\partial z} + \frac{\partial\psi}{\partial r} + \frac{\psi}{r}\right) + \lambda\nabla^2\phi, \qquad \tau_{\theta z} = \tau_{r\theta} = 0 \\
\tau_{rz} &= \mu\left[\frac{\partial}{\partial z}\left(2\frac{\partial\phi}{\partial r} - \frac{\partial\psi}{\partial z}\right) + \frac{\partial}{\partial r}\left(\frac{\partial\psi}{\partial r} + \frac{\psi}{r}\right)\right]
\end{aligned}\right\} \quad (7\text{-}26)$$

式中,$\nabla^2 = \frac{\partial^2}{\partial r^2} + \frac{1}{r^2}\frac{\partial}{\partial r} + \frac{\partial^2}{\partial z^2}$,将前式代入到运动方程,可得

$$\nabla^2\phi = c_1^{-2}\frac{\partial^2\phi}{\partial t^2}, \qquad \nabla^2\psi = c_2^{-2}\frac{\partial^2\psi}{\partial t^2} \tag{7-27}$$

2. 扭转的动力学问题

此类问题 $u_r=u_z=0$，且 u_θ 与 θ 无关。运动方程为

$$\frac{\partial^2 u_\theta}{\partial r^2}+\frac{1}{r}\frac{\partial u_\theta}{\partial r}-\frac{u_\theta}{r^2}+\frac{\partial^2 u_\theta}{\partial z^2}=c_2^{-2}\frac{\partial^2 u_\theta}{\partial t^2} \tag{7-28}$$

$$\tau_{r\theta}(r,z,t)=\mu\left(\frac{\partial u_\theta}{\partial r}-\frac{u_\theta}{r}\right), \qquad \tau_{\theta z}(r,z,t)=\mu\frac{\partial u_\theta}{\partial z} \tag{7-29}$$

7.1.4 裂纹尖端附近的应力

断裂力学关心的是裂纹尖端附近的应力场。如图 7-1 所示，对于尖端静止的裂纹（不扩展的裂纹）的动力学问题，当 r 较小时，应力分量与应力强度因子有如下关系：

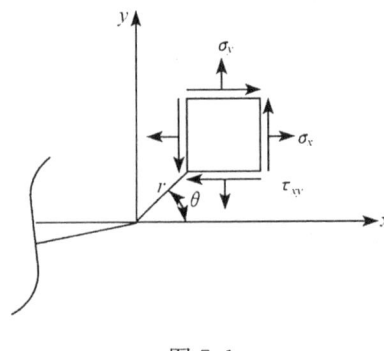

图 7-1

$$\sigma_x=\frac{k_1}{\sqrt{2r_1}}\cos\frac{\theta_1}{2}\left(1-\sin\frac{\theta_1}{2}\sin\frac{3\theta_1}{2}\right)$$

$$-\frac{k_2}{\sqrt{2r_1}}\sin\frac{\theta_1}{2}\left(2+\cos\frac{\theta_1}{2}\cos\frac{3\theta_1}{2}\right)+0(1)$$

$$\sigma_y=\frac{k_1}{\sqrt{2r_1}}\cos\frac{\theta_1}{2}\left(1+\sin\frac{\theta_1}{2}\sin\frac{3\theta_1}{2}\right)$$

$$+\frac{k_2}{\sqrt{2r_1}}\sin\frac{\theta_1}{2}\cos\frac{\theta_1}{2}\cos\frac{3\theta_1}{2}+0(1)$$

$$\sigma_z=\frac{k_1}{\sqrt{2r_1}}2\gamma\cos\frac{\theta_1}{2}-\frac{k_2}{\sqrt{2r_1}}2\gamma\sin\frac{\theta_1}{2}+0(1)$$

$$\tau_{xy}=\frac{k_1}{\sqrt{2r_1}}\cos\frac{\theta_1}{2}\sin\frac{\theta_1}{2}\cos\frac{3\theta_1}{2}+\frac{k_2}{\sqrt{2r_1}}\cos\frac{\theta_1}{2}\left(1-\sin\frac{\theta_1}{2}\sin\frac{3\theta_1}{2}\right)+0(1)$$

$$\tau_{xz}=-\frac{k_3}{\sqrt{2r_1}}\sin\frac{\theta_1}{2}+0(1), \qquad \tau_{yz}=\frac{k_3}{\sqrt{2r_1}}\cos\frac{\theta_1}{2}+0(1)$$

$$\tag{7-30}$$

对于运动裂纹，当裂纹以常速 v 沿 x 轴运动时，Radok 给出应力与位移分量用两个解析函数表达的公式，类似静止裂纹中求 Williams 的应力与位移的方法，得到运动裂纹尖端附近的应力与位移场，有

$$(1+s_2^2)\sigma_x=\sum_{n=1}^{\infty}\left\{A_{2n-1}\left[(1+s_2^2)(s_2^2-2s_1^2-1)r_1^{n-\frac{3}{2}}\cos\left(n-\frac{3}{2}\right)\theta_1\right.\right.$$

$$+4s_1s_2r_2^{n-\frac{3}{2}}\cos\left(n-\frac{3}{2}\right)\theta\bigg]$$

$$+A_{2n}\left[(1+s_2^2)(s_2^2-2s_1^2-1)r_1^{n-1}\cos(n-1)\theta_1\right.$$

$$+(1+s_2^2)r_2^{n-1}\cos(n-1)\theta_2\bigg]\bigg\}$$

$$(1+s_2^2)\sigma_y = \sum_{n=1}^{\infty}\left\{A_{2n-1}\left[(1+s_2^2)r_1^{n-\frac{3}{2}}\cos\left(n-\frac{3}{2}\right)\theta_1 - 4s_1s_2r_2^{n-\frac{3}{2}}\cos\left(n-\frac{3}{2}\right)\theta_2\right]\right.$$
$$\left. + A_{2n}(1+s_2^2)^2\left[r_1^{n-1}\cos(n-1)\theta_1 - r_2^{n-1}\cos(n-1)\theta_2\right]\right\}$$

$$2s_2\tau_{xy} = \sum_{n=1}^{\infty}\left\{4s_1s_2 A_{2n-1}\left[r_1^{n-\frac{3}{2}}\sin\left(n-\frac{3}{2}\right)\theta_1 - r_2^{n-\frac{3}{2}}\sin\left(n-\frac{3}{2}\right)\theta_2\right]\right.$$
$$\left. + A_{2n}\left[4s_1s_2 r_1^{n-1}\sin(n-1)\theta_1 - (1+s_2^2)^2 r_2^{n-1}\sin(n-1)\theta_2\right]\right\}$$

$$2\mu(1+s_2^2)u = \sum_{n=1}^{\infty}\left\{\frac{2A_{2n-1}}{2n-1}\left[-2(1+s_2^2)r_1^{n-\frac{1}{2}}\cos\left(n-\frac{1}{2}\right)\theta_1\right.\right.$$
$$\left. + 4s_1s_2 r_1^{n-\frac{1}{2}}\cos\left(n-\frac{1}{2}\right)\theta_2\right]$$
$$\left. + \frac{A_{2n}}{n}\left[-2(1+s_2^2)r_1^n\cos n\theta_1 + (1+s_2^2)^2 r_2^n\cos n\theta_2\right]\right\}$$

$$2\mu(1+s_2^2)s_2 v = \sum_{n=1}^{\infty}\left\{\frac{2A_{2n-1}}{2n-1}\left[2s_1s_2(1+s_2^2)r_1^{n-\frac{1}{2}}\sin\left(n-\frac{1}{2}\right)\theta_1\right.\right.$$
$$\left. - 4s_1s_2 r_2^{n-\frac{1}{2}}\sin\left(n-\frac{1}{2}\right)\theta_2\right]$$
$$\left. + \frac{A_{2n}}{n}\left[2s_1s_2(1+s_2^2)r_1^n\sin n\theta_1 - (1+s_2^2)^2 r_2^n\sin n\theta_2\right]\right\}$$

式中,s_1、s_2 的表达式为式(7-18)。

当裂纹以常速运动时,用 Laplace 变换表达的裂纹尖端应力场的主部为

$$\left.\begin{array}{l}\sigma_x^*(r,\theta,p) = \dfrac{k_1^*(p)}{\sqrt{2r_1}}\left[(1+s_2^2)(2s_1^2+1-s_2^2)f(s_1) - 4s_1s_2 f(s_2)\right] + O(1) \\[2mm] \sigma_y^*(r,\theta,p) = \dfrac{k_1^*(p)}{\sqrt{2r_1}}\left[4s_1s_2 f(s_2) - (1+s_2^2)f(s_1)\right] + O(1) \\[2mm] \tau_{xy}^*(r,\theta,p) = \dfrac{k_1^*(p)}{\sqrt{2r_1}}\left\{2s_1(1+s_2^2)\left[g(s_1) - g(s_2)\right]\right\} + O(1)\end{array}\right\}$$

式中,$f(s_j)$ 与 $g(s_j)(j=1,2)$ 由下式确定,即
$$f^2(s_j) + g^2(s_j) = \frac{\sec\theta_1}{(1+s_j^2\tan^2\theta_1)^{\frac{1}{2}}}$$
$$f^2(s_j) - g^2(s_j) = \frac{\sec\theta_1}{1+s_j^2\tan^2\theta_1}$$

(7-31)

应该注意,式(7-31)中的应力奇异性 $\dfrac{1}{\sqrt{r_1}}$ 与静荷是一样的,但是应力对角的分布受运动速度的影响,局部动应力的分布格局随裂纹的运动速度变化。

7.2 波动方程的积分变换解

7.2.1 Laplace 变换

若广义积分 $\int_0^\infty e^{-pt} f(t) dt$ 在复平面 p 的某一区域上收敛,将其解断延拓到全平面,并记为 $f^*(p)$,则称它为 $f(t)$ 对 t 的 Laplace 变换。即

$$f^*(p) = \int_0^\infty f(t) e^{-pt} dt \tag{7-32}$$

其反演为

$$f(t) = \frac{1}{2\pi i} \int_\Omega f^*(p) e^{pt} dt = L^{-1}\{f^*(p)\} \tag{7-33}$$

式中,Ω 表示积分路径平行于复 p 平面上的虚轴,且在 $f^*(p)$ 所有奇点的右方,积分方向是只下面上的。事实上,只要在 $t \to \infty$ 时 $|f(t)|$ 顶多按 e^{at} 增长(a 为有限大的实数)。则在 $\text{Re} p > a$ 的半平面上式(7-32)必收敛。式(7-32)、式(7-33)亦可记为 $f^*(p) \doteqdot f(t)$ 或 $f(t) \doteqdot f^*(p)$,靠近原函数一边的点恒在等号上方。由

$$f^{(n)}(t) \doteqdot p^n f^*(p) - p^{n-1} f(0) - p^{n-2} f'(0) - \cdots - f^{(n-1)}(0)$$

知,若 $f(0)=0, f'(0)=0$,则 $f'_t \doteqdot p f^*(p), f''_t \doteqdot p^2 f^*(p)$。可见原函数的求导和积分反映到像函数中成为代数运算。因此,对常微分方程、积分方程、积分微分方程作 Laplace 变换将得到代数方程,求解代数方程后,再求出反演即得原方程的解。对于一维空间的数学物理偏微分方程,无论边界条件及泛定方程是否齐次,都可将偏微分方程化为常微分方程。在弹性动力学中,空间都是二维(平面)或三维(空间)的,而泛定方程是偏微分方程,因此仅靠一次 Laplace 变换是不行的,通常都要作二次变换。

7.2.2 Fourier 变换

若积分 $\int_{-\infty}^\infty |f(x)| dx$ 存在,则有如下的 Fourier 变换及反演:

奇函数:

$$\bar{f}(s) = \int_0^\infty f(x) \sin sx \, dx, \qquad f(x) = \frac{2}{\pi} \int_0^\infty \bar{f}(s) \sin sx \, ds \tag{7-34}$$

偶函数:

$$\bar{f}(s) = \int_0^\infty f(x) \cos sx \, dx, \qquad f(x) = \frac{2}{\pi} \int_0^\infty \bar{f}(s) \cos sx \, ds$$

Fourier 变换亦可写成如下的复数形式,即

$$\bar{f}(s) = \int_{-\infty}^\infty f(x) e^{isx} dx, \qquad f(x) = \frac{1}{2\pi} \int_{-\infty}^\infty \bar{f}(s) e^{-isx} ds \tag{7-35}$$

$s=\sigma+i\tau$ 为复数,后一积分是在复平面 s 上进行的。Fourier 变换的一个很重要的性质是

$$\overline{f}^{(n)}_{(\alpha)} = (-i\alpha)^n \overline{f}(\alpha) \tag{7-36}$$

Fourier 变换同 Laplace 变换一样,可以推广到具有多个变量的函数。事实上,Laplace 变换同 Fourier 变换本质是相同的,这可由式(7-32)、式(7-33)、式(7-35)看出,只不过前者以纯虚值 $s=ip$ 来代替 $s=\sigma+i\tau$,因此这两个变换具有完全类似的性质。

7.2.3 Hankel 变换

若 $xf(x)$ 在 $(0,\infty)$ 上绝对可积,则称

$$\widetilde{f}(\xi) = \int_0^\infty xf(x)J_\gamma(\xi x)dx \tag{7-37}$$

为函数 $f(x)$ 的 γ 阶 Hankel 变换。这里 $J_\gamma(\xi x)$ 是第一类 γ 阶 Bessel 函数。Hankel 变换的反演是

$$f(x) = \int_0^\infty \xi \widetilde{f}(\xi) J_\gamma(x\xi) d\xi \tag{7-38}$$

可见,Hankel 变换和它的反演是对称的。导数的 Hankel 变换为

$$\widetilde{f}'_\gamma(\xi) = -\xi\left[\frac{\gamma+1}{2\gamma}\widetilde{f}_{\gamma-1}(\xi) - \frac{\gamma-1}{2\gamma}\widetilde{f}_{\gamma+1}(\xi)\right] \tag{7-39}$$

Hankel 变换常用在轴对称问题中,这是因为

$$\int_0^\infty r\left(\frac{d^2f}{dr^2} + \frac{1}{r}\frac{df}{dr} - \frac{\gamma^2 f}{r^2}\right)J_\gamma(\xi r)dr = -\xi^2 \widetilde{f}_\gamma(\xi) \tag{7-40}$$

对于一阶和零阶 Hankel 变换,有

$$\int_0^\infty r\left(\frac{d^2f}{dr^2} + \frac{1}{r}\frac{df}{dr} - \frac{f}{r^2}\right)J_1(\xi r)dr = -\xi^2 \widetilde{f}_1(\xi) \tag{7-41}$$

$$\int_0^\infty r\left(\frac{d^2f}{dr^2} + \frac{1}{r}\frac{df}{dr}\right)J_0(\xi r)dr = -\xi^2 \widetilde{f}_0(\xi) \tag{7-42}$$

7.2.4 波动方程的积分变换

(1) 将波动方程(7-7)按式(7-32)对 t 作 Laplace 变换,有

$$\int_0^\infty \nabla^2 \varphi e^{-pt} dt = \int_0^\infty c_1^{-2} \frac{\partial^2 \phi}{\partial t^2} e^{-pt} dt, \qquad \int_0^\infty \nabla^2 \psi e^{-pt} dt = \int_0^\infty c_2^{-2} \frac{\partial^2 \psi}{\partial t^2} e^{-pt} dt \tag{7-43}$$

设 $t\leq 0$ 时弹性体静止,$t>0$ 时才有波动,则有

$$\nabla^2 \phi^* = p^2 c_1^{-2} \phi^*, \qquad \nabla^2 \psi^* = p^2 c_2^{-2} \psi^* \tag{7-44}$$

由式(7-44)知,波动方程经一次 Laplace 变换后不能得到常微分方程,只能得到非齐次的泛定方程。对式(7-44)一类的方程,可利用冲量定理法、格林函数法、泊松

方程等进行求解,但对于断裂动力学而言,由于边界条件较复杂,不可能应用这些方法。这一类问题的关键往往在于定解条件,而不在于泛定方程。将式(7-44)对 x 作 Fourier 变换,可得

$$\frac{\partial^2 \bar{\phi}^*}{\partial y^2} - (s^2 + p^2 c_1^{-2})\bar{\phi}^* = 0, \qquad \frac{\partial^2 \bar{\psi}^*}{\partial y^2} - (s^2 + p^2 c_2^{-2})\bar{\psi}^* = 0 \qquad (7\text{-}45)$$

此式实质是常微分方程,其解是我们熟知的,即

$$\bar{\phi}^* = A_1 e^{-\gamma_1 y} + A_2 e^{\gamma_1 y}, \qquad \bar{\psi}^* = B_1 e^{-\gamma_2 y} + B_2 e^{\gamma_2 y} \qquad (7\text{-}46)$$

这里 A_1、A_2、B_1、B_2 待定。对于 $y>0$ 半平面,若 $y\to\infty$ 时 $\bar{\phi}^*$,$\bar{\psi}^*$ 有界,则由式(7-46)可知必有 $A_2=B_2=0$。γ_j 为特征方程的根,其值为

$$\gamma_j = (s^2 + p^2 c_j^{-2})^{1/2}, \qquad j = 1,2 \qquad (7\text{-}47)$$

从而得式(7-45)的解为

$$\bar{\phi}^* = A(s,p) e^{-\gamma_1 y}, \qquad \bar{\psi}^* = B(s,p) e^{-\gamma_2 y} \qquad (7\text{-}48)$$

对式(7-48)作 Fourier 变换的反演,得

$$\left.\begin{aligned}\phi^*(x,y,p) &= \frac{1}{2\pi}\int_{-\infty}^{\infty} A(s,p)\exp(-\gamma_1 y - isx)\,\mathrm{d}s \\ \psi^*(x,y,p) &= \frac{1}{2\pi}\int_{-\infty}^{\infty} B(s,p)\exp(-\gamma_2 y - isx)\,\mathrm{d}s\end{aligned}\right\} \qquad (7\text{-}49)$$

(2) 对某些弹性动力学问题,有时也可将式(7-7)对 x、t 作双重 Fourier 变换,可得

$$\frac{\partial^2 \bar{\bar{\phi}}}{\partial y^2} = (\xi^2 - \zeta^2)\bar{\bar{\phi}}, \qquad \frac{\partial^2 \bar{\bar{\psi}}}{\partial y^2} = (\xi^2 - \beta^2 \zeta^2)\bar{\bar{\psi}}$$

这也是常微分方程,其解为

$$\bar{\bar{\phi}}(\xi,y,\zeta) = A\exp[-(\xi^2 - \zeta^2)^{1/2} y], \qquad \bar{\bar{\psi}}(\xi,y,\zeta) = B\exp[-(\xi^2 - \beta^2 \zeta^2)^{1/2} y]$$

这里 ξ,ζ 为参变量,$\beta^2 = c_1^2 c_2^{-2}$。有时也可将式(7-7)对 x、t 作双重 Laplace 变换,也可得类似的解。

(3) 对于采用按式(7-12)变换的动坐标系而得到的波动方程式(7-13),亦可采用与前面完全相同的方法,先对 t 作 Laplace 变换,再对 x 作 Fourier 变换则得

$$\left.\begin{aligned}\frac{\partial^2 \bar{\phi}^*}{\partial y^2} &= [s^2 + c_1^{-2}(p+ivs)^2]\bar{\phi}^* \equiv \gamma_1^2(s,p)\bar{\phi}^* \\ \frac{\partial^2 \bar{\psi}^*}{\partial y^2} &= [s^2 + c_2^{-2}(p+ivs)^2]\bar{\psi}^* \equiv \gamma_2^2(s,p)\bar{\psi}^*\end{aligned}\right\}$$

$$\begin{aligned}\gamma_j &= [(1-v^2 c_j^{-2})s^2 + 2iv^2 c_j^{-2} sp + p^2 c_j^{-2}]^{1/2} \\ &= [(1-vc_j^{-1})s + ipc_j^{-1}]^{1/2}[(1+vc_j^{-1})s - ipc_j^{-1}]^{1/2}\end{aligned} \qquad (7\text{-}50)$$

式(7-50)有解为

$$\bar{\phi}^* = A_1(s,p)e^{-\gamma_1 y} + A_2(s,p)e^{\gamma_1 y}, \qquad \bar{\psi}^* = B_1(s,p)e^{-\gamma_2 y} + B_2(s,p)e^{\gamma_2 y} \qquad (7\text{-}51)$$

由 $y\to\infty$ 时函数有界,可知 $A_2=B_2=0$,因此有

$$\bar{\phi}^*(s,y,p) = Ae^{-\gamma_1 y}, \qquad \bar{\psi}^* = (s,y,p) = Be^{-\gamma_2 y} \tag{7-52}$$

(4) 对于采用按式(7-15)变换的动坐标系而得到的波动方程式(7-16),采用同样方法对 t、x 做 Laplace-Fourier 变换,利用无穷远条件可得

$$\bar{\phi}^*(s,y_1,p) = Ae^{-\gamma_1 y_1}, \qquad \bar{\psi}^*(s,y_2,p) = Be^{-\gamma_2 y_2} \tag{7-53}$$

式中

$$v_j = s_j^{-1}[s^2 + (pc_j^{-1} + iM_j s)^2]^{1/2}, \qquad j = 1,2 \tag{7-54}$$

式中 M_j、s_j 由式(7-18)确定。对式(7-53)作 Fourier 变换反演,得

$$\left.\begin{array}{l}\phi^*(x_1,y_1,p) = \dfrac{1}{2\pi}\displaystyle\int_{-\infty}^{\infty} A(s,p)\exp(-\gamma_1 y_1 - isx_1)\mathrm{d}s \\[2mm] \psi^*(x_2,y_2,p) = \dfrac{1}{2\pi}\displaystyle\int_{-\infty}^{\infty} B(s,p)\exp(-\gamma_2 y_2 - isx_2)\mathrm{d}s\end{array}\right\} \tag{7-55}$$

$$\frac{\partial^2 \bar{w}^*}{\partial y^2} = [s^2 + c_2^{-2}(p+ivs)^2]\bar{w}^*$$

上式的解为

$$\bar{w}^* = A_1 e^{-\gamma_2 y} + A_2 e^{\gamma_2 y} \tag{7-56}$$

式中,γ_2 的表达式同式(7-50)。

若采用变换 $x_i = x' - vt$,$y_i = s_i y'$,则反平问题的运动方程为式(7-17)。将式(7-17)对 t、x 作 Laplace-Fourier 变换,可解得

$$\bar{w}^* = A_1 e^{-\gamma_2 y_2} + A_2 e^{\gamma_2 y_2}$$

γ_2 的表达式同式(7-54)。若在无穷远 $\bar{w}^*$ 有界,可得

$$w^*(x_2,y_2,p) = \frac{1}{2\pi}\int_{-\infty}^{\infty} A(s,p)\exp(-\gamma_2 y_2 - isx_2)\mathrm{d}s \tag{7-57}$$

准静态中的反平面问题:

采用 $x = x' - vt$,$y = y'$ 变换的准静态反平面问题的波动方程为式(7-24)的第一式,将此式对 x 作 Fourier 变换,可得

$$\bar{w}(s,y) = A_1(s)e^{-ss_2 y} + A_2(s)e^{ss_2 y} \tag{7-58}$$

式中,s_2 由式(7-18)确定。

7.2.5 解对偶积分方程的 Copson 方法

利用积分变换可求得波动方程的一般解,其中的 $A_i(s,p)$、$B_i(s,p)$ 需要由边界条件确定。断裂动力学问题全都是混合边值(或初值)问题,对断裂动力学问题的边界条件施行积分变换后常常得到对偶积分方程。对偶积分方程的求解是较复杂的,本章对半无限裂纹,用 Wiener-Hopf 方法,对有限尺寸的裂纹用 Copson 方法。由于 Wiener-Hopf 方法较冗长,必须针对具体问题来说明,而且仅在半无限裂纹中应用,因此我们在 7.3 节详细介绍。对于不同的问题,只要方程类似,Copson 方法过程都是相似的,因此我们单独介绍此法,后文将不再重复。

设有如下的对偶积分方程:

$$\left.\begin{array}{ll}\int_0^\infty s^{2\alpha}G(s)B(s)J_\gamma(xs)\mathrm{d}s = g(x), & 0 \leqslant x < a \\ \int_0^\infty B(s)J_\gamma(xs)\mathrm{d}s = 0, & x \geqslant a\end{array}\right\} \quad (7\text{-}59)$$

式中,$G(s)$、$g(x)$ 是任意的已知函数,α、γ 是已知数,$J_\gamma(xs)$ 是第一种 γ 阶 Bessel 函数。$B(s)$ 是未知函数,需通过此积分方程求解。本书中各种有限长裂纹及问题的对偶积分方程都可化为形如式(7-59)的形式。有些方程中不含有 $J_\gamma(xs)$,而含有 $\cos sx$,这只需利用

$$\cos sx = (\pi sx/2)^{1/2}J_{-1/2}(sx), \qquad \sin sx = (\pi sx/2)^{1/2}J_{1/2}(sx)$$

即可化为式(7-59)的形式。因此求解式(7-59)形式的对偶积分方程具有较普遍的意义。引入函数

$$f(x) = g(x) + \int_0^\infty s^{2\alpha}[1 - G(s)]B(s)J_\gamma(xs)\mathrm{d}s \quad (7\text{-}60)$$

将此式代入式(7-59)可得

$$\left.\begin{array}{ll}\int_0^\infty s^{2\alpha}B(s)J_\gamma(xs)\mathrm{d}s = f(x), & 0 \leqslant x < a \\ \int_0^\infty B(s)J_\gamma(xs)\mathrm{d}s = 0, & x \geqslant a\end{array}\right\} \quad (7\text{-}61)$$

为解此方程,利用辅助函数 $\phi(t)$,取

$$B(s) = s^{1-\alpha}\int_0^a \phi(t)J_{\gamma+\alpha}(st)\mathrm{d}t \quad (7\text{-}62)$$

假定 $\phi(t)$ 满足极限 $\lim\limits_{t\to 0^+}t^{\gamma+\alpha-1}\phi(t)=0$。利用如下 Bessel 积分有

$$\int_0^\infty J_\lambda(at)J_n(bt)t^{1+n-\lambda}\mathrm{d}t = \begin{cases}0, & 0 < a < b \\ \dfrac{b^n(a^2-b^2)^{\lambda-n-1}}{2^{\lambda-n-1}a^\lambda\Gamma(\lambda-n)}, & 0 < b < a\end{cases} \quad (7\text{-}63)$$

这里 $\lambda > n > -1$,Γ 是 Gamma 函数。将式(7-62)分步积分可得

$$B(s) = s^{-\alpha}\left\{-\phi(t)J_{\gamma+\alpha-1}(s) + \int_0^1 t^{1-\gamma-\alpha}\frac{\mathrm{d}}{\mathrm{d}t}[t^{\gamma+\alpha-1}\phi(t)]J_{\gamma+\alpha-1}(st)\mathrm{d}t\right\} \quad (7\text{-}64)$$

把式(7-64)代入到式(7-61)中,并利用式(7-63)给出的结果,可得

$$f(x) = \frac{2^\alpha}{\Gamma(1-\alpha)}x^{-\gamma}\int_0^x \frac{\mathrm{d}}{\mathrm{d}t}[t^{\gamma+\alpha-1}\phi(t)]\frac{\mathrm{d}t}{(x^2-t^2)^{1/2}} \quad (7\text{-}65)$$

这里规定 $\gamma > -\alpha$,$0 < \alpha < 1$。方程(7-65)是 Abel 型积分方程,其解为

$$\phi(t) = \frac{2^{1-\alpha}}{\Gamma(\alpha)}t^{1-\gamma-\alpha}\int_0^t \frac{x^{1+\gamma}f(x)\mathrm{d}x}{(t^2-x^2)^{1-\alpha}} \quad (7\text{-}66)$$

设 $x^\gamma f(x)$ 在区间 $[0,a]$ 上的一阶导数是连续的。利用如下等式

$$\int_0^t x^{\gamma+1}J_\gamma(xs)\frac{\mathrm{d}x}{(t^2-x^2)^{1-\alpha}} = 2^{\alpha-1}\Gamma(s)s^{-\alpha}t^{\alpha+n}J_{\alpha+n}(st)$$

将式(7-60)代入到式(7-66)可得如下的第二种 Fredholm 积分方程,即

$$\phi(t)+\int_0^a \phi(\xi)k(\xi,t)\mathrm{d}\xi = \frac{2^{1-\alpha}}{\Gamma(\alpha)}t^{1-\gamma-\alpha}\int_0^t \frac{x^{\gamma+1}g(x)\mathrm{d}x}{(t^2-x^2)^{1-\alpha}} \tag{7-67}$$

这里 k 为积分核,由下式给出,有

$$k(\xi,t) = t\int_0^\infty s[G(s)-1]\mathrm{J}_{\alpha+\gamma}(st)\mathrm{J}_{\alpha+\gamma}(s\xi)\mathrm{d}s \tag{7-68}$$

至此,所论对偶积分方程式(7-59)化为求解经典的 Fredholm 积分方程式(7-67)的问题。今后,我们凡遇到式(7-59)形式的对偶积分方程,将不再写出求解过程而直接写出式(7-67)。

7.3 半无限裂纹问题

7.3.1 以常速扩展的半无限裂纹

设一无限大体,在 $t=0$ 时刻突然开裂,出现一个半无限裂纹,裂纹表面受均布载荷,并以常速 v 沿 x 轴正向扩展。

如图 7-2 所示,采用原点随裂纹尖端一起运动的平动坐标系,有

$$x = x' - vt, \qquad y = y'$$

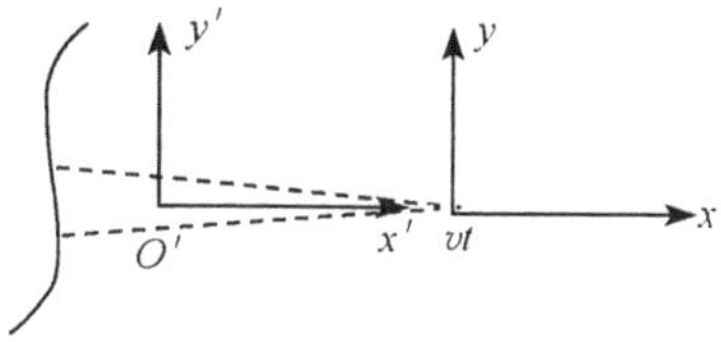

则本问题的边界条件为($t>0$ 时)

图 7-2

$$\left.\begin{array}{l}\sigma_y(x,0,t)=-\sigma_0, \quad x<0; \quad v(x,0,t)=0, \quad x\geqslant 0\\ \tau_{xy}(x,0,t)=0, \quad -\infty<x<\infty\end{array}\right\} \tag{7-69}$$

在无穷远处应力亦应为零。本问题的坐标变换同式(7-12),由式(7-45)~(7-47),我们有

$$\bar{\phi}^* = Ae^{-\gamma_1 y}, \qquad \bar{\psi}^* = Be^{-\gamma_2 y} \tag{7-70}$$

这里 γ_1、γ_2 由式(7-45)确定。将应力、位移的表达式也作积分变换有

$$\left.\begin{array}{l}\bar{\sigma}_x^* = \lambda\bar{\phi}_{yy}^* - (\lambda+2\mu s^2\bar{\phi}^* - 2\mu\mathrm{i}s\bar{\psi}_y^*)\\ \bar{\sigma}_y^* = (\lambda+2\mu)\bar{\phi}_{yy}^* - \lambda s^2\bar{\phi}^* + 2\mu\mathrm{i}s\bar{\psi}_y^*\\ \bar{\tau}_{xy}^* = \mu(-2\mathrm{i}s\bar{\phi}_y^* + s^2\bar{\psi}^* + \bar{\psi}_{yy}^*)\\ \bar{v}^* = \bar{\phi}^* + \mathrm{i}s\bar{\psi}^*\end{array}\right\} \tag{7-71}$$

式中,势函数的脚标表示求导。对边界条件(7-69)作 Laplace 变换,有

$$\sigma_y^*(x,0,p) = \begin{cases}-\sigma_0/p, & x<0\\ \sigma_0 h(x), & x>0\end{cases}; \quad v^*(x,0,p) = \begin{cases}0, & x\geqslant 0\\ j(x)\sigma_0/2\mu, & x<0\end{cases} \tag{7-72}$$

式中,$h(x)$、$j(x)$ 是未知函数。将式(7-70)、(7-71)作 Fourier 反演,再代入式(7-72)中,可得对偶积分方程。本问题显然是求解对偶积分方程的问题,不必写出对偶积分方程,因为写出后为了求解也要化为式(7-72)的形式。现对式(7-72)再

作 Fourier 变换,有

$$\bar{\sigma}_y^*(s,0,p) = \int_{-\infty}^{\infty} \sigma_y^*(x,0,p) e^{isx} dx = -\frac{\sigma_0}{ips} + \sigma_0 H_+(s)$$

$$\bar{v}^*(s,0,p) = \int_{-\infty}^{\infty} v^*(x,0,p) e^{isx} dx = \frac{\sigma_0}{2\mu} J_-(s)$$

(7-73)

式中

$$H_+(s) = \int_0^{\infty} h(x) e^{isx} dx, \qquad J_-(s) = \int_{-\infty}^0 j(x) e^{isx} dx \qquad (7-74)$$

这两个函数是解析的,并且在无穷远处趋于零。下面我们用 Wiener-Hopf 方法来求解这一问题。对式(7-69)的最后一式做积分变换得 $\tau_{xy}^*(s,0,p)=0$。将之代入式(7-71)的第三式,并利用式(7-70),可得 A 与 B 之间的关系。再将式(7-70)代入到式(7-71)的第二、四式,并令 $y=0$,利用 A 与 B 之关系,即可得 $A=Q_1[\bar{\sigma}_y^*(s,0,p)]$ 及 $A=Q_2[\bar{v}^*(s,0,p)]$。这里 Q_1、Q_2 是通过上面计算而得的已知的 $\bar{\sigma}_y^*(s,0,p)$ 及 $\bar{v}^*(s,0,p)$ 的函数。这样即可消掉 A 而得方程 $Q_1[\bar{\sigma}_y^*(s,0,p)]=Q_2[\bar{v}^*(s,0,p)]$。这是 Wiener-Hopf 方法的重要步骤之一。再将式(7-73)代入此方程,即得由 $H_+(s)$ 和 $J_-(s)$ 表达的方程为

$$-\frac{1}{ips} + H_+(s) = \left[\frac{(s^2+\gamma_2^2)^2}{4\gamma_1\gamma_2} - s^2\right] \frac{2c_2^2 \gamma_2}{v^2\left(s-\dfrac{ip}{v}\right)^2} J_-(s) \equiv K(s) J_-(s)$$

(7-75)

式中,$k(s)$ 是 $J_-(s)$ 的系数,是已知的。式(7-75)称 Wiener-Hopf 方程。这种方程的详解由 Titchmarsh 及 Noble[1]给出。设 $K(s)=K_-(s)/K_+(s)$,这里 $K_-(s)$ 和 $K_+(s)$ 分别在下半平面和上半平面是单值解析的。用 $K_+(s)$ 乘式(7-75)两边,得

$$H_+(s)K_+(s) - K_+(s)(ips)^{-1} = K_-(s)J_-(s) \qquad (7-76)$$

设

$$D(s) = D_+(s) + D_-(s) \equiv K_+(s)/ips \qquad (7-77)$$

式中,$D_+(s)$ 和 $D_-(s)$ 分别是上函数和下函数。这样,方程(7-76)可写为

$$W(s) \equiv H_+(s)K_+(s) - D_+(s) = K_-(s)J_-(s) + D_-(s) \qquad (7-78)$$

式中,每个函数都在某个半平面上解析,由于半平面间的交叠,因此 $W(s)$ 在全平面上是单值解析的。在无穷远处 $H_+(s)$ 和 $J_-(s)$ 是趋于零的,因此规定 $W(s)$ 必须满足

$$|W(s)| < M_1 |s|^{\alpha_1}, \qquad s \to \infty, \text{在上半平面}$$

$$|W(s)| < M_2 |s|^{\alpha_2}, \qquad s \to \infty, \text{在下半平面}$$

由推广的 Liouville 定理知 $w(s)$ 是不超过 α_1 及 α_2 的多项式。当裂纹以小于 Rayleigh 减速即 $V<C_R$ 时运动时,α_1 及 α_2 分别为 $-1/2$ 及 $1/2$。

由此 $|w(s)| < M_1|s|^{-\frac{1}{2}}$,当 $s\to\infty$ 时,右边为零,所以

$$|w(s)| \equiv 0$$

即
$$H_+(s)K_+(s) - D_+(s) = K_-(s)J_-(s) + D_-(s) \equiv 0$$

现将 $K(s)$ 表示为
$$K(s) = -2c_2^2 V^{-2} C^{-1} F(s)[s^2 + (p+ivs)^2 c_2^{-2}]^{1/2} \tag{7-79}$$

式中
$$F(s) = -C\left\{\frac{\left[s^2 + (p+ivs)^2 \frac{1}{2}C_2^{-2}\right]^2}{[s^2+(p+ivs)^2 C_1^{-2}]^{1/2}[s^2+(p+ivs)^2 C_2^{-2}]^{1/2}} - s^2\right\}\frac{1}{(s-ipv^{-1})^2} \tag{7-80}$$

常数 $C = s_1 s_2 \left[s_1 s_2 - \left(1 - \frac{1}{2}v^2 C_2^{-2}\right)^2\right]^{-1}$；$s_1$、$s_2$ 由式(7-18)确定。当 $s \to \infty$ 时，$F(s) \to 1$。$s = ipv^{-1}$ 不是 $F(s)$ 的零点，也不是奇点，只有 $s = ip(c_R+v)^{-1}$ 及 $s = -ip(c_R-v)^{-1}$ 是 $F(s)$ 的零点。它还有四个支点，即 $s_1 = ip(c_2+v)^{-1}$, $s_2 = ip(c_1+v)^{-1}$, $s_3 = -ip(c_1-v)^{-1}$, $s_4 = -ip(c_2-v)^{-1}$。这里 p 是 Laplace 变换的参变量，是复变量。显然 $F(s)$ 的分支切口是有限长的，这些支点及切口如图 7-3 所示。在图中以 L_1 和 L_2 为界的无限长窄条内 $\ln F(s)$ 是解析的。将 $F(s)$ 分解为
$$F(s) = F_+(s)F_-(s) \tag{7-81}$$

或
$$\ln F(s) = \ln F_+(s) + \ln F_-(s)$$

利用 Cauchy 积分，我们有
$$F_+(s) = \exp\left[\frac{1}{2\pi i}\int_{L_1} \frac{\ln F(z)}{z-s}dz\right], \quad F_-(s) = \exp\left[\frac{-1}{2\pi i}\int_{L_2} \frac{\ln F(z)}{z-s}dz\right] \tag{7-82}$$

利用包容上、下分支切口的有限长曲线来代替 L_1、L_2，即可求得

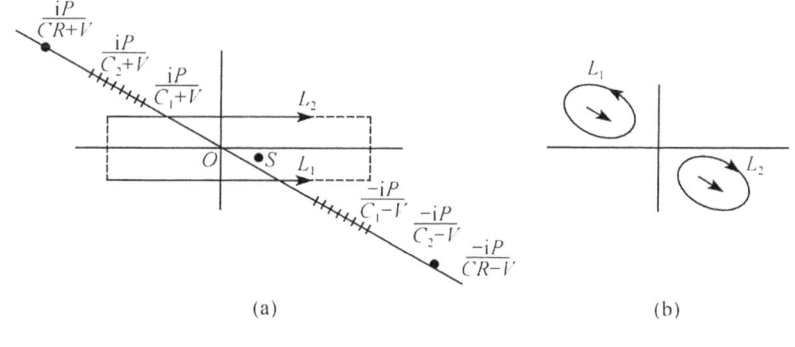

图 7-3

$$F_\pm(s) = \frac{s \pm ip(c_R \mp v)^{-1}}{s \pm ip(c_2 \mp v)^{-1}} \exp\left[\int_{(c_1 \mp v)^{-1}}^{(c_2 \mp v)^{-1}} \frac{1}{\pi}\right.$$

$$\left.\arctan\left\{\frac{\left[w^2 - (1 \pm vw)^2 \frac{1}{2} c_2^{-2}\right]^2}{w^2[w^2 - (1 \pm vw)^2 c_1^{-2}]^{1/2}[(1 \pm vw)^2 c_2^{-2} - w^2]^{1/2}}\right\} \frac{dw}{w \mp is}\right] \tag{7-83}$$

由 $K(s) = K_-(s)/K_+(s)$ 有

$$\left.\begin{array}{l} K_-(s) = -2c_2^2 v^2 c^{-1}[(1+Vc_2^{-1})s - ipc_2^{-1}]^{1/2} F_-(s) \\ K_+(s) = [(1-vc_2^{-1})s + ipc_2^{-1}]^{1/2} / F_+(s) \end{array}\right\} \tag{7-84}$$

这里 $K_-(s)$ 和 $K_+(s)$ 在 $ip(c_1+v)^{-1}$ 下方和 $-ip(c_1-v)^{-1}$ 上方是单值解析的。式 (7-77) 可写为

$$D_+(s) = [K_+(s) - K_+(0)](ips)^{-1}, \quad D_-(s) = K_+(0)(ips)^{-1} \tag{7-85}$$

将式(7-84)、式(7-85)代入式(7-78),即可得 $H_+(s)$ 和 $J_-(s)$ 的表达式为

$$\left.\begin{array}{l} H_+(s) = \dfrac{1}{ips} - \dfrac{1}{ips} \dfrac{[(1-vc_2^{-1})s + ipc_2^{-1}]^{1/2}}{(ipc_2^{-1})^{1/2}} \cdot \dfrac{F_+(s)}{F_+(0)} \\ J_-(s) = \dfrac{v^2 c}{2c_2^2}\{(ipc_2^{-1})^{1/2} F_+(0) \cdot ips[(1+vc_2^{-1})s - ipc_2^{-1}]^{1/2} \cdot F_-(s)\}^{-1} \end{array}\right\} \tag{7-86}$$

将式(7-86)中的 $H_-(s)$ 和 $J_-(s)$ 代入式(7-73)即可得 $\bar{\sigma}_y^*(s,0,p)$、$\bar{v}^*(s,0,p)$,再求出反演即可得在 $y=0$ 上的应力和位移。

$$\sigma_y(x',0,t) = \frac{\sigma_0 M_2^2}{\pi} \frac{s_1 s_2}{s_1 s_2 - (1-M_2^2/2)^2} \frac{R-M_2}{1-M_2}$$

$$\exp\left[-\frac{1}{\pi}\int_K^1 \arctan\frac{\left(w^2 - \frac{1}{2}\right)^2}{w^2(w^2-K^2)^{1/2}(1-w^2)^{1/2}} \frac{dw}{w(1-M_2w)}\right]$$

$$\times \left[H\left(\frac{c_2 t}{x} - K\right)\int_K^{\frac{c_2 t}{x}} \frac{-(\xi^2 - 1/2)^2}{\xi(\xi+1)^{1/2}(\xi^2-K^2)^{1/2}(1-M_2\xi)^{1/2}} \cdot \frac{d\xi}{F_-^*(\xi)}\right.$$

$$\left. + H\left(\frac{c_2 t}{x} - 1\right)\int_1^{\frac{c_2 t}{x}} \frac{\xi(\xi-1)^{1/2}}{(1-M_2\xi)^{1/2}} \cdot \frac{d\xi}{F_-^*(\xi)}\right]$$

$$\frac{1}{F_-^*(\xi)} = \frac{R+M_2}{1+M_2} \cdot \frac{\xi+1}{R\xi+1} \cdot \exp\left[-\frac{1}{\pi}\int_K^1 \arctan \frac{(u^2-1/2)^2}{u^2(u^2-K^2)^{1/2}(1-u^2)^{1/2}}\right.$$

$$\left. \cdot \frac{du}{(1+M_2 u)^2 \left(\dfrac{u}{1+M_2 u} + \dfrac{\xi}{1-M_2 \xi}\right)}\right]$$

式中,$K=c_2/c_1$;$M_2=v/c_2$;$R=c_R/c_2$;s_1、s_2 同式(7-18)。$H(t)$ 为 Heavyside 函数。位移 $v(x,0,t)$ 的表达式从略,断裂力学关心的是裂纹尖端的应力场,由上式可求得应力强度因子为

$$K_1(t) = \frac{2\sqrt{2}K(c_R/c_2 - M_2)}{\pi(1-M_1)^{1/2}}\sigma_0(c_2 t)^{1/2} \tag{7-87}$$

在式(7-87)中若令 $v=0$,则得到不扩展的半无限裂纹在 $t=0$ 时刻起受 σ_0 作用问题的动应力强度因子为

$$K_1(t)|_{v=0} = \frac{2\sqrt{2}Kc_R}{\pi c_2}\sigma_0(c_2 t)^{1/2} \tag{7-88}$$

由式(7-87)与式(7-88)的比可得

$$\frac{K(t)}{[K_1(t)]_{v=0}} = \frac{(c_R - v)}{c_R(1-M_1)^{1/2}} \tag{7-89}$$

式(7-89)是无量纲形式,它表明裂纹扩展速度对应力强度因子的影响,图 7-4 给出了它们的关系曲线。用完全类似的方法可得反平面问题的解为

$$K_3(t) = \frac{2\sqrt{2}(1-M_2)^{1/2}}{\pi}\tau_0(c_2 t)^{1/2}$$

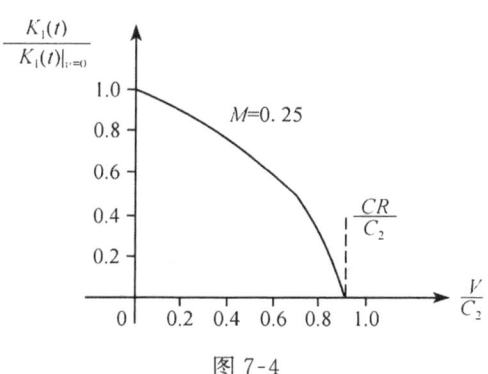

图 7-4

7.3.2 不扩展的半无限裂纹

设无限大体中在 $t=0$ 时刻突然加载,并出现半无限裂纹,载荷在裂纹表面均匀分布,且在 $t>0$ 时也一直作用,裂纹不扩展。$t>0$ 时的边界条件为

$$\left. \begin{array}{l} \sigma_y(x,0,t) = -\sigma_0 H(t), \quad x<0; \quad v(x,0,t)=0, \quad x\geqslant 0 \\ \tau_{xy}(x,0,t) = 0, \quad -\infty < x < \infty \end{array} \right\} \tag{7-90}$$

将式(7-6)、式(7-8)对 t 作 Laplace 变换得

$$\left. \begin{array}{l} u^* = \phi_x^* + \psi_y^*, \quad v^* = \phi_y^* - \psi_x^* \\ \sigma_x^* = \rho p^2 \phi^* - 2\mu(\phi_{yy}^* - \psi_{xy}^*) \\ \sigma_y^* = \rho p^2 \phi^* - 2\mu(\phi_{xx}^* + \psi_{xy}^*) \\ \tau_{xy}^* = -\rho p^2 \psi^* + 2\mu(\phi_{xy}^* + \psi_{yy}^*) \end{array} \right\} \tag{7-91}$$

势函数的下脚标表示求导。本问题位移势的一般解由式(7-43)给出。即

$$\bar{\phi}^* = A_1 e^{-\gamma_1 y}, \qquad \bar{\psi}^* = A_2 e^{-\gamma_2 y}$$

其 Fourier 反演为式(7-44),即

$$\phi^* = \frac{1}{2\pi} \int_{-\infty}^{\infty} A_1 \exp(-\gamma_1 y - \mathrm{i} s x) \mathrm{d}s, \qquad \psi^* = \frac{1}{2\pi} \int_{-\infty}^{\infty} A_2 \exp(-\gamma_2 y - \mathrm{i} s x) \mathrm{d}s \tag{7-92}$$

边界条件式(7-90)的 Laplace 变换为

$$\left. \begin{array}{l} \sigma_y^*(x,0,p) = -\sigma_0/p, \quad x<0; \qquad v^*(x,0,p) = 0, \quad x \geqslant 0 \\ \tau_{xy}^*(x,0,p) = 0, \qquad -\infty < x < \infty \end{array} \right\} \tag{7-93}$$

将式(7-92)代入到式(7-91)最后一式,再由式(7-93)最后一式即得 A_1、A_2 的关系,将其用单一函数 $A(s,p)$ 表为

$$A_1(s,p) = -\left(s^2 + \frac{1}{2} p^2 c_2^{-2}\right) A(s,p), \qquad A_2(s,p) = \mathrm{i} s \gamma_1 A(s,p) \tag{7-94}$$

γ_1、γ_2 如式(7-42)所示。将式(7-94)代入式(7-92)、式(7-91),再由式(7-93)得

$$\left. \begin{array}{l} \displaystyle\int_{-\infty}^{\infty} \gamma_1 A(s,p) \mathrm{e}^{\mathrm{i} s x} \mathrm{d}s = 0, \quad x \geqslant 0 \\ \displaystyle\int_{-\infty}^{\infty} G(s,p) A(s,p) \mathrm{e}^{\mathrm{i} s x} \mathrm{d}s = \frac{4\pi \sigma_0}{\mu p}, \quad x<0 \end{array} \right\} \tag{7-95}$$

式中,$G(s,p) = (2s^2 + p^2 c_2^{-2})^2 - 4s^2 \gamma_1 \gamma_2$,式(7-95)是对偶积分方程,可用 Wiener-Hopf 方法求解。由式(7-95)我们可以将 $A(s,p)$ 表为如下形式,即

$$\left. \begin{array}{l} G(s,p) A(s,p) = 4\pi \sigma_0 H_+(s) [2\pi \mathrm{i} \mu p s H_-(0)]^{-1} \\ \gamma_1 A(s,p) = H_-(s) \end{array} \right\} \tag{7-96}$$

在式(7-96)中消去 A 即得 Wiener-Hopf 方程为

$$\frac{H_-(s)}{\gamma_1} = \frac{1}{2\pi \mathrm{i}} \left(\frac{4\pi \sigma_0}{\mu p s} \right) \frac{H_+(s)}{H_+(0)} \cdot \frac{1}{G(s,p)} \tag{7-97}$$

这里函数 $H_+(s)$ 和 $H_-(s)$ 在去掉切口的 S 上半平面和下半平面是单值解析的。用与前面相似的方法可得此方程解为

$$\left. \begin{array}{l} H_+(s) = F_+(s)[s+\mathrm{i}(p/c_R)][s+\mathrm{i}(p/c_1)]^{-1/2} \\ H_-(s) = -\dfrac{\mathrm{i}\sigma_0 (c_2/p)^2}{\mu p (1-k^2) s} \dfrac{[s-\mathrm{i}(p/c_1)]^{1/2}}{[s-\mathrm{i}(p/c_R)]} \cdot \dfrac{1}{H_+(0) F_-(s)} \end{array} \right\} \tag{7-98}$$

$$F_{\pm}(s) = \exp\left[-\frac{1}{\pi} \int_{c_1^{-1}}^{c_2^{-1}} \arctan\left\{ \frac{4 z^2 [(z^2 + c_1^{-2})(c_2^{-2} - z^2)]^{1/2}}{(2z^2 - c_2^{-2})^2} \right\} \frac{\mathrm{d}z}{z \pm \mathrm{i} s p^{-1}} \right]$$

将式(7-98)代入式(7-96)的第二式,得

$$A(s,p) = -\frac{\mathrm{i}\sigma_0 c_2^2}{\mu \gamma_1 p^3 (1-k^2)} \frac{[s-\mathrm{i}(p/c_1)]^{1/2}}{s[s-\mathrm{i}(p/c_R)]} \cdot \frac{1}{H_-(0) F_-(s)} \tag{7-99}$$

将式(7-99)代入式(7-92)、式(7-91),即可得应力与位移的 Laplace 变换解。利用裂纹尖端的极坐标,并对式(7-30)作 Laplace 变换,有

$$\sigma_y^* = k_1^*(p)(2r_1)^{-1/2}\cos\frac{\theta_1}{2}\left(1+\sin\frac{\theta_1}{2}\sin\frac{3\theta_1}{2}\right)+0(1)$$

可得

$$k_1^*(p) = \sqrt{2}\sigma_0 c_R(c_1\pi)^{-1/2}p^{-3/2}$$

反演为

$$k_1(t) = 2\sqrt{2}c_R\sigma_0\pi^{-1}(c_1c_2)^{-1/2}(c_2t)^{1/2} \tag{7-100}$$

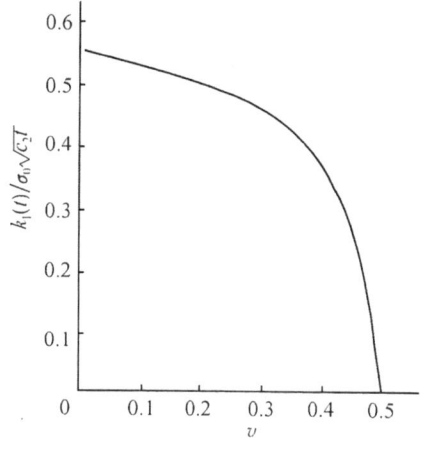

图 7-5

这一结果同式(7-88)是相同的,这说明不扩展的裂纹可看作是 $v=0$ 的扩展裂纹。图 7-5 是根据式(7-100)给出的 $k_1/\sigma_0\sqrt{c_2t}$ 与材料 γ 之间的关系。

对于 II 型裂纹,相应问题的边界条件为

$$\left.\begin{array}{l}\tau_{xy}(x,0,t)=-\tau H(t),\quad x<0;\quad v(x,0,t)=0,\quad x\geqslant 0\\ \sigma_y(x,0,t)=0,\quad -\infty<x<\infty\end{array}\right\} \tag{7-101}$$

对式(7-101)作 Laplace 变换有

$$\left.\begin{array}{l}\tau_{xy}^*(x,0,p)=-\tau/p,\quad x<0;\quad v^*(x,0,p)=0,\quad x\geqslant 0\\ \sigma_y^*(x,0,p)=0,\quad -\infty<x<\infty\end{array}\right\} \tag{7-102}$$

位移势函数的解为式(7-44)。将式(7-44)代入式(7-91)的第三式,再由式(7-102)最后一式即可得 A_1、A_2 之间关系,它们可由一个未知量 $A(s,p)$ 表示为

$$A_1(s,p)=is\gamma_2 A(s,p),\quad A_2(s,p)=\left(s^2+\frac{1}{2}p^2c_2^{-2}\right)A(s,p) \tag{7-103}$$

将式(7-103)代入式(7-91),则由式(7-102)头二式可得

$$\left.\begin{array}{l}\displaystyle\int_{-\infty}^{\infty}\gamma_2 A(s,p)e^{-isx}ds=0,\quad x\geqslant 0\\ \displaystyle\int_{-\infty}^{\infty}[(2s^2+p^2c_2^{-2})^2-4s^2\gamma_1\gamma_2]A(s,p)e^{-isx}ds=-\frac{4\pi\tau}{\mu p},\quad x<0\end{array}\right\} \tag{7-104}$$

用与前面完全相同的方法可得对偶积分方程(7-104)的解。求得 $A(s,p)$ 后,容易求得动应力强度因子为

$$k_2(t) = 2\sqrt{2}c_R(\pi c_2)^{-1}\tau(c_2t)^{1/2} \tag{7-105}$$

对反平面问题(III 型裂纹),相应问题的边界条件为

$$\tau_{yz}(x,0,t)=-\tau_0 H(t),\quad x<0;\quad w=0,\quad x\geqslant 0 \tag{7-106}$$

将其作 Laplace 变换,有

$$\tau_{yz}^*(x,0,p)=-\tau_0/p,\quad x<0;\quad w^*(x,0,p)=0,\quad x\geqslant 0 \tag{7-107}$$

此问题 w^* 的 Laplace 变换为式(7-55)。τ_{yz} 与 w 的关系为式(7-9),将式(7-9)对 t

作 Laplace 变换,有

$$\tau_{y_2}^*(x,y,p) = -\frac{\mu}{2\pi}\int_{-\infty}^{\infty} \gamma_2 A(s,p)\exp(-\gamma_2 y - \mathrm{i}sx)\mathrm{d}s \qquad (7\text{-}108)$$

式中,γ_2 由式(7-42)确定。将式(7-108)、式(7-55)代入式(7-107)可得

$$\int_{-\infty}^{\infty} A(s,p)\mathrm{e}^{-\mathrm{i}sx}\mathrm{d}s = 0, \quad x \geqslant 0; \qquad \int_{-\infty}^{\infty} \gamma_2 A(s,p)\mathrm{e}^{\mathrm{i}sx}\mathrm{d}s = \frac{2\pi\tau_0}{\mu p}, \quad x < 0 \qquad (7\text{-}109)$$

这一对偶积分方程的解为

$$A(s,p) = -\mathrm{i}\tau_0[\mu p s(s-\mathrm{i}pc_2^{-1})^{1/2}H_+(0)]^{-1} \qquad (7\text{-}110)$$

式中

$$H_+(s) = (s+\mathrm{i}pc_2^{-1})^{1/2}$$

将式(7-110)代入式(7-108)即得 $\tau_{y_2}^*$。由此不难得

$$k_3(t) = 2\sqrt{2}\pi^{-1}\tau_0(c_2 t)^{1/2} \qquad (7\text{-}111)$$

7.4 有限长裂纹的动力学问题

7.4.1 突然加载的有限长裂纹

设在无限大弹性体中有一长为 $2a$ 的穿透裂纹。在 $t=0$ 时刻裂纹表面突然受到 $\sigma_y = -\sigma_0$ 的骤加载荷,此载荷均布于裂纹表面,在 $t>0$ 时也继续作用在裂纹表面上。裂纹不扩展,即裂纹尖端是不动的,我们求在这种载荷下的动态响应。此问题的边界条件为

$$\left.\begin{array}{l}\sigma_y(x,0,t) = -\sigma_0 H(t), \quad |x|<a; \qquad v(x,0,t) = 0, \quad |x|\geqslant a \\ \tau_{xy}(x,0,t) = 0, \qquad -\infty < x < \infty\end{array}\right\} \qquad (7\text{-}112)$$

本问题势 ϕ 是 x 的偶函数,ψ 是 x 的奇函数,即

$$\phi(x,y,t) = \phi(-x,y,t), \qquad \psi(x,y,t) = -\psi(-x,y,t)$$

将波动方程(7-7)对 t 作 Laplace 变换,得式(7-39),再将式(7-39)的第一式对 x 作 Fourier 余弦变换,第二式作正弦变换,得

$$\int_0^{\infty} \nabla^2\phi^* \cos sx\,\mathrm{d}x = \int_0^{\infty} pc_1^{-2}\phi^* \cos sx\,\mathrm{d}x$$

$$\int_0^{\infty} \nabla^2\psi^* \sin sx\,\mathrm{d}x = \int_0^{\infty} pc_2^{-2}\psi^* \cos sx\,\mathrm{d}x$$

即

$$\bar{\phi}_{yy}^* - (s^2+p^2c_1^{-2})\bar{\phi}^* = 0, \qquad \bar{\psi}_{yy}^* - (s^2+p^2c_2^{-2})\bar{\psi}^* = 0 \qquad (7\text{-}113)$$

这实质是常微分方程,由无穷远条件,可得其解为

$$\bar{\phi}^* = A_1(s,p)\mathrm{e}^{-\gamma_1 y}, \qquad \bar{\psi}^* = A_2(s,p)\mathrm{e}^{-\gamma_2 y} \qquad (7\text{-}114)$$

式中，γ_1、γ_2 按式(7-42)确定。其 Fourier 变换反演为

$$\left.\begin{aligned}\phi^*(x,y,p) &= \frac{2}{\pi}\int_0^\infty A_1(s,p)\cos sx \cdot e^{-\gamma_1 y}ds \\ \psi^*(x,y,p) &= \frac{2}{\pi}\int_0^\infty A_2(s,p)\sin sx \cdot e^{-\gamma_2 y}ds\end{aligned}\right\} \quad (7\text{-}115)$$

由式(7-112)的第三式得 $\tau_{xy}^* = 0$，因此有

$$2\phi_{xy}^* - \psi_{xx}^* + \psi_{yy}^* = 0, \quad y=0$$

将式(7-115)代入上式可得

$$\frac{A_1}{A_2} = -\frac{s^2+\gamma_2^2}{2\gamma_1 s} = -\frac{2s^2+p^2 c_2^{-2}}{2\gamma_1 s}$$

可见，A_1、A_2 可用单一未知函数 $A(s,p)$ 表示为

$$A_1(s,p) = -(2s^2+p^2c_2^{-2})(2\gamma_1)^{-1}A(s,p), \quad A_2(s,p) = sA(s,p) \tag{7-116}$$

对边界条件(7-112)头二式作 Laplace 变换，有

$$\sigma_y^*(x,0,p) = -\sigma_0/p, \quad |x|<a; \quad v^*(x,0,p)=0, \quad |x|\geqslant a \tag{7-117}$$

将式(7-115)代入式(7-91)，由式(7-117)得对偶积分方程为

$$\left.\begin{aligned}\int_0^\infty A(s,p)\cos sx\,ds &= 0, \quad x\geqslant a \\ \int_0^\infty sG(s,p)A(s,p)\cos sx\,ds &= \frac{\pi\sigma_0 c_2^2}{2\mu p^3(1-k^2)}, \quad 0<x<a\end{aligned}\right\} \tag{7-118}$$

式中

$$G(s,p) = [2s\gamma_1(1-k^2)]^{-1}[(2s^2+p^2c_2^{-2})^2-4s^2\gamma_1\gamma_2]c_2^2 p^{-2}$$

用 Copson 方法可得此对偶积分方程的解为

$$A(s,p) = \frac{\pi\sigma_0 a^2 c_2^2}{2\mu p^3(1-k^2)}\int_0^1 \sqrt{\xi}N^*(\xi,p)J_0(sa\xi)d\xi \tag{7-119}$$

式中，N^* 是如下 Fredholm 积分方程的解

$$N^*(\xi,p) + \int_0^1 K(\xi,\eta,p)N^*(\eta,p)d\eta = \sqrt{\xi} \tag{7-120}$$

积分核为

$$K(\xi,\eta,p) = \sqrt{\xi\eta}\int_0^\infty s\left[G\left(\frac{s}{a},p\right)-1\right]J_0(s\xi)J_0(s\eta)ds$$

将求得的 $A(s,p)$ 代入式(7-116)、(7-115)、(7-91)，即可得 $y=0$ 上的应力与位移，从而可得

$$K_1^*(p) = p^{-1}N^*(1,p)\sigma_0\sqrt{a}$$

求出其反演即得动应力强度因子为

$$K_1(t) = \sigma_0\sqrt{a}L^{-1}\{p^{-1}N^*(1,p)\} \tag{7-121}$$

上式可用来作数值计算。对于 $\gamma=0.29$ 的材料,利用无量的坐标可得图 7-6。由图可知,在 $c_2t/a=3$ 附近,$K_1(t)/\sigma_0\sqrt{a}$ 有最大值。

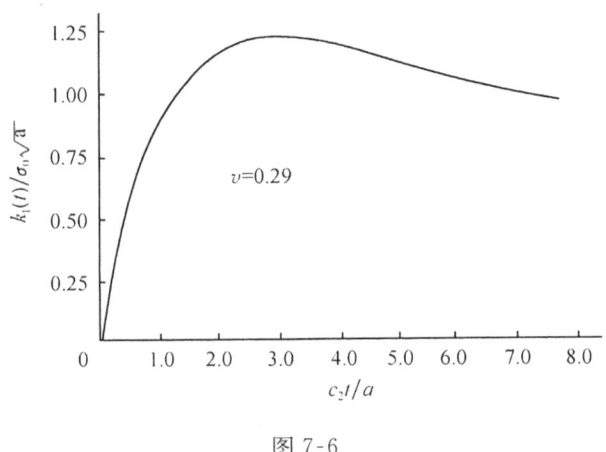

图 7-6

II 型裂纹的相应问题可由如下边界条件表达为

$$\left.\begin{aligned}\tau_{xy}(x,0,t) &= -\tau H(t), & |x|<a \\ u(x,0,t) &= 0, & |x|\geqslant a \\ \sigma_y(x,0,t) &= 0, & -\infty<x<\infty\end{aligned}\right\} \quad (7\text{-}122)$$

此时 ϕ 是 x 的奇函数,ψ 是 x 偶函数,有

$$\phi(x,y,t) = -\phi(-x,y,t), \qquad \psi(x,y,t) = \psi(-x,y,t)$$

将波动方程(7-7)对 t 作 Laplace 变换,得式(7-39),再将式(7-39)的第一式对 x 作 Fourier 正弦变换,第二式作余弦变换,用与前面相同的方法得

$$\left.\begin{aligned}\phi^*(x,y,p) &= \frac{2}{\pi}\int_0^\infty A_1 \sin(sx)\cdot e^{-\gamma_1 y}ds \\ \psi^*(x,y,p) &= \frac{2}{\pi}\int_0^\infty A_2 \cos(sx)\cdot e^{-\gamma_2 y}ds\end{aligned}\right\} \quad (7\text{-}123)$$

利用边界条件(7-122)的第三式,有

$$\lambda c_1^{-2}s^2\phi^* - 2\mu(\phi^*_{xx} + \psi^*_{xy}) = 0, \qquad y=0$$

可解得 A_1、A_2 之间的关系,有

$$A_1(s,p) = sA(s,p), \qquad A_2(s,p) = (2\gamma_2)^{-1}(2s^2 + p^2 c_2^{-2})A(s,p) \tag{7-124}$$

将边界条件(7-122)头二式对 t 作 Laplace 变换有

$$\tau^*_{xy}(x,0,p) = -\tau/p, \quad |x|<a; \qquad u^*(x,0,p) = 0, \quad |x|\geqslant a \tag{7-125}$$

将式(7-123)代入式(7-91),再由式(7-125),可得如下对偶积分方程

$$\left.\begin{array}{l}\int_0^\infty A(s,p)\cos(sx)\mathrm{d}s = 0, \qquad x \geqslant a \\ \int_0^\infty sG(s,p)A(s,p)\cos(sx)\mathrm{d}s = -\dfrac{\pi\tau c_2^2}{2\mu p^3(1-k^2)}, \qquad 0 < x < a\end{array}\right\} \quad (7\text{-}126)$$

$$G(s,p) = [2s\gamma_2(1-k^2)]^{-1}\{(2s^2+p^2c_2^{-2})^2 - 4s^2\gamma_1\gamma_2\}c_2^2 p^{-2}$$

用 Copson 方法可得对偶积分方程(7-126)的解为

$$A(s,p) = -\frac{\pi\tau a^2 c_2^2}{2\mu p^3(1-k^2)}\int_0^1 \sqrt{\xi}N_2^*(\xi,p)J_0(sa\xi)\mathrm{d}\xi \quad (7\text{-}127)$$

式中,N_2^* 由如下 Fredholm 积分方程确定

$$N_2^*(\xi,p) + \int_0^1 K(\xi,\eta,p)N_2^*(\eta,p)\mathrm{d}\eta = \sqrt{\xi}$$

积分核

$$K(\xi,\eta,p) = \sqrt{\xi\eta}\int_0^\infty s\left[G\left(\frac{s}{a},p\right)-1\right]J_0(s\xi)J_0(s\eta)\mathrm{d}s$$

上面的式子可用来作数值计算. 应力强度因子的 Laplace 变换解为

$$K_2^*(p) = p^{-1}N_2^*(1,p)\tau\sqrt{a}$$

反演得

$$K_2(t) = \tau\sqrt{a}L^{-1}[p^{-1}N_2^*(1,p)] \quad (7\text{-}128)$$

反平面问题(III 型裂纹)相应问题的边界条件为

$$\tau_{y_2}(x,0,t) = -\tau_0 H(t), \quad |x| < a; \qquad w(x,0,t) = 0, \quad |x| \geqslant a \quad (7\text{-}129)$$

本问题 w 是 x 的偶函数,即 $w(x,y,t) = w(-x,y,t)$。将波动方程(7-9)对 t 作 Laplace 变换,再利用对 x 的 Fourier 余弦变换可解得

$$w^*(x,y,p) = \frac{2}{\pi}\int_0^\infty A(s,p)\cos(sx)\cdot e^{-\gamma_2 y}\mathrm{d}s \quad (7\text{-}130)$$

将边界条件(7-129)对 t 做 Laplace 变换有

$$\tau_{y_2}^*(x,0,t) = -\tau_0/p, \quad |x| < a; \qquad w^*(x,0,t) = 0, \quad |x| \geqslant a \quad (7\text{-}131)$$

对式(7-9)后一式作 Laplace 变换,并将式(7-130)代入得

$$\tau_{y_2}^* = -\frac{2\mu}{\pi}\int_0^\infty A(s,p)\gamma_2\cos(sx)\cdot e^{-\gamma_2 y}\mathrm{d}s \quad (7\text{-}132)$$

将式(7-130)、式(7-132)代入式(7-131)得对偶积分方程

$$\left.\begin{array}{l}\int_0^\infty A(s,p)\cos(sx)\mathrm{d}s = 0, \qquad x \geqslant a \\ \int_0^\infty sG(s,p)A(s,p)\cos(sx)\mathrm{d}s = \dfrac{\pi\tau_0}{2\mu p}, \qquad 0 < x < a\end{array}\right\} \quad (7\text{-}133)$$

式中，$G(s,p)=\gamma_2 s^{-1}$。Copson 方法给出式(7-133)的解为

$$A(s,p) = \frac{\pi\tau_0 a^2}{2\mu p}\int_0^1 \sqrt{\xi} N_3^*(\xi,p) J_0(sa\xi) d\xi \tag{7-134}$$

$$N_3^*(\xi,p) + \int_0^1 K(\xi,\eta,p) N_3^*(\eta,p) d\eta = \sqrt{\xi}$$

$$K(\xi,\eta,p) = \sqrt{\xi\eta}\int_0^\infty s\left[G\left(\frac{s}{a},p\right)-1\right] J_0(s\xi) J_0(s\eta) ds$$

从而得 $K_3^*(p)=p^{-1}N_3^*(1,p)\tau_0\sqrt{a}$，动应力强度因子为

$$K_3(t) = \tau_0\sqrt{a}L^{-1}\{p^{-1}N_3^*(1,p)\} \tag{7-135}$$

7.4.2 运动的有限长裂纹

这是 Yoffe 最早提出并解决的问题，称之为 Yoffe 裂纹：一个有限长的定尺寸裂纹沿 x 轴以常速移动，裂纹长度永远不变，裂纹表面受均布载荷。这相当于裂纹一端以常速 v 不断扩展(开裂)，而另一端却以常速 v 在弥合。但它在数学上可解，而且也确有某些动力学问题可以化为这种模型，因此我们给以简单介绍。

原点取在裂纹尖端，取动系如式(7-12)所示，则边界条件为

$$\left.\begin{aligned}&\sigma_y(x,0,t)=-\sigma_0,\quad |x|<a;\quad v(x,0,t)=0,\quad |x|\geqslant a\\&\tau_{xy}(x,0,t)=0,\quad -\infty<x<\infty\end{aligned}\right\} \tag{7-136}$$

这一问题是稳态问题。采用式(7-12)的坐标变换后，各量与时间无关，因此运动方程化为式(7-22)。此问题 ϕ 是 x 的偶函数，ψ 是 x 的奇函数。对方程(7-22)的第一式作余弦变换，第二式作正弦变换可得

$$\left.\begin{aligned}\phi(x,y) &= \frac{2}{\pi}\int_0^\infty A_1(s)\cos(sx)\cdot e^{-ss_1 y}ds\\ \psi(x,y) &= \frac{2}{\pi}\int_0^\infty A_2(s)\sin(sx)\cdot e^{-ss_2 y}ds\end{aligned}\right\} \tag{7-137}$$

式中 s_1、s_2 同式(7-18)。利用式(7-136)的第三式，我们有

$$A_1(s) = (1+s_2^2)(sM_2^2)^{-1}A(s),\quad A_2(s) = -2s_1(sM_2^2)^{-1}A(s) \tag{7-138}$$

将式(7-138)、式(7-137)代入到边界条件式(7-136)的前两式可得

$$\left.\begin{aligned}&\int_0^\infty A(s)\cos(sx)ds = 0,\quad x\geqslant a\\ &\int_0^\infty sA(s)\cos(sx)ds = \frac{\pi\sigma_0 M_2^2}{2\mu[(1+s_2^2)^2-4s_1 s_2]},\quad x<a\end{aligned}\right\} \tag{7-139}$$

对偶积分方程(7-139)的解为

$$A(s) = \pi\sigma_0 a M_2^2\{2\mu s[4s_1 s_2-(1-s_2^2)^2]\}^{-1}J_1(sa)$$

从而可得应力强度因子为

$$K_1 = \sigma_0\sqrt{a}[4s_1 s_2-(1+s_2^2)^2]^{-1} \tag{7-140}$$

7.5 无限长窄条中的裂纹问题

7.5.1 突然加载的不扩展裂纹

设有无限长弹性体,厚度是有限的,为 $2h$。如图 7-7 所示,其中部含有长为 $2a$ 的穿透裂纹。在 $t=0$ 时裂纹表面突然受到均布骤加载荷,$t>0$ 时,此载荷亦继续作用。本问题的边界条件为

$$\left.\begin{aligned}\sigma_y(x,0,t)&=-\sigma_0 H(t), & |x|<a\\ v(x,0,t)&=0, & |x|\geqslant a\\ \tau_{xy}(x,0,t)&=0, & -\infty<x<\infty\end{aligned}\right\} \quad (7\text{-}141)$$

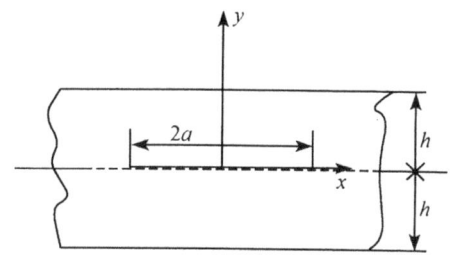

图 7-7

窄条上、下表面是自由的,因此还有

$$\sigma_y(x,\pm h,t)=\tau_{xy}(x,\pm h,t)=0,\quad -\infty<x<\infty \quad (7\text{-}142)$$

本问题 ϕ 是 x 的偶函数,ψ 是 x 的奇函数。将波动方程式(7-7)对 t 作 Laplace 变换,再对其第一式作 Fourier 余弦变换,第二式作正弦变换,即可得势函数的积分变换解为

$$\bar{\phi}^*=A_1 e^{-\gamma_1 y}+A_2 e^{\gamma_1 y},\quad \bar{\psi}^*=A_3 e^{-\gamma_2 y}+A_4 e^{\gamma_2 y} \quad (7\text{-}143)$$

由于本问题材料厚度有限,总有 $|y|\leqslant h$,因此不能利用 $y\to\infty$ 的条件,所以 A_1、A_2、A_3、A_4 皆不为零。由 Fourier 反演得

$$\left.\begin{aligned}\phi^*&=\frac{2}{\pi}\int_0^\infty [A_1(s,p)e^{-\gamma_1 y}+A_2(s,p)e^{\gamma_1 y}]\cos sx\,ds\\ \psi^*&=\frac{2}{\pi}\int_0^\infty [A_3(s,p)e^{-\gamma_2 y}+A_4(s,p)e^{\gamma_2 y}]\sin sx\,ds\end{aligned}\right\} \quad (7\text{-}144)$$

这里 γ_1、γ_2 由式(7-42)确定。将边界条件式(7-141)的第三式及式(7-142)对 t 作 Laplace 变换,有

$$\tau_{xy}^*(x,0,p)=\sigma_y^*(x,\pm h,p)=\tau_{xy}^*(x,\pm h,p)=0,\quad -\infty<x<\infty \quad (7\text{-}145)$$

将式(7-144)代入式(7-91),再利用式(7-145)的三个方程,可使未知函数 A_1、A_2、A_3、A_4 用单一的未知函数 $A(s,p)$ 表达,有

$$A_i(s,p)=f_i A(s,p),\quad i=1,2,3,4 \quad (7\text{-}146)$$

$$f_1=\frac{2\gamma_2\left(s^2+\frac{1}{2}p^2 c_2^{-2}\right)m_2}{m_2 m_3-m_1 m_4},\quad f_2=\frac{2\gamma_2\left(s^2+\frac{1}{2}p^2 c_2^{-2}\right)m_1}{m_2 m_3-m_1 m_4}$$

$$f_3=e^{\gamma_2 h}\left[2s\gamma_2\left(s^2+\frac{1}{2}p^2 c_2^{-2}\right)\right]^{-1}[\alpha_1 f_1 e^{-\gamma_1 h}+\alpha_2 f_2 e^{\gamma_1 h}]$$

$$f_4 = e^{-\gamma_2 h}\left[2s\gamma_2\left(s^2 + \frac{1}{2}p^2c_2^{-2}\right)\right]^{-1}(\alpha_2 f_1 e^{-\gamma_1 h} + \alpha_1 f_2 e^{\gamma_1 h})$$

$$m_1 = 2s^2\gamma_1\gamma_2 + (\alpha_2 e^{-\gamma_2 h} - \alpha_1 e^{\gamma_2 h})e^{-\gamma_1 h}$$

$$m_2 = 2s^2\gamma_1\gamma_2 - (\alpha_1 e^{-\gamma_2 h} - \alpha_2 e^{\gamma_2 h})e^{\gamma_1 h}$$

$$m_3 = 2\gamma_1\gamma_2\left(s^2 + \frac{1}{2}p^2c_2^{-2}\right) + (\alpha_2 e^{-\gamma_2 h} - \alpha_1 e^{\gamma_2 h})e^{-\gamma_1 h}$$

$$m_4 = 2\gamma_1\gamma_2\left(s^2 + \frac{1}{2}p^2c_2^{-2}\right) - (\alpha_1 e^{-\gamma_2 h} - \alpha_2 e^{\gamma_2 h})e^{\gamma_1 h}$$

$$\alpha_1 = \left(s^2 + \frac{1}{2}p^2c_2^{-2}\right)^2 + s^2\gamma_1\gamma_2, \qquad \alpha_2' = \left(s^2 + \frac{1}{2}p^2c_2^{-2}\right)^2 - s^2\gamma_1\gamma_2$$

边界条件式(7-141)前两式的 Laplace 变换为

$$\sigma_y^*(x,0,p) = -\sigma_0/p, \quad |x| < a; \qquad v^*(x,0,p) = 0, \quad |x| \geqslant a \tag{7-147}$$

将式(7-146)代入式(7-144)、式(7-91),由式(7-147)可得对偶积分方程

$$\left.\begin{aligned}\int_0^\infty A(s,p)\cos(sx)\mathrm{d}s &= 0, \qquad x \geqslant a \\ \int_0^\infty sG(s,p)A(s,p)\cos(sx)\mathrm{d}s &= -\frac{\pi\sigma_0}{4\pi(1-K^2)p}, \qquad 0 < x < a\end{aligned}\right\} \tag{7-148}$$

$$G(s,p) = [s(1-K^2)]^{-1}\left[\left(s^2 + \frac{1}{2}p^2c_2^{-2}\right)(f_1 + f_2) + s\gamma_2(f_3 - f_4)\right] \tag{7-149}$$

式中,$K = (c_2/c_1)^{1/2}$。对偶积分方程(7-149)的解为

$$A(s,p) = \frac{\pi\sigma_0 a^2}{4\mu(1+K^2)p}\int_0^1 \sqrt{\xi}N^*(\xi,p)J_0(sa\xi)\mathrm{d}\xi \tag{7-150}$$

N^* 由如下的 Fredholm 积分方程确定,有

$$N^*(\xi,p) + \int_0^1 K(\xi,\eta,p)N^*(\eta,p)\mathrm{d}\eta = \sqrt{\xi} \tag{7-151}$$

积分核为

$$K(\xi,\eta,p) = \sqrt{\xi\eta}\int_0^\infty s\left[G\left(\frac{s}{a},p\right) - 1\right]J_0(s\xi)J_0(s\eta)\mathrm{d}s$$

将式(7-150)代入式(7-146)、式(7-144)再由式(7-91)即可得 σ_y^*,从而得

$$K_1^*(p) = p^{-1}N^*(1,p)\sigma_0\sqrt{a}$$

由反演得

$$K_1(t) = \sigma_0\sqrt{a}L^{-1}\{p^{-1}N^*(1,p)\} \tag{7-152}$$

上面得到的各式可用来作数值计算。对不同的 a/h 值,$K_1(t)/\sigma_0\sqrt{a}$ 与 $c_2 t/a$ 之

间的关系如图 7-8 所示。

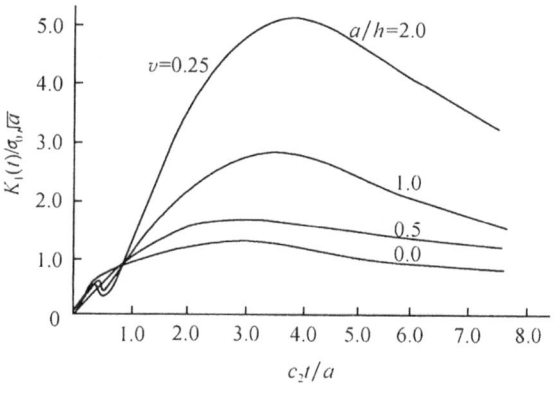

图 7-8

反平面问题（III 型裂纹）相应问题的边界条件为

$$\left.\begin{array}{ll} \tau_{y_2}(x,0,t) = -\tau_0 H(t), & |x| < a \\ w(x,0,t) = 0, & |x| \geqslant a \\ \tau_{y_2}(x,\pm h,t) = 0, & -\infty < x < \infty \end{array}\right\} \quad (7\text{-}153)$$

用与前面完全类似的方法可得

$$w^*(x,y,p) = \frac{2}{\pi}\int_0^\infty (A_1 e^{-\gamma_2 y} + A_2 e^{\gamma_2 y})\cos sx\,ds \quad (7\text{-}154)$$

由式(7-153)的第三式可得 A_1、A_2 之间的关系，有

$$A_1 = \frac{A(s,p)}{1+e^{-2\gamma_2 h}}, \qquad A_2 = \frac{e^{-2\gamma_2 h}}{1+e^{-2\gamma_2 h}}A(s,p) \quad (7\text{-}155)$$

将式(7-155)、式(7-154)代入边界条件式(7-153)头二式的 Laplace 变换中,得

$$\left.\begin{array}{ll} \int_0^\infty A(s,p)\cos(sx)\,ds = 0, & x \geqslant a \\ \int_0^\infty sG(s,p)A(s,p)\cos(sx)\,ds = \dfrac{\pi\tau_0}{2\mu p}, & 0 < x < a \end{array}\right\} \quad (7\text{-}156)$$

式中，$G(s,p) = \gamma_2(1-e^{-2\gamma_2 h})[s(1+e^{-2\gamma_2 h})]^{-1}$，$\gamma_2$ 由式(7-47)确定。对偶积分方程 (7-156)的解为

$$A(s,p) = \frac{\pi\tau_0 a^2}{2\mu p}\int_0^1 \sqrt{\xi}N_3^*(\xi,p)J_0(sa\xi)\,d\xi \quad (7\text{-}157)$$

$$N_3^*(\xi,p) + \int_0^1 K(\xi,\eta,p)N_3^*(\eta,p)\,d\eta = \sqrt{\xi}$$

$$K(\xi,\eta,p) = \sqrt{\xi\eta}\int_0^\infty s\left[G\left(\frac{s}{a},p\right)-1\right]J_0(s\xi)J_0(s\eta)\,ds$$

从而有 $K_3^*(p) = p^{-1}\tau_0\sqrt{a}N_3^*(1,p)$，由反演可得动应力强度因子为

$$K_3(t) = \tau_0\sqrt{a}L^{-1}\{p^{-1}N_3^*(1,p)\} \quad (7\text{-}158)$$

7.5.2 突然施加位移的不扩展裂纹问题

本问题与前一问题的不同点在于,裂纹表面是自由的,但在窄条的上、下表面,即 $y=\pm h$ 处,在 $t=0$ 时突然产生位移 $\pm\delta_0$,裂纹仍不扩展。本问题的边界条件可写为

$$\left.\begin{array}{l}\sigma_y(x,0,t)=0,\quad |x|<a;\quad v(x,0,t)=0,\quad |x|\leqslant a\\ v(x,\pm h,t)=\pm\delta_0,\quad u(x,\pm h,t)=0,\quad -\infty<x<\infty\end{array}\right\} \quad (7\text{-}159)$$

此问题中若无裂纹,则在边界位移下应力为 $\sigma_y=E\delta_0[(1-\gamma^2)h]^{-1}$,但窄条中有裂纹,且裂纹表面不受力,由叠加原理,可将问题式(7-159)变为如下两个问题的叠加

$$\sigma_y=E\delta_0[(1-\gamma^2)h]^{-1},\quad -\infty<x<\infty \quad (7\text{-}160)$$

以及

$$\left.\begin{array}{l}\sigma_y(x,0,t)=-E\delta_0[(1-\gamma^2)h]^{-1}H(t),\quad |x|<a\\ v(x,0,t)=0,\quad |x|\geqslant a\\ u(x,\pm h,t)=v(x,\pm h,t)=\tau_{xy}(x,0,t)=0,\quad -\infty<x<\infty\end{array}\right\}$$
$$(7\text{-}161)$$

第一个问题,即式(7-160)给出的问题,不响应应力强度因子,因此问题式(7-159)实质上变为具有边界条件式(7-161)的问题,此问题的头二个条件与式(7-141)给出的边界条件是类似的,但后一式与式(7-142)不同。在式(7-142)中,当 $\delta=\pm h$ 时应力为零,而在式(7-161)中当 $y=\pm h$ 时位移为零。后一式是用来确定 A_1、A_2、A_3、A_4 之间的关系的。因此解法完全相同。本问题势函数 ϕ^*、ψ^* 的表达式同式(7-144)。对式(7-161)的后式作 Laplace 变换,有

$$\tau_{xy}^*(x,0,p)=u^*(x,\pm h,p)=v^*(x,\pm h,p)=0,\quad -\infty<x<\infty$$
$$(7\text{-}162)$$

上式的三个方程给出 A_1、A_2、A_3、A_4 之间的关系为

$$A_i(s,p)=f_iA(s,p),\quad i=1,2,3,4 \quad (7\text{-}163)$$
$$f_1=2\gamma_2n_2(n_2n_3-n_1n_4)^{-1},\quad f_2=2\gamma_2n_1(n_2n_3-n_1n_4)^{-1}$$
$$f_3=e^{-\gamma_2 y}(2s\gamma_2)^{-1}[(s^2+\gamma_1\gamma_2)f_1e^{-\gamma_1 h}+(s^2-\gamma_1\gamma_2)f_2e^{\gamma_1 h}]$$
$$f_4=e^{-\gamma_2 y}(2s\gamma_2)^{-1}[(s^2-\gamma_1\gamma_2)f_1e^{-\gamma_1 h}+(s^2+\gamma_1\gamma_2)f_2e^{\gamma_1 h}]$$
$$n_1=2s^2\gamma_1\gamma_2+(s^2+1/2p^2c_2^{-2})[(s^2-\gamma_1\gamma_2)e^{-\gamma_2 h}-(s^2+\gamma_1\gamma_2)e^{\gamma_2 h}]$$
$$n_2=2s^2\gamma_1\gamma_2-(s^2+1/2p^2c_2^{-2})[(s^2+\gamma_1\gamma_2)e^{-\gamma_2 h}-(s^2-\gamma_1\gamma_2)e^{\gamma_2 h}]$$
$$n_3=2\gamma_1\gamma_2+[(s^2-\gamma_1\gamma_2)e^{-\gamma_2 h}-(s^2+\gamma_1\gamma_2)e^{\gamma_2 h}]e^{-\gamma_1 h}$$
$$n_4=2\gamma_1\gamma_2-[(s^2+\gamma_1\gamma_2)e^{-\gamma_2 h}-(s^2-\gamma_1\gamma_2)e^{\gamma_2 h}]e^{\gamma_1 h}$$

将边界条件式(7-161)的头二式对 t 作 Laplace 变换,有

$$\left.\begin{array}{l}\sigma_y^*(x,0,p)=E\delta_0[(1-\gamma^2)h]^{-1}p^{-1},\quad |x|<a\\ v^*(x,0,p)=0,\quad |x|\geqslant a\end{array}\right\} \quad (7\text{-}164)$$

将式(7-63)代入式(7-44)、式(7-91),则由式(7-164)可得

$$\left.\begin{aligned}\int_0^\infty sG(s,p)A(s,p)\cos sx\,\mathrm{d}s &= \frac{-\pi\delta_0}{2(1-\gamma)(1-k^2)hp}, \quad |x|<a \\ \int_0^\infty A(s,p)\cos sx\,\mathrm{d}s &= 0, \quad x \geqslant a\end{aligned}\right\}$$

(7-165)

式中

$$G(s,p) = [s(1-k^2)]^{-1}\{(s^2+1/2p^2c_2^{-2})(f_1+f_2)+s\gamma_2(f_3-f_4)\}$$

对偶积分方程(7-165)的解为

$$A(s,p) = \frac{-\pi\delta_0 a^2}{2(1-\gamma)(1-k^2)hp}\int_0^1 \sqrt{\xi}N^*(\xi,p)J_0(sa\xi)\mathrm{d}\xi \quad (7\text{-}166)$$

N^* 是如下 Fredholm 积分方程的解

$$N^*(\xi,p) + \int_0^1 K(\xi,\eta,p)N^*(\eta,p)\mathrm{d}\eta = \sqrt{\xi}$$

积分核为

$$K(\xi,\eta,p) = \sqrt{\xi\eta}\int_0^\infty s\Big[G\Big(\frac{s}{a},p\Big)-1\Big]J_0(s\xi)J_0(s\eta)\mathrm{d}s$$

从而得

$$K_1^*(p) = \frac{N^*(1,p)}{p}\frac{E\delta_0\sqrt{a}}{(1-\gamma^2)h}, \qquad K_1(t) = L^{-1}\Big[\frac{N^*(1,p)}{p}\Big]\frac{E\delta_0\sqrt{a}}{(1-\gamma^2)h}$$

(7-167)

上式可用来作数值计算。图 7-9 用无量纵坐标给出不同的 a/h 值情况下 $K(t)$ 与时间的关系。

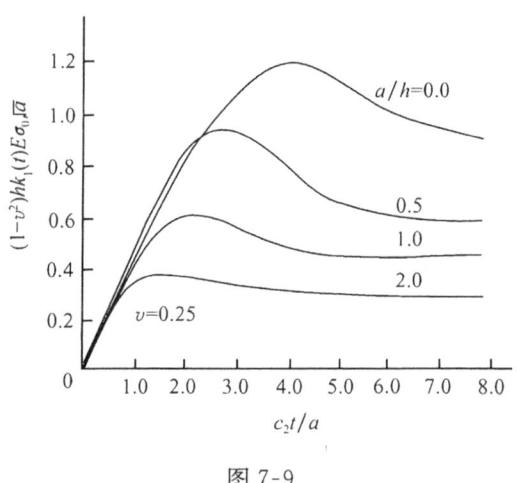

图 7-9

反平面(III 型裂纹)的类似问题边界条件如下：

$$w(x, \pm h, t) = \pm w_0, \qquad -\infty < x < \infty$$
$$\tau_{y_2}(x, 0, t) = 0, \qquad |x| < a \qquad (7\text{-}168)$$
$$w(x, 0, t) = 0, \qquad |x| \geq a$$

本问题可归结为求解如下问题,即

$$\tau_{y_2}(x, 0, t) = -\mu w_0 h^{-1} H(t), \qquad |x| < a$$
$$w(x, 0, t) = 0, \qquad |x| \geq a \qquad (7\text{-}169)$$
$$w(x, \pm h, t) = 0, \qquad -\infty < x < \infty$$

本问题 w 是 x 的偶函数。对波动方程作 Laplace 变换,再利用 Fourier 余弦变换可解得:

$$w^*(x, y, p) = \frac{2}{\pi}\int_0^\infty [A_1(s,p)\mathrm{e}^{-\gamma_2 y} + A_2(s,p)\mathrm{e}^{\gamma_2 y}]\cos sx\, \mathrm{d}s \qquad (7\text{-}170)$$

由式(7-169)最后一式,可得 A_1、A_2 之间的关系为

$$A_1 = (1 - \mathrm{e}^{2\gamma_2 h})^{-1} A(s,p)$$
$$A_2 = -(1 - \mathrm{e}^{-2\gamma_2 h})\mathrm{e}^{-2\gamma_2 h} A(s,p) \qquad (7\text{-}171)$$

对边界条件式(7-169)的头二式作 Laplace 变换,有

$$\tau_{y_2}^*(x, 0, p) = -\mu w_0 h^{-1} p^{-1}, \qquad |x| < a$$
$$w^*(x, 0, p) = 0, \qquad |x| \geq a \qquad (7\text{-}172)$$

将式(7-171)代入式(7-170)、式(7-132),再由式(7-172)得

$$\int_0^\infty A(s,p)\cos sx\, \mathrm{d}s = 0, \qquad x \geq a$$
$$\int_0^\infty sG(s,p)A(s,p)\cos sx\, \mathrm{d}s = \frac{\pi w_0}{2hp}, \qquad x < a \qquad (7\text{-}173)$$

式中

$$G(s,p) = \gamma_2(1 + \mathrm{e}^{-2\gamma_2 h})[s(1 - \mathrm{e}^{-2\gamma_2 h})]^{-1}$$

对偶积分方程(7-173)的解为

$$A(s,p) = \frac{\pi w_0}{2hp}\int_0^1 \sqrt{\xi} N_3^*(\xi, p) J_0(sa\xi)\, \mathrm{d}\xi \qquad (7\text{-}174)$$

N_3^* 为 Fredholm 积分方程的解

$$N_3^*(\xi, p) + \int_0^1 K(\xi, \eta, p) N_3^*(\eta, p)\, \mathrm{d}\eta = \sqrt{\xi}$$

积分核为

$$K(\xi, \eta, p) = \sqrt{\xi\eta}\int_0^\infty s\left[G\left(\frac{s}{a}, p\right) - 1\right] J_0(s\xi) J_0(s\eta)\, \mathrm{d}s$$

应力强度因子为

$$K_3(t) = w_0\sqrt{a}h^{-1} L^{-1}[p^{-1} N_3^*(1, p)] \qquad (7\text{-}175)$$

7.5.3 窄条中的半无限运动裂纹

设在如图 7-10 所示的厚为 $2h$ 的无限长窄条中,含有半无限裂纹。在窄条上、

下表面 $y=\pm h$ 处受到不变的位移 $\pm\delta_0$。裂纹尖端以常数 v 沿横轴正向扩展。取动系 xOy 与定系 $x'O'y'$ 关系同式(7-12),即

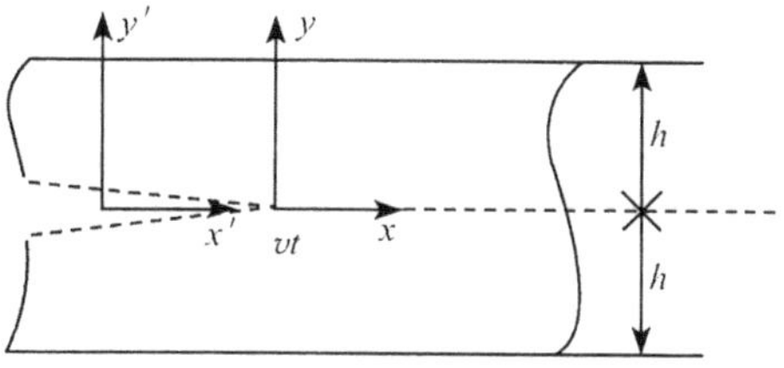

图 7-10

$$x=x'-vt,\qquad y=y'$$

边界条件可写为

$$\left.\begin{aligned} &\sigma_y(x,0,t)=0, && x<0\\ &v(x,0,t)=0, && x\geqslant 0\\ &v(x,\pm h,t)=\pm\delta_0, && -\infty<x<\infty \end{aligned}\right\}\tag{7-176}$$

本问题是准静态问题,采用上面的动坐标后应力及位移中将不显含时间 t,其基本方程同式(7-22),因此势 ϕ、ψ 的 Fourier 变换解为式(7-51)。利用叠加原理,问题(7-176)最终转化为如下问题,即

$$\left.\begin{aligned} &\sigma_y(x,0)=-E\delta_0[(1-\gamma^2)h]^{-1}, && x<0\\ &v(x,0)=0, && x\geqslant 0\\ &\tau_{xy}(x,0)=u(x,\pm h)=v(x,\pm h)=0, && -\infty<x<\infty \end{aligned}\right\}\tag{7-177}$$

式(7-177)的前二式可以改写为

$$\sigma_y(x,0)=\begin{cases}-E\delta_0[(1-\gamma^2)h]^{-1}, & x<0\\ h(x), & x\geqslant 0\end{cases};\qquad v(x,0)=\begin{cases}0, & x\geqslant 0\\ j(x), & x<0\end{cases}\tag{7-178}$$

这里 $h(x)$、$j(x)$是未知函数,利用 Fourier 变换有

$$\bar{\sigma}_y(s,y)=-E\delta_0[2\pi\mathrm{i}s(1-\gamma^2)h]^{-1}+H_+\,s,\bar{v}(s,y)=\mathrm{J}_-(s)\tag{7-179}$$

式中

$$H_+(s)=\frac{1}{2\pi}\int_0^{\infty}h(x)\mathrm{e}^{\mathrm{i}sx}\mathrm{d}x,\qquad \mathrm{J}_-(s)=\frac{1}{2\pi}\int_{-\infty}^{0}j(x)\mathrm{e}^{\mathrm{i}sx}\mathrm{d}x$$

本问题运动方程的一般解(7-51)中含有四个未知函数 $A_1(s)$、$A_2(s)$、$B_1(s)$、$B_2(s)$,但它们不是独立的,边界条件(7-177)后一式实质是三个方程式,这三个方程式使 A_1、A_2、A_3、A_4 可用单一未知函数 $A(s)$来表达。在式(7-179)的两个方程中消去 $A(s)$,即得 Wiener-Hopf 方程为

$$H_+(s)-\frac{E\delta_0}{2\pi\mathrm{i}s(1-\gamma^2)h}=\frac{\mu}{s_1(1-s_2^2)}\mathrm{J}_-(s)F(s)\tag{7-180}$$

式中,$\mathrm{J}_-(s)$的系数 $F(s)$是已知的,即

$$\begin{aligned}F(s)=s\{&4s_1s_2(1+s_2^2)+[(1+s_2^2)^2+4s_1^2s_2^2]sh(ss_1h)sh(ss_2h)-[s_1s_2(1+s_2^2)^2\\&+4s_1s_2]ch(ss_1h)ch(ss_2h)\}\{ch(ss_1h)sh(ss_2h)-s_1s_2sh(ss_1h)ch(ss_2h)\}^{-1}\end{aligned}$$

设 $F(s)=F_+(s)F_-(s)$,Wiener-Hopf 方程(7-180)的解为

$$H_+(s)=\frac{-E\delta_0}{2\pi\mathrm{i}s(1-\gamma^2)h}\left[\frac{F_+(s)}{F_+(0)}-1\right]$$

$$J_-(s) = \frac{-E\delta_0 s_1(1-s_2^2)}{2\pi i s \mu(1-\gamma^2)h} \cdot \frac{1}{F_+(0)F_-(0)} \tag{7-181}$$

至此,问题得解。应力强度因子为

$$K_1 = \frac{(1-\gamma)^{1/2}E\delta_0}{(1+\gamma)(1-2\gamma)^{1/2}} \left[\frac{4s_1s_2-(1+s_2^2)^2}{\pi h s_1(1-s_2^2)}\right]^{1/2} \tag{7-182}$$

若令 $v=0$,则得到不扩展的半无限裂纹在固定位移下的应力强度因子为

$$[K_1]_{v=0} = \frac{E\delta_0}{(1+\gamma)[\pi h(1-2\gamma)]^{1/2}}$$

图 7-11 用无量纵坐标曲线给出了裂纹扩展速度对应力强度因子的影响。

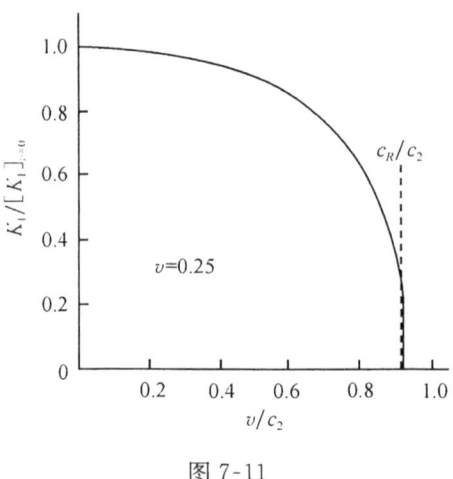

图 7-11

7.6 含裂纹板弯曲的动力学问题

设有厚为 h 的无限大板,其上有长为 $2a$ 的穿透裂纹。取裂纹中心为坐标原点,x 轴沿裂纹方向,y 轴与裂纹表面垂直,z 轴垂直于板面。我们仍采用弹性理论中关于弯板问题的全部假设。M_x 和 M_y 分别代表使 x 轴和 y 轴方向弯曲的弯矩,ψ_x 和 ψ_y 分别代表绕 x 轴和绕 y 轴的转角,ψ_z 代表沿 z 轴方向的位移。由几何关系,有

$$u = z\psi_x, \qquad v = z\psi_y, \qquad w = \psi_z \tag{7-183}$$

由应力应变关系,有

$$\left.\begin{aligned}
\sigma_x &= -\frac{Ez}{1-\gamma^2}\left(\frac{\partial^2 w}{\partial x^2} + \gamma\frac{\partial^2 w}{\partial y^2}\right) = \frac{Ez}{1-\gamma^2}\left(\frac{\partial \psi_x}{\partial x} + \gamma\frac{\partial \psi_y}{\partial y}\right) \\
\sigma_y &= \frac{-Ez}{1-\gamma^2}\left(\frac{\partial^2 w}{\partial y^2} + \gamma\frac{\partial^2 w}{\partial x^2}\right) = \frac{Ez}{1-\gamma^2}\left(\frac{\partial \psi_y}{\partial y} + \gamma\frac{\partial \psi_x}{\partial x}\right) \\
\tau_{xy} &= -\frac{Ez}{1+\gamma}\frac{\partial^2 w}{\partial x \partial y} = \frac{Ez}{2(1+\gamma)}\left(\frac{\partial \psi_x}{\partial y} + \frac{\partial \psi_y}{\partial x}\right)
\end{aligned}\right\} \tag{7-184}$$

$$\left.\begin{aligned}M_x &= \int_{-h/2}^{h/2} z\sigma_x \mathrm{d}z = D\left(\frac{\partial \psi_x}{\partial x} + \gamma \frac{\partial \psi_y}{\partial y}\right) \\ M_y &= \int_{-h/2}^{h/2} z\sigma_y \mathrm{d}z = D\left(\frac{\partial \psi_y}{\partial y} + \gamma \frac{\partial \psi_y}{\partial x}\right) \\ H_{xy} &= \int_{-h/2}^{h/2} z\tau_{xy} \mathrm{d}z = \frac{D(1-\gamma)}{2}\left(\frac{\partial \psi_x}{\partial y} + \frac{\partial \psi_y}{\partial x}\right)\end{aligned}\right\} \quad (7\text{-}185)$$

式中,$D = \mu h^3 [6(1-\gamma)]^{-1}$,剪力为

$$\left.\begin{aligned}Q_x &= \int_{-h/2}^{h/2} \tau_{yx} \mathrm{d}z = \frac{\pi^2}{12}\mu h \left(\frac{\partial \psi_z}{\partial x} + \psi_x\right) \\ Q_y &= \int_{-h/2}^{h/2} \tau_{yz} \mathrm{d}z = \frac{\pi^2}{12}\mu h \left(\frac{\partial \psi_z}{\partial y} + \psi_y\right)\end{aligned}\right\} \quad (7\text{-}186)$$

取 $\phi = \frac{\partial \psi_x}{\partial x} + \frac{\partial \psi_y}{\partial y}$,板弯曲的运动方程可表为

$$\left.\begin{aligned}\frac{D}{2}\left[(1-\gamma)\nabla^2 \psi_x + (1+\gamma)\frac{\partial \phi}{\partial x}\right] - \frac{\pi^2}{12}\mu h\left(\psi_x + \frac{\partial \psi_z}{\partial x}\right) &= \frac{\rho h^3}{12}\frac{\partial^2 \psi_x}{\partial t^2} \\ \frac{D}{2}\left[(1-\gamma)\nabla^2 \psi_y + (1+\gamma)\frac{\partial \phi}{\partial y}\right] - \frac{\pi^2}{12}\mu h\left(\psi_y + \frac{\partial \psi_z}{\partial y}\right) &= \frac{\rho h^3}{12}\frac{\partial^2 \psi_y}{\partial t^2} \\ \frac{\pi^2}{12}\mu h(\nabla^2 \psi_z + \phi) &= \rho h \frac{\partial^2 \psi_z}{\partial t^2}\end{aligned}\right\} \quad (7\text{-}187)$$

我们研究这样的问题,含裂纹的板最初是静止的,且不受载荷。在 $t=0$ 时刻,裂纹表面突然受到骤加弯矩,此弯矩在 $t>0$ 时也一直作用。裂纹不扩展,求动态响应。这一问题的边界条件可写为

$$\left.\begin{aligned}M_y(x,0,t) &= -M_0 H(t), & |x| &< a \\ \psi_y(x,0,t) &= 0, & |x| &\geqslant a \\ Q_x(x,0,t) &= Q_y(x,0,t) = 0, & -\infty &< x < \infty\end{aligned}\right\} \quad (7\text{-}188)$$

本问题 ψ_x 是 x 的奇函数,ψ_y,ψ_z 是 x 的偶函数,即

$$\psi_x(x,y,t) = -\psi_x(-x,y,t)$$
$$\psi_y(x,y,t) = \psi_y(-x,y,t)$$
$$\psi_z(x,y,t) = \psi_z(-x,y,t)$$

将运动方程(7-187)对 t 作 Laplace 变换后,再对第一式作 Fourier 正弦变换,对第二、三式作余弦变换,方程即化为常微分方程,很容易求得它的解,再利用无穷远条件,可得

$$\left.\begin{aligned}\bar{\psi}_x^*(s,y,p) &= (1-a_2)s A_1 \mathrm{e}^{-\beta_1 y} + (1-a_1)s A_2 \mathrm{e}^{-\beta_2 y} - \beta_3 A_3 \mathrm{e}^{-\beta_3 y} \\ \bar{\psi}_y^*(s,y,p) &= (1-a_2)\beta_1 A_1 \mathrm{e}^{-\beta_1 y} + (1-a_1)\beta_2 A_2 \mathrm{e}^{-\beta_2 y} - s A_3 \mathrm{e}^{-\beta_3 y} \\ \bar{\psi}_z^*(s,y,p) &= A_1 \mathrm{e}^{-\beta_1 y} + A_2 \mathrm{e}^{-\beta_2 y}\end{aligned}\right\} \quad (7\text{-}189)$$

这里 A_1、A_2、A_3 为 s、p 的未知函数,其他量为

$$a_j = 2\alpha_j^2[(1-\gamma)\alpha_3^2]^{-1}, \qquad j=1,2$$

$$\beta_j = (s^2 + \alpha_j^2)^{1/2}, \qquad j=1,2,3$$

$$\alpha_1^2 = \frac{1}{2}p^2w_0^{-2}\{s_0^{-1} + R^{-1} + [(s_0^{-1} - R^{-1})^2 - 4R^{-1}s_0^{-1}w_0^2p^{-2}]^{1/2}\}$$

$$\alpha_2^2 = \frac{1}{2}p^2w_0^{-2}\{s_0^{-1} + R^{-1} - [(s_0^{-1} - R^{-1})^2 - 4R^{-1}s_0^{-1}w_0^2p^{-2}]^{1/2}\}$$

$$\alpha_3^2 = \pi^2h^{-2}(p^2w_0^{-2} + 1)$$

$$R = h^2/12, \qquad s_0 = 12D(\pi^2\mu h)^{-1}, \qquad w_0 = \pi c_2 h^{-1}$$

将边界条件(7-188)对 t 作 Laplace 变换,有

$$\left.\begin{aligned}M_y^*(x,0,p) &= -M_0/p, & |x| &< a \\ \psi_y^*(x,0,p) &= 0, & |x| &\geq a \\ Q_x^*(x,0,p) &= Q_y^*(x,0,p) = 0, & -\infty &< x < \infty\end{aligned}\right\} \quad (7\text{-}190)$$

将式(7-189)作 Fourier 变换的反演,得

$$\left.\begin{aligned}\psi_x^* &= \frac{2}{\pi}\int_0^\infty [(1-a_2)sA_1 e^{-\beta_1 y} + (1-a_1)sA_2 e^{-\beta_2 y} - \beta_3 A_3 e^{-\beta_3 y}]\sin sx\,\mathrm{d}s \\ \psi_y^* &= \frac{2}{\pi}\int_0^\infty [(1-a_2)\beta_1 A_1 e^{-\beta_1 y} + (1-a_1)\beta_2 A_2 e^{-\beta_2 y} - sA_3 e^{-\beta_3 y}]\cos sx\,\mathrm{d}s \\ \psi_z^* &= \frac{2}{\pi}\int_0^\infty [A_1 e^{-\beta_1 y} + A_2 e^{-\beta_2 y}]\cos sx\,\mathrm{d}s\end{aligned}\right\}$$

$$(7\text{-}191)$$

式(7-186)的 Laplace 变换为

$$Q_x^* = \frac{\pi^2}{12}\mu h\left(\frac{\partial \psi_z^*}{\partial x} + \psi_x^*\right), \qquad Q_y^* = \frac{\pi^2}{12}\mu h\left(\frac{\partial \psi_z^*}{\partial y} + \psi_y^*\right) \quad (7\text{-}192)$$

将式(7-191)代入式(7-192)中,再利用式(7-190)的最后一式(是两个方程),可使 A_1、A_2、A_3 三个未知函数用一个未知函数 $A(s,p)$ 表达为

$$\left.\begin{aligned}A_j(s,p) &= \frac{[(1-\gamma)s^2 + \alpha_j^2]^2}{\beta_j(\alpha_1^2 - \alpha_2^2)[(1-\gamma)s^2 + \alpha_2^2]}A(s,p), & j=1,2 \\ A_3(s,p) &= s(1-\gamma)(a_1 - a_2)(\alpha_1^2 - \alpha_2^2)^{-1}A(s,p)\end{aligned}\right\} \quad (7\text{-}193)$$

可见,所论问题化为确定单一函数 $A(s,p)$ 的问题。将式(7-185)的第二式对 t 做 Laplace 变换有

$$M_y^* = D\left(\frac{\partial \psi_y^*}{\partial y} + \gamma \frac{\partial \psi_x^*}{\partial x}\right) \quad (7\text{-}194)$$

将式(7-193)代入到式(7-191)、式(7-194)中,利用式(7-190)的前两式得

$$\left.\begin{aligned}\int_0^\infty A(s,p)\cos sx\,\mathrm{d}s &= 0, & |x| &\geq a \\ \int_0^\infty sG(s,p)A(s,p)\cos sx\,\mathrm{d}s &= \frac{\pi M_0}{(1-\gamma)^2 pD}, & 0 &< x < a\end{aligned}\right\} \quad (7\text{-}195)$$

式中

$$G(s,p) = (\alpha_1^2 - \alpha_2^2)^{-1}\{(1-a_2)\beta_1^{-1}[(1-\gamma)s^2 + \alpha_1^2]^2$$
$$- (1-a_1)\beta_2^{-1}[(1-\gamma)s^2 + \alpha_2^2]^2$$
$$- (1-\gamma)^2(a_1 - a_2)s^2\beta_3\}2[(1-\gamma^2)s]^{-1}$$

对偶积分方程(7-195)的解为

$$A(s,p) = \frac{\pi a^2 M_0}{(1-\gamma^2)pD}\int_0^1 \sqrt{\xi} N^*(\xi,p) J_0(sa\xi)d\xi \tag{7-196}$$

N^* 是 Frdholm 积分方程的解

$$N^*(\xi,p) + \int_0^1 K(\xi,\eta,p)N^*(\eta,p)d\eta = \sqrt{\xi}$$

积分核为

$$K(\xi,\eta,p) = \sqrt{\xi\eta}\int_0^\infty s\left[G\left(\frac{s}{a},p\right)-1\right]J_0(s\xi)J_0(s\eta)ds$$

按式(7-30),将原点取在裂纹尖端,用极坐标表示尖端附近的应力场,自然有

$$\left.\begin{array}{l}M_x^*(r_1,\theta_1,p) = \dfrac{K_1^*(p)}{\sqrt{2r_1}}\cos\dfrac{\theta_1}{2}\left(1-\sin\dfrac{\theta_1}{2}\sin\dfrac{3\theta_1}{2}\right)+0(1)\\[2mm] M_y^*(r_1,\theta_1,p) = \dfrac{K_1^*(p)}{\sqrt{2r_1}}\cos\dfrac{\theta_1}{2}\left(1+\sin\dfrac{\theta_1}{2}\sin\dfrac{3\theta_1}{2}\right)+0(1)\end{array}\right\} \tag{7-197}$$

将式(7-196)代入式(7-193)、(7-191)、(7-194),由式(7-197)可得

$$K_1^*(p) = p^{-1}N^*(1,p)M_0\sqrt{a} \tag{7-198}$$

由 Laplace 变换的反演即可得应力强度因子为

$$K_1(t) = M_0\sqrt{a}L^{-1}\{p^{-1}N^*(1,p)\} \tag{7-199}$$

以上各式可用来做数值计算。图 7-12 给出了 $K_1(t)/M_0\sqrt{a}$ 与 c_2t/a 之间的关系曲线。利用应力强度因子很容易求得裂纹尖端附近的应力场,这只需利用式(7-197)即可。

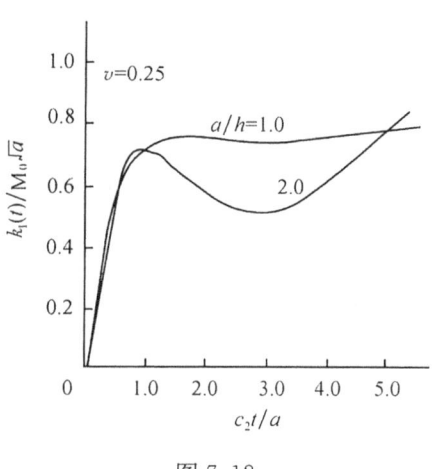

图 7-12

7.7 轴对称断裂动力学问题

7.7.1 园盘状裂纹表面突然受压的问题

我们讨论这样的问题:静止的无限大弹性体中含有一个扁平的园盘状裂纹。

取裂纹中心为坐标原点，x、y 轴在裂纹平面内，z 轴垂直于裂纹面。在 $t=0$ 时刻，裂纹表面突然受到载荷 $\sigma_z = -\sigma_0$，且在 $t>0$ 时此载荷继续作用，裂纹在此骤加载荷下并不扩展，求此问题的动态响应。采用柱坐标 r、θ、z，可将本问题的边界条件写为

$$\left.\begin{aligned} \sigma_z(r,o,t) &= -\sigma_0 H(t), & 0 \leqslant r < a \\ u_z(r,o,t) &= 0, & r \geqslant a \\ \tau_{r_z}(r,o,t) &= 0, & 0 \leqslant r < \infty \end{aligned}\right\} \quad (7\text{-}200)$$

将波动方程式(7-27)对 t 作 Laplace 变换，再利用 Hankel 变换，并使用无穷远条件可得势 ϕ 与 ψ 的 Laplace 变换解为

$$\left.\begin{aligned} \phi^*(r,z,p) &= \int_0^\infty A_1(s,p) J_0(rs) e^{-\gamma_1 z} ds \\ \psi^*(r,z,p) &= \int_0^\infty A_2(s,p) J_1(rs) e^{-\gamma_2 z} ds \end{aligned}\right\} \quad (7\text{-}201)$$

式中，γ_1、γ_2 的表达式同式(7-42)，J_0 和 J_1 是零阶和一阶第一类 Bessel 函数。将轴对称问题中位移、应力的表达式(7-25)、式(7-26)对 t 作 Laplace 变换，得

$$\left.\begin{aligned} u_z^*(r,z,p) &= \frac{\partial \phi^*}{\partial r} + \frac{\partial \psi^*}{\partial z} \\ \sigma_z^*(r,z,p) &= 2\mu \left(\frac{\partial \phi^*}{\partial z} + \frac{\partial \psi^*}{\partial r} + \frac{\psi^*}{r} \right) + \lambda c_1^{-2} p^2 \phi^* \\ \tau_{r_z}^*(r,z,p) &= \mu \left[\frac{\partial}{\partial z}\left(2\frac{\partial \phi^*}{\partial r} - \frac{\partial \psi^*}{\partial z} \right) + \frac{\partial}{\partial r}\left(\frac{\partial \psi^*}{\partial r} + \frac{\psi^*}{r} \right) \right] \end{aligned}\right\} \quad (7\text{-}202)$$

将式(7-201)代入式(7-202)，再利用式(7-200)的最后一式，可使未知函数 $A_1(s,p)$、$A_2(s,p)$ 用单一未知函数 $A(s,p)$ 表达为

$$A_1(s,p) = (2\gamma_1)^{-1}(2s^2 + p^2 c_2^{-2}) A(s,p), \quad A_2(s,p) = s A(s,p)$$
$$(7\text{-}203)$$

对边界条件式(7-200)的头二式作 Laplace 变换，有

$$\left.\begin{aligned} \sigma_z^*(r,o,p) &= -\sigma_0/p, & 0 \leqslant r < a \\ u_z^*(r,o,p) &= 0, & r \geqslant a \end{aligned}\right\} \quad (7\text{-}204)$$

将式(7-203)代入式(7-201)、式(7-202)，再利用边界条件式(7-204)可得如下对偶积分方程

$$\left.\begin{aligned} \int_0^\infty A(s,p) J_0(rs) ds &= 0, & r \geqslant a \\ \int_0^\infty SG(s,p) A(s,p) J_0(rs) ds &= -\frac{\sigma_0 C_2^2}{\mu p^3 (1-k)^2}, & 0 \leqslant r < a \end{aligned}\right\} \quad (7\text{-}205)$$

式中

$$G(s,p) = C_2^2 [2p^2(1-k^2)s\gamma_1]^{-1}[(2s^2 + p^2 c_2^{-2})^2 - 4s^2 \gamma_1 \gamma_2]$$

利用 Copson 方法可得对偶积分方程(7-205)的解为

$$A(s,p) = -\frac{2\sigma_0 a^2 c_2^2}{\pi\mu p^3 (1-k)^2}\int_0^1 N^*(\xi,p)\sin(sa\xi)\mathrm{d}\xi \qquad (7\text{-}206)$$

$N^*(\xi,p)$ 是如下 Fredholm 积分方程的解

$$N^*(\xi,p) + \int_0^1 K(\xi,\eta,p)N^*(\eta,p)\mathrm{d}\eta = \xi \qquad (7\text{-}207)$$

积分核为

$$K(\xi,\eta,p) = \frac{2}{\pi}\int_0^\infty \left[G\left(\frac{s}{a},p\right) - 1\right]\sin(s\xi)\sin(s\eta)\mathrm{d}s$$

至此问题已解。只需将式(7-206)代入式(7-203)、式(7-201)、式(7-202)即可求得应力和位移的 Laplace 变换解,求出其反演,即得应力和位移。断裂动力学关心的是裂纹尖端附近的应力场。对于轴对称问题,亦可像图 7-1 那样,将极坐标原点放在裂纹尖端。对于不扩展的轴对称裂纹,在尖端附近应力强度因子和应力之间有如下关系:

$$\sigma_r = \frac{k_1}{\sqrt{2r_1}}\cos\frac{\theta_1}{2}\left(1 - \sin\frac{\theta_1}{2}\sin\frac{3\theta_1}{2}\right) + \frac{k_2}{\sqrt{2r_1}}\sin\frac{\theta_1}{2}\left(2 + \cos\frac{\theta_1}{2}\cos\frac{3\theta_1}{2}\right) + 0(1)$$

$$\sigma_\theta = \frac{k_1}{\sqrt{2r_1}}2\gamma\cos\frac{\theta_1}{2} + \frac{k_2}{\sqrt{2r_1}}2\gamma\sin\frac{\theta_1}{2} + 0(1)$$

$$\sigma_z = \frac{k_1}{\sqrt{2r_1}}\cos\frac{\theta_1}{2}\left(1 + \sin\frac{\theta_1}{2}\sin\frac{3\theta_1}{2}\right) - \frac{k_2}{\sqrt{2r_1}}\sin\frac{\theta_1}{2}\cos\frac{\theta_1}{2}\cos\frac{3\theta_1}{2} + 0(1)$$

$$\tau_{r_z} = \frac{k_1}{\sqrt{2r_1}}\cos\frac{\theta_1}{2}\sin\frac{\theta_1}{2}\cos\frac{3\theta_1}{2} + \frac{k_2}{\sqrt{2r_1}}\left(1 - \sin\frac{\theta_1}{2}\sin\frac{3\theta_1}{2}\right) + 0(1)$$

$$\tau_{\theta_z} = \frac{k_3}{\sqrt{2r_1}}\cos\frac{\theta_1}{2} + 0(1), \qquad \tau_{r\theta} = \frac{k_3}{\sqrt{2r_1}}\sin\frac{\theta_1}{2} + 0(1)$$

本问题动应力强度因子的 Laplace 变换解为

$$k_1^*(p) = 2\sigma_0\sqrt{a}(p\pi)^{-1}N^*(1,p)$$

求出其反演即可得动应力强度因子为

$$k_1(t) = 2\sigma_0\sqrt{a}\pi^{-1}L^{-1}\{p^{-1}N^*(1,p)\} \qquad (7\text{-}208)$$

可见,在所有用 Copson 方法求解的问题中,动应力强度因子都可用 Fredholm 积分方程的解来表示,而不需作其他的计算。Fredholm 积分方程可用来作数值计算。对本问题,图 7-13 给出了在 $\gamma = 0.29$ 的材料中 $\pi k_1(t)/2\sigma_0\sqrt{a}$ 与 c_2t/a 之间的关系曲线。当 $t\to\infty$ 时 $k_1(t)$ 即变为静态解 $k_1 = 2\sigma_0\sqrt{a/\pi}$。

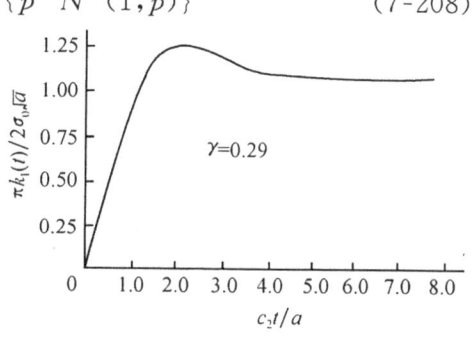

图 7-13

7.7.2 轴对称扭转问题

设含圆盘状裂纹的无限大体在 $t<0$ 时刻静止，在 $t\geqslant 0$ 时裂纹表面受到载荷 $\tau_{z\theta}=-\tau_0 r/a$，$a$ 为裂纹半径。求动态响应。本问题的边界条件为

$$\left.\begin{array}{l}\tau_{z\theta}(r,0,t)=-\tau_0\dfrac{r}{a}H(t),\quad 0\leqslant r<a\\ u_\theta(r,0,t)=0,\quad r\geqslant a\end{array}\right\} \quad (7\text{-}209)$$

这是轴对称扭转问题，此类问题 $u_r=u_z=0$，且 u_θ 与 θ 无关，其运动方程为式(7-28)。对式(7-28)作 Laplace 变换，再利用 Hankel 变换，应用无穷远条件，可得

$$u_\theta^*(r,z,p)=\int_0^\infty A(s,p)J_1(rs)e^{-\gamma_2 z}ds \quad (7\text{-}210)$$

应力与位移之间的关系如式(7-29)所示，将式(7-29)对 t 作 Laplace 变换，有

$$\tau_{z\theta}^*(r,z,p)=\mu\frac{\partial u_\theta^*}{\partial z}=-\mu\int_0^\infty \gamma_2 A(s,p)J_1(rs)e^{-\gamma_2 z}ds \quad (7\text{-}211)$$

边界条件(7-209)的 Laplace 变换为

$$\left.\begin{array}{l}\tau_{z\theta}^*(r,0,p)=-\tau_0 r(ap)^{-1},\quad 0\leqslant r<a\\ u_\theta^*(r,0,p)=0,\quad r\geqslant a\end{array}\right\} \quad (7\text{-}212)$$

将式(7-210)、式(7-211)代入式(7-212)得对偶积分方程

$$\left.\begin{array}{l}\displaystyle\int_0^\infty A(s,p)J_1(rs)ds=0,\quad r\geqslant a\\ \displaystyle\int_0^\infty \gamma_2 A(s,p)J_1(rs)ds=\tau_0 r(\mu pa)^{-1},\quad r<a\end{array}\right\} \quad (7\text{-}213)$$

式(7-213)的解为

$$A(s,p)=\frac{4\tau_0 a^{5/2}}{3\mu p}\frac{1}{\sqrt{2\pi}}\sqrt{s}\int_0^1 \sqrt{\xi}N_3^*(\xi,p)J_{3/2}(sa\xi)d\xi \quad (7\text{-}214)$$

未知函数 N_3^* 是如下 Fredholm 积分方程的解

$$N_3^*(\xi,p)+\int_0^1 K(\xi,\eta,p)N_3^*(\eta,p)d\eta=\xi^2 \quad (7\text{-}215)$$

积分核为

$$K(\xi,\eta,p)=\sqrt{\xi\eta}\int_0^\infty [\gamma_2(s,p)-s]J_{3/2}(s\xi)J_{3/2}(s\eta)ds$$

本节中 γ_1、γ_2 均由式(7-42)确定。动应力强度因子为

$$K_3^*(p)=\frac{4}{3\pi}\tau_0\sqrt{a}p^{-1}N_3^*(1,p)$$

$$K_3(t)=\frac{4}{3\pi}\tau_0\sqrt{a}L^{-1}\{p^{-1}N_3^*(1,p)\} \quad (7\text{-}216)$$

式(7-215)可用来作数值计算。本问题若令 $t\to\infty$，则 $K_3(t)$ 变为静态问题的解。

附录 A 对偶积分方程的解法

A1 Wiener-Hopf 法

用在半无限长裂纹问题。设裂纹在 x 轴上，利用半无限长裂纹的对称性，在半个平面的边界上，$y=0$ 与 $-\infty < x < \infty$，一部分是力的边界条件，一部分是位移的边界条件，边界条件是混合的。这一类问题都引出如下形式的对偶积分方程，以如下方程为例说明 Wiener-Hopf 方法的主要步骤。

$$\left.\begin{array}{ll} \int_{-\infty}^{\infty} r_1 A(s)\exp(-\mathrm{i}sx)\mathrm{d}s = 0, & x > 0 \\ \int_{-\infty}^{\infty} E(s)A(s)\exp(-\mathrm{i}sx)\mathrm{d}s = \dfrac{4\pi\sigma_0}{\mu p}, & x < 0 \end{array}\right\} \quad (A1)$$

式中

$$\left.\begin{array}{l} E(s) = \left(2s^2 + \dfrac{p^2}{c_2^2}\right)^2 - 4s^2 r_1 r_2 \\ r_j = \left(s^2 + \dfrac{p^2}{c_j^2}\right)^{\frac{1}{2}}, \quad j = 1, 2 \end{array}\right\} \quad (A2)$$

式中，$A(s)$ 是待求的函数，方程（A1）中的积分路线必须避开 $s = \pm \mathrm{i}\dfrac{p}{c_j}$，见图 A1。

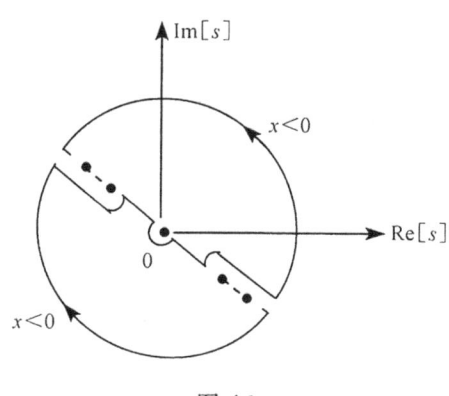

图 A1

A1.1 Wiener-Hopf 方程

设 $H_+(s)$ 是一个未定的函数，在积分路线的上半部是解析的，当 $s \to \infty$ 时，$\left|\dfrac{H_+(s)}{s}\right| \to 0$。积分界围绕一半圆路线，半径是无限大，在 s 平面的上半部。应用留数定理与 Jordan 引理，可证明如果

$$E(s)A(s) = \frac{1}{2\pi\mathrm{i}} \cdot \frac{4\pi\sigma_0}{\mu ps} \cdot \frac{H_+(s)}{H_+(0)} \quad (A3)$$

则方程（A1）的第二式被满足，但是原点不去积分路线上。

同理，设 $H_-(s)$ 是另一个未定的函数，在积分路线的下半部是解析的。如果

$$r_1 A(s) = H_-(s) \quad (A4)$$

则方程（A1）的第一式被满足。

消去式（A3）与式（A4）中的 $A(s)$，得到 Wiener-Hopf 方程

$$\frac{E(s)}{r_1} = \frac{1}{2\pi\mathrm{i}} \cdot \frac{A\pi\sigma_0}{\mu ps} \cdot \frac{H_+(s)}{H_+(0)H_-(s)} \quad (A5)$$

设

$$\left.\begin{aligned}H_{+}(s) &= \frac{s-\mathrm{i}\dfrac{p}{c_R}}{\sqrt{s+\mathrm{i}\dfrac{p}{c_1}}}F_{+}(s)\\ H_{-}(s) &= -\frac{\mathrm{i}\sigma_0\left(\dfrac{c_2}{p}\right)^2}{\mu sp(1-k^2)}\cdot\frac{\sqrt{s-\mathrm{i}\dfrac{p}{c_1}}}{s-\mathrm{i}\dfrac{p}{c_R}}\cdot\frac{1}{H_{+}(0)F_{-}(s)}\end{aligned}\right\}\tag{A6}$$

将式(A6)代入式(A5)得出

$$F(s)=F_{+}(s)F_{-}(s)=\frac{E(s)}{2\left(\dfrac{p^2}{c_2^2}-\dfrac{p^2}{c_1^2}\right)\left(s^2+\dfrac{p^2}{c_R^2}\right)}\tag{A7}$$

A1.2 函数 $F(s)$的分解

已知函数 $F(s)$分解为 $F_{+}(s)$与 $F_{-}(s)$的积是 Wiener-Hopf 方法的一个重要步骤。函数 $F(s)$在 s 平面上除了部分割线(图 A1)外是解析的。当$|s|\rightarrow\infty$时，$F(s)\rightarrow 1+0\left(\dfrac{1}{s^2}\right)$。

现在令

$$G(s)=\lg F(s)\tag{A8}$$

使

$$F(s)=\exp[G(s)]\tag{A9}$$

新定义的函数 $G(s)$在 s 平面的割线上是

$$G_{\pm}(s)=\frac{1}{2\pi\mathrm{i}}\int_{c_{\pm}}\frac{G(z)}{z-s}\mathrm{d}z\tag{A10}$$

式(A9)代入式(A10)

$$F_{\pm}(s)=\exp\left[\int_{c_{\pm}}\frac{G(z)}{z-s}\right]\mathrm{d}z\tag{A11}$$

s 不在图 A1 所示的割线上，积分路线 $c_{\pm}$ 如图 A2 所示。取对数函数的主值，方程(A11)写成

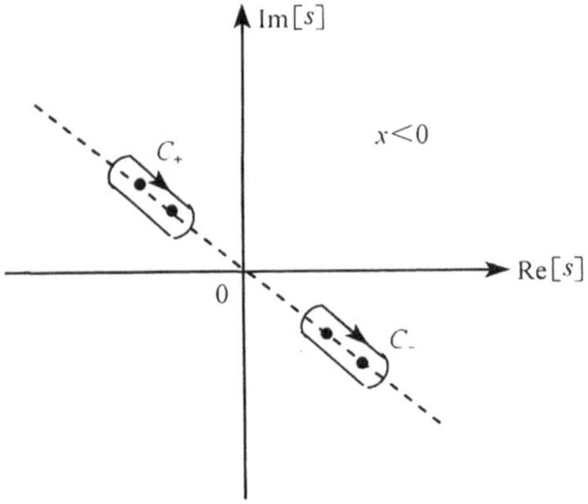

图 A2

$$F_{\pm}(s)=\exp\left\{-\frac{1}{\pi}\int_{\frac{1}{c_1}}^{\frac{1}{c_2}}\arctan\left[\frac{4z^2\left[(z^2-c_1^{-2})(c_2^{-2}-z^2)\right]^{\frac{1}{2}}}{(2z^2-c_2^{-2})^2}\right]\right\}\frac{\mathrm{d}z}{z\pm\mathrm{i}\dfrac{s}{p}}\tag{A12}$$

A2 Copson 法

用于有限长裂纹问题。设对偶积分方程,有

$$\left.\begin{aligned}\int_0^\infty s^{2\alpha}G(s)B(s)\mathrm{J}_\nu(xs)\mathrm{d}s &= g(x) \qquad 0\leqslant x<a \\ \int_0^\infty B(s)\mathrm{J}_\nu(xs)\mathrm{d}s &= 0 \qquad\qquad\;\; x>a\end{aligned}\right\} \tag{A13}$$

式中 $G(s)$ 与 $g(x)$ 是已知的函数,α 与 ν 是已知数,$\mathrm{J}_\nu(xs)$ 是第一种 ν 阶 Bessel 函数。$B(s)$ 是未知函数,由方程(A13)求解。如果方程不含 $\mathrm{J}_\nu(xs)$,而含 $\cos(sx)$,只需利用

$$\left.\begin{aligned}\cos(xs) &= (\pi sx/2)^{\frac{1}{2}}\mathrm{J}_{-\frac{1}{2}}(xs) \\ \sin(sx) &= (\pi sx/2)^{\frac{1}{2}}\mathrm{J}_{\frac{1}{2}}(xs)\end{aligned}\right\} \tag{A14}$$

即可化为式(A13)的形式。引入函数

$$f(x) = g(x) + \int_0^\infty s^{2\alpha}[1-G(s)]B(s)\mathrm{J}_\nu(xs)\mathrm{d}s \tag{A15}$$

式(A15)代入式(A13)后,有

$$\left.\begin{aligned}\int_0^\infty s^{2\alpha}B(s)\mathrm{J}_\nu(xs)\mathrm{d}s &= f(x) \qquad 0\leqslant x<a \\ \int_0^\infty B(s)\mathrm{J}_\nu(xs)\mathrm{d}s &= 0 \qquad\qquad\;\; x\geqslant a\end{aligned}\right\} \tag{A16}$$

为解上式,取辅助函数 $\phi(t)$

$$B(s) = s^{1-\alpha}\int_0^a \phi(t)\mathrm{J}_{\nu+\alpha}(st)\mathrm{d}t \tag{A17}$$

假定 $\phi(t)$ 满足 $\lim\limits_{x\to 0}t^{\nu+\alpha-1}\phi(t)=0$。应用下列的 Bessel 积分:

$$\int_0^\infty \mathrm{J}_\lambda(at)\mathrm{J}_n(bt)t^{1+n-\lambda}\mathrm{d}t = \begin{cases}0, & 0<a<b \\ \dfrac{b^n(a^2-b^2)^{\lambda-n-1}}{2^{\lambda-n-1}a^\lambda\Gamma(\lambda-n)}, & 0<b<a\end{cases} \tag{A18}$$

式中 $\lambda>n>-1$,Γ 是 Gamma 函数。将式(A17)分步积分可得

$$B(s) = s^{-\alpha}\left\{-\phi(t)\mathrm{J}_{\nu+\alpha-1}(s) + \int_0^1 t^{1-\nu-\alpha}\frac{\mathrm{d}}{\mathrm{d}t}[t^{\nu+\alpha-1}\phi(t)]\mathrm{J}_{\nu+\alpha-1}(st)\mathrm{d}t\right\} \tag{A19}$$

把式(A19)代入式(A16),并利用式(A18),则

$$f(x) = \frac{2^\alpha}{\Gamma(1-\alpha)}x^{-\nu}\int_0^x \frac{\mathrm{d}}{\mathrm{d}t}[t^{\nu+\alpha-1}\phi(t)]\frac{\mathrm{d}t}{(x^2-t^2)^{1/2}} \tag{A20}$$

式中规定 $\nu>-\alpha$,$0<\alpha<1$。方程(A20)是 Abel 型积分方程,其解为

$$\phi(t) = \frac{2^{1-\alpha}}{\Gamma(\alpha)}t^{1-\nu-\alpha}\int_0^t \frac{x^{1+\nu}f(x)\mathrm{d}x}{(t^2-x^2)^{1-\alpha}} \tag{A21}$$

设 $x^\nu f(x)$ 在区间 $[0,a]$ 上的一阶导数是连续的。利用如下等式,即

$$\int_0^t x^{\nu+1} J_\nu(xs) \frac{\mathrm{d}s}{(t^2-x^2)^{1-\alpha}} = 2^{\alpha-1}\Gamma(s)s^{-\alpha}t^{\alpha+n}J_{\alpha+n}(st)$$

将式(A15)代入式(A21)得到如下的第二种 Fredholm 积分方程,即

$$\phi(t) + \int_0^a \phi(\xi)K(\xi,t)\mathrm{d}\xi = \frac{2^{1-\alpha}}{\Gamma(\alpha)}t^{1-\nu-\alpha}\int_0^s \frac{x^{\nu+1}g(x)\mathrm{d}x}{(t^2-x^2)^{1-\alpha}} \qquad (A22)$$

式中 $K(\xi,t)$ 是积分核,由下式给出,即

$$K(\xi,t) = t\int_0^\infty s[G(s)-1]J_{\alpha+\nu}(st)J_{\alpha+\nu}(s\xi)\mathrm{d}s$$

至此,所论对偶积分方程(A13)化为经典的 Fredholm 积分方程的问题。今后,凡遇到(A13)型的积分方程,都可用上述方法,直接写出式(A22)的标准形式。

参 考 文 献

1 Noble B. Methods Based on the Weiner-Hopf Technique. Pergamon Press, New York, 1958
2 Copson E T. On certain dual integral equations. Ptoceedings Glasgow Mathematical Association, 1961, 5: 19~24
3 Baker B R. Dynamic stresses created by a moving crack. J. Applied Mech. 1962, 24: 449~454
4 Freund L B. Crack propagation in an elastic solid subjeeted to general loading-Ⅱ non-uniform rate of extension. J. Mech. Phys. Solids, 1972, 20: 41~152
5 范天佑. 断裂动力学引论. 北京: 北京理工大学出版社, 1995
6 Космров Приладная Мамем и Механйка. 1966, 30: 1042~1049
7 Kostrov B V. Int. J. of Fracture. 1975, 11: 47~56
8 Broberg K B. Arklv for Fysik. 1963, 18: 159~192
9 Craggs J W. Int. J. Eng. Sci. 4: 113~124
10 Atkinson. C. Int. J. Eng. Sci. 1968, 6: 27~35
11 Freund L B. Prc. Int. Conf. Dynamic rack Propagation. 1972: 553~562
12 Sih G C. Int. J. Fracture. 1968, 4: 51~58
13 Sih G C. Mechanics of Fracture 4 Elstodynamic Crack Problems. 1977

第8章 复变函数解法与其他解法

严格地说,第7章所介绍的积分变换方法也是使用复变函数的,因此也属于复变函数解法的范畴。本章专指不用积分变换的复变函数方法。由于动弹性理论比静弹性理论增加了变量——时间 t,因此动态问题总比静态问题多一维。本章方法的特点是,对某些问题利用其自相似性,使变量减少一维,从而可用与静态相似的方法求解。Kostrov[1]利用自相似性求解了受均布载荷的圆盘状裂纹以常速扩展的问题,Atkinson[2]依其自相似性把此问题的研究扩大为受某些分布载荷的问题。Cherepanov 利用自相似性成功的求解了类似 Baker、Freund 提出的半无限裂纹问题,对表面受 pt^n 型的平面自相似裂纹问题,Afanaser 首先给出了解,他还和 Cherepanov 依自相似性求解了受脉冲作用的自相似裂纹问题,并对这一类问题作了很好的综述[3]。至于在一般弹性动力学问题中,利用自相似性得到的解就更多了,如半平面受冲击,受运动的信中载荷等问题,楔体、锥体压入问题等。

利用自相似性来求解动力学问题的方法有许多种,但这些方法都大同小异,本质上是相同的。这里我们介绍用函数不变解来求解自相似问题的方法,这一方法是较有系统且较为成熟的。利用这一方法很容易将所研究的问题化为半平面上的 Riemann-Hilbert 问题(简单情况下得到 Keldysh-Sedov 问题和 Dirichlet 问题),而后一问题很容易用通常的方法,如 Muskhelishvili 的方法求解。程靳将这一方法扩展到正交异性材料及界面问题[4~6]。

本章我们还介绍了利用运动位错理论[7,8]来建立奇异积分方程的方法。这一方法使某些断裂动力学问题化为求解奇异积分方程的问题,而后一问题人们是比较熟悉的。我们还介绍了稳态扩展裂纹问题以及能通率理论。

8.1 波动方程的函数不变解

平面弹性动力学问题的基本方程是式(7-7)给出的波动方程。这一方程可一般的写为

$$u_{xx} + u_{yy} = a^2 u_{tt} \tag{8-1}$$

Smirnov 于 1932 年给出这一波动方程的函数不变解。设式(8-1)有如下形式的解

$$u(x,y,t) = f(\tau) \tag{8-2}$$

这里 τ 是变量 x、y、t 的函数,$f(\tau)$ 是 τ 的解析函数。τ 满足如下的辅助方程

$$l(\tau)t + m(\tau)x + n(\tau)y + p(\tau) = 0 \tag{8-3}$$

式中,$l(\tau)$、$m(\tau)$、$n(\tau)$、$p(\tau)$ 是复变函数 τ 的解析函数。将 τ 对 t、x、y 分别求导,有

$$\frac{\partial \tau}{\partial t}=-\frac{l(\tau)}{\delta'}, \qquad \frac{\partial \tau}{\partial x}=-\frac{m(\tau)}{\delta'}, \qquad \frac{\partial \tau}{\partial y}=-\frac{n(\tau)}{\delta'} \tag{8-4}$$

$$\delta' = l'(\tau)t + m'(\tau)x + n'(\tau)y + p'(\tau) \tag{8-5}$$

再将 τ 对各变量求二阶偏导数,有

$$\frac{\partial^2 \tau}{\partial t^2} = \frac{\partial}{\partial \tau} \cdot \frac{l(\tau)}{\delta'} \cdot \frac{l(\tau)}{\delta'} + \frac{l(\tau)l'(\tau)}{\delta'^2} = \frac{2l(\tau)l'(\tau)}{\delta'^2} - \frac{l^2(\tau)}{\delta'^3}\delta''$$

$$= \frac{1}{\delta'} \frac{\partial}{\partial \tau} \cdot \frac{l^2(\tau)}{\delta'}$$

同样有

$$\frac{\partial^2 \tau}{\partial x^2} = \frac{1}{\delta'} \frac{\partial}{\partial \tau} \cdot \frac{m^2(\tau)}{\delta'}$$

$$\frac{\partial^2 \tau}{\partial y^2} = \frac{1}{\delta'} \frac{\partial}{\partial \tau} \cdot \frac{n^2(\tau)}{\delta'}, \qquad \frac{\partial^2 \tau}{\partial x \partial y} = \frac{1}{\delta'} \frac{\partial}{\partial \tau} \cdot \frac{m(\tau)n(\tau)}{\delta'} \tag{8-6}$$

利用式(8-6)可方便的求得 $f(\tau)$ 对各变量的二阶偏导数为

$$\frac{\partial^2 f(\tau)}{\partial t^2} = f''(x)\left(\frac{\partial \tau}{\partial t}\right)^2 + f'(\tau)\frac{\partial^2 \tau}{\partial t^2} = f''(\tau)\frac{l^2(\tau)}{\delta'^2} + f'(\tau)\frac{1}{\delta'}\frac{\partial}{\partial \tau} \cdot \frac{l^2(\tau)}{\delta'}$$

$$= \frac{1}{\delta'} \frac{\partial}{\partial \tau}\left[f'(\tau)\frac{l^2(\tau)}{\delta'}\right]$$

同样

$$\frac{\partial^2 f(\tau)}{\partial x^2} = \frac{1}{\delta'}\frac{\partial}{\partial \tau}\left[f'(\tau)\frac{m^2(\tau)}{\delta'}\right], \qquad \frac{\partial^2 f(\tau)}{\partial y^2} = \frac{1}{\delta'}\frac{\partial}{\partial \tau}\left[f'(\tau)\frac{n^2(\tau)}{\delta'}\right]$$

将其代入式(8-2)、式(8-1)可得如下方程

$$\frac{1}{\delta'}\frac{\partial}{\partial \tau}\left[f'(\tau)\frac{m^2(\tau)+n^2(\tau)-a^2l^2(\tau)}{\delta'}\right]=0 \tag{8-7}$$

显然,若

$$m^2(\tau)+n^2(\tau)-a^2l^2(\tau)=0 \tag{8-8}$$

则式(8-7)成为恒等式,从而 $f(\tau)$ 一定是波动方程(8-17)的解。必须指出,只要 τ 满足式(8-8),则以 τ 为变量的任意解析函数 $f(\tau)$ 都满足波动方程(8-1),$f(\tau)$ 的实部和虚部都是方程(8-1)的解,$f(\tau)$ 对 τ 以及对 x、y、t 中的任何变量的任意阶导数(如果存在任意阶导数)或任意重积分也都是波动方程(8-1)的解;若 τ 在某一区域中是 (t,x,y) 的实函数,则任意只有连续二阶导数的 τ 的实函数也必定是方程(8-1)的解。

设 $l(\tau)=1$,(只要 $l(\tau)\neq 0$,可在式(8-3)两端同除以 $l(\tau)$,因此,此假设总能成立),并令变量 $z=-m(\tau)$ 则由式(8-8)得 $n^2(\tau)=a^2-z^2$,再代入式(8-3),得

$$t-zx+\sqrt{a^2-z^2}\,y+p(z)=0 \tag{8-9}$$

考虑 $p(z)=0$ 的问题。此时有

或

$$\left.\begin{array}{l} t-zx+\sqrt{a^2-z^2}\,y=0 \\ 1-z\xi+\sqrt{a^2-z^2}\,\eta=0 \end{array}\right\} \tag{8-10}$$

式中
$$\xi = x/t, \qquad \eta = y/t \tag{8-11}$$

式(8-10)说明 z 是两个变量 ξ、η 的函数,因此波动方程(8-1)的解 $f(z)$ 也是 ξ、η 的函数。由式(8-11)知,$f(z)$ 一定是 t、x、y 的零次齐次函数,即
$$f(kt_1, kx, ky) = f(t, x, y)$$
所以 $f(z)$ 是波动方程的齐次解,反之亦可证明波动方程(8-1)的任何齐次解都可由 $f(z)$ 表示。

根式 $\sqrt{a^2 - z^2}$ 在去掉沿实轴的切口 $(-a, +a)$ 的 z 平面上是单值的。我们规定在虚轴上半部根式取正值。由式(8-10)可解得
$$z = \frac{\xi - i\eta \sqrt{1 - a^2(\xi^2 + \eta^2)}}{\xi^2 + \eta^2} = \frac{xt - iy \sqrt{t^2 - a^2(x^2 + y^2)}}{x^2 + y^2} \tag{8-12}$$
当
$$x^2 + y^2 \leqslant a^{-2} t^2 \quad \text{或} \quad \xi^2 + \eta^2 \leqslant a^{-2} \tag{8-13}$$
时,式(8-12)中的根式常取正值。当 ξ, η 取定值时,由式(8-11)可得一条过原点的射线,由条件(8-13),这些射线构成一个锥形束,其顶点为原点,顶角为 $\arctan a^{-1}$,t 轴为束轴。方程(8-10)或式(8-12)表明这个锥形束中的射线与去掉实轴上的割缝 $(-a, +a)$ 的整个复 z 平面相对应。锥形束表面上的射线与 z 平面上的割缝 $(-a, +a)$ 上的点相对应。此束面的方程为
$$\xi^2 + \eta^2 = a^{-2} \quad \text{或} \quad x^2 + y^2 = a^{-2} t^2 \tag{8-14}$$
锥束的轴,即 $x = y = 0$(物理平面上的坐标原点)对应于 z 平面上的无限远点。$y > 0$ 的放射线全体和下半 z 平面对应,$y < 0$ 的放射线全体和上半 z 平面对应。

现研究全体锥束外面的点,即满足
$$\xi^2 + \eta^2 > a^{-2} \quad \text{或} \quad x^2 + y^2 > a^{-2} t^2 \tag{8-15}$$
的点。这时方程(8-10)有两个实根,都在线段 $(-a, +a)$ 上,有
$$z = \frac{\xi \pm \eta \sqrt{a^2(\xi^2 + \eta^2) - 1}}{\xi^2 + \eta^2} = \frac{xt \pm y \sqrt{a^2(x^2 + y^2) - t^2}}{x^2 + y^2} \tag{8-16}$$
$(-a, +a)$ 是 z 平面上的割缝,在割线两岸根式 $\sqrt{a^2 - z^2}$ 取不同的符号,因此式(8-16)中根式取两种符号。设 $M_0(x_0, y_0, t)$ 为锥束外的一点,即满足式(8-15)中的点,z_1、z_2 是与之对应的 z 值,把此二值代入式(8-10)即得两个 x、y、t 的实的一次方程,这表示通过 M_0 点的两个平面。也可以说,割缝 $(-a, +a)$ 上每一点 z,由式(8-10)知,对应于一个和锥面相切的平面,而切线就是锥面上和 z 对应的射线。由此,我们可以把解析延拓到锥形束外部。

设 $f(z)$ 是具有割线 $(-a, +a)$ 的 z 平面上的单值解析函数,波动方程(8-1)的解可写为
$$u = \mathrm{Re} f(z) \tag{8-17}$$

这解在锥束内有定义。现将它解析延拓到锥束外部。作一族半平面 P_+ 沿式(8-16)取正号的同一方向切于锥束面，这些半平面互不相交，且充满整个束外空间，在每一个半平面上 $f(z)$ 取常值。用类似方法也可以做一族半平面 P_-，沿相反方向切于锥束面，因此可得两种不同的解析延拓方法。将函数 u 分为 $u = u_1(z) + u_2(z)$，其中 u_1 沿 P_+ 延拓出去，u_2 沿 P_- 延拓出去。

以式(8-12)给出的 z 为变量的任何解析函数 $f(z)$ 的实部和虚部都是波动方程(8-1)的解，反之式(8-1)的任何齐次解也一定能用 z 的解析函数 $f(z)$ 来表达。这种解 $f(z)$ 我们称之为"函数不变解"。利用函数不变解，可使具有定解条件的波动方程的求解问题，化为寻找满足给定边界条件的解析函数 $f(z)$ 的问题，即化为解析函数论的边值问题。这与静弹性理论的解法是相似的。

8.2 平面弹性动力学问题

平面弹性动力学问题的运动方程是式(7-7)。更进一步，我们取

$$u_1 = \frac{\partial \phi}{\partial x}, \quad u_2 = \frac{\partial \psi}{\partial y}, \quad v_1 = \frac{\partial \phi}{\partial x}, \quad v_2 = -\frac{\partial \psi}{\partial y} \tag{8-18}$$

则由式(8-6)有

$$u = u_1 + u_2, \quad v = v_1 + v_2 \tag{8-19}$$

将式(8-7)中的两个方程，都对 x 取偏导数，可得两个方程，都对 y 取偏导数也可得两个方程，利用式(8-18)，这四个方程可写为

$$\nabla^2 u_j = c_j^{-2} \frac{\partial^2 u_j}{\partial t^2}, \quad \nabla^2 v_j = c_j^{-2} \frac{\partial^2 v_j}{\partial t^2}, \quad j = 1, 2 \tag{8-20}$$

因此平面弹性动力学问题的基本方程可写为式(8-20)。这里 u、v 分别表示沿 x、y 方向的位移，c_1、c_2 同式(8-4)、式(8-5)。由式(8-18)、式(8-19)可得

$$\frac{\partial u_1}{\partial y} = \frac{\partial v}{\partial x}, \quad \frac{\partial u_2}{\partial x} = -\frac{\partial v_2}{\partial y} \tag{8-21}$$

应力与位移间的关系为

$$\left.\begin{aligned}\sigma_x &= \mu\left[\frac{c_1^2}{c_2^2}\left(\frac{\partial u}{\partial x} + \frac{\partial v}{\partial y}\right) - 2\frac{\partial v}{\partial y}\right] \\ \sigma_y &= \mu\left[\frac{c_1^2}{c_2^2}\left(\frac{\partial u}{\partial x} + \frac{\partial v}{\partial y}\right) - 2\frac{\partial u}{\partial x}\right] \\ \tau_{xy} &= \mu\left(\frac{\partial u}{\partial y} + \frac{\partial v}{\partial x}\right)\end{aligned}\right\} \tag{8-22}$$

式中，$\mu = E/2(1+\gamma)$。方程(8-20)的解可用 8.1 节的方法求得，取

$$z_j = \frac{x_t - \mathrm{i}y\sqrt{t^2 - c_j^{-2}(x^2 + y^2)}}{x^2 + y^2}, \quad j = 1, 2 \tag{8-23}$$

则以 z_j 为变量的任意解析函数 $f(z_j)$ 的实部和虚部必满足式(8-20)。

8.2.1 位移 u、v 是齐次

由式(8-19)、式(8-20),有
$$u = \mathrm{Re}[f_1(z_1) + f_2(z_2)], \qquad v = \mathrm{Re}[f_3(z_1) + f_4(z_2)] \tag{8-24}$$
由式(8-21)知,四个未知的复变函数必满足下式

$$\left. \begin{aligned} \mathrm{Re}\left[f'_1(z_1) \frac{\partial z_1}{\partial y} \right] &= \mathrm{Re}\left[f'_3(z_1) \frac{\partial z_1}{\partial x} \right] \\ \mathrm{Re}\left[f'_2(z_2) \frac{\partial z_2}{\partial x} \right] &= -\mathrm{Re}\left[f'_4(z_2) \frac{\partial z_2}{\partial y} \right] \end{aligned} \right\} \tag{8-25}$$

式(8-23)给出的 z_j 对 x、y 的导数如下:

$$\frac{\partial z_j}{\partial x} = \frac{z_j \sqrt{c_j^{-2} - z_j^2}}{y z_j - x \sqrt{c_j^{-2} - z_j^2}}, \qquad \frac{\partial z_j}{\partial y} = \frac{c_j^{-2} - z_j^2}{y z_j - x \sqrt{c_j^{-2} - z_j^2}} \tag{8-26}$$

将式(8-26)代入式(8-25),得

$$\left. \begin{aligned} \sqrt{c_1^{-2} - z_1^2}\, f'_1(z_1) &= z_1 f'_3(z_1) \\ z_2 f'_2(z_2) &= -\sqrt{c_2^{-2} - z_2^2}\, f'_4(z_2) \end{aligned} \right\} \tag{8-27}$$

可见,u、v 可用两个未知的解析函数表达,将式(8-27)代入式(8-24)、式(8-22)得

$$\left. \begin{aligned} \sigma_x &= \mu \mathrm{Re}\left\{ \frac{[c_2^{-2} - 2(c_1^{-2} - z_1^2)]\sqrt{c_1^{-2} - z_1^2}}{z_1(y z_1 - x\sqrt{c_1^{-2} - z_1^2})} f'_1(z_1) + \frac{2 z_2 \sqrt{c_2^{-2} - z_2^2}}{y z_2 - x \sqrt{c_2^{-2} - z_2^2}} f'_2(z_2) \right\} \\ \sigma_y &= \mu \mathrm{Re}\left[\frac{(c_2^{-2} - 2 z_1^2)\sqrt{c_1^{-2} - z_1^2}}{z_1(y z_1 - x)\sqrt{c_1^{-2} - z_1^2}} f'_1(z_1) - \frac{2 z_2 \sqrt{c_2^{-2} - z_2^2}}{y z_2 - x \sqrt{c_2^{-2} - z_2^2}} f'_2(z_2) \right] \\ \tau_{xy} &= \mu \mathrm{Re}\left[\frac{2(c_1^{-2} - z_1^2)}{y z_1 - x \sqrt{c_1^{-2} - z_1^2}} f'_1(z_1) + \frac{c_2^{-2} - 2 z_2^2}{y z_2 - x \sqrt{c_2^{-2} - z_2^2}} f'_2(z_2) \right] \end{aligned} \right\}$$
$$\tag{8-28}$$

8.2.2 应力 σ_x、σ_y、τ_{xy} 是齐次

此时位移对坐标的一阶导数亦必为齐次。将式(8-24)对坐标求导,有

$$\left. \begin{aligned} \frac{\partial u}{\partial x} &= \mathrm{Re}[f_1(z_1) + f_2(z_2)], & \frac{\partial u}{\partial y} &= \mathrm{Re}[f_3(z_1) + f_4(z_2)] \\ \frac{\partial v}{\partial x} &= \mathrm{Re}[f_5(z_1) + f_6(z_2)], & \frac{\partial v}{\partial y} &= \mathrm{Re}[f_7(z_1) + f_8(z_2)] \end{aligned} \right\} \tag{8-29}$$

这里有八个待定函数,由式(8-21)有

$$\left. \begin{aligned} \frac{\partial}{\partial y}\left(\frac{\partial u_1}{\partial x}\right) &= \frac{\partial}{\partial x}\left(\frac{\partial v_1}{\partial x}\right), & \frac{\partial}{\partial y}\left(\frac{\partial u_1}{\partial y}\right) &= \frac{\partial}{\partial x}\left(\frac{\partial v_1}{\partial y}\right) \\ \frac{\partial}{\partial x}\left(\frac{\partial u_2}{\partial x}\right) &= -\frac{\partial}{\partial y}\left(\frac{\partial v_2}{\partial x}\right), & \frac{\partial}{\partial x}\left(\frac{\partial u_2}{\partial y}\right) &= -\frac{\partial}{\partial y}\left(\frac{\partial v_2}{\partial y}\right) \end{aligned} \right\} \tag{8-30}$$

又利用求导可改变次序,有

$$\frac{\partial}{\partial y}\left(\frac{\partial u}{\partial x}\right)=\frac{\partial}{\partial x}\left(\frac{\partial u}{\partial y}\right), \qquad \frac{\partial}{\partial y}\left(\frac{\partial v}{\partial x}\right)=\frac{\partial}{\partial x}\left(\frac{\partial v}{\partial y}\right) \qquad (8\text{-}31)$$

式(8-30)、式(8-31)给出六个方程,因而 $f_1 \sim f_8$ 之间只有两个函数是独立的。将式(8-30)、式(8-31)代入式(8-29)得

$$\left.\begin{aligned}\frac{\partial u}{\partial x}&=\operatorname{Re}[g_1(z_1)+g_2(z_2)], & \frac{\partial u}{\partial y}&=\operatorname{Re}[g_3(z_1)+g_4(z_2)]\\ \frac{\partial v}{\partial x}&=\operatorname{Re}[g_3(z_1)+g_5(z_2)], & \frac{\partial v}{\partial y}&=\operatorname{Re}[g_6(z_1)-g_2(z_2)]\end{aligned}\right\} \qquad (8\text{-}32)$$

式中

$$\left.\begin{aligned}z_1 g_3'(z_1)&=\sqrt{c_1^{-2}-z_1^2}\,g_1'(z_1), & z_1 g_6'(z_1)&=\sqrt{c_1^{-2}-z_1^2}\,g_3'(z_1)\\ z_2 g_2'(z_2)&=-\sqrt{c_2^{-2}-z_2^2}\,g_5'(z_2), & z_2 g_4'(z_2)&=-\sqrt{c_2^{-2}-z_2^2}\,g_2'(z_2)\end{aligned}\right\}$$
$$(8\text{-}33)$$

将式(8-32)代入式(8-22)得

$$\left.\begin{aligned}\sigma_x &= \mu\operatorname{Re}\{c_1^2 c_2^{-2}[g_1(z_1)+g_6(z_1)]-2g_6(z_1)+2g_2(z_2)\}\\ \sigma_y &= \mu\operatorname{Re}\{c_1^2 c_2^{-2}[g_1(z_1)+g_6(z_1)]-2g_1(z_1)-2g_2(z_2)\}\\ \tau_{xy} &= \mu\operatorname{Re}[2g_3(z_1)+g_4(z_2)+g_5(z_2)]\end{aligned}\right\} \qquad (8\text{-}34)$$

8.2.3 势函数 ϕ、ψ 是齐次

此时显然有

$$\phi=\operatorname{Re}f_1(z_1), \qquad \psi=\operatorname{Re}f_2(z_2) \qquad (8\text{-}35)$$

把式(8-35)代入式(8-18)、式(8-22),有

$$\left.\begin{aligned}u &= \operatorname{Re}\left[\frac{z_1\sqrt{c_1^{-2}-z_1^2}}{yz_1-x\sqrt{c_1^{-2}-z_1^2}}f_1'(z_1)+\frac{c_2^{-2}-z_2^2}{yz_2-x\sqrt{c_2^{-2}-z_2^2}}f_2'(z_2)\right]\\ v &= \operatorname{Re}\left[\frac{c_1^{-2}-z_1^2}{yz_1-x\sqrt{c_1^{-2}-z_1^2}}f_1'(z_1)+\frac{z_2\sqrt{c_2^{-2}-z_2^2}}{yz_2-x\sqrt{c_2^{-2}-z_2^2}}f_2'(z_2)\right]\end{aligned}\right\} \qquad (8\text{-}36)$$

$$\left.\begin{aligned}\sigma_x &= \mu\operatorname{Re}\frac{\partial}{\partial t}\left[-\frac{c_2^{-2}-2(c_1^{-2}-z_1^2)\sqrt{c_1^{-2}-z_1^2}}{yz_1-x\sqrt{c_1^{-2}-z_1^2}}f_1'(z_1)-\frac{2z_2(c_2^{-2}-z_2^2)}{yz_2-x\sqrt{c_2^{-2}-z_2^2}}f_2'(z_2)\right]\\ \sigma_y &= \mu\operatorname{Re}\frac{\partial}{\partial t}\left[\frac{(c_2^{-2}-2z_1^2)\sqrt{c_1^{-2}-z_1^2}}{yz_1-x\sqrt{c_1^{-2}-z_1^2}}f_1'(z_1)+\frac{2z_2(c_2^{-2}-z_2^2)}{yz_2-x\sqrt{c_2^{-2}-z_2^2}}f_2'(z_2)\right]\\ \tau_{xy} &= \mu\operatorname{Re}\frac{\partial}{\partial t}\left[-\frac{2z_1(c_1^{-2}-z_1^2)}{yz_1-x\sqrt{c_1^{-2}-z_1^2}}f_1'(z_1)-\frac{(c_2^{-2}-2z_2^2)\sqrt{c_2^{-2}-z_2^2}}{yz_2-x\sqrt{c_2^{-2}-z_2^2}}f_2'(z_2)\right]\end{aligned}\right\}$$
$$(8\text{-}37)$$

8.2.4 任意自相似指数的问题

设在无限半平面上,有任意个载荷区段及位移区段,这些区段端点各以不同的

常速移动,各区段上的载荷或位移是如下函数的线性组合,即

$$\frac{\mathrm{d}^m f_n(x)}{\mathrm{d}x^m} \cdot \frac{\mathrm{d}^k f_l(t)}{\mathrm{d}t^k}, \qquad f_j(\xi) = \begin{cases} 0, & \xi < 0 \\ \xi^j, & \xi > 0 \end{cases} \tag{8-38}$$

式中,k、l、m、n 是任意的正整数,称 $(n-m)$、$(l-k)$ 为自相似指数。显然:

(1) 由于运动的载荷区段及位移区段是任意个,因此这一问题包含如下三个问题:①受任意个以常速运动的集中载荷或分布载荷的问题,即应力边值问题。②受任意个以常速运动的位移区段问题,即位移边值问题。③运动的载荷区段及运动的位移区段同时作用的问题。即混合边值问题。在断裂动力学中正是研究这种问题。

以上三个边值问题都包含初值问题。

(2) 任何 x,t 的连续函数都可用 $x^m t^n$ 的线性组合来一致的逼近,即可用式(8-38)的线性叠加来得到。因此,当给定的载荷或位移是 $x、t$ 的任意函数时,可利用这里介绍的解作为 Green 函数使用。可见,研究具有式(8-38)形式的给定载荷或位移问题有较广泛的意义,复杂问题可由它的解通过线性叠加而得到。

(3) 弹性理论中的静态或稳态问题,可利用这些解通过极限求得。例如,对于静态问题,在我们的解中只需令

$$V_n \to 0, \qquad t \to \infty, \qquad V_n t \to a_n$$

即可。这里 V_n 为载荷或位移区段第 n 个端点的速度。

为求解具有式(8-38)形式的载荷或位移问题,取线性微分算子,有

$$L = \partial^{a+b}/\partial x^a \partial t^b \tag{8-39}$$

式中,a、b 为正负整数或零。$a=n-m$,$b=l-k$。式中负导数表示积分,即当 $a<0$ 时,L 表示对 x 作 $-a$ 重积分,$b<0$ 时表示对 t 作 $-b$ 重积分。零导数表示函数本身。

1) Lu、Lv 为齐次时

此时,将式(8-39)表达的 L 作用于式(8-24)、式(8-28),这些等式仍然成立,只要把式中的 $u、v、\sigma_x、\sigma_y、\tau_{xy}$ 相应的换成 $Lu、Lv、L\sigma_x、L\sigma_y、L\tau_{xy}$ 即可。

2) $L\sigma_x$、$L\sigma_y$、$L\tau_{xy}$ 为齐次时

此时只要把式(8-32)、式(8-34)中的 $u、v、\sigma_x、\sigma_y、\tau_{xy}$ 相应的换成 $Lu、Lv、L\sigma_x$、$L\sigma_y、L\tau_{xy}$,则这些等式依然成立。

可见,无论位移、应力、位移势为齐次函数,或 $Lu、Lv、L\sigma_x、L\sigma_y$ 为齐次,独立的未知函数都只有两个,这与静态问题是类似的。

8.2.5 以 x 轴为对称的问题

当问题是以 x 轴为对称时,解变得很简单。此时有

$$\tau_{xy} = 0, \qquad 当 y = 0 时 \tag{8-40}$$

利用此式,我们可以把两个未知的函数用单一的未知复变函数来表达。在式(8-12)中,令 $y=0$,有

$$z = z_1 = z_2 = t/x \tag{8-41}$$

把式(8-41)、式(8-40)代入到式(8-28)、式(8-34)、式(8-37)中的 τ_{xy} 表达式中,可得:

齐次位移时

$$2\sqrt{c_1^{-2} - z^2}\sqrt{c_2^{-2} - z^2} f_1'(z) + (c_2^{-2} - 2z^2) f_2'(z) = 0 \tag{8-42}$$

$$2g_3(z) + g_4(z) + g_5(z) = 0 \tag{8-43}$$

齐次势函数时

$$2z\sqrt{c_1^{-2} - z^2} f_1'(z) + (c_2^{-2} - 2z^2) f_2'(z) = 0 \tag{8-44}$$

将式(8-42)、式(8-43)、式(8-44)代入到前面各式,就可得到用单一的未知函数表达的公式。为了方便,我们采用如下记号:

当 Lu、Lv 为齐次时

$$u^0 = Lu, \quad v^0 = Lv, \quad \sigma_x^0 = L\sigma_x, \quad \sigma_y^0 = L\sigma_y, \quad \tau_{xy}^0 = L\tau_{xy} \tag{8-45}$$

当 $L\sigma_x$、$L\sigma_y$、$L\tau_{xy}$ 为齐次时

$$u^0 = \frac{\partial}{\partial t} Lu, \quad v^0 = \frac{\partial}{\partial t} Lv, \quad \sigma_x^0 = \frac{\partial}{\partial t} L\sigma_x, \quad \sigma_y^0 = \frac{\partial}{\partial t} L\sigma_y, \quad \tau_{xy}^0 = \frac{\partial}{\partial t} L\tau_{xy}$$

$$\tag{8-46}$$

当 ϕ、ψ 为齐次时

$$u^0 = \int_0^t u(x, y, \tau) d\tau, \quad v^0 = \int_0^t v(x, y, \tau) d\tau$$

$$\sigma_x^0 = \int_0^t \sigma_x(x, y, \tau) d\tau, \quad \sigma_y^0 = \int_0^t \sigma_y(x, y, \tau) d\tau, \quad \tau_{xy}^0 = \int_0^t \tau_{xy}(x, y, \tau) d\tau$$

$$\tag{8-47}$$

在上述所有情况下,u^0、v^0 都是齐次的,因而有

$$u^0 = \mathrm{Re}[U_1(z_1) + U_2(z_2)], \quad v^0 = \mathrm{Re}[V_1(z_1) + V_2(z_2)] \tag{8-48}$$

这里 U_1、U_2、V_1、V_2 可用单一函数 W 表达为

$$\left. \begin{array}{l} U_1'(z) = \dfrac{z(c_2^{-2} - 2z^2)}{c_2^{-2} \sqrt{c_1^{-2} - z^2}} W'(z), \quad U_2'(z) = -\dfrac{2z\sqrt{c_2^{-2} - z^2}}{c_2^{-2}} W'(z) \\[2ex] V_1'(z) = \dfrac{c_2^{-2} - 2z^2}{c_2^{-2}} W'(z), \quad V_2'(z) = \dfrac{2z^2}{c_2^{-2}} W'(z) \end{array} \right\}$$

$$\tag{8-49}$$

应力的表达式如下:

$$\sigma_x^0 = \frac{\mu}{c_2^{-2}} \mathrm{Re} \left\{ \frac{[c_2^{-2} - 2(c_1^{-2} - z_1^2)](c_2^{-2} - 2z_1^2)}{yz_1 - x\sqrt{c_1^{-2} - z_1^2}} W'(z_1) \right.$$

$$\left. - \frac{4z_2^2(c_2^{-2} - z_2^2)}{yz_2 - x\sqrt{c_2^{-2} - z_2^2}} W'(z_2) \right\}$$

$$\sigma_y^0 = \frac{\mu}{c_2^{-2}} \mathrm{Re}\left[\frac{(c_2^{-2}-2z_1^2)^2}{yz_1-x\sqrt{c_1^{-2}-z_1^2}}W'(z_1) + \frac{4z_2^2(c_2^{-2}-z_2^2)}{yz_2-x\sqrt{c_2^{-2}-z_2^2}}W'(z_2)\right] \tag{8-50}$$

$$\tau_{xy}^0 = \frac{\mu}{c_2^{-2}} \mathrm{Re}\left[\frac{2z_1(c_2^{-2}-2z_1^2)\sqrt{c_1^{-2}-z_1^2}}{yz_1-x\sqrt{c_1^{-2}-z_1^2}}W_1'(z_1) - \frac{2z_2(c_2^{-2}-2z_2^2)\sqrt{c_2^{-2}-z_2^2}}{yz_2-x\sqrt{c_2^{-2}-z_2^2}}W'(z_2)\right]$$

由式(8-48)、式(8-49)、式(8-50)可以看到:对于以 x 轴为对称的平面弹性动力学自相似问题,可以用具有两个复变量的单一未知解析函数来表达。这一类弹性动力学问题化为:寻找单一的解析函数 $W(z)$,使之满足已给的边界条件(或初始条件)。

在很多情况下,边界条件是在 $y=0$ 上给出,利用式(8-41),可使式(8-48)、式(8-50)变为

$$v^0(x,0,t) = \mathrm{Re}W(z) \tag{8-51}$$

$$\sigma_y^0(x,0,t) = \frac{1}{t}\mathrm{Re}\left[-\frac{\mu}{c_2^{-2}}\frac{zs(z)}{\sqrt{c_1^{-2}-z^2}}W'(z)\right] \tag{8-52}$$

式中

$$S(z) = (c_2^{-2}-2z^2)^2 + 4z^2\sqrt{c_1^{-2}-z^2}\sqrt{c_2^{-2}-z^2} \tag{8-53}$$

$S(z)$在 z 平面切口$(-c_2^{-1},-c_1^{-1})$、(c_1^{-1},c_2^{-1})外是解析的,并且当 $I_m z = 0$ 时,它在切口边岸取实值。Rayleigh 波速的例数 V_R^{-1} 是 $S(z)=0$ 的实根。在无穷远处有

$$z \to \infty, \quad S(z) = -2z^2(c_2^{-2}+c_1^{-2}) + 0(1) \tag{8-54}$$

取

$$F(z) = -\frac{\mu}{c_2^{-2}}\frac{zS(z)}{\sqrt{c_1^{-2}-z^2}}w'(z) \tag{8-55}$$

则式(8-52)变为

$$\sigma_y^0(x,0,t) = \frac{1}{t}\mathrm{Re}F(z) \tag{8-56}$$

至此,所讨论问题化为确定单复变量的单一解析函数 $F(z)$ 或 $W(z)$ 的问题,即化为单复变函数论中的 Riemann-Hilbert 问题,在简单情况下得到 Dirichlet 问题或 Keldysh-Sedov 问题。

8.2.6 反平面问题

在反平面问题中,$u=v=0$,w 与 z 无关,运动方程为

$$\nabla^2 w = c_2^{-2}\frac{\partial^2 w}{\partial t^2} \tag{8-57}$$

取

$$\xi = \frac{xt - \mathrm{i}y\sqrt{t^2 - c_2^{-2}(x^2+y^2)}}{x^2+y^2} \tag{8-58}$$

则以 ξ 为变量的任意解析函数的实部和虚部都是运动方程(8-57)的解。由应力应变关系,有

$$\tau_{xz} = \mu \frac{\partial w}{\partial x}, \qquad \tau_{yz} = \mu \frac{\partial w}{\partial y} \tag{8-59}$$

1) 应力为齐次

此时取

$$\partial w/\partial t = \mathrm{Re} f(\xi)$$

将之代入式(8-59)可得

$$\left.\begin{aligned}\frac{\partial \tau_{xz}}{\partial t} &= \mu \frac{\partial^2 w}{\partial x \partial t} = \mu \mathrm{Re}\left[\frac{\xi \sqrt{c_2^{-2}-\xi^2}}{y\xi - x\sqrt{c_2^{-2}-\xi^2}} f'(\xi)\right] \\ \frac{\partial \tau_{yz}}{\partial t} &= \mu \frac{\partial^2 w}{\partial y \partial t} = \mu \mathrm{Re}\left[\frac{c_2^{-2}-\xi^2}{y\xi - x\sqrt{c_2^{-2}-\xi^2}} f'(\xi)\right]\end{aligned}\right\} \tag{8-60}$$

2) 位移为齐次

我们取

$$w = \mathrm{Re} f(\xi)$$

由式(8-59)可得应力分量为

$$\left.\begin{aligned}\tau_{xz} &= \mu \mathrm{Re}\left[\frac{\xi \sqrt{c_2^{-2}-\xi^2}}{y\xi - x\sqrt{c_2^{-2}-\xi^2}} f'(\xi)\right] \\ \tau_{yz} &= \mu \mathrm{Re}\left[\frac{c_2^{-2}-\xi^2}{y\xi - x\sqrt{c_2^{-2}-\xi^2}} f'(\xi)\right]\end{aligned}\right\} \tag{8-61}$$

3) 任意自相似指数的问题

利用式(8-39)给出的线性微分算子,我们很容易将上面的结果推广到更广的范围。如同平面问题一样,我们采用下述记号,即:

当 $L\tau_{xz}$、$L\tau_{yz}$ 为齐次时,令

$$w^0 = \frac{\partial}{\partial t} Lw, \qquad \tau_{yz}^0 = \frac{\partial}{\partial t} L\tau_{yz}, \qquad \tau_{xz}^0 = \frac{\partial}{\partial t} L\tau_{xz} \tag{8-62}$$

当 Lw 为齐次时,令

$$w^0 = Lw, \qquad \tau_{yz}^0 = L\tau_{yz}, \qquad \tau_{xz}^0 = L\tau_{xz} \tag{8-63}$$

则由前面几式不难得出

$$w^0 = \mathrm{Re} f(\xi) \tag{8-64}$$

$$\tau_{xz}^0 = \mu \mathrm{Re}\left[\frac{\xi \sqrt{c_2^{-2}-\xi^2}}{y\xi - x\sqrt{c_2^{-2}-\xi^2}} f'(\xi)\right], \qquad \tau_{yz}^0 = \mu \mathrm{Re}\left[\frac{c_2^{-2}-\xi^2}{y\xi - x\sqrt{c_2^{-2}-\xi^2}} f'(\xi)\right] \tag{8-65}$$

式(8-64)、式(8-65)给出了具有任意自相似指数的反平面弹性动力学问题的解。这些公式将弹性动力学反平面问题化为确定单变量的单一解析函数 $f(\xi)$ 的问题,这与静态问题是相似的。

4) $y=0$ 上的边值问题

当边界条件在 $y=0$ 上给出时,问题变得更为简单。由式(8-58),有

$$y=0, \quad \xi=t/x \tag{8-66}$$

这样,在 $y=0$ 上,式(8-65)变为

$$\tau_{xz}^0 = -\mu\frac{\xi^2}{t}\mathrm{Re}f'(\xi), \quad \tau_{yz}^0 = -\mu\frac{\xi}{t}\mathrm{Re}\{\sqrt{c_2^{-2}-\xi^2}f'(\xi)\} \tag{8-67}$$

如用应力法解题,我们取

$$F(\xi) = -\mu\sqrt{c_2^{-2}-\xi^2}f'(\xi) \tag{8-68}$$

则有

$$\tau_{yz}^0 = \frac{1}{t}\mathrm{Re}F(\xi), \quad \tau_{xz}^0 = \frac{\xi}{t}\mathrm{Re}\left[\frac{F(\xi)}{\sqrt{c_2^{-2}-\xi^2}}\right] \tag{8-69}$$

8.3 受均布的 pt^n 型载荷的动裂纹问题

8.3.1 受均布载荷的自相似裂纹

设静止的无限大弹性体,在 $t=0$ 时刻,在坐标原点突然出现穿透裂纹,裂纹以常速 $V<C_R$ 沿 x 轴正、负方向对称扩展。这种裂纹称"自相似裂纹"。设裂纹表面受到载荷 $\sigma_y=-\sigma_0$。此问题的边界条件为

$$\left.\begin{array}{l}\sigma_y(x,0,t)=-\sigma_0, \quad |x|<Vt; \quad v(x,0,t)=0, \quad |x|\geqslant Vt \\ \tau_{xy}(x,0,t)=0, \quad -\infty<x<\infty\end{array}\right\} \tag{8-70}$$

由于最初静止,因此未被扰动的部位,有

$$\sigma_x=\sigma_y=\tau_{xy}=0, \quad \text{当 } x^2+y^2\geqslant c_1^2 t^2 \tag{8-71}$$

本问题应力为齐次,因此在式(8-46)中 $l=1$,式(8-70)的前两式变为

$$\sigma_y^0(x,0,t)=0, \quad |x|<Vt; \quad v^0(x,0,t)=0, \quad |x|\geqslant Vt \tag{8-72}$$

边界条件都是在 $y=0$ 上给出的,由式(8-70)的最后一式知,我们可利用式(8-51)~式(8-56)求解。区间 $|x|>Vt$ 对应于 $|z|<V^{-1}$,在此区间由式(8-72)知 $v^0=0$,由式(8-51)知必有 $\mathrm{Re}W(z)=0$。区间 $|x|<Vt$ 对应于 $|z|>V^{-1}$,由式(8-72)知 $\sigma_y^0=0$,由式(8-56)知,在此区间必有 $\mathrm{Re}F(z)=0$. 由于 $V<c_R<c_2<c_1$,即 $V^{-1}>c_R^{-1}>c_2^{-1}>c_1^{-1}$,因而在 $|z|>V^{-1}$ 的区间内 $zs(z)/\sqrt{c_1^{-2}-z^2}$ 为纯虚量,由式(8-55)知,在此区间欲使 $\mathrm{Re}F(z)=0$,则 $W'(z)$ 必为纯实量。这样,边界条件(8-70)导致,有

$$\left.\begin{array}{ll}\mathrm{Re}W(z)=0, & \text{在 } I_m z=0 \text{ 时}, \quad |\mathrm{Re}z|<V^{-1} \\ I_m W(z)=0, & \text{在 } I_m z=0 \text{ 时}, \quad |\mathrm{Re}z|>V^{-1}\end{array}\right\} \tag{8-73}$$

需指出,在 $|z|>V^{-1}$ 时之所以能从 $I_m W'(z)=0$ 推出 $I_m W(z)=0$,是由于在物理坐标原点(对应于 z 平面上无穷远点)位移 $u=0$,位移 v 有界,即

$$z\to\infty, \quad \mathrm{Re}W(z)=0(1), \quad I_m W(z)=0$$

这样,将 $I_m W'(z)$ 积分即得式(8-73)的第二式。

边值问题式(8-73)是 Keldysh-Sedov 问题的齐次问题。在裂纹尖端,应力具有 $(|x|-Vt)^{-1/2}$ 阶奇异性,因此 $W(z)$ 应与 $(z^2-V^{-2})^{-1/2}$ 成比例,由此式(8-73)的解可写为

$$W(z) = N(z)/\sqrt{z^2-V^{-2}} \tag{8-74}$$

式中,$N(z)$ 为 z 的多项式。由于应力仅在裂纹尖端有奇异性,因而式(8-74)分母中不可能有除 $\sqrt{z^2-V^{-2}}$ 以外的其他项。又由于 $z\to\infty$ 时 $\mathrm{Re}W(z)\to 0(1)$,因此式(8-74)中的 $N(z)$ 只能是一次多项式,即 $N(z)=Az+B$。本问题以 y 轴为对称,位移是 x 的偶函数,故有 $B=0$,这样式(8-74)成为

$$W(z) = \frac{Az}{\sqrt{z^2-V^{-2}}}, \qquad W'(z) = -\frac{AV^{-2}}{(z^2-V^{-2})^{3/2}} \tag{8-75}$$

将式(8-75)代入式(8-51)、式(8-52)、式(8-46)即得在 $y=0$ 上的位移和应力为

$$v = AV^{-1}\sqrt{V^2t^2-x^2}, \qquad y=0, \qquad |x| 2Vt \tag{8-76}$$

$$\sigma_y = A\mu\left(\frac{c_2}{V}\right)^2 \mathrm{Re}\int_0^{t/x} \frac{S(z)}{\sqrt{c_1^{-2}-z^2}(z^2-V^{-2})^{3/2}}dz \tag{8-77}$$

我们将式(8-77)给出的 σ_y 分段表达如下:

(1) 当 $|x|>c_1t$,此时 $|z|<c_1^{-1}$,式(8-77)中的被积函数为纯虚量,因而有 $\sigma_y=0$。这表明弹性波的扰动不会超过 c_1t。

(2) 当 $c_1t>|x|>Vt$,此时 $V^{-1}>|z|>c_1^{-1}$,式(8-77)变为

$$\sigma_y = A\mu\left(\frac{c_2}{V}\right)^2\left\{\int_{c_1^{-1}}^{t/x}\frac{(c_2^{-2}-2z^2)^2 dz}{\sqrt{z^2-c_1^{-2}}(V^{-2}-z^2)^{3/2}} - \int_{c_2^{-1}}^{t/x}\frac{4z^2\sqrt{z^2-c_2^{-2}}}{(V^{-2}-z^2)^{3/2}}dz\right\} \tag{8-78}$$

(3) 当 $|x|<Vt$,此时 $|z|>V^{-1}$,在此区间式(8-77)中被积函数是纯虚量,故有

$$\sigma_y = A\mu\left(\frac{c_2}{V}\right)^2 \mathrm{Re}\int_{c_1^{-1}}^M \frac{S(z)dz}{\sqrt{z^2-c_2^{-2}}(V^{-2}-z^2)^{3/2}} = \mathrm{const} = -\sigma_0 \tag{8-79}$$

式中,$M>V^{-1}$,积分是在主值意义下进行的,由此可确定实常数 A 为

$$A = \sigma_0 V^2/\mu c_2^2 J \tag{8-80}$$

$$J = [V(1-n^2)]^{-1}\{[n^4+4m^2(1-n^2)]K(\sqrt{1-m^2}) - [(n^4-4(m^2+n^2)+8)]E(\sqrt{1-m^2}) + 8(1-m^2)E(\sqrt{1-n^2}) - 4n^2(1-m^2)K(\sqrt{1-n^2})$$

式中,$m=V/c_1$,$n=V/c_2$;K 及 E 分别为第一及第二类完全椭圆积分。在断裂力学中关心的是应力强度因子,我们定义动应力强度因子

$$K_1 = \lim_{x\to Vt}\sigma_y(x,0,t)\sqrt{2\pi(x-Vt)} \tag{8-81}$$

将式(8-78)、式(8-80)代入式(8-81),即得应力强度因子

$$K_1 = \sqrt{\pi Vt}[4\sqrt{(1-m^2)(1-n^2)}-(2-n^2)^2]\{[n^4+4m^2(1-m^2)]$$
$$\cdot K(\sqrt{1-m^2})-[n^4-4(m^2+n^2)+8]E(\sqrt{1-m^2})$$

$$+8(1-m^2)E(\sqrt{1-n^2})-4n^2(1-m^2)K(\sqrt{1-n^2})\}^{-1} \qquad (8\text{-}82)$$

利用上面的解很容易得到静态问题的解,这只需令

$$V \to 0, \qquad t \to \infty, \qquad Vt \to a \qquad (8\text{-}83)$$

将式(8-83)代入前面各式,即得到长为 $2a$ 的受均布载荷的静裂纹问题的解。例如,将式(8-82)代入式(8-83)可得 $K_1 = \sigma_0 \sqrt{\pi a}$。

式(8-83)表明动应力强度因子 K_1 与时间的平方根式成正比。为研究应力强度因子与速度的关系,根据式(8-83)将 $K_1/\sigma_0 \sqrt{\pi c_2 t}$ 与 V/c_2 之间的关系用图 8-1 表示。由图可知,当 $V = 0.37 c_2$ 时有最大值,当 V 趋于 Rayleigh 波速 V_R 时,该值趋于零。

这种自相似裂纹首先由 Broberg[9] 提出并解决的,他当时使用的方法虽然十分繁琐,但却给出断裂动力学第一个有意义的解析解,为这门科学的发展打开了大门。

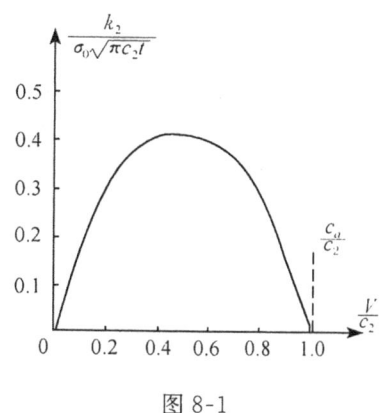

图 8-1

8.3.2 受均布剪力的反平面动裂纹问题

设处于静止状态的无限大体在 $t=0$ 时刻由坐标原点突然出现穿透裂纹,并以常速 $V<c_2$ 沿 x 轴正、负方向对称扩展,裂纹表面受到均布剪力作用,边界条件为

$$\tau_{yz}(x,0,t) = -\tau_0, \quad |x|<Vt; \qquad w(x,0,t)=0, \quad |x| \geqslant Vt \qquad (8\text{-}84)$$

本问题应力为齐次,在式(8-62)中 $L=1$,因而有

$$w^0 = \frac{\partial}{\partial t}W, \qquad \tau_{xz}^0 = \frac{\partial}{\partial t}\tau_{xz}, \qquad \tau_{yz}^0 = \frac{\partial}{\partial t}\tau_{yz} \qquad (8\text{-}85)$$

由式(8-84)的第一式我们看到 $|x|<Vt$(即 $|\xi|>V^{-1}$)时 τ_{yz} 为常数,由式(8-85)知此时有 $\tau_{yz}^0 = 0$. 由于 $V<c_2$,因而在区间 $|\xi|>V^{-1}$ 上总有 $|\xi|>c_2^{-1}$,即 $\sqrt{c_2^{-2}-\xi^2}$ 为纯虚量。由式(8-67)知,在此区间欲使 $\tau_{yz}^0 = 0$,必有 $I_m f'(\xi) = 0$。这样,边界条件式(8-84)导致有

$$\left. \begin{array}{ll} \mathrm{Im} f(\xi) = 0, & 在 \mathrm{Im}\xi=0 时, \quad |\mathrm{Re}\xi|>V^{-1} \\ \mathrm{Re} f(\xi) = 0, & 在 \mathrm{Im}\xi=0 时, \quad |\mathrm{Re}\xi|<V^{-1} \end{array} \right\} \qquad (8\text{-}86)$$

由裂纹尖端的奇异性可知,在 $|x| \to Vt$ 时 $f(\xi)$ 应与 $(\xi^2 - V^{-2})^{-1/2}$ 成比例。在坐标原点,位移在任一给定时刻都应是有界的,这说明 $\xi \to \infty$ 时 $\mathrm{Re} f(\xi) = 0(1)$。再利用对称性,可得边值问题式(8-86)的唯一解为

$$f(\xi) = \frac{A\xi}{\sqrt{\xi^2 - V^{-2}}} \qquad (8\text{-}87)$$

将式(8-87)代入式(8-67)、式(8-85)即得 $y=0$ 上的应力和位移,有

$$\tau_{yz} = \mu \text{Re} \int_0^{t/x} \frac{AV^{-2}\sqrt{c_2^{-2}-\xi^2}}{(\xi^2-V^{-2})^{3/2}} d\xi, \qquad y=0 \tag{8-88}$$

我们将式(8-88)给出的 τ_{yz} 分段表达如下：

(1) 当 $|x|>c_2 t$，此时 $|\xi|<c_2^{-1}$，式(8-88)中的被积函数是纯虚量，因而有 $\tau_{yz}=0$。这表明反平面问题弹性波的扰动不会超过 $c_2 t$。

(2) 当 $c_2 t > |x| > Vt$，此时 $c_2^{-1}<|\xi|<V^{-1}$。式(8-88)变为

$$\tau_{yz} = \mu \int_{c_2^{-1}}^{t/x} -\frac{AV^{-2}\sqrt{\xi^2-c_2^{-2}}}{(V^{-2}-\xi^2)^{3/2}} d\xi, \qquad y=0 \tag{8-89}$$

(3) 当 $|x|<Vt$，此时 $|\xi|>V^{-1}$，式(8-88)中被积函数是虚的，因而在此区间 τ_{yz} 为常量，即

$$\tau_{yz} = \mu \int_{c_2^{-1}}^{M} \frac{AV^{-2}\sqrt{c_2^{-2}-\xi^2}}{(\xi^2-V^{-2})^{3/2}} d\xi = \text{const} = -\tau_0 \tag{8-90}$$

式中，$V^{-1}<M<\infty$。式(8-90)在主值意义下可积。由此式即可确定实常数

$$A = \tau_0/\mu V^3 E(\sqrt{1-V^2 c_2^{-2}}) \tag{8-91}$$

式中，E 为第二类完全椭圆积分。$y=0$ 上的位移为

$$W = AV^{-1}\sqrt{V^2 t^2 - X^2}, \qquad |x|<Vt \tag{8-92}$$

我们定义应力强度因子为

$$K_3 = \lim_{x \to Vt} \tau_{yz}(x,0,t)\sqrt{2\pi(x-Vt)} \tag{8-93}$$

将式(8-89)代入式(8-93)得

$$K_3 = 2\tau_0\sqrt{1-V^2 c_2^{-2}}\sqrt{Vt/\pi}K(Vc_2^{-1}) \tag{8-94}$$

式中，K 为第一类完全椭圆积分。若将式(8-83)代入式(8-94)式即得长为 $2a$ 的静裂纹受均布剪力的应力强度因子 $K_3=\tau_0\sqrt{\pi a}$。

这一问题由 Erdogan 解决，发表在 Liebowitz[10] 的著作中。图 8-2 给出 $K_3/\tau_0\sqrt{\pi c_2 t}$ 与 V/c_2 之间的关系。由图 8-2 可知当 $V/c_2=0.7$ 时，有最大值，$V \to c_2$ 时，其值趋于零。

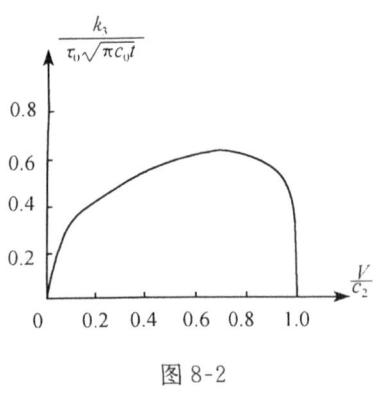

图 8-2

这里我们指出，在不同的文献中对动应力强度因子的定义略有不同(仅差一常数)。除了我们这里给出的式(8-81)、式(8-93)外，还有按式(7-30)、式(7-31)来定义的，在第 7 章中我们就是用这一方法来定义应力强度因子的。容易看出，这两种方法定义的应力强度因子之比为 $\sqrt{\pi}$。

8.3.3 表面受 $\sigma_y = -\sigma_0 t^n$ 作用的裂纹问题

设在 $t=0$ 时刻，无限大体中突然出现穿透裂纹，裂纹两端以常速 $V<C_R$ 沿 x 轴正、负方向

对称扩展,裂纹表面受 $\sigma_y = -\sigma_0 t^n$ 作用,这里 $n=0,\pm 1,\pm 2,\cdots$；这一问题是 Афанасьев[11] 于 1972 年提出并解决的。本问题的边界条件为

$$\left.\begin{array}{ll} \sigma_y(x,0,t) = -\sigma_0 t^n, & |x| < Vt \\ V(x,0,t) = 0, & |x| \geqslant Vt \\ \tau_{xy}(x,0,t) = 0, & -\infty < x < \infty \end{array}\right\} \quad (8\text{-}95)$$

本问题 $L\sigma_y$ 为齐次,这里 $L = \partial^n/\partial t^n = L_t^n$。由式(8-39)对 L 的定义知

$$L_t^n f(t) = \begin{cases} \partial^n/\partial t^n, & n \geqslant 0 \\ \underbrace{\int_0^t \cdots \int_0^t f(t) \, \mathrm{d}t \cdots \mathrm{d}t}_{-n \text{ 重}}, & n < 0 \end{cases} \quad (8\text{-}96)$$

由式(8-46),有

$$\left.\begin{array}{lll} u^0 = \dfrac{\partial}{\partial t} L_t^n u, & v^0 = \dfrac{\partial}{\partial t} L_t^n v \\[6pt] \sigma_x^0 = \dfrac{\partial}{\partial t} L_t^n \sigma_x, & \sigma_y^0 = \dfrac{\partial}{\partial t} L_t^n \sigma_y, & \tau_{xy}^0 = \dfrac{\partial}{\partial t} L_t^n \tau_{xy} \end{array}\right\} \quad (8\text{-}97)$$

在 $y=0$ 上,$z=t/x$,由式(8-51)、式(8-52)、式(8-97),在 $y=0$ 上有

$$\left.\begin{array}{l} v(x,0,t) = \dfrac{t^{n+1}}{z^{n+1}} \mathrm{Re} L_z^{-(n+1)} \{W(z)\} \\[6pt] \sigma_y(x,0,t) = -\dfrac{\mu t^n}{c_2^{-2} z^n} \mathrm{Re} L_z^{-(n+1)} \left[\dfrac{S(z) W'(z)}{\sqrt{c_1^{-2} - z^2}} \right] \end{array}\right\} \quad (8\text{-}98)$$

将式(8-98)代入边界条件式(8-95)中,问题化为在 $I_m z < 0$ 的半平面上确定满足如下边界条件的解析函数 $W(z)$ 的问题,即

$$\left.\begin{array}{lll} \mathrm{Re} L_z^{-(n+1)} \{W(z)\} = 0, & I_m z = 0, & |z| < V^{-1} \\[6pt] \mathrm{Re} L_z^{-(n+1)} \left[\dfrac{S(z) W'(z)}{\sqrt{c_1^{-2} - z^2}} \right] = \dfrac{\sigma_0 c_2^{-2}}{\mu} z^n, & I_m z = 0, & |z| > V^{-1} \end{array}\right\} \quad (8\text{-}99)$$

设 $W(z)$ 可写为如下形式,即

$$W(z) = L_z^{n+1}\{z^{n+1} m(z)\}, \qquad W'(z) = L_z^{n+2}\{z^{n+1} m(z)\} \quad (8\text{-}100)$$

这里 $m(z)$ 是未知函数,将式(8-100)代入式(8-99)中,可得：

(1) 当 $n \leqslant -1$,取 $n+1 = -K$,$K \geqslant 0$,则有

$$\left.\begin{array}{lll} \mathrm{Re}\, m(z) = 0, & \text{在 } \mathrm{Im}\, z = 0 \text{ 时}, & |z| < V^{-1} \\ \mathrm{Im}\, m(z) = \phi_K(z), & \text{在 } \mathrm{Im}\, z = 0 \text{ 时}, & |z| > V^{-1} \end{array}\right\} \quad (8\text{-}101)$$

式中

$$\left.\begin{array}{ll} \phi_K(z) = \dfrac{(-1)^K}{K!} \dfrac{\sigma_0 c_2^{-2}}{\mu} z^K \dfrac{\mathrm{d}^{K-1}}{\mathrm{d} z^{K-1}} \left[\dfrac{\sqrt{z^2 - c_1^{-2}}}{z S(z)} \right], & \text{当 } K \geqslant 1 \text{ 时} \\[8pt] \phi_0(z) = \dfrac{\sigma_0 c_2^{-2}}{\mu} \displaystyle\int_\infty^z \dfrac{\sqrt{\tau^2 - c_1^{-2}}}{\tau S(\tau)} \mathrm{d}\tau, & \text{当 } K = 0 \text{ 时} \end{array}\right\} \quad (8\text{-}102)$$

(2) 当 $n \geqslant 0$,有

$$\left.\begin{array}{ll}\operatorname{Re} m(z) = 0, & \text{在 } \operatorname{Im} z = 0, \quad |z| < V^{-1} \\ \operatorname{Im} m(z) = 0, & \text{在 } \operatorname{Im} z = 0, \quad |z| > V^{-1}\end{array}\right\} \quad (8\text{-}103)$$

可见,所讨论问题化为解析函数论中的 Keldysh-Sedov 问题。当 $n \leqslant -1$ 时化为式 (8-101)的非齐次 K-S 问题,当 $n \geqslant 0$ 时化为齐次的 K-S 问题。这类问题若无附加条件,只能得一般解。在本问题中有如下的附加条件:

$$x \to Vt, \quad \sigma_y \sim (x - Vt)^{-1/2} \sim (V^{-1} - z)^{-1/2}$$

$$V(x, 0, t) < \infty \text{ 或 } \operatorname{Re} W(z) < \infty, \quad z = t/x, \quad \operatorname{Re} W(\infty) \neq 0$$

在上述附加条件下,Keldysh-Sedov 问题(8-101)、(8-103)有唯一解,即

$$m(z) = -\frac{\sqrt{z^2 - v^{-2}}}{\pi} \int_{|\tau| > V^{-1}} \frac{\phi_K(\tau) \mathrm{d}\tau}{\sqrt{\tau^2 - V^{-2}}(\tau - z)}, \quad n \leqslant -1 \quad (8\text{-}104)$$

$$m(z) = A \frac{\sqrt{z^2 - V^{-2}}}{z}, \quad n \geqslant 0 \quad (8\text{-}105)$$

这里 A 为待定实常数。由式(8-98)、式(8-100)、式(8-104)、式(8-105)可得 $y=0$ 上的位移为($|x| < Vt$)

$$\left.\begin{array}{l}V = \dfrac{\phi_K(z)}{\pi t^K} \ln \dfrac{z + \sqrt{z^2 - V^{-2}}}{z - \sqrt{z^2 - V^{-2}}} - \dfrac{2z}{\pi t^K} \displaystyle\int_{V^{-1}}^{\infty} \dfrac{\phi_K(\tau) - \phi_K(z)}{\sqrt{\tau^2 - v^{-2}}(\tau^2 - z^2)} \mathrm{d}\tau, \quad n \leqslant -1 \\[2ex] V = A t^{n+1} \dfrac{\sqrt{z^2 - V^{-2}}}{z}, \quad n \geqslant 0\end{array}\right\}$$
(8-106)

实常数 A 由边界条件(8-95)确定有

$$\lim_{\varepsilon \to +0} \operatorname{Re} \int_0^{V^{-1}+\varepsilon} S(\tau) \frac{(v^{-1} - \tau)^n}{\sqrt{c_1^{-2} - \tau^2}} \frac{\mathrm{d}^{n+2}}{\mathrm{d}\tau^{n+2}} (\tau^n \sqrt{\tau^2 - v^{-2}}) \mathrm{d}\tau = \frac{\sigma_0 c_2^{-2} V^{-n} n!}{\mu} A^{-1}$$
(8-107)

式中的积分是在主值意义下进行的,由此式可确定实常数 A。在上面的解中若令 $n=0$,即得裂纹表面受 $\sigma_y = -\sigma_0$ 问题的解。

当 $n=-1$,即裂纹表面受 $\sigma_y = -\sigma_0 t^{-1}$ 作用时,由式(8-98)、式(8-100)、式(8-104)可得应力强度因子

$$\begin{aligned} K_1 &= \lim_{x \to Vt} \sigma_y(x, 0, t) \sqrt{2\pi(x - Vt)} \\ &= \frac{2\sigma_0 V^{1/2} m^4 R(k, m)}{(\pi t)^{1/2}(1 - K^2 m^2)^{1/2}} \int_0^m \frac{\xi^2 \sqrt{1 - K^2 \xi^2}}{R(K, \xi) \sqrt{m^2 - \xi^2}} \mathrm{d}\xi \end{aligned} \quad (8\text{-}108)$$

式中

$$\left.\begin{array}{l}R(K, \xi) = \sqrt{(1 - \xi^2)(1 - K^2 \xi^2)} - \left(1 - \dfrac{1}{2}\xi^2\right)^2 \\[1.5ex] K = c_2/c_1, \quad m = V/c_2\end{array}\right\} \quad (8\text{-}109)$$

对于以常速 V 运动的表面受 $\sigma_y = -\sigma_0 t^n$ 作用的半无限动裂纹问题可以完全类似的

求解,不过将导致 Riemann-Hilbert 问题。这个问题的解也是由 Афанасьев[12] 给出的。

8.4 受集中载荷、阶跃载荷及脉冲作用的运动裂纹

8.4.1 受集中载荷的运动裂纹

设在 $t=0$ 时刻,由坐标原点出现穿透裂纹,裂纹两端以常速 $V<c_R$ 沿 x 轴正、负方向对称扩展。裂纹表面作用集中载荷 P,该集中载荷以常速 $\alpha<V$ 在裂纹表面运动。在文献[6]中给出了正交异性体及各向同性体中 I、III 型运动裂纹受集中载荷问题的解。这里我们仅讨论各向同性体问题。

1) I 型裂纹问题

边界条件为

$$\left.\begin{aligned}\sigma_y(x,0,t) &= -p\delta(x-\alpha t), & |x|<Vt\\ v(x,0,t) &= 0, & |x|>Vt\\ \tau_{xy}(x,0,t) &= 0, & -\infty<x<\infty\end{aligned}\right\} \quad (8\text{-}110)$$

式中,δ 为 Dirac δ 函数。本问题位移为齐次,因而有

$$v^0 = v, \qquad \sigma_y^0 = \sigma_y \quad (8\text{-}111)$$

将式(8-110)的第一式代入式(8-111)、式(8-56)得

$$\text{Re} F(z) = -pt\delta(x-\alpha t) = -p\delta(z^{-1}-\alpha), \qquad y=0, \qquad |z|>V^{-1} \quad (8\text{-}112)$$

上式应用了 $t\delta(\xi)=\delta(\xi/t)$。用柯西积分不难证明如下等式,即

$$\text{Re}\{i/\pi(\tau-\alpha)\} = \delta(\tau-\alpha) \quad (8\text{-}113)$$

式(8-112)亦可改写为 $\text{Re} F(z^{-1}) = -p\delta(z-\alpha)$。由式(8-113),我们取

$$F(z^{-1}) = \xi(z^{-1})/(z-\alpha)$$

此式可进一步改写为

$$F(z) = \xi(z)\alpha^{-1}z/(\alpha^{-1}-z) \quad (8\text{-}114)$$

式中,$\xi(z)$ 为待定函数,它在区间 $|z|>V^{-1}$ 是无奇点。由式(8-113)知,为使式(8-114)的实部成为 δ 函数,在区间 $z>V^{-1}$ 内 $\xi(z)$ 必须是纯虚量。这样利用式(8-51)、式(8-55)、式(8-56),边界条件式(8-110)导致问题为

$$\left.\begin{aligned}\text{Re}\xi(z) &= 0, & \text{Im}z=0, & |z|>V^{-1}\\ \text{Re}\{\xi(z)\sqrt{c_1^{-2}-z^2}/S(z)\} &= 0, & \text{Im}z=0, & |z|<V^{-1}\end{aligned}\right\} \quad (8\text{-}115)$$

利用裂纹尖端附近应力具有 $(x-Vt)^{-1/2}$ 阶奇异性及无穷远处件,可得式(8-115)的唯一解为

$$\xi(z) = \frac{AS(z)}{\sqrt{z^2-V^2}\sqrt{c_1^{-2}-z^2}} \quad (8\text{-}116)$$

将其代入式(8-114)得

$$F(z) = \frac{AS(z)}{\sqrt{z^2 - v^{-2}}\sqrt{c_1^{-2} - z^2}} \cdot \frac{\alpha^{-1} z}{\alpha^{-1} - z} \tag{8-117}$$

实常数 A 由边界条件式(8-110)确定为

$$\int_{\alpha^{-1}-\varepsilon}^{\alpha^{-1}+\varepsilon} \mathrm{Re}\left\{\frac{A\alpha^{-1} S(z)}{z\sqrt{z^2 - V^{-2}}\sqrt{z^2 - c_1^{-2}}} \cdot \frac{i}{z - \alpha^{-1}}\right\} \mathrm{d}z = -p$$

得

$$A = -p\sqrt{\alpha^{-2} - v^{-2}}\sqrt{\alpha^{-2} - c_1^{-2}}/\pi S(\alpha^{-1}) \tag{8-118}$$

将式(8-118)、式(8-117)代入式(8-56)、式(8-55)、式(8-51)即得 $y=0$ 上的应力及位移为

$$\sigma_y = \frac{p\alpha^{-1}\sqrt{\alpha^{-2} - V^{-2}}}{\pi V^{-1}\sqrt{x^2 - V^2 t^2}(\alpha^{-1} - z)} \mathrm{Re}\left\{\frac{S(z)\sqrt{\alpha^{-2} - c_1^{-2}}}{S(\alpha^{-1})\sqrt{z^2 - c_1^{-2}}}\right\}, \quad |x| > Vt \tag{8-119}$$

$$v = \frac{-p\alpha^{-1} c_1^{-2}\sqrt{\alpha^{-2} - c_1^{-2}}}{\pi\mu s(\alpha^{-1})} \ln\frac{V^{-2} - \alpha^{-1}z - \sqrt{(\alpha^{-2} - V^{-2})(z^2 - v^{-2})}}{\alpha^{-1} - z}, \quad |x| < Vt \tag{8-120}$$

将式(8-119)代入式(8-81)即得动应力强度因子为

$$K_1 = \frac{pv\alpha^{-1}}{\sqrt{\pi vt}}\sqrt{\frac{\alpha^{-1} + v^{-1}}{\alpha^{-1} - v^{-1}}} \cdot \frac{S(v^{-1})\sqrt{\alpha^{-2} - c_1^{-2}}}{S(\alpha^{-1})\sqrt{v^{-2} - c_1^{-2}}} \tag{8-121}$$

若令 $\alpha = 0$,即得在动裂纹中心作用不动的载荷 $-p$ 问题的解。

若令

$$\alpha \to 0, \quad V \to 0, \quad t \to \infty, \quad \alpha t \to a, \quad Vt \to c$$

则得受集中载荷裂纹静态问题的解为

$$K_{1\text{静}} = p(\pi c)^{-1/2}(c+a)^{1/2}(c-a)^{-1/2}$$

式中,c 为半裂纹长,a 为集中载荷到裂纹中心的距离。

2) Ⅲ 型裂纹问题

反平面相应问题的边界条件为

$$\left.\begin{array}{l}\tau_{yz}(x,0,t) = -p\delta(x - \alpha t), \quad |x| < Vt \\ w(x,0,t) = 0, \quad |x| > Vt\end{array}\right\} \tag{8-122}$$

本问题位移为齐次,利用式(8-64)、式(8-68)、式(8-69)用与Ⅰ型裂纹问题完全相同的方法,可得

$$\tau_{yz} = \frac{p\sqrt{m^2 - n^2}}{\pi\sqrt{x^2 - V^2 t^2}(\xi - n)}\sqrt{\frac{1-\xi^2}{1-n^2}}, \quad |x| > Vt \tag{8-123}$$

$$w = \frac{-p}{\pi\mu\sqrt{1-n^2}}\ln\frac{m^2 - n\xi - \sqrt{(m^2 - n^2)(m^2 - \xi^2)}}{m(\xi - n)}, \quad |x| < Vt \tag{8-124}$$

式中

$$\xi = x/c_2 t, \quad m = v/c_2, \quad n = \alpha/c_2 \tag{8-125}$$

应力强度因子为

$$K_3 = \frac{p}{\sqrt{\pi V t}} \sqrt{\frac{V+\alpha}{V-\alpha}} \sqrt{\frac{c_2^2 - V^2}{c_2^2 - \alpha^2}} \tag{8-126}$$

利用这个解可以得到在原点作用不动的载荷问题的解。也可以得到相应静态问题的解。利用受集中载荷问题的解通过叠加，可以得到复杂载荷问题的解。此方法也适用于半无限裂纹受集中载荷问题。

8.4.2 受阶跃载荷的运动裂纹问题

设自相似运动裂纹表面所受载荷在 $x = \alpha t$ 处出现阶跃，其边界条件如下

$$\left.\begin{array}{ll}\sigma_y(x,0,t) = -p, & 0 \leqslant |x| < \alpha t \\ \sigma_y(x,0,t) = -q, & \alpha t < |x| < V t \\ v(x,0,t) = 0, & |x| \geqslant V t \\ \tau_{xy}(x,0,t) = 0, & -\infty < x < \infty\end{array}\right\} \tag{8-127}$$

我们采用文献[6]中解此问题的方法，将式(8-127)的头二式改写为

$$\sigma_y(x,0,t) = -q + (q-p)[H(x+\alpha t) - H(x-\alpha t)], \quad |x| < V t \tag{8-128}$$

这里 H 为 Heavyside 函数。本问题应力为齐次，$L=1$，式(8-46)为

$$u^0 = \frac{\partial}{\partial t} u, \quad v^0 = \frac{\partial}{\partial t} v, \quad \sigma_y^0 = \frac{\partial}{\partial t} \sigma_y, \quad \tau_{xy}^0 = \frac{\partial}{\partial t} \tau_{xy} \tag{8-129}$$

将式(8-128)代入式(8-129)有

$$\sigma_y^0 = (q-p)\alpha[\delta(x+\alpha t) + \delta(x-\alpha t)], \quad y=0, \quad |x| < V t \tag{8-130}$$

这里 δ 为 Dirac δ 函数，$H'(\xi) = \delta(\xi)$。将式(8-130)代入式(8-56)得

$$\mathrm{Re}F(z) = (q-p)\alpha[\delta(z^{-1}+\alpha) + \delta(z^{-1}+\alpha)] \tag{8-131}$$

上面应用了 $t\delta(\xi) = \delta(\xi/t)$。式(8-131)可进一步用式(8-113)写为

$$\begin{aligned}\mathrm{Re}F(z) &= (q-p)\alpha \mathrm{Re}\left[\frac{\mathrm{i}}{\pi(z^{-1}+\alpha)} + \frac{\mathrm{i}}{\pi(z^{-1}-\alpha)}\right] \\ &= -(q-p)\alpha^{-1}\mathrm{Re}\left[\frac{\mathrm{i}}{\pi(z+\alpha^{-1})} + \frac{\mathrm{i}}{\pi(z-\alpha^{-1})}\right] \\ &= -(q-p)\alpha^{-1}[\delta(z+\alpha^{-1}) + \delta(z-\alpha^{-1})]\end{aligned} \tag{8-132}$$

这样，边界条件式(8-127)变为

$$\left.\begin{array}{l}\mathrm{Re}F(z) = -(q-p)\alpha^{-1}[\delta(z+\alpha^{-1}) + \delta(z-\alpha^{-1})], \quad \mathrm{Im}z = 0, \quad |\mathrm{Re}z| > V^{-1} \\ \mathrm{Re}W(z) = 0, \quad \mathrm{Im}z = 0, \quad |\mathrm{Re}z| < V^{-1}\end{array}\right\} \tag{8-133}$$

本问题还有如下附加条件：当 $z \to \infty$（即物理坐标原点），位移 v 应有界，即 $z \to$

∞时，$\mathrm{Re}W(z)=0(1)$；在裂纹尖端应力具有 $r_1^{-1/2}$ 阶奇异性，这就要求 $\mathrm{Re}F(z)\infty$ $(V^{-2}-z^2)^{-3/2}$，初始条件为零，因而当 $z<c_1^{-1}$ 时，σ_y、v 均为零。注意到公式(8-133)的第二式及式(8-52)，可得

$$F(z) \propto \frac{zS(z)}{\sqrt{c_1^{-2}-z^2}\,(z^2-V^{-2})^{3/2}} \tag{8-134}$$

由于在区间 $|x|<at$ 及 $at<|x|<Vt$ 中 σ_y 取不同常值，因而 $F(z)$ 中应有两个待定常数，再利用式(8-133)的第一式就必然得出

$$F(z) = \frac{zS(z)}{\sqrt{c_1^{-2}-z^2}\,(z^2-V^{-2})^{3/2}} \left[A + \frac{2B}{\pi(z^2-\alpha^{-2})}\right] \tag{8-135}$$

在 $\mathrm{Im}z=0$，$|\mathrm{Re}z|>V^{-1}$ 时，式(8-135)的实部为

$$\mathrm{Re}F(z) = \frac{-BS(z)}{\sqrt{z^2-c_1^{-2}}\,(z^2-V^{-2})^{3/2}} \cdot \frac{2iz}{\pi(z^2-\alpha^{-2})} \tag{8-136}$$
$$\mathrm{Im}z=0, \qquad |\mathrm{Re}z|>V^{-1}$$

由式(8-136)及式(8-132)可得

$$B = \frac{(q-p)\alpha^{-1}\sqrt{\alpha^{-2}-c_1^{-2}}\,(\alpha^{-2}-V^{-2})^{3/2}}{(c_2^{-2}-2\alpha^{-2})^2-4\alpha^{-2}\sqrt{\alpha^{-2}-c_1^{-2}}\sqrt{\alpha^{-2}-c_2^{-2}}} \tag{8-137}$$

将式(8-135)代入式(8-56)、式(8-129)得 $y=0$ 上的应力为

$$\sigma_y = \mathrm{Re}\int_{c_1^{-1}}^{t/x} \frac{S(z)}{\sqrt{c_1^{-2}-z^2}\,(z^2-V^{-2})^{3/2}}\left[A+\frac{2B}{\pi(z^2-\alpha^{-2})}\right]dz, \qquad y=0$$
$$\tag{8-138}$$

下面将 σ_y 分段表达，从中可进一步看到所得解完全满足边界条件。

(1) 当 $c_2t<|x|<c_1t$ 时，$c_1^{-1}<|z|<c_2^{-1}$，式(8-138)变为

$$\sigma_y = \int_{c_1^{-1}}^{t/x} \frac{(c_2^{-2}-2z^2)^2}{\sqrt{z^2-c_1^{-2}}\,(v^{-2}-z^2)^{3/2}}\left[A+\frac{2B}{\pi(z^2-\alpha^{-2})}\right]dz \tag{8-139}$$

(2) 当 $Vt<|x|<c_2t$ 时，$c_2^{-1}<|z|<V^{-1}$，式(8-138)变为

$$\sigma_y = \int_{c_1^{-1}}^{t/x} \frac{(c_2^{-2}-2z^2)^2}{\sqrt{z^2-c_1^{-2}}\,(V^{-2}-z^2)^{3/2}}\left[A+\frac{2B}{\pi(z^2-\alpha^{-2})}\right]dz$$
$$-\int_{c_2^{-1}}^{t/x} \frac{4z^2\sqrt{z^2-c_2^{-2}}}{(V^{-2}-z^2)^{3/2}}\left[A+\frac{2B}{\pi(z^2-\alpha^{-2})}\right]dz \tag{8-140}$$

(3) 当 $at<|x|<Vt$ 时，$V^{-1}<|z|<\alpha^{-1}$，在此区间式(8-138)中的被积函数的实部为零，故有

$$\sigma_y = \mathrm{Re}\int_{c_1^{-1}}^{M} \frac{S(z)}{\sqrt{z^2-c_1^{-2}}\,(v^{-2}-z^2)^{3/2}}\left[A+\frac{2B}{\pi(z^2-\alpha^{-2})}\right]dz = \mathrm{const} = -q$$

这里 $V^{-1}<M<\alpha^{-1}$，由此式即可确定实常数

$$A = \left(-q - \frac{2B}{\pi} J_2\right) \Big/ J_1 \tag{8-141}$$

式中

$$J_1 = \int_{c_1^{-1}}^{M} \frac{(c_2^{-2} - \alpha z^2)^2}{\sqrt{z^2 - c_1^{-2}} (V^{-2} - z^2)^{3/2}} dz - \int_{c_2^{-1}}^{M} \frac{4z^2 \sqrt{z^2 - c_2^{-2}}}{(V^{-2} - z^2)^{3/2}} dz$$

$$J_2 = \int_{c_1^{-1}}^{M} \frac{(c_2^{-2} - \alpha z^2)^2 dz}{\sqrt{z^2 - c_1^{-2}} (V^{-2} - z^2)^{3/2} (z^2 - \alpha^{-2})} - \int_{c_1^{-1}}^{M} \frac{4z^2 \sqrt{z^2 - c_2^{-2}}}{(V^{-2} - z^2)^{3/2} (z^2 - \alpha^{-2})} dz$$

J_1、J_2 在主值意义下可积，其值可用第一、二、三类椭圆积分来表达。

(4) 当 $|x| < \alpha t$ 时，$|z| > \alpha^{-1}$，在此区间式(8-138)中的被积函数的实部亦为零，但在 $|z| = \alpha^{-1}$ 处出现奇点，因此

$$\sigma_y = \mathrm{Re}\left\{\int_{c_1^{-1}}^{M} + \int_{\alpha^{-1}-\varepsilon}^{\alpha^{-1}+\varepsilon} \frac{S(z)}{\sqrt{z^2 - c_1^{-2}} (V^{-2} - z^2)^{3/2}} \left[A + \frac{2B}{\pi(z^2 - \alpha^{-2})}\right] dz\right\}$$

$$= -q + B \frac{S(\alpha^{-1})}{\alpha^{-1} \sqrt{\alpha^{-2} - c_1^{-2}} (\alpha^{-2} - V^{-2})^{3/2}} = -p, \quad V^{-1} < M < \alpha^{-1}$$

(5) 当 $|x| > c_1 t$ 时，$|z| < c_1^{-1}$，此时式(8-138)的实部为零，故有 $\sigma_y = 0$，这与初始条件为零是一致的，表明弹性波的扰动的范围不会超过 $c_1 t$。

将式(8-135)代入式(8-55)、式(8-51)、式(8-129)可得 $y = 0$ 上的位移为

$$V = \frac{V}{\mu c_1^2}\left[A - \frac{2BV^2\alpha^2}{\pi(V^2 - \alpha^2)}\right]\sqrt{V^2 t^2 - x^2} - \frac{B\alpha^4 V^3}{\pi\mu c_1^2 (V^2 - \alpha^2)^{3/2}}$$

$$\cdot \left[t\ln\left|\frac{\sqrt{V^2 t^2 - x^2} - t\sqrt{V^2 - \alpha^2}}{\sqrt{V^2 t^2 - x^2} + t\sqrt{V^2 - \alpha^2}}\right| - \frac{x}{\alpha}\ln\left|\frac{\sqrt{V^2 t^2 - x^2} - \frac{x}{\alpha}\sqrt{V^2 - \alpha^2}}{\sqrt{V^2 t^2 - x^2} + \frac{x}{\alpha}\sqrt{V^2 - \alpha^2}}\right|\right]$$

$$\tag{8-142}$$

将式(8-140)代入式(8-81)，即得应力强度因子为

$$K_1 = \frac{4\sqrt{1-m^2}\sqrt{1-m^2/K^2} - (2-m^2/K^2)^2}{V\sqrt{1-m^2}}\left[A + \frac{2B}{\pi(V^{-2} - \alpha^{-2})}\right]\sqrt{\pi V t}$$

$$\tag{8-143}$$

式中，$m = V/c_1$，$K = c_2/c_1$。利用这里的解可以建立动态 Dugdale 模型。该模型认为裂纹两端的塑性区呈尖劈型沿裂纹扩展方向向两侧伸展，塑性区为广大弹性区包围，塑性区上、下表面作用流变应力 σ_s。这只需令 $q = p - \sigma_s$，并在式(8-143)中令 $K_1 = 0$，即可求得 V 与 α 之关系，塑性区长由 $(V-\alpha)t$ 即可确定。由 $K_1 = 0$ 得

$$A + \frac{2B}{\pi(V^{-2} - \alpha^{-2})} = 0 \tag{8-144}$$

上式给出了 V 与 α 之关系。若求裂纹的张开位移(COD)，只要在式(8-142)令 $x \to \alpha t$，取极限并利用式(8-144)可得裂纹的张开位移为[6]

$$\delta = \frac{2\alpha^2 t\sigma_s \sqrt{c_1^2 - \alpha^2}}{\pi p c_1 [(2c_2^2 - \alpha^2)^2 - 4c_2^3 c_1^{-1} \sqrt{c_1^2 - \alpha^2} \sqrt{c_2^2 - \alpha^2}]} \ln \frac{V}{\alpha} \tag{8-145}$$

在上式中如果令 $\alpha \to 0, \alpha t \to a, V/\alpha \to c/a$，则可得静裂的张开位移 $\delta_{静} = 8\sigma_s a (\pi E')^{-1}$ $\ln(c/a)$。

8.4.3 受脉冲作用的运动裂纹

设无限大弹性体在 $t=0$ 时刻其坐标原点突然受到点脉冲的作用，同时在原点出现穿透裂纹。裂纹以常速 $V < c_R$ 沿 x 轴正、负方向对称扩展。这一问题是由 Уеператов[13] 提出并解决的，本问题的边界条件为

$$\left. \begin{array}{ll} \sigma_y(x,0,t) = -I\delta(x)\delta(t), & |x| < Vt \\ v(x,0,t) = 0, & |x| \geqslant Vt \\ \tau_{xy}(x,0,t) = 0, & -\infty < x < \infty \end{array} \right\} \tag{8-146}$$

本问题位移势函数 ϕ 及 ψ 是齐次，将式(8-146)的第一式代入到式(8-47)、(8-56)中，得

$$\frac{1}{t} \text{Re} F(z) = \int_0^t \sigma_y dt = -I\delta(x), \quad y = 0, \quad |x| < Vt$$

再利用式(8-55)，有

$$\text{Re}\left[\frac{\mu}{c_2^{-2}} \frac{zS(z)}{\sqrt{c_1^{-2} - z^2}} W'(z)\right] = It\delta(x) = I\delta\left(\frac{x}{t}\right) = I\delta(z^{-1})$$
$$\text{Im} z = 0, \quad |\text{Re} z| > V^{-1} \tag{8-147}$$

将式(8-146)的第二式代入式(8-47)、式(8-51)可得

$$\text{Re} W'(z) = 0, \quad \text{Im} z = 0, \quad |\text{Re} z| < V^{-1} \tag{8-148}$$

在式(8-147)中，$|z| > V^{-1}$，而 $V < c_R$，故有 $|z| > c_R^{-1}$，因而 $S(z)/\sqrt{c_1^{-2} - z^2}$ 在此区间为纯虚量。由 δ 函数性质知，$W'(z)$ 在 $|z| > V^{-1}$ 中必为纯实量。这才能保证在 $z^{-1} \neq 0$ 时式(8-147)的左端为零。注意到式(8-54)，为保证 $z^{-1} \to 0$ 时，式(8-147)趋于无穷，则 $z \to \infty$ 时 $W'(z)$ 应具有 z^{-1} 因子。这样，边界条件式(8-146)导致问题为

$$\left. \begin{array}{ll} \text{Im} W'(z) = 0, & 当 \text{Im} z = 0 时, \quad |\text{Re} z| > V^{-1} \\ \text{Re} W'(z) = 0, & 当 \text{Im} z = 0 时, \quad |\text{Re} z| < V^{-1} \\ W'(z) \to M z^{-1}, & z \to \infty \end{array} \right\} \tag{8-149}$$

上式 M 为实常数。利用裂纹尖端的性质，即 $|x| \to Vt$ 时，σ_y 有 $(x - Vt)^{-1/2}$ 阶奇异性，由此可看出 $W'(z)$ 在裂纹尖端应比例于 $\sqrt{z^2 - V^{-2}}$。这样我们可得问题 (8-149) 的唯一解为

$$W'(z) = (A\sqrt{z^2 - V^{-2}})/z^2 \tag{8-150}$$

将式(8-150)代入式(8-147)，即可确定实常数

$$A = Ic_2^{-2}[2\pi\mu(c_2^{-2} - c_1^{-2})]^{-1} \tag{8-151}$$

将式(8-150)、式(8-151)代入式(8-51)、式(8-47),可得裂纹边缘的位移为

$$v = \frac{Ic_2^{-2}V^{-1}}{2\pi\mu(c_2^{-2}-c_1^{-2})}\frac{\sqrt{V^2t^2-x^2}}{t}, \qquad y=0, \qquad |x|<Vt \quad (8\text{-}152)$$

将式(8-150)、式(8-151)代入式(8-52)、式(8-47)即可得 $y=0$ 上的应力,将所得应力代入到式(8-81)即得动应力强度因子

$$K_1 = \frac{IS(V^{-1})}{2\sqrt{\pi V}(V^{-2}-c_1^{-2})(c_2^{-2}-c_1^{-2})t^{3/2}} \quad (8\text{-}153)$$

可见,在脉冲作用下扩展的裂纹,其应力强度因子按 $t^{-3/2}$ 减少。

8.4.4　原点作用增长力 pt 的运动裂纹

设自相似运动裂纹中心(坐标原点)作用增长力 pt,求此问题的动应力强度因子。这一问题在文献[3]中有介绍。本问题的边界条件为

$$\left.\begin{array}{l}\sigma_y(x,0,t) = -pt\delta(x), \quad |x|<Vt \\ v(x,0,t) = 0, \quad |x|>Vt \\ \tau_{xy}(x,0,t) = 0, \quad -\infty<x<\infty\end{array}\right\} \quad (8\text{-}154)$$

应力为齐次,因而有式(8-129)。由式(8-129)、式(8-56),可将式(8-154)的第一式写为

$$\mathrm{Re}F(z) = t\frac{\partial}{\partial t}[pt\delta(x)] = pt\delta(x) = p\delta(z^{-1})$$

由式(8-55)、式(8-51),问题(8-154)导致

$$\left.\begin{array}{l}\mathrm{Im}\left\{\dfrac{\mu z S(z)}{c_2^{-2}\sqrt{z^2-c_1^{-2}}}W'(z)\right\} = p\delta(z^{-1}), \quad |z|>V^{-1} \\ \mathrm{Re}W(z) = 0, \quad |z|<V^{-1}\end{array}\right\} \quad (8\text{-}155)$$

用与前面相同的方法,可得式(8-155)的解为

$$W'(z) = \frac{pc_2^{-2}}{2\pi\mu(c_2^{-2}-c_1^{-2})(z^2-v^{-2})^{3/2}} \quad (8\text{-}156)$$

由式(8-129)、式(8-51),即得在 $y=0$ 上的位移

$$v = \frac{pc_2^{-2}t}{2\pi\mu(c_2^{-2}-c_1^{-2})}\left[\ln\left|\frac{Vt+\sqrt{(Vt)^2-x^2}}{x}\right| - 2\frac{\sqrt{(Vt)^2-x^2}}{Vt}\right] \quad (8\text{-}157)$$

应力强度因子

$$K_1 = \frac{pS(V^{-1})t^{1/2}}{2\sqrt{\pi}(V^{-2}-c_1^{-2})(c_2^{-2}-c_1^{-2})} \quad (8\text{-}158)$$

上面所有问题,对 III 型裂可用完全相同的方法求解,只是计算更为简单。

8.5　轴对称问题的自相似解法

8.5.1　一般公式

从上几节知,用函数不变解方法求解某些问题是很简单的,但上面给出的方法

仅适用于平面问题。现在我们用文献[14]的方法将平面自相似问题的解法推广到具有任意自相似指数的轴对称问题中去。轴对称问题其他自相似解法这里不作介绍,有兴趣者可看文献[15]～[17]等。

用圆柱坐标系 r、ϕ、z 表示轴对称空间,用 x、z 表示二维平面坐标,其中 $x=r\cos\theta$,θ 为 r 与 x 轴夹角。用 $\overline{U}(r,z)$ 表示轴对称问题的位移矢量,下脚标 0 表示与轴对称相应的平面问题的量。则 $\overline{U}(r,z)$ 可由 $\overline{U}_0(x,z)$ 按旋转叠加而得到

$$\overline{U}(r,z) = \int_0^{2\pi} \overline{U}_0(x,z) d\theta, \qquad x = r\cos\theta \tag{8-159}$$

观察位移矢量 $\overline{U}_0(x,z)$ 在圆柱坐标系上的投影,有

$$u_{0r} = u_0\cos\theta, \qquad u_{0\theta} = u_0\sin\theta, \qquad v_{0z} = v_0 \tag{8-160}$$

式中,u_{0r}、$u_{0\theta}$、v_{0z} 为 $\overline{U}_0$ 在圆柱坐标系上的投影,u_0、v_0 为 $\overline{U}_0$ 在直角坐标 x、z 上的分量。将式(8-160)代入式(8-159),得

$$\left. \begin{array}{l} u_r = \displaystyle\int_0^{2\pi} u_0(r\cos\theta,z)\cos\theta d\theta, \qquad v = \displaystyle\int_0^{2\pi} v_0(r\cos\theta,z) d\theta \\ u_\theta \equiv 0 \end{array} \right\} \tag{8-161}$$

式中,u_r、u_θ、v 分别为沿 r、θ、z 方向的位移。由于 $u_\theta=0$,为方便起见,记 $u_r=u$。由几何关系,得

$$\left. \begin{array}{l} \varepsilon_r = \displaystyle\int_0^{2\pi} \frac{\partial u_0}{\partial r}\cos\theta d\theta, \qquad \varepsilon_\theta = \frac{1}{r}\displaystyle\int_0^{2\pi} u_0\cos\theta d\theta, \qquad \varepsilon_z = \displaystyle\int_0^{2\pi} \frac{\partial v_0}{\partial z} d\theta \\ \gamma_{rz} = \frac{1}{2}\displaystyle\int_0^{2\pi} \left(\frac{\partial u_0}{\partial z}\cos\theta + \frac{\partial v_0}{\partial r} \right) d\theta \end{array} \right\} \tag{8-162}$$

由应力应变关系 $\sigma_{ij}=\lambda e+2\mu\varepsilon_{ij}$,得

$$\begin{aligned} \sigma_z &= \int_0^{2\pi} \left[\lambda \left(\frac{\partial u_0}{\partial r}\cos\theta + \frac{u_0}{r}\cos\theta + \frac{\partial v_0}{\partial v} \right) + 2\mu \frac{\partial v_0}{\partial z} \right] d\theta \\ &= \int_0^{2\pi} \left[\lambda \left(\frac{\partial u_0}{\partial x} + \frac{\partial v_0}{\partial z} \right) + 2\mu \frac{\partial v_0}{\partial z} \right] d\theta = \int_0^{2\pi} \sigma_{0z} d\theta \end{aligned} \tag{8-163}$$

同理

$$\left. \begin{array}{l} \sigma_r = \displaystyle\int_0^{2\pi} \left(\sigma_0 x - 2\mu \frac{\partial u_0}{\partial x}\sin^2\theta \right) d\theta \\ \sigma_\theta = \displaystyle\int_0^{2\pi} \left(\sigma_{0x} + 2\mu \frac{\partial u_0}{\partial x}\sin^2\theta \right) d\theta \\ \sigma_{rz} = \displaystyle\int_0^{2\pi} \tau_{0xz}\cos\theta d\theta, \qquad \tau_{r\theta} = \tau_{\theta z} = 0 \end{array} \right\} \tag{8-164}$$

由上式可知,若得到相应的平面问题的解,则应用上述公式即可求得轴对称问题的解。为止,还必须把轴对称问题的边界条件化为相应的平面问题的边界条件,这才能使轴对称问题化为相应的平面问题。令

$$\eta = r^2\cos^2\theta \tag{8-165}$$

则式(8-163)、式(8-164)变为

$$\sigma_z(r,z) = \int_0^{r^2} \sigma_{0z} \frac{\mathrm{d}\eta}{\sqrt{\eta}(r^2-\eta)^{1/2}}, \qquad \tau_{rz}(r_1z) = \int_0^{r^2} \tau_{0xz} \frac{\mathrm{d}\eta}{r(r^2-\eta)^{1/2}} \quad (8\text{-}166)$$

这是两个独立的 Abel 积分方程,其解为

$$\left.\begin{aligned}\sigma_{0z}(\sqrt{\eta},z) &= \frac{\sqrt{\eta}}{\pi}\frac{\partial}{\partial\eta}\int_0^{\eta}\frac{\sigma_z(\sqrt{\eta_0},z)}{(\eta-\eta_0)^{1/2}}\mathrm{d}\eta_0 \\ \tau_{0xz}(\sqrt{\eta},z) &= \frac{1}{\pi}\frac{\partial}{\partial\eta}\int_0^{\eta}\frac{\sqrt{\eta_0}\tau_{xz}(\sqrt{\eta_0},z)}{(\eta-\eta_0)^{1/2}}\mathrm{d}\eta_0\end{aligned}\right\} \quad (8\text{-}167)$$

式中,$\eta_0 = r^2$。此式表明,对于轴对称问题,只有唯一的平面问题与之相应,反之亦然。这就证明了解的唯一性。由式(8-167)可把轴对称问题的边界条件化为相应的平面问题的边界条件,求解此平面问题后,再应用式(8-161)～式(8-164)即可得轴对称问题的解。

取

$$\begin{aligned}\xi_k &= \frac{xt - \mathrm{i}z\sqrt{t^2 - c_k^{-2}(x^2+z^2)}}{x^2+z^2} \\ &= \frac{r\cos\theta\cdot t - \mathrm{i}z\sqrt{t^2 - c_k^{-2}(r^2\cos^2\theta+z^2)}}{r^2\cos^2\theta+z^2}, \qquad k=1,2 \quad (8\text{-}168)\end{aligned}$$

则由 8.1 节知,以 ξ_k 为变量的任意解析函数都是波动方程的解。设所论轴对称问题中,在边界上有若干载荷区段及位移区段,这些区段的端点各以不同的常速运动。各区段上的载荷及位移是如下函数的线性组合,即

$$Q(r,t) = \frac{d^k f_{k_1}(r)}{dr^k} \cdot \frac{d^l f_{l_1}(t)}{dt^l}, \qquad f_i(\xi) = \begin{cases} 0, & \xi < 0 \\ \xi^i, & \xi > 0 \end{cases} \quad (8\text{-}169)$$

式中,k、k_1、l、l_1 是任意整数。显然,以 r、t 为变量的任何连续函数都可用式(8-169)的线性组合来一致的逼近。取如下线性微分算子

$$L = \partial^{m+n}/\partial r^m \partial t^n \quad (8\text{-}170)$$

式中,$m=k_1-k$,$n=l_1-l$ 为自相似指数。式(8-170)中负导数表示积分,零阶导数表示函数本身。轴对称算子式(8-170)可以变换为平面上的线性微分算子,有

$$L = \frac{\partial^{m+n}}{\partial r^m \partial t^n} = \frac{\partial^{m+n}}{\partial x^m \partial t^n} \cdot \left(\frac{\partial x}{\partial r}\right)^m = \cos^m\theta L' \quad (8\text{-}171)$$

式中 $L' = \partial^{m+n}/\partial x^m \partial t^n$ 是平面上的线性微分算子。将 L 作用于式(8-161)、式(8-163)、式(8-164)得

$$\left.\begin{aligned}Lv &= L\int_0^{2\pi} v_0 \mathrm{d}\theta = \int_0^{2\pi} Lv_0 \mathrm{d}\theta = \int_0^{2\pi} \cos^m\theta L' v_0 \mathrm{d}\theta \\ L\sigma_z &= \int_0^{2\pi} \cos^m\theta L' \sigma_{0z} \mathrm{d}\theta, \qquad L\tau_{rz} = \int_0^{2\pi} \cos^{m+1}\theta L' \tau_{0xz} \mathrm{d}\theta\end{aligned}\right\} \quad (8\text{-}172)$$

Lu_r、Lu_θ、$L\sigma_r$、$L\sigma_\theta$ 可类似地得到。利用式(8-172)可将平面问题的全部结果推广到具有任意自相似指数的轴对称问题中[14]。下面我们仅给出具有如下条件的轴对

称问题的解

$$\text{在 } x = 0 \text{ 上,} \qquad \tau_{rz} = 0 \tag{8-173}$$

在此情况下，不难得出：

$$\sigma_z^0 = \frac{\mu}{c_2^{-2}} \text{Re} \int_0^{2\pi} \left[\frac{(c_2^{-2} - 2\xi_1^2)^2}{z\xi_1 - r\cos\theta \sqrt{c_1^{-2} - \xi_1^2}} W'(\xi_1) \right.$$
$$\left. + \frac{4\xi_2^2(c_2^{-2} - \xi_2^2)}{z\xi_2 - r\cos\theta \sqrt{c_2^{-2} - \xi_2^2}} W'(\xi_2) \right] \cos^m\theta d\theta$$

$$\tau_{rz}^0 = \frac{\mu}{c_2^{-2}} \text{Re} \int_0^{2\pi} \left[\frac{2\xi_1(c_2^{-2} - 2\xi_1^2)\sqrt{c_1^{-2} - \xi_1^2}}{z\xi_1 - r\cos\theta \sqrt{c_1^{-2} - \xi_1^2}} W'(\xi_1) \right.$$
$$\left. - \frac{2\xi_2(c_2^{-2} - 2\xi_2^2)\sqrt{c_2^{-2} - \xi_2^2}}{z\xi_2 - r\cos\theta \sqrt{c_2^{-2} - \xi_2^2}} W'(\xi_2) \right] \cos^{m+1}\theta d\theta$$

$$u^0 = \text{Re} \int_0^{2\pi} [U_1(\xi_1) + U_2(\xi_2)] \cos^{m+1}\theta d\theta$$

$$v^0 = \text{Re} \int_0^{2\pi} [V_1(\xi_1) + V_2(\xi_2)] \cos^m\theta d\theta \tag{8-174}$$

式中，ξ_k 由式(8-168)确定，其中的 m 即为算子 L 中的 m 值。$U_1(\xi)$、$U_2(\xi)$、$V_1(\xi)$、$V_2(\xi)$ 之关系由式(8-49)确定。u^0、v^0、σ_z^0、τ_{rz}^0 由式(8-45)、式(8-46)、式(8-47)确定。

这样，轴对称问题化为寻找单一未知函数 $W(\xi)$ 的问题。当边界条件在 $z=0$ 上给出时，问题变得更为简单。在 $z=0$ 上有 $\xi=\xi_1=\xi_2$，从而可导出一系列简单而方便的公式。由式(8-174)、式(8-49)可得

$$\left.\begin{aligned}\sigma_z^0 &= \frac{\mu c_2^2}{r} \text{Re} \int_0^{2\pi} \frac{S(\xi)}{\cos\theta \sqrt{c_1^{-2} - \xi^2}} W'(\xi) \cos^m\theta d\theta \\ v^0 &= \text{Re} \int_0^{2\pi} W(\xi) \cos^m\theta d\theta\end{aligned}\right\} \tag{8-175}$$

式中，$S(\xi)$ 由式(8-53)确定。由对称性，$W(\xi)$ 应是 ξ 的偶函数，令 $\xi = \xi^2$，则在 $z=0$ 的平面上有

$$\xi = \frac{t^2}{r^2\cos^2\theta}, \qquad d\theta = \frac{\sqrt{\xi_0} d\xi}{2\xi \sqrt{\xi - \xi_0}}, \qquad \xi_0 = \frac{t^2}{r^2} \tag{8-176}$$

采用此变换后，函数 W 当然也发生变化，为了方便，仍用 W 代表，即 $W(\xi)=W(\zeta)$，$W'(\zeta)=W'(\xi)2\sqrt{\xi}$。将式(8-176)代入式(8-175)得

$$\left.\begin{aligned}\sigma_z^0 &= -\frac{2\mu c_2^2}{r} \text{Re} \int_{L_\xi} \frac{R(\xi)W'(\xi)}{\sqrt{c_1^{-2} - \xi}} \left(\frac{\xi_0}{\xi}\right)^{m/2} \frac{d\xi}{\sqrt{\xi - \xi_0}} \\ v^0 &= \sqrt{\xi_0} \text{Re} \int_{L_\xi} W(\xi) \left(\frac{\xi_0}{\xi}\right)^{m/2} \frac{d\xi}{\xi \sqrt{\xi - \xi_0}}\end{aligned}\right\} \tag{8-177}$$

式中

$$R(\xi) = (c_2^{-2} - 2\xi)^2 + 4\xi \sqrt{c_1^{-2} - \xi} \sqrt{c_2^{-2} - \xi} \tag{8-178}$$

积分路线 L_ξ 如图 8-3 所示。

当 $m=0$ 时,式(8-117)变为

$$\left.\begin{array}{l}\sigma_z^0 = -\dfrac{2\mu c_2^2}{r}\mathrm{Re}\displaystyle\int_{L_\xi}\dfrac{R(\xi)W'(\xi)}{\sqrt{c_1^{-2}-\xi}}\cdot\dfrac{\mathrm{d}\xi}{\sqrt{\xi-\xi_0}}\\[2mm] v^0 = \sqrt{\xi_0}\mathrm{Re}\displaystyle\int_{L_\xi}W(\xi)\dfrac{\mathrm{d}\xi}{\xi\sqrt{\xi-\xi_0}}\end{array}\right\} \quad (8\text{-}179)$$

应用时注意,$\xi_0 \to 0$ 时,对应着物理坐标的无限远点;$\xi_0 \to \infty$ 时,对应物理平面的原点。式(8-177)~式(8-179)中的根号在去掉沿实轴正向的切口后是单值的,并规定 $\sqrt{c_1^{-1}-\xi}$,$\sqrt{c_2^2-\xi}$ 取算术根。在 $\xi \to 0$ 时,$\sqrt{\xi-\xi_0}=\mathrm{i}\sqrt{\xi_0}$。若用应力法解题,可引入导数 $F(\xi)$,令

$$F(\xi) = \dfrac{R(\xi)}{\sqrt{c_1^{-2}-\xi}}W'(\xi) \quad (8\text{-}180)$$

则有

$$\sigma_z^0 = \dfrac{2\mu c_2^2}{r}\mathrm{Re}\int_{L_\xi}F(\xi)\left(\dfrac{\xi_0}{\xi}\right)^{m/2}\dfrac{\mathrm{d}\xi}{\sqrt{\xi-\xi_0}} \quad (8\text{-}181)$$

当 $m=0$ 时

$$\sigma_z^0 = \dfrac{2\mu c_2^2}{r}\mathrm{Re}\int_{L_\xi}F(\xi)\dfrac{\mathrm{d}\xi}{\sqrt{\xi-\xi_0}} \quad (8\text{-}182)$$

由于式(8-177)~式(8-182)中的被积函数在去掉沿实轴正向的切口后是单值解析的,因此我们可以将图 8-3 的积分路线 L_ξ 改为如图 8-4 所示的路线。

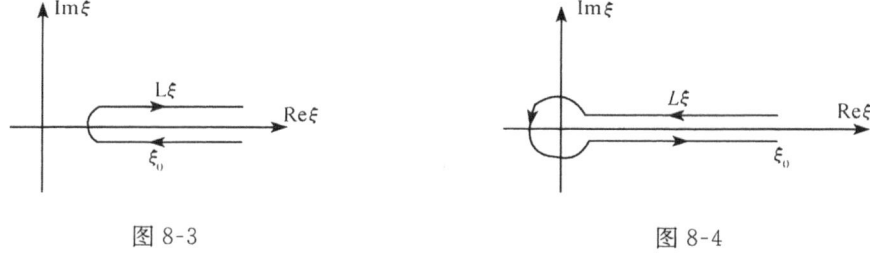

图 8-3　　　　　　　　　　　图 8-4

至此,所论问题化为寻找单一的未知函数 $F(\xi)$ 或 $W(\xi)$ 的问题。用这种方法求解具有任意自相似指数的轴对称问题比较方便。文献[14]用这一方法求解了受 pt^n 型载荷及阶跃载荷的圆盘状运动裂纹问题,其求解过程比较简单。

8.5.2　受均布载荷的圆盘状运动裂纹

设在 $t=0$ 时刻无限大弹性体中出现圆盘状裂纹,裂纹半径以常速 $V<c_R$ 在 xOy 平面上扩展。裂纹表面作用均布载荷 $\sigma_z=-\sigma_0$。此问题的边界条件为

$$\left.\begin{array}{lll}\sigma_z=-\sigma_0, & z=0, & 0\leqslant r<Vt\\ v=0, & z=0, & r\geqslant Vt\\ \tau_{rz}=0, & z=0, & 0\leqslant r<\infty\end{array}\right\} \quad (8\text{-}183)$$

由式(8-183)的第三式知,我们可以应用上面介绍的公式。本问题应力为齐次,故

$$\sigma_y^0=\frac{\partial}{\partial t}\sigma_y, \qquad v^0=\frac{\partial}{\partial t}v \qquad (8\text{-}184)$$

边界条件式(8-183)变为

$$\left.\begin{array}{lll}\sigma_z^0=0, & z=0, & \xi_0>V^{-2}\\ v^0=0, & z=0, & \xi_0<V^{-2}\end{array}\right\} \quad (8\text{-}185)$$

将式(8-179)代入式(8-185)得

$$\left.\begin{array}{lll}\mathrm{Re}\int_{L_\xi}\dfrac{R(\xi)}{\sqrt{c_1^{-2}-\xi}}W'(\xi)\dfrac{\mathrm{d}\xi}{\sqrt{\xi-\xi_0}}=0, & z=0, & \xi_0>V^{-2}\\ \mathrm{Re}\int_{L_\xi}W(\xi)\dfrac{\mathrm{d}\xi}{\xi\sqrt{\xi-\xi_0}}=0, & z=0, & \xi_0<V^{-2}\end{array}\right\} \quad (8\text{-}186)$$

显然,$W'(\xi)$在$\xi=V^{-2}$时有奇点,在$\xi\neq V^{-2}$时是解析的,在裂纹尖端$r-Vt\to 0$时,σ_z有$(r-Vt)^{-1/2}$阶奇异性,再利用无穷远条件,可得式(8-186)的解为

$$W'(\xi)=A\,(V^{-2}-\xi)^{-2} \qquad (8\text{-}187)$$

A为待定实常数。将式(8-187)代入式(8-179)、式(8-184)得

$$\sigma_z=-\mu c_2^2 A\,\sqrt{\xi_0}\mathrm{Re}\int_{L_\xi}\int_0^\xi \frac{R(\xi)}{\sqrt{c_1^{-2}-\xi}(V^{-2}-\xi)^2}\mathrm{d}\xi\frac{\mathrm{d}\xi}{\xi\sqrt{\xi-\xi_0}} \qquad (8\text{-}188)$$

实常数A由边界条件$\xi_0>V^{-2}$时$\sigma_z=-\sigma_0$确定,为计算方便,式(8-188)中的第二个积分路线$0\sim\xi$改为如图8-5所示的三部分$L_1+L_2+L_3$组成。令$R\to\infty$,则L_2上和积分为零,因而

$$\int_0^\xi\frac{R(\xi)W'(\xi)}{\sqrt{c_1^{-2}-\xi}}\mathrm{d}\xi=\int_0^{-\infty}\frac{R(\xi)W'(\xi)}{\sqrt{c_1^{-2}-\xi}}\mathrm{d}\xi+\int_{\infty\xi}^\xi\frac{R(\xi)W'(\xi)}{\sqrt{c_1^{-2}-\xi}}\mathrm{d}\xi=f_1+f_2 \qquad (8\text{-}189)$$

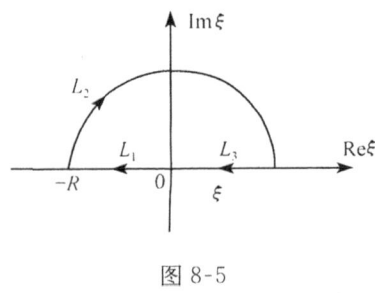

图 8-5

上式的后一项在$\xi_0>V^{-2}$时消失。在$z=0, r<Vt$时有

$$\sigma_z=-\mu c_2^2\,\sqrt{\xi_0}\int_{L\xi}\frac{\mathrm{d}\xi}{\xi\sqrt{\xi-\xi_0}}f_1=-2\pi\mu c_2^2 f_1=-\sigma_0$$

从而得

$$A=-\sigma_0\,(2\pi\mu c_2^2 J)^{-1} \qquad (8\text{-}190)$$

$$J=\int_0^\infty\frac{(c_2^{-2}+2\xi)^2-4\xi\sqrt{c_1^{-2}+\xi}\sqrt{c_2^{-2}+\xi}}{(\alpha^{-2}+\xi)^2\sqrt{c_1^{-2}+\xi}}\mathrm{d}\xi$$

在$z=0, r<Vt$上的位移为

$$v=2\pi VA\,\sqrt{V^2 t^2-r^2} \qquad (8\text{-}191)$$

这一问题是由 Космров[1] 和 Craggs[18] 用不同方法解决的。对于裂纹表面受 $\sigma_z = p(r/t)$ 问题的解由 Atkinson[19] 解决。Tsai[20] 研究了变速扩展的圆盘状裂纹问题并给出了一般公式。

8.6 断裂动力学问题的其他解法

对线弹性断裂动力学问题，除了我们上面介绍过的积分变换法及函数不变解方法外，还有其他一些方法。例如，对自相似裂纹也可以不用 Smirnov 的函数不变解方法，而用其他方法，这些方法原则上是一致的，都是依其自相似性将动力学问题化为在数学上与静力学相似的问题去求解，有兴趣者可看文献[15]、[16]等，这里不再叙述。下面我们介绍几种与前面完全不同的方法。

8.6.1 定常场问题

这类运动裂纹的特点是，如果使动坐标同裂纹尖端一起运动，即取原点固结在裂纹尖端上的平动坐标系，则以动坐标表达的位移场，在应力场函数中将不显含时间 t，因此裂纹尖端附近应力，位移都与时间无关，动应力强度因子是与时间无关的常量。这类问题显然是准静态的，有不少文献，如文献[21]等对此类问题都有论述。

设 $x'O'y'$ 为静系，采用如下动坐标系 xOy，有

$$x = x' - Vt, \qquad y = y' \tag{8-192}$$

对准静态问题，势 ϕ、ψ 中不显含 t，波动方程变为

$$s_1^2 \frac{\partial^2 \phi}{\partial x^2} + \frac{\partial^2 \phi}{\partial y^2} = 0, \qquad s_2^2 \frac{\partial^2 \psi}{\partial x^2} + \frac{\partial^2 \psi}{\partial y^2} = 0 \tag{8-193}$$

式中

$$S_j = (1 - M_j^2)^{1/2}, \qquad M_j = V c_j^{-1}, \qquad j = 1, 2 \tag{8-194}$$

亦可更方便的采用如下动系，即

$$x_j = x' - Vt, \qquad y_j = s_j y', \qquad z_j = z, \qquad j = 1, 2 \tag{8-195}$$

对准静态问题，波动方程变为

$$\frac{\partial^2 \phi}{\partial x_1^2} + \frac{\partial^2 \phi}{\partial y_1^2} = 0, \qquad \frac{\partial^2 \psi}{\partial x_2^2} + \frac{\partial^2 \psi}{\partial y_2^2} = 0 \tag{8-196}$$

可以看到，采用式(8-195)的坐标变换有明显的优越性，因为在此变换下，波动方程变为式(8-196)的 Laplace 方程。

有时也采用 Atkinson[22] 给出的变换，取

$$\xi_1 = x' - Vt + T_1 y', \qquad \xi_2 = x' - Vt + T_2 y' \tag{8-197}$$

将式(8-197)代入波动方程式(7-7)可知，只要

$$T_1 = is_1, \qquad T_2 = is_2 \tag{8-198}$$

则波动方程(7-7)成为恒等式，因此以 ξ_1、ξ_2 为变量的任意解析函数的实部和虚部

都满足波动方程。由式(8-197)知,以 ξ_1、ξ_2 为变量的函数对 x'、y'、t 的任意阶导数都不显含 t,因此这显然是准静态解。事实上,利用式(8-195)的变换可得

$$\xi_j = x_j + \mathrm{i} y_j, \qquad j = 1, 2 \tag{8-199}$$

因此式(8-195)的变换与式(8-197)的变换实际上是相同的。

在应用时,一般采用式(8-195)的变换,对准静态问题,波动方程变为 Laplace 方程,而任意解析函数的实部和虚部都满足 Laplace 方程,这使问题化为确定满足边界条件的解析函数的问题。采用文献[23]介绍的方法,引入极坐标

$$\left.\begin{array}{l} r_1 \mathrm{e}^{\mathrm{i}\theta_1} = x_1 + \mathrm{i} y_1 = x' - Vt + \mathrm{i} s_1 y' \\ r_2 \mathrm{e}^{\mathrm{i}\theta_2} = x_2 + \mathrm{i} y_2 = x' - Vt + \mathrm{i} s_2 y' \end{array}\right\} \tag{8-200}$$

式中,s_1、s_2 由式(8-194)确定。x'、y' 为静系坐标,x_j、y_j 为式(8-195)给出的动坐标,极坐标的原点在裂纹尖端,即动系 x_j、y_j 的原点。对张开型裂纹,取如下形式解

$$\phi = \alpha r_1^n \cos n\theta_1, \qquad \psi = -\beta r_2^n \sin n\theta_2 \tag{8-201}$$

对于表面是自由的裂纹,利用裂纹表面无应力的边界条件可得两个关于 α 和 β 的齐次线性方程,使系数行列式等于零,有

$$n = 3/2, \qquad \beta = 2s_1\alpha/c \tag{8-202}$$

式中,$c = 2 - c_2^{-2} V^2$。由此,势 ϕ, ψ 的表达式(8-201)可写为

$$\phi = \alpha r_1^{3/2} \cos\frac{3}{2}\theta_1, \qquad \psi = -2s_1 \alpha c^{-1} r_2^{3/2} \sin\frac{3}{2}\theta_2 \tag{8-203}$$

α 需由边界条件确定。由式(8-203)可得裂纹尖端附近的应力分量为

$$\left.\begin{array}{l} \sigma_x = \dfrac{3}{4}\mu\alpha \left[(1 + 2s_1^2 - s_2^2) \dfrac{\cos\theta_1/2}{\sqrt{r_1}} - \dfrac{4s_1 s_2}{c} \dfrac{\cos\theta_2/2}{\sqrt{r_2}} \right] \\[2mm] \sigma_y = \dfrac{3}{4}\mu\alpha \left[-c\dfrac{\cos\theta_1/2}{\sqrt{r_1}} + \dfrac{4s_1 s_2}{c} \dfrac{\cos\theta_2/2}{\sqrt{r_2}} \right] \\[2mm] \tau_{xy} = \dfrac{3}{2}\mu\alpha s_1 \left[\dfrac{\sin\theta_1/2}{\sqrt{r_1}} - \dfrac{\sin\theta_2/2}{\sqrt{r_2}} \right] \end{array}\right\} \tag{8-204}$$

动应力强度因子

$$K = (\sigma_y)_{\theta=0} \sqrt{2\pi r} = 3\sqrt{2\pi}\mu\alpha (4c)^{-1} [4s_1 s_2 - c^2] \tag{8-205}$$

在上面各式中,只有 α 是待定的,它需要根据具体问题的边界条件来确定。由式(8-203)～式(8-205)可以看出,所有各量中都不显含时间 t,裂纹尖端的应力与应力强度因子都与时间无关,所以我们称这类解为准静态解。

对于这类裂纹,取

$$\begin{aligned} J &= \int_\Gamma [(W+T)\mathrm{d}x_2 - T_i u_{i,1} \mathrm{d}s] \\ &= \int_\Gamma \left[\left(W + \frac{1}{2}\rho \dot{u}_i \dot{u}_i\right) \mathrm{d}x_2 - \sigma_{ij} u_{i,1} n_j \mathrm{d}s \right] \end{aligned} \tag{8-206}$$

称为"广义 J 积分"。式中

$$x_i = x'_i - v_i t, \qquad \dot{x}_i = -v_i, \qquad \dot{u}_i = -v_j u_{i,j} \tag{8-207}$$

由 Green 公式,有

$$\oint\left[\left(W+\frac{1}{2}\rho\dot{u}_i\dot{u}_i\right)\mathrm{d}x_2-\sigma_{ij}u_{i,1}n_j\mathrm{d}s\right]=\iint_D\frac{\partial}{\partial x_j}\left[\left(W+\frac{1}{2}\rho\dot{u}_i\dot{u}_i\right)\delta_{1j}-\delta_{ij}u_{i,1}\right] \tag{8-208}$$

式中,δ_{1j} 为 Kronecker 符号。由于

$$\sigma_{ij,j}=\rho\ddot{u}_i,\qquad \sigma_{ij}=\partial w/\partial\varepsilon_{ij},\qquad \frac{\partial w}{\partial x_j}\cdot\delta_{1j}=\frac{\partial w}{\partial x_1} \tag{8-209}$$

因而

$$\frac{\partial w}{\partial x_j}\delta_{1j}=\frac{\partial w}{\partial\varepsilon_{ij}}\cdot\frac{\partial\varepsilon_{ij}}{\partial x_1}=\sigma_{ij}u_{i,1j}=\frac{\partial}{\partial x_j}(\sigma_{ij}u_{i,1})-\sigma_{ij,j}u_{i,1} \tag{8-210}$$

将式(8-210)代入式(8-208)得

$$\oint=\iint_D(\rho\dot{u}_i\dot{u}_{i,1}-\rho\ddot{u}_iu_{i,1})\mathrm{d}A=0 \tag{8-211}$$

上式利用了

$$\dot{u}_i\dot{u}_{i,1}=u_{i,1}(-v)\ddot{u}_i(-v)^{-1}=u_{i,1}\ddot{u}_i$$

可见,式(8-206)定义的广义 J 积分与路径无关。若在式(8-206)中令 $T=0$,则得 Rice 给出的静态问题的 J 积分。

8.6.2 运动位错理论

静态断裂动力学的位错连续分布理论将裂纹看做位错积塞群,认为裂纹是由连续分布的位错组成。文献[7]、[14]将这一理论推广到运动裂纹,将运动裂纹看做连续分布的运动着的位错,位错分布函数不仅是坐标的函数,也是时间的函数。裂纹在扩展时,位错不仅在运动,也在不断的增殖,因此这一理论把位错动力学、位错增殖理论、位错反应理论、Smith 理论等综合起来。I 型运动裂纹是运动着的刃位错,III 型运动裂纹是运动着的螺位错。每一个运动着的位错都将在材料内产生应力场,材料内任一点的应力则是所有位错在该点产生的应力与外力产生的应力的叠加。文献[7]给出以速度 β 运动的单个螺位错的应力场为

$$\tau_{yz}=\frac{b\mu}{2\pi}\cdot\frac{1}{x-\beta t}\sqrt{1-x^2/c_2^2t^2} \tag{8-212}$$

式中,b 为柏氏矢量。该裂纹两端各以速度 a、b 沿 x 轴扩展,则在任一瞬时所有运动位错在任一点产生的应力总和与外力在该点产生的产力相叠加即得这一点处的应力。对 x 轴上的任一点,有

$$\tau_{yz}(x,0,t)=\frac{b\mu}{2\pi}\int_{at}^{bt}\frac{D(x')}{x-x'}\sqrt{1-x^2/c_2^2t^2}\mathrm{d}x'+p(x) \tag{8-213}$$

式中,$x'=\beta t$,$D(x')$ 为位错分布密度,$p(x)$ 为外力在 $(x,0)$ 点应生的应力。由于裂纹表面是自由的,因此,在 $at<x<bt$ 中,$\tau_{yz}(x,0,t)=0$。这样,利用式(8-213)即可求得 $D(x')$,从而可求得任一点处的应力。在断裂力学中常利用叠加原理将问

题化为裂纹表面受力,而远处不再受力的问题。对仅在裂纹表面受力的问题,可以认为裂纹表面所受的力全部由运动位错所引起,即

$$\frac{b\mu}{2\pi}\int_{at}^{bt}\frac{D(x')}{x-x'}\sqrt{1-x^2/c_2^2t^2}\,\mathrm{d}x' = p(x), \qquad at < x < bt \tag{8-214}$$

注意,式(8-214)中的 $p(x)$ 为裂纹表面的应力(可理解为裂纹表面所受载荷),此应力是由运动位错所引起,含裂纹体不再受其他载荷,而式(8-213)中的 $p(x)$ 为外力(不是运动位错!)在 x 点引起的应力。对于表面受 $\tau_{yz}=p(x)$ 作用的 III 型运动裂纹问题,只要求解奇异积分方程(8-214)即可得 $D(x')$,得到 $D(x')$ 后,由式(8-213)即可求得任一点的应力,若要求裂纹表面的位移只需利用下式即可,即

$$D(x) = -\frac{2}{b}\frac{\partial w}{\partial x} \quad \text{或} \quad w = -\frac{b}{2}\int_{Vt}^{x}D(x)\mathrm{d}x \tag{8-215}$$

应指出式(8-214)中的 $p(x)$ 可以是 x 的任意函数,因此受任意载荷的运动裂纹问题均可化为求解式(8-214)的奇异积分方程问题,而后一问题人们早已研究得很充分,可以利用文献[24]中的方法求解。

下面我们用这一方法求解 III 型运动裂纹的动态 Dugdale 模型问题。这一模型的边界条件可写为

$$\left.\begin{array}{ll}\tau_{yz}(x,0,t) = -p, & |x| < \alpha t \\ \tau_{yz}(x,0,t) = -q, & \alpha t < |x| < Vt \\ w(x,0,t) = 0, & |x| > Vt\end{array}\right\} \tag{8-216}$$

此时式(8-214)中 $a=-V, b=V, p(x)=-q-(p-q)[H(x+\alpha t)-H(x-\alpha t)]$,$H$ 为 Heavyside 函数。由此得奇异积分方程为

$$\frac{b\mu}{2\pi}\int_{-Vt}^{Vt}\frac{D(x')}{x-x'}\sqrt{1-x^2/c_2^2t^2}\,\mathrm{d}x' = -q-(p-q)[H(x+\alpha t)-H(x-\alpha t)] \tag{8-217}$$

为求解式(8-217),将其两端对 x 求导,并利用下式

$$\frac{\mathrm{d}}{\mathrm{d}x}[H(x+\alpha t)-H(x-\alpha t)] = \delta(x+\alpha t)-\delta(x-\alpha t) \tag{8-218}$$

利用式(8-113)有

$$\delta(x+\alpha t)-\delta(x-\alpha t) = \mathrm{Re}\{-2\mathrm{i}\alpha t\pi^{-1}(x^2-\alpha^2 t^2)^{-1}\} \tag{8-219}$$

由此可得

$$\frac{b\mu}{2\pi}\int_{-Vt}^{Vt}D(x')\frac{-(x-x')x/c_2^2t^2-(1-x^2/c_2^2t^2)}{(x-x')^2\sqrt{1-x^2/c_2^2t^2}}\mathrm{d}x' = \mathrm{Re}\left[\frac{(p-q)2\mathrm{i}\alpha t}{\pi(x^2-\alpha^2t^2)}\right] \tag{8-220}$$

此奇异积分方程的解为

$$D(x) = \frac{2}{b}\left\{\frac{1}{V^2}\left[A+\frac{2B}{\pi(V^2-\alpha^2)}\right]\frac{x}{\sqrt{V^2t^2-x^2}}\right.$$

$$-\frac{B}{\pi\alpha(V^2-\alpha^2)^{3/2}}\ln\left|\frac{\alpha\sqrt{V^2t^2-x^2}+x\sqrt{V^2-\alpha^2}}{\alpha\sqrt{V^2t^2-x^2}-x\sqrt{V^2-\alpha^2}}\right|\right\} \quad (8\text{-}221)$$

这里 A、B 为待定实常数，其值由边界条件式(8-216)确定为

$$A=(-q-2B\pi^{-1}J_2)/J_1 \quad (8\text{-}222)$$

式中

$$J_1=\int_V^{c_2}\frac{\mu\sqrt{1-c_2^{-2}\tau^2}}{(\tau^2-v^2)^{3/2}}\mathrm{d}\tau,\qquad J_2=\int_V^{c_2}\frac{\mu\sqrt{1-\tau^2 c_2^{-2}}}{(\tau^2-v^2)^{3/2}(\tau^2-\alpha^2)}\mathrm{d}\tau$$

$$B=(q-p)\alpha(V^2-\alpha^2)^{3/2}\mu^{-1}(1-\alpha^2 c_2^{-2})^{-1/2} \quad (8\text{-}223)$$

在动态 Dugdale 模型中，裂纹尖端应力无奇异性，因而有

$$A+2B[\pi(V^2-\alpha^2)]^{-1}=0 \quad (8\text{-}224)$$

式(8-224)给出了这种模型中 V 与 α 之间的关系，塑性区长为 $(V-\alpha)t$，在此模型中还应有 $q=p-\tau_s$，τ_s 为流变剪切应力。最后得这种模型的位错分布函数 $D(x)$ 为

$$D(x)=\frac{2c_2\tau_s}{b\pi\mu\sqrt{c_2^2-\alpha^2}}\ln\frac{\alpha\sqrt{V^2t^2-x^2}+x\sqrt{V^2-\alpha^2}}{\alpha\sqrt{V^2t^2-x^2}-x\sqrt{v^2-\alpha^2}} \quad (8\text{-}225)$$

裂纹的张开位移(动态COD)为

$$\delta=-\frac{b}{2}\int_{Vt}^{at}D(x)\mathrm{d}x=\frac{4\alpha t\tau_s}{\pi\mu\sqrt{1-\alpha^2 c_2^{-2}}}\ln\frac{V}{\alpha} \quad (8\text{-}226)$$

上面得到的解式(8-221)~式(8-226)与文献[25]中给出的解完全一致。

这一理论对张开型裂纹同样适用，只是单个运动的刃位错应力场比式(8-212)略为复杂，其解题过程与上面完全一样。任何复杂载荷的运动裂纹问题都可用这一理论化为奇异积分方程。应指出，有些奇异积分方程的求解是极困难的，并不是都能求解的。事实上，不论是积分变换方法，还是函数不变解方法，最终都化为奇异积分方程理论的问题，因此有大量问题用现有方法都得不到解析解。

按运动位错理论，对变速扩展的裂纹，应先给出一个变速运动的单位位错的应力场，沿曲线扩展的裂纹应给出沿曲线运动的单位位错的应力场，且积分也应在此曲线上进行。

由位错动力学理论知道，当位错运动速度达到声速时，能量将趋于无穷，因此位错速度不会超过声速。由这一观点，利用运动位错理论就可以解释裂纹扩展速度不会超过材料中的声速(当然不排除若能连续供给能量，则裂纹扩展速度有可能超过声速，但这仅是极特殊的情况)。利用位错速率 v 与应力 σ 之间的如下关系：

$$v=B(\sigma^*)^m \quad (8\text{-}227)$$

可以推算出在不同应力状态下裂纹的扩展速度。式(8-227)中 σ^* 为有效应力，m^* 为速度-应力因子，表征位错速率对应力的敏感程度，B 与 m^* 都是温度与压力的函数。对不同材料 m^* 亦不同，在文献[26]中对 σ^*、m^* 有较详细的介绍。

8.6.3 能通率理论

由于通向裂纹尖端的能通率与动应力强度因子之间有着内在的关系[21]，而且

能通率是从能量角度研究裂纹,对弹塑性动裂纹问题也适用,因此引起人们的重视。

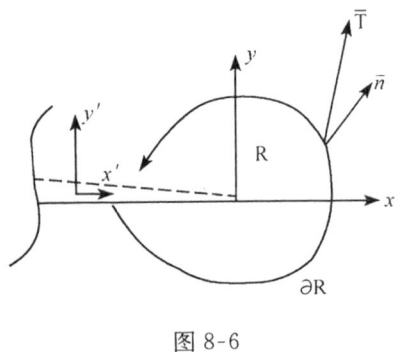

图 8-6

如图 8-6 所示,在裂纹体中取变动区域 R,运动曲面 ∂R 为其边界,面元 $\mathrm{d}s$ 上的力为

$$T_i = \sigma_{ij} n_j \qquad (8\text{-}228)$$

式中,n_j 为面元上单位外法线向量,表面力功率为

$$\int_{\partial R} T_i \dot{u}_i \mathrm{d}s = \int_{\partial R} \sigma_{ij} \dot{u}_i n_j \mathrm{d}s \qquad (8\text{-}229)$$

界面 ∂R 是运动的,进入和排出 R 的内能和动能的变化率是

$$\int_{\partial R} (w + T) v_j n_j \mathrm{d}s \qquad (8\text{-}230)$$

式中,v_j 是面元 $\mathrm{d}s$ 的界面速度;w 和 T 是应变能和动能密度。由此,进入和排出界面 ∂R 的能通率为

$$\int_{\partial R} [\sigma_{ij} \dot{u}_i + (w + T) v_j] n_j \mathrm{d}s \qquad (8\text{-}231)$$

式(8-231)应等于区域 R 内的动能与势能的变化率与裂纹尖端的耗散能率之和

$$\int_{\partial R} [\sigma_{ij} \dot{u}_i + (w + T) v_j] n_j \mathrm{d}s = \frac{\mathrm{d}}{\mathrm{d}t} \int_R (w + T) \mathrm{d}V + \dot{D} \qquad (8\text{-}232)$$

式中,$\dot{D}$ 为耗散能率,它是裂纹尖端耗散区内的耗散能对时间的变化率。

若耗散区十分微小,则由式(8-232)有

$$\lim_{\partial R \to 0} \int_{\partial R} [\sigma_{ij} \dot{u}_i + (w + T) v_j] n_j \mathrm{d}s = \dot{D} \qquad (8\text{-}233)$$

等式的左边称"通向裂纹尖端的能通率"。式(8-233)称"能通率判据",它表明,通向裂纹尖端的能通率等于耗散能率。

为了避开裂纹尖端的耗散区,在 $\partial' R$ 内再取一运动界面 $\partial'' R$,如图 8-7 所示,则有

$$\int_{\partial' R} [\sigma_{ij} \dot{u}_i + (w + T) v_j] n'_j \mathrm{d}s - \int_{\partial'' R} [\sigma_{ij} \dot{u}_i + (w + T) v_j] n''_j \mathrm{d}s = \frac{\mathrm{d}}{\mathrm{d}t} \int_R (w + T) \mathrm{d}V$$

$$(8\text{-}234)$$

若区域 R 内的总能量与时间无关,即 $\frac{\mathrm{d}}{\mathrm{d}t} \int_R (w+T) \mathrm{d}V = 0$,则

$$\int_{\partial' R} [\sigma_{ij} \dot{u}_i + (w + T) v_j] n'_j \mathrm{d}s$$
$$= \int_{\partial'' R} [\sigma_{ij} \dot{u}_i + (w + T) v_j] n''_j \mathrm{d}s \qquad (8\text{-}235)$$

这表明能通率守恒。下面我们取 x'_i 为静坐标,取动坐标 x_i 随裂纹尖端一起运动,有

$$x_i = x'_i - v_i t \qquad (8\text{-}236)$$

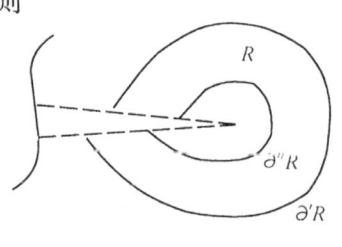

图 8-7

设采用这种坐标后,由于讨论的是定常场问题,因此 u_i 中将不显含时间 t,因而有

$$\dot{u}_i = \dot{x}_j u_{i,j} = -v_j u_{i,j}$$

这样,能通率为

$$\int_{\partial R} [\sigma_{ik}\dot{u}_i (w+T)v_k] n_k \mathrm{d}s = v_j \int H_{jk} n_k \mathrm{d}s \tag{8-237}$$

式中

$$H_{jk} = -\sigma_{ik} u_{i,j} + (w+T)\delta_{jk} \tag{8-238}$$

式中,δ_{jk} 为 Kronecker 符号。设界面 ∂R 固结在动系上,随 x_i 以匀速 v_i 平动,通向裂纹尖端的能通率可表示为

$$\lim_{\partial R \to 0} \int_{\partial R} [\sigma_{ik}\dot{u}_i + (w+T)v_k] n_k \mathrm{d}s = v_j G_j \tag{8-239}$$

式中

$$G_j = \lim_{\partial R \to 0} \int_{\partial R} H_{jk} n_k \mathrm{d}s \tag{8-240}$$

称"裂纹扩展力"。裂纹扩展单位长度所释放的能量称"能量释放率",用 G 表示。设 $v_1 = v, v_2 = v_3 = 0$,则

$$G = G_1 = \lim_{\partial R \to 0} \int_{\partial R} H_{jk} n_k \mathrm{d}s = \lim_{\partial R \to 0} \int_{\partial R} [(w+T)n_i - T_i u_{i,1}] \mathrm{d}s \tag{8-241}$$

对于二维问题,设裂纹体厚为 B,$\mathrm{d}x_1 = n_2 \mathrm{d}s$,$\mathrm{d}x_2 = -n_1 \mathrm{d}s$,则式(8-237)所表达的能通率可写为

$$\int_\Gamma [(w+T)v_j + \sigma_{ij}\dot{u}_i] n_j \mathrm{d}s = Bv \int_\Gamma [(w+T)\mathrm{d}x_2 - T_i u_{i,1} \mathrm{d}s] = vJB \tag{8-242}$$

式中,J 是式(8-206)定义的广义 J 积分。由于 v、B 为常量,因而在能通率守恒的条件下,广义 J 积分 J 必守恒。

定义单位厚度的能量释放率为

$$G = \lim_{\Gamma \to 0} \int_\Gamma [(w+T)]\mathrm{d}x_2 - T_i u_{i,1} \mathrm{d}s] = J_t \tag{8-243}$$

称裂纹尖端的广义 J 积分。对于做匀速直线运动的裂纹,裂纹尖端的耗散能率为

$$\dot{D} = 2vB\gamma \tag{8-244}$$

γ 为耗散能随裂纹面积的变化率。由式(8-243)、(8-242)、(8-233)得

$$vBJ_t = \dot{D} = 2vB\gamma$$

从而得"能量释放率判据"(亦称 J 积分判据)为

$$G = J_t = 2\gamma \tag{8-245}$$

参 考 文 献

1　Космров БВ. ·ПММ. 1964,28:644~652

2   Atkinson C. Arkiv. Fysik. 1967,35~36,469

3   Cherepanov G D. Afanasev. E. F, Int. J. Eng. Sci. 1974. 12:665~690

4   程靳. 不同正交异性材料界面上的扩展裂纹问题. 固体力学学报,1987,(2)

5   程靳. 不同材料界面上受 $\tau_0 t^n$ 型载作用下的扩展裂纹问题. 力学学报,1990,(4)

6   程靳. 某些正交异性体弹性动力学问题. 哈尔滨工业大学学报,1985,增刊

7   王铎. 运动裂纹与位错. 哈尔滨工业大学学报,1980,(2)

8   Cheng J. Dislocations models of dynamic crack. Int. C. Frac. Mech. 1987

9   Broberg K B. Arkiv for Fysil. 1960,18:159~192

10   Liebowitz H. Fracture. 1968, II :497~690

11   АфанасьевЕФ. Доклады Академий Наук ССС,1973,3:210

12   АФанасьевЕФ. Механика силошнои среды иродсмвенные проблемы анализа Нау ка.1972

13   Черепанов. Г. П. ,ПМТФ,1963,(1)

14   程靳. 弹性动力学与断裂动力学的若干问题. 哈尔滨工业大学硕士学位论文,1981

15   Cemal A Eringen. Erdogan S. Suhubl. Elastodynamics,1975

16   Sih G C. Mechanics of Fracture 4 Elastodynamic, Crack Problems. 1977

17   КосмровБВ. Изв. Ака. Наук. СССР. М. М. 1964,4

18   Craggs J W. Jnt. J. Eng. Sci. ,1966,(4):113~124

19   Atkinson C. Int. J. Engng. Sci. 1969,(7)

20   Tsai Y M. Int. J. Fracture. 9,1973,(1):152~169

21   李灏. 断裂理论基础. 南京:江苏科学技术出版社,1983

22   Atkinson C. Int. J. Engng Sci. 1965,(13)

23   Freund L B. Mechenics Today,1976,(13)

24   Мусхелишвили НИСингулярные Инмегральные Уравнения,1962

25   程靳. 运动裂纹的位错分布函数及 D-M 模型. 第三届全国断裂力学学术会议论文,1981

第 9 章 某些断裂动力学问题

9.1 不同材料界面上的反平面扩展裂纹

文献[1]、[2]将自相似理论应用于正交异性材料,并成功求解了在不同材料界面上扩展的 III 型裂纹问题,求得了受冲击、脉冲及 $\tau_0 t^n$ 型载荷作用问题的解。利用这些解,通过叠加,可以求得复杂载荷问题的解。相应的各向同性体问题由文献[3]解决。

程靳和他的学生们将 Cherepanov 的方法[4]扩展至正交异性体[5~8]及轴对称问题[9~10]、复合材料桥连动力学问题[11~13],甚至将断裂动力学与非局部场理论结合[14]并扩展至功能梯度材料[15]。

9.1.1 问题的提出

很多复合材料、层状材料在宏观上可以看作由不同的正交异性材料组合而成的。在这类材料中,常常由于冲击或动载使裂纹在不同材料的界面萌生并扩展。由于数学上的困难,至今所研究的 III 型扩展裂纹问题都是针对常载荷问题(载荷不随时间变化)[16]。对于界面上受运动集中力、集中增长力等变载荷作用下的 III 型界面扩展裂纹问题,文献[1]可以求得解,但这些解十分有限,没有求得冲击下开裂及受动载荷问题的解。文献[17]虽然研究了冲击下的界面裂纹问题,但所研究的裂纹是材料中原有的,而且裂纹并不扩展。

本节研究的是这样一个问题:在冲击下,于不同的正交异性材料的结合面上产生裂纹并且裂纹以高速向两侧扩展;在瞬间冲击之后材料仍受到任意动载荷的作用。它可以化为如下两个问题的叠加。

问题 1 两种材料界面上突然受到一瞬时剪切点脉冲作用,导致开裂,裂纹两端以高速 v(小于声速)沿界面向两侧对称扩展。边界条件可写为

$$\left.\begin{aligned}\tau_{yz}^{(1)}(x,0,t) &= \tau_{yz}^{(2)}(x,0,t) = I\delta(x)\delta(t), & |x| &< vt \\ W^{(1)}(x,0,t) &- W^{(2)}(x,0,t) = 0, & |x| &> vt\end{aligned}\right\} \quad (9\text{-}1)$$

式中,δ 为 Diracδ 函数,W 为沿 z 方向的位移。材料界面处于 xOz 平面上,在坐标原点处受到瞬间剪切冲击,裂纹产生并沿界面高速扩展。式(9-1)中上角括号中的 1、2 分别代表上、下两种材料。我们假定裂纹速度 v 总是小于材料中的波速。

问题 2 在两种正交异性材料的界面上,在 $t=0$ 时刻产生裂纹,裂纹表面受剪力 $\tau_{yz}=p(t)$ 作用,其两端以高速 v 沿界面扩展。这里 $p(t)$ 是时间 t 的任意函数。

本问题边界条件为

$$\tau_{yz}^{(1)}(x,0,t) = \tau_{yz}^{(2)}(x,0,t) = p(t), \quad |x| < vt \quad (9\text{-}2a)$$

$$W^{(1)}(x,0,t) - W^{(2)}(x,0,t) = 0, \quad |x| > vt \quad (9\text{-}2b)$$

由于 t 的任意连续函数在任意闭域中都可用 $a_n t^n$ 组成的多项式来一致地逼近，因此式(9-2)实际上化为

$$\left.\begin{array}{l} \tau_{yz}^{(1)}(x,0,t) = \tau_{yz}^{(2)}(x,0,t) = \tau_0 t^n, \quad |x| < vt \\ W^{(1)}(x,0,t) - W^{(2)}(x,0,t) = 0, \quad |x| > vt \end{array}\right\} \quad (9\text{-}3)$$

式中，$n = 0, \pm 1, \pm 2, \cdots$。

9.1.2 反平面弹性动力学问题的一般解

上述两个问题显然均属于反平面弹性动力学问题，但用现有的弹性动力学公式是难于求解的。这里我们首先求出正交异性体反平面问题波动方程的函数不变解，进而导出这一类弹性动力学问题的一般解。正交异性体反平面问题的运动方程为

$$E_{55}\frac{\partial^2 W}{\partial x^2} + E_{44}\frac{\partial^2 W}{\partial y^2} = \rho \frac{\partial^2 W}{\partial t^2} \quad (9\text{-}4)$$

式中，E_{44}、E_{55} 为材料常数，ρ 为材料密度。该方程的解可解 $W(x,y,t) = f(\tau)$，这里 τ 由下式给出，即

$$l(\tau)t + m(\tau)x + n(\tau)y + q(\tau) = 0 \quad (9\text{-}5)$$

将式(9-5)求导可得

$$\left.\begin{array}{ll} \dfrac{\partial^2 \tau}{\partial t^2} = \dfrac{1}{\delta'}\dfrac{\partial}{\partial \tau}\left[\dfrac{l^2(\tau)}{\delta'}\right], & \dfrac{\partial^2 \tau}{\partial x^2} = \dfrac{1}{\delta'}\dfrac{\partial}{\partial \tau}\left[\dfrac{m^2(\tau)}{\delta'}\right] \\[2mm] \dfrac{\partial^2 \tau}{\partial y^2} = \dfrac{1}{\delta'}\dfrac{\partial}{\partial \tau}\left[\dfrac{n^2(\tau)}{\delta'}\right], & \dfrac{\partial^2 \tau}{\partial x \partial y} = \dfrac{1}{\delta'}\dfrac{\partial}{\partial \tau}\left[\dfrac{m(\tau)n(\tau)}{\delta'}\right] \end{array}\right\} \quad (9\text{-}6)$$

式中

$$\delta' = l'(\tau)t + m'(\tau)x + n'(\tau)y + q'(\tau)$$

利用式(9-6)容易求得

$$\frac{\partial^2 f(\tau)}{\partial t^2} = \frac{1}{\delta'}\frac{\partial}{\partial \tau}\left[f'(\tau)\frac{l^2(\tau)}{\delta'}\right], \qquad \frac{\partial^2 f(\tau)}{\partial x^2} = \frac{1}{\delta'}\frac{\partial}{\partial \tau}\left[f'(\tau)\frac{m^2(\tau)}{\delta'}\right]$$

$$\frac{\partial^2 f(\tau)}{\partial y^2} = \frac{1}{\delta'}\frac{\partial}{\partial \tau}\left[f'(\tau)\frac{n^2(\tau)}{\delta'}\right], \qquad \frac{\partial^2 f(\tau)}{\partial x \partial y} = \frac{1}{\delta'}\frac{\partial}{\partial \tau}\left[f'(\tau)\frac{m(\tau)n(\tau)}{\delta'}\right]$$

将这些二阶导数代入式(9-4)，则式(9-4)变为

$$\frac{1}{\delta'}\frac{\partial}{\partial \tau}\left[f'(\tau)\frac{E_{55}m^2(\tau) + E_{44}n^2(\tau) - \rho l^2(\tau)}{\delta'}\right] = 0 \quad (9\text{-}7)$$

显然，只要下式成立

$$E_{55}m^2(\tau) + E_{44}n^2(\tau) - \rho l^2(\tau) = 0 \quad (9\text{-}8)$$

则式(9-4)成为恒等式，即 $f(\tau)$ 的实部及虚部都满足式(9-4)。我们选择如下满足

式(9-8)的函数
$$q(\tau) = 0, \quad l(\tau) = 1, \quad m(\tau) = -\zeta \\ n(\tau) = -[(\rho - E_{55}\zeta)/E_{44}]^{1/2} \quad \quad (9\text{-}9)$$

式中，ζ为复变量。将式(9-9)代入式(9-5)得
$$t - \zeta x - y[(\rho - E_{55}\zeta^2)/E_{44}]^{1/2} = 0 \quad (9\text{-}10)$$

式中的根式在ζ平面上，除沿实轴上的切口$[-(\rho/E_{55})^{1/2},(\rho/E_{55})^{1/2}]$以外，是单值的。当$\zeta \to \infty$时
$$[(\rho - E_{55}\zeta)^2/E_{44}]^{1/2} = i\zeta(E_{55}/E_{44})^{1/2} + O(\zeta^{-1})$$

由式(9-10)可求得
$$\zeta = \frac{E_{44}xt - iy\{E_{44}[E_{55}t^2 - \rho(\xi^2 + \eta^2 E_{55}/E_{44})]\}^{1/2}}{E_{55}\eta^2 + E_{44}\xi^2} \quad (9\text{-}11)$$

式中，$\xi = x/t$，$\eta = y/t$。显然，以式(9-1)确定的ζ为变量的任意解析函数的实部及虚部都是波动方程(9-4)的解。由于ζ是x、y、t的齐次函数，因此这类解是方程(9-4)的齐次解。反之，不难证明波动方程(9-4)的任何齐次解都一定可以用式(9-11)给出的ζ为变量的解析函数来表达。

由物理平面映射到复ζ平面时应注意，物理平面上的坐标原点对应于复ζ平面上的无限远点，而物理平面上的无限远则对应于复ζ平面的原点。式(9-11)中的根式当下式满足时取正号，即
$$x^2 + y^2 E_{55}/E_{44} \leqslant t^2 E_{55}/\rho \quad (9\text{-}12)$$

以x、y、t为正交轴的三维空间中，所有过原点的射线均与复ζ平面上的点一一对应。与复ζ平面沿实轴的切口上的点相对应的射线束形成了一个椭圆锥面，即式(9-12)中取等式的情况。椭圆锥面及其内部的射线与复ζ平面上去掉割缝的点一一对应。我们很容易将这个解连续地解析延拓到椭圆锥面外部的空间中去，这只需取一族半平面，使之沿同一方向切于锥面，这些半平面将充满整个锥面外的空间。

下面我们利用这一函数不变解导出具有任意自相似指数的正交异性体弹性动力学反平面问题的一般解。将式(9-10)分别对x、y及t求导，得
$$\left. \begin{array}{l} \dfrac{\partial \zeta}{\partial x} = \dfrac{\zeta[E_{44}(\rho - E_{55}\zeta^2)]^{1/2}}{E_{55}y\zeta - x[E_{44}(\rho - E_{55}\zeta^2)]^{1/2}} \\[2mm] \dfrac{\partial \zeta}{\partial y} = \dfrac{\rho - E_{55}\zeta^2}{E_{55}y\zeta - x[E_{44}(\rho - E_{55}\zeta^2)]^{1/2}} \\[2mm] \dfrac{\partial \zeta}{\partial t} = \dfrac{-[E_{44}(\rho - E_{55}\zeta^2)]^{1/2}}{E_{55}y\zeta - x[E_{44}(\rho - E_{55}\zeta^2)]^{1/2}} \end{array} \right\} \quad (9\text{-}13)$$

当位移为齐次时（我们将零次齐次简称为齐次，以下同），令
$$W(x,y,t) = \mathrm{Re}f(\zeta) \quad (9\text{-}14)$$

将式(9-14)代入物理方程，再利用式(9-13)可得

$$\tau_{yz} = E_{44}\mathrm{Re}\left\{\frac{\partial f}{\partial \zeta}, \frac{\partial \zeta}{\partial y}\right\} = \mathrm{Re}\frac{E_{44}(\rho - E_{55}\zeta^2)f'(\zeta)}{E_{55}y\zeta - x[E_{44}(\rho - E_{55}\zeta^2)]^{1/2}}$$

$$\tau_{xz} = E_{55}\mathrm{Re}\left\{\frac{\partial f}{\partial \zeta}, \frac{\partial \zeta}{\partial x}\right\} = \mathrm{Re}\frac{E_{55}\zeta[E_{44}(\rho - E_{55}\zeta^2)]^{1/2}f'(\zeta)}{E_{55}y\zeta - x[E(\rho - E_{55}\zeta^2)]^{1/2}} \qquad (9\text{-}15)$$

式中，f' 表示 f 对 ζ 求导。

当应力 τ_{yz}、τ_{xz} 为齐次时，$\partial W/\partial x$ 及 $\partial W/\partial y$ 亦为齐次，因而 $\partial W/\partial t$ 亦必为齐次。令

$$\frac{\partial W}{\partial t} = \mathrm{Re}f(\zeta) \qquad (9\text{-}16)$$

将式(9-16)代入物理方程得

$$\left.\begin{aligned}\frac{\partial \tau_{yz}}{\partial t} &= E_{44}\frac{\partial^2 W}{\partial y^2} = E_{44}\mathrm{Re}\frac{(\rho - E_{55}\zeta^2)f'(\zeta)}{E_{55}y\zeta - x[E_{44}(\rho - E_{55}\zeta^2)]^{1/2}} \\ \frac{\partial \tau_{xz}}{\partial t} &= E_{55}\frac{\partial^2 W}{\partial t \partial y} = E_{55}\mathrm{Re}\frac{\zeta[E_{44}(\rho - E_{55}\zeta^2)]^{1/2}f'(\zeta)}{E_{55}y\zeta - x[E_{44}(\rho - E_{55}\zeta^2)]^{1/2}}\end{aligned}\right\} \qquad (9\text{-}17)$$

下面研究一般情况，在正交异性体边界或内部有任意个载荷区段及位移区段。这些区段的端点各以不同的常速移动（包括速度为零），这些区段上的载荷或位移是如下函数的线性组合，即

$$\frac{d^l f_k(x)}{dx^l} \cdot \frac{d^r f_s(t)}{dt^r}, \qquad f_i(\xi) = \begin{cases} 0, & \xi < 0 \\ \xi^i, & \xi > 0 \end{cases} \qquad (9\text{-}18)$$

式中，k、l、r 及 s 是任意整数。研究具有式(9-18)形式的载荷或位移边值问题具有较普遍的意义。只要得到这一类问题的解，则通过叠加可以得到复杂问题的解。为求解此问题，取如下线性微分算子

$$L = \frac{\partial^{m+n}}{\partial x^m \partial t^n} \qquad (9\text{-}19)$$

式中，零导数表示函数本身，负导数表示积分，其绝对值表示积分的重数。将式(9-19)作用于式(9-18)，只要适当选择 m、n 的值，总可以使之成为零次齐次。我们称使之成为零次齐次的 m、n 为"自相似指数"。本文引入如下记号。

当 LW 为齐次时，记

$$W^0 = LW, \qquad \tau_{yz}^0 = L\tau_{yz}, \qquad \tau_{xz}^0 = L\tau_{xz} \qquad (9\text{-}20)$$

当 $L\tau_{yz}$、$L\tau_{xz}$ 为齐次时，记

$$W^0 = \frac{\partial}{\partial t}LW, \qquad \tau_{yz}^0 = \frac{\partial}{\partial t}L\tau_{yz}, \qquad \tau_{xz}^0 = \frac{\partial}{\partial t}L\tau_{xz} \qquad (9\text{-}21)$$

则在所有情况下 W^0 都是齐次的，因此不论 LW 为齐次或 $L\tau_{yz}$、$L\tau_{xz}$ 为齐次，具有任意自相似指数的正交异性体弹性动力学反平面问题的解都可表示为

$$W^0 = \mathrm{Re} f(\zeta)$$
$$\tau_{yz}^0 = \mathrm{Re}\, \frac{E_{44}(\rho - E_{55}\zeta^2) f'(\zeta)}{E_{55} y\zeta - x[E_{44}(\rho - E_{55}\zeta^2)]^{1/2}}$$
$$\tau_{xz}^0 = \mathrm{Re}\, \frac{E_{55}\zeta [E_{44}(\rho - E_{55}\zeta^2)]^{1/2} f'(\zeta)}{E_{55} y\zeta - x[E_{44}(\rho - E_{55}\zeta^2)]^{1/2}}$$
(9-22)

当边界条件是在 $y=0$ 上给出时，由于

$$\zeta = t/x, \quad y = 0 \text{ 时}$$
(9-23)

则式(9-22)变得更为简单，有

$$W^0 = \mathrm{Re} f(\zeta) \tag{9-24a}$$
$$\tau_{yz}^0 = \mathrm{Re}\{\zeta T(\zeta) f'(\zeta)/t\} \tag{9-24b}$$
$$\tau_{xz}^0 = \mathrm{Re}\{-E_{55}\zeta^2 f'(\zeta)/t\} \tag{9-24c}$$

式中

$$T(\zeta) = -[E_{44}(\rho - E_{55}\zeta^2)]^{1/2}$$

对于具有任意自相似指数的正交异性弹性动力学反平面问题，在应用本文给出的一般解式(9-22)或式(9-23)后，一般化为解析函数论中的 Riemann-Hilbert 问题。简单情况下可化为 Keldysh-Sedov 问题或 Dirichlet 问题。

9.1.3 界面裂纹问题

本文的问题 1 及问题 2 均属在不同材料界面扩展的裂纹问题。当式(9-19)中 $L = \partial^n/\partial\xi^n$ 时，我们记

$$L = \frac{\partial^n}{\partial \xi^n} = L_\xi^n \begin{cases} \int_0^t \cdots \int_0^t \mathrm{d}t \cdots \mathrm{d}t, & \text{当 } n < 0 \\ \text{函数本身}, & \text{当 } n = 0 \\ \partial^n/\partial \xi^n, & \text{当 } n > 0 \end{cases}$$
(9-25)

所论的两个问题在界面($y=0$)上恒有

$$\tau_{yz}^{0(1)}(x,0,t) = \tau_{yz}^{0(2)}(x,0,t) \tag{9-26}$$

由于两种材料的界面处于 $y=0$ 上，因此我们可以应用公式(9-24)代入式(9-26)，得

$$\mathrm{Re}\{[E_{44}^{(1)}(\rho^{(1)} - E_{55}^{(1)}\zeta^2)]^{1/2} f^{(1)'}(\zeta)\} = \mathrm{Re}\{[E_{44}^{(2)}(\rho^{(2)} - E_{55}^{(2)}\zeta^2)]^{1/2} f^{(2)'}(\zeta)\}$$
(9-27)

不失一般性，我们总设 $\rho^{(1)}/E_{55}^{(1)} > \rho^{(2)}/E_{55}^{(2)}$。这样，由式(9-27)可得

$$\begin{aligned}
&\mathrm{Re} f^{(1)'}(\zeta) = \frac{[E_{44}^{(2)}(\rho^{(2)} - E_{55}^{(2)}\zeta^2)]^{1/2}}{[E_{44}^{(1)}(\rho^{(1)} - E_{55}^{(1)}\zeta^2)]^{1/2}} \mathrm{Re} f^{(2)'}(\zeta) = 0, & \zeta^2 < \frac{\rho^{(2)}}{E_{55}^{(2)}} < \frac{\rho^{(1)}}{E_{55}^{(1)}} \\
&\mathrm{Re} f^{(1)'}(\zeta) = -\frac{[E_{44}^{(2)}(E_{55}^{(2)}\zeta^2 - \rho^{(2)})]^{1/2}}{[E_{44}^{(1)}(\rho^{(1)} - E_{55}^{(1)}\zeta^2)]^{1/2}} \mathrm{Im} f^{(2)'}(\zeta), & \frac{\rho^{(2)}}{E_{55}^{(2)}} < \zeta^2 < \frac{\rho^{(1)}}{E_{55}^{(1)}} \\
&\mathrm{Im} f^{(1)'}(\zeta) = \frac{[E_{44}^{(2)}(E_{55}^{(2)}\zeta^2 - \rho^{(2)})]^{1/2}}{[E_{44}^{(1)}(E_{55}^{(1)}\zeta^2 - \rho^{(1)})]^{1/2}} \mathrm{Im} f^{(2)'}(\zeta), & \frac{\rho^{(2)}}{E_{55}^{(2)}} < \frac{\rho^{(1)}}{E_{55}^{(1)}} < \zeta^2
\end{aligned}$$
(9-28)

上式的第一式之所以为零,是因为我们假设在 $t<0$ 时弹性体静止,$t=0$ 时刻才开始受冲击及动载,因此弹性波的扰动不会超过两介质中最大声速的传播范围。

所论问题的边界条件(9-1)、(9-2)、(9-3)中都有

$$W^{0(1)}(x,0,t) - W^{0(2)}(x,0,t) = 0, \quad |x| > vt \quad (9\text{-}29)$$

将式(9-22)的第一式代入式(9-29)则有

$$\operatorname{Re} f^{(1)'}(\zeta) = \operatorname{Re} f^{(2)'}\zeta, \quad \operatorname{Im}\zeta = 0, \quad |\operatorname{Re}\zeta| < v^{-1} \quad (9\text{-}30)$$

满足式(9-28)及式(9-30)的解总可以表为如下形式

$$f^{(1)'}(\zeta) = m(\zeta)n^{(1)}(\zeta), \quad f^{(2)'}(\zeta) = m(\zeta)n^{(2)}(\zeta) \quad (9\text{-}31)$$

式中

$$\left. \begin{array}{l} n^{(1)}(\zeta) = \dfrac{[E_{44}^{(2)}(\rho^{(2)} - E_{55}^{(2)}\zeta^2)]^{1/2}}{[E_{44}^{(1)}(\rho^{(1)} - E_{55}^{(1)}\zeta^2)]^{1/2}} + \dfrac{E_{44}^{(2)}(\rho^{(2)} - E_{55}^{(2)}\zeta^2)}{E_{44}^{(1)}(\rho^{(1)} - E_{55}^{(1)}\zeta^2)} \\ n^{(2)}(\zeta) = 1 + [E_{44}^2(\rho^{(2)} - E_{55}^{(2)}\zeta^2)]^{1/2} / [E_{44}^{(1)}(\rho^{(1)} - E_{55}^{(1)}\zeta^2)]^{1/2} \end{array} \right\} \quad (9\text{-}32)$$

而 $m(\zeta)$ 必须满足下式

$$\operatorname{Re} m(\zeta) = 0, \quad \operatorname{Im}\zeta = 0, \quad |\operatorname{Re}\zeta| < v^{-1} \quad (9\text{-}33)$$

至此,在不同正交异性材料界面上扩展的受冲击及动载的裂纹问题均可化为确定 $m(\zeta)$ 的问题。

9.1.4 问题 1 的解

问题 1 的边界条件为式(9-1),本问题 LW 为齐次,$L = \partial^{-1}/\partial t^{-1} = \int_0^1 dt$。式(9-31)~式(9-33)已满足边界条件(9-1)的第二式,由式(9-20)可将式(9-1)的第一式写为

$$\tau_{yz}^{0(1)} = \tau_{yz}^{0(2)} = I\delta(x), \quad y = 0, \quad |x| < vt \quad (9\text{-}34)$$

将式(9-24)、(9-31)、(9-32)代入式(9-34)得

$$\operatorname{Re}\{\xi[E_{44}^{(2)}(\rho^{(2)} - E_{55}^{(2)}\xi^2)]^{1/2} m(\zeta) n^{(2)}(\zeta)\}$$
$$= tI\delta(x) = I\delta(\zeta^{-1}), \quad \operatorname{Im}\zeta = 0, \quad |\operatorname{Re}\zeta| > v^{-1} \quad (9\text{-}35)$$

上面应用了广义函数理论中 $t\delta(\xi) = \delta(\xi/t)$。将式(9-35)与式(9-33)联立,即得关于 $m(\zeta)$ 的 K-S 问题。由于 $v < [E_{55}^{(1)}/\rho^{(1)}]^{1/2} < [E_{55}^{(2)}/\rho^{(2)}]^{1/2}$(裂纹速度小于声速),因此 $v^{-2} > \rho^{(1)}/E_{55}^{(1)} > \rho^{(2)}/E_{55}^{(2)}$,故在区间 $\operatorname{Im}\zeta = 0$、$|\operatorname{Re}\zeta| > v^{-1}$ 上 $[E_{44}^{(2)}(\rho^{(2)} - E_{55}^{(2)}\zeta^2)]^{1/2}$ 为纯虚量,并且当 $\zeta \to \infty$ 时,根式等于 $[-i(E_{44}^{(2)}E_{55}^{(2)})^{1/2}\zeta + O(\zeta^{-1})]$。裂纹尖端的奇异性及对 y 轴的对称性要求当 $\zeta \to v^{-1}$ 时,$f'(\zeta)$ 应与 $O[(\zeta^2 - v^{-2})^{1/2}]$ 同阶。在物理坐标原点位移应有界且不为零。由此可得 K-S 问题式(9-35)、式(9-33)的解为

$$m(\zeta) = A(\zeta^2 - v^{-2})^{1/2}\zeta^k \quad (9\text{-}36)$$

式中,A,k 为待定实常数。将式(9-36)代入式(9-35),令 $\zeta \to \infty$,有

$$\zeta[E_{44}^{(2)}(E_{55}^{(2)}\zeta^2 - \rho^{(2)})]^{1/2} A(\zeta^2 - v^{-2})^{1/2}\zeta^k n^{(2)}(\zeta) = I\zeta/\pi \quad (9\text{-}37)$$

等式两端 ζ 的指数及系数应相等,因此得

$$\left.\begin{array}{l} k=-2 \\ A=\mathrm{I}\{\pi[(E_{44}^{(2)}E_{55}^{(2)})^{1/2}+E_{44}^{(2)}E_{55}^{(2)}/(E_{44}^{(1)}E_{55}^{(1)})^{1/2}]\} \end{array}\right\} \quad (9\text{-}38)$$

上式应用了 δ 函数与复变函数之间的关系式

$$\delta(\xi)=\mathrm{Re}(\mathrm{i}/\pi\xi) \quad (9\text{-}39)$$

至此问题已解。将式(9-36)、式(9-38)代入式(9-31)、式(9-24)、式(9-20)即得应力场与位移场。本问题的动应力强度因子为

$$\begin{aligned} K_3(t)=&\frac{\mathrm{I}[E_{44}^{(2)}(E_{55}^{(2)}-\rho^{(2)}v^2)]^{1/2}}{(\pi v)^{1/2}t^{3/2}[(E_{44}^{(2)}E_{55}^{(2)})^{1/2}+E_{44}^{(2)}E_{55}^{(2)}/(E_{44}^{(1)}E_{55}^{(1)})^{1/2}]} \\ &\cdot\left\{1+\frac{[E_{44}^{(2)}(E_{55}^{(2)}-\rho^{(2)}v^2)]^{1/2}}{[E_{44}^{(1)}(E_{55}^{(1)}-\rho^{(1)}v^2)]^{1/2}}\right\} \end{aligned} \quad (9\text{-}40)$$

9.1.5 问题 2 的解

本问题的边界条件为式(9-3)。此时 $L\tau_{yz}$ 为齐次,$L=\partial^2/\partial t^n=L_t^n$。由 L_t^n 的定义式(9-25),在 $y=0$ 上可得

$$L_t^n=x^{-n}\frac{\partial^n}{\partial\zeta^n}=x^{-n}L_\zeta^n=\frac{\zeta^n}{t^n}L_\zeta^n \quad (9\text{-}41\mathrm{a})$$

$$L_t^{-n}=x^n L_\zeta^{-n}=\frac{t^n}{\zeta^n}L_\zeta^{-n} \quad (9\text{-}41\mathrm{b})$$

由式(9-24)、式(9-21)及式(9-41),在 $y=0$ 上有

$$\left.\begin{array}{l} W^{(i)}(x,0,t)=\dfrac{t^{n+1}}{\zeta^{n+1}}\mathrm{Re}L_\zeta^{-(n+1)}f^{(i)}(\zeta)=\dfrac{t^{n+1}}{\zeta^{n+1}}\mathrm{Re}L_\zeta^{-n}f^{(i)'}(\zeta) \\ \tau_{yz}^{(i)}(x,0,t)=(t^n/\zeta^n)\mathrm{Re}L_\zeta^{-(n+1)}\{T^{(i)}(\zeta)f^{(i)'}(\zeta), \quad i=1,2\} \end{array}\right\} \quad (9\text{-}42)$$

将式(9-31)代入式(9-42),则边界条件式(9-3)可写为

$$\left.\begin{array}{l} \mathrm{Re}L_\zeta^{-(n+1)}\{T^{(2)}(\zeta)m(\zeta)n^{(2)}(\zeta)\}=\tau_0\zeta^n, \quad \mathrm{Im}\zeta=0, \quad |\mathrm{Re}\zeta|>v^{-1} \\ \mathrm{Re}L_\zeta^{-n}\{m(\zeta)[n^{(1)}(\zeta)-n^{(2)}(\zeta)]\}=0, \quad \mathrm{Im}\zeta=0, \quad |\mathrm{Re}\zeta|<v^{-1} \end{array}\right\} \quad (9\text{-}43)$$

边值问题式(9-43)的解总可以表为如下形式

$$m(\zeta)=L_\zeta^{n+2}\{\zeta^{n+1}\xi(\zeta)\} \quad (9\text{-}44)$$

式中,$\xi(\zeta)$ 为待定函数。

当 $n<0$ 时,令 $n+1=-k,k\geq 0$,则式(9-43)变为

$$\left.\begin{array}{l} \mathrm{Im}\xi(\zeta)=\phi_k(\zeta), \quad \mathrm{Im}\zeta=0, \quad |\mathrm{Re}\zeta|>v^{-1} \\ \mathrm{Re}\xi(\zeta)=0, \quad \mathrm{Im}\zeta=0, \quad |\mathrm{Re}\zeta|<v^{-1} \end{array}\right\} \quad (9\text{-}45)$$

式中

$$\left.\begin{array}{ll}\phi_k(\zeta) = \dfrac{(-1)^k}{k!}\tau_0\zeta^k\dfrac{\mathrm{d}^{k-1}}{\mathrm{d}\zeta^{k-1}}\left\{\dfrac{1}{\zeta T^{(2)}(\zeta)n^{(2)}(\zeta)}\right\}, & k\geqslant 1\\ \phi_0(\zeta) = \tau_0\displaystyle\int_\infty^\zeta\dfrac{\mathrm{d}\eta}{\eta T^{(2)}(\eta)n^{(2)}(\zeta)}, & k=0\end{array}\right\} \quad (9\text{-}46)$$

当 $n \geqslant 0$ 时,式(9-43)变为

$$\left.\begin{array}{lll}\mathrm{Im}\xi(\zeta)=0, & \mathrm{Im}\zeta=0, & |\mathrm{Re}\zeta|>v^{-1}\\ \mathrm{Re}\xi(\zeta)=0, & \mathrm{Im}\zeta=0, & |\mathrm{Re}\zeta|<v^{-1}\end{array}\right\} \quad (9\text{-}47)$$

可见,所论问题当 $n<0$ 时化为非齐次的 K-S 问题,当 $n \geqslant 0$ 时化为齐次的 K-S 问题。裂纹尖端的奇异性及对 y 轴的对称性要求

$$\tau_{yz} \sim (\zeta^2 - v^{-2})^{-1/2}, \quad \mathrm{Im}\zeta = 0, \quad |\mathrm{Re}\zeta| \to v^{-1}$$

在任意给定时刻位移都应有界,在裂纹中心(即物理平面原点)位移不为零,因此

$$\mathrm{Re}f(\zeta) < \infty, \quad \mathrm{Re}f(\infty) \neq 0$$

由这些附加条件可得 K-S 问题式(9-45)及式(9-47)的解

$$\left.\begin{array}{ll}\xi(\zeta) = -\dfrac{(\zeta^2 - v^{-2})^{1/2}}{\pi}\displaystyle\int_{|\eta|>1/v}\dfrac{\phi_k(\eta)\mathrm{d}\eta}{(\eta^2-v^{-2})^{1/2}(\eta-\zeta)}, & n<0\\ \xi(\zeta) = A(\zeta^2 - v^{-2})^{(1/2)}/\zeta, & n \geqslant 0\end{array}\right\} \quad (9\text{-}48)$$

第二式中的 A 为待定实常数。将式(9-48)代入式(9-44)、式(9-31)及式(9-42)即得 $y=0$ 上的应力及位移

$$\left.\begin{array}{l}\tau_{yz}^{(i)}(x,0,t) = \dfrac{t^n}{\zeta^n}\mathrm{Re}L_\zeta^{-(n+1)}\left\{-\left[E_{44}^{(i)}(\rho^{(i)}-E_{55}^{(i)}\zeta^2)\right]^{1/2}n^{(i)}(\zeta)L_\zeta^{n+2}\left[\zeta^{n+1}\xi(\zeta)\right]\right\}\\ W^{(i)}(x,0,t) = \dfrac{t^{n+1}}{\zeta^{n+1}}\mathrm{Re}L_\zeta^{-n}\{n^{(i)}(\zeta)L_\zeta^{n+2}[\zeta^{n+1}\xi(\zeta)]\}, \quad i=1,2\end{array}\right\}$$
$$(9\text{-}49)$$

当 $n \geqslant 0$ 时,将式(9-49)的第一式代入边界条件(9-3)的第一式即可确定实常数 A:

$$\lim_{\varepsilon\to 0^+}\mathrm{Re}\int_0^{v^{-1}+\varepsilon}T^{(2)}(\eta)n^{(2)}(\eta)(v^{-1}-\eta)^n\dfrac{\mathrm{d}^{n+2}}{\mathrm{d}\eta^{n+2}}\{\eta^n(\eta^2-v^{-2})^{1/2}\}\mathrm{d}\eta = \dfrac{\tau_0 n!}{Av^n}$$
$$(9\text{-}50)$$

式(9-49)仅是 $y=0$ 上的解,若要得到任意位置的应力及位移,只需将式(9-48)代入式(9-44)、式(9-31)及式(9-22)、式(9-21)即可得

$$\tau_{yz}^{(1)} = \mathrm{Re}L_t^{-(n+1)}\left\{\dfrac{E_{44}^{(1)}(\rho^{(1)}-E_{55}^{(1)}\zeta^2)n^{(1)}(\zeta)}{E_{55}^{(1)}y\zeta - x[E_{44}^{(1)}(\rho^{(1)}-E_{55}^{(1)}\zeta^2)]^{1/2}}L_\zeta^{n+2}[\zeta^{n+1}\xi(\zeta)]\right\}$$

$$W^{(1)} = \mathrm{Re}L_t^{-(n+1)}\left\{\int_0^\zeta n^{(1)}(\zeta)L_\zeta^{n+2}[\zeta^{n+1}\zeta(\zeta)]\mathrm{d}\zeta\right\}$$

$$\tau_{yz}^{(2)} = \mathrm{Re}L_t^{-(n+1)}\left\{\dfrac{E_{44}^{(2)}(\rho^{(2)}-E_{55}^{(2)}\zeta^2)n^{(2)}(\zeta)}{E_{55}^{(2)}y\zeta - x[E_{44}^{(2)}(\rho^{(2)}-E_{55}^{(2)}\zeta^2)]^{1/2}}L_\zeta^{n+2}[\zeta^{n+1}\xi(\zeta)]\right\}$$

$$W^{(2)} = \mathrm{Re}L_t^{-(n+1)}\left\{\int_0^\zeta n^{(2)}(\zeta)L_\zeta^{n+2}[\zeta^{n+1}\zeta(\zeta)]\mathrm{d}\zeta\right\}$$

9.2 扩展裂纹的 J^* 积分

在动态断裂问题中的守恒积分一般都包含有面积分,这使得其应用性受到很大限制。文献[18]提出了在线弹性及黏弹性介质中扩展裂纹与路径无关的 J^* 积分。由于该积分适用于以任意速率扩展的裂纹问题,因此有较大的应用价值。

9.2.1 黏弹性介质中的 J^* 积分

考虑如下具有积分松弛型本构方程的黏弹性介质

$$S_{ij} = \int_0^t G_1(t-\tau) \frac{de_{ij}(\tau)}{d\tau} d(\tau), \qquad \sigma_{kk} = \int_0^t G_2(t-\tau) \frac{d\varepsilon_{kk}(\tau)}{d\tau} d\tau \quad (9\text{-}51)$$

式中,S_{ij} 及 e_{ij} 分别为应力偏张量与应变偏张量,$G_1(t-\tau)$ 及 $G_2(t-\tau)$ 为材料的松弛函数。利用对时间 t 的 Laplace 变换,有

$$S_{ij}^* = p G_1^* e_{ij}^*, \qquad \sigma_{kk}^* = p G_2^* \varepsilon_{kk}^* \quad (9\text{-}52)$$

$$S_{ij}^* = \sigma_{ij}^* - \frac{1}{3}\varepsilon_{kk}^*\delta_{ij}, \qquad e_{ij}^* = \varepsilon_{ij}^* - \frac{1}{3}\varepsilon_{kk}^*\delta_{ij} \quad (9\text{-}53)$$

式中,p 为 Laplace 变换参变量,上角标"*"代表该量的 Laplace 变量,以下同。

设裂纹以任意可变速率在黏弹性介质中扩展。取一随裂纹尖端一起运动的平动坐标系 Ox_1x_2,其坐标原点永远固结在裂纹尖端,则此平动坐标系与静止坐标系 $O'x_1'x_2'$ 之间有如下坐标变换

$$x_i = x_i' - \int_0^t v_i dt, \qquad i=1,2 \quad (9\text{-}54)$$

式中,v_i 为裂纹尖端扩展速度在静止坐标系 x_1'、x_2' 方向的分量。由于坐标系作变速平动,因此用此动坐标系 Ox_1x_2 表达的运动方程为

$$\sigma_{ij,j} = \rho \ddot{u}_i + \rho \dot{v}_i \quad (9\text{-}55)$$

式中,ρ 为材料密度,u_i 是位移分量,$\rho \dot{v}_i$ 是体力,相当于牵连惯性力。将式(9-55)对 t 作 Laplace 变换,得

$$\sigma_{ij,j}^* = \rho p^2 u_i^* + \rho p v_i^* \quad (9\text{-}56)$$

将几何方程对 t 作 Laplace 变换,有

$$\varepsilon_{ij}^* = \frac{1}{2}(u_{i,j}^* + u_{j,i}^*) \quad (9\text{-}57)$$

我们在平动坐标系 Ox_1x_2 中给出如下积分

$$\begin{aligned} J^* &= \int_c \left\{ \left[\frac{1}{2}\sigma_{ij}^*\varepsilon_{ij}^* + \frac{1}{2}\rho(p^2 u_i^* u_i^* + 2p u_i^* v_i^*)\right] n_1 - T_i^* u_{i,1}^* \right\} ds \\ &= \int_c \left\{ \left[\frac{1}{2}\sigma_{ij}^*\varepsilon_{ij}^* + \frac{1}{2}\rho(p^2 u_i^* u_i^* + 2p u_i^* v_i^*)\right] dx_2 - \sigma_{ij}^* n_j u_{i,1}^* ds \right\} \quad (9\text{-}58) \end{aligned}$$

这一积分是与路径无关的。式中,n_j 为积分路径 c 外法线的方向余弦,T_i 为表面

力矢量的分量，u_i 为位移分量，ds 为弧元素，且 $dx_2 = n_1 ds$，$dx_1 = -n_2 ds$。积分路径 c 为任意闭合曲线，该曲线固结于平动坐标系 ox_1x_2 上。

利用 Gauss 定理，式(9-58)可化为如下积分

$$J_R^* = \int_R \left\{ \frac{\partial}{\partial x_1} \left[\frac{1}{2} \sigma_{ij}^* \varepsilon_{ij}^* + \frac{1}{2} \rho (p^2 u_i^* u_i^* + 2p u_i^* v_i^*) \right] - \frac{\partial}{\partial x_j} (\sigma_{ij}^* u_{i,1}^*) \right\} dA \tag{9-59}$$

式中，R 为闭合曲线 c 所围区域。易证如下各式：

$$\frac{\partial}{\partial x_1}\left(\frac{1}{2}\sigma_{ij}^*\varepsilon_{ij}^*\right) = \frac{\partial}{\partial \varepsilon_{ij}^*}\left(\frac{1}{2}\sigma_{ij}^*\varepsilon_{ij}^*\right)\frac{\partial \varepsilon_{ij}^*}{\partial x_1} = \sigma_{ij}^*\frac{\partial}{\partial x_1}\left(\frac{\partial u_i^*}{\partial x_j}\right) = \sigma_{ij}^* u_{i,1j}^* \tag{9-60}$$

$$\frac{\partial}{\partial x_1}\left(\frac{1}{2}\rho p^2 u_i^* u_i^*\right) = \rho p^2 u_i^* u_{i,1}^*, \qquad \frac{\partial}{\partial x_1}(\rho p u_i^* v_i^*) = \rho p u_{i,1}^* v_i^* \tag{9-61}$$

$$\frac{\partial}{\partial x_j}(\sigma_{ij}^* u_{i,1}^*) = \sigma_{ij,j}^* u_{i,1}^* + \sigma_{ij}^* u_{i,1j}^* = \rho p^2 u_i^* u_{i,1}^* + \rho p u_{i,1}^* v_i^* + \sigma_{ij}^* u_{i,1j}^* \tag{9-62}$$

在导出式(9-62)时应用了式(9-66)，将式(9-60)、式(9-61)、式(9-62)代入到式(9-59)，可得

$$J_R^* \equiv 0 \tag{9-63}$$

这表明式(9-58)给出的 J^* 积分沿任一闭合路径 c 的值都恒为零，因此 J^* 积分与路径无关。我们记

$$\left. \begin{aligned} W^* &= \frac{1}{2}\sigma_{ij}^* \varepsilon_{ij}^* \\ T^* &= \frac{1}{2}\rho p^2 u_i^* u_i^* + \rho p u_i^* v_i^* \end{aligned} \right\} \tag{9-64}$$

并分别称 W^* 及 T^* 为"类应变能密度"及"类动能密度"。应指出，它们的反演并不是应变能或动能，这里仅是借用符号而已。利用式(9-64)，可将式(9-58)写为

$$\begin{aligned} J^* &= \int_c \left[(W^* + T^*) n_1 - T_i^* u_{i,1}^* \right] ds \\ &= \int_c \left[(W^* + T^*) dx_2 - \sigma_{ij}^* n_j u_{i,1}^* ds \right] \\ &= \int_c \left[(W^* + T^*) \delta_{1j} - \sigma_{ij}^* u_{i,1}^* \right] n_j ds \end{aligned} \tag{9-65}$$

式(9-65)所表达的 J^* 积分与大家熟知的广义 J 积分及 Nilsson 的 $\bar{I}$ 积分[19]在形式上很相似。广义 J 积分成立的条件是：在随固结于裂纹尖端的平动坐标系一起运动的任何区域 R 中，总有 $\frac{d}{dt}\int_R (W+T) dA = 0$。这表明以动系坐标表达的各场量必须与时间无关，否则广义 J 积分不守恒。因此广义 J 积分只适用于定常场问题，对于一般的动力学问题是不适用的。而本文给出的 J^* 积分则适用于任意场（非定常场及定常场），对于任何裂纹扩展动力学问题都适用（若适当选择惯性坐标

系,能使各场量函数不显含时间 t,这样的场在本文中定义为定常场,否则为非定常场)。Nilsson 的 I 积分是用静止坐标系建立的,它只适用于静止裂纹(即不扩展裂纹)的动力学问题,而本文的 J^* 积分则适用于以任意变化速率扩展的裂纹动力学问题,且适用于裂纹起裂,扩展及止裂的任何阶段。

设裂纹以任意可变速率 $v_1(t)$ 沿 x_1 轴方向扩展,则式(9-58)表达的 J^* 积分可写为

$$J^* = \int_c \left\{ \left[\frac{1}{2}\sigma_{ij}^*\varepsilon_{ij}^* + \frac{1}{2}\rho(p^2 u_i^* u_i^* + 2pu_i^* v_1^*) \right] \mathrm{d}x_2 - \sigma_{ij}^* n_j u_{i,1}^* \mathrm{d}s \right\}$$

$$= \int_c \left\{ \left[W^* + \frac{1}{2}\rho(p^2 u_i^* u_i^* + 2pu_i^* v_1^*) \right] n_1 - T_i^* u_{i,1}^* \right\} \mathrm{d}s \quad (9\text{-}66)$$

积分路径 c 取为:从裂纹下表面上任意一点出发,沿绕过裂纹尖端的任意路径到达裂纹上表面上的任意一点为止。由于裂纹表面是自由的,因此在裂纹表面上有 $T_i^* = 0$,又由于裂纹是沿 x_1 轴方向扩展,因而在沿裂纹表面的路径上有 $\mathrm{d}x_2 = 0$。这就证明了 J^* 积分沿裂纹表面的值为零,因而 J^* 积分与路径 c 无关,只要这一路径的起点及终点分别在裂纹的下表面及上表面即可。

容易看出上面的证明过程对于线弹性材料仍然成立,因此 J^* 积分也适用于线弹性材料。

9.2.2 黏弹性介质中扩展裂纹尖端的奇异性

设裂纹以任意可变速率在黏弹性介质中扩展。J^* 积分的路径取以裂纹尖端为圆心,半径为 r 的开口圆周,起点为裂纹下表面,终点为裂纹上表面。在此路径上 J^* 积分为

$$J^* = r\int_{-\pi}^{\pi} \left\{ \left[\frac{1}{2}\sigma_{ij}^*\varepsilon_{ij}^* + \frac{1}{2}\rho(p^2 u_i^* u_i^* + 2pu_i^* v_i^*) \right]\cos\varphi - \sigma_{ij}^* n_j u_{i,1}^* \right\} \mathrm{d}\varphi$$

$$(9\text{-}67)$$

设变速扩展裂纹尖端的奇异性为

$$\sigma_{ij} \sim r^{-a}, \qquad \varepsilon_{ij} \sim r^{-b} \quad (9\text{-}68)$$

将式(9-68)代入黏弹性本构方程式(9-51),令 $r \to 0$,可得

$$a = b \quad (9\text{-}69)$$

在式(9-67)中令 $r \to 0$,左端 J^* 与 r 无关,右端积分号外有 r,因此积分号内必有 r^{-1} 奇异性。式(9-67)积分号内第一项 $\sigma_{ij}^*\varepsilon_{ij}^* \sim r^{-(a+b)}$,第二项 $u_i^* u_i^* \sim r^{-2b+2}$,第三项 $u_i^* \sim r^{-b-1}$,第四项奇异性同第一项,因此必有

$$a = b = \frac{1}{2} \quad (9\text{-}70)$$

这表明,在黏弹性介质中变速扩展的裂纹,其尖端的应力具有 $r^{-\frac{1}{2}}$ 奇异性。

下面几部分是针对线弹性介质进行推导的。将式(9-52)、式(9-53)与线弹性本构方程进行比较可知,只需作代换

$$\mu \to \frac{pG_1^*}{2}, \qquad y \to \frac{G_2^* - G_1^*}{2G_2^* + G_1^*} \tag{9-71}$$

则以下关于线弹性体推导出的结果亦适用于黏弹性介质。

9.2.3 J^* 积分与动态 COD

静态裂纹问题的 Dugdale 模型可推广到动态。设裂纹以速率 $v(t)$ 扩展,其塑性区成窄条分布,以另一速率 $a(t)$ 扩展,裂纹尖端的张开位移 $\delta(t)$ 称为动态 COD（或瞬态 COD）。与静态问题的方法相同,取 J^* 积分的路径如下:从裂纹尖端的下表面出发,沿 Dugdale 模型的塑性区下表面到塑性区顶点,再沿塑性区上表面到达裂纹尖端的上表面。这一路径与静态问题计算 J 积分与 COD 关系时所取路径完全相同。对于 I 型裂纹,在这一路径上有

$$\left. \begin{aligned} \sigma_{11} &= \sigma_{12} = \sigma_{21} = 0, & \mathrm{d}x_2 &= 0 \\ \sigma_{22} &= -\sigma_s, & \sigma_{22}^* &= -p^{-1}\sigma_s \end{aligned} \right\} \tag{9-72}$$

将式(9-72)代入式(9-76),得

$$J^* = \int_c p^{-1}\sigma_s u_{2,1}^* n_2 \mathrm{d}s = p^{-1}\sigma_s \int_c \frac{\partial u_2^*}{\partial x_1} \mathrm{d}x_1 \tag{9-73}$$

式中,右端的积分与 Laplace 变换可变更进行次序,因此由式(9-73)得

$$J^* = \frac{\sigma_s}{p}\delta^*(p) \tag{9-74}$$

式中,$\delta^*(p)$ 是裂纹尖端张开位移 $\delta(t)$ 的 Laplace 变换。式(9-74)的 Laplace 变换反演为

$$\dot{J}(t) = \sigma_s \dot{\delta}(t) \tag{9-75}$$

式中,上加一点表示对时间求导。这里 $J(t)$ 并不是 Rice 的 J 积分,而是本文 J^* 积分的 Laplace 变换反演。式(9-74)及式(9-75)在某种程度上表明了 J^* 积分的物理意义。

由于 J^* 积分适用于裂纹以任意可变速率扩展,因此式(9-74)、式(9-75)适用于裂纹扩展的任何阶段。这表明 J^* 积分有可能用来建立适用于各种临界状态的准则。

9.2.4 J^* 积分与 G、K 之关系

下面仅讨论以常速扩展 I 型裂纹问题,但场量可以是非定常的,即用固结于裂纹尖端的半动坐标系所表达的各场量可以显含时间 t。此时应力场与位移场[20]可表示为

$$\left. \begin{aligned} \sigma_{ij} &= K_1(t)(2\pi r)^{-1/2} f_{ij}(\theta, v) + O(1) \\ u_i &= K_1(t) r^{1/2} (2\pi)^{-1/2} F_{ij}(\theta, v) + O(1) \end{aligned} \right\} \tag{9-76}$$

式中,$K_1(t)$ 为动应力强度因子,f_{ij}、F_{ij} 为角函数,r,θ 为裂纹尖端的局部极坐标,它与固结在裂纹尖端的平动坐标系 ox_1x_2 的关系如下

$$x_1 = r\cos\theta, \qquad x_2 = r\sin\theta \qquad (9\text{-}77)$$

将式(9-76)对 t 作 Laplace 变换,有

$$\left.\begin{array}{l}\sigma_{ij}^* = K_1^*(p)(2\pi r)^{-1/2} f_{ij}(\theta,v) \\ u_i^* = K_1^*(p) r^{1/2}(2\pi)^{-1/2} F_{ij}(\theta,v)\end{array}\right\} \qquad (9\text{-}78)$$

取 J^* 积分的路径为:以裂纹尖端为圆心,半径为 r 的圆周(在裂纹表面断开)。令 $r\to 0$,由式(9-78)知 σ_{ij}^*、ε_{ij}^* 与 $r^{-1/2}$ 成比例,而 u_i^* 与 $r^{1/2}$ 成比例。可见,$r\to 0$ 时 $u_i^* u_i^*$ 及 u_i^* 沿此路径的值为零。这样,我们有

$$J^* = r\int_{-\pi}^{\pi}\left(\frac{1}{2}\sigma_{ij}^*\varepsilon_{ij}^*\cos\theta - \sigma_{ij}^* n_j u_{i,1}^*\right)\mathrm{d}\theta = K_1^{*2}(p)g(v) \qquad (9\text{-}79)$$

在式(9-79)中应用了式(9-78)。另一方面,我们研究通过 J^* 积分路径 c 的能通率。当 $r\to 0$ 时,能通率为

$$G_1 = vr\int_{-\pi}^{\pi}\left(\frac{1}{2}\sigma_{ij}\varepsilon_{ij}\cos\theta - \sigma_{ij} n_j u_{i,1}\right)\mathrm{d}\theta = vG \qquad (9\text{-}80)$$

式中

$$G = r\int_{-\pi}^{\pi}\left(\frac{1}{2}\sigma_{ij}\varepsilon_{ij}\cos\theta - \sigma_{ij} n_j u_{i,1}\right)\mathrm{d}\theta \qquad (9\text{-}81)$$

为能量释放率。将式(9-76)代入式(9-81)可得

$$G = K_1^2(t)g(v) \qquad (9\text{-}82)$$

注意到式(9-76)及式(9-78),由式(9-79)、式(9-80)、式(9-81)、式(9-82)容易看出式(9-79)及式(9-82)中的 $g(v)$ 是同一个函数。由这两式消去 $g(v)$,我们就建立了 J^* 积分与能量释放率之间的关系:

$$J^* = \frac{K_1^{*2}(p)}{K_1^2(t)}G \qquad (9\text{-}83)$$

G 与 K_1 之间存在如下关系[20]:

$$G(t) = \frac{(1-\gamma^2)}{E}A(v)K_1^2(t) \qquad (9\text{-}84)$$

$$A(v) = \frac{v^2 c_2^{-2}(1-v^2 c_1^{-2})^{1/2}}{(1-\gamma)[4(1-v^2 c_1^{-2})^{1/2}(1-v^2 c_2^{-2})^{1/2} - (2-v^2 c_2^{-2})^2]}$$

式中,v 为裂纹扩展速度,c_1、c_2 分别为纵波及横波波速,E 是杨氏弹性模量,γ 为泊松比。将式(9-84)代入到式(9-83)中,我们有

$$J^* = \frac{1-\gamma^2}{E}A(v)K_1^{*2}(p) \qquad (9\text{-}85)$$

可见,我们虽然不能简单地指出 J^* 积分的物理意义,但由式(9-83)及式(9-85)可知,至少在裂纹以常速扩展时它与能量释放率及动应力强度因子的 Laplace 变换间存在简单关系。

若裂纹不扩展,即 $v=0$,则 $A(v)=1$,此时有

$$J^* = \frac{1-\gamma^2}{E}K_1^{*2}(p) \qquad (9\text{-}86)$$

因而 $J^* = \bar{I}$,这表明 Nilsson 的 $\bar{I}$ 积分仅是本文所给 J^* 积分在 $v=0$ 情况下的特例。

将式(9-85)代入到式(9-74),可得裂纹以任意常速扩展时,其动态 COD 与动应力强度因子之间关系

$$\frac{\sigma_s}{p}\delta^*(p) = \frac{1-\gamma^2}{E}A(v)K_1^{*2}(p) \qquad (9\text{-}87)$$

这一关系式对静止的或运动的裂纹问题,对定常场或非定常场裂纹动力学问题均成立。

特殊的,对于定常场问题,由式(9-87)可以得到

$$\delta = \frac{1-\gamma^2}{E\sigma_s}A(v)K_1^2 \qquad (9\text{-}88)$$

若 $v=0$(静态问题),则 $A(v)=1$,式(9-88)即化为静态断裂力学中大家熟知的 δ 与 K_1 之关系。

上面各式尽管是在线弹性体中得到的,但利用式(9-71)很容易将这些结果推广到黏弹性介质中去。对于以式(9-51)为本构方程的黏弹性介质,我们有

$$J^* = \frac{G_2^* + 2G_1^*}{pG_1^*(2G_2^* + G_1^*)}A(v)K_1^{*2}(p), \qquad 平面应变 \qquad (9\text{-}89)$$

$$J^* = \frac{2G_2^* + G_1^*}{3pG_1^*G_2^*}A(v)K_1^{*2}(p), \qquad 平面应力 \qquad (9\text{-}90)$$

$$\frac{\sigma_s}{p}\delta^*(p) = \frac{G_2^* + 2G_1^*}{pG_1^*(2G_2^* + G_1^*)}A(v)K_1^{*2}(p), \qquad 平面应变 \qquad (9\text{-}91)$$

9.2.5 无限长板条中的运动裂纹

考虑一厚度为 $2h$ 的无限长板条,材料是线弹性。板条中间有一半无限长裂纹,裂纹以速度 v 向前扩展,板条上、下表面以给定的位移 $u_2 = u_0 f(t)$ 及 $u_2 = -u_0 f(t)$ 运动,这里 $f(t)$ 是 t 的任意函数,如图 9-1 所示。

取 $O'x_1'x_2'$ 为静止坐标系,Ox_1x_2 为原点固结于裂纹尖端的平动坐标系,本问题用动系 Ox_1x_2 表达的边界条件为

$$\left.\begin{array}{ll} \dot{u}_1 = v, u_2 = +u_0 f(t), & x_2 = \pm h, \quad -\infty < x_1 < \infty \\ \sigma_{22} = \sigma_{12} = 0, & x_2 = 0, \quad x_1 < 0 \end{array}\right\} \qquad (9\text{-}92)$$

这一问题用 Wiener-Hopf 方法是难于求解的,这是因为给定的位移是时间的任意函数。现在我们试用 J^* 积分来求这一问题的动应力强度因子。取积分路径

为图示的 $A—B—C—D—E—F$,并令 $A、B、E、F$ 趋于 $-\infty$,令 $C、D$ 趋于 ∞。

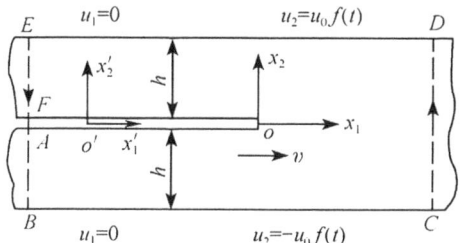

图 9-1 长板条中的运动裂纹

当 $x_1 \to \infty$ 时,我们有

$$\left.\begin{array}{ll} u_1^* = -v/p, \quad u_{1,j}^* = 0, \quad u_2^* = u_0 f^*(p), & x_2 = h \\ u_2^* = 0, \quad \sigma_{12}^* = 0, & x_2 = 0 \end{array}\right\} \quad (9\text{-}93)$$

由式(9-93),当 $x_1 \to \infty$ 时可以求得

$$\left.\begin{array}{l} u_2^* = u_0 f^*(p) \dfrac{\sinh(px_2/c_1)}{\sinh(ph/c_1)} \\[2mm] \varepsilon_{22}^* = \dfrac{1}{E}\sigma_{22}^* \dfrac{1-\gamma-2\gamma^2}{1-\gamma} = u_0 f^*(p) \dfrac{p\cosh(px_2/c_1)}{c_1 \sinh(ph/c_1)} \end{array}\right\} \quad (9\text{-}94)$$

当 $x_1 \to -\infty$ 时我们有

$$\left.\begin{array}{ll} u_1^* = -v/p, \quad u_{1,j}^* = 0, \quad u_2^* = u_0 f^*(p), & x_2 = h \\ \sigma_{22}^* = \sigma_{12}^* = 0, & x_2 = 0 \end{array}\right\} \quad (9\text{-}95)$$

由式(9-95),当 $x_1 \to -\infty$ 时可以求得

$$\left.\begin{array}{l} u_2^* = u_0 f^*(p) \dfrac{\cosh(px_2/c_1)}{\cosh(ph/c_1)} \\[2mm] \varepsilon_{22}^* = \dfrac{1}{E}\sigma_{22}^* \dfrac{1-\gamma-2\gamma^2}{1-\gamma} = u_0 f^*(p) \dfrac{p\sinh(px_2/c_1)}{c_1 \cosh(ph/c_1)} \end{array}\right\} \quad (9\text{-}96)$$

式(9-94)及式(9-96)中 c_1 为纵波波速。

在 $x_2 = \pm h$ 处有

$$u_1^* = -v/p, \quad u_{1,j}^* = 0, \quad u_2^* = \pm u_0 f^*(p) \quad (9\text{-}97)$$

将式(9-93)~式(9-97)代入式(9-67),按图示积分路线即可求得 J^* 积分

$$J^* = \dfrac{2u_0^2 \rho c p f^{*2}(p)}{\mathrm{sh}(2ph/c_1)} \quad (9\text{-}98)$$

将式(9-98)代入式(9-85),即得本问题的动应力强度因子

$$K_1(t) = \left[\dfrac{2\rho E c_1}{(1-\gamma^2)A(v)}\right] u_0 L^{-1}\left\{\left[\dfrac{p}{\mathrm{sh}(2ph/c_1)}\right]^{1/2} f^*(p)\right\} \quad (9\text{-}99)$$

式中,L^{-1} 为 Laplace 变换反演。本问题得到的解不同于 Nilsson[19] 的解,其区别在于 Nilsson 研究的是静止(不扩展)裂纹问题,而本文裂纹则以速度 v 运动。本文解

也不同于 Sih 给出的解[16]，Sih 研究的长板条其上、下表面只受固定的位移 $u_2=u_0$ 作用，而本问题则是 $u_2=u_0 f(t)$。在本文解中，只需令 $f(t)=1$ 即得 Sih 的解，若令裂纹扩展速度 $v=0$，则得到 Nilsson 的解。

9.3 裂纹两端异速扩展问题

由正交异性材料组成的层状材料、组合材料以及各类类似结构中，裂纹往往在材料之间的界面上萌生并扩展，甚至失稳断裂，这就突出了研究正交各向异性材料结合面上的静态和动态裂纹问题的重要性。近年来，国内外不少学者从不同角度研究了相关问题，例如，W. Qian 和 C. T. Sun[21]从有限元的角度探讨了计算两正交异性体间界面裂纹的应力强度因子的方法；L. M. Brock[22]应用双边 Laplace 变换及其反演的方法研究了任意常数荷载下的正交异性或横观各向同性材料间的界面裂纹扩展；C. Rubio-Gonzalez 和 J. J. Mason[23]应用 Laplace 和 Fourier 变换以及 Wiener-Hopf 方法分析了均布荷载正正交异性材料中的半无限长裂纹尖端的应力强度因子。

本章基于平面波动方程的函数不变解[5]思想，首先给出了正交异性体反平面运动方程位移的不变解，并根据该位移不变解推导出任意自相似指数下裂纹的应力、位移以及动态裂纹尖端应力强度因子的解析解，比较简单地给出了解的一般表达式。根据解的形式，位移边界条件下正交各向异性材料界面上的不对称扩展裂纹问题化为寻找单一未知解析函数的问题。文中给出了实例，把用同样的方法得到的简单边界条件下的解进行叠加，可以得到其他任意边界条件下的解。

正交各向异性材料界面上的不对称扩展裂纹，x 轴与裂纹面重合，且为两种不同正交异性材料的分界面，裂纹沿正负 x 轴方向分别以速度 V_1、V_2 不对称扩展。

9.3.1 解的一般表示

1. 正交异性体反平面运动方程位移的不变解

正交异性体反平面问题的运动方程为

$$C_{55}\frac{\partial^2 w}{\partial x^2}+C_{44}\frac{\partial^2 w}{\partial y^2}=\rho\frac{\partial^2 w}{\partial t^2} \qquad (9\text{-}100)$$

式中，C_{55}、C_{44} 为材料的弹性常数；ρ 为材料密度；t 为时间；w 为垂直于该平面方向的位移。

由文献[1]、[2]可知，取

$$z=\frac{C_{44}tx-iy\sqrt{C_{44}C_{55}t-\rho(C_{44}x^2+C_{55}y^2)}}{C_{44}x^2+C_{55}y^2} \qquad (9\text{-}101)$$

则 w、z 为变量的函数 $q(z)$ 一定满足运动方程(9-100)，并且有

$$\frac{\partial z}{\partial y} = \frac{\rho - C_{55}z^2}{C_{55}yz - x\sqrt{(\rho - C_{55}z^2)C_{44}}}$$

$$\frac{\partial z}{\partial x} = \frac{z\sqrt{(\rho - C_{55}z^2)C_{44}}}{C_{55}yz - x\sqrt{(\rho - C_{55}z^2)C_{44}}} \tag{9-102}$$

$$\frac{\partial z}{\partial t} = -\frac{\sqrt{(\rho - C_{55}z^2)C_{44}}}{C_{55}yz - x\sqrt{(\rho - C_{55}z^2)C_{44}}}$$

2. 位移齐次问题

位移为齐次时,设

$$w = \mathrm{Re} f(z) \tag{9-103}$$

对 w 求导,有

$$\frac{\partial w}{\partial z} = \mathrm{Re} f'(z) \tag{9-104}$$

根据正交异性体的物理方程,有

$$\tau_{yz} = C_{44} \mathrm{Re} f'(z) \cdot \frac{\partial z}{\partial y} = C_{44} \mathrm{Re} f'(z) \cdot \frac{\rho - C_{55}z^2}{C_{55}yz - x\sqrt{(\rho - C_{55}z^2)C_{44}}}$$

$$\tau_{xz} = C_{55} \mathrm{Re} f'(z) \cdot \frac{\partial z}{\partial x} = C_{55} \mathrm{Re} f'(z) \cdot \frac{z\sqrt{(\rho - C_{55}z^2)C_{44}}}{C_{55}yz - x\sqrt{(\rho - C_{55}z^2)C_{44}}}$$

$$\tag{9-105}$$

在 $y=0$ 的平面上,有 $z=t/x$,且

$$\tau_{yz} = -\frac{1}{t}\mathrm{Re}[zf'(z)\sqrt{(\rho - C_{55}z^2)C_{44}}], \qquad \tau_{xz} = -\frac{1}{t}\mathrm{Re}[C_{55}z^2 f'(z)]$$

$$\tag{9-106}$$

引入

$$F(z) = -zf'(z)\sqrt{(\rho - C_{55}z^2)C_{44}} \tag{9-107}$$

$$\lambda(z) = \sqrt{(\rho - C_{55}z^2)C_{44}} \tag{9-108}$$

综合式(9-104)、式(9-106)、式(9-107)和式(9-108),可得到解的最后形式为

$$\tau_{yz} = \frac{1}{t}\mathrm{Re} F(z), \qquad \tau_{xz} = \frac{C_{55}}{t}\mathrm{Re}\frac{z \cdot F(z)}{\lambda(z)}, \qquad \frac{\partial w}{\partial z} = -\mathrm{Re}\frac{F(z)}{z \cdot \lambda(z)}$$

$$\tag{9-109}$$

3. 应力齐次问题

应力为齐次时,设

$$\frac{\partial w}{\partial y} = \mathrm{Re} f_1(z), \qquad \frac{\partial w}{\partial x} = \mathrm{Re} f_2(z) \tag{9-110}$$

$f_1(z)$ 和 $f_2(z)$ 有关系为

$$\frac{\partial f_1(z)}{\partial x} = \frac{\partial f_2(z)}{\partial y} \tag{9-111}$$

即

$$f_2'(z) = f_1'(z) \cdot \frac{z\sqrt{C_{44}}}{\sqrt{\rho - C_{55}z^2}} \tag{9-112}$$

根据正交异性体的物理方程,有

$$\frac{\partial \tau_{yz}}{\partial t} = C_{44} \operatorname{Re} f_1'(z) \cdot \frac{\partial z}{\partial t} = -\operatorname{Re}\left[f_1'(z) \cdot \frac{C_{44}\sqrt{(\rho - C_{55}z^2)C_{44}}}{C_{55}yz - x\sqrt{(\rho - C_{55}z^2)C_{44}}}\right]$$

$$\frac{\partial \tau_{xz}}{\partial t} = C_{55} \operatorname{Re} f_2'(z) \cdot \frac{\partial z}{\partial t} = -\operatorname{Re}\left[f_1'(z) \cdot \frac{C_{44}C_{55}z}{C_{55}yz - x\sqrt{(\rho - C_{55}z^2)C_{44}}}\right] \tag{9-113}$$

且有

$$\frac{\partial^2 w}{\partial z \partial t} = \frac{\partial^2 w}{\partial z \partial y} \cdot \frac{\partial y}{\partial t} = -\operatorname{Re}\left[f_1'(z) \cdot \frac{C_{44}}{\sqrt{(\rho - C_{55}z^2)C_{44}}}\right] \tag{9-114}$$

在 $y=0$ 的平面上,有

$$\frac{\partial \tau_{yz}}{\partial t} = \frac{1}{t} \cdot \operatorname{Re}[C_{44}z \cdot f_1'(z)]$$

$$\frac{\partial \tau_{xz}}{\partial t} = \frac{C_{55}}{t} \cdot \operatorname{Re}\left[\frac{C_{44}z^2 f_1'(z)}{\sqrt{(\rho - C_{55}z^2)C_{44}}}\right] \tag{9-115}$$

引入

$$F(z) = C_{44}z \cdot f_1'(z) \tag{9-116}$$

根据关系式(9-108),则式(9-114)和式(9-115)变为以下形式

$$\frac{\partial \tau_{yz}}{\partial t} = \frac{1}{t} \cdot \operatorname{Re} F(z), \qquad \frac{\partial \tau_{xz}}{\partial t} = \frac{C_{55}}{t} \cdot \operatorname{Re}\frac{z \cdot F(z)}{\lambda(z)}$$

$$\frac{\partial^2 w}{\partial z \partial t} = -\operatorname{Re}\frac{F(z)}{z \cdot \lambda(z)} \tag{9-117}$$

4. 具有任意自相似指数问题的解的一般表示

设在 $y=0$ 上有任意个位移区段,这些区段的端点各以不同的常速移动,初始静止,这些区段上的位移是如下函数的线性组合,即

$$\frac{d^k f_l(x)}{dx^k} \cdot \frac{d^r f_s(t)}{dt^r}, \qquad f_i(\xi) = \begin{cases} 0, & \xi < 0 \\ \xi^i, & \xi > 0 \end{cases} \tag{9-118}$$

式中,m、l、r 和 s 为任意正整数。x、t 的复杂函数一般可表为式(9-118)的线性组合,因而若能求得具有式(9-118)形式的载荷或位移问题的解,则可通过叠加得到复杂问题的解。现引入线性微分算子及其反演,有

$$L = \frac{\partial^{m+n}}{\partial x^m \partial t^n}, \qquad L^- = \frac{\partial^{-m-n}}{\partial x^{-m} \partial t^{-n}} \tag{9-119}$$

式中，$(m+n)$、$(-m-n)$ 和 0 分别表示 $(m+n)$ 阶微分、$(m+n)$ 次积分和函数本身。

通过量纲分析表明对于每个自相似指数，存在函数满足波动方程并且是 x、y 和 t 的零次齐次函数，文献[1]表明常数 m 和 n 也一定存在。把式(9-119)代入方程(9-118)，得到 x 和 t 的零次齐次函数，这里的参数 m, n 称为自相似指数。

当 Lw 为齐次时，对于任意线性微分算子 L，只需将 w、τ_{xz} 和 τ_{yz} 分别换作 Lw、$L\tau_{xz}$ 和 $L\tau_{yz}$，则式(9-109)仍然成立。在 $y=0$ 的平面上，有表达式

$$w^0 = Lw, \qquad \tau_{xz}^0 = L\tau_{xz}, \qquad \tau_{yz}^0 = L\tau_{yz} \tag{9-120}$$

同理，当 $L\tau_{xz}$ 和 $L\tau_{yz}$ 为齐次时，有表达式

$$w^0 = \frac{\partial}{\partial t}Lw, \qquad \tau_{xz}^0 = \frac{\partial}{\partial t}L\tau_{xz}, \qquad \tau_{yz}^0 = \frac{\partial}{\partial t}L\tau_{yz} \tag{9-121}$$

对于上述所有情况，w^0 是齐次的，总有

$$\tau_{xz}^0 = \frac{C_{55}}{t} \operatorname{Re} \frac{z \cdot F(z)}{\lambda(z)}, \qquad \tau_{yz}^0 = \frac{1}{t} \operatorname{Re} F(z)$$

$$\frac{\partial w^0}{\partial z} = -\operatorname{Re} \frac{F(z)}{z \cdot \lambda(z)} \tag{9-122}$$

9.3.2 不对称裂纹在不同正交异性材料之间的问题

设两种不同材料结合面处于 $y=0$ 平面上，裂纹在结合面上扩展。对于所讨论问题，在结合面上，有

$$\tau_{yz}^{(1)} = \tau_{yz}^{(2)}, \qquad y=0, \qquad -\infty < x < \infty \tag{9-123}$$

上角标(1)和(2)表示在第一、二种材料中相应的量，将式(9-122)代入式(9-123)，有

$$\operatorname{Re} F^{(1)}(z) = \operatorname{Re} F^{(2)}(z) \tag{9-124}$$

设裂纹分别以常速 V_1、V_2 沿 x 轴正、负方向扩展，设定 V_1 和 V_2 为正常数，且：$V_2 < V_1$，在裂纹之外两种材料的结合处，有关系为

$$w^{(1)} - w^{(2)} = 0, \qquad y=0, \qquad x<-V_2 t \text{ 或 } x>V_1 t \tag{9-125}$$

将式(9-108)、式(9-122)带入式(9-125)，有

$$\operatorname{Re} \frac{F^{(1)}(z)}{z\sqrt{(\rho^{(1)} - C_{55}^{(1)} z^2) C_{44}^{(1)}}} = \operatorname{Re} \frac{F^{(2)}(z)}{z\sqrt{(\rho^{(2)} - C_{55}^{(2)} z^2) C_{44}^{(2)}}} \tag{9-126}$$

不失一般性，总设 $\rho^{(2)}/C_{55}^{(2)} < \rho^{(1)}/C_{55}^{(1)}$，对于不同的 z 值，由式(9-125)可得

当 $z^2 < \rho^{(2)}/C_{55}^{(2)} < \rho^{(1)}/C_{55}^{(1)}$ 时，有

$$\operatorname{Re} F^{(1)}(z) = \frac{\sqrt{(\rho^{(1)} - C_{55}^{(1)} z^2) C_{44}^{(1)}}}{\sqrt{(\rho^{(2)} - C_{55}^{(2)} z^2) C_{44}^{(2)}}} \operatorname{Re} F^{(2)}(z) = 0$$

当 $\rho^{(2)}/C_{55}^{(2)} < z^2 < \rho^{(1)}/C_{55}^{(1)}$ 时，有

$$\operatorname{Re} F^{(1)}(z) = \frac{\sqrt{(\rho^{(1)} - C_{55}^{(1)} z^2) C_{44}^{(1)}}}{\sqrt{(\rho^{(2)} - C_{55}^{(2)} z^2) C_{44}^{(2)}}} \operatorname{Im} F^{(2)}(z) \tag{9-127}$$

当 $\rho^{(2)}/C_{55}^{(2)} < \rho^{(1)}/C_{55}^{(1)} < z^2$ 时,有

$$\mathrm{Im}F^{(1)}(z) = \frac{\sqrt{(\rho^{(1)} - C_{55}^{(1)} z^2)C_{44}^{(1)}}}{\sqrt{(\rho^{(2)} - C_{55}^{(2)} z^2)C_{44}^{(2)}}} \mathrm{Im}F^{(2)}(z)$$

上面式(9-127)的第一式之所以为零,是因为弹性波的扰动不会超过两种介质中最大声波传播范围[10],综合考虑式(9-124)和式(9-127),引入以下表达式,有

$$F^{(1)}(z) = m(z) \cdot n^{(1)}(z), \qquad F^{(2)}(z) = m(z) \cdot n^{(2)}(z) \qquad (9\text{-}128)$$

式中

$$n^{(1)}(z) = \frac{\sqrt{(\rho^{(1)} - C_{55}^{(1)} z^2)C_{44}^{(1)}}}{\sqrt{(\rho^{(2)} - C_{55}^{(2)} z^2)C_{44}^{(2)}}} + \frac{(\rho^{(1)} - C_{55}^{(1)} z^2)C_{44}^{(1)}}{(\rho^{(2)} - C_{55}^{(2)} z^2)C_{44}^{(2)}}$$

$$n^{(2)}(z) = \frac{\sqrt{(\rho^{(1)} - C_{55}^{(1)} z^2)C_{44}^{(1)}}}{\sqrt{(\rho^{(2)} - C_{55}^{(2)} z^2)C_{44}^{(2)}}} + 1$$

式中,$m(z)$必须满足

$$\begin{array}{ll} \mathrm{Re}m(z) = 0, & -V_2^{-1} < z < V_1^{-1} \\ \mathrm{Im}m(z) = 0, & z < -V_2^{-1} \text{ 或 } z > V_1^{-1} \end{array} \qquad (9\text{-}129)$$

根据式(9-122)、式(9-127)和式(9-128)以及讨论问题的齐次类型可以得到不同正交异性材料结合面上扩展的具有任意自相似指数的裂纹动力学问题的一般解。所研究问题归结为寻找单一未知函数 $m(z)$ 的问题。由于在以上讨论中已经考虑到运动方程和连接条件,所以 $m(z)$ 只需满足具体问题的边界条件。

9.3.3 位移边界条件下的解

(1) 在 $t=0$ 时刻,一界面裂纹在坐标原点出现,并开始沿正负 x 轴方向分别以速度 V_1、V_2 不对称扩展,$0 < V_1 < V_2$,由于外力使裂纹产生在 z 方向的位移,大小为 $w_0 x^m$,该位移在 x 轴上移动的速度为 β。裂纹面初始静止,边界条件可以表示为

$$\begin{array}{ll} w^{(1)} = -w^{(2)} = -w_0 x^m, & y = 0, \quad x = \beta t \\ w^{(1)} - w^{(2)} = 0, & y = 0, \quad x < -V_2 t \text{ 或 } x > V_1 t \end{array} \qquad (9\text{-}130)$$

假定 $z = t/x$,于是

$$L_{t,x}^{m,1} = \frac{\partial^{m+1}}{\partial t^m \partial x} = \frac{z^m}{t^m} L_{z,x}^{m,1}$$

$$L_{t,x}^{-m,-1} = \frac{\partial^{-(m+1)}}{\partial t^{-m} \partial x^{-1}} = \frac{z^{-m}}{t^{-m}} L_{z,x}^{-m,-1} \qquad (9\text{-}131)$$

由边界条件,有

$$\frac{\partial w^{(2)}}{\partial z} = \frac{\partial w^{(2)}}{\partial t} \cdot \frac{\partial t}{\partial z} = Lm w_0 t^{m-1} x \qquad (9\text{-}132)$$

此问题为位移齐次问题,有

$$\frac{\partial w^0}{\partial z} = L\,\frac{\partial w^{(2)}}{\partial z} = Lmw_0 t^{m-1}x \tag{9-133}$$

在上面的方程中，$L = L_{t,x}^{m-1,1}$，把它代入式(9-133)，根据式(9-122)和式(9-128)，得到

$$L_z^{-(m-1)}\left[-\operatorname{Re}\frac{m(z)n^{(2)}(z)}{z\cdot\lambda(z)}\right] = mw_0 z^{m-1} \tag{9-134}$$

考虑到裂纹尖端的奇异性[16]以及无穷远条件，式(9-134)的一个解的形式为

$$m(z) = L_z^{m-1}\frac{Az^n}{\sqrt{[(V_1^{-1}-z)(V_2^{-1}+z)]^3}} \tag{9-135}$$

式中，m 是常指数，A 是常系数。

把式(9-135)代入式(9-134)，根据边界条件，常指数和常系数的值分别为

$$n = m \tag{9-136}$$

$$A = \frac{mw_0\lambda(\beta^{-1})\sqrt{[(V_1^{-1}-\beta^{-1})(V_2^{-1}+\beta^{-1})]^3}}{n^{(2)}(\beta^{-1})} \tag{9-137}$$

把式(9-135)代回式(9-122)，并考虑到此问题为位移齐次问题，可得到位移、应力以及应力强度因子的最终表达式为

$$w = -L_z^{-1}t^{(m-1)}L_x^{-1}\times\operatorname{Re}\left\{\frac{n^{(2)}(z)}{\lambda(z)}\cdot\frac{A}{\sqrt{[(V_1^{-1}-z)(V_2^{-1}+z)]^3}}\right\} \tag{9-138}$$

$$\tau_{yz} = t^{(m-1)}L_x^{-1}\times\left(\frac{1}{x}\operatorname{Re}\left\{n^{(2)}(z)\cdot\frac{A}{\sqrt{[(V_1^{-1}-z)(V_2^{-1}+z)]^3}}\right\}\right) \tag{9-139}$$

$$\tau_{xz} = t^m L_x^{-1}\left(\frac{C_{55}}{x^2}\times\operatorname{Re}\left\{\frac{n^{(2)}(z)}{\lambda(z)}\cdot\frac{A}{\sqrt{[(V_1^{-1}-z)(V_2^{-1}+z)]^3}}\right\}\right) \tag{9-140}$$

$$k_3^{(1)}(t) = \lim_{x\to V_1 t}\sqrt{2\pi(x-V_1 t)}\cdot\tau_{yz} = \frac{2\sqrt{2\pi}At^m V_1^{7/2}V_2^{3/2}}{(V_1+V_2)^{3/2}\sqrt{t}}n^{(2)}(V_1^{-1}) \tag{9-141}$$

$$k_3^{(2)}(t) = \lim_{x\to -V_2 t}\sqrt{-2\pi(x+V_2 t)}\cdot\tau_{yz} = \frac{2\sqrt{2\pi}At^m V_1^{3/2}V_2^{7/2}}{(V_1+V_2)^{3/2}\sqrt{t}}n^{(2)}(-V_2^{-1}) \tag{9-142}$$

上角标(1)和(2)分别指代正、负 x 轴上的裂纹尖端。

(2) 假定除位移值变为 $w_0 t^2/x$ 外，其他条件均与上例相同，边界条件为

$$\begin{aligned}w^{(1)} &= -w^{(2)} = -w_0 t^2/x, & y &= 0, & x &= \beta t\\ w^{(1)} - w^{(2)} &= 0, & y &= 0, & x &< -V_2 t\ \text{或}\ x > V_1 t\end{aligned} \tag{9-143}$$

由于应力是齐次的，考虑到式(9-121)，有

$$w^0 = \frac{\partial}{\partial t}Lw^{(2)} = 2w_0\frac{t}{x} \tag{9-144}$$

这里 $L=1$，由 $z=t/x$，于是有关系

$$\frac{\partial w^0}{\partial z} = 2w_0 \tag{9-145}$$

运用以上的方法,它可以被带入式(9-122)中得到

$$-\operatorname{Re}\frac{m(z)n^{(2)}(z)}{z\cdot\lambda(z)}=2w_0 \quad (9\text{-}146)$$

考虑到不对称性、无穷远条件以及裂纹尖端的奇异性,式(9-146)的一个解的形式是

$$m(\tau)=\frac{Az^n}{\sqrt{[(V_1^{-1}-z)(V_2^{-1}+z)]^3}} \quad (9\text{-}147)$$

把式(9-147)代入式(9-146),根据边界条件,能得到常指数 n 和常数 A 为

$$n=1 \quad (9\text{-}148)$$

$$A=\frac{2w_0\lambda(\beta^{-1})\sqrt{[(V_1^{-1}-\beta^{-1})(V_2^{-1}+\beta^{-1})]^3}}{n^{(2)}(\beta^{-1})} \quad (9\text{-}149)$$

把式(9-147)代入式(9-121)和式(9-122),可以得到

$$\frac{\partial w^0}{\partial z}=-\operatorname{Re}\frac{An^{(2)}(z)}{\lambda(z)\sqrt{[(V_1^{-1}-z)(V_2^{-1}+z)]^3}} \quad (9\text{-}150)$$

$$\tau_{yz}=\operatorname{Re}\int_0^z\frac{An^{(2)}(z)}{\sqrt{[(V_1^{-1}-z)(V_2^{-1}+z)]^3}}\mathrm{d}z \quad (9\text{-}151)$$

$$\tau_{xz}=\operatorname{Re}\int_0^z\frac{AC_{55}zn^{(2)}(z)}{\lambda(z)\sqrt{[(V_1^{-1}-z)(V_2^{-1}+z)]^3}}\mathrm{d}z \quad (9\text{-}152)$$

以及裂纹尖端的应力强度因子为

$$k_3^{(1)}(t)=\lim_{x\to V_1 t}\sqrt{2\pi(x-V_1 t)}\times\operatorname{Re}\int_0^z\frac{An^{(2)}(z)}{\sqrt{[(V_1^{-1}-z)(V_2^{-1}+z)]^3}}\mathrm{d}z \quad (9\text{-}153)$$

$$k_3^{(2)}(t)=\lim_{x\to -V_2 t}\sqrt{-2\pi(x+V_2 t)}\times\operatorname{Re}\int_0^z\frac{An^{(2)}(z)}{\sqrt{[(V_1^{-1}-z)(V_2^{-1}+z)]^3}}\mathrm{d}z \quad (9\text{-}154)$$

9.4 复合材料桥连断裂动力学问题

复合材料中,当基体开裂,而纤维尚未断裂时,构成桥连裂纹。文献[12]、[24]、[25]对这类问题建立了力学模型并求得了解。这里主要介绍这种模型和它的解。

当复合材料中产生裂纹时,其中的纤维必然产生"桥连",这是一个不可避免的现象。由于纤维的方向关系,在宏观上复合材料往往是正交各向异性的[2,3]。因为桥连在复合材料研究中占有重要地位,所以研究桥连问题是当前复合材料力学的重要前沿课题之一。由于桥连问题较复杂,因此人们至今几乎仍停留在静态问题的研究中,对动态研究较少[4,5],当裂纹高速扩展时,桥连现象仍然存在。由于桥连有可能促使裂纹止裂,因此研究桥连的断裂动力学问题是十分重要的。

9.4.1 桥连的一种动力学模型

假设裂纹自相似高速扩展,即裂纹由初始长度为 0 开始,以速度 V 沿 x 轴正、负方向对称扩展。在基体中裂纹的扩展速度为 V,但在靠近裂纹尖端处纤维并没有断裂,而离裂纹尖端较远处(即裂纹中心附近)纤维已经断裂,当裂纹扩展时,纤维也在连续的发生断裂,设纤维断裂的速度为 α,如图 9-2 所示。图 9-3 中 $y=0$、$|x|<Vt$ 是基体中裂纹的位置,而 $|x|<\alpha t$ 处纤维已经断裂。

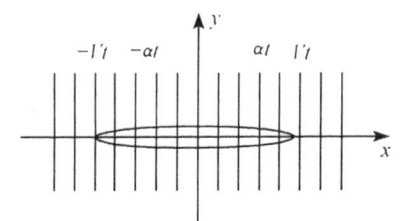 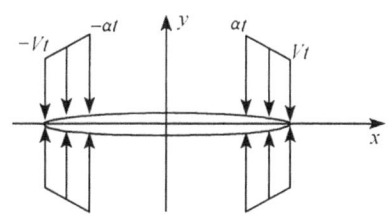

图 9-2 桥连裂纹扩展示意图 　　　　图 9-3 桥连的动力学模型

显然,图 9-2 中的桥连裂纹动力学问题可以用图 9-3 的动力学模型表示。在 $y=0$、$\alpha t<|x|<Vt$ 区间上作用闭合力,该力代表桥连处纤维的拉力。在复合材料中纤维通常是密集排列的,因此假设由桥连产生的拉力是连续分布的。由于在此区间上裂纹面的位移不同,因此桥连力也不同,显然靠近 αt 处的最大,而靠近 Vt 处的最小,因而假设桥连力与 x 成反比。另一方面,由于裂纹高速扩展,裂纹尺寸随时间 t 成正比的增加,这就使得其余未断的桥连纤维所受载荷也随时间增加,我们仍假设成正比,比例系数为 P,于是可认为此外的桥连力为 Pt/x。上述分析是假设纤维在基体中均匀分布的,各纤维具有同等强度,断裂时纤维与基体同时发生在同一截面上进行的。当然这仅是一种假设的力学模型,与实际显然有较大出入,有待于今后更一步的改进。

利用以上假设,此桥连动力学问题可化为如下边值问题:

$$\begin{aligned} &\sigma_y = 0, & 0 \leqslant |x| < \alpha t \\ &\sigma_y = -Pt/x, & \alpha t \leqslant |x| < Vt \\ &v = 0, & |x| > Vt \end{aligned} \quad (9\text{-}155)$$

利用单位阶跃函数 $H(t)$,可将边界条件(9-155)改写为

$$\begin{aligned} &\sigma_y = Pt/x \cdot [H(x+\alpha t) - H(x-\alpha t)], & |x| < Vt \\ &v = 0, & |x| > Vt \end{aligned} \quad (9\text{-}156)$$

式(9-155)或式(9-156)即是我们给出的复合材料桥连问题动力学模型的边界条件,其初始条件为零,也就是说 $t<0$ 时一切静止。

9.4.2 桥连动力学模型的解

利用文献[5]中的公式,对边界条件(9-156)进行求解。为求解此模型,先求解

如图 9-4 所示问题。设裂纹以常速 V 沿 x 轴正、负方向对称扩展,裂纹表面受到集中力 Pt/x 作用,此力以速度 β 沿 x 轴运动,$\beta < V$。本问题的边界条件为

$$\sigma_y(x,0,t) = (-Pt/x)\delta(x-\beta t), \quad |x| < Vt$$
$$v(x,0,t) = 0, \quad |x| > Vt$$
(9-157a)

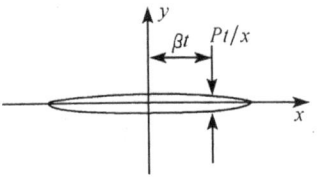

图 9-4 集中力下的桥连力学模型

本问题位移为齐次,利用文献[1]、[5]可将边界条件(9-157)的第一式写为

$$\text{Re}F(\tau) = (-Pt/x)t\delta(x-\beta t) = -P\tau^{-1}\delta(\tau-\beta), \quad y=0, \quad |\tau| < V$$
(9-157b)

式中,$F(\tau)$、$W(\tau)$、$W'(\tau)$ 的意义见式(8-68)、式(8-69)、式(8-64),式中应用了 $\tau = x/t$ 及广义函数理论中 $t\delta(x) = \delta(x/t)$。边界条件(9-157b)可进一步写为

$$\text{Re}[W'(\tau)D(\tau)/D_1(\tau)] = -P\tau^{-1}\delta(\tau-\beta), \quad y=0, \quad |\tau| < V$$
$$\text{Re}[W'(\tau)] = 0, \quad |\tau| > V$$
(9-158)

则 $W'(\tau)$ 的解必为如下形式:

$$W'(\tau) = \xi(\tau)/[\tau(\tau-\beta)]$$
(9-159)

式中,$\xi(\tau)$ 在区间 $|\tau| < V$ 中无奇点,又由于 $D(\tau)/D_1(\tau)$ 在亚音速内为纯虚量,因此 $\xi(\tau)$ 在区间 $|\tau| < V$ 上必须为纯实量。这样,问题(9-158)导致

$$\text{Re}\xi(\tau) = 0, \quad |\tau| > V$$
$$\text{Im}\xi(\tau) = 0, \quad |\tau| < V$$
(9-160)

利用对称性、无穷远条件及裂纹尖端的奇异性,可得 Keldysh-Sedov 问题 (9-160) 的唯一解为

$$\xi(\tau) = A(V^2 - \tau^2)^{-1/2}$$
(9-161)

这里 A 为待定实常数。将式(9-161)代入式(9-159),得

$$W'(\tau) = A/[\tau(\tau-\beta)(V^2-\tau^2)^{+1/2}]$$
$$F(\tau) = [AD(\tau)/D_1(\tau)]/[\tau(\tau-\beta)(V^2-\tau^2)^{+1/2}]$$
(9-162)

将式(9-62)代入式(9-158)即可确定实常数

$$A = \frac{-P\sqrt{V^2-\beta^2}}{\pi\text{Im}[D(\beta)/D_1(\beta)]}$$
(9-163)

从而可得 $y=0$ 上的应力和位移及动应力强度因子分别为

$$\sigma_y = \frac{-P\sqrt{V^2-\beta^2}}{\pi\tau(\tau-\beta)\sqrt{x^2-V^2t^2}} \cdot \frac{\text{Im}[D(\tau)/D_1(\tau)]}{\text{Im}[D(\beta)/D_1(\beta)]}, \quad |x| > Vt \quad (9\text{-}164)$$

$$v = \frac{-P\sqrt{V^2-\beta^2}}{\pi\beta\text{Im}[D(\beta)/D_1(\beta)]}\left[\frac{1}{\tau}\ln\frac{V+\sqrt{V^2-\tau^2}}{\tau}\right.$$

$$+ \frac{1}{\sqrt{V^2-\beta^2}} \ln \frac{V^2-\beta x-\sqrt{(V^2-\beta^2)(V^2-\tau^2)}}{V(\beta-\tau)}\Bigg], \qquad |x|<Vt$$

(9-165)

$$K(t)=\frac{P}{\sqrt{\pi Vt}}\sqrt{\frac{V+\beta}{V-\beta}} \cdot \frac{\mathrm{Im}[D(V)/D_1(V)]}{\mathrm{Im}[D(\beta)/D_1(\beta)]}$$

(9-166)

根据叠加原理,本文提出的复合材料桥连动力学模型的解可表示为

$$\sigma_y=\int_\alpha^V \frac{-P}{\pi\tau(\tau-\beta)}\frac{\sqrt{V^2-\beta^2}}{\sqrt{x^2-V^2t^2}} \cdot \frac{\mathrm{Im}[D/(\tau)/D_1(\tau)]}{\mathrm{Im}[D(\beta)/D_1(\beta)]}\mathrm{d}\beta, \qquad |x|>Vt$$

(9-167)

$$\Delta=\int_\alpha^V \frac{-P\sqrt{V^2-\beta^2}}{\pi\beta\mathrm{Im}[D(\beta)/D_1(\beta)]} \cdot \Bigg[\frac{t}{x}\ln\frac{Vt+\sqrt{V^2t^2-x^2}}{x}$$

$$+\frac{1}{\sqrt{V^2-\beta^2}}\ln\frac{V^2t-\beta x-\sqrt{(V^2-\beta^2)(V^2t^2-x^2)}}{V(t\beta-x)}\Bigg]\mathrm{d}\beta \qquad |x|<Vt$$

(9-168)

式中,Δ 是由纤维通过单向拉伸试验测得;而 V、x、t、β 均可视为已知量。因此可以求出动力学问题中的复合材料的纤维断裂速度 α。

所以此桥连动力学问题的应力强度因子为

$$K_1(t)=\int_\alpha^V \frac{-P\sqrt{V+\beta}}{\sqrt{\pi Vt(v-\beta)}} \cdot \frac{\mathrm{Im}[D(V)/D_1(V)]}{\mathrm{Im}[D(\beta)/D_1(\beta)]}\mathrm{d}\beta$$

(9-169)

至此,所提出的桥连动力学模型的问题已获得解决。

参 考 文 献

1 程靳. 不同正交异性材料界面上的扩展裂纹问题. 固体力学学报,1987,(2)
2 程靳. 冲击下两种正交异性材料界面上的扩展裂纹问题. 爆炸与冲击,1990,(4)
3 程靳. 不同材料界面上受 $\tau_0 t^n$ 型载荷作用的扩展裂纹问题. 力学学报,1990,(4)
4 Cherepanov G D, Afanasev E F. Int. J. Eng. Sci. , 1974,(12):665~690
5 程靳. 某些正交异性体弹性动力学问题. 哈尔滨工业大学报,1985,(增刊)
6 程靳、陈俊英. 在冲击载荷作用下不同正交异性材料结合面上的裂纹问题. 宇航学报,1992,(1)
7 胥红敏. 裂纹异速扩展的断裂动力学问题. 哈尔滨工业大学博士学位论文,2004
8 吕念春. 复合材料的断裂动力学问题. 哈尔滨工业大学博士学位论文,2002
9 陈俊英、程靳. 轴对称弹性动力学的某些问题. 固体力学学报. 1997,(增刊)
10 吕念春、程靳. 轴对称断裂动力学的自相似解. 应用数学和力学,2001,22
11 Lu N C, Cheng J. J. Theor. Appl. Frac. Mech. 2001,36
12 Lu N C, Cheng J. Mechanics Research Communicatious. 2005,32

13　吕念春,程靳.复合材料桥连动力学问题.工程力学,2000,(12)
14　Cheng J. J. Theor. Appl. Frac. Mech. ,2001,(36)
15　Xian Bi,Cheng J. J. Theor. Appl. Frac. Mech. ,2003,39
16　Sih G C. Mechanics of Fracture 4 Elastodynamic Crack Problems. 1977
17　程靳.层状介质中受冲击载荷的裂纹问题.爆炸与冲击,1988,18(2)
18　程靳.黏弹性介质中扩展裂纹与 J^* 积分.固体力学学报,1991,12(4)
19　Nilsson F. Int. J. Sol. Struct. ,1973,(9)
20　Freund L B. J. Elasticity,1974,(4)
21　Qian W, Sun C T. Int. J. Sol. Struc. 1998,35
22　Brock L M. Int. J. Sol. Struc. 2002,39
23　Rubio-Gonzalez C,Mason J J. J. Mech & Phys. Sol. ,2000,48
24　吕念春,程靳.复合材料中桥连问题的裂纹动力学模型.工程力学,2000,17
25　胥红敏,吕念春,程靳.复合材料桥连裂纹动力学模型问题的解.哈尔滨工业大学学报,2005,37

第 10 章 弹性波与裂纹

本章讨论弹性入射波与裂纹相互作用问题,很多问题选自文献[1]、[8]。文中对偶积分方程的解法一般用 Copson 方法[2]或 Wiener-Hopf 方法[3]。这两种方法在第 7 章都已介绍。对其他一些方法,文献[4]~[7]等都有介绍。

10.1 弹性波的绕射

弹性波的绕射与地震的研究有关。当地壳的岩石断裂时,出现多种形式的地震波,有的沿地球或地层的表面运动,有的传入地球内部,当迁到障碍或不连续表面时,将发生绕射。

动载荷的效应与地震波穿透结构类似,迁到障碍与不连续处,也产生绕射,使局部应力增加。在物体或地质中最严重的几何不连续处是尖裂纹或尖角,裂纹受波的干扰可能引起未予见到的失稳传播。弹性波有两类:初波(P 波)是变容的、无旋的、纵向的膨胀波,在固体内的传播速度最快,富有穿透性,易于克服障碍;次波(S 波)是等容的、有旋的、横向的剪波,传播速度较慢。P 波沿传播方向极化,介质中质点往复运动的方向与波的传播方向一致,如图 10-1 所示。S 波分为两部分,沿平行于 z 轴方向极化的称为 SH 波,沿平行于 xy 平面方向极化的称为 SV 波。对于研究地震波,参考系的水平面与地面平行。

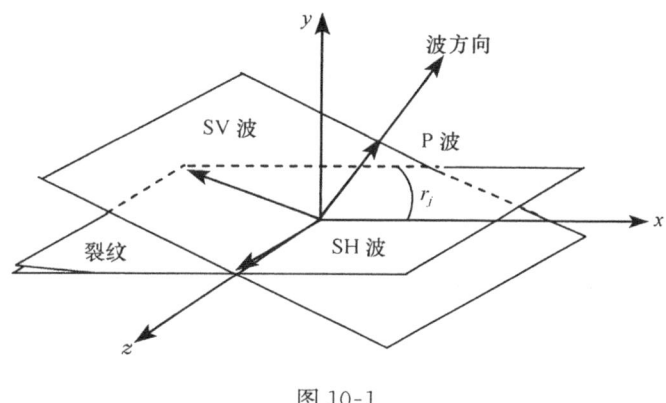

图 10-1

在断裂力学中,裂纹看成由两个自由表面组合而成。入射波经过裂纹一般被绕射成 P、SV、SH 波,这些波使裂纹附近质点产生往复运动,设裂纹位于 xz 平面,在裂纹尖端附近的质点,将沿三个方向作往复的运动,如图 10-2 所示。

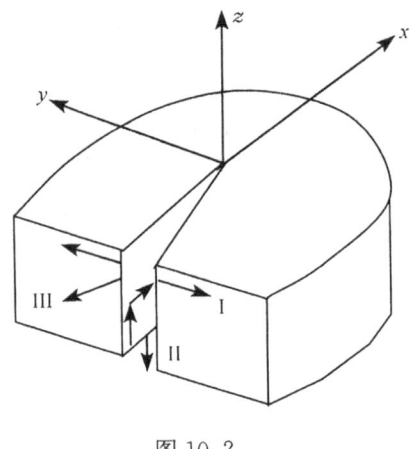

图 10-2

在裂纹尖端附近有应力集中现象,与静载情况相似,应力集中的强度用动应力强度系数度量,静止裂纹与运动裂纹尖端附近的动应力分布,分别见式(7-30)与式(7-31)。本章将讨论入射波由于静止或运动裂纹造成的绕射问题。与第 7 章所述方法类似,对半无限裂纹问题,我们采用了威纳-霍普夫(Wiener-Hopf)法。

10.2　P 与 SV 波在静止裂纹上的绕射

设入射的弹性波是时间的简谐函数,作用在 xy 平面。入射波到裂纹处发生绕射,如图 10-1 所示。无论入射的 P 与 SV 波,它们的绕射波都包含膨胀波与剪波,合成位移由两个位移势函数 ϕ 与 ψ 表示,由式(7-6)知,位移表达式为

$$\left.\begin{aligned} u &= \frac{\partial \phi}{\partial x} + \frac{\partial \psi}{\partial y} \\ v &= \frac{\partial \phi}{\partial y} - \frac{\partial \psi}{\partial x} \\ w &= 0 \end{aligned}\right\} \quad (10\text{-}1)$$

合成位移的势函数是入射波场的势函数 $\phi^{(i)}$ 与 $\psi^{(i)}$ 和绕射波场的 $\phi^{(s)}$ 与 $\psi^{(s)}$ 的线性组合,即

$$\left.\begin{aligned} \phi(xyt) &= \phi^{(i)}(xyt) + \phi^{(s)}(xyt) \\ \psi(xyt) &= \psi^{(i)}(xyt) + \psi^{(s)}(xyt) \end{aligned}\right\} \quad (10\text{-}2)$$

式中,绕射波场必须满足条件

$$\text{当} \sqrt{x^2+y^2} \to \infty \text{ 时,} \quad \phi^{(s)}, \psi^{(s)} \to 0 \quad (10\text{-}3)$$

设入射波势函数是稳态的,可用时间简谐因子 $e^{-i\omega t}$ 表示,由式(7-7)与式(10-2)证明,绕射波势 $\phi^{(s)}$ 与 $\psi^{(s)}$ 应符合 Humholtz 方程

$$\left.\begin{aligned} (\nabla^2 + \alpha_1^2)\phi^{(s)} &= 0 \\ (\nabla^2 + \alpha_2^2)\psi^{(s)} &= 0 \end{aligned}\right\} \quad (10\text{-}4)$$

式中，$\alpha_n = \dfrac{\omega}{c_n}(n=1,2)$。

10.2.1 入射波

设入射波是简谐的平面膨胀波（P-波）与简谐的平面剪波（SV 波），P 波与 x 轴成 r_1 角，SV 波与 x 轴成 r_2 角。

与入射的 P 波相应的势函数由下式给出，有

$$\left.\begin{aligned}\phi^{(i)} &= \phi_0 \exp\{-\mathrm{i}[\alpha_1(x\cos r_1 + y\sin r_1) + \omega t]\} \\ \psi^{(i)} &= 0\end{aligned}\right\} \tag{10-5}$$

式中，ϕ_0 是波幅。由第 7 章式(7-8)得出入射波的应力为

$$\left.\begin{aligned}\sigma_x^{(i)} &= \sigma(1-k^2\sin^2 r_1)\exp\{-\mathrm{i}[\alpha_1(x\cos r_1 + y\sin r_1) + \omega t]\} \\ \sigma_y^{(i)} &= \sigma(1-k^2\cos^2 r_1)\exp\{-\mathrm{i}[\alpha_1(x\cos r_1 + y\sin r_1) + \omega t]\} \\ \sigma_z^{(i)} &= \sigma(1-2k^2)\exp\{-\mathrm{i}[\alpha_1(x\cos r_1 + y\sin r_1) + \omega t]\} \\ \tau_{xy}^{(i)} &= \sigma k^2 \sin 2r_1 \exp\{-\mathrm{i}[\alpha_1(x\cos r_1 + y\sin r_1) + \omega t]\} \\ \tau_{xz}^{(i)} &= \tau_{yz}^{(i)} = 0\end{aligned}\right\} \tag{10-6}$$

式中，$\sigma = -\mu\alpha_1^2\phi_0$ 是入射的平面膨胀波波前的最大法向应力，当 $\omega \to 0$ 时，σ 是有限值。

同理，与入射的 SV-波相应的势函数由下式给出，有

$$\left.\begin{aligned}\phi^{(i)} &= 0 \\ \psi^{(i)} &= \psi_0 \exp\{-\mathrm{i}[\alpha_2(x\cos r_2 + y\sin r_2) + \omega t]\}\end{aligned}\right\} \tag{10-7}$$

式中，ψ_0 是波幅。将式(10-7)代入式(7-8)得出应力为

$$\left.\begin{aligned}\sigma_x^{(i)} &= -\tau_1 \sin 2r_2 \exp\{-\mathrm{i}[\alpha_2(x\cos r_2 + y\sin r_2) + \omega t]\} \\ \sigma_y^{(i)} &= -\sigma_x^{(i)} \\ \sigma_z^{(i)} &= 0 \\ \tau_{xy}^{(i)} &= \tau_1 \cos 2r_2 \exp\{-\mathrm{i}[\alpha_2(x\cos r_2 + y\sin r_2) + \omega t]\} \\ \tau_{xz}^{(i)} &= \tau_{yz}^{(i)} = 0\end{aligned}\right\} \tag{10-8}$$

式中，$\tau_1 = \mu\alpha_2^{-2}\psi_0$ 是作用在入射波波前的最大剪应力，当 $\omega \to 0$ 时，为有限值。

10.2.2 问题的公式

设裂纹沿 x 轴($y=0$)，占有线段 L，在 x 轴上该向应力与剪应力为零的条件是

$$\left.\begin{aligned}\sigma_y^{(i)}(x,0) + \sigma_y^{(s)}(x,0) &= 0, \quad x \in L \\ \tau_{xy}^{(i)}(x,0) + \tau_{xy}^{(s)}(x,0) &= 0, \quad x \notin L\end{aligned}\right\} \tag{10-9}$$

因为 $\sigma_y^{(i)}$ 与 $\tau_{xy}^{(i)}$ 是已知量，式(10-9)实际成了绕射波的边界条件。为了便于求解，将问题分解为对称与反对称两部分，它们分别是 y 的奇次与偶次函数。混合边界的条件，对称部分是

$$v^{(s)}(x,0) = \tau_{xy}^{(s)}(x,0) = 0, \qquad x \notin L$$
$$\sigma_y^{(s)}(x,0) = -\sigma_y^{(i)}(x,0), \qquad \tau_{xy}^{(s)}(x,0) = 0, \qquad x \in L \qquad (10\text{-}10)$$

反对称部分是
$$u^{(s)}(x,0) = \sigma_y^{(s)}(x,0) = 0, \qquad x \notin L$$
$$\tau_{xy}^{(s)}(x,0) = -\tau_{xy}^{(s)}(x,0), \qquad \sigma_y^{(s)}(x,0) = 0, \qquad x \in L \qquad (10\text{-}11)$$

由边界条件式(10-10)与式(10-11)求出的解,加上入射波的解,就得到问题的解。

1) 对称问题

在裂纹面上作用相等而相反的法向力,求出的应力场对称于裂纹面。对式(10-4)应用 Fourier 变换引出积分,有

$$\phi^{(s)}(xyt) = \frac{1}{2\pi}\int_{-\infty}^{\infty} A_{11}(s)\exp[-\beta_1 y - i(sx + \omega t)]ds, \qquad y \geqslant 0$$
$$\psi^{(s)}(xyt) = \frac{1}{2\pi}\int_{-\infty}^{\infty} A_{12}(s)\exp[-\beta_2 y - i(sx + \omega t)]ds, \qquad y \geqslant 0$$
$$(10\text{-}12)$$

因为对 x 轴对称,只故虑上半个平面 $y \geqslant 0$。函数 A_{11} 与 A_{12} 是待定的,$\beta_n (n=1,2)$ 的切割分枝作如下选择,有

$$B_n = \sqrt{s^2 - \alpha_n^2} = -i\sqrt{\alpha_n^2 - s^2}, \qquad n = 1, 2 \qquad (10\text{-}13)$$

应用对称的边界条件(10-10),代入 P 与 SV 波的法向作用力(式 10-6)与式(10-8),得出对偶积分方程为

$$\frac{1}{2\pi}\int_{-\infty}^{\infty} \beta_1 A_1(s)\exp(-isx)ds = 0, \qquad x \notin L$$
$$\frac{1}{2\pi}\int_{-\infty}^{\infty} f(s)A_1(s)\exp(-isx)ds = P_j \exp(-i\alpha_j x \cos r_j), \qquad x \in L$$
$$(10\text{-}14)$$

上式第二式等号右方的 P_j,当 $j=1$ 对应入射的 P 波的振幅 $P_1 = -\dfrac{\sigma \alpha_2^2}{\mu}(1 - 2k^2 \cos r_1)$,当 $j=2$ 对应入射的 SV 波的振幅 $P_2 = -\dfrac{\tau_1 \alpha_2^2}{\mu}\sin 2r_2$。式(10-4)中的 $f(s)$,对于半无限与有限裂纹形式,有

$$f(s) = (2s^2 - \alpha_2^2)^2 - 4s^2 \beta_1 \beta_2 \qquad (10\text{-}15)$$

式(10-12)中的未知函数 $A_{11}(s)$ 与 $A_{12}(s)$ 和 $A_1(s)$ 的关系为

$$\begin{pmatrix} A_{11}(s) \\ A_{12}(s) \end{pmatrix} = \frac{2}{\alpha_2^2} A_1(s) \begin{pmatrix} s^2 - 1/2\alpha_2^2 \\ -is\beta_2 \end{pmatrix} \qquad (10\text{-}16)$$

将式(10-14)的积分组分成两个积分方程组. $A_1(s)$ 的偶数部分对应方程中 x 的偶函数,由

$$\left.\begin{array}{ll}\dfrac{2}{\pi}\int_0^\infty \beta_1 A_1^{(1)}(s)\cos(sx)\mathrm{d}x = 0, & x \notin L \\ \dfrac{2}{\pi}\int_0^\infty f(s) A_1^{(1)}(s)\cos(sx)\mathrm{d}x = 2P_j\cos(\alpha_j x\cos r_j), & x \in L\end{array}\right\} \quad (10\text{-}17)$$

确定。$A_1(s)$ 的奇数部分为 $A_1^{(2)}(s)$，对应方程中 x 的奇函数，由

$$\left.\begin{array}{ll}\dfrac{2}{\pi}\int_0^\infty \beta_1 A_1^{(2)}(s)\sin(sx)\mathrm{d}x = 0, & x \notin L \\ \dfrac{2}{\pi}\int_0^\infty f(s) A_1^{(2)}(s)\sin(sx)\mathrm{d}x = 2P_j\sin(\alpha_j x\cos r_j), & x \in L\end{array}\right\} \quad (10\text{-}18)$$

确定。如 $A_1(s)$ 已求出，由式(10-16)与式(10-12)，即得出动应力与位移。

2) 反对称问题

设在裂纹表面上作用着如式(10-6)与式(10-8)中的剪应力，合成问题是反对称的，与对称情况类似，绕射波势为

$$\left.\begin{array}{ll}\phi^{(s)}(x,y,t) = \dfrac{1}{2\pi}\int_{-\infty}^{\infty} A_{11}(s)\exp[-\beta_1 y - \mathrm{i}(sx+\omega t)]\mathrm{d}s, & y \geqslant 0 \\ \Psi^{(s)}(x,y,t) = \dfrac{1}{2\pi}\int_{-\infty}^{\infty} A_{22}(s)\exp[-\beta_1 y - \mathrm{i}(sx+\omega t)]\mathrm{d}s, & y \geqslant 0\end{array}\right\} \quad (10\text{-}19)$$

令 $A_{11}(s)$ 与 $A_{22}(s)$ 满足边界条件式(10-11)，得出对偶积分方程，有

$$\left.\begin{array}{ll}\dfrac{1}{2\pi}\int_{-\infty}^{\infty} \beta_2 A_2(s)\exp(-\mathrm{i}sx)\mathrm{d}x = 0, & x \notin L \\ \dfrac{1}{2\pi}\int_{-\infty}^{\infty} f(s) A_2(s)\exp(-\mathrm{i}sx)\mathrm{d}x = Q\cdot\exp(-\mathrm{i}\alpha_j x\cos r_j), & x \in L\end{array}\right\} \quad (10\text{-}20)$$

$A_{21}(s)$ 与 $A_{22}(s)$ 和 $A_2(s)$ 的关系为

$$\begin{pmatrix}A_{21}(s)\\ A_{22}(s)\end{pmatrix} = \dfrac{2}{\alpha_2} A_2(s)\begin{pmatrix}\mathrm{i}s\beta_1 \\ s^2 - 1/2\alpha_2^2\end{pmatrix} \quad (10\text{-}21)$$

式(10-20)中的 $Q_j(j=1,2)$ 分别对应 P 与 SV 波的振幅

$$Q_1 = -\dfrac{\sigma\alpha_2^2}{\mu}k^2\sin 2r_1, \qquad Q_2 = -\dfrac{\tau_1\alpha_2^2}{\mu}\cos 2r_2$$

积分方程再分为两组，分别对应 x 的偶函数与奇函数，有

$$\left.\begin{array}{ll}\dfrac{2}{\pi}\int_0^\infty \beta_2 A_2^{(1)}(s)\cos(sx)\mathrm{d}x = 0, & x \notin L \\ \dfrac{2}{\pi}\int_0^\infty f(s) A_2^{(1)}(s)\cos(sx)\mathrm{d}x = 2Q_j\cos(\alpha_j x\cos r_j), & x \in L\end{array}\right\} \quad (10\text{-}22)$$

与另一方程组

$$\left.\begin{array}{ll}\dfrac{2}{\pi}\int_0^\infty \beta_2 A_2^{(2)}(s)\sin(sx)\mathrm{d}x = 0, & x \notin L \\ \dfrac{2}{\pi}\int_0^\infty f(s) A_2^{(2)}(s)\sin(sx)\mathrm{d}x = 2Q_j\sin(\alpha_j x\cos r_j), & x \in L\end{array}\right\} \quad (10\text{-}23)$$

式中,$A_2^{(1)}(s)$ 与 $A_2^{(2)}(s)$ 分别表示原来知函数 $A_2(s)$ 中的偶数与奇数部分。

10.2.3 半无限裂纹

设一半无限裂纹位于 xz 平面,$y=0$,而且 $x<0$,如图 10-3 所示,P 与 SV 波分别以 ϕ_0 与 ψ_0 的振幅冲击裂纹。入射波与 x 轴成 r_j 角,波长为 $\lambda_i=\dfrac{2\pi}{\alpha_j}$,其中 $j=1$ 对应 P 波,$j=2$ 对应 SV 波。

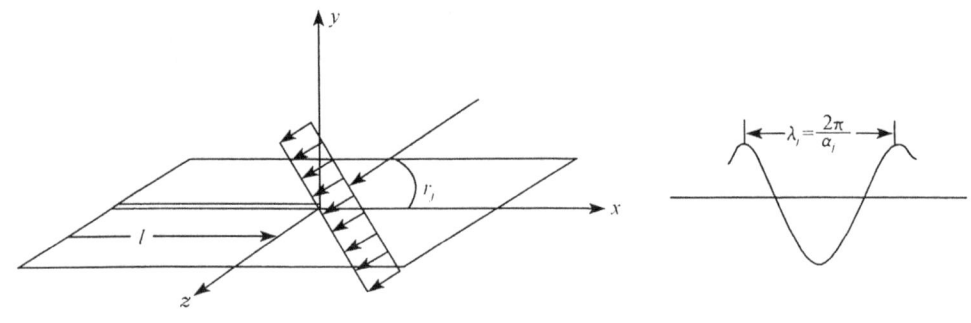

图 10-3

所需公式已如上述。先考虑在裂纹表面上作用法向力的情况,解对偶积分方程(10-14),求未知函数用 Wiener-Hopf 法解出

$$A_1(s)=\frac{P_j}{2\mathrm{i}}\frac{(\alpha_1+\alpha_j\cos r_j)^{\frac{1}{2}}}{(\alpha_1^2-\alpha_2^2)(\alpha_R+\alpha_j\cos r_j)F_+(\alpha_j\cos\alpha_j)}$$
$$\cdot\frac{1}{(s-\alpha_R)(s-\alpha_j\cos r_j)(s+\alpha_1)^{\frac{1}{2}}F_-(s)} \tag{10-24}$$

式中,$\alpha_R=\dfrac{\omega}{c_R}$,$c_R$ 是 Rayleigh 波速。$F(s)$ 函数的分解式是

$$F(s)=F_+(s)F_-(s)=\frac{f(s)}{2(\alpha_1^2-\alpha_2^2)(s^2-\alpha_R^2)} \tag{10-25}$$

$$F_\pm(s)=\exp\left\{-\frac{1}{\pi}\int_{c_1^{-1}}^{c_2^{-1}}\arctan\frac{4z^2[(z^2-c_1^{-2})(c_2^{-2}-z^2)]^{1/2}}{(2z^2-c_2^{-2})^2}\right\}\frac{\mathrm{d}z}{z\pm\mathrm{i}sp^{-1}}$$

再考虑裂纹面上作用剪应力的情况,解对偶方程组(10-20),同样方法得出 $A_2(s)$ 函数

$$A_2(s)=\frac{Q_j}{2\mathrm{i}}\frac{(\alpha_2+\alpha_j\cos r_j)^{\frac{1}{2}}}{(\alpha_1^2-\alpha_2^2)(\alpha_R+\alpha_j\cos r_j)F_+(\alpha_j\cos r_j)}$$
$$\cdot\frac{1}{(s-\alpha_R)(s-\alpha_j\cos r_j)(s+\alpha_2)^{\frac{1}{2}}F_-(s)} \tag{10-26}$$

注意,式(10-24)中 P_j 与式(10-26)中 Q_j 包含着 σ 与 τ_1,这已说明,无论 P 或 SV

波单独或同时作用，裂纹散射的波都同时包含膨胀波与剪波。

裂纹体的弹性动力问题，包含波的传播，在裂纹前沿的应力场对于决定裂纹的失稳条件是很重要的。裂纹前沿的奇异场的解由散射波场得出，入射波场是非奇异性的，不影响裂纹前沿的奇异性。应用式(10-24)与式(10-26)，得出无限长裂纹问题的应力的积分式，将积分式的积分渐近展开，按变数 s 的大值展开，求出动应力的奇异部分。在裂纹尖端取局部极坐标 r_1 与 θ_1，由式(10-24)得出动应力强度系数

$$\left.\begin{aligned}k_1 &= -\frac{\mu P_j}{\pi \alpha_2^2} \frac{\left(\frac{\alpha_1}{\alpha_j}+\cos r_j\right)^{\frac{1}{2}}}{\left(\frac{\alpha_R}{\alpha_j}+\cos r_j\right)F_+(\alpha_j \cos k_j)} \sqrt{\lambda_j}\exp\left[-\mathrm{i}\left(\omega t-\frac{\pi}{4}\right)\right] \\ k_2 &= -\frac{\mu Q_j}{\pi \alpha_2^2} \frac{\left(\frac{\alpha_1}{\alpha_j}+\cos r_j\right)^{\frac{1}{2}}}{\left(\frac{\alpha_R}{\alpha_j}+\cos r_j\right)F_+(\alpha_j \cos r_j)} \sqrt{\lambda_j}\exp\left[-\mathrm{i}\left(\omega t-\frac{\pi}{4}\right)\right]\end{aligned}\right\} \quad (10\text{-}27)$$

式中，$j=1$ 与 $j=2$ 分别对应 P 与 SV 波，因为入射的 P 与 SV 波的纵向剪应力 τ_{xz} 与 τ_{yz} 是非奇异的零值，故 $k_3=0$。从式(10-27)中，将对应于 P 波的 k_1 与 k_2 和对应于 SV 波的 k_1 与 k_2 分离开，可用

$$\left.\begin{aligned}k_1^{(1)} &= \frac{(1+2k^2\cos^2 r_1)(1+\cos r_1)^{\frac{1}{2}}}{\pi\left(\frac{c_1}{c_R}+\cos r_1\right)F_+(\alpha_1\cos r_1)} \\ k_2^{(1)} &= \frac{k^2\sin 2r_1(k^{-1}+\cos r_1)^{\frac{1}{2}}}{\pi\left(\frac{c_1}{c_R}+\cos r_1\right)F_+(\alpha_1\cos r_1)} \\ k_1^{(2)} &= \frac{\sin 2r_2(k+\cos r_2)^{\frac{1}{2}}}{\pi\left(\frac{c_2}{c_R}+\cos r_2\right)F_+(\alpha_2\cos r_2)} \\ k_2^{(2)} &= \frac{\cos 2r_2(1+\cos r_2)^{\frac{1}{2}}}{\pi\left(\frac{c_2}{c_R}+\cos r_2\right)F_+(\alpha_2\cos r_2)}\end{aligned}\right\} \quad (10\text{-}28)$$

借助式(10-28)将式(10-27)分解为两部分，对应 P 波的有

$$\left.\begin{aligned}k_1 &= \sigma\sqrt{\lambda_1}\,|\,k_1^{(1)}\,|\,\exp\left[-\mathrm{i}\omega\left(t-\frac{\pi}{8}\right)\right] \\ k_2 &= \sigma\sqrt{\lambda_1}\,|\,k_2^{(1)}\,|\,\exp\left[-\mathrm{i}\omega\left(t-\frac{\pi}{8}\right)\right]\end{aligned}\right\} \quad (10\text{-}29)$$

对应入射的 SV 波有

$$\left.\begin{aligned}k_1 &= \tau\sqrt{\lambda_2}\,|\,k_1^{(2)}\,|\,\exp\left[-\mathrm{i}\omega\left(t-\frac{\pi}{8}\right)\right] \\ k_2 &= \tau\sqrt{\lambda_2}\,|\,k_2^{(2)}\,|\,\exp\left[-\mathrm{i}\omega\left(t-\frac{\pi}{8}\right)\right]\end{aligned}\right\} \quad (10\text{-}30)$$

式(10-29)与式(10-30)中的周期 $\tau=\dfrac{2\pi}{\omega}$。

应注意到,动应力强度系数的单位是力与长度开方的乘积,长度用入射波的波长,对于 $\omega\to 0$,λ_1 与 $\lambda_2\to\infty$,按公式(10-29)与式(10-30)应成为在半无限长裂纹上作用均匀载荷的静力解,因为成为无限,无法与静力解比较。k_1 和 k_2 与入射角 r_j 和泊松比 v 有关。图 10-4～10-7 给出应力强度系数随入射波角度和泊松比的变化。

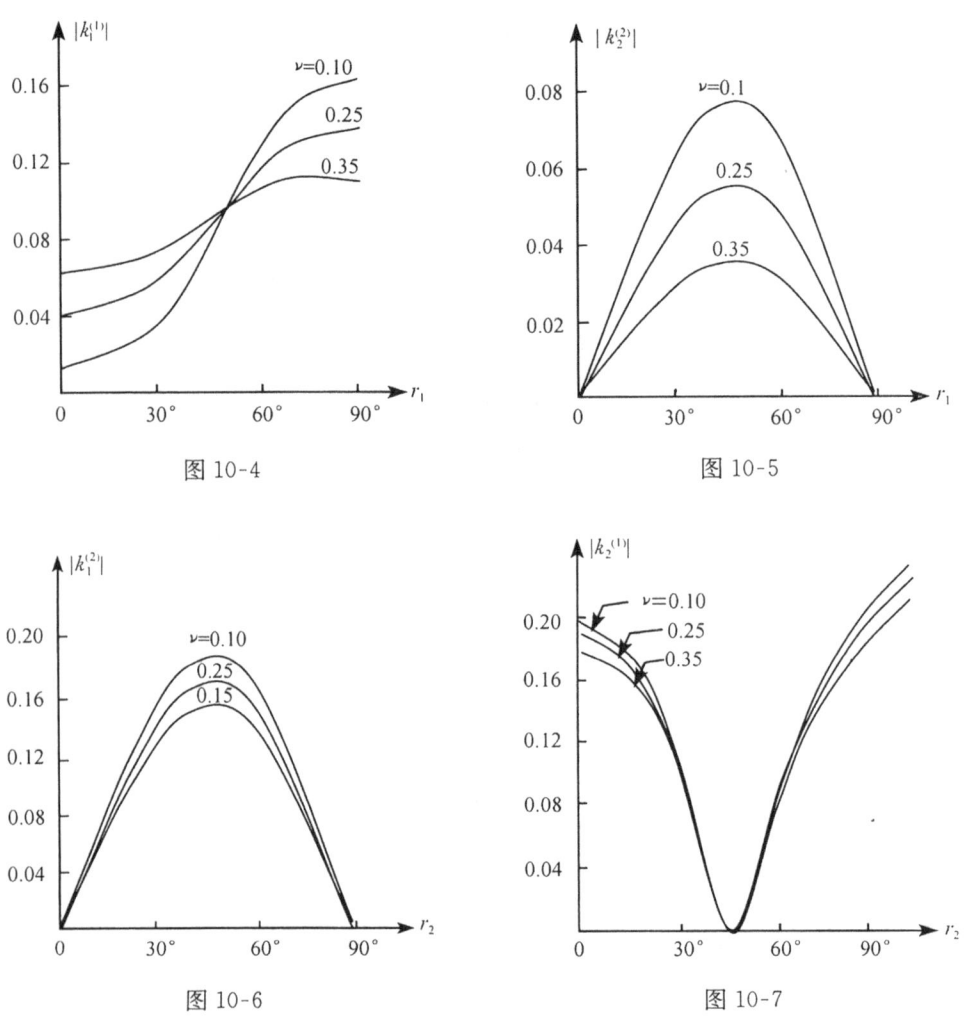

图 10-4

图 10-5

图 10-6

图 10-7

图 10-4 中,$|k_1^{(1)}|$ 随 r_1 的增加而增加,对于小的 v 值,在 $r_1=90°$ 达到最大值。当 $v>0.35$ 时,最大值在 $r_1<90°$ 处。在 r_1 小于 $45°$ 时,v 减小,$|k_1^{(1)}|$ 增加;当 r_1 超过 $45°$ 后,倾向相反。

图 10-5 表示 $|k_2^{(1)}|$ 与 r_1 的关系。对任何 v,曲线都随 r_1 的增加而增加,在 $r_1=45°$ 时,达到最大值,以后下降,到 $r_1=90°$ 成为零。

对应入射波是 SV 波的应力张度系数不像 P 波那样，ν 对它的影响较小，如图 10-6 与图 10-7 所示。图 10-6 是 $|k_1^{(2)}|$ 与 r_2 的关系曲线，最大值在 $r_2=45°$。与此相反，对于 $|k_2^{(1)}|$ 则在 $r_2=45°$ 时，下降为零，如图 10-7 所示。

10.3　SH 波在静止裂纹上的绕射

当沿水平方向极化的入射剪波（SH 波）冲击一个裂纹时，出现反平面应变状态，见图 10-2。此时，裂纹周围的质点仅沿 z 方向产生位移，而 u 与 v 为零。位移场是两个场的和，一个是入射波场，一个是绕波场，写成

$$\omega(x,y,t) = \omega^{(i)}(x,y,t) + \omega^{(s)}(x,y,t) \tag{10-31}$$

式中，$\omega^{(i)}(x,y,t)$ 必须满足波动方程。对于入射波是时间的周期情况，绕射波的位移 $\omega^{(s)}$ 应满足 Helmholte 方程，即

$$(\nabla^2 + \alpha_2^2)\omega^{(s)} = 0 \tag{10-32}$$

式中，$\alpha_2 = \dfrac{\omega}{c_2}$ 是波数。绕射波在离裂纹充分远处消失，应满足条件：当 $\sqrt{x^2+y^2} \to \infty$，$\omega^{(s)} = 0$。

10.3.1　入射波

设弹性体受简谐剪波作用产生反平面变形，见图 10-2。入射的剪波由下式给出，有

$$\omega^{(i)} = \omega_0 \exp\{-i[\alpha_2(x\cos r_3 + y\sin r_3) + \omega t]\} \tag{10-33}$$

式中，ω_0 是入射的 SH 波的振幅，r_3 是入射角。将式（10-33）代入应力与位移的关系式（7-9），即

$$\tau_{xz} = \mu \frac{\partial \omega}{\partial x}, \qquad \tau_{yz} = \mu \frac{\partial \omega}{\partial y} \tag{10-34}$$

得出入射波相应的剪应力

$$\left. \begin{array}{l} \tau_{xz}^{(i)} = -i\tau_2 \cos r_3 \exp\{-i[\alpha_2(x\cos r_3 + y\sin r_3) + \omega t]\} \\ \tau_{yz}^{(i)} = -i\tau_2 \sin r_3 \exp\{-i[\alpha_2(x\cos r_3 + y\sin r_3) + \omega t]\} \end{array} \right\} \tag{10-35}$$

式中，$\tau_2 = \mu\alpha_2\omega_0$ 是入射波的剪应力的幅值，当 $\omega \to 0$ 时，为有限值。

10.3.2　绕射波

入射波场已知，下面的问题是确定散射波场的 $\omega^{(s)}$。在裂纹面上，$y=0, x\in L$，合成应力为零，即

$$\tau_{yz}^{(i)} + \tau_{yz}^{(s)} = 0, \qquad x \in L$$

式中，L 是裂纹所占的线段。沿 x 轴在裂纹以外各点因反对称条件必须有 $\omega=0$，合成的混合边界条件是

$$\left.\begin{array}{ll}\omega^{(s)}(x,0)=0, & x\notin L \\ \tau_{yz}^{(s)}(x,0)=\mathrm{i}\tau_2\sin r_3\exp\{-\mathrm{i}[\alpha_2 x\cos r_3+\omega t]\}, & x\in L\end{array}\right\} \quad (10\text{-}36)$$

式(10-32)经过 Fourier 变换,得出 $\omega^{(s)}$ 的反演式为

$$\omega^{(s)}(x,y)=\frac{\mathrm{i}}{2\pi}\int_{-\infty}^{\infty}A_3(s)\exp[-\beta_2 y-\mathrm{i}(sx+\omega t)]\mathrm{d}s \quad (10\text{-}37)$$

由边界条件式(10-36),得对偶积分方程组为

$$\left.\begin{array}{ll}\dfrac{1}{2\pi}\int_{-\infty}^{\infty}A_3(s)\exp(-\mathrm{i}sx)\mathrm{d}s=0, & x\notin L \\ \dfrac{1}{2\pi}\int_{-\infty}^{\infty}\beta_2 A_3(s)\exp(-\mathrm{i}sx)\mathrm{d}s=-\dfrac{\tau_2\sin r_3}{\mu}\exp(-\mathrm{i}\alpha_2 x\cos r_1), & x\in L\end{array}\right\} \quad (10\text{-}38)$$

未知函数 $A_3(s)$ 由式(10-38)求出。令 $A_3^{(1)}$ 与 $A_3^{(2)}$ 分别是 A_3 对 x 的偶函数与奇函数部分,则式(10-38)分解成两个方程组,即

$$\left.\begin{array}{ll}\dfrac{2}{\pi}\int_0^{\infty}A_3^{(1)}(s)\cos(sx)\mathrm{d}s=0, & x\notin L \\ \dfrac{2}{\pi}\int_0^{\infty}\beta_2 A_3^{(1)}(s)\cos(sx)\mathrm{d}s=-\dfrac{2\tau_2\sin r_3}{\mu}\cos(\alpha_2 x\cos r_3), & x\in L\end{array}\right\} \quad (10\text{-}39)$$

与

$$\left.\begin{array}{ll}\dfrac{2}{\pi}\int_0^{\infty}A_3^{(2)}(s)\sin(sx)\mathrm{d}s=0, & x\notin L \\ \dfrac{2}{\pi}\int_0^{\infty}\beta_2 A_3^{(2)}(s)\sin(sx)\mathrm{d}s=-\dfrac{2\tau_2\sin r_3}{\mu}\sin(\alpha_2 x\cos r_3), & x\in L\end{array}\right\} \quad (10\text{-}40)$$

式(10-39)对 x 是偶函数,式(10-40)对 x 是奇函数。式(10-38)、(10-39)与式(10-40)的解法与前同。

10.3.3 半无限裂纹

设裂纹位于 x 轴的负半部,如图 10-2 所示。式(10-38)中第二式应用的范围 $x<0$,第一式的应用范围 $x\geqslant 0$。这方程组的解可用与解方程(7-95)相同的方法解出,结果是

$$A_3(s)=\frac{\mathrm{i}\tau_2\sin r_3}{\mu}\frac{1}{(s-\alpha_2\cos r_3)[\alpha_2(s-\alpha_2)(\cos r_3+1)]^{1/2}} \quad (10\text{-}41)$$

将上式代入式(10-37),求出 $\omega^{(s)}$,然后再从式(10-34)求出剪应力的积分为

$$\left.\begin{array}{l}\tau_{xz}^{(s)}=\dfrac{\mathrm{i}\tau_2\sin r_3\exp(\mathrm{i}\omega t)}{2\pi[\alpha_2(\cos r_3+1)]^{1/2}}\int_{-\infty}^{\infty}\dfrac{s\exp(-\beta_2 y-\mathrm{i}sx)}{(s-\alpha_2\cos r_3)(s-\alpha_2)^{1/2}}\mathrm{d}s \\ \tau_{yz}^{(s)}=\dfrac{\mathrm{i}\tau_2\sin r_3\exp(\mathrm{i}\omega t)}{2\pi[\alpha_2(\cos r_3+1)]^{1/2}}\int_{-\infty}^{\infty}\dfrac{\beta_2\exp(-\beta_2 y-\mathrm{i}sx)}{(s-\alpha_2\cos r_3)(s-\alpha_2)^{1/2}}\mathrm{d}s\end{array}\right\} \quad (10\text{-}42)$$

上式中的积分按大的 s 值渐近展开,导出如式(7-30)的奇异应力场。由此得到应

力强度系数

$$k_3 = \tau_2 \sqrt{\lambda_2} \mid k_3^{(s)} \mid \exp\left[-i\omega\left(t + \frac{\tau}{8}\right)\right] \tag{10-43}$$

式中,k_3 中不包含入射波场,因为它不是奇异性的。式(10-43)中 $k_3^{(s)}$ 的值为

$$k_3^{(s)} = \frac{\sqrt{2}}{\pi} \sin \frac{r_3}{2} \tag{10-44}$$

与入射的 P 和 SV 波相反,SH 波没有产生表面波,与 c_R 无关。应力强度系数与入射角 r_3 的关系,如图 10-8 所示。与入射的 P 和 SV 波不同,k_3 与泊松比无关。由图看出,当 $r_3 = 90°$ 时,应力强度系数达到最大值。

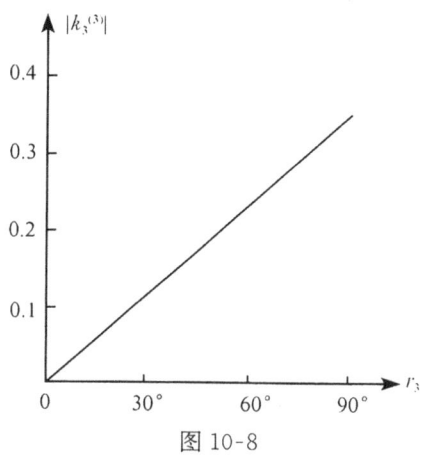

图 10-8

10.4 P 与 SV 波在运动裂纹上的绕射

讨论运动的裂纹受动载作用的问题,设动载荷是时间的简谐函数,对于这种情况,问题的处理方法与静止裂纹是一样的,只是波动方程需采用动坐标系。在弹性体中,合成的动应力与裂纹运动速度、入射波的频率和入射角有关。

10.4.1 运动裂纹

设 X 与 Y 是二维定坐标系的两坐标轴,含有一运动裂纹,如图 10-9 所示。设裂纹沿 X 轴方向运动,速度为 v,取固结在裂纹尖端上的两个动坐标系 $ox_jy_j(j=1,2)$,它们与定坐标系的变换式为

$$x_j = X - vt, \quad y_j = s_j Y, \quad j = 1, 2 \tag{10-45}$$

式中,参数 s_j 与马赫数 $M_j = \dfrac{v}{c_j}$ 有关,即

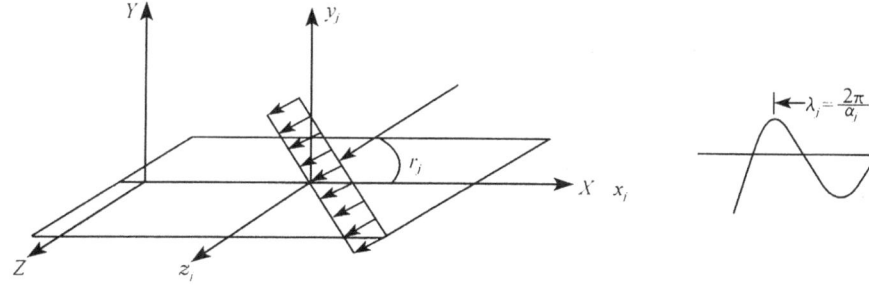

图 10-9

$$s_j = \sqrt{1-M_j^2} \tag{10-46}$$

因为裂纹永远是在亚音速运动,$M_j<1$,故 s_j 是正数。将波动方程用变换坐标 x_j、y_j 表达为

$$\left.\begin{array}{l}\dfrac{\partial^2 \varphi}{\partial x_1^2}+\dfrac{\partial^2 \varphi}{\partial y_1^2}+\dfrac{2M_1}{c_1 s_1^2}\dfrac{\partial^2 \phi}{\partial x_1 \partial t}-\dfrac{1}{c_1^2 s_1^2}\dfrac{\partial^2 \phi}{\partial t^2}=0\\ \dfrac{\partial^2 \psi}{\partial x_2^2}+\dfrac{\partial^2 \psi}{\partial y_2^2}+\dfrac{2M_2}{c_2 s_2^2}\dfrac{\partial^2 \psi}{\partial x_2 \partial t}-\dfrac{1}{c_2^2 s_2^2}\dfrac{\partial^2 \psi}{\partial t^2}=0\end{array}\right\} \tag{10-47}$$

式中,波势函数 ϕ 与 ψ 分别是两个动坐标系坐标与时间的函数,即 $\phi(x_1,y_1,t)$ 与 $\psi(x_2,y_2,t)$。

10.4.2 入射波

$$\left.\begin{array}{l}\phi^{(i)}=\phi_0 \exp\{-\mathrm{i}[\alpha_1(X\cos r_1+Y\sin r_1)+\omega t]\}\\ \psi^{(i)}=\psi_0 \exp\{-\mathrm{i}[\alpha_2(X\cos r_2+Y\sin r_2)+\omega t]\}\end{array}\right\} \tag{10-48}$$

上式是入射波的位移势函数,对于动坐标系写成

$$\left.\begin{array}{l}\phi^{(i)}=\Phi^{(i)}(x_1,y_1)\exp[\mathrm{i}(M_1 \alpha_1^{(1)} x_1-\Omega_1 t)]\\ \psi^{(i)}=\Psi^{(i)}(x_2,y_2)\exp[\mathrm{i}(M_2 \alpha_2^{(2)} x_2-\Omega_2 t)]\end{array}\right\} \tag{10-49}$$

式中,$\Phi^{(i)}$ 与 $\Psi^{(i)}$ 由下式给出

$$\left.\begin{array}{l}\Phi^{(i)}=\phi_0 \exp[-\mathrm{i}\alpha_1^{(1)}(x_1 \cos\Gamma_1+y_1 \sin\Gamma_1)]\\ \Psi^{(i)}=\psi_0 \exp[-\mathrm{i}\alpha_2^{(2)}(x_2 \cos\Gamma_2+y_2 \sin\Gamma_2)]\end{array}\right\} \tag{10-50}$$

$\Gamma_j(j=1,2)$ 是表观入射角,定义为

$$\cos\Gamma_j=\dfrac{M_j+\cos r_j}{1+M_j \cos r_j},\qquad \sin\Gamma_j=\dfrac{s_j \sin r_j}{1+M_j \cos r_j} \tag{10-51}$$

$\Omega_j(j=1,2)$ 是表观频率,定义为

$$\Omega_j=(1+M_j \cos r_j)\omega \tag{10-52}$$

式(10-50)中的 $\alpha_j^{(k)}(j,k=1,2)$,定义为

$$\alpha_j^{(k)}=\dfrac{\alpha_k}{s_j}(1+M_j \cos r_j) \tag{10-53}$$

式中,下角标 $j=1,2$,分别对应入射的 P 与 SV 波;上角标 $k=1,2$,分别对应两个不同的波函数。

10.4.3 问题的公式

为了消去式(10-47)中的混合导数,设势函数

$$\left.\begin{array}{l}\phi=\Phi_j(x_1,y_1)\exp[\mathrm{i}(M_1 \alpha_j^{(1)} x_1-\Omega_j t)]\\ \psi=\Psi_j(x_2,y_2)\exp[\mathrm{i}(M_2 \alpha_j^{(2)} x_2-\Omega_j t)]\end{array}\right\} \tag{10-54}$$

式中,Φ_j 与 Ψ_j 满足 Helmholtz 方程

$$\left.\begin{array}{l}\dfrac{\partial^2 \Phi_j}{\partial x_1^2}+\dfrac{\partial^2 \Phi_j}{\partial y_1^2}+(\alpha_j^{(1)})^2 \Phi_j=0 \\ \dfrac{\partial^2 \Psi_j}{\partial x_2^2}+\dfrac{\partial^2 \Psi_j}{\partial y_2^2}+(\alpha_j^{(2)})^2 \Psi_j=0\end{array}\right\} \quad (10\text{-}55)$$

运动裂纹的全波场是入射波场与散射波场的和,即

$$\Phi=\Phi^{(i)}+\Phi^{(s)},\quad \Psi=\Psi^{(i)}+\Psi^{(s)} \quad (10\text{-}56)$$

在未受干扰的范围内,全波场接近入射波场,即

$$\text{当} \sqrt{x_j^2+y_j^2}\to\infty \text{ 时}, \quad \Phi\to\Phi^{(i)}, \quad \Psi\to\Psi^{(i)} \quad (10\text{-}57)$$

为了避免不必要的复杂运动,设

$$\left.\begin{array}{l}[u_X, u_Y]=[u_x, u_y]\exp[\mathrm{i}(M_j\alpha_j^{(i)}x_j-\Omega_j t)] \\ [\sigma_X, \sigma_Y, \tau_{XY}]=[\sigma_x, \sigma_y, \tau_{xy}]\exp[\mathrm{i}(M_j\alpha_j^{(i)}x_j-\Omega_j t)]\end{array}\right\} \quad (10\text{-}58)$$

边界条件通常表成 $(u_x, u_y, \sigma_x, \sigma_y, \tau_{xy})$ 的指数形式。在裂纹面上,法向应力与剪应力为零,有

$$\left.\begin{array}{l}\sigma_y^{(i)}(x,0)+\sigma_y^{(s)}(x,0)=0,\quad x\in L \\ \tau_{xy}^{(i)}(x,0)+\tau_{xy}^{(s)}(x,0)=0,\quad x\in L\end{array}\right\} \quad (10\text{-}59)$$

式中,$x_1=x_2=x$,$(y=0)L$ 是裂纹所占线段,如图 10-9 所示。

在静止裂纹情况中,P 与 SV 波都能产生包含压缩波与剪波的绕射波。入射的 P 波设为

$$\left.\begin{array}{l}\Phi^{(i)}=\phi_0\exp[-\mathrm{i}\alpha_1^{(1)}(x_1\cos\Gamma_1+y_1\sin\Gamma_1)] \\ \Psi^{(i)}=0\end{array}\right\} \quad (10\text{-}60)$$

由上式,在 $y=0$,得出法向应力与剪应力为

$$\left.\begin{array}{l}\sigma_y^{(i)}(x,0)=\sigma(1-2k^2\cos^2\Gamma_1)\exp[-\mathrm{i}\alpha_1^{(1)}x_1\cos\Gamma_1] \\ \tau_{xy}^{(i)}(x,0)=\sigma k^2\sin 2\Gamma_1\exp[-\mathrm{i}\alpha_1^{(1)}x_1\Gamma_1]\end{array}\right\} \quad (10\text{-}61)$$

式中,$\sigma=-\mu\alpha_1^{(1)}\phi_0$ 是 P 波的法向应力,当 $\omega\to 0$ 时,为有限值。

入射的 SV 波描述为

$$\left.\begin{array}{l}\Phi^{(i)}=0 \\ \Psi^{(i)}=\psi_0\exp[-\mathrm{i}\alpha_2^{(2)}(x_2\cos\Gamma_2+y_2\sin\Gamma_2)]\end{array}\right\} \quad (10\text{-}62)$$

求得应力为

$$\left.\begin{array}{l}\sigma_y^{(i)}(x,0)=\tau_1\sin 2\Gamma_2\exp(-\mathrm{i}\alpha_2^{(2)}x_2\cos\Gamma_2) \\ \tau_{xy}^{(i)}(x,0)=\tau_1\cos 2\Gamma_2\exp(-\mathrm{i}\alpha_2^{(2)}x_2\cos\Gamma_2)\end{array}\right\} \quad (10\text{-}63)$$

式中,$\tau_1=\mu\alpha_2^{(2)}\psi_0$ 是 SV 波波前的剪应力,当 $\omega\to 0$ 时,为有限值。

已知入射波场,以后分析在于如何确定散射波场。这一问题可分成两部分,各对映 y 为偶函数或奇函数,分别对应于对称或反对称部分。

10.4.4 对称部分

假如散射波的应力在裂纹表面是相等而相反的,则问题对裂纹面 $y=0$ 是对称

的。在 x 轴上的条件是

$$\left.\begin{array}{ll} v^{(s)}(x,0) = \tau_{xy}^{(s)}(x,0) = 0, & x \notin L \\ \sigma_y^{(s)}(x,0) = -\sigma_y^{(i)}(x,0), \quad \tau_{xy}^{(s)}(x,0) = 0, & x \in L \end{array}\right\} \quad (10\text{-}64)$$

满足方程(10-57)的散射波势函数可表示成积分形式为

$$\left.\begin{array}{l} \Phi_j^{(s)}(x_1,y_1) = \dfrac{1}{2\pi}\displaystyle\int_{-\infty}^{\infty} \overline{D}_j^{(1)}(s)\exp[-(isx_1+\beta_j^{(1)}y_1)]ds \\ \Psi_j^{(s)}(x_2,y_2) = \dfrac{1}{2\pi}\displaystyle\int_{-\infty}^{\infty} \overline{D}_j^{(2)}(s)\exp[-(isx_1+\beta_j^{(1)}y_1)]ds \end{array}\right\} \quad (10\text{-}65)$$

式中,系数 $\beta_j^{(k)}$ 由割切分枝描述

$$\beta_j^{(s)} = [(s-r_j^{(k)})^2 - (\alpha_j^{(k)})^2]^{\frac{1}{2}} = -i[(\alpha_j^{(k)})^2 - (s-r_j^{(k)})^2]^{\frac{1}{2}} \quad (10\text{-}66)$$

与

$$r_j^{(k)} = M_j\alpha_j^{(i)} - M_k\alpha_j^{(k)} \quad (10\text{-}67)$$

在式(10-64)中的位移与应力表达式,借助式(10-65)得出对偶积分方程为

$$\left.\begin{array}{ll} \dfrac{1}{2\pi}\displaystyle\int_{-\infty}^{\infty} D_j(s)\exp(-isx)ds, & x \notin L \\ \dfrac{1}{2\pi}\displaystyle\int_{-\infty}^{\infty} g_j(s)D_j(s)\exp(-isx)ds = -P_j\exp(-i\alpha_j^{(s)}x\cos\Gamma_j), & x \in L \end{array}\right\} \quad (10\text{-}68)$$

式中,$P_j(j=1,2)$ 分别与 P 和 SV 波相应

$$\left.\begin{array}{l} P_1 = \dfrac{\sigma}{2\pi}(1-2k^2\cos^2\Gamma_1) \\ P_2 = \dfrac{\tau_1}{2\pi}\sin 2\Gamma_2 \end{array}\right\} \quad (10\text{-}69)$$

式(10-65)中的未知函数 $\overline{D}_j^{(1)}$ 与 $\overline{D}_j^{(2)}$ 和 D_j 的关系如下:

$$\begin{pmatrix} \overline{D}_j^{(1)}(s) \\ \overline{D}_j^{(2)}(s) \end{pmatrix} = \dfrac{2D_j(s)}{[\varepsilon_j^2 - s_2^2(\beta_j^{(2)})^2]} \begin{bmatrix} \dfrac{\varepsilon_j^2 + s_2(\beta_j^{(2)})^2}{2s_1\beta_j^{(1)}} \\ -i\varepsilon_j \end{bmatrix} \quad (10\text{-}70)$$

式中

$$\varepsilon_j = s - M\alpha_j^{(j)} \quad (10\text{-}71)$$

式(10-68)中第二式的 $g_j(s)$ 是

$$g_j(s) = -\left\{\left[\left(\dfrac{1}{2k^2}-1\right)s_j^2 - \dfrac{s_1^2}{2k^2}(\beta_j^{(1)})^2\right][\varepsilon_j^2 + s_2^2(\beta_j^{(2)})^2] \right. \\ \left. + 2s_1s_2\beta_j^{(1)}\beta_j^{(2)}\right\} / \left\{s_1\beta_j^{(1)}[\varepsilon_j^2 - s_2(\beta_j^{(2)})^2]\right\} \quad (10\text{-}72)$$

式(10-68)分为两部分，x 的偶函数与奇函数部分。余弦函数部分为

$$\left.\begin{array}{ll}\dfrac{2}{\pi}\int_0^\infty D_j^{(1)}(s)\cos(sx)\mathrm{d}s = 0, & x \notin L \\ \dfrac{2}{\pi}\int_0^\infty (g)_j^{(1)}(s)D_j^{(1)}(s)\cos(sx)\mathrm{d}s = -2P_j\cos(\alpha_j^{(j)}x\cos\varGamma_j) \\ \qquad\qquad\qquad\qquad\qquad\qquad -\dfrac{2}{\pi}\int_0^\infty g_j^{(2)}(s)D_j^{(2)}(s)\cos(sx)\mathrm{d}s, & x \in L\end{array}\right\}$$

(10-73)

正弦部分为

$$\left.\begin{array}{ll}\dfrac{2}{\pi}\int_0^\infty D_j^{(2)}(s)\sin(sx)\mathrm{d}s = 0, & x \notin L \\ \dfrac{2}{\pi}\int_0^\infty (g)_j^{(1)}(s)D_j^{(2)}(s)\sin(sx)\mathrm{d}s = -2P_j\sin(\alpha_j^{(j)}x\cos\varGamma_j) \\ \qquad\qquad\qquad\qquad\qquad\qquad -\dfrac{2}{\pi}\int_0^\infty g_j^{(2)}(s)D_j^{(1)}(s)\sin(sx)\mathrm{d}s, & x \in L\end{array}\right\}$$

(10-74)

在推导式(10-73)与式(10-74)时，假定

$$\left.\begin{array}{l}D_j(s) = D_j^{(1)} + D_j^{(2)}(s) \\ g_j(s) = g_j^{(1)}(s) + g_j^{(2)}(s)\end{array}\right\}$$

(10-75)

10.4.5　反对称部分

当剪应力作用在裂纹表面时，散射问题称为对裂纹面 $y=0$ 的反对称问题。相对应的反对称的边界条件是

$$\left.\begin{array}{ll}u^{(s)}(x,0) = \sigma_y^{(s)}(x,0) = 0, & x \notin L \\ \tau_{xy}^{(s)}(x,0) = -\tau_{xy}^{(i)}(x,0), \quad \sigma_y^{(s)}(x,0) = 0, & x \in L\end{array}\right\}$$

(10-76)

波函数写成

$$\left.\begin{array}{l}\varPhi_j^{(s)}(x_1,y_1) = \dfrac{1}{2\pi}\int_{-\infty}^\infty \bar{E}_j^{(1)}\exp[-(\mathrm{i}sx_1+\beta_j^{(1)}y_1)]\mathrm{d}s \\ \varPsi_j^{(s)}(x_1,y_2) = \dfrac{1}{2\pi}\int_{-\infty}^\infty \bar{E}_j^{(2)}\exp[-(\mathrm{i}sx_2+\beta_j^{(2)}y_2)]\mathrm{d}s\end{array}\right\}$$

(10-77)

应用式(10-77)，由边界条件(10-76)可得出一组对偶积分方程

$$\left.\begin{array}{ll}\dfrac{1}{2\pi}\int_{-\infty}^\infty E_j(s)\exp(-\mathrm{i}sx)\mathrm{d}s = 0, & x \notin L \\ \dfrac{1}{2\pi}\int_{-\infty}^\infty h_j(s)E_j(s)\exp(-\mathrm{i}sx)\mathrm{d}s = -Q_j\exp(-\mathrm{i}\alpha^j x\cos\varGamma_j), & x \in L\end{array}\right\}$$

(10-78)

$Q_j(j=1,2)$ 与 P 和 SV 波的振幅有关

$$Q_1 = \frac{\sigma}{2\mu}k^2\sin 2\varGamma_1, \qquad Q_2 = \frac{\tau_1}{2\mu}\cos 2\varGamma_2 \qquad (10\text{-}79)$$

$h_j(s)$ 与式(10-72)中的 $g_j(s)$ 有以下关系

$$h_j(s) = \frac{s_j \beta_j^{(1)} [\varepsilon_j^2 - s_2^2 (\beta_j^{(2)})^2]}{s_2 \beta_j^{(2)} [\varepsilon_j^2 - s_1^2 (\beta_j^{(1)})^2]} g_j(s) \tag{10-80}$$

如 $E_j(s)$ 已知,则式(10-77)中的未知函数 $\bar{E}_j^{(1)}(s)$ 与 $E_j^{(2)}(s)$ 由下式给出

$$\begin{bmatrix} E_j^{(1)}(s) \\ E_j^{(2)}(s) \end{bmatrix} = \frac{2k^2 E_j(s)}{\varepsilon_j^2 - s_1^2 (\beta_j^{(1)})^2} \begin{bmatrix} i\varepsilon_j \\ -\dfrac{[\varepsilon_j^2 - s_1^2 (\beta_j^{(1)})^2] - 2k^2 \varepsilon_j^2}{2k^2 s_2 \beta_j^{(2)}} \end{bmatrix} \tag{10-81}$$

以上曾定义

$$\left. \begin{aligned} E_j(s) &= E_j^{(1)}(s) + E_j^{(2)}(s) \\ h_j(s) &= h_j^{(1)}(s) + h_j^{(2)}(s) \end{aligned} \right\} \tag{10-82}$$

方程(10-78)分解为两部分：x 的偶函数部分,为

$$\left. \begin{aligned} & \frac{2}{\pi} \int_0^\infty E_j^{(1)}(s) \cos(sx) \mathrm{d}s = 0, && x \notin L \\ & \frac{2}{\pi} \int_0^\infty h_j^{(1)}(s) E_j^{(1)}(s) \cos(sx) \mathrm{d}s \\ & = -2Q_j \cos(\alpha_j^{(i)} x \cos \Gamma_j) - \frac{2}{\pi} \int_0^\infty h_j^{(2)}(s) E_j^{(2)}(s) \cos(sx) \mathrm{d}s, && x \in L \end{aligned} \right\}$$

$$\tag{10-83}$$

x 的奇函数部分,为

$$\left. \begin{aligned} & \frac{2}{\pi} \int_0^\infty E_j^{(1)}(s) \sin(sx) \mathrm{d}s = 0, && x \notin L \\ & \frac{2}{\pi} \int_0^\infty h_j^{(1)}(s) E_j^{(2)}(s) \sin(sx) \mathrm{d}s \\ & = -2Q_j \sin(\alpha_j^{(j)} x \cos \Gamma_j) - \frac{2}{\pi} \int_0^\infty h_j^{(2)}(s) E_j^{(1)}(s) \sin(sx) \mathrm{d}s, && x \in L \end{aligned} \right\} \tag{10-84}$$

10.4.6 半无限长的运动裂纹

如图 10-9 所示的裂纹,在 x 轴上从零扩展到负的无限远,坐标 x_i、y_i 固结在裂纹的尖端,随裂纹以常速向前运动。入射的 P 与 SV 波分则以 r_1 与 r_2 的倾角冲击运动裂纹。

散射波产生的应力由式(10-68)确定,是与裂纹面对称的部分。应用威纳-霍普夫法得出

$$D_j(s) = \frac{2i M_2^2 P_j}{[(1 + s_2^2)^2 - 4 s_1 s_2]} \cdot \frac{[\alpha_j^{(j)} (1 - M_1)(\cos \Gamma_j - M_j) + s_1^2 \alpha_j^{(1)}]^{1/2}}{(\alpha_j^{(j)} \cos \Gamma_j + \xi_2) \Gamma_+^{(j)} (\alpha_j^{(j)} \cos \Gamma_j)}$$

$$\cdot \frac{[(1 + M_1)\varepsilon_j - s_1^2 \alpha_j^{(i)}]^{1/2}}{(s - \xi_1)(s - \alpha_j^{(j)} \cos \Gamma_j) F_-^{(j)}(s)}$$

$$\tag{10-85}$$

式中，ξ_1 与 ξ_2 定义为

$$\xi_1 = \frac{s_2^2 \alpha_j^{(2)}}{M_2 + \dfrac{c_R}{c_2}} + M_j \alpha_j^{(j)}, \qquad \xi_2 = \frac{s_2 \alpha_j^{(2)}}{\dfrac{c_R}{c_2} - M_2} - M_j \alpha_j^{(j)} \qquad (10\text{-}86)$$

式中，c_R 是瑞利波速。函数 $F^{(j)}(s)$ 分解为乘积形式，有

$$F^{(j)}(s) = F_+^{(j)}(s) F_-^{(j)}(s) = \frac{2 s_1 \beta_j^{(1)} M_2^2 g_j(s)}{[(1+s_2^2)^2 - 4s_1 s_2](s-\xi_1)(s+\xi_2)} \qquad (10\text{-}87)$$

按附录的方法，可以单独求出 $F_+^{(j)}(s)$ 与 $F_-^{(j)}(s)$。

如果散射波产生的应力对裂纹面是反对称的，由式(10-78)用类似的方法确定函数 $E_j(s)$ 为

$$E_j(s) = \frac{2i M_2^2 Q_j}{[(1+s_2^2)^2 - 4s_1 s_2]} \cdot \frac{[\alpha_j^{(j)}(1-M_2)(\cos\Gamma_j - M_j) + s_2^2 \alpha_j^{(2)}]^{1/2}}{(\alpha_j^{(j)} \cos\Gamma_j + \xi_2) F_+^{(j)}(\alpha_j^{(j)} \cos\Gamma_j)}$$

$$\cdot \frac{[(1+M_2)\varepsilon_j - s_2^2 \alpha_j^{(2)}]^{1/2}}{(s-\xi_1)(s - \alpha_j^{(j)} \cos\Gamma_j) F_-^{(j)}(s)}$$

$$(10\text{-}88)$$

由式(10-85)与式(10-88)能够计算全部的动应力(散射波所产生的)，易于证明动应力的奇异项与式(7-75)相符，其中 r_1 与 θ_1 是在裂纹前沿的极坐标，定义为

$$r_1 = \sqrt{(x-a)^2 + y^2}, \qquad \theta_1 = \arctan \frac{y}{x-a} \qquad (10\text{-}89)$$

式中，$F(s_1, s_2)$ 由下式给出

$$F(s_1 s_2) = [4 s_1 s_2 - (1+s_2^2)^2] \qquad (10\text{-}90)$$

动应力场在裂纹尖端附近的 $\dfrac{1}{\sqrt{r}}$ 奇异性与静止裂纹是一样的。对运动裂纹的动应力强度系数 k_1 与 k_2 是频率、入射波振幅、冲击角与裂纹速度的复杂函数：

$$\left.\begin{aligned}
k_1 &= \sqrt{\frac{2}{\pi}} 2\mu P_j \cdot \frac{\sqrt{\alpha_j^{(j)}(\cos\Gamma_j - M_j) + (1+M_1)\alpha_j^{(1)}}}{(\alpha_j^{(j)} \cos\Gamma_j + \xi_2) F_+^{(j)}(\alpha_j^{(j)} \cos\Gamma_j)} \\
&\quad \cdot \exp\left[i\left(M_j \alpha_j^{(j)} x + \frac{\pi}{4} - \Omega_j t\right)\right] \\
k_2 &= \sqrt{\frac{2}{\pi}} 2\mu Q_j \cdot \frac{\sqrt{\alpha_j^{(j)}(\cos\Gamma_j - M_j) + (1+M_2)\alpha_j^{(2)}}}{(\alpha_j^{(j)} \cos\Gamma_j + \xi_2) F_+^{(j)}(\alpha_j^{(j)} \cos\Gamma_j)} \\
&\quad \cdot \exp\left[i\left(M_j \alpha_j^{(j)} x + \frac{\pi}{4} - \Omega_j t\right)\right]
\end{aligned}\right\} \qquad (10\text{-}91)$$

在 k_1 与 k_2 中，可以将入射的 P 与 SV 波的影响分开来，最后引出下面简缩公式：

$$\left.\begin{aligned}
k_1^{(1)} &= \frac{(1-2k^2\cos^2\Gamma_1)[\cos r_1+(1+M_1)(1+M_1\cos r_1)s_1^{-2}]^{1/2}}{\pi\eta_1 F_+^{(1)}(\alpha_1^{(1)}\cos\Gamma_1)} \\
k_2^{(1)} &= \frac{k^2\sin 2\Gamma_1[\cos r_1+(1+M_2)(1+M_1\cos r_1)(1/ks^2)]^{1/2}}{\pi\eta_1 F_+^{(1)}(\alpha_1^{(1)}\cos\Gamma_1)} \\
k_1^{(2)} &= \frac{\sin 2\Gamma_2[\cos r_2+(1+M_1)(1+M_2\cos r_2)(k/s_2^2)]^{1/2}}{\pi\eta_2 F_+^{(2)}(\alpha_2^{(2)}\cos\Gamma_2)} \\
k_2^{(2)} &= \frac{\cos 2\Gamma_2[\cos\Gamma_2+(1+M_2)(1+M_2\cos r_2)(1/s_2^2)]^{1/2}}{\pi\eta_2 F_+^{(2)}(\alpha_2^{(2)}\cos\Gamma_2)}
\end{aligned}\right\} \quad (10\text{-}92)$$

式中

$$\eta_j = \cos r_j + \frac{1+M_j\cos r_j}{\dfrac{c_R}{c_j}-M_j} \quad (10\text{-}93)$$

由式(10-91)与式(10-92),得出对应于 P 波的应力强度系数为

$$\left.\begin{aligned}
k_1 &= \sigma(\lambda_1)^{1/2}\,|k_1^{(1)}|\,\exp\left\{i\left[M_1\alpha_1^{(1)}x-\omega\left(\frac{1+M_1\cos r_1}{s_1^2}t-\frac{\tau}{8}\right)\right]\right\} \\
k_2 &= \sigma(\lambda_1)^{1/2}\,|k_2^{(1)}|\,\exp\left\{i\left[M_1\alpha_1^{(1)}x-\omega\left(\frac{1+M_1\cos r_1}{s_1^2}t-\frac{\tau}{8}\right)\right]\right\}
\end{aligned}\right\} \quad (10\text{-}94)$$

对应 SV 波的应力强度系数为

$$\left.\begin{aligned}
k_1 &= \tau_1(\lambda_2)^{1/2}\,|k_1^{(2)}|\,\exp\left\{i\left[M_2\alpha_2^{(2)}x-\omega\left(\frac{1+M_2\cos r_2}{s_2^2}t-\frac{\tau}{8}\right)\right]\right\} \\
k_2 &= \tau_1(\lambda_2)^{1/2}\,|k_2^{(2)}|\,\exp\left\{i\left[M_2\alpha_2^{(2)}x-\omega\left(\frac{1+M_2\cos r_2}{s_2^2}t-\frac{\tau}{8}\right)\right]\right\}
\end{aligned}\right\}$$

$$(10\text{-}95)$$

对于 $|k_1^{(1)}|$、$|k_2^{(1)}|$、$|k_1^{(2)}|$ 与 $|k_2^{(2)}|$ 和 r_1、r_2、M 的函数关系的数值解见文献[1]。在图 10-10 与图 10-11 中,取 $\nu=0.25$,对于不同的 M_1 值,描出 $|k_1^{(1)}|$ 与 $|k_1^{(2)}|$ 对入

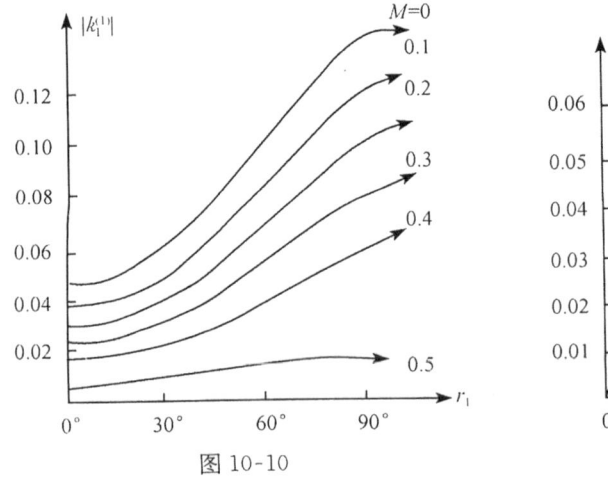

图 10-10

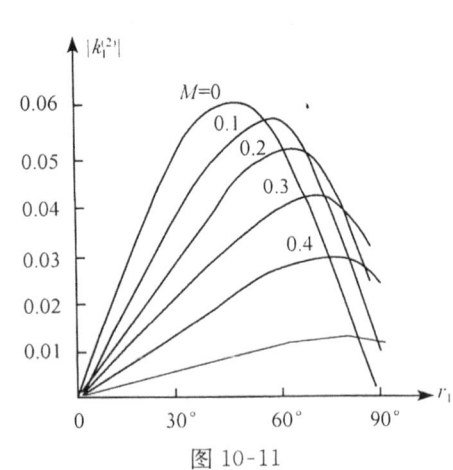

图 10-11

射角 r_1 的曲线。由图 10-10 看出,无论裂纹速度如何,$|k_1^{(1)}|$ 都随 r_1 增加而增加,到 $r_1=90°$ 时,达到最大值。当马赫数(M)逐渐减小时,入射角 r_1 对 $|k_1^{(1)}|$ 的影响越来越显著。由图 10-11 看出,$|k_2^{(1)}|$ 的峰值对于不同的马赫数所对应的 r_1 角不相同。增加裂纹的速度则减弱应力强度系数的最大值。

图 10-12 与图 10-13 是 $|k_1^{(2)}|$ 与 $|k_2^{(2)}|$ 对 r_2 的曲线,对应入射波是 SV-波的情况。$|k_1^{(2)}|$ 随 r_2 的变化趋势与 $|k_2^{(1)}|$ 在图 10-11 中的趋势相似,应力强度系数在入射角 r_2 为零时等于零。图 10-13 中的 $|k_2^{(2)}|$,先随 r_2 角从有限值下降为零,以后又逐渐增加,越来越快。对于高速运动的裂纹,曲线趋于扁平。裂纹速度为零时,式(10-94)与式(10-95)分别退化为式(10-29)与式(10-30)。

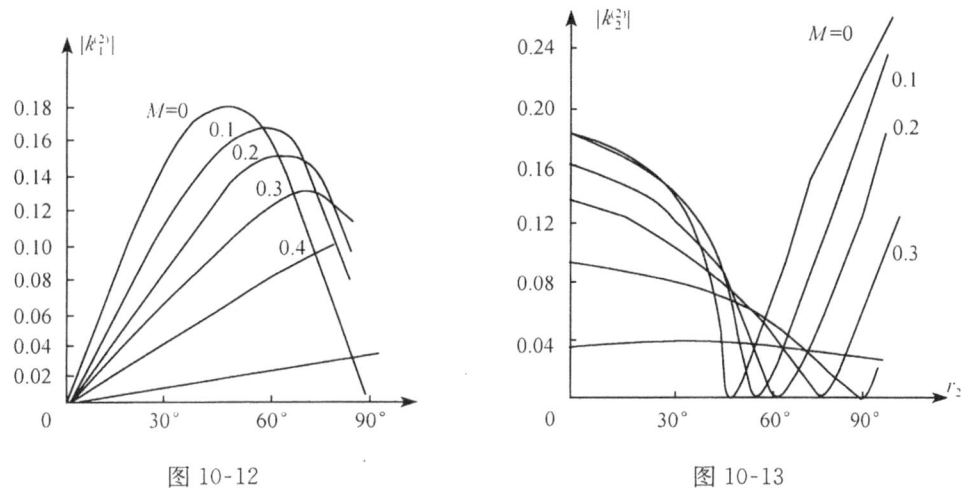

图 10-12　　　　　　　　　　图 10-13

由式(10-94)与式(10-95)知,对应于 P 与 SV-波的相角分别是

$$\delta_1 = \frac{s_1^2 \tau}{8(1+M_1 \cos r_1)}, \qquad \delta_2 = \frac{s_2^2 \tau}{8(1+M_2 \cos r_2)} \tag{10-96}$$

与静止裂纹得出的解不同,式(10-29)与式(10-30)中的 δ_1 与 δ_2 是常数 $\frac{\pi}{4}$,而式(10-96)所示相角与裂纹速度、入射角等有关。

10.5　SH 波在运动裂纹上的绕射

设裂纹在 xz 平面内,以常速 v 运动,当入射的 SH 波与裂纹表面成 r_3 冲到裂纹上,弹性物体发生变形,各质点的位移沿 z 方向,w 是仅有的不为零的位移分量。参看图 10-9,动坐标系为

$$\left. \begin{array}{l} x = X - vt \\ y = s_2 Y \end{array} \right\} \tag{10-97}$$

将波动方程

$$\nabla^2 w = \frac{1}{c_2^2} \frac{\partial^2 w}{\partial t^2} \tag{10-98}$$

的定坐标 $X、Y$ 用式(10-97)变换到动坐标 $x、y$，则对 w 的波动方程为

$$\frac{\partial^2 w}{\partial x^2} + \frac{\partial^2 w}{\partial y^2} + \frac{2M_2}{c_2 s_2^2} \frac{\partial^2 w}{\partial x \partial t} - \frac{1}{c_2^2 s_2^2} \frac{\partial^2 w}{\partial t^2} = 0 \tag{10-99}$$

设入射的位移势为

$$w^{(i)} = w_0 \exp\{-\mathrm{i}[\alpha_2(X\cos r_3 + Y\sin r_3) + \omega t]\} \tag{10-100}$$

用式(10-97)变换为

$$w^{(i)} = W^{(i)}(x y) \exp\{\mathrm{i}[M_2 \alpha_2^{(2)} x - \Omega_3 t]\} \tag{10-101}$$

式中

$$\left. \begin{aligned} W^{(i)} &= w_0 \exp\{-\mathrm{i}[\alpha_1^{(2)}(x\cos\varGamma_3 + y\sin\varGamma_3)]\} \\ \alpha_2^{(2)} &= \frac{\alpha_2}{s_2^2}(1 + M_2 \cos r_3) \end{aligned} \right\} \tag{10-102}$$

表观频率

$$\Omega_3 = (1 + M_2 \cos r_3)\omega \tag{10-103}$$

表观入射角

$$\sin\varGamma_3 = \frac{s_2 \sin r_3}{1 + M_2 \cos r_3}, \qquad \cos\varGamma_3 = \frac{M_2 + \cos r_3}{1 + M_2 \cos r_3} \tag{10-104}$$

式(10-101)说明解的形式是

$$w(x,y,t) = W(x,y) \exp[\mathrm{i}(M_2 \alpha_2^{(2)} x - \Omega_3 t)] \tag{10-105}$$

式(10-105)代入方程(10-99)，得出 $W(x,y)$ 由下式确定

$$\frac{\partial^2 W}{\partial x^2} + \frac{\partial W}{\partial y^2} + (\alpha_2^{(2)})^2 W = 0 \tag{10-106}$$

剪应力 τ_{xz} 与 τ_{yz} 用 W 表示为

$$\tau_{xz} = \mu \frac{\partial W}{\partial x}, \qquad \tau_{yz} = \mu \frac{\partial W}{\partial y} \tag{10-107}$$

10.5.1 问题的公式

由式(10-102)的位移势，未干扰场的反平面问题的应力是

$$\tau_{xz}^{(i)} = \frac{\tau_2(1 + M_2\cos r_3)}{\mathrm{i}s_2^2} \cos\varGamma_3 \exp\{-\mathrm{i}[\alpha_2^{(2)}(x\cos\varGamma_3 + y\sin\varGamma_3)]\}$$

$$\tau_{yz}^{(i)} = \frac{\tau_2(1 + M_2\cos r_2)}{\mathrm{i}s_2^2} \sin\varGamma_3 \exp\{-\mathrm{i}[\alpha_2^{(2)}(x\cos\varGamma_3 + y\sin\varGamma_3)]\}$$

$$\tag{10-108}$$

式中，$\tau_2 = \mu\alpha_2 w_0$ 是入射波波前的剪应力值，当 $\omega \to 0$ 时，为有限值。

散射波场的边界条件是

$$\left.\begin{aligned}&w^{(s)}(x,0)=0, & x\notin L\\ &\tau_{yz}^{(s)}(x,0)=\frac{\mathrm{i}\tau_2}{s_2}\sin r_3\exp(-\mathrm{i}\alpha_2^{(2)}x\cos\Gamma_3), & x\in L\end{aligned}\right\} \quad (10\text{-}109)$$

求解散射波场。对 $W^{(s)}$ 进行 Fourier 变换,式(10-106)成为常微分方程,求解后反演,得出

$$W(x,y)=\frac{\mathrm{i}}{2\pi}\int_{-\infty}^{\infty}A_3(s)\exp[-(\beta_2^{(2)}y+\mathrm{i}sx)]\mathrm{d}s \quad (10\text{-}110)$$

应用式(10-107)与边界条件(10-109)得到一对偶积分方程为

$$\left.\begin{aligned}&\frac{1}{2\pi}\int_{-\infty}^{\infty}A_3(s)\exp(-\mathrm{i}sx)=0, & x\notin L\\ &\frac{1}{2\pi}\int_{-\infty}^{\infty}\beta_2^{(2)}A_3(s)\exp(-\mathrm{i}sx)=-\frac{\tau_2\sin r_3}{\mu s_2}\exp(-\mathrm{i}\alpha_2^{(2)}x\cos\Gamma_3), & x\in L\end{aligned}\right\}$$
$$(10\text{-}111)$$

问题归结到求积分方程的解 $A_3(s)$,已知 $A_3(s)$,可求出绕射波场的位移与应力。

10.5.2 半无限裂纹

对于半无限裂纹,式(10-111)中的第一式对应 $x\geqslant 0$,第二式对应 $x<0$,得出

$$A_3(s)=\frac{\mathrm{i}\tau_2\sin r_3}{\mu s_2}\cdot\frac{\sqrt{\alpha_2^{(2)}(\cos\Gamma_3+1)}}{(s-\alpha_2^{(1)}\cos\Gamma_3)(s-\alpha_2^{(2)})^{1/2}} \quad (10\text{-}112)$$

将式(10-112)代入式(10-110),再应用式(10-107)得出散射波的剪应力

$$\left.\begin{aligned}\tau_{xz}^{(s)}&=-\frac{\tau_2\sin r_3}{2\pi\mathrm{i}s_2}[\alpha_2^{(2)}(\cos\Gamma_3+1)]^{-1/2}\int_{-\infty}^{\infty}\frac{s\exp[-\beta_2^{(2)}y+\mathrm{i}sx]}{(s-\alpha_2^{(2)}\cos\Gamma_2)(s-\alpha_2^{(2)})^{1/2}}\mathrm{d}s\\ \tau_{zy}^{(s)}&=\frac{\tau_2\sin r_3}{2\pi s_2}[\alpha_2^{(2)}(\cos\Gamma_3+1)]^{-1/2}\int_{-\infty}^{\infty}\frac{\beta_2^{(2)}\exp[-(\beta_2^{(2)}y+\mathrm{i}sx)]}{(s-\alpha_2^{(2)}\cos\Gamma_3)(s-\alpha_2^{(2)})^{1/2}}\mathrm{d}s\end{aligned}\right\}$$
$$(10\text{-}113)$$

将上式的积分按大的 s 值展成级数,保留奇异项,得出裂纹尖端附近的应力 $\tau_{xz}^{(s)}$ 与 $\tau_{yz}^{(s)}$,对定坐标系应力为

$$\begin{bmatrix}\tau_{XZ}\\ \tau_{YZ}\end{bmatrix}=\begin{bmatrix}\tau_{xz}\\ \tau_{yz}\end{bmatrix}\exp[\mathrm{i}(\alpha_2^{(2)}M_2x-\Omega_3 t)] \quad (10\text{-}114)$$

因为入射波场是未干扰应力场,式(10-108)中应力是非奇异性的,在裂纹附近当 $r\to 0$ 时,应力趋于无限大,未干扰应力场对应力强度系数无影响。

应力强度系数

$$k_3=\tau_1\sqrt{\lambda_2}\,|k_3^{(3)}|\exp\left[\mathrm{i}\left(M_2\alpha_2^{(2)}x-\Omega_3 t-\frac{\pi}{4}\right)\right] \quad (10\text{-}115)$$

式中

$$k_3^{(3)} = \frac{\sqrt{2}}{\pi(1+M_2)^{1/2}} \sin \frac{r_3}{2} \qquad (10\text{-}116)$$

与静止裂纹问题所得的方程(10-44)仅差因数$(1+M_2)^{1/2}$，所以对于运动裂纹，$|k_3^{(3)}|$可以用静止裂纹的结果(图 10-8)简单地乘以因子$\frac{1}{\sqrt{1+M_2}}$得到。由图 10-14 知，运动裂纹的速度增加，$M_2 = \frac{v}{c_2}$也增加，乘数因子减少。比较式(10-115)与式(10-43)看出，运动裂纹与静止裂纹不同，相角与速度有关。

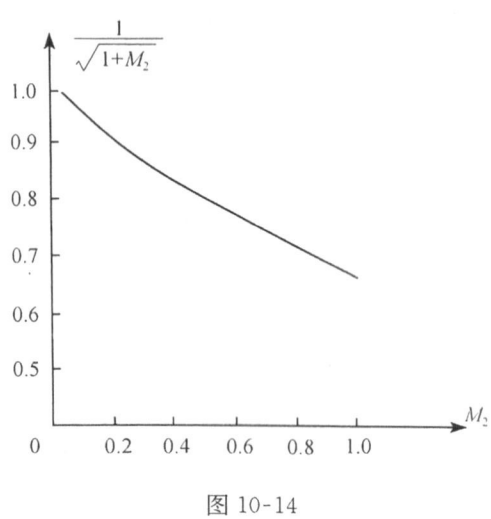

图 10-14

参考文献

1. Sih G C. Mechanics of Fracture 4 Elastodynamic Crack Problems, Noordhoff International Publishing Leyden, 1977
2. Copson E T. Proc. Glas. Math. Assoc., 1961,(5)
3. Noble B. Methods Based on the Weiner-Hopf Technigue. Pergamon Press, New York, 1958
4. 王晓东. 层状介质中裂纹的弹性波散射及运动边界问题研究. 哈尔滨工业大学博士学位论文, 1988
5. 章梓茂. 裂纹体弹性波散射的几个问题. 哈尔滨工业大学博士学位论文, 1989
6. 刘振国. 非局部理论, 微极理论在弹性波及断裂问题中心应用研究. 哈尔滨工业大学博士学位论文, 1992
7. 汪越胜. 夹杂与基本部分脱胶时的弹性波散射问题研究. 哈尔滨工业大学博士学位论文. 1993
8. 王铎, 程靳, 郭茂林. 断裂力学专题. 郑州工学院印刷, 1983